ISBN 978-0-666-83894-0
PIBN 10674990

Taschenbuch

der

neuesten Geschichte.

Herausgegeben

von

Dr. Wolfgang Menzel.

Vierter Jahrgang.

Geschichte des Jahres 1832.

Erster Theil.

Mit 12 Portraits.

Stuttgart und Tübingen,
in der J. G. Cotta'schen Buchhandlung.
1 8 3 3.

Inhalt.

Die

Geschichte des Jahres 1832.

Erster Theil.

Die Geschichte des Jahres 1832.

Einleitung.

Die schon im vorigen Jahre begonnene Reaction gegen die Juliusrevolution schritt in diesem Jahre noch weiter vorwärts. Die conservatorische Politik, die alles beim Alten zu erhalten suchte, gewann immer entschiedener die Oberhand über die Politik der Neuerungen. In Frankreich, welches seit dem Julius 1830 Europa mit einer allgemeinen Umbildung zu bedrohen schien, und welches mit Recht als der Herd der europäischen Bewegungen betrachtet wird, gelang es der klugen, ausdauernden und vor nichts erröthenden Politik Ludwig Philipps, die Juliusrevolution, der er die Krone verdankte, verächtlich zu machen, und ihre Anhänger theils zu demoralisiren, theils (im Junius) durch Waffengewalt niederzuwerfen. Damit wurde zugleich den Liberalen anderer Länder jede Unterstützung von Seite Frankreichs vereitelt. Zwar intervenirte Ludwig Philipp für die Italiener in Ancona und für die Belgier in Antwerpen; allein er ging hierin nur so weit, als ihm das zu diesem

Zwecke mit ihm alliirte England und deſſen ſtets zwiſchen
Frankreich und den nordiſchen Mächten abwägende Eifer=
ſucht geſtattete, und Italien ſowohl als Belgien waren weit
entfernt, ſich dadurch in einen erfreulichen oder nur geſicher=
ten Zuſtand verſetzt zu ſehen. Waren Ancona und Antwer=
pen die Gränzſteine, wo die douce resistance des juste-
milieu begann, ſo hatte dagegen in allen öſtlich gelegenen
Ländern die abſolutiſtiſche, von Rußland ausgehende Reaction
freien Spielraum. Das im vorigen Jahr beſiegte Polen
wurde in dem gegenwärtigen politiſch vernichtet. In Deutſch=
land ſchien die geſetzliche Oppoſition nur darum zu jour=
naliſtiſchem und tumultuariſchem Schwindelgeiſt ausarten
zu müſſen, um die Beſchlüſſe des 28 Jun. zu motiviren,
durch welche die bereits in einigen Staaten beſchloſſene
Preßfreiheit wieder vernichtet, und die gehofften Entwick=
lungen des conſtitutionellen Lebens wieder in Frage geſtellt
wurden.

Im europäiſchen Weſten dagegen errang das conſtitu=
tionelle Princip wieder entſchiedene Vortheile. In Eng=
land ſetzte die Standhaftigkeit des Grafen Grey und die
laut aufbrauſende Volksſtimme die Reform durch, und
in Spanien begann die Königin Chriſtine den
Sinn des Königs umzuwenden und durch eine Cabinets=
revolution dem Syſteme der rachevollen Despotie das der
Gerechtigkeit und Mäßigung entgegenzuſetzen. Selbſt in
Portugal ſchien durch die Landung Don Pedro's in
Oporto und in Erwartung franzöſiſch = engliſcher Hülfe der
Tyrannei Don Miguels ein nahes Ende bevorzuſtehen.

In dem Maß, wie Frankreich die Aufmerkſamkeit we=
niger in Anſpruch nahm, wurde dieſelbe wieder, wie vor

der Juliusrevolution auf den Orient gelenkt. Nicht nur erhielt Griechenland an dem Prinzen Otto von Bayern einen neuen König, sondern auch die hohe Pforte setzte aufs neue die europäische Diplomatie in Bewegung, da der Pascha von Aegypten Syrien eroberte, durch Klein= Asien vordrang und am Schluffe des Jahres schon Constan= tinopel selbst bedrohte.

Die Geschichte des Jahres 1832.

Erster Theil.

I.

Frankreich.

1.

Periers Sieg und Untergang. Die Cholera in Paris.

Frankreich theilte sich nach der Juliusrevolution, wie wir
gesehen haben, in drei Parteien: in die königliche oder
ministerielle, deren Wahlspruch das Juste-Milieu war,
die auf gleiche Weise das Adels- und Pfaffenregiment der alten Bourbons wie die Anarchie der Republik im Innern, so
wie eine zweite Restauration von außen oder Napoleonische
Eroberungskriege nach außen vermeiden wollte, und die sich
im Innern der materiellen Interessen und Friedenssympa-
thien gegen die Parteien, nach außen Englands gegen die
heil. Allianz bediente; ferner in die karlistische oder hen=

ricinquiftifche Partei, die Ludwig Philipp als Ufurpator
und nach Abdankung Karls X und des Dauphins den letzten
Sprößling der ältern Linie der Bourbons, Heinrich V, als
den legitimen König anfah, die um fo kühner wieder ihr
Haupt erhob, je mehr fie durch das Mäßigkeitsfyftem Ludwig
Philipps gefchont wurde, und die, wie zur Zeit der erften
Emigration, theils von einer neuen Coalition der Könige, theils
von einem neuen Vendée-Aufftande eine neue Reftauration
hoffte; endlich in die Partei der Bewegung, die fich von
der Juliusrevolution weit größere Folgen für die Freiheit der
Völker und den Ruhm Frankreichs verfprochen hatte, daher
fehr unzufrieden mit Ludwig Philipp war, aber wieder in
zwei Fractionen zerfiel, nämlich in die conftitutionellen
Liberalen, die wie Odilon-Barrot ꝛc. den königlichen Thron im
Innern, nur mit etwas mehr demokratifchen Inftitutionen um=
geben, und nach außen eine kraftvollere und der Freiheit der
Völker günftigere Politik haben wollten; und in die reinen
Republicaner, welche mit dem Königthum völlig brachen,
feitdem felbft ein Bürgerkönig, wie fie überzeugt waren, die
Probe nicht beftanden hatte.

Das Jufte-Milieu hatte fort und fort gefiegt, und da der
Erfolg die Meinungen zu beftimmen pflegt, fo nahmen die
Vorwürfe gegen daffelbe fchon im Jahre 1832 bedeutend ab.
Seine Gegner, auf der Tribune überwunden, nahmen ihre
Zuflucht zu Verfchwörungen, die eben fo unglücklich ausfielen,
bis die Oppofition endlich wirklich ermattete, oder es wenig=
ftens für politifch hielt, ihre noch übrigen Waffen nicht vol=
lends abzunutzen, fondern zu paufiren und zu warten. Gleich=
wohl hatte die Lage Ludwig Philipps trotz feiner Siege im
Innern und feiner Anerkennung von außen noch nicht von

ihrer Gefährlichkeit verloren, und selbst diejenigen, die stets als
den edlen Zweck seiner Politik den Frieden Europa's, die un=
gestörte Civilisation und den innern Wohlstand Frankreichs
bezeichneten, glaubten doch, daß er in der Wahl seiner Mit=
tel Fehlgriffe gethan, die nicht nur seinem Ruhme, sondern
auch seinem Plane gefährlich sind. Seine doctrinäre Dialektik
und Polizei im Innern und seine winkelziehende Diplomatie
nach außen entbehren der Offenheit und Größe, die ihm seine
weltgeschichtliche Lage, als erster Wahlkönig einer großen Na=
tion, zur Pflicht macht.

Der geistreiche Verfasser der Französischen Zustände hat
uns zu Anfang des Jahres 1852 ein sehr lebendiges Bild des
Königs entworfen: „In Ludwig Philipp sah das Volk einen
Mann, dessen Vater schon, sogar in seinem Namen, die bür=
gerliche Gleichheit der Menschen anerkannt hat, einen Mann,
der selbst bei Valmy und Jemappes für die Freiheit gefochten,
der von seiner frühesten Jugend an bis jetzt die Worte Frei=
heit und Gleichheit im Munde geführt, und sich, in Oppo=
sition gegen die eigene Sippschaft, als einen Repräsentanten
der Demokratie dargegeben hat. — Wie herrlich leuchtete die=
ser Mann im Glanze der Juliussonne, die sein Haupt wie
mit einer Glorie umstrahlte, und selbst auf seine Fehler so
viel heiteres Licht streute, daß sie noch mehr als seine Tugen=
den blendeten! Valmy und Jemappes! war damals der pa=
triotische Refrain aller seiner Reden; er streichelte die drei=
farbige Fahne wie eine wiedergefundene Geliebte; er stand
auf dem Balcone des Palais=Royal und schlug mit der Hand
den Tact zu der Marseillaise, die unten das Volk jubelte;
und er war ganz der Sohn der Gleichheit, fils d'Egalité, der
Soldat tricolore der Freiheit, wie er sich von Delavigne in

der Parisienne besingen lassen, und wie er sich von Horace
Vernet malen lassen, auf jenen Gemälden, die in den Gemächern des Palais-Royal immer besonders bedeutungsvoll zur
Schau gestanden. In diesen Gemächern hatte das Volk während der Restauration immer freien Zutritt; und da wan-
delte es herum des Sonntags, und bewunderte, wie bürger-
lich alles dort aussah, im Gegensatze zu den Tuilerien, wo
kein armer Bürgersmann so leicht hinkommen durfte; und
mit besonderer Vorliebe betrachtete man das Gemälde, worauf Ludwig Philipp abgebildet ist, wie er in der Schweiz als
Schullehrer vor der Weltkugel steht und den Knaben in der
Geographie Unterricht ertheilt. Die guten Leute dachten
Wunder, wie viel er selbst dabei gelernt haben müsse! Jetzt
sagt man, Ludwig Philipp habe damals nichts Anderes gelernt, als faire bonne mine à mauvais jeu und allzu große
Schätzung des Geldes. Die Glorie seines Hauptes ist verschwunden, und man erblickt darin nur eine Birne. Die
Birne ist noch immer stehender Volkswitz, in Spottblättern
und Carricaturen. Jene, namentlich le Revenant, les Can-
cans, le Brid-Oison, la Mode, und wie das karlistische Ungeziefer sonst heißen mag, mißhandeln den König mit einer
Unverschämtheit, die um so widerwärtiger ist, da man
wohl weiß, daß das edle Faubourg solche Blätter bezahlt.
Man sagt, die Königin lese sie oft und weine darüber; die
arme Frau erhält diese Blätter durch den unermüdlichen
Diensteifer jener schlimmsten Feinde, die unter dem Namen
„die guten Freunde" in jedem großen Hause zu finden sind.
Die Birne ist, wie gesagt, ein stehender Witz geworden, und
Hunderte von Carricaturen, worauf man sie erblickt, sind
überall ausgehängt. Hier sieht man Perier auf der Redner-

bühne, in der Hand die Birne, die er den Umsitzenden an=
preist und an den Meistbietenden für 18 Millionen losschlägt.
Dort wieder liegt eine ungeheure große Birne, gleich einem
Alp, auf der Brust des schlafenden Lafayette, der, wie an der
Zimmerwand angedeutet steht, von der besten Republik träumt.
Dann sieht man auch Perier und Sebastiani, jener als Pierrot,
dieser als dreifarbiger Harlequin gekleidet, durch den tiefsten
Koth waten, und auf den Schultern eine Querstange tragen,
woran eine ungeheure Birne hängt. Den jungen Heinrich
sieht man als frommen Wallfahrter, in Pilgertracht, mit
Muschelhut und Stab, woran oben eine Birne hängt, gleich
einem abgeschnittenen Kopfe. Ich will wahrlich den Unfug
dieser Fratzenbilder nicht vertreten, am allerwenigsten wenn
sie die Person des Fürsten selbst betreffen. Ihre unaufhörliche
Menge ist aber eine Volksstimme und bedeutet etwas. Eini=
germaßen verzeihlich werden solche Carricaturen, wenn sie,
keine bloße Beleidigung der Persönlichkeit beabsichtigend, nur
die Täuschung rügen, die man gegen das Volk verübt. Dann
ist auch ihre Wirkung gränzenlos. Seit eine Carricatur er=
schienen ist, worauf ein dreifarbiger Papagai dargestellt ist,
der auf jede Frage, die man an ihn richtet, abwechselnd
„Valmy" oder „Jemappes" antwortet, seitdem hütet sich
Ludwig Philipp diese Worte so wiederholentlich wie sonst vor=
zubringen. Er fühlt wohl, in diesen Worten lag immer ein
Versprechen, und wer sie im Munde führte, durfte keine
Quasi=Legitimität nachsuchen, durfte keine aristokratischen In=
stitutionen beibehalten, durfte nicht auf diese Weise den Frie=
den erflehen, durfte nicht Frankreich ungestraft beleidigen las=
sen, durfte nicht die Freiheit der übrigen Welt preisgeben und
verrathen. Alles dieß durfte Ludwig Philipp nicht; was er

aber durfte und sollte, war, so meinen die Franzosen, etwa
folgendes: die Lügen der Charte müßten vernichtet, Valmy
und Jemappes aber mußten eine Wahrheit werden. Ludwig
Philipp mußte erfüllen, was sein ganzes Leben symbolisch
versprochen hatte. Wie einst in der Schweiz, mußte er wie=
der als Schulmeister vor die Weltkugel treten, und öffentlich
erklären: seht diese hübschen Länder, die Menschen darin sind
alle frei, sind alle gleich, und wenn ihr Kleinen das nicht im
Gedächtniß behaltet, bekommt ihr die Ruthe. Ja, Ludwig
Philipp mußte an die Spitze der europäischen Freiheit tre=
ten, die Interessen derselben mit seinen eigenen verschmel=
zen, sich selbst und die Freiheit identificiren, und wie einer
seiner Vorgänger ein kühnes l'état c'est moi! aussprach, so
mußte er mit noch größerem Selbstbewußtseyn ausrufen: la
liberté c'est moi! —"

Dieß waren allerdings die Erwartungen Lafayette's. Ih=
nen vollkommen zu entsprechen, war ohne Zweifel Ludwig
Philipp nicht der Mann, daher hätte man auch diese Erwar=
tungen nicht von ihm hegen sollen. Auch ging man zu weit,
oder machte sich einer etwas starken Naivetät schuldig, wenn
man von einem König verlangte, was nur eine Republik lei=
sten kann, und sofern man im Bürgerkönig nur den Bürger
sehen wollte, durfte man sich nicht darüber beklagen, daß er
seinerseits zu viel den König blicken ließ. Am richtigsten
scheint Odilon=Barrot die Lage des Königs begriffen zu haben,
da er von demselben nur mehr Aufrichtigkeit und Würde ver=
langte. Odilon=Barrot trat den Republicanern entgegen,
bekannte sich feierlich zur Juliusdynastie, behauptete aber und
wiederholte bei jeder Gelegenheit, daß dem Könige der Fran=
zosen nur eine offene und großartige Politik gezieme, daß

nur eine solche sowohl den Frieden Europa's als auch die
neue Dynastie befestigen könne. Wenn Ludwig Philipp ihm
gefolgt wäre, würde er die Mehrheit der Liberalen in Frank=
reich, statt zu Republicanern und seinen erbitterten Feinden,
vielmehr zu seinen Freunden gemacht, und nach außen in Be=
zug auf Polen, Belgien und Italien eine weit kräftigere In=
tervention bewirkt haben, ohne daß weder im Sinne der Re=
publicaner eine neue revolutionäre Ueberfluthung Europa',
noch im Sinne der Karlisten ein neuer Kreuzzug zu fürch=
ten gewesen wäre, weil die auswärtigen Mächte sich wohl ge=
hütet haben würden, eine so gewaltige, im Innern starke,
von außen mit Bundesgenossen umgürtete, mit dem Zeitgeist
Hand in Hand gehende Macht anzugreifen.

Ludwig Philipp glaubte indeß die Ruhe in Frankreich
nicht durch seine Popularität, sondern durch Schwächung des
Enthusiasmus, durch Paralysirung der Parteien und durch
die alten Polizeimanöuvres, und den Frieden von außen nicht
durch eine offene und energische Sprache, sondern durch ge=
heime Begütigungen und Intriguen, durch die alten diploma=
tischen Manöuvres erhalten zu können. Indem er Frankreich
damit überraschte und seine unter einander getrennten Geg=
ner Zeit brauchten, sich zu besinnen, indem er den materiellen
Friedensinteressen schmeichelte und so einerseits im Innern sich
für die nächste Gegenwart die Majorität sicherte, und indem er
andererseits durch eben dieses System auch die auswärtigen
Mächte überraschte, ihnen Zeit gab, über die von ihrer Seite
zu ergreifende Politik nachzudenken und sich dadurch einstwei=
len auch der Zustimmung ihrer Majorität versicherte, errang
seine Politik glänzende Erfolge, deren Dauer gleichwohl von

der geheimen Macht abhängig ist, die der Nestor der Politik,
Talleyrand, le hazard genannt hat.

Das alte Jahr hatte, wie wir gesehen haben, unter hef=
tigem Parteigezänk geendet. Das neue Jahr fuhr darin fort.
Die Stürme der Opposition waren zwar nicht mehr so laut
und häufig, aber der mehr zurückgedrängte Groll nahm an
Gehässigkeit zu.

Die Anrede des diplomatischen Corps an den König am
Neujahr sollte den Völkern beweisen, wie sehr Ludwig Phi=
lipp mit den nordischen Mächten einstimmig denke: „Mit
einem glücklichen und ruhigen Frankreich sind Ordnung, Ruhe
und Glück aller andern Staaten verknüpft. Im verflossenen
Jahre haben Eure Majestät und die andern Souveraine alles
Mögliche zur Erhaltung des Friedens, zur Aufrechthaltung
dieses ersten Bedürfnisses der Civilisation, gethan; diese Be=
strebungen wurden mit Erfolg gekrönt, weil von beiden Sei=
ten Aufrichtigkeit und fester Wille vorhanden waren, die
Schwierigkeiten auszugleichen und die Hindernisse zu über=
steigen. Das zu Ende gegangene Jahr hat den Grund zu dem
Frieden des beginnenden und der folgenden Jahre gelegt."

Am 4ten Januar bediente sich Hr. Montalivet in der
Kammer des Ausdruckes Unterthanen, was einen kurzen,
aber äußerst heftigen Kampf herbeiführte. Die Opposition
protestirte aus allen Kräften gegen diesen Ausdruck, der eine
Rückkehr zu der alten Sklaverei ankündige, da es seit der
Juliusrevolution in Frankreich nur Bürger, aber nicht mehr
Unterthanen gebe. Am gleichen Tage wurden über 30 Re=
publicaner in Paris verhaftet, die einer Verschwörung ange=
klagt waren.

Neue Gehässigkeiten zeigten sich bei der Festsetzung der

Civilliste. Der König ließ zu sehr den Wunsch blicken, dieselbe erhöht zu sehen, und veranstaltete kurz vor der Abstimmung einen Ball, was man so auslegte, als ob er die Deputirten dadurch habe gewinnen wollen. Inzwischen wurden von der Kammer am 12 Januar statt 15 nur 12 Mill. Civilliste bewilligt, und es erhoben sich laute Klagen über die großen Kosten des neuen Regime's im Vergleich mit den frühern Budgets unter den ältern Bourbons und Napoleon. Lafitte constatirte am 18 Januar die Lage der Finanzen für 1832 folgendermaßen: 978 Millionen Auflagen; 86 Mill. Deficit von 1830; 107 Mill., die für 1831 fehlten; 300 Mill. schwebende Schuld; ein zu negociirendes Capital von 200 Mill.; eine Tilgung, die im Verhältnisse der Vermehrung der Schuld vermindert sey, um die Ausgaben nicht zu vermehren; und täglich neue Octrois, neue Anleihen für die Städte; die Stadt Paris zu einer Anleihe von 40 Mill. verurtheilt! Es ist Zeit, fährt Herr Lafitte fort, am Rande des Abgrundes still zu halten.

Um diese Zeit übte die Regierung eine feindselige Strenge gegen die geflüchteten Polen aus, verweigerte denselben den Aufenthalt in Paris, und trieb sie nach Avignon. Dieß riß die alten Wunden wieder auf, und die Opposition erhob aufs neue laute, obwohl nutzlose Klagen. Besonders erbitterte der Befehl, die Polen nach Algier zu transportiren. Wir werden später, wenn wir von den Schicksalen der Polen überhaupt sprechen, darauf insbesondere zurückkommen.

Casimir Perier, dem der König das Staatsruder anvertraut hatte, indem er selbst wieder dessen Hand lenkte, trat am 20 Januar der Opposition aufs neue mit einer langen und gewandten Rede entgegen. Er beschwerte sich

bitter über die unaufhörlichen und doch unnützen Angriffe
gegen die Regierung, über diese systematische Feindseligkeit, die
jede Regierung unmöglich machen würde, wenn sie durchdränge,
und über die sich die Redner der Opposition am meisten beschwe=
ren würden, wenn sie selbst zur Regierung kämen. „Sieht die
Opposition nicht ein, daß wenn sie das Unglück hätte, durch
diese Bahn der Zerstörung zu der Staatsgewalt zu gelangen
oder zurückzukehren, sie zum voraus selbst sich die Mittel
der Handlung und der Kraft zerstört haben würde? Sie
würde alsdann nicht regieren, sondern regiert werden,
getrieben von den hinter ihr losgelassenen Leidenschaften,
statt der Ueberzeugungen und der Interessen, um sie auf=
recht zu erhalten. Jede Regierung würde ihr unmöglich
seyn, weil sie die Meinung geäußert, man dürfe unsere
Revolution nicht regieren, sondern man müsse ihr folgen,
und weil eine Revolution, der man folgt, nur im Ab=
grunde still hält. Dieß ist meine Ueberzeugung, es ist die
Meinung der Majorität des Landes, so wie die Opposition
sie selbst gemacht hat. Das Land verlangt von Ihnen Ruhe,
Frieden, Vertrauen und Zukunft. Nur in Ihrer Eintracht
wird es alle diese Wohlthaten finden, und daraus wird
dann eine wahre Erleichterung in den Lasten, die das Land
bedrücken, hervorgehen.“

Lafitte antwortete ihm nicht weniger beredt, indem
er auf die gefährliche Schwäche der französischen Politik
gegen das Ausland aufmerksam machte. „Ich glaube, daß
eine feste Sprache die fremden Fürsten, die nicht im Stande
sind, uns zu bekriegen, zu einer Entscheidung gebracht
haben würde. Ich frage, ob, wie man schon so oft ver=
kündigt, keine Verfolgungen in Italien stattgefunden haben;

ob die Amnestie vollständig gewesen? Ich frage, ob Polen,
das nicht hätte untergehen sollen, ob Polen, das seine
Nationalität behalten sollte, noch besteht und seine Nationalität behalten hat? Endlich frage ich, ob jetzt die fremden Mächte in ihren Gesinnungen einstimmig sind? Ich
frage, ob man auf die eiteln Versprechungen, mit denen
sie uns bisher eingewiegt haben, zählen kann? Und ich
halte Frankreich für hinreichend groß und mächtig, um
diesen Zustand zu endigen; dazu gibt es aber nur Eine Art,
daß man nämlich laut und ohne Beschränkung das Princip
der Nichtintervention erkläre, das nicht beständig verschoben
werden darf. Seit sechs Monaten sagt man täglich, der Friede
sey gemacht, alles sey zu Ende, und doch ist die Unterhandlung
in England unentwirrbar, man weiß nicht, was jene Protokolle bedeuten, die kein Ende nehmen; es sind immer Hoffnungen, die man uns gibt, und diese Hoffnungen werden
niemals erfüllt."

Der Kassenrest des Hrn. Keßner, in dessen
Staatskassenverwaltung ein Deficit von 6 Millionen entdeckt wurde, setzte die Gemüther am Schlusse des Januars
abermals in große Bewegung, die noch durch eine Verschwörung vermehrt wurde. In der Nacht auf den 2.
Februar entstand ein Tumult auf dem Bastilleplatz, der
nach einigen Flintenschüssen durch die Truppen gedämpft
wurde. Es ist ungewiß, ob sich Karlisten und Republicaner
bei dieser Gelegenheit wirklich verbunden hatten; gewiß
aber ist, daß an demselben Abend nicht nur die Karlisten,
von denen der Tumult ausging, sondern auch die Republicaner versammelt waren, und daß die Regierung ihren
Angriff zuerst gegen die Letztern richtete, sey es mehr aus
wirk-

wirklicher Besorgniß, oder um sie zu verdächtigen. Es sollen 250 Karlisten und 50 Republicaner verhaftet worden seyn. Seit dieser Zeit wurde die Polizei in Paris vermehrt und ihre Strenge verschärft. Man prägte ihr ein, die Aufwiegler nicht mehr zu schonen und sie wenigstens durch Hiebe zu schrecken, da die Geschwornengerichte immer gern geneigt waren, sie auf dem gerichtlichen Wege frei zu sprechen.

Zu Anfang des März brach die Opposition in der Kammer aufs neue in laute Klagen aus über den Gang der französischen Politik. Lamarque sagte: „Ist es nicht die Propaganda des Absolutismus, die die entstehenden Constitutionen Deutschlands bekämpft, und wobei es Ihre Pflicht wäre, diese Constitutionen aufrecht zu erhalten? Ist es nicht diese Diplomatie, die Ihnen Feinde in jenem Bayern schafft, das vergißt, daß wir es waren, die seinen Herzoghut in eine Krone verwandelt haben? Ist es nicht der Einfluß der nordischen Mächte, der die Freiheit der Presse erstickt, und die Institutionen verdirbt? Betrachten Sie die Sachen genauer, dann werden Sie finden, daß man in Frankfurt und Mainz gegen Sie den Krieg führt; daß man in Hessen, in Würtemberg, im Großherzogthum Baden Sie angreift; der Stoß der Ideen geht dem Kanonendonner voraus, und die Niederlage unserer Doctrinen muß sie zu andern Kämpfen aufmuntern. Die Minister betrügen sich also, und bereiten uns eine Zukunft voller Zufälligkeiten vor, wenn sie einwilligen uns auf der Erde isolirt zu lassen; wenn sie das uns umgebende Netz zusammenziehen lassen; wenn sie, alle Fragen materialisirend, alle Sympathien, alle moralischen Gefühle, die uns an andere Nationen knüpften, ersticken wollen. Ich

werde Ihnen nicht von den Protokollen und der ewigen
Conferenz, nicht von den 24 Artikeln sprechen, wovon
einige eben so gefährlich für Frankreich als lästig für Belgien sind, und eben so wenig von den Versprechungen
der Ratificationen, die wahre Narcotica sind, womit man
Sie einschläfert; sondern von zwei dringenden Pflichten,
vor denen Sie unmöglich zurücktreten können, und von
einem allzuwichtigen Ereignisse, als daß man es mit Stillschweigen übergehen könnte. In der Eröffnungsrede dieser
Sitzung hat uns der König die Versicherung der „Aufrechthaltung der Nationalität Polens" gegeben, und Sie haben
sich im Namen Frankreichs durch ein feierliches Votum
den Versprechungen der Krone beigesellt. Was haben die
Minister zur Vollziehung dieser Verpflichtung Frankreichs
und seines Königs gethan? Haben sie Oesterreich daran
erinnert, daß 1816 alle Mächte diese „Nationalität" als
einen unerläßlichen Wall für Europa angesehen, und daß
der Abgesandte Englands mit Kraft die Gefahr bezeichnete,
die eintreten würde, wenn man die Heere der russischen
und polnischen Nationen unter der Hand eines kriegerischen
Prinzen lassen wollte? Wollen Sie etwa die Theilnahme
an Polen badurch beweisen, daß Sie an den Polen so wenig
Theilnahme bezeugen, daß Sie dieselben aus Frankreich
zu entfernen suchen, daß Sie ihnen lange den Zutritt zu
der Hauptstadt verschlossen und einige derer verbannten,
die im ersten Augenblicke daselbst eine Zuflucht gesucht hatten? Wir würden gewiß die Minister nicht tadeln, wenn
sie dem Central-Italien zu Hülfe kommen, das der 5te
Artikel des Tractats vom 10 Junius 1817 unter unsern
Schutz stellte; sind aber einige tausend nach Ancona abge-

schickte Franzosen, 80,000 Oesterreichern gegenüber, eine wirk=
liche Stütze? Können sie nicht im Gegentheil, eine so
leicht zu entzündende Bevölkerung überspannen, und sie zu
Anstrengungen veranlassen, wovon sie das Opfer werden
dürfte? Haben wir mit Einwilligung Oesterreichs an den
Küsten des adriatischen Meeres gelandet, so ist der Fehler
noch viel ernster, denn es kann nur eingewilligt haben,
indem es uns die Verpflichtung auflegte, ihm bei Unter=
drückung der Völker Italiens beizustehen. Demnach würde
sich das Frankreich des Julius nicht nur der heiligen Al=
lianz unterwerfen, sondern auch einen Theil derselben aus=
machen, und die dreifarbige Fahne, vormals das Sinnbild
des Ruhms und der Freiheit, würde wie der Adler des
Nordens ein Zeichen der Sklaverei werden.“

Thiers erklärte hierauf, daß die Verbindung
Frankreichs mit England mehr werth sey, und zu
größern Resultaten führe, als alle Plane der revolutionären
Propaganda im Sinn der alten Republik und des Kaiserreichs.
Dagegen aber sagt Mauguin: „Ich erkenne dieß an,
das gegenwärtige englische Ministerium scheint in einer Ge=
meinschaft der Ansichten mit dem französischen Cabinette
zu stehen. Wer kann aber verbürgen, daß dieses Ministe=
rium seine Doctrin nie ändern werde? Wer möchte auch
seine Dauer garantiren? Sonach hängt die Sicherheit
Frankreichs von einer Berathschlagung des Hauses der
Lords ab. Dieser so glänzende, so glückliche Zustand unserer
auswärtigen Angelegenheiten beschränkt sich also auf die
wenigen Worte: Rußland hat sich mit der Macht von
Polen vergrößert; Oestreich vergrößert sich mit der von ganz
Italien; Preußen fängt an sich über den ganzen deutschen

Bund auszudehnen. Die europäische Aristokratie hat schon
einen Theil ihres Zwecks erreicht; es ist ein großer Unter=
schied zwischen dem Julius 1850 und jetzt. Jetzt rühren
sich Hoffnungen, die damals nicht gewagt haben würden
sich zu äußern. Das was die Aristokratie mit uns that,
hat sie früher in Spanien gethan. Man sagte diesem,
es solle den Frieden behalten; man spaltete es, man schuf
Parteien, dann ward es überwunden und selbst ohne eine
Kriegserklärung. Man hat uns gezwungen unsere Prin=
cipien preiszugeben; aber die Principien in unserer Zeit
sind die Bataillone, die Allianzen. Als Rom seine Feinde,
die unterhandeln wollten, zu Grunde richten wollte, for=
derte es zuerst ihre Wagen, ihre Waffen, ihre Schätze,
dann forderte es Städte, Provinzen, und endlich ver=
brannte es Carthago oder erkaufte Jugurtha. So verfährt
die Aristokratie zu allen Zeiten bis auf unsere Tage. Was
hat sie unter unsern Augen in Neapel, in Piemont, in
Spanien gethan; und doch hatten diese Revolutionen Män=
ner von königlichem Geblüte an ihre Spitze gerufen. Das
königliche Geblüt konnte die Aristokratie nicht entwaffnen.
Die Souveraine wollen keine Constitutionen; sie verfolgen
die Constitutionen, die von den Völkern entrissenen Freihei=
ten, und werden sie überall verfolgen. Unsere Geschichte ist
folgende: man wird uns den Frieden nicht geben; ich sage
nicht, daß man uns bekriegen wird. Wir werden in dieser
Lage bleiben, die den Herren Ministern so sehr gefällt, weil
sie ihr Lächeln erweckt; wir werden in dieser Lage bleiben, die
nicht der Krieg und nicht der Friede, aber verheerend für
den Staat, verhängnißvoll für den Handel, beunruhigend
für das Land ist, und weder Zukunft noch Sicherheit gewährt.

Wir werden in dieser Lage bleiben; und wenn wir durch
unsere Spaltungen geschwächt sind, so wird uns Europa
eines Tags für schwach genug halten, um uns zu erobern."

Mauguin sprach hiermit die öffentliche Meinung in
Frankreich aus, die ohne Zweifel in der Kammer repräsentirt
gewesen wäre, wenn die active und passive Wählbarkeit nicht
an die Aristokratie des Geldes geknüpft gewesen wäre. Man
trug sich damals mit den Worten, die Perier zum preußi=
schen Gesandten gesagt haben sollte: Je ne sais pas pour-
quoi vous nous en voulez; nous sommes la restauration
complète excepté les Jésuites.

Um die kriegerischen Erinnerungen und den Haß gegen
die heilige Allianz nicht wieder zu erwecken, wurde der Mar=
schallin Ney, Fürstin von der Moskwa, ihr Gesuch um
Revission des Processes ihres Mannes abgeschlagen, und um
andrerseits den Karlisten keinen Anlaß zu Kirchen=Emeuten
zu nehmen, wurde die Feier des 21 Januars, als des
Todestags Ludwigs XVI, aufgehoben.

In den Provinzen herrschte dasselbe Mißbehagen, wie
in Paris. Am 3 Januar kam es zu einer Schlägerei zwi=
schen Karlisten und Liberalen in Toulon, und am 8ten
tumultuirte das Volk zu Poitiers wegen der drückenden
indirecten Steuern. Am 11 März brach ein bedeutender
Tumult in Grenoble aus. Am gedachten Tage, Sonn=
tags, sollte nach alter Sitte ein Maskenzug gehalten werden.
Der Präfect Duval untersagte denselben, weil er bei diesem
Anlaß politische Anspielungen und Ruhestörungen befürch=
tete. Aber gerade durch dieses Verbot führte er sie
herbei, denn man brachte ihm eine lärmende Katzenmusik,
und da er Truppen anrücken ließ, entstand ein förmliches

Gefecht, in welchem 15 Menschen verwundet wurden. Dieß
erbitterte die Bürger so sehr, daß sich nun auch die Natio=
nalgarde gegen den Präfecten erhob, und ihn sammt den
Linientruppen zwang, die Stadt zu räumen. Die Ruhe
stellte sich inzwischen von selbst wieder her, und der Vorfall
hatte weiter keine Folgen, als daß die Opposition der Ver=
waltung von Neuem ihre Gewaltthätigkeit vorwarf. An demsel=
ben 11 März wurde auch der Präfect in Carcassonne von
den dortigen Nationalgarden insultirt.

Am 27 März brach plötzlich die Cholera in Paris
aus, indem sie gleichsam von London herübersprang, im=
mer die größten Menschenmassen aufsuchend, wo sie sich zu=
sammengehäuft. Sie verbreitete einen panischen Schrecken
unter den Parisern, und brachte die niederen Classen der
gebildetsten und aufgeklärtesten Stadt der Welt in eben solche
Wuth wie die rohen Russen und Ungarn. Es zeigten sich
ganz die nämlichen Symptome des Volksargwohnes und
Volksaberglaubens. Der Pöbel wurde am ersten und zweiten
April unruhig, schwärmte durch die Gassen, insultirte die
Aerzte und suchte die Sanitätsanstalten zu verhindern. Das
unsinnige Gerücht, man wolle das Volk vergiften, verbreitete
sich auch in Paris, wie in Petersburg und Ungarn, und
führte zu denselben Excessen. Die Lumpensammler machten
den Anfang, und alles Lumpengesindel schloß sich an: „Es
war ein häßlicher Anblick, alle diese Lumpen, diesen Schmutz,
diese von Trunkenheit, Elend und Immoralität zerstörten
Gesichter, das wüthende Geschrei einer Masse von Weibern,
die kaum noch dem menschlichen Geschlechte angehören, zu
sehen. Die untern Classen glauben nicht an die Existenz
der Cholera; sie halten sie für eine Erfindung der Regierung

gewiſſe Maßregeln durchzuſetzen, die man ſonſt nicht in Ausführung zu bringen gewagt haben würde. Paris iſt voll von einer Population, die durch nichts als brutale Gewalt zu regieren iſt. Die Religion hat keinen Einfluß auf ſie, der Glaube an die Macht der Regierung iſt durch die Gewohnheit der Revolution gänzlich zerſtört.‟

Am wüthendſten und zügelloſeſten bezeigten ſich die Weiber, die Dames de la Halle. Einige Fälle werden erzählt, wo ſie ſich auf Vorübergehende, die an einem Riech= fläſchchen rochen, ein Chlorbüchschen trugen ꝛc., mit wü= thendem Geſchrei warfen, ihnen im Nu alle Kleider vom Leibe riſſen, und ſie dann im eigentlichen Sinne zerfleiſchten. Ein Dieb wollte in dichter Menſchengruppe ſeinem Nachbar ein Fünffrankenſtück aus der Taſche holen. „In's Waſſer mit dem Vergifter!‟ riefen Hunderte von Stimmen; man ſchleppte ihn an die Arcole=Brücke, und hinunter mit ihm. Ein Jude, der ein Kampherbüchschen bei ſich hatte, und es an ſeine Naſe brachte, um ſich vor der Cholera zu bewah= ren, ward bei der Getreidehalle von dem Pöbel überfallen, und mit Stößen zu Tode gemartert. Zwei junge Leute von Bercy, die eine Bude in der Straße des Faubourg St. An= toine gemiethet, wurden als Vergifter angeſehen, und wür= den ohne die Municipalwache und die Dragoner ein Opfer geworden ſeyn. In der Straße St. André des Arts ward eine Perſon, die in einen Brunnen blickte, als der Vergif= tung verdächtig behandelt, aber noch von einer Patrouille ge= rettet. Der in der Straße St. Denis getödtete junge Mann ſtand vor einer Weinſchenke. Eine Frau, die ihn im Zweifel ſah, wohin er gehen ſollte, rief ihm zu: biſt du ein Vergifter? der Weinhändler kommt heraus und frägt den jungen Mann;

dieser antwortet gebrochen, es rottet sich eine Masse zusam=
men; man verlangt von ihm, daß er von dem Wein trinke,
den man für vergiftet hielt; er weigert sich und wird sogleich
niedergeworfen und zerrissen.

Folgendes Umlaufschreiben des Polizeipräfecten malt am
besten die Besorgnisse in jenen Schreckenstagen: „Die Er=
scheinung der Cholera in der Hauptstadt lieferte den ewigen
Feinden der Ordnung eine neue Gelegenheit, unter der Be=
völkerung schändliche Verleumdungen gegen die Regierung
auszustreuen. Sie wagten zu sagen, die Cholera sey bloß
eine von den Agenten der Behörde bewerkstelligte Vergiftung,
um die Bevölkerung zu vermindern, und die allgemeine Auf=
merksamkeit von den politischen Fragen abzuziehen. Ich wurde
benachrichtigt, daß einige Elende, um jenen schauderhaften
Einflüsterungen Glauben zu verschaffen, den Gedanken faßten,
die Weinschenken und Metzgerläden zu durchziehen mit Gift=
fläschchen und Paketen, sey es um das Gift in die Wasserge=
fäße und Weinkrüge und auf das Fleisch zu werfen, sey es
auch bloß, um sich den Anschein zu geben, als thäten sie dieß,
und sich dann auf frischer That von Mitschuldigen verhaften
zu lassen, die, sie als Polizeiangehörige bezeichnend, ihr Ent=
wischen begünstigen, und hierauf alles ins Werk setzen sollten,
um die Wahrheit der gegen die Behörde gerichteten gehäs=
sigen Anschuldigungen zu bestärken. Es wird hinreichen, Ih=
nen solche Entwürfe anzuzeigen, um Sie die Nothwendigkeit
fühlen zu lassen, die Wachsamkeit über die Schenken und
Fleischläden zu verdoppeln, und die Verkäufer vor jenen At=
tentaten zu warnen.‟

Dagegen klagte der Messager heftig darüber, daß die Re=
gierung auch bei dieser Gelegenheit nur ihrer politischen Furcht

fröhne, anstatt auf einem ärztlichen Wege für die Gesund=
heit Sorge zu tragen: „Hat man etwa jetzt Wasser genug in
der Stadt? Nein. Werden die Straßen während der Nacht
von dem Unrath gesäubert? Nein. Sind sie endlich reinlich
und gesund? Nein, sie sind verpestet. Am wenigsten hat die
Administration die Todten geachtet; alles wurde über= und
durcheinander geworfen. Die Barbaren haben bessere Kirch=
höfe als wir; unsere Civilisation bleibt hierin hinter den Tür=
ken zurück. Aber was macht sich unsere Verwaltung aus dem
allem! Sie wirft die Leute in den Spitälern, in den Gefäng=
nissen, in den Kirchhöfen zusammen, und dann blickt sie um=
her, erwartend, daß man ihr Lob singe. Sie findet Zungen
dazu. Aber das Uebel wurde zu ernsthaft; man mußte dieses
Concert unterbrechen. Geht in die Rue des Postes; man er=
richtet dort eine Ambulance. Der Architekt, die Maurer
sind da; man trägt Steine und Kalk herbei; man beeilt die
Arbeit, wann wird sie fertig seyn? Wenn die Cholera vorbei
ist. Der Moniteur verkündigt die Geschenke an Bettzeug,
Kleidern, Leinwand 2c., und was zeigt man der erstaunten
Menge? Ist es nicht eine Schmach? In einer so reichen, so
verschwenderischen Stadt wie Paris 300 Kissenüberzüge,
1500 Leintücher, 600 Servietten, 16 Paar Handschuhe, 8 Paar
Schuhe, 6 Sessel, 4 Flanellstücke! O bejammernswerthe Selbst=
sucht, da bist du officiell proclamirt. Weitere Aufrufe an die
Wohlthätigkeit würden nicht viel helfen. Die Steuern, das
Unbehagen, die Noth — man wird nicht viel mehr erhalten.
Alle Industriezweige stocken, die Wohlthätigkeit wurde so
vielfach in Anspruch genommen, daß sie am Ende sich erschöpfte.
Für Foy's Grab bot Frankreich eine Million an; kaum die
Hälfte erhält man für das Grab einer ganzen Bevölkerung."

Da die Cholera während des Aprils immer heftiger um sich griff und auch mehrere Deputirte starben, so machten sich viele der übrigen aus dem Staube. Die Kammer wurde leer und am 21 April aufgelös't. Trotz der damaligen Noth erregte dennoch diese Flucht der Deputirten das Gelächter der Pariser.

Unter der großen Zahl der von der Cholera Ergriffenen befand sich auch Perier. Er hatte die Cholerakranken im Hotel-Dieu ohne Furcht besucht, und sey es, daß er hier angesteckt worden, oder daß seine bekannte Reizbarkeit ihn für den allgemein in der Atmosphäre verbreiteten Cholerastoff empfänglich machte, er erkrankte schon im April. Die Kunst der Aerzte hielt ihn einige Wochen hin. Seine zahlreichen Feinde sagten, er werde nicht sterben, denn er selbst sey eine schlimmere Krankheit als die Cholera. Gleichwohl fiel er in Wahnsinn und starb nach entsetzlichen Qualen endlich am 16 Mai. Sein prachtvoller Leichenzug fand gleichgültige Zuschauer.

2.

Ministerium Montalivet. Landung der Herzogin von Berry.

Der Tod Periers veränderte durchaus nichts im Systeme der Regierung, zum Beweise, daß der Minister immer nur das dienende Werkzeug des hinter ihm agirenden und selbstregierenden Königs gewesen. Noch während Periers Krankheit erhielt Montalivet, „der jüngste und unerfahrenste unter den Ministern," das Portefeuille des Innern, am 27 April, und an Montalivets Stelle wurde Girod de

l'Ain Cultminister. Ein Umlaufschreiben des ersteren kündigte an, daß man ganz im alten Systeme fortfahren werde.

Alles, was bisher geschehen war, hatte die Hoffnungen
der Karlisten gesteigert. Frankreich war unzufrieden, die neue
Dynastie nur bei den reichen Besitzern populär, die Parteien
des Juste-Milieu und der Republik im bittersten Haß ent-
zweit und dadurch wechselseitig geschwächt und endlich Paris
damals mit der Cholera beschäftigt. Es schien daher ein
günstiger Zeitpunkt für die Karlisten gekommen, deren Partei
durch die allzu große Nachsicht Ludwig Philipps wieder keck
gemacht worden war. Eine große karlistische Verschwörung breitete sich über das südliche Frankreich und
die Vendée aus, und die Landung der Herzogin von
Berry, die sich den Winter über in Italien aufgehalten
hatte, sollte das Zeichen zum offnen Aufstand geben. Was
die Plane der Karlisten und wiefern sie unter einander
selbst nicht ganz einig gewesen, darüber hat der Messager
einen in jedem Fall sehr interessanten Artikel geliefert. Sollte
derselbe auch nichts Anderes beweisen, so beweis't er wenigstens,
welchen Täuschungen sich die Herzogin von Berry hingegeben,
und wie sie von ihren eigenen Agenten schon damals hinter-
gangen wurde.

„An dem Tage, wo Graf Orloff den Haag verließ, reis'te
ein Bote, den er seit mehreren Tagen erwartete, nach Holyrood mit Depeschen und Geldanweisungen auf fünf Millionen
Rubel, die von dem Kaiser Nikolaus an Karl X geschickt
wurden, ab. In ihren Instructionen sagte Seine russische
Majestät: „daß Sie und Ihre erlauchten Verbündeten keinen
andern König von Frankreich als Karl X anerkennen könnten, dessen Abbankung null und nichtig wäre, weil die von

ihm gestellten Bedingungen verletzt worden seyen; jedoch bleibe
es Sr. allerchristlichsten Majestät vorbehalten, diese Abdan=
kung, wenn Sie es für zweckmäßig erachten sollte, zu er=
neuern, so wie Sie in den vollen Umfang ihrer Rechte zu=
rückgetreten seyn würde." Se. Majestät fügte hinzu, daß
Sie und Ihre Verbündeten nicht mit bewaffneter Hand in die
innern Angelegenheiten Frankreichs einschreiten könnten, so
lange der Zustand derselben eine Ausdehnung der Revolution
nach außen fürchten ließe, und vorzüglich so lange die verbün=
deten Heere ihre Intervention nicht auf innere Bewegungen
stützen könnten, aus denen die Proclamirung der legitimen
Regierung hervorginge. Man müßte daher diese Bewegungen
durch Fonds aufzustiften suchen, die zur Verfügung des kö=
niglichen Verbannten gestellt würden. Der Kaiser (so sagen
nämlich die uns gelieferten Urkunden) bemerkte schließlich,
daß es ihm nicht zukomme, Karl X das Betragen vorzuzeich=
nen, das er in Octropirung von Institutionen seinen Völkern
gegenüber zu beobachten habe; daß er inzwischen glaube, sie
sollten auf diejenigen gegründet seyn, die den Ruhm seiner
Vorfahren ausgemacht und Frankreich vierzehn Jahrhunderte
des Glücks gesichert hätten; jedoch mit Vorbehalt der nöthigen
Modificationen, die aus dem gegenwärtigen Zustande der Ge=
sellschaft hervorgingen." Die Gazette de France hätte nicht
besser sprechen können. Gleich nach Empfang dieser Depeschen
und der sie begleitenden Fonds überschickte Karl X, der sich
unverzüglich mit Abfassung seiner Constitution beschäftigte,
an Herrn v. Hauffez nach London und an das Comité nach
Paris bestimmte und dem Willen seiner Verbündeten gemäße
Instructionen, mit 600,000 Fr. in Wechseln eines englischen
Bankiers auf einen der Regierung bekannten Bankier zu

Paris. Er ließ zugleich die Herzogin von Berry wißen, wie die fremden Mächte die Frage in Betreff der Rückkehr der Legitimität verständen, und forderte sie auf, über Spanien, wo sie sich mit Sr. katholischen Majestät verständigen sollte, nach Holyrood zurückzukommen, um sich mit ihren königlichen Verwandten zu besprechen. Die Frau Herzogin von Berry kümmerte sich wenig um diese Eröffnung. Sie beharrte dabei im Namen ihres Sohnes, gegenwärtig des einzigen legitimen Souverains, handeln zu wollen. Nachdem sie gesehen, daß sie auf keinen Beistand zählen könnte, den man aus England erwartete, vermehrte sie ihre Fonds durch den Verkauf von Edelsteinen, und überschickte ihren Agenten auf allen Punkten gegen 600,000 Fr. mit der Nachricht, daß sie sich nach Marseille begeben würde, sobald alles bereit sey, um daselbst Heinrich V. zu proclamiren. Dieser Entschluß der Herzogin brachte etwas Verwirrung unter die Agenten des Comité's von Paris. Nach einer langen Erörterung inzwischen bei einer Dame, die man nicht nöthig hat zu nennen, denn es handelt sich nur davon, den Erfolg gefährlicher Verschwörungen zu verhindern, und nicht davon kecke und thörichte Personen zu compromittiren und zu Grunde zu richten, nach einer Erörterung in Gegenwart eines Botschafters und zweier anderer fremder Agenten ward entschieden, daß man den Versuch im Namen Heinrichs V unterstützen wollte, wenn er nämlich mit den andern Bewegungen zusammenfiele, die im übrigen Süden, im Westen, an den Küsten der Bretagne und Normandie und zu Paris statt finden würden; Bewegungen, die noch nicht vollständig organisirt waren. Ein sehr anhänglicher Mann, ein Marquis, ward beauftragt, Instructionen der Herzogin von Berry, die man noch in Nizza vermuthet, dahin zu überbringen. Er sollte ihr auch Depeschen, die durch eine fremde Botschaft von Holyrood angekommen waren, überreichen. Der Marquis erfuhr unterwegs die Abfahrt der Herzogin und den Aufstand von Marseille, und kehrte sogleich wieder mit seinen Depeschen nach Paris zurück. Die Eile der Herzogin war durch zwei ihrer Hauptagenten, deren Opfer sie gewesen, veranlaßt worden. Da sie seit langer Zeit viel Geld abgeschickt, wollten diejenigen, die es empfangen, sie überreden, es sey ganz verwendet. Sie sagten ihr demnach, sie werde von einer großen Zahl Vertrauter, die von ihnen bei der Armee und bei der Bevölkerung des Südens gewonnen seyen, erwartet und dürfe sich nur zeigen. Gewiß scheint in dieser Hinsicht, daß ein Individuum, das dafür bekannt ist, einer der Hauptagenten unter denen zu seyn, die in der Um= gebung der Herzogin leben, Paris verlassen und viel Geld mitgenommen hat, obgleich es ohne alles Geld angekommen war, und daß ein Anderer, der, um nach Marseille zu reisen, seine Meubles hatte verkaufen müssen, seit Kurzem zu Lyon mit einem wohlgespickten Portefeuille angekommen ist."

Gewiß ist, daß die Herzogin bei weitem die Unterstützung nicht fand, die man ihr vorgespiegelt hatte. Sie schiffte sich am 24 April mit dem Marschall Bourmont und eini= gen andern minder bedeutenden Vertrauten auf dem Carlo Alberto, einem Dampfschiffe, in Livorno ein und erschien am 30sten im Angesicht von Marseille. Hier sollte ein großer karlistischer Aufstand ihre Landung begünstigen. Mar= seille war kurz vorher schon in Aufregung gewesen durch die republicanisch gesinnte Partei, die am 24 April dem Herrn Thiers, der aus Auftrag Ludwig Philipps eben damals den Süden bereiste, ja der vielleicht in Angelegenheiten der

Herzogin von Berry abgeschickt worden war, als dem ver=
haßten Apostel des Juste=Milieu lebhafte à bas zugerufen
hatte. Am 30sten traten dagegen die Karlisten auf. An
2—3000 derselben versammelten sich auf der Esplanade la
Tourette, ließen Heinrich V leben und erwarteten das
Dampffchiff, das sie bereits erblickten. Zugleich wurde auf
der Kirche St. Laurent die weiße Fahne aufgepflanzt. Allein
die Regierung war schon von der Sache unterrichtet, hatte
Truppen bei der Hand und dämpfte den Aufstand augen=
blicklich. Eben so mißlang der Versuch eines Officiers zu
Grenoble, der am 7 Mai daselbst die weiße Fahne aus=
hing. Obgleich im Süden einige Gährung herrschte, griff
man doch nirgends zu den Waffen, und der Plan der Her=
zogin scheiterte völlig.

Ihr Dampffchiff mußte unverrichteter Sache von Mar=
seille wieder ablenken, um nicht den Schiffen der Regierung
in die Hände zu fallen. Es landete aber am 5 Mai bei
Ciotat, angeblich um sich mit Lebensmitteln und Stein=
kohlen zu versehen, wahrscheinlicher aber, um die Herzogin
von Berry ans Land zu setzen, da ihr Plan war, sich nach
der Vendée zu begeben und sich dort an die Spitze eines all=
gemeinen Aufstandes zu stellen, der, wie nachher bekannt
wurde, am 24 Mai ausbrechen sollte. Das Dampffchiff wurde
sogleich angehalten, und die Behörde berichtete nach Paris,
sie habe die Herzogin selbst, verbesserte sich aber bald dahin,
daß die für die Herzogin gehaltene Person eine andere, ihr
ähnliche und untergeschobene Dame sey. Dieser Umstand
gab zu mancherlei Betrachtungen Anlaß. Man beschuldigte
die Regierung, sie habe selbst diese Verwechslung erfunden,
um die Herzogin entwischen zu lassen. Man glaubte dieß um

so mehr, als es bald darauf hieß, die Herzogin sey in Nizza
angekommen. Man setzte nämlich voraus, die Regierung
habe der Herzogin bei ihrer Freilassung die Bedingung ge=
macht, sich schnell nach Italien zurückzuziehen. Andere
glaubten, die Karlisten hätten das Gerücht ausgesprengt,
die Herzogin sey in Nizza, um die Aufmerksamkeit von ihrer
Reise nach der Vendée abzulenken, und dieß ist auch das
Wahrscheinlichste. Wenn die Herzogin wirklich in die Hände
der Regierung gefallen wäre, würde ihr wohl selbst im Fall
einer geheimen Freilassung die Reise nach der Vendée un=
möglich gemacht worden seyn. Die wichtigsten Personen,
die man auf dem Carlo Alberto gefangen nahm, waren
Ludwig Adolph von Bourmont, Sohn des Marschalls, der
junge Graf Kergorlay und der Vicomte von St. Priest (Her=
zog von Almanza).

Am Ende des Mai meldeten die Blätter: „Die Herzogin
von Berry ist in der Vendée mit Frau von Larochefoucauld
und wahrscheinlich auch mit General Bourmont; das Letztere
ist nicht gewiß. Sie hatte in Marseille gelandet, war dort
zwei Tage geblieben, und da sie sah, daß der Versuch im
Süden mißlungen war, entschloß sie sich in die Vendée zu
gehen. Sie reiste in einem offenen Landau mit Postpferden,
von Schloß zu Schloß, bis sie endlich in der Nähe von
Nantes ankam, worauf der Aufstand der Chouans ausbrach.‟

Zu Morbihan fand man ihre Proclamationen. Eine
derselben lautete im Namen Karls X: „Franzosen, sammelt
euch um Heinrich V, seine jungen und reinen Hände bieten
euch den Helmschmuck, der einst Frankreich an den populairen
Monarchen fessele, dessen Namen er trägt; jedes andere
Feldzeichen würde bloß die Anarchie verlängern, und früher
oder

CAROLINE,

Herzogin von Berry.

oder später Invasionen herbeirufen. Nicht umsonst hat die
Vorsehung gestattet, daß der Thron einem Prinzen zufalle,
der durch sein Alter den traurigen Vorfällen fremd ist, die
wir durchmachen mußten. Kein Vorurtheil, keine schmerz=
liche Erinnerung wird seine Regierung stören. Unsre viel=
geliebte Tochter, die Herzogin von Berry, ist Regentin des
Königreichs; Frankreich angehörend durch ihre Voreltern,
durch Liebe und Leid, umgeben von Räthen, deren Loyalität
ein tabelloses Leben verbürgt, wird sie gleich Blanca von
Castilien, Frankreichs Ruhm und Glück sichern; ihre Hand
wird unsere langen Leiden verwischen, und die verjüngte
Monarchie wird weiter schreiten in der Bahn ihrer glänzen=
den Loose."

Der in der Vendée commandirende General Solignac
war von den Bewegungen im voraus unterrichtet, die am
24 Mai ausbrechen sollten, kam ihnen also zuvor und zer=
streute die karlistischen Zusammenläufe auf mehreren Punk=
ten im Augenblick ihres Entstehens. Die HH. v. Chinar, Des=
menard, de Saintes und mehrere Exofficiere Karls X
wurden mit den Waffen in der Hand ergriffen. „Zwei
Stunden von Vitré fand am 29 Mai ein Gefecht zwischen
fünf und sechs Uhr Morgens zwischen den Chouans und
einer Abtheilung des 31sten Linienregiments von 30 bis 40
Mann statt, die einer von Vitré kommenden Pulversendung
entgegenzog. Es wurden mehrere Chouans getödtet und
verwundet. Drei Soldaten und der Officier wurden ver=
wundet. Man hat von Vitré aus Truppen zu Verfolgung
dieser Bande abgeschickt. Andere Abtheilungen desselben
Regiments verfolgen die Chouans in dem Bezirke von Cha=
teau=Gontier und tödten ihnen viele Leute. Eine Bande

von 200 Köpfen ist in la Sarthe erschienen unter Herrn
von Bordigné. Sie hat die dreifarbige Fahne zu Chemiré
verbrannt. Die Nationalgarde von Sillé=le=Guillaume
hat sich mit einer Compagnie des 31sten dahin begeben. Die
Chouans flohen, und die dreifarbige Fahne ward von neuem
aufgepflanzt. Auch die Nationalgarden von Conlie sind auf=
gebrochen. In der Nacht vom 28 auf den 29sten ward eine
Scheune der Gemeinde St. Symphorien angezündet, wo
150 Nationalgardisten und eine Abtheilung Jäger schlie=
fen. Acht Pferde der Jäger verbrannten; ein Maréchal=de=
Logis und zwei Nationalgardisten wurden schwer verwundet;
einer derselben soll gestorben seyn. Man hat Verstärkungen
dahin gesandt. In der Mayenne, wo man Anfangs sehr
unruhig war, dürfte die Ruhe bald wieder hergestellt seyn.
Die Banden unter Guays und Pont=Farcy sind schlecht be=
waffnet und suchen den Truppen auszuweichen. Die Anführer
hatten auf größere Maßen bei ihrem Anhange gerechnet.
Die Banden unter Leroi, Gaulier und Guitter, St. Martin
sind zum Theil zerstreut. Im Departement Vendée dauern
die Verhaftungen in Folge des Gefechts von la Claye fort.
Man hat die H.H. v. Marsais Sohn, Leon de la Mothe Savatte,
und Alexander, dessen Bruder, Aubin de Briqueville, Vrignand
Vater, Lebaupin und den Pfarrer Poiron verhaftet. — Von An=
gers wird ferner unterm 29 Mai halb 3 Uhr Nachmittags ge=
schrieben: „Ich höre als gewiß, daß 1500 Chouans, von der
Nationalgarde und den Linientruppen des Bezirks von Cha=
teau=Gonthier verfolgt, sich in ein dem Herrn von Charnacé
gehöriges Schloß zwischen Gennes und Grez=en=Vouère zu=
rückgezogen haben. Im Augenblicke, wo die Person, die
uns diese Nachricht gibt, abreiste, verlangten die Chouans

zu capituliren, was man ihnen aber abschlug. Man schoß
unter sie. Bei dem Gefechte am lezten Sonntage bei Cha-
teau-Gonthier hatten die Chouans 71 Todte. Die H.H. v.
Civrac, Moricet und Sorinière wurden heute Nacht hier
eingebracht und im Schlosse eingekerkert. General Solignac
ist hier eingetroffen. Die Nationalgarden von Briollay,
Tiercé und Ecouflant sind gegen die Chouans aufgebrochen.
Der Präfect von Angers hat eine Proclamation erlassen,
worin er erklärt, daß er Vollmacht habe, die Nationalgarden
zu mobilisiren.

Ein zu Nantes angekommenes Schreiben aus Sablé
vom 28 Mai sagt: „Wir hören diesen Augenblick, daß in
der Gegend von Gré-Saint-Charles und Meslay, drei bis
vier Stunden von hier ein Gefecht stattgefunden hat, und 120
Chouans geblieben seyen. Wir haben nur drei bis vier
Mann verloren.“ — Aus la Flèche wird unterm 30 Mai
geschrieben: „Zwischen Sablé und Meslay, an der Gränze
der Departements Sarthe und Mayenne, waren 500 Chouans
versammelt; Truppen und Nationalgarden zogen gegen sie,
verfolgten und erreichten sie; 200 dieser Räuber blieben todt
auf dem Platze; und eine große Zahl derselben ward gefangen. Wir haben zehn Mann verloren und mehrere Verwundete.“

Am 31 Mai wurde aus Angers geschrieben: Die
Chouans werden auf allen Punkten geschlagen. Die zwei Departements, die am meisten in Empörung sich befinden, sind
Mayenne und Sarthe: überall wurden die Chouans geschlagen. General Clouet führte den Oberbefehl derselben, unter
ihm befehligt Hr. v. Pontfarcy. Clouet hat zweimal an den
königl. Procurator von Laval und an den Generalsecretär,

der bis zur Ankunft des Herrn Jussieu den Präfecten repräsentirt, geschrieben und für sich und Herrn Pontfarcy einen
Freipaß verlangt, wofür er dann versprach, daß die Chouans
die Waffen strecken würden. Man antwortete ihm, er habe
den Bürgerkrieg begonnen, und müsse ihn ausfechten, er hätte
keinen Pardon zu hoffen. In seinen officiellen Mittheilungen
nimmt Clouet den Titel Generallieutenant, Obercommandant
der westlichen Provinzen an.

In einem Briefe, worin sich die Herzogin bitter über
das Mißlingen des Aufstandes beklagt, unterzeichnete sie sich
Maria Caroline, Regentin von Frankreich.

Die Regierung begnügte sich inzwischen nicht mit den
Siegen des Generals Solignac. Sie schickte den Herzog von
Orleans nach dem Süden, um denselben zu beruhigen, ließ
am 31 Mai die Häupter der Karlisten in Paris (Graf
Monière, Herr von Chaumont, Sibuc, Cauchare ꝛc.) verhaften und bei andern (Conny, Berryer, Fitz-James) Haussuchung
anstellen, und erklärte die Vendée in Belagerungszustand.

Der Herzog von Orleans kam am Ende Mai's nach
Lyon, wo er ziemlich kalt aufgenommen wurde. In Toulon empfing er am 11 Junius verschiedene sehr freisinnige
Adressen, worin das System der Regierung bitter beklagt
und von „Täuschungen" gesprochen wurde. Der Prinz soll
mit Hitze geantwortet haben: „Der König, mein Vater, wird
den Aufstand, erscheine er unter weißem oder rothem Banner,
zu unterdrücken wissen."

Am 5 Junius wurde die Vendée in Belagerungszustand erklärt. Der Moniteur berichtete über die weiteren
Vorfälle daselbst: „Die Chouans richten ihre Hauptbestre-
bungen nach dem Bezirke von Beaupreau. Am 5ten griffen

sie Montjean an, das keine Besatzung hatte. Die National=
Garden, welche die Insurgenten entwaffnen wollten, zogen
sich in ein altes Schloß zurück, von wo sie drei Stunden lang
mit den Chouans Schüsse wechselten. Diese, 350 bis 400 an
der Zahl, von einem Herrn Ducan befehligt, wurden zum
Rückzuge gezwungen."

„Am 4ten, 5ten und 6ten Junius brach der Aufstand in
einer großen Anzahl Gemeinden in der Umgegend von Meil=
leraye, Bourbon Vendée, Mortagne und Sasenay aus; eine
Anzahl kleiner Gefechte wurde geliefert, in denen die Chouans
nicht immer unterlagen. Indeß fühlten doch mehrere Chefs
schnell das Mißliche ihrer Lage, und ein gewisser de Laroche=
Macé schlug dem Maire von Annecis eine Capitulation vor,
die indeß nicht angenommen wurde. Hierauf forderte de La=
roche=Macé, der sich General der dritten Division unterzeich=
net hatte, seine Leute selbst auf, die Waffen niederzulegen.

Der Vorfall im Schlosse Penissière de la Cour bei
Clisson war bei weitem nicht so blutig, als man vermuthet
hatte. Inzwischen wurde das Schloß in Brand gesteckt, und
mehrere Chouans fanden den Tod in den Flammen. —
In der Umgegend von Caudé erschien am 6 Junius ein
Haufe von 800 bis 1000 Chouans, die den Truppen: es
lebe Heinrich V! es lebe die Linie! entgegenriefen. Diese
griff jedoch an, mußte aber nach längerem Kampfe weichen.
In der Nähe dieser Bande soll sich auch die Herzogin von
Berry befinden; gewiß ist wenigstens, daß eine Dame sich
in ihrer Mitte befindet, welcher die Chefs große Ehrerbie=
tung bezeugen."

Am 8 Junius wurden in Nantes verschiedene Procla=
mationen der Herzogin von Berry bekannt, worin sie eine

Auflösung der französischen Armee befahl ꝛc. Allein diese
gebieterische Sprache taugte wenig zu den Umständen. Der
Moniteur berichtete am 13 Junius: „Der Belagerungsstand
hat die Chefs der Chouans mit einem wohlthätigen Schrecken
durchdrungen, Hr. v. Kersabiec ward verhaftet und am 8ten
nach Nantes abgeführt. Hr. v. Larochomacé, der nach Ligné
gekommen war, um mit 6= bis 800 Chouans die Waffen zu
strecken, verlangte zu capituliren. Das bei Vieillevigne statt=
gefundene Treffen hat über das Schicksal der Empörer entschie=
den. Viele Chefs gingen zu Grunde. Einer derselben, der
schwer verwundet war, wollte seinen Namen nicht nennen.
In seinen Aeußerungen erklärte er, daß der erste Stallmeister
der Herzogin v. Berry getödtet worden sey. Hier scheint die
Prinzessin sich von allen Chefs verabschiedet zu haben. Cha=
rette sagte zu den Trümmern seiner Banden: „Ihr seyd eurer
Väter nicht würdig; ich verlasse euch und gehe nach England.“
Herr v. la Serrie, der sich auf Gnade und Ungnade ergeben,
ward in das Gefängniß von Nantes gebracht. Man hat in
dem Bezirke von Savenay wichtige Verhaftungen gemacht.
Man vermuthet, daß sich die Herzogin v. Berry in den Ma=
rais, in geringer Entfernung von der See befindet. Sie
findet große Schwierigkeit sich einzuschiffen, da auf der ganzen
Küste die größte Wachsamkeit beobachtet wird.“

Am 14 Junius kam General Bonnet nach Nantes, um die
Entwaffnung der Vendée und die Verhaftung der Chouans
zu vollenden. Er mußte den General Solignac ersetzen, aus
irgend einem politischen Grunde, man vermuthete wegen ge=
heimer Unterhandlungen mit der Herzogin von Berry. Diese
letztere wurde nirgends gefunden, und man verbreitete ge=
flissentlich das Gerücht, sie sey beim Schloßbrande von la Pe=

nifière umgekommen. Die berühmte Frau von Laroche=Jacque=
lin, eine der Hauptverschwornen der Vendée, sollte es un=
ter Thränen gesagt haben.

3.
Compte rendu. Lamarque's blutige Todtenfeier.

Am 22 Mai versammelten sich 41 Deputirte von der Op=
position bei Herrn Lafitte. Nach einigen Debatten glaubte
die Versammlung bei folgender Maßregel stehen bleiben zu
müssen: die Opposition solle aus Anlaß des Todes des Herrn
Perier eine Darstellung ihrer Grundsätze an das Land erlassen,
und dadurch auf den ihr oft gemachten Vorwurf, daß sie jede
Regierung unmöglich mache, antworten. Zur Abfassung die=
ses Manifestes ernannte man eine Commission aus den HH.
Lafayette, Lafitte, Odilon=Barrot, Mauguin und Karl Comte.

Dieses Manifest oder compte rendu lautet: „Die Unterzeichneten, in Paris anwesenden Deputirten, von den Ge=
fahren eines Systems überzeugt, das die Regierung immer
mehr von der Revolution, die sie geschaffen, entfernt, sehen
es in der gegenwärtigen Lage für eine ihrer dringendsten Pflich=
ten an, ihren Committenten über ihre Principien und ihre
Abstimmungen Rechenschaft abzulegen. Wenn es nicht in
ihrer Gewalt gewesen, die Regierung zu den Bedingungen
ihrer eigenen Erhaltung zurückführen zu können, so steht es
wenigstens in ihrer Gewalt, die Gefahr derselben zu schildern.
Unsere Revolution von 1830 ward verschiedenartig gewürdigt.
Die Einen sahen darin nur einen Zwischenfall, eine Modifi=
cation der Restauration, und schlossen daraus, daß die Men=

schen und die Principien der Restauration die Principien und
die Menschen der neuen Regierung seyn müßten. Der Ein=
fluß dieser Meinung fand sich wieder bei allen Wandlungen
der langen und fruchtlos zu Ende gegangenen Session. Er
gab sich bei den Debatten über die Civilliste, über die Erb=
lichkeit der Pairie, über die Organisation der Armee kund,
er führte bei der Erörterung des Budgets den Vorsitz; er lei=
tet die Verwaltung des Reichs, und ordnet seine Haltung den
Fremden gegenüber. Die Andern, und zu diesen gehören die
Unterzeichneten, begrüßten in der Julius=Revolution die de=
finitive Weihung der von der großen Revolution von 1789
proclamirten Rechte. Diese Principien und diese Rechte sind
die breite und kräftige Grundlage, worauf sie den Thron fest=
gestellt gewünscht hätten. Ihre Reden und ihre Abstimmun=
gen waren beständig die Folge dieses Gedankens. So hatten
wir bei der Erörterung der Civilliste geglaubt, das neue Kö=
nigthum hätte andere Bedingungen der Kraft und der Exi=
stenz, als den Luxus und das Verderbniß der alten Monar=
chie; es hätte, stark durch seinen volksthümlichen Ursprung
und die Zustimmung der öffentlichen Vernunft, nicht nöthig,
weder die Einbildungskraft durch seinen Reichthum zu ergrei=
fen, noch die Hingebungen zu erkaufen. Bei derselben Erör=
terung und bei dem Beharren des Ministeriums, in unsere
Sprache und in unser politisches Recht den feudalen Ausdruck
Unterthanen wieder einzuführen, mußten wir dagegen
protestiren. Die Debatten über die Constitution der Pairie
waren ein umfassendes Feld, wo die Anhänger der Doctrine
des abgesetzten Regime's das sowohl, was sie wünschten, als
was sie vermißten, an den Tag legten. Wenn man sie hörte,
so gab es nichts Heiligeres als die vor der Revolution vor=

handen gewesenen Privilegien, und ihnen zufolge war ohne
Erblichkeit der Pairie kein Staat, keine Gesellschaft möglich.
Was uns betrifft, so verschafften wir, treu dem Princip der
Gleichheit und der Nationalsouverainetät, dem Wunsche
Frankreichs den Vorrang, und die Erblichkeit ward abgeschafft.
Wir wollten noch mehr: wir verlangten, die gesetzgebende Gewalt sollte selbst in der andern Kammer von einer Delegation
des Souverains, d. h. der Nation abgeleitet werden. Wir
wollten nicht, daß gewisse Pairs sich legitimer als der König
ausgeben könnten. Es schien uns, die Revolution sollte ihre
Gesetzgeber wählen, wie sie ihre Richter hätte einsetzen sollen.
Die Mehrheit entschied anders: die Zeit und die Erfahrung
werden zwischen ihr und uns das Urtheil fällen. Die Armee
ward der Gegenstand unserer lebhaftesten Besorgniß. Für
die Vergangenheit die Ungerechtigkeiten der Restauration wieder gut, sie für die Zukunft den Feinden Frankreichs furchtbar zu machen, ohne daß die innere Freiheit dadurch bedroht
werden könnte; das Vorrücken nicht der Gunst, sondern den
Diensten zu sichern; den Unterricht bei den Regimentern zu
verbreiten; endlich in jeder Beziehung die Lage des Soldaten
zu verbessern, — dieß war unser Zweck. Der Vorschlag, die
Grade und Decorationen der hundert Tage anzuerkennen,
genügte dem erstern dieser Wünsche, und ward von den beiden Kammern angenommen. Es gebührte einer legislativen
Maßregel, eine Genugthuung zu weihen, die nicht individuell,
sondern collectiv war. Ohne die königliche Sanction zu geben, noch zu verweigern, unterlegte die Regierung einer legislativen Maßregel eine Ordonnanz, setzte auf diese Art die
Initiative der Kammern hintan, und verletzte die Vorschriften der constitutionellen Competenz und selbst die für die

Verweigerung der Sanction eingeführten materiellen Formen.
Wir mußten dagegen protestiren. Es waren zwei Systeme
für die Organisation vorgelegt: das eine, das eine mächtige
Reserve, aus der beweglichen Nationalgarde und den vom
Dienste befreiten Soldaten bestehend, verlangte, würde erlaubt haben, die Stärke und die Ausgabe der permanenten
Armee zu vermindern. Das andere im Gegentheile ließ die
mobile Nationalgarde ohne Organisation; es verlangte un-
nützerweise die Anwesenheit einer größern Zahl von Soldaten
unter den Fahnen. Das erstere, sparsamere, der Verschmel-
zung der Nationalgarde und der Armee günstigere System
war das unsrige. Das zweite erhielt die Mehrheit. Das
Budget schien alle Meinungen in Hinsicht auf Ersparung und
Erleichterung der Steuerpflichtigen vereinigen zu müssen. Die
Fortsetzer der Restauration fanden alle Ausgaben rechtmäßig,
alle Auflagen wohl bestimmt; und gleich als ob es an dem
schmerzhaften Gesetze der Nothwendigkeit noch nicht genug
gewesen wäre, nahmen sie es noch auf sich, in ihren insulti-
renden Theorien die Uebertreibung der Auflage als eine Wohlthat darzustellen. Wir hätten gewünscht, daß die Revolution
dem Volke eine Morgengabe gebracht hätte. Wir waren weit
von dem Gedanken entfernt, die Hülfsquellen bloßzustellen,
die zur Vertheidigung des Gebiets nothwendig seyn dürften;
aber eine sparsamere und einfachere Verwaltung, eine bessere
Einrichtung bei gewissen Auflagen, eine weniger belästigende
Beziehungsweise würden den Druck der öffentlichen Lasten erleichtern; sie würden dadurch billiger und für die arbeitenden
Classen weniger drückend werden. Die Fragen der innern
Verwaltung fanden uns ebenfalls gespalten. Wir wollten
eben so sehr wie unsere Gegner und noch mehr als sie die

Bekämpfung aller Eingriffe in die öffentliche Ordnung. Ueber=
zeugt, daß die Sicherheit das erste Bedürfniß eines Volkes
ist, dessen Existenz in der Arbeit liegt, dachten wir, eine
volksthümliche Regierung würde mehr Kraft zu Verhütung
von Unruhen und mehr Mäßigung zu Erstickung derselben
haben. Die Regierung, die sich so stark ausgerufen hätte,
brachte es, ihrem eigenen Geständnisse zufolge, nur dahin,
den Widerstand auf allen Punkten des Gebiets zu organisiren,
und in die ergebenste Bevölkerung Gährungsstoff der Aufrei=
zung und Unordnung zu werfen. Was das Personal der
Verwaltung betrifft, so war es nach dem Sturze einer Regie=
rung, an die natürlich eine gewisse Zahl von Existenzen ge=
knüpft war, leicht zu erkennen, wo sich die Feinde der neuen
Ordnung der Dinge finden würden. Die Regierung, von
verhängnißvollen Doctrinen und ungerechtem Argwohn hin=
gehalten, sah nur in denen Feinde, die für ihre Gründung
gekämpft hatten. Ein Mitglied der Opposition wollte, Frank=
reich sollte endlich erfahren, ob seine Regierung Anstand nehme,
sich unwiederbringlich mit ihr in der Juliusrevolution zu
compromittiren. Der Briecquevill'sche Vorschlag ward, nach=
dem er ein erstesmal gescheitert, in der letzten Session von
Neuem vorgelegt. Er war gleichsam die Ahnung eines neuer=
lichen, schon damals ausgeheckten Versuchs, und wovon die
Staatsgewalt, wenn man ihrem amtlichen Organ glauben
darf, bereits das Geheimniß kannte. Man sah inzwischen,
wie die ministerielle Partei alle ihre Bestrebungen vereinigte,
um diesen Vorschlag zu entstellen, und selbst nach dem Votum
der Kammern verzögerte böser Wille dessen Sanction, wie
wenn dieser unerklärliche Aufschub eine stille Protestation, ein
Motiv der Absolution seyn sollte. Dieses System der Scho=

nung stellt den innern Frieden Frankreichs bloß, und veran=
laßt schüchterne Menschen, an einer Regierung zu zweifeln,
die an sich selbst zweifelt. Die letzte Session schien insbe=
sondere der Verwirklichung der Versprechungen der Charte
geweiht. Die Kammern sollten die Municipalgewalt in al=
len ihren Zweigen weihen, die Verantwortlichkeit der Mini=
ster, die aller Agenten der Staatsgewalt, den Elementarun=
terricht und die Freiheit des Unterrichts organisiren. Wir
· haben die Vollziehung dieser Versprechungen betrieben.
Wir verlangten ein Municipalsystem, das die kleinern An=
gelegenheiten der Centralisirung enthob, die großen verein=
fachte, überall die Elemente des politischen Lebens verbreitete,
und überall die größtmögliche Zahl der Bürger dem Stadt=
bürgerrechte beigesellte. Eine umfassende Departemental=
und Communal=Organisation würde in der That das wirk=
samste Mittel zu Kraft, öffentlicher Ordnung und materieller
Wohlfahrt seyn. Man hatte dem Ministerium gewissermaßen
durch den Drang der öffentlichen Meinung Gesetzes=Entwürfe
abgedrungen; sie wurden in der Kammer durch einen gehei=
men Einfluß neutralisirt, und endlich durch unbestimmte
Vertagungen zerstört. Dieß waren unsere Wünsche, in Be=
zug auf innere Politik; sie blieben unmächtig. In den
Verhältnissen Frankreichs mit dem Auslande war unser
Panier nochmals das von 1789: kein Krieg des Ehrgeizes
und der Eroberung, aber absolute Unabhängigkeit von jedem
fremden Einflusse. Mit Röthe auf der Stirn hörten wir
mehrmals im Laufe der Session Agenten der Regierung von
der Besorgniß sprechen, fremden Cabinetten zu mißfallen;
wir hielten Frankreich auf immer von diesem demüthigenden
Einflusse befreit. Wir verläugnen durchaus nicht unsere

lebhafte Sympathie für das Glück und die Freiheit anderer
Völker; aber wir hatten nie die Forderung gestellt, sie unsern
Institutionen zu unterwerfen. Nach dem Umsturze einer
durch die heilige Allianz aufgedrungenen Dynastie hätte die
Regierung mit Unruhe die Bewegungen der auswärtigen
Monarchen beaufsichtigen sollen. Sie durfte ihnen hauptsächlich nicht gestatten, ihre Macht auszudehnen und zu
verstärken. Sie hatte dieß selbst anerkannt, als sie Frankreich die Absicht verkündete, Italien gegen Oesterreich beizustehen, und die polnische Nationalität gegen Rußland zu
beschützen. Und dennoch hat sie, trotz ihrer feierlichen Versprechungen, trotz der alten und neuen Interessen Frankreichs, Italien der Herrschaft Oesterreichs preisgegeben und
Polen untergehen lassen, jenes Polen, dem wir hätten bei-
stehen können, was man auch darüber auf der Tribune gesagt
hat, und das wir zu retten verpflichtet waren. Man glaube
doch nicht, daß eine abgemessene und feste Sprache den Krieg
herbeigeführt hätte; wir glauben im Gegentheil, daß dieß
das einzige und sicherste Mittel war, den Frieden zu bewahren. Kurz, der Friede mit der Unabhängigkeit und Würde
Frankreichs; die Ordnung durch die Freiheit, eine unerschüt-
terliche Treue an den Gedanken der Juliusrevolution, ein
Gedanke der Nationalität, der Gerechtigkeit, der Ordnung,
des Ruhms und der Mäßigung, der Freiheit und der allgemeinen Civilisation, ein glorreicher und reiner Gedanke, den
wir so gern immer wiederholen, den alle unsere Abstimmungen
treulich ausgedrückt haben, den unsere Herzen nie verriethen, dieß war und wird immer unsere politische Religion
seyn. Wir sind weit entfernt, unsere Gegner in ihren Ge-
waltschritten und ihren Verleumdungen nachzuahmen. Mö-

gen uns aber die Männer des 13 März sagen, ob eine
einzige ihrer Versprechungen gehalten ward. Sie sollten um
den Thron alle Meinungen vereinigen, und haben verhäng=
nißvollen Zwiespalt unter großherzige Männer geworfen, die
sich aus Liebe zur Freiheit und aus dem Gefühle der Gefahr
des Vaterlandes näherten. Sie sollten die Revolution befe=
stigen, und zertrümmerten deren natürliche Stützen durch
die Auflösung der Nationalgarden der kriegerischsten und
ergebensten Städte. Sie sollten die Preßfreiheit begünsti=
gen, die Frankreich gerettet hat, und sie haben sie mit ihren
Requisitorien gequält, mit den Auflagen zu Grunde gerichtet,
mit ihren Actien=Abkäufen verderbt, mit den Geldbußen
bedrängt. Sie wußten, daß die unermeßliche Mehrheit der
Nation und der Deputirtenkammer die Erblichkeit der Pairie
abschaffen wollte, und behandelten den National= und Par=
lamentar=Willen als Träumerei und Thorheit. Sie
hatten erklärt, sie würden die gesetzliche Ordnung herrschen
lassen, und es gibt kein Gesetz, dessen Anwendung sie nicht
verkehrt, oder verfälscht hätten; sie würden sich auf die
Kammer stützen, und sie erstickten deren Initiative; sie
würden sich durch Gastfreundlichkeit der Schuld Frankreichs
gegen die patriotischen Flüchtlinge aus Polen, Italien und
Spanien entledigen, und sie haben diese Gastfreundlichkeit
durch die daran geknüpften schmachvollen Bedingungen ge=
brandmarkt. Sie garantirten uns die innere Sicherheit, und
diese ward unaufhörlich durch Aufstände, heftige Conflicte
zwischen dem Volke und der Behörde, durch immer kecker
gewordene Angriffe der abgesetzten Regierung gestört. Sie
kündigten uns eine allgemeine Entwaffnung an, und ver=
wickelten uns in ein so unentwirrbares Labyrinth von diplo=

matischen Intriguen, daß es ihnen selbst unmöglich ist,
diesem Zustande der Angst, der weder Friede noch Krieg ist,
und der unsern Handel und unsere Industrie tödtet, ein
Ziel zu stecken. In welcher Lage läßt endlich das System der
Quasilegitimität Frankreich nach zweijähriger Erfahrung? Ist
nicht nach außen die Coalition der Könige drohender als
jemals? Ist nicht der Bürgerkrieg im Innern entzündet?
Sind diese Soldaten, die unsere Gränzen umlagern, diese
Complotte, diese Versuche, diese im Westen und Süden wieder ausbrechenden Unruhen nicht zureichend, der Staatsgewalt die Augen zu öffnen? Will sie noch, um sich klar auszusprechen, zuwarten, bis unsere Departements in Feuer
und Flammen stehen, unsere Provinzen überzogen sind,
Frankreich bloßgestellt ist, und sich nur durch gleichzeitige
Verschwendung seiner Kinder und seiner Schätze retten kann?
Wir sprechen es mit schmerzlicher und tiefer Ueberzeugung
aus: Wenn dieses System noch länger fortdauert, so wird
die Juliusrevolution und Frankreich ihren Feinden überliefert. Die Restauration und die Revolution stehen einander gegenüber, der alte Kampf, den wir geendigt glaubten,
beginnt wieder. Möge die Regierung wählen; die von ihr
eingenommene zweideutige Stellung ist nicht haltbar: sie
gibt ihr weder die Kraft der Restauration, die unversöhnlich
ist, noch die der Revolution, die erbittert und mißtrauisch
wird. Das Frankreich von 1830 hat ebenso, wie das Frankreich von 1789 gedacht: daß das erbliche Königthum, von
populairen Institutionen umgeben, nichts mit den Principien der Freiheit Unverträgliches habe. Möge daher die
Regierung des Julius mit Vertrauen in die Bedingungen
ihrer Existenz zurücktreten. Die ganze Welt weiß, daß die

französische Revolution denen Macht ertheilt, welchen sie sich
hingibt; aber sie will, daß man sich ihr ohne Rückkehr, ohne
Rückblicke hingebe. Was uns betrifft, die wir in derselben
Hingebung an diese große und edle Sache vereinigt sind,
für welche Frankreich seit vierzig Jahren kämpft, so werden
wir sie weder in ihren Erfolgen, noch in ihren Unfällen ver=
lassen; wir haben ihr unser Leben geweiht, und hegen Ver=
trauen in ihren Sieg. Paris den 28 Mai 1832. (Unterz.)
Allier, Audry de Puyraveau, Arago, Bagot, Bavour,
Bernard vom Var, Blaque=Belair, Marquis von Brias,
Cabet, Comte, v. Corcelles, Cordier, v. Cormenin,
Graf Duchaffault, Duris = Dufresne, Galabert, Garnier=
Pagès, Gothier de Rumilly, v. Girardin, Degouve De=
nuncques, d'Herambout, Jolivet, Laboissière, General La=
fayette, Georg Lafayette, Jakob Lafitte, General Lafitte,
General Lamarque (sterbend), Lambert, Lenouvel, Marchal,
Mauguin, Marquis v. Mornay, Nicod, Odilon Barrot,
Portalis, Pourrat, Taillandier, Tardieu, General Thiars,
v. Tracy.''

An diese ersten 41 Unterzeichner schlossen sich in Kurzem
noch fast alle übrigen liberalen Deputirten, gegen anderthalb=
hundert an.

Unter denselben befand sich auch General Lamarque,
der von der Cholera befallen worden war. ,,Er gab am 29
Mai noch ein letztes Zeichen seiner Liebe für Frankreich,
indem er von seinem Sterbelager aus dem Manifest beitrat.
Als Krieger und Deputirter hat er seinem Lande auf der
Tribune und auf dem Schlachtfelde gleichmäßig gedient. Er
stirbt mit dem Schmerze, den Ruhm und die Freiheit Frank=
reichs, die er einen Augenblick dem Siege nahe glaubte, durch
ein

ein gehässiges und niedriges System hingeopfert zu sehen, das er bis zum letzten Augenblicke mit aller Kraft seines Charakters und seines Talentes bekämpfte." Am 1 Junius starb er.

Kaum war dieser ächte Repräsentant aller politischen und kriegerischen Begeisterung Frankreichs verschieden, als sein feuriger Geist die Hinterbliebenen neu zu beleben schien. Paris glühte, und man veranstaltete diesem Liebling Frankreichs eine Todtenfeier, wie sie selbst Mirabeau nicht zu Theil geworden war, und bei der sich der Enthusiasmus der Pariser um so energischer hervorthat, je gleichgültiger man Casimir Perier zur ewigen Ruhe begleitet hatte. Daß dieser Enthusiasmus auch die revolutionären Leidenschaften entzündete, war natürlich. Es gab Leute, welche Lamarque's Todtenfackeln in das Staatsgebäude des Juste = Milieu schleudern wollten; und die Polizei selbst suchte nach ihrer Weise das Feuer eines so unzeitigen Aufruhrs zu schüren, um einen Staatsstreich gegen die Unzufriedenen führen zu können.

Am 5 Junius fand das verhängnißvolle Begräbniß Lamarque's statt. „Gegen zweimalhunderttausend Menschen begleiteten die sterbliche Hülle Maximilian Lamarque's. Von 8 Uhr Morgens an versammelten sich, trotz des Regens, in allen Quartieren von Paris und der Banlieue Gruppen von Bürgern, Ouvriers, Studenten, Nationalgarden, und zogen in Haufen von 10, 20, 100, 200, nach der Rue St. Honoré, zwischen dem Vendomeplatz, dem Boulevard und den Tuilerien, auf den Revolutionsplatz, und als dieser weite Raum die Masse nicht mehr fassen konnte, verbreitete sie sich in die Champs Elysées, auf den Quai der Seine=Terrasse, in die Rue=Rivoli ꝛc. Bald erblickt das

herumschweifende Auge Gruppen von Generalen, unter denen
man die hohen Gestalten eines Excellmans, eines Hulot,
eines Sourd, dann die Marschälle Clauzel und Gérard
unterscheidet. Neben ihnen erschienen die in Paris anwe=
senden Deputirten, selbst Viennet, Ch. Dupin d. J., Las
Casas Sohn, und andere Ueberläufer der Grundsätze, denen
Lamarque getreu blieb. Einige Pairs, namentlich General
Flahault, der Botschafter in Berlin, der Marquis v. St.
Simon und der Fürst von der Moskowa, fanden sich schon
in früher Stunde vor dem Trauerhause ein. Die geflüch=
teten Polen, Spanier und Italiener, geführt von Ramorino,
Lelewel, Estrada, Saldanha, Bowring standen auf dem
Platze neben der Madelaine aufgestellt. Die Deputationen
der Schulen (der Universität) oder vielmehr die Schulen in
Masse sammelten sich auf dem Revolutionsplatze, mit ent=
falteten Fahnen, vermischt mit den Nationalgarden von
Paris und der Banlieue. Als Großkreuz der Ehrenlegion
hatte Lamarque ein Recht auf das militärische Geleit eines
Bataillons Infanterie. Eine gewisse Zahl Officiere der Gar=
nison Paris, seine alten Waffengefährten, hatten sich frei=
willig dem Trauerzug angeschlossen; aber die Truppen selbst
waren auf höheren Befehl in die Casernen consignirt, so
daß kein gemeiner Soldat, mit Ausnahme derer, die das
Geleit bildeten, in dem Zuge erschien. Gegen Mittag setzte
sich der Zug in ernster, tiefer Ruhe in Bewegung; selbst ein
heftiger Sturmregen, der in diesem Augenblicke fiel, störte
ihn nicht. In dem Augenblicke, wo der Todtenwagen die
Pforte des Trauerhauses verlassen hatte, wurden die Pferde
ausgespannt; die Zugriemen und anderes Nöthige war schnell
aus der Bude eines Kaufmanns im Bazar St. Honoré her=

beigeschafft worden, und 150 Personen, Studirende, Ju=
lius=Decorirte, Invaliden (die dem Verewigten einst auf
das Schlachtfeld gefolgt waren), zogen den Wagen, dem zur
Rechten Lafitte und Chatelain (Redacteur des Courrier fran=
çais), Mauguin und ein Zögling der Rechtsschule gingen;
zur Linken aber Lafayette und ein Julius=Decorirter, Mar=
schall Clauzel und ein Invalide, je zwei und zwei die
Enden des Leichentuchs haltend. Unmittelbar darauf folgten
zwei Obercommissarien, Mitglieder der Deputirtenkammer.
Louis Lamarque, Sohn des berühmten Todten, und einer
seiner Neffen führten die Spitze des Zugs; hinter ihnen
die Deputirten der beiden Kammern und die Officiere der
Armee, denen ein englischer Oberst sich anschließen zu dürfen
gebeten hatte, in rother Uniform, mit einem hölzernen
Bein, geführt vom General Daumesnil, Gouverneur von
Vincennes, der bekanntlich gleichfalls ein hölzernes Bein hat.
Dann kamen die Officiere der hundert Tage, deren Rechte
Lamarque so muthig vertheidigt hatte, einige von ihnen mit
den alten Uniformen von Ligny und Waterloo. Nach ihnen viele
von den unter der Restauration politisch=Verurtheilten, deren
Verluste die Juliusrevolution nicht vergütete, noch ihr Un=
glück erleichterte. Hierauf die fremden Flüchtlinge, je ein
schwarzes Trauerbanner an der Seite ihrer Nationalfahnen
tragend, und ihre Nationalcocarde mit Flor bedeckt: die
Polen, geführt von Ramorino, Lelewel und Sierawski; die
Portugiesen von General Saldanha; die Spanier, von Flo=
res Estrada, Minister unter den Cortes; die Italiener, von
Oberst Sercognani. Nichts war rührender als die Trauer
dieser Männer, denen man zum Theil ihr tiefes Elend ansah,
aber auch mit welcher Würde sie es tragen. Auch eine An=

zahl deutscher Flüchtlinge begleitete den Zug, vorantragend
eine prachtvolle schwarz=roth=goldene Fahne. Ihnen reih=
ten sich die Julius=Verwundeten, die Julius=Decorirten
an, ebenfalls in geschlossenen Abtheilungen und mit besondern
Führern. Die Nationalgarde schloß den Zug, an ihrer Spitze
die Artillerie; jeder mit einem Immortellenbouquet auf dem
Tschako und einen Flor um den Arm. Nur weinige Na=
tionalgarden zu Pferd stellten sich ein, aber die zu Fuß bil=
deten eine unermeßliche Reihe, deren Entfaltung auf den
Boulevards gegen 3 Stunden dauerte. Der Nationalgarde
von Paris folgte die von Corbeil, Essone, Longueneau, ja
selbst von Beauvais (16 Stunden von Paris). Endlich eine
Anzahl Invaliden, die unter den Befehlen des Generals
gedient hatten, viele mit Thränen in den Augen. Abwech=
selnd mit den Nationalgardecorps kamen die Corporationen
der Ouvriers, mit ihren verschiedenen Fahnen und Devisen,
sodann die Gesellschaft der Amis du peuple in ihrer aben=
teuerlichen Kleidung, und mehr als fünftausend Studiren=
de, jeder einen Trauerweidenzweig auf dem Hute. Als
die Spitze der Colonne auf dem Boulevard des Capucins, in
der Nähe des Vendomeplatzes, angekommen war, rief alles:
zur Vendomesäule! zur Vendomesäule! der Sarg ward nun
rings um jenes Siegsmonument getragen. Beim Vorüber=
ziehen vor dem Hotel des Siegelbewahrers riefen einzelne
Stimmen: „à bas den Julius=Renegaten!" Der auf dem
Platze befindliche Posten der Hauptwache glaubte seine Thü=
ren schließen zu müssen. Man bat den Officier seine Mann=
schaft heraustreten und vor dem Sarge des Todten das
Gewehr präsentiren zu lassen. Nach einigem Zaudern will=
fahrte der Officier. Bei der Rue Grammont bemerkte man

den Herzog von Fitz-James auf einem Balcone; er ward aufgefordert den Hut abzunehmen, gleich Allen an denen der Zug vorüberging; er verweigerte es; da flogen Steine nach dem Hause, und junge Leute riefen: Es lebe die Republik! à bas Louis Philippe! vive la liberté! Es entstand gewaltige Bewegung, mehrmals noch wurden jene Rufe wiederholt; an zwei oder drei Orten gab es Streit mit Municipalgarden und Sergents de Ville, deren Waffen man in Stücke brach; kurz, drohende Wolken zogen herauf. Inzwischen langte der Sarg am Orte seiner Bestimmung an. Marschall Clauzel hielt eine Todtenrede, eine zweite Mauguin. Nach diesem traten noch mehrere Redner, worunter die HH. Salabert, Pons, Saldanha, Ramorino u. s. w. auf. Schon während Mauguins Rede ward heftige unruhige Bewegung im Volke sichtbar. General Lafayette bestieg die Stufen und beschwor die Menge, die ernste Feier des Tages nicht durch Unordnung und ungesetzliche Handlungen zu beflecken. Enthusiastische Acclamationen schollen ihm entgegen, und als er von der Platform stieg, ward er im Triumphe zu seiner Kutsche getragen. Die Redner, die nach ihm auftraten, wurden nicht mehr gehört; ein Volksgesang (der Chant du depart), der in diesem Augenblick angestimmt wurde, übertönte ihre Stimmen. Fortwährend strömten Zöglinge der polytechnischen Schule, unter dem Rufe: Vive la republique! herbei. Die politischen Gesellschaften (vor allen die amis du peuple), die Studenten, die Ouvriers-Corporationen, verbreiten sich über den Boulevard der Bastille, und in Einem Moment waren die dort gepflanzten jungen Bäume samt den Stützpfosten ausgerissen, und das furchtbarste Geschrei erfüllte die Luft. Nationalgarden, die sich zurückziehen

wollen, werden von den Umstehenden daran gehindert. Hoch
auf schwarzem Roſſe erſcheint ein junger Mann, ein rothes
Banner ſchwenkend, auf dem mit ſchwarzen Buchſtaben die
Worte ſtehen: „Freiheit oder Tod!" In geſtrecktem Galopp
ſprengen Dragoner heran, und feuern ihre Carabiner ab;
auch Linientruppen rücken heran und beſetzen einen Theil des
Platzes; der wildbewegte Zug ſetzt ſich in Marſch; die Fau-
bourgs St. Antoine, Bercy, le Rapée, St. Marceau ſind
mit Pöbel erfüllt. In wenigen Minuten ſind am Ende der
Auſterlitzer Brücke, an den Straßenmündungen, auf jeder
Seite des Canals und längs der Quais Barricaden errichtet.
Raſch theilte ſich dieſelbe Bewegung andern Stadttheilen mit;
Barricaden entſtanden in den Rues St. Antoine, St. Denis,
St. Martin, Montmartre, Croiſſant ꝛc. Viele Laternen
wurden zerſchlagen, mehrere Wachhäuſer genommen. Läſſig
ſtellten ſich in manchen Quartieren die Nationalgarden ein;
viele kehrten wieder um. Manche Artilleriſten der Nationalgarde ſollen ſich ſogar den Inſurgenten angeſchloſſen haben.
(Bekanntlich war die Nationalgarde-Artillerie ſtets am meiſten republicaniſch geſinnt.) Beim Einbruche der Nacht nahmen die Kämpfe einen immer drohendern Charakter an. Kanonen erdröhnten unter dem Rollen des Kleingewehrfeuers;
blutig ward der Kampf beſonders in den Rues St. Martin,
St. Denis, dem Boulevard du Temple, dem Platze Maubert.
Das Volk bemächtigte ſich des Pulvermagazins auf dem Boulevard de l'Hopital, das bloß von acht Mann bewacht war.
Hier fand es Munition in Ueberfluß. Während der Nacht
war das Hauptquartier der Inſurgenten in der Rue St. Antoine und der Umgegend. Die Paſſage Saumon wurde genommen und wieder genommen; zuletzt (um halb 4 Uhr Mor-

gens) mußten die Truppen sie für die Nacht den Insurgenten
überlassen, welche die Thüren und Läden der reichen Buden
der Passage einschlugen, um sie in Vertheidigungswaffen und
Barricaden umzuwandeln. Schrecken bemächtigte sich der
Umwohnenden; sie befürchteten eine allgemeine Plünderung;
die Furcht war unbegründet: der Inhalt der Läden blieb un=
berührt. Aufs neue rückten Truppen in vermehrter Zahl an,
die nach fünf Uhr die Passage wieder erstürmten, und viele
Insurgenten gefangen nahmen. Es waren meist junge Män=
ner von gutem Aussehen, doch vermischt mit Leuten aus den
niedrigsten Classen. Viele Todte und Verwundete deckten das
nächtliche Wahlfeld. Der König kam spät Abends von St.
Cloud an, und hielt sogleich einen Ministerrath, worauf er
auf dem Carrousselplatz Revue passiren ließ. Während der
Nacht wurden an die Pressen der Tribune, der Quotidienne,
des Courrier de l'Europe Siegel gelegt. Von allen Seiten,
auf 15 Stunden im Umkreise rückten Truppen ein; die Na=
tionalgarden der Banlieue erschienen mit ihnen, zum Theil
ohne Uniform. Morgens wurde vom König und dem Herzog
von Nemours abermals Heerschau gehalten. Der Geist, den er
an dieser ganzen Mannschaft, die sich nun auf über 40,000
Mann, die Nationalgarde nicht gerechnet, belaufen mochte,
bemerken konnte, mußte ihm eben so viele Zuversicht einflößen,
als sie selbst des Königs Benehmen und Worte begeisterten.
Ein harter Stand erwartete sie, denn sie hatten es mit grim=
migen verzweifelten Feinden zu thun. In der Nacht hatten
sich diese um die Kirche und das ehemalige Kloster St. Mery
(Straße St. Martin) zusammengezogen, so daß sie von der
Straße desselben Namens an bis zur Straße Montmartre
alles besetzten, was von den Brücken der Cité bis jenseits

der großen Marktplätze (Halle und Marché des Innocents), ja zum Theil bis gegen das Boulevard bonne Nouvelle sich erstreckt. Nicht nur waren rings um diesen Bezirk her und in demselben viele, zum Theil sehr hohe und feste, Barricaden errichtet; um diese besser zu vertheidigen, waren auch die anstoßenden Häuser von Bewaffneten besetzt, und eben so die um die Märkte, so wie namentlich das große Gebäude hinter der Säule des Chatelet-Platzes zum Schilde au Veau qui tète. Vorzüglich fest hatten sie aber die zwei Gebäude von St. Mery gemacht, wo der Mittelpunkt aller ihrer Operationen war. Früh Morgens begann der Kampf auf dem Chatelet-Platze und in der Straße des Arcis, welche die Verlängerung der Straße St. Martin zum Quai ist. Hier und auf den andern Punkten, wo die von der Nationalgarde unterstützte Linie angriff, wurde sie mehrmals geworfen, und durch die aufeinander folgenden Schüsse aus den Häusern verloren sie beide viele Leute an Verwundeten oder Todten. Weit entfernt, gleich aus ihren Posten verdrängt zu werden, breiteten sie sich im Gegentheil aus, und um 3 Uhr Nachmittags stieß Ref. mit einer Nationalgarde-Abtheilung auf das Gewehrfeuer, da wo die Straße Clery die Straße Poissonnière durchschneidet. Eben so dauerte der Kampf in der Straße St. Antoine fort, wo schon Tags zuvor furchtbare Barricaden erhoben worden waren. Indessen wurden diese doch nach und nach durch den Muth der Truppen erstiegen; das 1ste, das 42ste Linien-Regiment und die Nationalgarde der Banlieue thaten Wunder. Nur vor St. Mery konnten sie sich nicht halten; vergebens erstürmten sie alle Barricaden: bei der Kirche empfing sie ein solcher Regen von Kugeln, Steinen, Mobilien, daß sie sich jedesmal wieder zurückziehen muß-

ten, um nicht zu viele Leute zu opfern. Gerade um diese Zeit
(2 Uhr) kam der König, nachdem er die ganze Länge der Boulevards durchritten, auf den Grève-Platz und an die Rue des
Arcis, wo der Kampf noch fortwährte. Des Monarchen Kalt-
blütigkeit verdient Bewunderung; er merkte nicht auf die
Gefahr, in der er schwebte. Was aber noch mehr erinnert zu
werden verdient, ist, daß niemand auf ihn schoß, so leicht es
auch den Rebellen gewesen wäre, da er den Barricaden, hinter welchen sie sich vertheidigten, doch so nahe kam. Vom
Volke wurde er überall mit lautem Zuruf empfangen, so wie
von der andern Seite die gefangenen Aufwiegler überall beschimpft und nur mit Mühe vor übler Behandlung von Seite
der Menge bewahrt wurden. Kaum war der Monarch vorüber, so ließ man endlich Geschütz aufführen, und zwei Stunden lang schallte der Kanonendonner in der bestürzten Hauptstadt. Mittelst des Geschützes wurden alle besetzten Häuser
auf dem Markte des Innocents und bis in die Straße St.
Mery eingebrochen, und indem nun die Liniensoldaten sich in
dieselben stürzten, übten sie furchtbare Rache an denen, welche
so viele ihrer unschuldigen Cameraden geopfert hatten. Auch
die in der Kirche Verschanzten konnten nicht länger widerstehen; auf ihr Verlangen zu capituliren, ward ihnen geantwortet, daß man ihnen zehn Minuten lasse, sich zu bedenken,
ob sie sich auf Gnade oder Ungnade ergeben wollten, und da
die Antwort ausblieb, brachen die Kanonenkugeln den Soldaten Bahn. Was widerstand, fiel unter dem Schwert; Viele
baten um Schonung, und wurden mit allen Uebrigen gefangen gemacht. Um 5 Uhr blieb den Truppen nichts mehr zu
thun übrig, als sich auch noch des großen Hauses au Veau
qui tête auf dem Chatelet-Platze zu bemeistern, und da sie

auch damit in Kurzem fertig wurden, war die Ruhe vor Ein=
bruch der Nacht wieder hergestellt. Es sollen 40,000 Mann
Linientruppen (selbst nach dem Journal des Debats) in Paris
schlagfertig gestanden haben. Rechnet man dazu wenigstens
20,000 Nationalgarden, so schlug sich jene Handvoll Men=
schen gegen 60,000 Mann. Einstimmig wird der Heldenmuth
dieser Tollkühnen gerühmt; sie sollen Wunder der Tapferkeit
vollbracht haben. Sie riefen beständig: Vive la Republique! und sie fanden kein Echo in der Brust des Volks. Mit
Recht sagt Heine, der damals in Paris war, von ihnen: „Sie
waren die reinsten, jedoch keineswegs die klügsten Freunde der
Freiheit, und doch ist man heute albern genug, sie des Ein=
verständnisses mit den Karlisten zu beschuldigen. Wahrlich!
wer so todesmuthig für den heiligen Irrthum seines Herzens
stirbt, für den schönen Wahn einer idealischen Zukunft, der
verbündet sich nicht mit jenem feigen Koth, den uns die Ver=
gangenheit unter den Karlisten hinterlassen hat.”

Die Regierung erklärte noch während des Aufstandes in
einer schlau abgefaßten Proclamation den Aufstand für halb
karlistisch, und ein großer Theil der Truppen und National=
garden bildeten sich wirklich ein, gegen Karlisten zu fechten;
ein Theil der Aufrührer selbst aber stand vom Kampf ab, um
nichts mit Karlisten gemein zu haben. Jene Proclamation,
schon vom 5 Junius, lautete: „Der Karlismus und die Re=
publik haben sich heute zu gleicher Zeit gegen den Juliusthron
aufgelehnt.” Sie stellte also den Karlismus sogar voran.

Man warf der Polizei vor, daß ihre Agenten unter re=
publicanischen Verkleidungen besonders thätig gewesen seyen
und sich unter derselben Maske, als ein Haufe lärmenden
Pöbels, des General Lafayette bemächtigt hätten, damit die=

fer General nicht Gelegenheit fände, sich etwa wieder an die
Spitze der Nationalgarde zu stellen.

4.

Paris im Belagerungszustand.

Während des Kampfs, als der Ausgang noch unentschie=
den war, verlangten einige Bürger, man solle Paris in Be=
lagerungszustand erklären. Diese Maßregel wurde aber völlig
überflüssig, da sich der Sieg so schnell entschied. Inzwischen
erkannte Thiers die großen Vortheile, die sich aus einem,
wenn auch nur vorübergehenden rechtslosen Gewaltszustand
ziehen ließen, rieth also dringend dazu, den Belagerungszu=
stand noch hinterdrein nach dem Siege zu erklären, am
Abend des 6ten. „Niemand dachte mehr an den Belagerungs=
zustand, als ein junger Deputirter, der seit mehreren Mo=
naten nach einem Portefeuille trachtete, und neulich von Ita=
lien zurückkehrte, in der Meinung, es könne ihm nicht feh=
len, das Wort nahm, und von der guten Stimmung der Na=
tionalgarden gegen die besiegten Republicaner und die Oppo=
sition sprach: „Man hat nun, sagte er, zur Vernichtung der
Presse und der Opposition eine Gelegenheit, die nie wieder
eintritt; erklären Sie die Stadt in Belagerungszustand, sus=
pendiren Sie die Journalfreiheit; lassen Sie, nöthigen und
möglichen Falls, erschießen wen Sie wollen, Deputirte oder
nicht: nicht nur wird man Sie handeln lassen, son=
dern sogar mit Freuden unterstützen; den Belagerungs=
zustand! den Belagerungszustand!" Herrn Thiers Mei=
nung von den HH. Montalivet und Sebastiani schwach
erörtert, von Marschall Soult unterstützt, der vielleicht hierin

für sich eine Bahn zum Conseilvorsitze sah, ging durch, und der Belagerungszustand wurde beschlossen und am 7 Junius publicirt.

Ganz im Sinne der öffentlichen Meinung protestirte Herr Coste, Redacteur des Temps, gegen diese Maßregel: „Die Versetzung in Belagerungszustand, die alle Staatsgewalten in die Hand der Militär=Autorität überträgt, die den Erkenntnissen der gewöhnlichen Tribunale und der Geschwornen die Erkenntnisse durch Militair=Commission unterlegt, ist die außerordentlichste Maßregel, die in einem freien Lande angewendet werden kann. Nur die dringendste Nothwendigkeit kann sie rechtfertigen. Wenn aber ein Belagerungszustand proclamirt wird, nachdem alles zur Ordnung zurückgekehrt ist; nachdem die allgemeinste Beistimmung die Regierung unterstützt, und die öffentliche Gewalt über den Widerstand völlig gesiegt hat; nachdem keine Rebellen mehr auf den Straßen oder den öffentlichen Plätzen, sondern nur Angeschuldigte in den Gefängnissen vorhanden sind: so heißt dieß sowohl die Gesetze verletzen, als die Bevölkerung schmähen, die sich so muthig der Bezwingung der Unordnung hingegeben hat. Dieß ist eine Verletzung der Gesetze! denn wenn die Maßregel die Folge hat, den Angeklagten die Garantie zu entziehen, die sie sich durch das Gericht des Landes mittelst der Geschwornen erworben haben, so ist dieß die allergehässigste Rückwirkung: es ist ein Act der Tyrannei. Hat aber die Maßregel keine rückwirkende Anwendung, macht man daraus eine bloß präventive Maßregel, so entstellt man sie. Die Suspension aller Freiheiten, aller Garantien in einer Stadt von einer Million Menschen, n der Hauptstadt Frankreichs, läßt sich nicht durch bloße Vermuthungen motiviren! Aus diesen

Beweggründen erklärt der Unterzeichnete, als Einwohner von
Paris, und als verantwortlicher Gerant eines der Organe der
Presse, deren Unabhängigkeit die öffentlichen Freiheiten in=
teressirt, und unter diesem Titel verpflichtet, alles zu be=
zeichnen, was sowohl diese Freiheit als die sie garantirende
Monarchie bloßstellen kann, wobei er die Verantwortlichkeit
dieses Acts auf sich nimmt, daß er gegen die Versetzung der
Stadt Paris in den Belagerungszustand, als gegen die un=
geeignetste Maßregel, unter den Umständen, in denen sich
Frankreich befindet, so wie als gegen die ungesetzlichste, welche
die ministerielle Verantwortlichkeit verpflichten kann, pro=
testirt.‘‘

Der National spottete über die Kraftanstrengung der Re=
gierung: „Frankreich wird nicht vergessen, daß die Gesetz=
mäßigkeit der doctrinären Partei, wenn es ihr bequem ist,
in der Jurisprudenz der Kriegsgerichte, ihre Constitution
in der Dictatur besteht. Möge sie sich doch beeilen, sich mit
dem Zauber des Ruhms und der Größe zu umgeben, der auf
einige Zeit für alle Usurpationen absolvirt; möge sie uns
schnell ihr Bulletin von Fleurus oder von Marengo bringen;
denn der Convent und Bonaparte wußten das Vaterland
durch Siege über den Verlust seiner Gesetze zu trösten.‘‘

Die Regierung hatte den Vortheil, die Artillerie der
Nationalgarde, die polytechnische und Alforter
Schule provisorisch aufzulösen, eine Menge Verhaftun=
gen vorzunehmen und Urtheile durch Kriegsgerichte auszu=
sprechen; allein es gelang ihr nicht, den Notabilitäten der Op=
position Schrecken einzuflößen, sie fand überall Widerstand.
Sie wollte die bekannten Häupter der republicanischen Par=
tei, Deputirte und Journalisten, Garnier Pagès, La=

boiſſi_ère, Cabet, Armand Carrel, Philippon,
verhaften laſſen; aber dieſe Herrn verſchwanden, mußten ſich
jeder Verfolgung zu entziehen und erklärten auf ihr Ehren=
wort, ſie würden ſich augenblicklich ins Gefängniß ſtellen, ſo
bald der verfaſſungswidrige Belagerungszuſtand aufhöre und
man ſie ihrem natürlichen Richter überliefere. Die Regie=
rung ſuchte auch die gemäßigte Oppoſition bei dieſer Gelegen=
heit zu verdächtigen. Lafitte, Odilon=Barrot und
Arrago hatten einen Schritt beim König gethan, der zum
Zweck hatte, ganz in dem bekannten Sinne ihrer Politik die
Extreme zu vermeiden. Man höhnte ſie jetzt, aber ſie gaben
in den öffentlichen Blättern eine edle und ſtolze Antwort.
Auch gegen die Karliſten wollte die Regierung jetzt ihre uſur=
patoriſche Gewalt richten; hier fand ſie aber an Herrn von
Chateaubriand einen unerſchütterlichen Gegner. Dieſer
geiſtreiche Schriftſteller ſpottete über die erbärmlichen Maßre=
geln; welche das Juſte=Milieu gegen ihn ergriff, und die ſein
Genie, ſein greiſes Haar und ſein aller Welt bekannter Wan=
del beſchämte. Er ließ damals öffentlich drucken: „Ich lade
auch die Polizei ein, ihre Spione zurückzuziehen, welche ver=
geblich vor meiner Thüre lauern, und mich immer mit ſo ein=
fältigen Blicken betrachten. Sie wiſſen es ja, meine Herren,
ich gehe jeden Tag um 2 Uhr aus, in einem blauen Ueber=
rocke, der eben ſo abgetragen iſt, wie die Legitimität, deren
Geſandter ich bin; ich gehe, wie der alte Hageſtolz, im Luxem=
burg ſpazieren: bis auf die Rente ſehe ich einem Rentier aus
der Allée des Obſervatoriums nicht unähnlich; ich mache täg=
lich zwei oder drei Beſuche und immer bei denſelben Perſonen;
um halb 6 Uhr komme ich zum Mittageſſen nach Hauſe; am
Abend kommen einige jener ſeltenen Freunde, die auch im

Unglück noch ausharren. Um 9 Uhr gehe ich zu Bette, um
6 Uhr stehe ich auf; ich lese die Journale, die man so gütig
ist, mir unentgeldlich zu senden; wenn ich gerade nicht auf=
gelegt bin, mich über das Juste=Milieu lustig zu machen, so
besuche ich von 10—12 Uhr gewisse Republicaner, Leute von
Geist und Herz, die, weniger nachsichtig als ich, diejenigen
hängen möchten, über welche ich nur lachen will. Zuweilen
kommen auch Decorirte des Julius, die von der Quasi=Legiti=
mität verlassen sind, und bitten mich, mein legitimes Elend
mit ihnen zu theilen. Da haben Sie nun, meine Herren
Spione, mein Signalement und meine Tagesbeschäftigung,
die Sie gewiß als mit der Wahrheit übereinstimmend beschei=
nigen werden. Sparen Sie sich also die Mühe, mir zu fol=
gen, und suchen Sie das aus dem Beutel der Steuerpflichti=
gen gezogene Geld besser zu verdienen. (Gez.) Chateaubriand."

Diese höhnende Sprache, die Verhaftung des jüngern
Berryer in der Vendée und die Verbindung der Pariser
Karlisten mit denen im Westen gab der Regierung erwünsch=
ten Anlaß, die Karlistenhäupter in Paris arretiren zu
lassen, und dadurch scheinbar die frühere Voraussetzung,
als ob der Pariser Aufstand am 5 und 6 Junius zugleich von
den Karlisten ausgegangen wäre, zu bestätigen. Es lag der
Regierung viel daran, dieß glauben zu machen und dadurch
auf den Aufstand ein gehässiges Licht zu werfen, da es be=
reits einen großen Theil der Pariser Nationalgarde zu
reuen anfing, sich so eifrig für Ludwig Philipp gegen die
Republicaner geschlagen zu haben. Man las in diesem Sinn
öffentliche Reclamationen von Nationalgardisten, z. B. im
Messager: „Ludwig Philipp und seine unklugen Rathgeber

mögen sich hüten in unserm Eifer eine feierliche Billigung
aller ihrer Handlungen zu erblicken."

Am 16 Junius wurden die HH. von Chateaubriand,
Fitz-James, Hyde be Neuville verhaftet, wie es
hieß, in Folge der Verhaftung Berryers, bei dem man
Briefe jener Herren gefunden hatte. Wollte die Regierung
sie durch die Verhaftnahme herabwürdigen, so erreichte sie
ihren Zweck nicht; denn die Herren zeigten den kleinlichen
Polizeimaßregeln gegenüber nur um so mehr ihren Adel,
protestirten gegen das ungesetzliche Gericht und verschmähten,
demselben irgend Rede zu stehen.

Auch General Ramorino wurde verhaftet, weil man
glaubte, die Republicaner hätten ihn zum militärischen Chef
ausersehen. Als das Volk sich bei seiner Arretirung versammelte, rief er: „wisset wohl, ich bin kein Dieb, ich bin
Ramorino, der für Polen gefochten." Er wurde wieder frei
gelassen. Die Regierung hatte die Miene angenommen,
als ob sie alle ihre Feinde vernichten wollte, allein sie begnügte sich, sie nur zu beleidigen und noch mehr zu erbittern.

Am 15 Junius legten 15 Deputirte eine Protestation
gegen den Belagerungszustand ein: „Die HH. Laboissière,
Cabet und Garnier Pagès haben bei den Protestationen, die
sie gegen die, in der Absicht sie einer Ausnahmsjustiz zu
überliefern, gegen sie gerichteten Verfolgungen, erlassen,
ihre Collegen der Kammer aufgerufen, ihre Meinung über
die willkürlichen Maßregeln, deren Gegenstand sie sind, zu
erklären. Die unterzeichneten Deputirten entsprechen hiemit
der Aufforderung ihrer ehrenwerthen Collegen und erklären,
daß wenn ihrer Ansicht nach ein Deputirter mehr als jeder
andere Bürger schuldig ist, das Beispiel seines Gehorsams
gegen

gegen die Gesetze und seines bereitwilligen Befolgens der Mandate der regelmäßigen und gesetzlichen Justiz zu geben, ein Deputirter auch mehr als jeder andere Bürger jeder Ausnahmsjustiz, die den Gesetzen und Constitutionen des Landes zuwider geschaffen ist, die Sanction verweigern muß, die aus einem freiwilligen Erscheinen vor dieser Jurisdiction hervorgehen würde. Sie nehmen mit Vertrauen die Erklärungen ihrer Collegen auf, daß sie bereit sind, vor der gewöhnlichen Jurisdiction zu erscheinen, und billigen die Weigerung derselben, sich den Kriegsgerichten zu überliefern, deren Competenz und Gesetzlichkeit mit Recht von ihnen bestritten werden. Paris den 15 Junius 1832. (Unterz.) Lafitte, Marchal, Girardin, Odilon-Barrot, Karl Comte, Arrago, Desair, General Subervie, Marschall Clauzel, Tardieu, Larabit, Allier, Bernard (vom Var), Duchaffault, Galabert." Dieser Protestation schlossen sich in den nächsten Tagen eine große Anzahl anderer Oppositionsmitglieder an.

Am 16 Junius begannen die Kriegsgerichte. Da die Regierung einmal den Terrorismus proclamirt, und den gewöhnlichen Rechtsgang beseitigt hatte, so erwartete man grausame Hinrichtungen; indeß hatte sie entweder nicht das Herz, wirklich mit Gewalt durchzugreifen, oder wollte großmüthig scheinen. Kurz, es trat auch hier wieder ein Juste-Milieu ein. Man wußte weder recht zu strafen, noch recht zu verzeihen. Alle Gefängnisse waren mit Republicanern erfüllt, die man mit den Waffen in der Hand gefangen hatte. Der erste, der vor das Kriegsgericht kam, Pepin, wurde freigesprochen, am 16ten, der zweite, Wachez, den 17ten ebenfalls. Der dritte dagegen, der Carricaturmaler

Geoffroy, wurde am 18ten für schuldig erklärt und also
zum Tode verurtheilt. Gegen ihn war die Regierung besonders erbittert, weil er sie durch seine satyrischen Carricaturen
aufs empfindlichste beleidigt hatte. Kein Mensch konnte übrigens bezweifeln, wo man mit dieser langweiligen Proce-
dur am Ende hinaus wollte, wenn alle Tage nur Ein Gefan-
gener abgeurtheilt werden sollte, während deren 1200 in
den Gefängnissen saßen. Man hätte dann, um fertig zu
werden, wenigstens einige Jahre bedurft. Jedermann fühlte,
daß dieser Zustand zu unnatürlich sey, um lange dauern zu
können, und er wurde dadurch beendigt, daß am 29 Junius
der Cassationshof von Paris die Urtheilssprüche
des Kriegsgerichts als verfassungswidrig verwarf, und dadurch zugleich den ganzen Belagerungszustand für illegal erklärte.

Um allen übeln Folgen, welche diese kühne Erklärung
für die Regierung haben konnte, vorzubeugen, wurde schon
am folgenden Tage der Belagerungszustand von
Paris aufgehoben, und zugleich die HH. v. Chateaubriand, Fitz-James, Hyde de Neuville freigegeben, am
30 Junius. An demselben Tage stellten sich auch die bisher
versteckten Deputirten Garnier Pagés, Laboissière, Cabet und
Montfarrat, wie sie versprochen hatten, vor ihrem ordentlichen Richter. Sie wurden freigesprochen, da keine hinreichenden Beweise gegen sie vorlagen. Die übrigen Verhafteten wurden nach und nach von den gewöhnlichen Gerichten theils ebenfalls freigesprochen, theils, wenn die
Beweise klar waren, als Hochverräther verurtheilt. Doch
wurde kein einziger hingerichtet, da der König alle Urtheile

milderte, und selbst Geoffroy nur zu einer Gefängnißstrafe
ohne Zwangsarbeit verdammte.

Da der König auf diese Weise die Belagerungserklärung
zurücknahm, schien auch eine Veränderung des Ministeriums
Montalivet nothwendig, da sich dasselbe durch diese Maßregel
äußerst verhaßt gemacht hatte und zugleich überhaupt für ein
unfähiges gehalten wurde. Der junge Montalivet schien
nicht würdig genug, Casimir Perier auf die Dauer zu ersetzen, da noch größere Notabilitäten zu diesem ehrenvollen
Posten berufen werden konnten. Der König warf seine Augen
auf den ältern Dupin, der eben so viel Talent als Ruhm
besaß, und weit populärer war als Perier. Von Lafitte
und Obilon = Barrot wollte der König nichts wissen: sie
saßen ihm zu weit links, obgleich sie nichts mit der republicanischen Partei gemein hatten. Guizot, Thiers hatten
als Gelehrte nicht Ansehen, nicht Erhabenheit genug, an
der Spitze eines Ministeriums zu stehen. Decazes sollte
nicht mehr aus dem Dunkel der Camarilla hervortreten, und
war für eine öffentliche Regierung nicht populär genug. Dupin
dagegen war royalistischer als Lafitte und Barrot, hatte mehr
Autorität als Guizot und Thiers, und weit mehr Popularität
tät als Decazes. Er schien ganz dazu geschaffen, Periers
Nachfolger zu werden, ja seine geschmeidige Klugheit schien
dem Könige noch mehr zuzusagen, als Periers Halsstarrig-
keit. Aber eben diese Klugheit, die man mit so viel Recht
an Dupin pries, hielt ihn ab, ans Staatsruder zu treten.
Er wollte nicht das blinde Werkzeug des Königs seyn, und
er hielt nicht jede Ansicht des letzteren für richtig. Er
wollte nicht all seinen Ruf und seinen zukünftigen Einfluß
aufs Spiel setzen, und sich abnützen lassen, wie Perier.

5 *

Er wollte nicht die unermeßliche Verantwortlichkeit eines er=
sten Ministers übernehmen, ohne zugleich die uneingeschränkte
Macht desselben zu besitzen, denn der König ließ die Mini=
ster nie für sich handeln, sondern leitete sie und schob sie
nur vor. Der Herzog von Orleans äußerte in dieser Be=
ziehung: wenn mein Vater je aufhörte, selbst zu regieren,
würde es bald mit uns aus seyn. — Man verfehlte jedoch
nicht, der Weigerung Dupins sehr gemeine Motive unter=
zulegen. Man sagte, der englische Gesandte habe über Du=
pin gespottet und ihn einen kleinen Advocaten genannt;
das habe Dupin übel genommen und dem König am 28
Junius darüber so heftige und unehrerbietige Vorwürfe
gemacht, daß ihn Seine Majestät beim Arme an die Thür
geführt hätten. Wirklich fiel eine solche kleine Scene vor;
der König war entrüstet über Dupin, ließ ihn aber schon
nach einer Stunde wieder rufen, und wahrscheinlich war der
Grund ihres Zwiespalts etwas ernsterer Natur, als es das
Geschwätz der Höflinge vorgab. Wenn Dupin keine wichti=
geren Gründe gehabt hätte, um das Ministerium auszuschla=
gen als seine Empfindlichkeit, so würden ihn die wieder=
holten Bitten des Königs wohl überredet haben. Die
Wahrheit ist, daß er sich für zu gut hielt, um sich zum
willenlosen Werkzeug einer Politik herzugeben, die er nicht
vollkommen billigte und selbst leitete; daß er es verschmähte,
sich vorschieben zu lassen und gleichsam den Sündenbock für
Andre abzugeben. Man unterhandelte den ganzen Sommer
mit ihm, aber er blieb standhaft.

In dieser Zwischenzeit eröffnete die Regierung am 8
Julius eine neue Anleihe von 150 Mill. Am 28 Julius
wurde das Fest der Juliusrevolution begangen, man kann

denken, mit welch bittern Gefühlen. Der König hatte Paris
dicht mit Truppen angefüllt, um jeden Ausbruch dieser Ge=
fühle zu verhüten, und um die Truppen lustig zu machen,
überschüttete er sie mit Ehrenkreuzen. Der Temps sagt:
„Die Anzahl der an die Regimenter der Pariser Besatzung
vertheilten Ehrenkreuze ist in der That übertrieben. Manche
Corps haben über 50 Decorationen erhalten; mehr als Napo=
leon nach einer Schlacht vertheilte, in welcher sein Heer
10,000 Todte und 20,000 Verwundete hatte.‟

Auch die Polizei erhielt Kreuze der Ehrenlegion.
Der Temps sagt deßfalls: „Zur Erinnerung an die Julius=
tage sucht die königliche Gunst, wen? die Polizei! die Polizei,
der so viele Gewaltthätigkeiten vorgeworfen sind, die Poli=
zei, welche am 5 Junius die Pressen zerschlug, wie Karl X am
26 Julius; die Polizei, welche die Heiligkeit der Wohnungen
verletzte und auf anonyme Angebereien hin die Gefängnisse
vollstopfte. Ehrenkreuze der Polizei! Nach der Belagerungs=
Erklärung mangelte uns diese Demüthigung noch. Zugleich
gab man den Unterzeichnern der Juliusprotestation Kreuze
und Medaillen; lieber hätte man eine Amnestie für sie aus=
sprechen sollen. Alles, was man jeden Tag thut, ist die
Verurtheilung eines Acts, der die Revolution begann.‟
Am andern Tage drang die Polizei in das Zimmer des
Herrn Coste, der den Temps redigirte, und mißhandelte ihn
thätlich. Doch erhielt Coste seine Genugthuung in einem
Duell, in welchem er den Polizeicommissär Benoit tödtlich
verwundete.

Ein unparteiischer Beobachter sagt in der Allg. Zeitung
über das Fest: „Der Courier français allein hat ehrlich ge=
standen, daß das Fest war, was alle Feste der Art sind: daß

es dabei an Neugierigen und Lebensfrohen nicht fehlte, daß
im Gegentheil allenthalben großer Zulauf von Menschen war.
Und in der That war an beiden Tagen ganz Paris in Bewe=
gung, denn Paris bleibt nie zu Hause, wenn es gilt, sich
einen frohen Tag zu verschaffen. Aber wahr ist es auch, daß
sie nicht viel anders gefeiert worden sind, als man ein Lud=
wigs= oder Karlsfest zu feiern pflegte; nichts das zur Ein=
bildungskraft redete, nichts das die denkwürdigen Begeben=
heiten der drei Tage des Volkes wieder in lebendige Erinne=
rung brachte, keine patriotischen Reden, keine feierlichen Tod=
ten=Opfer! Kurz, es war nur ein Volksfest, was wir dieser
Tage feierten, nicht ein Nationalfest, wie es den Wünschen
der Bewegungspartei mehr entsprechen würde. Selbst die
große Heerschau, bei welcher nicht die volle Hälfte der Natio=
nalgardisten, und auch diese ohne besondern Schwung, sich ein=
gefunden hatte, war, in Abwesenheit einer begeisternden Idee,
farblos, eine gemeine Ceremonie, obgleich der Monarch bei
derselben auf das wohlwollendste empfangen ward."

Die Ruhe blieb ungestört. Erst in der Nacht geriethen
einige junge Leute auf der Arcole=Brücke mit der Polizei
in Streit, und es floß Blut. Die Oppositionsblätter sagten,
es seyen mehrere Personen von der Polizei ermordet und in
die Seine gestürzt worden; die Polizei erklärte dieß aber für
Lügen und gab nur einige Verwundungen zu.

Die Oppositionsjournale sprachen damals alle ihre ver=
haltene Wuth aus. Die karlistische Gazette de France sagte:
„Es gibt etwas, was die Franzosen weniger ertragen als
selbst die Willkür; so verhaßt ihnen diese ist — es ist die
Heuchelei, die Lüge, die sich der Willkür beigesellen. Sie
konnten sich unter einen offenen Despotismus beugen, der

ihnen wenigſtens Ruhm ſtatt der Freiheit gab; aber es iſt ge=
-gen ihre Natur, einen hinterliſtigen und entwürdigenden
Deſpotismus zu dulden. Zwar ſind ſie leichtſinnig, neuerungs=
ſüchtig, zu empfänglich für die Einflüſterungen der Parteien,
zu geneigt, aus Liebe zur Veränderung, ſich von einer Regie=
rung zur andern ziehen zu laſſen; aber darin ſind ſie beſtän=
dig und unveränderlich, daß ſie nie einwilligen werden, ſich
einem entwürdigenden und ſchmachvollen Joche zu beugen.
Nun iſt aber für eine ſo verſtändige Nation, wie die unſrige,
nichts ſo entwürdigend, als die Leitung ihrer Angelegenheiten
in den ungeſchickteſten und unerfahrenſten Händen zu ſehen,
die es in der Welt gibt. Es gibt nichts ſo Schmachvolles für
ſie, als ſich Menſchen unterworfen zu ſehen, die, weil ſie un=
fähig ſind, mit den Geſetzen zu regieren, ſich keck über die Ge=
ſetze ſtellen, und dann zu ihren ſtrafbaren Uſurpationen noch
die Inſulte und den Hohn fügen, daß ſie uns weißmachen
wollen, ſie handelten nach der Conſtitution.‟

Der Temps ſagte: „Das Blut ſo vieler Tapfern iſt alſo
vergeblich gefloſſen; wir genießen ihres Werkes nicht. Nur
in ſeinen eigenen Augen iſt Frankreich größer geworden; für
die Könige iſt es noch immer das Frankreich des Wiener
Vertrags. Und doch hatten wir im Julius nicht Unrecht;
und ſie, die ſtarben, ſind wohl geſtorben für das Vaterland.
Die begeiſterten Menſchen, die ihm eine neue Aera zu geben
glaubten, wußten gar gut in die Zukunft zu blicken. Man
durfte nur in der Bahn fortgehen, die ſie geöffnet hatten.
Iſt es ihre Schuld, wenn die Gewalt ſie verläßt? Im Julius
1830 waren wir bereit alles zu unternehmen, alles zu lei=
den; wir wußten, was Frankreich vermag. Sollte etwa
Frankreich heute ſchwächer ſeyn, ſollte es weniger, als damals,

das Gefühl seiner Macht haben? Gewiß nicht, aber die, die
es führen, kennen diese nicht, und neben ihnen steht kein
Mann von Kopf oder Herz; denn die Gewalt hat ihre Sachen so gut gemacht, daß Alle, die Gedanken, Ueberzeugung,
Hingebung, Charakter haben, mit ihr brachen. Nun versuche
man ohne Schrecken auf das Loos einer Gewalt zu blicken,
die von den Redlichen verlassen wird." Der Courrier français
hielt folgende höchst charakteristische Strafrede: „Frankreich ist
das Land der Hingebung (dévouement); man gibt sich hin
bei uns für die regierende Dynastie, für die geheiligte Person,
für die öffentliche Ordnung, für die Freiheit, für den Ruhm,
für die Religion. Diese Krankheit ist namentlich unter den
öffentlichen Beamten ansteckend. Ein Präfect, ein Unterprä-
fect beschäftigen sich nicht mehr mit der Administration; sie
sind nur beschäftigt, ihre Hingebung zu zeigen. Man zeigte
Hingebung für den Kaiser, indem man zwanzig Conscribirte
schickte, wenn er zehen verlangte; man zeigte Hingebung an
Ludwig XVIII, an Karl X, wenn man, eine große Kerze in
der Hand, den Processionen beiwohnte; man zeigt jetzt Hingebung gegen das Juste-Milieu, wenn man Angriffe befiehlt,
und nöthigenfalls die Ruhestörer packt. Es gibt in diesem
Augenblicke keinen Präfecten von Ruf, der sich nicht — Zeuge
sind Grenoble, Lyon, Carcassonne, Beaucaire und Air — durch
einige Cavalleriechargen oder durch die Auflösung einiger Compagnien Nationalgarden ausgezeichnet hätte. Diese schreckliche
Neigung zur Servilität muß man den geringen Fortschritten
zuschreiben, die wir in der constitutionellen Laufbahn gemacht
haben. Die wohlgesinntesten Bürger können sich kaum dieses
despotischen Ganges erwehren, der seit Napoleons Herrschaft
allen gesellschaftlichen und politischen Verhältnissen aufge-

drückt ist. Man beeilt sich, den öffentlichen Beamten, so oft
sie sich Willkürlichkeiten zu Schulden kommen ließen, Ent=
schuldigungs= und Rechtfertigungsmittel an die Hand zu ge=
ben, indem man dieselben mit dem Namen Festigkeit, Hin=
gebung und Treue für die bestehende Ordnung der Dinge
schmückt. Die Unabhängigkeit der Magistrate gilt für nichts.
Wenn ein Generaladvocat aus Gewissenhaftigkeit auf die
Freisprechung einiger Angeklagten anträgt, die ihm eher ver=
irrt als strafbar erscheinen, so trifft diesen redlichen oder edel=
müthigen Mann die ministerielle Mißbilligung: er hat keine
Hingebung gezeigt. Wir haben oft seit vierzig Jahren die
Regierungen gewechselt, und die Hingebung von gestern wär
heute nicht immer an der Tagesordnung. So kam es, daß
die meisten öffentlichen Beamten, um ihre frühere Servilität
vergessen zu machen, sich mit vollen Segeln in eine neue war=
fen, und so endlich, von einem Aeußersten aufs andere über=
springend, sich in der öffentlichen Achtung völlig zu Grunde
richteten. Die öffentlichen Sitten fühlen ihrerseits den
Rückstoß dieser Gewohnheit der Servilität, die man in Frank=
reich mit eben so viel Sorgfalt zu naturalisiren sucht, als
man anwenden sollte, um sie auszurotten. Jeder fällt über
Orden und Aemter her; jeder will für ein rothes Band am
Knopfloche, für ein Couvert an der Hoftafel, für ein Tabouret
bei den Hofconcerten seine Hingebung zeigen. Und da die
Gelegenheiten, wahren Ruhm zu ernten, selten, und es
in dieser Zeit diplomatischer Platituden und militärischer
Schwächlichkeit schwer ist, sich auszuzeichnen, so wird man Po=
lizei=Agent oder Gendarme; correspondirt mit einem Manne
am Hofe, wenn man in hohen Gnaden steht; mit einem Manne
von der Polizei, wenn man dazu gelangen will. Man be=

nunciirt, man packt jemand fest, das magische Wort „Hinge=
bung" bedeckt alles, adelt alles. Während Präfecten und
Unterpräfecten sich solchem Aufschwung von Hingebung über=
laſſen, und ihre Untergeordneten dazu ermuntern, was wird
aus den Straßen, Canälen, Spitälern, überhaupt aus allem,
was die Hauptaufmerksamkeit der öffentlichen Verwaltung in
Anspruch nimmt? Alle Welt weiß, daß wir dem ewigen Wech=
ſel der Beamten den traurigen Zustand der öffentlichen Ar=
beiten verdanken. Nur mit politiſchen Intriguen, mit Wahl=
manöuvres und gemeiner Polizei beschäftigt, bleibt ihnen keine
Muße, an die ernsthaften Angelegenheiten ihres Departe=
ments zu denken; kaum haben sie Zeit ihre Recrutirungsreise
zu machen, wenn sie solche ja selbst machen, und nicht durch
einen ihrer Präfecturräthe machen laſſen. Das sind die Re=
ſultate dieſer Wuth, Hingebung zu zeigen, die durchs Kai=
ſerreich erneuert, und durch allen den Eifer der Restaurations=
Periode genöhrt wurde. Denn es sind von den Botschaftern
bis zu den Tabakhändlern faſt allenthalben dieselben Men=
ſchen. Nun beklagt euch noch über die erbärmliche Rolle, die
wir in Europa spielen, sagt, daß man uns verräth, verhöhnt,
entehrt. Der Fehler liegt an den Bürgern, die ihre Rechte
nicht kennen, und vor ihren Pflichten zurückweichen. Wenn
die Deputirtenkammer Thorheiten begeht, so liegt die Schuld
an den Wählern. Wenn die Wähler nicht zahlreicher sind,
ſo liegt der Fehler an den Bürgern, welche zu Petitionen,
Aſſoriationen, Reclamationen ihre Zuflucht nehmen können,
um ein beſſeres Wahlgeſetz zu erhalten, und sie können es;
denn Mancher der nicht Deputirtenwähler iſt, wählt minde=
ſtens Municipalräthe und Maires, Mancher der ein unabhän=
giges Vermögen beſitzt, kann sich von Regierungseinfluß frei

erhalten. Thut er es nicht, an wem liegt der Fehler? Die
Regierung beutet die Eitelkeit aus, und sieht, wie weit sie
mit Bändern, Aemtern und der bewaffneten Macht kommt;
der Bürger darf nur auf sich selbst zählen, und muß sich in
andern Tugenden üben, als in der Hingebung. Diese Hingebung hat uns zu Grunde gerichtet. Für wen hatten wir nicht
Hingebung seit 25 Jahren? Für Napoleon, Ludwig XVIII
und Karl X; und wo sind sie und ihr Geschlecht?"

Damals entspann sich auch ein erbaulicher Streit zwischen
dem Moniteur einerseits und einem Berliner Correspon-
ten in der Allg. Zeitung andererseits, an dem die französischen
Oppositionsjournale sogleich Theil nahmen. Der Berliner
behauptete, Frankreich habe nicht nur zu allen Maßregeln
der h. Allianz gegen die Bewegungen in Deutschland seine
Zustimmung gegeben, sondern sogar dazu aufgefordert, weil
man damals bei Gelegenheit des Hambacher Festes befürchtete,
Rheinbayern möchte ein „republicanisches Koblenz" für Frankreich werden. Der Temps sagte damals, es handle sich nicht
von Verabredungen in Folge des Hambacherfestes und der
Bundesbeschlüsse vom 28 Junius, der König der Franzosen habe
schon lange vorher, schon unmittelbar nach der Juliusrevolution jede Frankreich günstige Bewegung in Deutschland abgelehnt. „Die secundären Staaten Deutschlands haben der
französischen Regierung allerdings Mittheilungen gemacht,
welche die Regierung sich beeilt hat, bei den Höfen von Wien
und Berlin zu denunciiren; aber dieß geschah nicht erst
bei Gelegenheit der neusten Bundesmaßregeln. Die deutschen Souveräne wissen gegenwärtig zu gut, was man vom
französischen Cabinet erwarten darf, als daß sie an dieses Tribunal sich wenden möchten. Kurze Zeit aber nach den Julius-

tagen, als alles eine neue Aera zu verkünden schien, damals wurden deutsche Souveräne zweiten Rangs, als sie sich an Frankreich wandten, zurückgewiesen, ja denunciirt. Dieß sagten wir schon am 8 Januar, als der schmerzliche Eindruck dieses Benehmens noch neu war, und man wagte nicht uns zu widersprechen." — Der National bemerkte am 21 Julius: „Man kann, trotz der Abläugnungen des Moniteur, fast nicht zweifeln, daß sehr aufmunternde Noten von diesseits des Rheins an die Cabinette von Preußen und Oesterreich gerichtet wurden. Aber kein Mensch will diese Noten gemacht haben. Das Ministerium in Masse verwahrt sich dagegen. Selbst der sonst so fügsame Herr Sebastiani findet dieß doch zu stark, und behauptet, man könne jetzt nicht länger mehr einen Conseilpräsidenten entbehren, der in den Augen des Landes verantwortlich und ein Bürge für die Ehre seiner Collegen wäre. Man wendet sich an den Marschall Soult, um zu erfahren, ob nicht etwa er es war, der, ohne daß jemand es wußte, an die Frankfurter Bundesglieder schrieb: „Schlagt die Presse, schlagt die Repräsentativregierung, Frankreich wird dazu Beifall klatschen!" Die Freunde des Marschalls versichern, er sey eines solchen Verraths unfähig. H. v. Rigny soll laut sich aussprechen, daß dieß unwürdig sey." Alles deutete an, daß die erwähnten Noten unmittelbar vom Könige selbst ausgegangen seyen.

Bald nach dem Juliusfeste begab sich der König nach Belgien, um seine Tochter mit dem König Leopold zu vermählen, wovon wir später reden. Im August machte Odilon-Barrot eine Rundreise, und wurde zu Straßburg und Lyon sehr feierlich empfangen. In letzterer Stadt fand aber der Republicaner Garnier Pagès noch größern Beifall,

da seinem Ehrengaſtmahle 2500 Menſchen beiwohnten, fünf=
mal mehr als beim Gaſtmahle Barrots. Am 24 Auguſt ent=
ſtand zwiſchen Karliſten und Republicanern ein Tumult in
Montpellier, ähnliche in Bordeaux und Moulins,
und am 16 October in Nantes.

Großes Aufſehen erregte im Lauf des Sommers auch die
Schrift von Sarrans über Lafapette, worin die geheime Ge=
ſchichte der Juliusrevolution und das ſchwache Benehmen aller
gegenwärtig mächtigen Doctrinäre aufgedeckt wurde.

5.

Miniſterium Soult. Verhaftung der Herzogin von
Berry. Karl X in Prag. Tod des Herzogs von
Reichſtadt.

Da die belgiſchen Angelegenheiten ſich verwickelten und
im Einverſtändniß mit England eine bewaffrete Demonſtra=
tion gegen Holland nothwendig wurde, ſo ſchien der alte
Marſchall und Kriegsminiſter Soult nicht ungeeignet, an
die Spitze des Miniſteriums zu treten. Man nahm dadurch
einen kriegeriſchen Schein an, und Soult ließ ſich dennoch
vom König nach Gefallen leiten. Jede andre Wahl war
ſchwierig, da Dupin entſchieden jedes Portefeuille abwies.
So wurde dann am 11 October das neue Miniſterium
ernannt. Chef deſſelben wurde der Kriegsminiſter Soult,
das Miniſterium des Innern erhielt Thiers, das des Un=
terrichts Guizot, der Finanzen Humann, der auswärti=
gen Angelegenheiten Herzog von Broglie, des Handels
d'Argout, des Seeweſens Rigny, der Juſtiz Barthe.

Man war mit diesem Ministerium eben so wenig zufrie=
den, wie mit dem vorigen. Soult war als alter schwa=
cher Mann bekannt, der. unter Napoleon jeder Willkür
gedient, unter den Bourbons die geweihte Kerze getragen,
und von dem man allgemein annahm, daß er nach unten
eben so despotisch sey, als servil nach oben. Man erinnerte
sich, was Frau von Stael über ihn gesagt hat: „Der Mar=
schall Soult glaubt, daß mit dem Despotismus alles zu
Stande gebracht werden könne. Es ist traurig, daß viele
Leute sich einbilden, man würde ihnen, wie Buonaparten,
gehorchen, wenn sie Einen verbannen, den Andern absetzen,
den Dritten schief ansehen, und den Vierten grob anfahren.
Die Höflinge bilden sich ein, der Marschall Soult sey
etwas Ausgezeichnetes, weil er behauptete, man müsse mit
einem eisernen Scepter regieren. Aber woher einen solchen
nehmen, wenn man das Volk nicht für sich hat?"

Am meisten Widerwillen erregte Thiers, der mit der
Armuth alle alten Grundsätze abgelegt zu haben schien, und
aus dem freisinnigen Geschichtschreiber der Revolution ein
unbedingter Höfling geworden war. „Thiers ist alles, was
man will, ausgenommen ein Mann, der seiner Ueberzeugung
lebt; für ihn ist nichts gut und nichts schlecht; nur behaup=
ten seine Feinde, daß er die Thaler nicht übel finde, die
ihm seine Stelle als Unterstaatssecretär der Finanzen ein=
getragen. hat. Ein solcher Mann, so bewunderungswürdig
auch sonst sein Talent ist, wird einer Verwaltung nicht zu
Ansehen und Ehre verhelfen. Er müht sich ab, als ob es
ihm um das Höchste gelte, und, um diesen etwas gemeinen
Ausdruck zu brauchen, lacht sich nachher die Haut voll.
Ein solcher Mann ist Thiers."

Ueber die in diesem Ministerium aufgeschlagene Herr=
schaft der Doctrinäre sagte der Constitutionnel: „Der Doctri=
när ist derjenige, der immer mit dem anständigen Schleier
des allgemeinen Interesse's, der politischen Metaphysik und
hoher transcendentaler Theorien die Privat=Interessen einer
Cotterie bedeckt, die er Frankreich nennt. Die Hauptwaffe
eines Doctrinärs ist das Abfallen. Allzuviel zu sprechen,
war immer seine schwache Seite. Die Doctrinäre haben sich
weit mehr im Sprechen als im Handeln compromittirt.
Der Grundfehler dieser Partei ist, daß sie keine Partei ist.‟
Und der National meint, „die Doctrinärs spielten unter
Ludwig Philipp dieselbe Rolle, welche die Jesuiten unter
der Restauration gespielt. Sie seyen bestimmt, dem vorgeb=
lichen Bürgerkönigthume denselben Dienst zu leisten, welchen
die Jesuiten dem legitimen Königthume geleistet hätten.
Die Wahrheit ist, sagt der National, daß die Doctrinäre
in Frankreich die letzten Repräsentanten des europäischen
monarchischen Princips sind. Das Bürger=Königthum wird
sogleich zu Grunde gerichtet seyn, so wie man von ihm wird
sagen können, daß es doctrinär sey.; so wie das legitime
Königthum zu Grunde gerichtet war, als man von ihm
sagen konnte, daß es jesuitisch sey.‟

Selbst Dupin soll Besorgnisse geäußert haben. Es gab
einen neuen kleinen Auftritt im Schlosse. Der National
sagte: „Man erzählt einige Umstände von der Unterredung
des Königs mit Hrn. Dupin, die glauben lassen, daß die
beiden Personen, trotz der bei einem solchen Anlaß herrschen=
den Eintracht und Hingebung, nicht sehr mit einander zu=
frieden gewesen sind. Der König ward nach einigen neuen
Versuchen, den Deputirten dahin zu vermögen, sich dem

Ministerium anzuschließen, und dadurch das gemeinschaftlich
bis zu dem Tode des Hrn. Perier befolgte System zu bestärken,
zu seinem großen Erstaunen genöthigt, dieses System gegen
die ihm gemachten Einwürfe zu vertheidigen. Hr. Dupin
fand das System in einiger Beziehung gut, in mehrfacher
anderer aber schlecht. Er äußerte, daß er sich demselben mit dem
Gedanken angeschlossen habe, daß man, so wie die Regierung
fest stehe, bedeutende Veränderungen darin vornehmen wür=
de; sollte es aber immer in der Richtung der Restauration
hin sich entwickeln, so würde er sich für pflichtvergessen,
sowohl gegen das Land als gegen den König halten, wenn
er dieses System noch fernerhin ohne Beschränkung unter=
stützen sollte. Auf diesen Ausfall soll Ludwig Philipp ge=
antwortet haben, daß sein System in jeder Beziehung
trefflich sey, und daß die weitere Folge immer mehr dessen
Weisheit beurkunden würde; dieses von seinen Feinden so
sehr verleumdete und von seinen eigenen Vertheidigern
mißkannte System habe die Ruhe und den festen Bestand der
Dynastie gesichert, und deren definitive Anerkennung durch
die Mächte, die früher so ungünstig gestimmt gewesen, be=
wirkt. Es habe zu einer Allianz mit England geführt, und
so dürfte es nun auch zu einem allgemeinen Frieden, dem
Ziele aller Wünsche, führen. Hr. Dupin bemerkte, daß alle
diese Resultate bloß noch in der Hoffnung oder in der Per=
spective seyen. Die Allianz der absoluten Könige sey nicht
sehr aufrichtig; die Allianz mit England dürfte auch nicht
sehr fest seyn; der Friede endlich, den man seit zwei Jahren
angekündigt, möchte wohl im Augenblick, wo man ihn er=
greifen zu können hoffte, entwischen. Uebrigens seyen diese
so lange fortdauernden und bedauernswerthen Ungewißheiten
nicht

DUPIN.

nicht fein Hauptbeweggrund, ein System zu mißbilligen,
dem man unveränderlich zugethan scheine. Der ursprüngliche Fehler dieses Systems, ein Fehler, der sich seiner Ansicht
nach kaum ausmerzen lasse, sey der, daß es seinen Stütz-
punkt auf den Fremden habe, während der König der Franzosen sich nur Frankreich hätte anvertrauen sollen. Die
Restauration habe ebenfalls den Schutz der Fremden gehabt,
aber gerade dadurch sich das Land entfremdet, und deren große
Verbündete, Oesterreich und Rußland, hätten doch ihren Sturz
nicht verhindert, und seyen nicht im Stande, sie zu rächen.
Diese Bemerkungen, die um so mehr verletzten, je wahrer
sie sind und keine Antwort erlauben, mögen wohl in gemäßigten Ausdrücken vorgetragen worden seyn, aber sie trafen doch
ihr Ziel, und Ludwig Philipp konnte seine Unzufriedenheit
nicht verbergen."

Die entlassenen Minister und eine Menge alte Deputirte, Generale, Staatsdiener, Gelehrte, die sich dem
Juste-Milieu günstig gezeigt hatten, wurden zu Pairs ernannt, z. B. Athalin, Berthezène, Bertin, Defaur, Brayer,
Cousin, Durand, Gérard, Grouchy, Haro, Lallemand,
Montlosier, Neigre, Rayneval, Reichard, Röderer, Rous-
sin, Sylvestre de Sacy, Villemain. Es gab einen Pairsschub von 70 neuen Pairs, zur Belohnung und Aufmunterung der Regierungsfreunde und zur Befestigung der
Regierung selbst durch die Anhänglichkeit der ersten Kammer.

Das neue Ministerialpräsidium erließ unmittelbar nach
feiner Ernennung ein Umlaufschreiben an die sämmtlichen Miltär- und Civilbehörden, worin es ankündigte:
„Das von meinem berühmten Vorfahrer angenommene System der Politik wird auch das meinige seyn. Es ist das

wahre Nationalſyſtem: die beiden Kammern haben es ſo
erklärt. Die Aufrechthaltung der Monarchie und der Charte
iſt die erſte Bedingung der öffentlichen Freiheit. Dieſe
Freiheit kann nur dann ſtark ſeyn, wenn ſie regelmäßig iſt.
Sie ehrt und ſtärkt ſich durch die Achtung der Geſetze. Die
Ordnung nach innen und der Friede nach außen werden die
ſicherſten Unterpfänder ihrer Dauer ſeyn. Im Einklange mit
den Mächten, unſern Verbündeten, werden wir die Löſung
aller großen europäiſchen Fragen betreiben. Unſere Armeen,
voll Feuereifer, aber gelehrig, gewähren unſerer Mäßigung
den Beiſtand der Kraft. Europa weiß dieß; aber es kennt
auch unſere Treue für unſere Verpflichtungen, und unſern
feſten Willen den Weltfrieden aufrecht zu erhalten.“ Der
Miniſter des Innern, Thiers, fügte in einem beſondern
Umlaufſchreiben noch folgende Belehrungen für ſeine alten
liberalen Freunde hinzu: „Frankreich hat eine glorreiche
Revolution gemacht, um die Verletzung der Geſetze zu rä=
chen; es würde eine unſelige Inconſequenz, eine bedauerns=
werthe Schwäche ſeyn, wollte man nicht die Achtung für
dieſelbe den Tag nach dieſer Revolution ſichern; dieß hieße
den edeln Zweck, für welchen ſie erfolgt iſt, verletzen. Au=
ßer der Herrſchaft der Geſetze gibt es nur eine Herrſchaft
der Parteien, d. h. Gewaltthat, Inquiſition, Bürgerkrieg.
Wir müſſen uns auf alle Art beſtreben, allen Parteien dieſes
Joch aufzulegen. Während ſich die Maſſe der Nation fried=
lich, aufgeklärt und mit den von ihr eroberten Inſtitutionen
zufrieden zeigte, gibt es Männer, die, aus den Reihen der
Freunde der Freiheit getreten, ſie ſchlecht verſtehen, und
ſie in Anarchie ausarten laſſen würden, wenn man ihren
Verirrungen nicht widerſtände; es gibt andere, die, ſchon

lange gegen dieselbe verschworen, sie durch Intriguen, Complotte, den Bürgerkrieg, durch die strafbarsten und gehässigsten Mittel angreifen. Man muß die Erstern belehren, sie in Schranken halten, ihnen die Kraft der Gesetze entgegenstellen, wenn sie sich von denselben entfernen; die Zweiten beaufsichtigen, ihren Umtrieben folgen, und sie endlich treffen, wenn sie sich gegen die bestehende Ordnung auflehnen."

Mittlerweile war zwar der Aufstand in der Vendée völlig gedämpft worden, aber die Frau Herzogin von Berry befand sich noch immer daselbst, ohne daß man ihrer habhaft werden konnte. Man hegte den alten Verdacht, die Regierung wolle sie absichtlich schonen. Schon im Julius schrieb der Messager: „1) Die Herzogin v. Berry durchreist Frankreich mit dem Grafen v. Bourmont in der Kalesche. 2) Die Prinzessin bleibt 6 Wochen in der Vendée und ist vielleicht noch dort. 3) Der Herr von Bourmont ging aus dem Westen nach Spanien, aus Spanien nach dem Westen, von da durch Anjou und Bretagne nach Jersey. 4) Der Sohn des Hrn. von Bourmont durchzog die westlichen Departements, kam nach Paris, ging nach der Provence, um in Sardinien, vielleicht auch in Catalonien wieder zu seinen Freunden zu stoßen. 5) Die Herzogin v. Berry besuchte, wie alles vermuthen läßt, die Hauptstadt, um in den Versammlungen des adeligen Faubourg den Vorsitz zu führen. 6) Diot reist in Frankreich mit seiner Mission und seinen Plänen, ohne sich im geringsten um das Signalement zu kümmern, das in allen Wachhäusern angeschlagen ist. 7) Die HH. v. Menars, v. Blacas, General Clouet, Escars und fünfzig andere mehr oder minder bedeutende Personen gehen, kommen, complo-

tiren, und machen sich über uns andere Revolutionärs lustig,
ohne daß die Agenten und Sergenten der Polizei sie irgend
aufhalten, und auch nur eine Minute ihre Fahrt und Be=
rathschlagungen hindern könnten; das thut die Polizei und
hiezu ist sie nütze." Trotz dieser Lauigkeit der Polizei war aber
den Anhängern der Herzogin vor dem Ausgang bange, und sie
wünschten, sie möge ihren unnützen und für sie so gefähr=
lichen Aufenthalt auf französischem Boden abkürzen. Zu Ende
Julius wurde ein Schreiben bekannt, das Chateaubriand an
sie gerichtet haben sollte, worin es hieß: „Madame! Eure
königliche Hoheit werden in Frankreich weder eine Krone
noch ein Grab finden. Sie werden vor Gericht gezogen,
verurtheilt, begnadigt werden. Urtheilen Sie, Madame,
ob dieß Ihnen ansteht." Chateaubriand schrieb dagegen am
3 August in die öffentlichen Blätter: „Ich habe nie den von
dem englischen Journal, Globe, angeführten Brief geschrie=
ben; es ist aber wahr, daß ich ungefähr dasselbe sagte, was
man mich in dem angeblichen Billet schreiben ließ. Ich sagte
das Traurigste, was der Enkelin Heinrichs IV begegnen
könne, wäre, gefangen, vor Gericht gezogen, verurtheilt
und begnadigt zu werden. Ich kenne keine blutigere Ver=
letzung als eine Begnädigung. Als die verbannte Prinzessin
sich noch in Italien befand, hatte ich die Ehre einen langen
Brief an sie zu richten, der ihr aber nicht zugekommen ist.
Uebrigens gehöre ich nicht zu denen, die, wenn die That
geschehen ist und die Resultate unglücklich waren, sich hinter
die Großsprecherei eines feigen: „ich habe es vorausgesagt,"
verschanzen. Ich kehre mich von dem Unglücke nicht ab, und
bewundere den Muth. Madame die Herzogin von Berry
war übel, sehr übel berathen; aber von Massa aus sah sie

die Insel Elba; die Versuchung und die Erinnerung waren
groß. Eine heldenmüthige Mutter, trat sie aus ihrem Exil
heraus, wie der Gebieter und der Gefangene Europa's aus
dem seinigen hervorgetreten war; er, ganz bewaffnet mit
seinem Ruhm, sie, nichts besitzend zur Vertheidigung, als
ihre Leiden: er, um sein eigenes Scepter wieder in Anspruch zu nehmen, sie, um die Krone eines Sohnes zurück-
zufordern. Beide wurden getäuscht und täuschten sich vielleicht selbst; aber ihre hundert Tage werden leben. Ich
möchte nicht dasselbe behaupten von jener Gewalt, die ihre
Schlachtfelder noch nirgend anders als in dem St. Mery-
Kloster und auf dem Grèveplatz suchte. Ich habe die Ehre ꝛc.
Chateaubriand."

Ueber die Irrfahrten der Herzogin theilte später der
Breton folgendes mit: „Nach dem mißglückten Aufstande
in Marseille landete die Herzogin mit dem Grafen von Kergorlay und mehreren Personen bei Ciotat, entkam den Nachforschungen der Polizei, und gelangte, von drei Getreuen
begleitet, nach einer äußerst beschwerlichen Reise durch die
steilen Berge des Departements des Var, die sie bald zu
Fuß, bald auf einem Maulthier machte, nach der sardinischen Gränze, wo ihr das Uebersetzen über den Var von den
Gränz-Zollbeamten, die sie nicht kannten, erleichtert wurde.
Die Zeitungen erwähnten damals dieser Reise mit allen Details, fanden aber keinen Glauben. Durch die Briefe mehrerer eifriger Legitimisten aufgefordert und ihre Sache für
unfehlbar haltend, kehrte die Herzogin nach Frankreich zurück, und hielt sich einige Tage bei einem Edelmann in der
Provence verborgen, der, obschon Vater einer zahlreichen
Familie, mit der bei den Royalisten gewöhnlichen Hinge-

bung sich der Herzogin anschloß, ihr zum Führer durch das
ganze südliche Frankreich diente, mit der Prinzessin nach
der Vendée kam, und entweder bei dem Brande des Schlosses
la Péniffière oder in dem Gefechte bei Chêne seinen Tod
fand. Von diesem Führer geleitet, gelangte die Herzogin,
in der Verkleidung eines provençalischen Fischers, in das
Departement der Rhone=Mündungen, wo sie einige Tage auf
einem Schlosse bei Arles verweilte; zwei ihrer Anhänger
gingen ihr überall voran, um zu sehen, ob die Straße
sicher sey. Während dieses kurzen Aufenthalts der Herzogin
in Camargue ward in einer benachbarten Stadt unter dem
Vorsitze des Grafen von Bourmont ein legitimistisches Con=
seil gehalten, und beschlossen, die Prinzessin aufzufordern,
sich nach der Vendée zu begeben. Die Herzogin, weniger
ängstlich, als in den ersten Tagen nach der Beschlagnahme
des Carlo=Alberto, durchreis'te nun in Frauenkleidern und
das Gesicht in einen grünen Schleier gehüllt, mit zwei Be=
gleitern, zu Wagen, und wie im Fluge, das Departement
der Rhone=Mündungen, so wie einen Theil des Departements
des Gard, und machte bei Sommières, in der Nähe von
Montpellier, Halt; dieß war in den ersten Tagen des Mai.
Bald setzte sie ihre Reise fort, fuhr am hellen Tage durch
Montpellier, ließ die Straße nach Toulouse rechts liegen und
hielt in einem kleinen, zwischen dem Wege nach Cette und
dem Meere gelegenen Dorfe, Villeneuve=les=Manguelonnes,
abermals Rast. Die angesehensten Legitimisten des Depar=
tements des Herault suchten die Anwesenheit der Herzogin
zu benutzen, um einen Aufstand herbeizuführen; aber ob
sie gleich eben erst 4—500 Carabiner aus Spanien empfan=
gen hatten, so kam die Sache doch nicht zu Stande. Von

dem genannten Dorfe aus begab sich die Prinzessin, stets von jenem provençalischen Edelmanne begleitet, der die verschie=
denen platten Mundarten des Südens mit Fertigkeit sprach, an den See von Thau, setzte in einem gebrechlichen Nachen über denselben, und landete in Mèze, einem von Fischern bewohnten Hafen, 7—8 Stunden von Montpellier. Hier fand sie einen Wagen mit Postpferden vor, der sie von einer Station zur andern, und, ohne beunruhigt zu werden, nach Carcassonne brachte; eine halbe Stunde von dieser Stadt machte sie auf dem Landhause eines treuen Karlisten Halt, um etwas auszuruhen. Am folgenden Morgen reiste sie nach Toulouse, hielt sich in dieser Stadt kurze Zeit auf, und setzte dann ihre Reise nach dem Westen fort. Hier verschwin=
det meine Spur; nachdem sie durch Guyenne, das Limousin und Poitou, von einem Schlosse zum andern, bald auf den großen, bald auf den kleinen Straßen gereist, ist sie wahr=
scheinlich in der letzten Hälfte des Mai in Nántes ange=
kommen."

Die traurige Ahnung Chateaubriands ging in Erfüllung. Die Herzogin hörte nicht auf die dringenden Bitten ihrer Anhänger. „Sie bestand darauf, im Schoße eines Landes zu bleiben, das ihrer Stimme nicht mehr gehorchen wollte. Umherirrend in der Umgegend von Nantes, entging sie den ge=
gen sie gerichteten thätigen Nachforschungen nur dadurch, daß sie jeden Tag Wohnung und Kleidung wechselte; als Hirtin, als Schäfer, als Müllerbursche, als Kammerfrau oder als Bäurin verkleidet, ging sie vor den Augen ihrer Verfolger herum, oder entzog sich ihnen, indem sie sich in einem Heu=
sacke auf den Schultern irgend eines kräftigen Ochsenhirten tragen ließ. Die von Generallieutenant d'Erlon aufs treff=

lichſte organiſirten mobilen Colonnen ließen den legitimi=
ſtiſchen Chefs keine Möglichkeit mehr, ſich auf dem Lande zu
verbergen. Der Herzogin blieb daher keine andere Hoffnung
mehr, als der Aufenthalt in Städten. Sie wußte nicht, daß
daſelbſt eine neue uud thätige Polizei Tag und Nacht wachſam
war. Sie entſchloß ſich daher, ſich in Nantes zu verbergen,
wo ſie ſchon mehrere Male ungeſtraft ſich aufgehalten hatte.
Das Haus des Fräulein Duguigny in der Rue haute du
Chateau ward zu ihrem Empfange eingerichtet und nichts ver=
nachläſſigt, um aus dieſem Orte eine ſichere Zufluchtsſtätte zu
machen; geſchickt angebrachte geheime Schlupfwinkel mußten
den neuen Gäſten jede Furcht benehmen. Indeſſen enthüllten
ſichere Anzeigen ter Polizei die Entwürfe der Herzogin, die
ſeit Kurzem gewagt hatte, die Umgebungen der Stadt mit
einem der Fräulein v. Kerſabiec, als Bäuerinnen verkleidet,
zu durchſtreifen. Die Zugänge des Hauſes, das ſie bewohnen
ſollte, wurden von Polizeiagenten beſetzt, die den Auftrag
hatten, alles was vorging zu beobachten. Am 6 November
ward man benachrichtigt, daß die Herzogin noch an demſelben
Tage zum Speiſen kommen, und dann wahrſcheinlich bei Fräu=
lein Duguigny bleiben ſollte. Die Dispoſitionen wurden ge=
troffen, alle Ein= und Ausgänge bewacht. Bald erhielten
die auf dem Cours verſammelten Truppen den Befehl zu mar=
ſchiren. Man ſteht vor dem Hauſe; man läutet an der Ein=
gangsthüre; niemand antwortet; einige Augenblicke gehen
ſo vorüber; die Zögernng macht die Commiſſarien ungedul=
dig; endlich öffnet ein Bedienter; man bringt in die Zimmer.
Der Speiſeſaal wird zuerſt unterſucht: ein trefflich ſervirtes
Diner erwartete Gäſte; der Saal war mit Lilien und Inſchrif=
ten, wie Navarin, Trocadero, Algier ꝛc. decorirt. Man

fetzt die Nachfuchungen fort, und findet in einem Cabinette
einen mit fympathetifcher Tinte gefchriebenen Brief, welcher
der Herzogin entdeckte, daß fie durch einen der Ihrigen verra=
then fey. Diefer Brief fchien ihr erft feit einigen Minuten
zugekommen, denn man hatte noch nicht Zeit gehabt, alle
mit fympathetifcher Tinte gefchriebenen Buchftaben durch Rea=
gentien zum Vorfchein kommen zu laffen. Dieß ließ keinen
Zweifel übrig: die Herzogin war da. Man unterfucht die
Localitäten und findet, daß der äußere Glockenzug faft mit
allen Zimmern des Innern in Verbindung fteht. Die ganze
Nacht verging in Nachfuchungen. Der Morgen ift da, und
noch hat man nichts gefunden. Die Mauern werden fondirt;
man entdeckt einen geheimen Schlupfwinkel, der gegen zehen
Perfonen faffen konnte, und darunter eine offene Fallthüre;
aber zugleich erkennt man die Unmöglichkeit, daß jemand auf
diefem Wege hätte entfliehen können. Man ftellte neue Nach=
forfchungen in diefem und in den benachbarten Häufern an,
von denen mehrere, — wie das Publicum fagt, das ftets
etwas Außerordentliches will — unterirdifche Gänge haben.
In mehreren Kaminen waren Feuer angezündet worden, und
befonders in einem ein fehr ftarkes, denn die Kälte war em=
pfindlich. Diefer Kamin maskirte das geheime Behältniß,
in welchem fich die Prinzeffin, das Fräulein von Kerfabiec und
die HH. v. Menars und Guibourg aufhielten. Zum Erfticken
eng zufammengedrängt hinter diefem heißen Kamine, mach=
ten fie einige unfreiwillige Bewegungen, die gehört wurden;
fo ward die Entdeckung herbeigeführt. Aber diefe Entdeckung
erfolgte erft, nachdem man 20 Stunden lang ununterbrochen
gefucht, und erft nachdem fie felbft zweien Gendarmen, die
in jenem Zimmer waren, erklärt hatte, daß fie fich ergäbe.

Die Herdplatte verschloß den Eingang zu jenem Zufluchtsorte. Nun kamen sie leidend aus diesem jammervollen Asyle hervor. Hr. Guibourg war dem Ersticken nahe. Er gestand, daß er so gegen den Kamin gedrängt war, daß es ihm schien, als träfe ihm jeder Schlag des Hammers, mit dem man sondirte, das Herz. Fräulein v. Kersabiec, als Magd verkleidet, kam zuerst heraus; ihr folgte die Herzogin; die HH. v. Menars und Guibourg erschienen zuletzt. Die Herzogin sagte sogleich zu den im Zimmer befindlichen Gendarmen: „Es ist unnöthig, Ihre Nachsuchungen weiter fortzusetzen; Sie sehen mich vor Ihnen: ich bin die Herzogin v. Berry. Wo ist der General? Ich will mich seiner alten Soldatenehrlichkeit anvertrauen. Wenn jemand hier schuldig ist, so bin ich es allein; diese Herren und das Fräulein folgten nur meinen Befehlen." Graf Menars bat, daß man den Generallieutenant d'Erlon rufen lasse. Die Herzogin war in jenem Augenblicke entstellt durch den Schmutz des Loches, in welchem sie zwanzig Stunden lang gebückt ausgehalten hatte. Fräulein v. Kersabiec behielt ihre ganze Geistesgegenwart, aber Hr. v. Menars, der sehr alt scheint, und besonders Hr. Guibourg waren wie vernichtet. Alle wurden mit äußerster Rücksicht, und besonders die Herzogin mit der größten Aufmerksamkeit behandelt. Man versichert, daß am 6ten vor Mitternacht, in dem Augenblicke der thätigsten Nachsuchungen, eine Summe von 40,000 Franken einer Magd der Fräulein Duguigny angeboten wurde, wenn sie die Verborgenen verrathe; sie wies sie zurück. Die Herzogin sagte im Augenblicke ihrer Verhaftung, sie und ihre Gefährten hätten seit 36 Stunden nichts gegessen; man beeilte sich ihr ein Mahl zu serviren, wobei sie den besten Appetit zeigte. Herr v. Menars dagegen konnte keine Nahrung zu

sich nehmen. Die erste Nacht war ganz gut, und am folgen=
den Morgen schien die königliche Gefangene völlig an ihr neues
Logis gewöhnt, das wenigstens ruhiger war als ihre bisheri=
gen Asyle, in denen sie keinen Augenblick von Furcht frei seyn
konnte."

Die Regierung befahl sogleich, die erlauchte Gefangene
nach dem festen Schloß Blaye zu bringen und erklärte, die
Entscheidung über ihr Schicksal der Berathung der Kammer
anheimgeben zu wollen. Da das Gerücht fortwährend sich
erhielt, die Regierung habe schon längst mit der Herzogin
unterhandelt, um sie zu einer freiwilligen Entfernung aus
Frankreich zu überreden, und habe sich erst ganz kürzlich auf
den Rath des Herrn Thiers entschlossen, sie gefangen zu neh=
men, um durch diesen Act die Kammer günstig zu stimmen,
damit sie in Betreff des ungesetzlichen Belagerungszustandes ein
Auge zudrücke, so erklärte jetzt die Regierung feierlich: „Die
Regierung ist verpflichtet, den von Böswilligkeit verbreiteten
Gerüchten zu widersprechen; es ist durchaus falsch, daß sie
schon lange den Schlupfwinkel der Frau Herzogin v. Berry
gekannt habe; sie würde sie früher haben verhaften lassen,
wenn sie sie früher entdeckt hätte. Das vorige Ministerium
hatte in dieser Hinsicht loyal seine Pflichten erfüllt. Das ge=
genwärtige Ministerium hat die Verhaftung sogleich befoh=
len, als die gesammelten Anzeigen klar genug waren, daß
man sich in der Lage befand, zu handeln."

Der Verräther der Herzogin, von dem jene Anzeigen
herrührten, war ihr eigner Liebhaber, von dem der Breton
folgende Notizen gab: „Etienne Gonzaga Deutz, 31 Jahre
alt, ist in Köln geboren, wo er in der jüdischen Religion er=
zogen wurde. Er lebte 1826 in Rom bei seinem Oheim, dem

berühmten Deutz, Großrabbiner des israelitischen Cultus.
Da er zu seiner Verschwendungslust nicht das gehörige Ver=
mögen besaß, beschloß er, seinen Pflegevater zu verlassen und
zur katholischen Kirche überzutreten. Die feierliche Abschwö=
rung des Neffen des Großrabbiners war ein Ereigniß in Rom.
Der von allen Fürsten der Kirche gefeierte Deutz lebte lange
von den Unterstützungen, die ihm der Cardinal Albani ver=
schaffte. Im Jahre 1831 scheint Deutz nach einer in die Ver=
einigten Staaten unternommenen Reise nach Europa zurück=
gekehrt zu seyn. Sey's, um sich ein neues Loos zu machen,
sey's aus irgend einem andern Grunde, den zu durchdringen
uns nicht gegeben ist, kam Deutz, durch einige Dienste, die
uns ebenfalls unbekannt sind, in die Umgebung der Herzogin
v. Berry, bei ihrer Durchreise durch Rom. Ein gewisser
Drack, Deutz's Schwager, war unter Karl X der Person des
Herzogs von Bordeaux beigegeben worden; dieß war für ihn
wohl das erste Mittel, sich bei der Herzogin einzuführen.
Bald gelang es ihm, das ganze Vertrauen der Herzogin zu
gewinnen; sie überhäufte ihn mit Wohlthaten, und vertraute
ihm mehrere delicate Missionen bei fremden Höfen. Deutz
entledigte sich dieser Missionen mit Eifer und Pünktlichkeit,
und stand nun höher als je in der Gnade der Prinzessin. Als
nun die Herzogin wieder in Frankreich landete, legte sie wich=
tige Aufträge in seine Hände, nach deren Erfüllung Deutz
vor einigen Monaten nach Nantes kam, um ihr darüber Be=
richt zu erstatten. Mit neuen Weisungen beauftragt, reiste
er nach Deutschland ab. In diesem Lande, und zwar in Frank=
furt, soll er eine zu der französischen Polizei gehörige Person
kennen gelernt haben. Dort müssen auch die ersten Eröff=
nungen stattgefunden haben, doch wurde nichts Bestimmtes

beschlossen. Als er Frankfurt verließ, begab er sich unmittelbar nach Rom, wo er von dem Papste empfangen wurde,
der ihm, wie man versichert, Briefe an die Herzogin v.Berry
mitgab. Von Rom ging er nach Portugal, und sah in Lissabon Don Miguel, der ihm ebenfalls Briefe für die Prinzessin
mitgeben sollte. Von Lissabon kam er nach Paris zurück, wo
er definitiv um den Preis unterhandelte, um den er die Herzogin ausliefern wollte; die Summe soll gegen eine Million
Franken betragen. Zur Ausführung seines Entwurfs kehrte
er nach Nantes zurück, und verlangte der Herzogin vorgestellt
zu werden. Die Personen, die im Geheimnisse des Zufluchts-
orts der Herzogin waren, und ein unbestimmtes Mißtrauen
gegen Deutz hatten, weigerten sich Anfangs, ihn bei ihr einzuführen; da er indessen schon so wichtige Missionen für sie
ausgeführt hatte, und die religiösesten Gesinnungen zeigte,
überdieß nur der Herzogin allein das Resultat seiner Reise
vorlegen, und seine Depeschen übergeben wollte, erhielt er
Erlaubniß am 6 November bei Fräulein Duguigny sie zu
sprechen. Er trat ein. Die Herzogin, die nicht wußte wer
kam, war aus dem Zimmer geschlichen; sie erkannte aber
ihren Schützling durch eine Art von Guckfenster, durch das
sie alles sah, ohne selbst gesehen zu werden; sie kehrte also
gleich in das Zimmer zurück mit den Worten: „Ach sind Sie
es, mein lieber Deutz?".... Deutz blieb einige Minuten bei
der Herzogin, und kehrte dann zurück, um einem der zahlreichen Polizei-Agenten, die das Haus umschlichen, das verabredete Zeichen zu geben: „Sie setzt sich eben zu Tisch."
Unsere Leser kennen das Uebrige. Deutz ist ein Mensch von
mittlerer Größe, von sehr gebräunter Gesichtsfarbe; er hat
schwarze krause Haare; seine lebhaften Augen sind klein und

tiefliegend; er hat einen großen Mund, und sehr dicke Lippen; seine Nase ist gewöhnlich, seine Hand sehr schön, für einen Mann vielleicht zu schön, daher er sie immer mit Affectation zeigt."

Die Herzogin sagte, als sie den Verrath erfuhr, über ihn die merkwürdigen Worte: „er, dem ich mehr als mein Leben anvertraute," und später erfuhr man, der Grund, warum er sie verrieth, sey Eifersucht gewesen, weil er die Herzogin im vertrauten Verhältniß mit einem jüngern Nebenbuhler angetroffen habe.

Am 14 November kam die Herzogin in Blaye an, wo sie mit allem ihrem Range gebührenden Anstand behandelt, aber auch streng bewacht wurde. Chateaubriand bot sich ihr sogleich als Vertheidiger an, und schrieb eine Brochure, worin er sagte: „Erlauchte Gefangene von Blaye, Madame! Möge Ihre heroische Anwesenheit auf einem Boden, der mit Heldenmuth bekannt ist, Frankreich dahin bringen, Ihnen das zu wiederholen, was meine politische Unabhängigkeit mir das Recht erworben hat, Ihnen zu sagen: „Ihr Sohn ist mein König!" Wenn die Vorsehung mir noch einige Stunden auflegt, werde ich wohl, zum Troste dieser Stunden, noch Ihren Triumph erblicken, nachdem ich die Ehre hatte, Ihrem Unglücke mich anzuschließen?" Der arme Chateaubriand wußte nicht, daß der Herzogin ganz etwas Anderes bevorstand als ein Triumph.

Marschall Bourmont befand sich auch in Nantes, als die Herzogin verhaftet wurde, entkam aber glücklich und floh nach England. Sein Herr, Karl X, und die übrigen Mitglieder der älteren Familie Bourbon hatten inzwischen ihr Asyl in Holyrood verlassen und sich nach Prag begeben. Im Verlaufe des Frühjahrs und Sommers war nicht

ben. Im Verlaufe des Frühjahrs und Sommers war nicht
viel von den Verbannten in Holyrood die Rede gewesen. Nur
der bekannte Gläubiger Karls X, Graf von Pfaffenhofen, ließ
im Februar in die öffentlichen Blätter einrücken: „Ich er=
kläre, daß mein königlicher Schuldner, weit entfernt, seinen
Proceß in Edinburg gewonnen zu haben, vielmehr seit dem
4 November unter einem Verhaftsbefehl steht, der ihn ver=
bindet, persönlich vor Gericht zu erscheinen, von dem ich aber
aus Achtung für die Person Sr. Majestät bisher keinen Ge=
brauch gemacht, und um dessen Geheimhaltung seine Agenten
die meinigen gebeten hatten." Sey es, daß dieser stets über
des Erkönigs Haupt schwebende Verhaftbefehl ihn genirte,
oder daß, wie es hieß, das schottische Klima der Herzogin
von Angoulème nicht zusagte, oder hoffte man, so lange die
Herzogin v. Berry noch nicht gefangen war, immer noch auf
Ereignisse in Frankreich, oder wollte man sich in einen Staat
begeben, der weniger mit der neufranzösischen Dynastie be=
freundet war, als England, — genug, die königlichen Verbann=
ten verließen Holyrood, um sich unter den Schutz des Kaisers
von Oesterreich zu begeben. Am 4 September reiste die
Herzogin von Angoulème mit der Tochter der Herzogin
v. Berry voran, wurde unterwegs in London von der Köni=
gin von England besucht, und ging dann über Holland den
Rhein hinab bis Frankfurt und über Bayern nach Wien, wo
sie am 6 October ankam und noch an demselben Tage von der
kaiserlichen Familie mit großer Auszeichnung empfangen
wurde. Karl X, begleitet vom Herzog von Angoulème und
dem jungen Heinrich V, wagte des englischen Pöbels wegen
nicht über London zu gehen, landete am 21 September in
Hamburg und kam am 6 October nach Berlin, wo er von

den preußischen Prinzen sehr freundlich empfangen wurde, und
wo insbesondere der junge Heinrich großes Wohlgefallen erregte.
Man schrieb damals aus Berlin: „Karl X ward überall feier=
lich und ehrfurchtsvoll empfangen, und die Stimmung für
den unglücklichen Greis war so allgemein, so groß und so sehr
in das Gemüth des Volks eingedrungen, daß, als er durch
Berlin fuhr, Alt und Jung sich dazu drängte, ihn zu grüßen
und zu beweisen, wie man über sein Schicksal fühle und denke.‟
Am 28 October traf Karl X in Prag ein, wo ihm und seiner
Familie das alte prächtige Schloß, der Hradschin, zur Woh=
nung überlassen wurde.

In demselben Oesterreich war wenige Monate vorher der
junge Herzog von Reichstadt gestorben, am 22 Julius.
In diesem für Ludwig Philipp so glücklichen Jahre sollten
alle seine Nebenbuhler besiegt oder hinweggerafft werden. Der
6 Junius schlug die Republicaner, der 22 Julius raffte
die Hoffnung der Bonapartisten hinweg und der 7 November
gab die Mutter des legitimen Heinrich V in die Gefangen=
schaft seines Todfeindes. Der Herzog von Reichstadt hatte
sich bisher einer blühenden Gesundheit erfreut, war am 18 Mai
k. k. Obrist geworden und entfaltete so viel Talent und Lie=
benswürdigkeit, daß er in Wien die größte Popularität ge=
noß. Plötzlich aber fiel er in eine Krankheit, die er, wie es
hieß, aus Scham verhehlte und die eben dadurch tödlich wurde.
Seine letzten Worte waren: meine Mutter!—meine Mutter!
Marie Louise langte aber zu spät in Wien an, um ihn noch
lebend zu finden. Französische Blätter wollten behaupten,
er habe den Degen seines Vaters und mit ihm alle seine An=
sprüche an seinen jungen Vetter Louis Napoleon vermacht;
österreichische Blätter erklärten dieß aber für eine alberne

Er=

NAPOLEON FRANZ,
Herzog von Reichstadt.

Erfindung. Montbel, Erminister Karls X, schrieb das Leben
des Herzogs von Reichstadt, und machte der Welt darin be=
kannt, daß Napoleons Sohn der wärmste Freund und Anhän=
ger des Fürsten v. Metternich gewesen. In Frankreich zeigte
sich wenig Theilnahme. Man hörte nicht mehr, als: „Am
20 August ward für den Herzog von Reichstadt in der Kirche
von Clichy ein feierliches Todtenamt gehalten. Es fanden
sich weit mehr Zuschauer ein, als die Kirche fassen konnte.
Besonders hatten sich viele Veteranen des Kaiserreichs einge=
stellt. Abbé Auzon hielt die Trauerrede, worin er mit der
größten Bewunderung von den Heldenthaten und den Talen=
ten des Kaisers sprach, und besonders auch die Verpflichtung
hervorhob, die ihm die Geistlichkeit schuldig sey, die sich nicht
immer dankbar gegen ihn bewiesen habe. Im Mittelpunkte
des Chors war ein prachtvoller Katafalk, mit dreifarbigen
Fahnen geziert, errichtet, mit der Inschrift: „dem Andenken
des Herzogs von Reichstadt." Die ganze Ceremonie ging
ohne Unordnung vorüber." Das Berliner politische Wochen=
blatt sagte bei dieser Gelegenheit: „Solche Wendung des
Schicksals predigt aufs neue das wunderbare Spiel einer un=
begreiflichen Weltregierung in den menschlichen Dingen dem
Geschlechte, dessen Glauben an das göttliche Walten in der
Geschichte in eben dem Maße zur Neige geht, als seine aus=
schließliche Verehrung vor der Herrschaft des Verstandes, und
seine Ueberschätzung der Wichtigkeit irdischer Macht und
menschlicher Berechnungen, Plane und Zwecke fast ihren Höhe=
punkt erreicht hat. — „Fünf Königinnen, sagt ein franzö=
sischer Schriftsteller, hielten der kaiserlichen Braut die Schleppe,
während der Sohn des Procurators von Ajaccio ihr den Ring
der Vermählung ansteckte und dabei sich an dem Gedanken

sonnte, daß die Tochter des ältesten Hauses der Christenheit
sich ihm zu eigen ergeben müsse." Und als dem damaligen
Beherrscher der Welt im Jahre 1811 ein Sohn und Erbe
seines Reichs geboren ward, umstanden sieben Könige, als
dienende Vasallen, seine Wiege. Der Gewaltige aber deutete
durch den Namen, den er dem Kinde gab, auf weitliegende
Plane der Weltherrschaft und Wiederherstellung des Reiches,
das einst den Erdkreis in sich beschlossen; die Welt weissagte
damals seinem Geschlechte lange Dauer durch viele Jahrhun=
derte. Als aber der Koloß seiner Macht zertrümmert war,
als später das Kind, dessen Geburt seinem Glücke das Siegel
der Bestätigung und Dauer aufzudrücken schien, am Hofe zu
Wien, zur Freude seines kaiserlichen Großvaters, heranwuchs,
war wiederum die Meinung der Welt darauf gerichtet, von
dem, der unter solchen Umständen geboren, dereinst große
Thaten zu vernehmen; so spurlos könne der Name und das
Geschlecht dessen nicht untergehen, der seit Jahrtausenden die
riesigste Erscheinung in unserer Geschichte gewesen. Allein
im Rathe dessen, „durch den die Könige regieren," war es
anders beschlossen, und ehe er noch das Mannesalter erreichte,
war der Sohn Napoleons dem Tode verfallen, ohne einen
andern Ruhm zu hinterlassen, als den eines reichbegabten
Geistes, und vieler schönen, tiefen Anlagen. Sein Tod be=
freit den Bürgerkönig vielleicht von seinem gefährlichsten Ri=
val, ließ sich gleich von der hohen Rechtlichkeit, und dem be=
kannten, durch die Geschichte bewährten Charakter der öster=
reichischen Politik mit Zuversicht voraussagen, daß diese Macht
den Namen des Kaisers der Franzosen nie als ein Werkzeug
zur Erreichung chimärischer Zwecke oder solcher Ansprüche be=
nutzen werde, die nicht in jeder Hinsicht das Recht für sich

haben, — so war es dennoch bei dem Kriegsruhme Bona=
parte's, von dem die Nationaleitelkeit der Franzosen noch
Generationen hindurch leben wird, unvermeidlich, daß bei
jedem etwanigen Soldatenaufstande, — einem, wie es scheint,
nothwendigen Momente in der künftigen Geschichte der Re=
volutionen Frankreichs, — die Meinung des Volks und die
militärische Faction, sich um den Namen des Nachkommen
eines Mannes anreihen werde, dessen Persönlichkeit gerade
durch den Contrast mit den jetzigen Gewalthabern in ihr glän=
zendstes Licht gestellt wird. — Diese Sorge ist durch den frü=
hen Tod des Kaisersohnes beseitigt, und dem friedlichen Ge=
nusse der Herrschaft des Hauses Orleans steht gegenwärtig —
außer dem Geiste der Revolution und der Nemesis, die nicht
stirbt! — nur noch das Leben Heinrichs V entgegen."

Ein Correspondent aus Rom schrieb: „Mit ihm starb
sein Haus. „Lajus ganzer Stamm ist vernichtet in diesem
Sprößling." In Rom lebt eine alte Frau. Die überlebt
alles — Eltern und Gatten, die unhistorischen, dann die
mächtigen Kinder, den Riesensohn, des Sohnes Sohn —
wer kann ihn schildern den Schmerz der Einsamen — der
neuen Hekuba?" Madame Làtitia Bonaparte überlebte
den Tod ihres Enkels wie ihres Sohnes. Die übrigen Glie=
der der Familie waren noch: Joseph Bonaparte, Erkönig
von Spanien, in London. Madame Bonaparte, dessen Ge=
mahlin, in Florenz. Madame Charlotte, deren Tochter, in
Florenz. Karl Bonaparte, Sohn von Lucian, verheirathet
mit der Tochter von Joseph Bonaparte, in Riccia. Lu=
cian Bonaparte in Sinigaglia, dessen Sohn in Columbien.
Louis Bonaparte, Erkönig von Holland, in Florenz. Ma=
dame Hortensia, dessen Gemahlin, in der Schweiz. Louis

Bonaparte, deren Sohn, in der Schweiz. Jerome Bona=
parte, Exkönig von Westphalen, in Livorno. Achill Murat,
Sohn des Exkönigs von Neapel, in London. Sein jüngerer
Bruder in New=York. Madame Karoline, Exkönigin von
Neapel, in Florenz.

Joseph Napoleon, Exkönig von Spanien, jetzt Graf
Survilliers, verließ sein Asyl in Nordamerica, wo er sich
zahlreiche Freunde erworben hatte, und landete den 16 Au=
gust in England. Man glaubte, es geschehe, um seine Mut=
ter noch einmal zu sehen und bei der künftigen Erbschaftsaus=
einandersetzung gegenwärtig zu seyn. Vom Tode seines Nef=
fen konnte er noch nichts wissen. Er erreichte aber seine
Absicht nicht, denn der König von Neapel wollte nicht lei=
den, daß er nach Rom komme, um seine Mutter zu sehen,
da Joseph, bevor er König von Spanien wurde, König von
Neapel gewesen war. Da im October eine Association für
Aufrechterhaltung der Preßfreiheit in Frankreich sich bildete,
so schickte Joseph einen Beitrag an dieselbe, nebst einem
Brief an Hrn. Cormenin adressirt, vom 29 October, worin er
sagte: „Man muß, wie ich, die Vereinigten Staaten so viele
Jahre hindurch bewohnt haben, um mehr als irgend jemand
überzeugt zu seyn, daß Ihre Theorien keine fruchtlosen Ab=
stractionen sind. Ja, mein Herr, das Glück der Nationen
ist möglich, wie das der Individuen, mit der Gerechtigkeit;
die Gerechtigkeit für die Nationen beruht auf der religiösen,
politischen, bürgerlichen Freiheit; auf der Gleichheit der La=
sten und der Vortheile, im Verhältniß der Kräfte eines
jeden Bürgers; aber die Bürger allein sind die Richter dar=
über, und es gibt keine Gerechtigkeit ohne das allgemeine
Votum, die einzige Grundlage der Unparteilichkeit aller Dele=

girten der Staatsgewalt und ihrer Nationalität. Es gibt
keine Garantie für die Richtigkeit der Urtheile der Bürger,
wenn sie nicht aufgeklärt sind; keine andauernde gleichmäßige
Belehrung, die alle Winkel eines großen Reichs beleuchtet,
ohne die unbedingte, schrankenlose Freiheit der Presse. Sie
haben vollkommen das gefühlt und geahnt, was ich nur das
Verdienst habe, in dem Lande, wo ich siebzehn Jahre der
Verbannung zugebracht, materiell zu sehen. Nein, mein
Herr, Ihre Theorien sind keine fruchtlosen Abstractionen,
ich habe sie in wirklicher Ausführung gesehen, und die öf=
fentliche Wohlfahrt ist die Frucht ihrer Anwendung. Die
unbedingte Freiheit der Presse ist der einzige Hauch, der
überall das wahre Licht des Geistes verbreiten kann; erst,
wenn ihre Herrschaft in Frankreich so wie in America ver=
breitet seyn wird, wird man ungestraft logisch und gerecht
seyn können: erst alsdann wird man sagen können: „Tu=
gend, öffentliche Wohlfahrt, ihr seyd keine Chimären.“

6.

**Feldzug gegen Antwerpen. Eröffnung der
Kammern und Schuß auf den König. Algier.**

Obgleich der König das Ministerium bereits verändert
hatte, fürchtete er sich dennoch, sein Staatsstreich — Paris
in Belagerungszustand erklärt und die Gesetze suspendirt zu
haben — könne eine heftige Opposition in der künftigen Kam=
mer hervorrufen, und um diese Opposition zu beschwichtigen,
wollte man der neuen Kammer die Herzogin von Berry als Ge=
fangene vorführen und die Schlüssel von Antwerpen auf ihren
Tisch niederlegen. Endlich hatte man noch ein drittes untrüg=

liches Mittel in Petto. Man erinnerte sich, wie viel Napo=
leon durch die sogenannte Höllenmaschine gewonnen hatte,
wie sein Ansehen unter den Franzosen in dem Maß zugenom=
men hatte, in welchem er in beständiger Todesgefahr schwebte.
Man erinnerte sich ferner, daß vor kurzer Zeit erst auf den
König von England geschossen worden sey. Man konnte es
daher sehr wahrscheinlich machen, daß irgend ein tiefgekränk=
ter Republicaner auch auf den König der Franzosen einen
Schuß thun werde; und so wurde denn dieser Signalschuß
vorbereitet, der ganz Frankreich zu den Füßen des geliebten
Königs werfen und in Freudenthränen über die glückliche
Rettung fließen machen sollte.

Alles gelang vortrefflich. Wie die Herzogin gefangen
wurde, ist schon erzählt. Wie zu Gunsten des Königs Leo=
pold, der Ludwig Philipps Schwiegersohn geworden war, die
Stadt Antwerpen erobert wurde, soll sogleich erzählt werden,
wenn wir zu den niederländischen Angelegenheiten übergehen.
Die Kammer war überdieß so zusammengesetzt, daß die in
großer Minorität befindliche Opposition gegen das Triumph=
geschrei der Sieger von Antwerpen und der Häscher von
Nantes nicht aufkommen konnte. Dennoch mußte auch noch
der Schuß fallen. Nach allem, was über diesen berühmten
Schuß bekannt geworden ist, könnte nur ein politisches Kind
noch länger zweifeln, daß er von der Polizei selbst geführt
wurde und ein plumpes Spiel war, um den König als „er=
haben in der Gefahr" darzustellen. Und selbst wenn dieser
Schuß gegen alle Wahrscheinlichkeit wirklich von einem Feinde
Ludwig Philipps und ohne dessen Wissen abgefeuert worden
wäre, so bleibt immerhin die Thatsache gewiß, daß ganz
Frankreich ihn für ein bloßes Impromptu der Polizei hielt.

Am 7 November war die Herzogin von Berry arretirt
worden, am 14ten zog die französische Armee gegen Ant=
werpen, und am 19ten eröffnete Ludwig Philipp die Kam=
mern. Als er sich zu Pferde nach dem Sitzungssaale begab
und eben das Ende des Pont=Royal erreicht hatte, fiel der
Schuß. Obgleich sich General Pajol sogleich auf die Gruppe
warf, aus der geschossen worden war, und ein junges und
schönes Mädchen, Adele Boury, den Mörder im Augenblick
des Schusses am Arm gezogen hatte, um ihn daran zu ver=
hindern, konnte doch die Person des Mörders nicht aus=
gemittelt werden. Dieß erregte Verdacht. Wäre die Polizei
nicht selbst bei dem Schusse betheiligt gewesen, so wäre der
Mörder wohl sogleich entdeckt worden. Das Journal du
Commerce und der National bezeichneten die Demoiselle
Boury selbst als eine Agentin der Polizei: „Das 19 Jahre
alte Fräulein Adele Boury ist sehr schön und geistreich. Vor
ungefähr 20 Tagen kam sie nach Paris, um sich daselbst zu
Errichtung eines Etablissements in Calais (des Hotels Mau=
rice) eine Summe von 40,000 Fr. zu verschaffen. Sie
wandte sich zuerst an Herrn von Rothschild. Er zeigte ihr
die Thüre, und wies sie an den Irrenarzt. Nun wandte
sich Fräulein Boury an den König selbst; sie ließ sich dazu
bei dem Bittschriftenschreiber Morel eine Petition verferti=
gen, und fragte mehrmals nach, ob die Antwort noch nicht
gekommen sey; das letztemal fragte sie kurz vor der Cere=
monie. Bald darauf hatte das Fräulein das Glück den
Fürsten zu retten, von dessen Geldern sie ihr Etablissement
gründen wollte. Der früher mitgetheilte dem Constitu=
tionnel zugesandte anonyme Brief verschönert auf eine
auffallende Weise die Umstände des Kampfs zwischen Fräulein

Boury und dem Mörder. Bei solchen Vorfällen schreien gewöhnlich alle Weiber, statt sich in einen Kampf einzulassen. Fräulein Boury aber hat alles beobachtet, alles bemerkt, dann fiel sie in Ohnmacht, kam dann wieder zu sich und fragte gleich nach Herrn Thiers, zu dem man sie führte! ... Bis zum 22sten früh um 10 Uhr sollen auf das Ministerium des Innern schon zwölf Kugeln gebracht worden seyn, die man beim Pont=Royal gefunden haben wollte. Der Minister wollte keine mehr annehmen; er habe jetzt genug!" Der Temps gab an, der Pfropf der Pistole sey an den Kopf eines Pferdes geflogen, sie könne also unmöglich mit einer Kugel geladen gewesen seyn. Einige unschuldige Personen blieben in Haft. Am Schlusse des Jahres gab sich ein verrückter Mensch, Namens Courtois, für den Mörder aus, indem er überhaupt den Tod suchte; später wurde ein gewisser Vergeron als der Thäter angeklagt. Der Proceß wurde erst im folgenden Jahre geführt, ohne daß die Wahrheit ermittelt werden konnte.

Der König war nach dem Schusse, ohne zu erschrecken, weiter geritten und eröffnete die Kammer mit der Thronrede. Sie strotzte von Ruhmredigkeit und prahlte mit der dreifachen Energie, die das Juste=Milieu gegen die Republicaner am 6 Junius, gegen die Karlisten in der Vendée und gegen Holland durch den eben eröffneten Feldzug bewiesen habe. Aber sie enthielt kein Wort über Polen, dessen Nationalität Ludwig Philipp früher zu wahren so feierlich versprochen hatte, kein Wort über Italien, Spanien, Portugal, kein Wort über die Beschlüsse des deutschen Bundes. Dupin wurde Präsident der Deputirtenkammer. Als ihm der König sagte: „Mein lieber Dupin, sie haben auf mich ge=

schossen;" antwortete er: „nein, Sire, sie haben auf sich
geschossen." In der Kammer eröffnete Dupin die Perspec=
tive eines tiefen Friedens. Er sprach am 23 November:
„Die Präsidentschaft der Kammer der Deputirten — der Re=
präsentanten des Landes — ist in meinen Augen die erste
Würde des Staats; man kann, ist man einmal dahin ge=
langt, nur heruntersteigen. In diesem Palaste ward das
legale Gouvernement geboren, das aus unserer glorreichen
Juliusrevolution hervorging; in diesem Palaste wurde die
Charte vom 7 August 1830 votirt; hier erhielt Ludwig
Philipp den Titel König der Franzosen; hier hörte er
unsere Eide, nachdem wir die seinigen empfangen hatten.
Wichtige Gesetze, die nothwendige Ergänzung unseres Grund=
vertrags, wurden versprochen: einige wurden in den vorher=
gehenden Sitzungen vorgelegt; vollenden wir unser Werk,
begaben wir endlich das Land mit jenen so lebhaft gewünsch=
ten, so ungeduldig erwarteten Institutionen. Ein Commu=
nal= und Departemental=Gesetz, das, ohne der einem großen
Staate wie Frankreich so nöthigen Einheit der Staatsthätig=
keit zu schaden, doch den Gemeinden und Departements in
der Führung ihrer Local=Angelegenheiten wieder einen gro=
ßen Spielraum eröffnet; ein Gesetz über die Verantwort=
lichkeit der Minister, das sie belehre, daß endlich einmal
jene Verantwortlichkeit nicht mehr illusorisch ist, und daß
sie mit Festigkeit, mit Unabhängigkeit regieren müssen, weil
es sich um den Ruhm ihrer Verwaltung und um ihre eigene
Sicherheit handelt; ein Gesetz über den öffentlichen Unter=
richt in der vollständigen Bedeutung dieses Wortes, damit
eine größere Anzahl Bürger an den politischen Rechten
Antheil nehmen könne, wenn sie solche kennen gelernt haben,

und im Stande seyn werden sie auszuüben; ein Gesetz über
den Etat der Officiere, ohne das Gleichgewicht aus den
Augen zu verlieren, das die andern Dienste fordern, und
mit Berücksichtigung dessen, was der schon so sehr belastete
Staatsschatz leisten kann; endlich verschiedene finanzielle und
industrielle Gesetze, besonders ein Gesetz über die Expropria=
tion für Gegenstände von öffentlichem Nutzen, welches die
Verwaltung unterstützt, um den Egoismus und den Geist
der Chicane von Seite der Eigenthümer zu besiegen, die
allzu oft durch übertriebene Forderungen die Ausführung der
nützlichsten Arbeiten aufhalten, welche am meisten geeignet
sind, den Arbeitern Beschäftigung, dem Handel Absatzwege
und allen Bürgern leichte Verbindungs=Mittel zu sichern.
Meine Herren und theuren Collegen! das Schicksal des Vater=
landes ist in unsern Händen, die Einigung der Franzosen
hängt vielleicht von der Einigung ihrer Deputirten und der
Annäherung ihrer Meinungen ab!"

Die Majorität der zweiten Kammer war durch den ho=
hen Wahlcensus, und die der ersten Kammer durch den letzten
und vorletzten großen Pairsschub ganz auf Seiten des Königs
und seiner Friedenspolitik. Der bekannte Schuß bot nun
die beste Gelegenheit zu Ergebenheitsadressen dar,
worin die Kammern mit den Präfecturen wetteiferten. Hatte
man vorher gefürchtet, die Kammer werde wegen des Bela=
gerungszustandes strenge Rechenschaft fordern, so wurde jetzt
Merilhou's Antrag, in der Antwort auf die Thronrede jene
Regierungsmaßregel zu tadeln, mit großer Stimmenmehr=
heit verworfen, am 30 November. Die Kammer billigte
also den Belagerungszustand. Alle Oppositionsjournale waren
wüthend. Der Courrier français schrieb: „Alles ist vorbei,

An diesem Unglückstage hat die Gesetzlichkeit den Todesstoß
erhalten von den Händen der Majorität. Der letzte Strahl
der Hoffnung, den die Berufung der Kammern erweckte,
ist erloschen. Dieser Tag ist das Waterloo der Charte von
1830."

Eine lange Rede Odilon=Barrots, worin er die Vor=
würfe, mit welchen Thiers die Opposition überschüttete, zu=
rückwies, und noch einmal die Klagen des Landes über die
innere und äußere Politik zusammenfaßte, verhallte unter
dem Jubel der Ergebenheitsadressen und unter dem Kano=
nendonner von Antwerpen. Auch die schlagenden Worte
Bignons, worin er an Polen erinnerte, verhallten achtlos.
Er sprach: „In einer der letzten Sitzungen ist der Minister
des Innern lebhaft auf dieser dringenden Verpflichtung be=
standen, worin sich die Regierung befunden habe, sich beste=
henden Tractaten zu unterwerfen. Nun, meine Herren,
ohne Zweifel versteht der Minister die Tractate wie wir.
Er versteht, daß' da sie für Alle gemacht sind, sie auch von
Allen geachtet werden. Von jetzt an aber, da sie in allem,
was Frankreich verletzte, ausbeutete und erniedrigte, eine
strenge Anwendung erhalten haben, ist es gewiß keine un=
passende Forderung, zu wollen, daß sie in ihren für Polen
schützenden Stipulationen mit derselben Treue vollzogen
werden." Die französische Regierung schwieg über diesen
Punkt gänzlich; wenn nicht die kleinen Grausamkeiten gegen
die in Frankreich lebenden Polen, die Verbannung Lele=
wels ꝛc. auf russische Requisition, Antwort genug
waren.

Am 31 December tauschten Thiers und d'Argout ihre
Ministerien.

Die Regierung stand am Schluß des Jahres als Sie=
gerin über alle Parteien da und triumphirte laut. Ihre
Gegner, ohne die Hoffnung aufzugeben, verhielten sich einst=
weilen ruhig. Die Karlisten waren in Marseille und
der Vendée geschlagen und ihrer kühnen Führerin beraubt;
es blieb ihnen nichts mehr übrig, als zu warten, bis viel=
leicht eine günstigere Zeit für Heinrich V gekommen seyn
würde. Einstweilen aber gesellten sie sich zu den Republi=
canern und wetteiferten mit denselben im Kampfe gegen die
regierende Familie Orleans. Die gemäßigte constitutio=
nelle Opposition — Lafayette, Odilon=Barrot, Lafitte —
stand allein und ziemlich verlassen, da sie nur einen Thron,
umgeben mit republicanischen Institutionen, nicht aber eine
Republik wollte, daher den eigentlichen Republicanern im
Grunde verhaßt und im Wege war. Die Republicaner,
deren Repräsentant in der Kammer Garnier Pagès war, em=
pfanden ihre Niederlage vom 6 Junius zu tief, um noch
Emeuten zu wagen. Sie beschränkten sich daher auf die
Journalangriffe und auf Proselytenmacherei im
Stillen. Hiezu bot ihnen die Secte der St. Simonia=
ner die Hand. St. Simon, wie Lafayette und Thomas
Paine in der Schule der nordamericanischen und französi=
schen Revolution gebildet, und wie sie für allgemeine Welt=
verbesserung begeistert, hatte eine religiös=politische Secte
gestiftet, deren Haupttendenz war, Arbeit und Genuß unter
die Menschen gleich zu vertheilen, künftig sowohl übertrie=
benen Reichthum als übertriebene Armuth unmöglich zu
machen und auch dem Niedrigsten seinen Antheil an den
Gütern der Erde gegen eine verhältnißmäßige Leistung an
Arbeit zu gewähren. Um Proselyten zu machen, umgab sich

diese Secte anfangs mit allerlei Gaukelwerk, das Neugierige
anzog. Man wählte einen sehr schönen Mann, Enfantin,
zum Oberpriester oder Vater, nahm eine auffallende Tracht
an, schmeichelte den Damen, indem man ihnen gleiche Rechte
mit den Männern zusicherte, gab öffentliche Feste ꝛc. Die
Pariser liefen anfangs auch wirklich schaarenweise hinzu, aber
wie jeder neuen Mode wurden sie auch dieser bald überdrüs=
sig. Die Regierung selbst gab den St. Simonianern eine
neue Wichtigkeit, indem sie dieselben politischer Umtriebe
anklagte und vor Gericht zog. Sie machten sich nun zwar
am 27 August in der öffentlichen Gerichtssitzung durch ihre
linkische Anmaßung und falsche Würde lächerlich und verlo=
ren alles Ansehen in der gebildeten Gesellschaft; allein sie
zogen sich nur zurück, um ihre Lehren seitdem mit weniger
Geräusch im niederen Volk auszubreiten, und die aus dem
Felde geschlagenen Republicaner verbanden sich mit ihnen,
um sie als Mittel für ihre revolutionären Zwecke zu benutzen.—

Algier blieb auch in diesem Jahre fortwährend von
den Franzosen besetzt, doch hielt man es eben nur fest, ohne
die Eroberung zu erweitern oder nur die Herrschaft über das
Gewonnene zu consolidiren. Kurz, die Franzosen verhielten
sich defensiv in Algier, wie einst Kleber in Aegypten, und Lud=
wig Philipps Politik in Bezug auf diese Erwerbung seines Vor=
gängers zeigte dieselbe Halbheit wie seine ganze übrige Politik.
Zu Anfang des Jahres erfuhr man, der in Algier comman=
dirende Herzog von Rovigo habe den Einwohnern der
Stadt eine unbillige Contribution aufgelegt, worauf eine
große Gährung entstanden sey, bis er die Forderung auf die
Hälfte herabgesetzt habe. Am 28 März wurde Bona durch
einen Handstreich von den Franzosen erobert und der dortige

Bey Ibrahim vertrieben. Inzwischen machten die Araber bis unter die Thore von Algier beständig Jagd auf einzelne Franzosen, die sich von der Hauptstadt verirrten, und plünderten die Güter der Eingebornen, die sich aus Furcht oder Habsucht an die Franzosen angeschlossen hatten. Am 7 April machten die letzteren einen Ausfall und schlugen den Stamm El Uffia zurück. Dieß schreckte aber die übrigen Stämme keineswegs ab. Man schrieb damals aus Paris: „Das große Hinderniß liegt immer in den Verhältnissen zu den Arabern, die man von Anfang an falsch behandelt hat; man will sie durch Strenge einschüchtern, und wendet die Regeln des europäischen Kriegsrechts gegen Leute an, die sie nicht anerkennen. Man hätte sie von Anfang an durch ihren Chefs zugestandene Vortheile gewinnen sollen, hätte den Scheichs je nach der Zahl der Stämme, die ihnen gehorchen, Rang und Besoldungen geben sollen, unter Bedingung der Anerkennung der französischen Oberherrschaft und der Bedingung von Kriegsdiensten, wenn sie gefordert werden sollten, und man hätte bald durch das Interesse der Chefs erhalten, was man nie durch barbarische Ueberfälle erhalten wird. Sie können freilich weder Algier noch Oran, noch irgend einen Punkt, in dem man eine Besatzung halten will, erobern, aber ohne ihren guten Willen kann die Colonisation nicht gelingen, und dieser beständige Kriegszustand ohne alle localen Hülfsmittel macht die Colonie für Frankreich zu einer fast unerträglichen Last." Am 23 Mai fiel abermals ein kleines Gefecht dicht an den Mauern Algiers vor.

Da Bona kleiner und verhältnißmäßig leichter zu erobern war, als Algier, so richteten die Araber auch ihre Anstrengungen vorzüglich gegen diesen Punkt, den General

Boyer von Algier aus hatte besetzen müssen. Die durch
die fanatischen Predigten des Marabuts Mehaidin vereinigten
Stämme griffen am 3 und 4 Mai Bona mit Wuth an, und
wurden zwar durch die französischen Kanonen zurückgeworfen,
vereinigten sich aber in noch größerer Zahl und erneuten
in 32 Stämmen 12,000 Mann stark die Angriffe vom 6 — 9
Mai, und mit noch größerer Wuth vom 2 — 7 Junius, wur=
den aber mit dem Verlust von 4000 Mann zurückgeschlagen.

Oran war auf dieselbe Weise von den Arabern einge=
schlossen. Vor Algier versammelten sich im August eine
Menge arabische Stämme und wollten einen Angriff machen,
zerstreuten sich aber wieder. Im September versammelte
sich aufs neue eine kleinere Anzahl, gegen die am 2 October
General Faudoas ausgeschickt wurde, der, anfangs geschla=
gen, sie zuletzt doch besiegte. Am 23 October und 10 Novem=
ber fielen zwei hitzige Gefechte in der Nähe von Oran vor.
Zwar hörte man von einigen Scheiks, im Innern des Landes,
die mit den zunächst an Algier und Oran gränzenden im
Kampfe lägen; allein diese Diversion war nicht mächtig ge=
nug die Franzosen zu unterstützen, die beständig in die Mauern
weniger Küstenstädte eingeschlossen blieben. Da französische
Soldaten selbst außerhalb der Thore nicht sicher waren, son=
dern von den überall lauernden Arabern aufgegriffen wurden,
war an eine Ansiedelung europäischer Bauern nicht zu den=
ken. Ein Schiff mit deutschen Auswanderern wurde aus=
drücklich von Algier zurückgewiesen. Man hörte, daß die rei=
chen Eingebornen Algier verließen, um den Erpressungen zu
entgehen. Im Sommer erließ der Herzog von Rovigo einen
strengen Befehl an die Soldaten, nicht willkürlich Hinrich=
tungen vorzunehmen; ein Beweis, daß sich die Soldaten,

zur Entschädigung für ihre Mühsale, viele Gewaltthätigkeiten
erlaubten. Man schrieb am Schlusse des Jahres aus Paris:
„Die Nachrichten von Algier lauten immer gleich. Die Feind=
seligkeiten der Araber bringen eine periodische Theurung her=
vor, welche für die Colonie höchst verderblich ist, indem die
Ungewißheit der Preise die regelmäßige Verproviantirung
durch Handelsschiffe hindert. Die beiden Dörfer, die man
innerhalb der Linie von Blockhäusern angelegt hat, gedeihen
nicht; die Beduinen erlauben nicht, daß Einzelne sich mit
Sicherheit von den Wohnungen entfernen und den Feldarbei=
ten obliegen könnten; es wäre nothwendig, eine Bevölkerung
von 15—20,000 Mann Colonisten innerhalb der Blockhäuser
anzusiedeln, um den kleinen Einfällen der Araber ein Ende
zu machen; aber die Kosten, welche eine so große Menge von
Colonisten verursachen würde, bis sie im Stande wären für
ihre Bedürfnisse selbst zu sorgen, erlauben die Ausführung
dieses Planes nicht. In ihrer gegenwärtigen Lage ist die Be=
sitzung weder von politischem noch von commerciellem Werthe.

Marokko stand von dem Bündnisse mit den Arabern
gegen die Franzosen ab. Der Kaiser empfing am 23 März
den französischen Gesandten Grafen Mornay und gab seine
Ansprüche in Betreff der Stadt Tremezen auf, die fortwäh=
rend von der Regentschaft von Algier abhängig bleiben sollte.
Dagegen erwartete man Feindseligkeiten der Marokkaner ge=
gen Neapel, weil der junge König Neapels ihnen den Tribut
nicht länger zahlen wollte.

Tripoli war der Schauplatz einer großen Revolution.
Am 14 Junius erschien vor dieser Stadt eine englische Expe=
dition und forderte 200,000 Piaster Entschädigungen für frü=
here Verluste. Der Dey schrieb eine drückende Steuer aus,
um

FERDINAND,

Herzog von Orleans.

um das Geld herbeizutreiben; dieß erregte aber Unzufriedenheit, und an die Spitze der Empörer stellte sich Sidi=Mehemed, der Enkel des alten Dey, und belagerte die Stadt mit Hülfe der Araberstämme, während sein Oheim, des alten inactiven Dey's jüngerer Sohn, die Stadt behauptete. Man glaubte, die Engländer seyen im Spiel, um die Verwirrung zu benutzen und sich in Tripoli festzusetzen, wie die Franzosen in Algier. Doch wurde dieses Gerücht durch keine Handlung der Eng= länder bestätigt.

Was die franzö sischen Colonien anlangt, so ist zu erwähnen, daß am 28 December der Seeminister zwei Ge= seßesentwürfe vorlegte, wovon der eine jedem freigelassenen Sklaven die gleichen Rechte mit jedem andern freien Manne sicherte, und der andere in allen Colonien mit Ausnahme der am Senegal die Einsetzung eines Colonialrathes aus Ein= gebornen mit Befugnissen gleich denen der französischen Kam= mer verfügte. — Auf der Insel Bourbon wurde eine Ne= gerverschwörung entdeckt, die den Mord aller Weißen zum Zweck hatte.

II.

Belgien und Holland.

————

1.

Hartnäckiger Widerstand Hollands gegen die Beschlüsse der Londoner Conferenz. König Leopold wird durch die fünf großen Mächte anerkannt.

Hatte sich Holland im Herbste 1830 schwach und schwankend gezeigt, so waren inzwischen durch die fortschreitende Reaction in Europa seine Hoffnungen so sehr gestiegen, daß es die größte Kühnheit blicken ließ, in nichts mehr nachgeben, nichts mehr verlieren, sondern alles wieder gewinnen wollte. Schon hatte es im Herbste 1831 Belgien überfallen und sich günstigere Bedingungen von der Londoner, über das Schicksal der Niederlande entscheidenden Conferenz errungen. Allein es hoffte noch weit mehr zu gewinnen, da es die drohende Gewalt der heiligen Allianz wieder im starken Vorschreiten und Frankreich dagegen schwach und erbärmlich sah. Es

hoffte, durch seine Weigerungen entweder einen Krieg zu
entzünden, in welchem Frankreich erliegen und Belgien wie=
der mit Holland vereinigt werden müßte, oder wenigstens
durch die Kriegsdrohung Frankreich und Belgien alles abzu=
troßen, was es wollte.

Auf das Ultimatum, welches Holland am 13 Decem=
ber des vorigen Jahrs eingereicht, antwortete die Confe=
renz am 4 Januar: „Vollkommen überzeugt, die von den
fünf Höfen gegen die niederländische Regierung eingegange=
nen Verpflichtungen erfüllt zu haben, voll Vertrauen in die
Einsicht und in die Gerechtigkeit des Königs, schmeichelt sich
die Conferenz, daß dieser Monarch, die zahllosen Schwierig=
keiten, mit denen sie zu kämpfen gehabt hat, die Ereignisse,
welche den Lauf ihrer Arbeiten bezeichnet haben, die Gefahren
aller Art, welche sie beschwören mußte, und endlich die Ver=
pflichtung, die ihr auferlegt war, und deren sie sich entledigt
hat, diesen allgemeinen Frieden, den die wahren Interessen
Hollands, so wie die wahren Interessen Europa's auf gleiche
Weise erfordern, aufrecht zu erhalten, mit in Anrechnung
bringen wird. Sie schmeichelt sich, daß der König die Un=
möglichkeit einsehen wird, bei einem Arrangement, wie das
ist, womit die Conferenz sich beschäftigt hat, wesentlich ent=
gegengesetzte Forderungen zu vereinigen, wesentlich abwei=
chende Meinungen einander nahe zu bringen, ohne ein Ent=
schädigungssystem aufzustellen ꝛc." Sie erklärte demnach, daß
sie bei den bekannten 24 Artikeln (die schon bedeutend günstiger
für Holland waren, als die früheren 18) beharren wolle.

Obgleich Holland sich dadurch noch zu keinerlei Nachgie=
bigkeit bringen ließ, und auch Rußland, Oesterreich
und Preußen die Ratificationen des die 24 Artikel

enthaltenden Vertrags noch aussetzten, so konnten doch
am 2 Februar der belgischen Kammer die Ratificationen
Englands (am 6 December) und Frankreichs (am 21 Decem=
ber), so wie ein Conferenzprotokoll vom 31 Januar vorgelegt
werden, worin es hieß: „Die Bevollmächtigten von Rußland,
Oesterreich und Preußen bezeugten die aufrichtigste Zufrie=
denheit, welche ihnen die Erklärungen der Bevollmächtigten
des französischen und englischen Hofes hinsichtlich der Mit=
theilung des Entschlusses ihrer Regierung verursacht hätten.
Die Bevollmächtigten von Rußland, Oesterreich und Preußen
könnten aufrichtig versichern, daß ihre drei Höfe diese Erklä=
rungen mit Vergnügen vernehmen würden; daß sie in eben
dem Grade wünschten, die Einigkeit zu erhalten, deren heil=
same Wirkungen man so richtig gewürdigt habe; daß sie sich
bemühen würden, dieselben zu erhalten, und daß, da sie nur
die Befestigung des allgemeinen Friedens wünschten, sie den=
selben beständig zum Endzweck ihrer Politik machen würden.
In Folge der mitgetheilten Bestimmungen dieses Protokolls,
wurde beschlossen, daß die Bevollmächtigten der fünf Mächte
dem belgischen Bevollmächtigten anzeigen sollten, daß, da
einige von ihnen die Ratifications=Urkunden, welche sie er=
warten, oder den Befehl sie auszuwechseln, noch nicht erhalten
hätten, die Conferenz beschlossen habe, daß das Auswechs=
lungs=Protokoll der Ratificationen den erwähnten Höfen
offen verbleibe.‟
    Holland protestirte gegen die Note vom 4 Januar in
einer sehr langen Antwort vom 30 Januar und legte ein
neues Ultimatum vor. Der bekannte Dunker Cur=
tius sagte damals in den Generalstaaten: „Ich betrachte
den uns von der fremden Diplomatie vorgelegten Tractat

als unannehmbar, weil er keine Lösung der ernstesten, zwi=
schen uns und den Belgiern obschwebenden Fragen liefert, weil
er unsere Rechte als unabhängiges Volk antastet, indem er
den Belgiern die Schifffahrt auf den Canälen und Strömen
unseres Gebiets gestattet, weil er eine große Anzahl unserer
Gläubiger aller Garantie beraubt, und sie den Launen und
der Unredlichkeit unserer Er=Landsleute aussetzt, weil er eine
Liquidationsweise aufstellt, der zufolge aller Verlust für uns
und aller Gewinn für sie wäre, und endlich weil wir ver=
dienten, das Gelächter der ganzen Welt zu werden, wenn
wir unsere militärischen Stellungen, die uns einen so großen
Vortheil geben, unsern Feinden überliefern wollten, ehe
unser Streit ausgeglichen ist." Van Boelens sagte noch
mehr: „Die feindliche Parteilichkeit der Conferenz für Bel=
gien wird eine ewige Schmach der europäischen Diplomatie
seyn. Auch jetzt noch nimmt sie eine Bande Revolutionärs
in Schutz, und beraubt den weisesten König, um Undankbare
zu bereichern. Werden wir aber das Werk der Perfidie und
des Raubs durch unsern Beitritt sanctioniren? Werden wir
gestatten, daß die Belgier auf den Canälen schiffen, welche
mit den Schätzen unserer Väter ausgegraben worden sind?
Werden wir dulden, daß sie zum Vortheile ihres Handels
und zum Ruin des unsrigen auf unserem eigenen Gebiete
Straßen anlegen? Werden wir zugeben, daß das heuchlerische
England, mit Hülfe der Stipulationen, die es selbst in den
Tractat hineinschmuggelte, sich des ganzen Handels bemäch=
tige, den wir mit Deutschland treiben? Nein, ich schwöre
es bei der Ehre meines Landes, so lange noch ein Holländer
fechten kann, so lange wir noch einen Heller in unsern Cassen

und einen Tropfen Blut in unſern Adern haben, werden wir
nie in eine ſolche Infamie einwilligen."

In Belgien war man immer noch ſehr in Sorgen, da
die Ratificationen der drei nordiſchen Mächte ausblieben.
Potter, der das Geld, welches ihm der Congreß noch ſchul=
dig war, den Armen zuwies, ſchrieb damals ein Selbſtgeſpräch
des Königs Leopold: „Weßhalb kam ich hierher? Warum
habe ich die Annehmlichkeiten des unabhänigen und glückli=
chen Lebens verlaſſen, welches ich ſeit ſo vielen Jahren führte,
die mir lieben Gewohnheiten und die Freunde meines Her=
zens? Um mich den ekelhaften Anbetungen eines Volks zu
unterziehen, welches um jeden Preis anbeten wollte; welches
ſein allzeit bereites Rauchfaß erſt nach Claremont wandte,
nachdem es den Prinzen von Bayern, Neapel, Spanien,
den Leuchtenberg und Nemours Wolken von Rauch zugeſandt
hatte? Um mit dem königlichen Mantel die Plattheiten ei=
niger Hofleute, die Unfähigkeit einiger Miniſter, die Plün=
derungen der Einen, die Schändlichkeiten der Andern, und
die Schande Aller zu bedecken? — O Graf Grey, beeilen
Sie ſich, meine Schultern von der ſchweren Bürde zu be=
freien, die Sie denſelben aufgelegt haben, und die, wenn
ich ſie zu tragen länger einwillige, mich in den Augen der
unerbittlichen Geſchichte für all das Uebel wird verantwortlich
machen, das zu verhüten mir nicht gelungen ſeyn wird."

In Gent wurde Herr Steven, ein Journaliſt, ver=
haftet und kraft des Belagerungszuſtandes vor ein Kriegs=
gericht geſtellt, aber von dem oberſten Militärgerichtshof
wieder frei geſprochen. Am 29 Januar ſtarb zu allgemeinem
Bedauern der thätige General Belliard, dem Belgien
ſchon ſo viel verdankte. Am 1 Februar tumultuirten die in

Antwerpen liegenden auswärtigen Nationalgarden, weil man sie aus den Bürgerhäusern in Casernen verlegte.

Da die Ratificationen fortwährend ausblieben, erregte die Reise des russischen Grafen Orloff die allgemeine Aufmerksamkeit. Derselbe verließ Petersburg am 31 Januar und kam am 22 Februar nach dem Haag. Sein Auftrag war, den König von Holland zur Annahme der 24 Artikel zu bewegen. Da ihm dieß nicht gelang, erklärte er in einer Note, im Namen und aus Auftrag des russischen Kaisers: „Nach Erschöpfung aller Mittel des Zuspruchs und aller Wege der Versöhnung, um Seiner Majestät dem Könige Wilhelm behülflich zu seyn, durch ein freundschaftliches und eben so sehr der Würde seiner Krone als den Interessen der ihm treu gebliebenen Unterthanen entsprechendes Arrangement die Trennung der beiden großen Theile des Königreichs festzustellen, sehen Seine Majestät für sich keine Möglichkeit mehr ein, ihm fürderhin noch irgend Hülfe oder Beistand zu leisten. Wie auch die Lage seyn mag, in welche der König sich stellte, und welches auch die Folgen seiner Isolirung seyn mögen, wird sich Seine Majestät, mit unsäglichem Schmerze der Zuneigung Ihres Herzens Schweigen gebietend, für verpflichtet halten, Holland allein die Verantwortlichkeit der Ereignisse, die sich aus diesem Zustand der Dinge ergeben können, tragen zu lassen. Seinem Versprechen getreu, wird der Kaiser keinen Theil an der Anwendung von Zwangsmitteln nehmen, welche zum Zwecke hätten, Seine Majestät den König der Niederlande mit Waffengewalt zur Annahme der 24 Artikel zu zwingen; aber in Betracht, daß dieselben die einzigen Grundlagen enthalten, auf welche, vorbehaltlich der in einem Finalvertrage zwischen den beiden Ländern zulässigen Be-

dingungen, die Trennung Belgiens von Holland sich verwirk=
lichen läßt, halten Seine kaiserliche Majestät für billig und
nothwendig, daß Belgien in dem gegenwärtigen Genusse der
Vortheile bleibe, die für daselbe aus den besagten Artikeln
fließen, namentlich aus dem, welcher die Neutralität stipulirt,
die bereits dem Principe nach von dem Könige der Nieder=
lande selbst anerkannt wurde. In nothwendiger Folge dieses
Princips könnte sich Seine kaiserliche Majestät den Regressiv=
maßregeln nicht widersetzen, welche die Conferenz ergriffe,
um jene Neutralität zu verbürgen und zu vertheidigen, falls
sie durch eine Wiederaufnahme der Feindseligkeiten von Seite
Hollands verletzt würde. Sollte dieser Fall unglücklicherweise
wirklich eintreten, so würde sich Seine kaiserliche Majestät
vorbehalten, sich mit ihren Alliirten über die geeignetste
Weise zu verständigen, jene Neutralität schnell wieder herzu=
stellen, um den allgemeinen Frieden vor jedem Stoße zu be=
wahren." Hierauf begab sich Graf Orloff am 27 März nach
London.

Allein so stark und aufrichtig diese Sprache des russischen
Ministers schien, stand sie doch mit dem, was wirklich ge=
schah, in offenbarem Widerspruch. Die Ratificationen der
drei nordischen Mächte erfolgten nämlich immer noch nicht.
Dieses Räthsel, so wie die Reise des Grafen Orloff nach Lon=
don, erklärt sich aus dem, was bald darauf in England vor=
ging. Schon zu Anfang des Jahres hatten Wellington und
Aberdeen heftig gegen Grey's Politik in Bezug auf Holland ge=
sprochen, und die Tories bereiteten damals die Verwerfung der
Reformbill und die Absetzung Grey's als einen entscheidenden
Schlag vor, der Wellington wieder ans Staatsruder Englands
bringen und dadurch England von seinem Bündnisse mit Frank=

reich abwendig machen und es der heiligen Allianz in die
Arme liefern sollte. Daher kamen die Verzögerungen in der
Entscheidung der belgischen Frage. Da nun aber schon in
den ersten Tagen des Aprils der kraftvolle Widerstand des
englischen Volks die Absichten der Tories vereitelte und durch
seine drohende Haltung den König von England zwang, das
liberale Ministerium Grey beizubehalten, so erfolgten nun
auch die verspäteten Ratificationen, obwohl auch jetzt nur
erst bedingungsweise.

Ein Protokoll vom 5 April entschuldigte das Ausbleiben
der Ratificationen damit, daß die drei nordischen Mächte sich
noch immer Mühe gäben, den König von Holland ebenfalls
zum Beitritte zu bewegen. Am 18 April erfolgten die Ra=
tificationen von Oesterreich und Preußen wirk=
lich, aber sie waren mit äußerst einschränkenden Clauseln
versehen, und die von Rußland blieb, trotz der oben angeführ=
ten Erklärung des Grafen Orloff, aus. Oesterreich und Preu=
ßen behielten sich zunächst die Rechte des deutschen Bundes
vor; sodann erklärte Oesterreich insbesondere: „Indem Se.
kaiserliche Majestät den Vertrag vom November 1831 ratifi=
cirt und die Nothwendigkeit einer weitern Unterhandlung zwi=
schen der Regierung Sr. Majestät des Königs der Nieder=
lande und der des Königreichs Belgien behufs des Abschlusses
eines Tractates erwägt, welcher die am 15 October bestimm=
ten Artikel und die Modificationen in sich begriffe, welche die
fünf Mächte zulässig finden möchten, schlägt dieselbe vor, zu
erklären, und erklärt ihrerseits, daß die durch gegenseitige
Uebereinkunft zwischen den obengenannten hohen Parteien,
unter den Auspicien der Conferenz getroffenen Ausgleichun=
ren dieselbe Kraft und Gültigkeit wie die Artikel des Trac=

tats vom 15 November haben, und gleicherweise von den Hö=
fen, welche diesen Tractat unterzeichneten, bestätigt und rati=
ficirt werden sollen." Und Preußen erklärte: „Nachdem Se.
Majestät der König von Preußen den Tractat vom 15 No=
vember einfach und unumwunden ratificirt hat, so hat der
Minister Preußens Befehl, der Conferenz die gerechten
Wünsche und Erwartungen seines Hofes anzuzeigen und be=
kannt zu machen, nämlich: daß die Minister der unterzeich=
nenden Mächte zuvörderst auf solche Modificationen zu Gun=
sten Hollands denken werden, als, ohne gegen die 24 Artikel
im Wesentlichen anzustoßen, in denselben angebracht werden
können, und welche sofort, wenn die Conferenz sich darüber
vereinigt, und der neue Souverän von Belgien in ihre Annahme
willigt, als erklärende oder zusätzliche Artikel eingeschaltet
werden, und auf diese Weise dieselbe Kraft und Gültigkeit,
wie die andern, haben können. Preußen glaubt um so mehr
auf diesem Punkte bestehen zu können und zu müssen, als
dieß mit den oft wiederholten Versicherungen Frankreichs und
Englands übereinstimmt, daß die geeignetste Zeit zur Erwä=
gung dieses wichtigen Gegenstandes nach den Ratificationen
seyn werde. Ueberdieß müssen die Verbündeten, nachdem der
Tractat vom 15 November ratificirt und unterzeichnet ist, sich
über die Mittel berathen, denselben auch in Ausführung zu
bringen; ehe aber diese Mittel erwogen werden, verlangt die
Klugheit und Billigkeit, daß man vorher zu demselben Ziele
durch die Bewilligung von Modificationen zu kommen suche,
welche dadurch, daß sie die streitenden Parteien auf denselben
Standpunkt versetzten, die Sache vielleicht zum Schlusse brin=
gen werden."

Endlich erfolgte am 4 Mai auch die **Ratification**

Rußlands, allein ebenfalls nur bedingungsweise, in=
dem Rußland jetzt ausdrücklich in Betreff der Staatsschuld
und der innern Schifffahrt für Holland günstigere Stipula=
tionen nachverlangte.

Ueber die Opfer, durch welche Frankreich zu Gunsten
Belgiens dieses immer nur noch scheinbare Resultat einer
clauselvollen und noch keineswegs definitiven Uebereinkunft
erkaufte, äußerte sich der National schon einige Wochen frü=
her, da er sogar noch der Meinung war, die 24 Artikel wür=
den rund angenommen werden. „Es ist sehr wohl möglich,
daß man, um die Einwilligung Rußlands zu der Einsetzung
des Königs Leopold zu erhalten, ihm versprochen hat, über
den Ukas, der die polnische Nationalität zerstörte, zu schwei=
gen. Vielleicht sagt man zu Oesterreich: „Wenn ihr die 24 Ar=
tikel ratificirt, so werden wir unsere Fahne in Ancona einzie=
hen, und die Chefs jener Expedition absetzen, die es gewagt,
sich als französische Soldaten zu zeigen.“ Preußen mochte
man zu verstehen gegeben haben, daß man ihm freistelle nach
Belieben auf den beiden Rheinufern zu handeln; die Besatzun=
gen von Luxemburg und Saarlouis zu verdoppeln, und sein
Zollsystem gegen uns zu richten, unter dem Scheine, nur ge=
gen die Fortschritte der deutschen Presse zu arbeiten. Eng=
land hat endlich, zum Lohne für sein standhaftes Anschließen
an unsere Politik, sehr wahrscheinlich das Versprechen erhal=
ten, daß wir Algier preisgeben würden. Wenn alle diese
Concessionen, woran wir nicht zweifeln, die Ratificationen
bezahlt haben, so läßt sich sagen, daß uns die Einsetzung des
Königs Leopold sehr theuer zu stehen kommt.“

Da die Ratificationen weit entfernt waren, die belgische
Angelegenheit definitiv zu entscheiden, da ausdrücklich neue

Unterhandlungen zu Gunſten Hollands dabei ausbedungen
waren, ſo erfolgte auch alsbald am 11 Mai ein neues Conferenzprotokoll, worin vorläufig den betheiligten Mächten, Holland und Belgien verboten wurde, die Feindſelig-
keiten wieder anzufangen, damit die fernern Unterhandlungen nicht dadurch geſtört würden.

Bereits am 12 Mai hatte aber König Leopold gegen
die mangelhaften Ratificationen proteſtirt: „Voll Vertrauen
in dieſe ſo beſtimmten und feierlichen Erklärungen, willigte
der König der Belgier ein, den 24 Artikeln, deren mehrere
für ſein Volk ſo läſtig ſind, unbedingt beizutreten. Dieſer
unbedingte und argloſe Beitritt hat zwiſchen Sr. Majeſtät
und jedem der fünf Höfe ein unauflösbares Band geknüpft.
Der König der Belgier zweifelt gar nicht daran, daß die fünf
Höfe, als ſie den Vertrag vom 15 November ratificirten, ge-
ſonnen geweſen, die feierlich eingegangenen und unwider-
ruflichen Verpflichtungen vollſtändig zu erfüllen, und er trägt
kein Bedenken, jedem der Acte, die den Vertrag ſanctionir-
ten, die volle Wirkung einer unbedingten Ratification beizu-
legen. Wollte der König der Belgier neue Unterhandlungen eröffnen, ſo könnte es nur dann geſchehen, wenn vorher
mit dem Vollzuge des Vertrags in allen nicht ſtreitigen Theilen ein Anfang gemacht wäre, und dieſer Anfang würde wenigſtens in der Räumung des belgiſchen Gebiets beſtehen.
Bis dahin kann Se. Majeſtät an keinen neuen Unterhandlungen Theil nehmen. Der König iſt ferner durch die Redlichkeit, die alle ſeine politiſchen Beziehungen charakteriſirt,
zu der Erklärung verpflichtet, daß in den Unterhandlungen,
welche nach der Räumung des Gebiets eröffnet werden könnten, ſeine Regierung keine Aenderung an irgend einer Be-

ſtimmung des Vertrags anders als nach dem Grundſatze bil=
liger Compenſationen, annehmen könnte. Da der König der
Belgier übrigens in den 24 Artikeln fortwährend die Definis
tivausgleichung zwiſchen Belgien und Holland erblickt, ſo
behält er das Recht, die Beſtimmungen, welche der Gegen=
ſtand neuer Unterhandlungen geworden wären, unbedingt
aufrecht zu erhalten, wenn das Reſultat dieſer Unterhandlun=
gen nicht ſo beſchaffen wäre, daß ſeine Regierung es anneh=
men könnte." Ganz in demſelben Sinne proteſtirte die bel=
giſche Kammer in einer Adreſſe vom 14 Mai.

In der Zwiſchenzeit hatte ſich Holland eine neue Feind=
ſeligkeit gegen Belgien erlaubt. Es hatte am 16 April den
belgiſchen Gouverneur von Luxemburg, Thorn, der zu Ar=
lon reſidirte, meuchlings überfallen, mißhandeln, auf hollän=
diſches Gebiet ſchleppen laſſen und behielt ihn gefangen. Die
Londner Conferenz verlangte deſſen Freilaſſung, aber der hol=
ländiſche Miniſter ſcheute ſich nicht, zu erklären, daß Thorn
(ein alter würdiger Mann, der friedlich auf einer Geſchäfts=
reiſe begriffen war, als er hinterliſtig überfallen wurde) als
Geiſel für Tornaco (der einen räuberiſchen Einfall gethan
und mit den Waffen in der Hand ergriffen worden war) zu=
rückbehalten werde.

Am 18 Mai reiſte Graf Pozzo di Borgo, ruſſiſcher
Geſandter in Paris, nach Petersburg, wohin ſpäter auch Lord
Durham, als außerordentlicher engliſcher Geſandter, ab=
ging. Ihre Sendungen betrafen die wichtigſten Angelegen=
heiten Europa's und zunächſt die belgiſche Frage.

König Leopold mußte das Bedürfniß fühlen, ſich in
dem Maße mehr an Frankreich anzuſchließen, in welchem die
nordiſchen Mächte ſich mehr zu Gunſten Hollands neigten.

Am 29 Mai kam er daher mit dem König der Franzosen zu Compiègne zusammen, und freite um die älteste Tochter desselben, Prinzessin Louise.

War Belgien mit den zweideutigen Ratificationen un= zufrieden, so Holland noch mehr. Es erklärte der Con= ferenz am 31 Mai, daß es sich nur unter folgenden Haupt= bedingungen fügen und Belgiens Selbstständigkeit aner= kennen werde, wenn 1) Belgien auf die freie Schelbeschiff= fahrt und Fahrt auf den holländischen Binnen= wässern verzichte; 2) wenn der an Belgien fallende Theil der niederländischen Staatsschuld capitalisirt und bis zu Lösung dieser Frage Antwerpen im Besitz der Hollän= der bleibe; 3) wenn noch etwa 50 Dörfer um Maestricht herum bei Holland blieben.

Dagegen erklärte die Conferenz am 11 Junius, daß Holland und Belgien bis zum 20 Julius definitiv ihre gegenseitigen Gebiete zu räumen hätten, mithin Antwerpen an Bel= gien zurückgegeben werden müsse; worauf aber der König von Holland entschieden mit Nein antwortete, und am 30 Junius ein abermaliges Ultimatum überschickte. In diesem gab er nur so weit nach, daß die Schifffahrt auf den beidersei= tigen Gränzflüssen für Belgien frei seyn solle, obwohl auch nur unter lästigen Bedingungen. Die Belgier zürnten sehr über diesen neuen unbilligen Vorschlag: 1) Er entzieht uns ganz Luxemburg und Limburg, mit Ausnahme zweier Kan= tons. 2) Er nimmt uns das Schifffahrtsrecht auf den Ver= bindungsgewässern der Schelde und des Rheins. 3) Er be= raubt uns der Freiheit einen Canal oder eine Landstraße im Limburgischen anzulegen. 4) Er beschränkt die Freiheit der Schelde auf das wesentlichste, indem er Holland allein die

Bewachung, die Lootsen= und Tonnengerechtigkeit dieses Fluſ=
ſes zuerkennt. 5) Ohne Rückſicht auf den Verluſt aller dieſer
Handelsvortheile beſteht derſelbe auf dem uns zur-Laſt gerech=
neten Schuldenantheile, wie er durch den Vertrag vom 15 No=
vember ſtipulirt worden iſt. 6) Er ſtellt uns der Gefahr
bloß, dieſen Antheil noch vergrößert zu ſehen, und zwar in
Folge der Liquidation des Syndikats und des Antheils der
Domain=Loos=Renten. 7) Er gibt die Möglichkeit der Capitali=
ſirung unſeres Schuldenantheils zu. — Demzufolge iſt alſo
keine der wichtigeren Anordnungen des Vertrages vom 15 No=
vember beachtet, und die Gränz=, die Schuld=, die Schifffahrts=
frage zum Nachtheile Belgiens gelöſt.

Die Conferenz erklärte wiederholt am 10 Julius, Holland
müſſe das belgiſche Gebiet räumen, ſobald es dieß aber gethan
haben würde, ſey ſie geneigt, bei den neuen Unterhandlungen
Holland zu begünſtigen. Belgien erklärte dagegen am 12 Ju=
lius ſehr energiſch, daß es nicht länger im Stande ſey, die
Anſtrengungen und Koſten ſeines ungewiſſen Zuſtandes zu er=
tragen, daß es eine Entſcheidung haben müſſe und ſie im
Nothfalle mit den Waffen ſuchen werde. Es verlangte: 1) daß
vom 1 Januar 1832 bis zum Frieden, die von Belgien ge=
tragenen Bewaffnungs= und Rüſtungskoſten zu 3,000,000 fl.
monatlich mit vollem Rechte Holland zur Laſt gelegt und Bel=
gien berechtigt werde, dieſe Koſten von den Summen abzu=
ziehen, welche Belgien an Holland ſchuldet oder ſchulden
könnte. 2) Daß, da die holländiſche Regierung in die vor=
läufige Räumung der als zu Belgien gehörig anerkannten
Gebiete und Feſtungen, ſo wie in den Genuß der Schifffahrt
auf der Schelde und Maas nicht willigte, und den Gebrauch
der beſtehenden Straßen für die Handelsverhältniſſe zwiſchen

Belgien und Deutschland verweigerte, die Conferenz sogleich
beschließen möge, Zwangsmittel anzuwenden, die zur Errei=
chung dieses Zwecks nothwendig sind.   Der Unterzeichnete
schmeichelt sich, daß diese Begehren von JJ. EE. den Be=
vollmächtigten günstig werden aufgenommen werden; wenn es
aber gegen alle Erwartung anders seyn sollte, so würde sich
die Regierung Sr. Majestät des Königs der Belgier gezwun=
gen sehen, Maßregeln zu ergreifen, die geeignet wären, das
Ende eines Zustandes der Dinge herbeizuführen, den nur die
Hoffnung einer nahen Lösung so lange Zeit ertragbar machen
konnte.

Um vor einem zweiten Ueberfall der Holländer sicher zu
seyn, und im Nothfall seine eignen Ansprüche mit gewaffneter
Hand geltend zu machen, hatte Belgien damals seine active
Armee auf 80,000 Mann gebracht, ungerechnet die National=
garden.   Durch diese Anstrengung wurde das Land noch mehr
erschöpft, als durch die Revolution.   Zu all dieser Kriegs=
und Geldnoth kam noch die Cholera, die am 18 Junius
Brüssel erreichte.

Auf obige belgische Note hin erklärte Holland am 15 Ju=
lius der Handelswelt, die Feindseligkeiten würden wahrschein=
lich bald wieder beginnen.   Doch war dieß nicht der Fall, son=
dern die Unterhandlungen schlichen ihren langsamen Weg fort.
Am 2 Julius war der russische Fürst Suwarow mit neuen
Aufträgen in Haag angekommen.

Leo=

LOUISE,

Königin der Belgier.

2.

Leopolds Hochzeit. Vergebliche Unterhandlungen.

Die Sendung des Lords Durham nach St. Petersburg brachte wieder einen Stillstand in die Unterhandlungen und verschob die Entscheidung. Diese Zeit der Ruhe wurde von König Leopold zu seiner Vermählung mit der Prinzessin Louise, ältesten Tochter des Königs der Franzosen, benutzt.

Sie wurde zu Compiègne am 9 August vollzogen. Der Bräutigam war ernst, die Braut zerfloß in Thränen. Leopolds eigner Bruder, der Herzog von Coburg, der eben bei ihm zum Besuch gewesen, reiste vor der Hochzeit ab, der beizuwohnen er nicht Lust hatte. Da Leopold Protestant ist, wurde die Trauung doppelt, nach katholischem und protestantischem Ritus vollzogen. Der Bischof von Meaur bezeugte in der Anrede, welche er an das hohe Brautpaar richtete, sein Bedauern darüber, daß besondere Umstände es nicht erlaubt hätten, daß diese Trauung unter den Augen der katholischen Kirche, von ihrem ganzen Ceremoniell umgeben, und in dem Hauptorte der Diöcese habe vor sich gehen können. Ueber diese besondern Umstände wollte man im Publicum Folgendes wissen: trotz der päpstlichen Dispensation, welche doch alle Bedenklichkeit hätte heben sollen, habe der Erzbischof von Paris sich der Trauung in der Kathedrale widersetzt, weil gewisse Canones der Kirche vorschreiben, daß bei gemischten Ehen nicht anders als an der Kirchenthüre oder auf einem öffentlichen Platze getraut werden dürfe. Aus eben diesem Grunde soll auch der Bischof von Meaur die Trauung in der Kathedralkirche von Compiègne verweigert haben. Das Publicum war hierüber etwas unzufrieden, nicht nur weil man eine solche Nachgiebigkeit gegen die Geistlichkeit für demüthigend hielt, sondern auch weil die vielen Personen, welche die Neugierde nach Compiègne getrieben hatte, von der ganzen kirchlichen und bürgerlichen Trauungs-Ceremonie nichts zu sehen bekamen. Die Schloßcapelle ist so klein, daß kaum der Hofstaat der beiden Könige darin Platz hatte. Die Feier des Tages blieb somit bei weitem hinter der Erwartung zurück.

Die Zeiten hatten in der That auffallend gewechselt. Als Napoleon sich vermählte, mußte der Papst selbst nach Paris kommen, ihn einzusegnen, und der König der Franzosen flüchtete vor einem Bischof seines Reichs in eine ärmliche Capelle, um seine Tochter zu vermählen.

Während die Franzosen über diese Schwäche ihres Königs spotteten, ärgerten sie sich desto mehr über die Vermählungsurkunde, worin im alten Hofstyle jedesmal beim Namen des Bräutigams, der Braut und ihrer Eltern der schleppende Zusatz „der oder die sehr große, sehr mächtige und sehr vortreffliche" wiederholt wurde, als ob man noch im Zeitalter Ludwigs XIV lebe, als ob der König nicht Bürgerkönig, sondern absoluter legitimer Herrscher und jeder Franzose anstatt ein Bürger nur ein Unterthan wäre.

Das meiste Mißfallen aber erregte die Mißachtung, mit welcher diese Heirath im Auslande aufgenommen wurde. Es hieß allgemein, der König von Holland habe das Schreiben, worin ihm der König der Franzosen die Vermählung der Prinzessin Louise mit dem Könige Leopold anzeigte, uneröffnet zurückgeschickt. Man setzte hinzu: Wenn dieß wahr ist,

so ist es ein neuer Beweis von den Unannehmlichkeiten die
aus Concessionen und Höflichkeiten entspringen. Unsere Regierung hat daraus nichts als insolente Mißachtung gewonnen; die einzige Antwort des Kaisers von Rußland auf die
Anzeige von der Thronbesteigung des Herzogs von Orleans
war ein zweideutiger und stolzer Brief; der Herzog von Modena weigerte sich ganz bestimmt, den neuen König anzuerkennen; der Papst fordert und erhält eine demüthigende
Genugthuung von unserem Botschafter; der König von Sardinien schickt eine Ladung Verschwörer unter dem Schuße seiner Flagge an unsere Küste; ein russisches Kriegsschiff versäumt unsere Flotte zu begrüßen; der Erzbischof von Paris
weigert sich bei der Vermählung der Tochter des Königs die
bischöfliche Einsegnung zu geben oder zu gestatten; Hr. v. Mor-
temart will sich nicht herablassen, ein Zeuge dieser Vermählung zu seyn, und endlich hören wir, daß ein Brief mit Ankündigung derselben uneröffnet zurückgeschickt worden sey.
Wann werden wir aufhören, dergleichen Beleidigungen zu
dulden, und uns dergleichen Anmaßungen zu unterwerfen?“

Hatten die Belgier gehofft, durch die Vermählung ihres
Königs mit einer französischen Prinzessin Vortheile zu errin-
gen und ihre Unterhandlungen mit Holland gefördert zu sehen, so geschah wider alles Vermuthen gerade das Gegentheil.
Ludwig Philipp überredete seinen Eidam nachzugeben und
sich in einen Vorschlag Englands zu fügen, der dem
Streit ein Ende machen sollte. Ein Artikel der Times gibt
darüber Aufschluß: „Sobald Herr v. Meulenaere (belgischer
Minister der auswärtigen Angelegenheiten) den belgischen
Kammern versprochen hatte, bei der Conferenz auf der Ausführung der 24 Artikel zu bestehen, und vor der Räumung

Antwerpens in keine Unterhandlung zu willigen, richtete er
Noten an die Conferenz insgesammt, und an Frankreich und
England insbesondere. Die beiden letzteren antworteten an=
fänglich, das Begehren der belgischen Regierung sey gerecht;
sie seyen verpflichtet, und anerkennten sich als verbunden, auf
irgend eine Weise die Ausführung der 24 Artikel zu bewirken.
Holland ward zum Beitritt aufgefordert, und auf seine for=
melle Weigerung kam man quasi überein, es mit Gewalt zu
nöthigen. Frankreich nahm die Sache ernsthaft, machte Rü=
stungen, und versammelte eine Flotte zu Cherbourg. Diese
Flotte war bereit abzusegeln, aber das brittische Cabinet hatte
sich indeß anders besonnen. Lord Palmerston benachrichtigte
den französischen Bevollmächtigten, daß die entschiedene Ab=
neigung der nordischen Mächte gegen Zwangsmaßregeln große
Gefahren darbiete; daß das brittische Ministerium sich einem
heftigen Widerstand von Seiten der Toryfaction aussetzen
würde, wenn es gegen Holland, das zahlreiche Freunde in
England zähle, eine so gewaltsame Maßregel in Ausführung
bringe, und daß die Unmöglichkeit einer friedlichen Ueberein=
kunft nicht bewiesen sey; daß Lord Durhams Mission nach
Petersburg großen Erfolg haben könne, und es demnach das
Beste sey, zu warten. Damals übergab der französische Be=
vollmächtigte der Conferenz eine energische Note. Die fran=
zösische Regierung legte aber zu viel Gewicht auf ihre Ver=
bindung mit Großbritannien, um dieser Art von Befehl sich
zu widersetzen. Die beabsichtigte Expedition ward aufgegeben,
und Lord Durham scheint inzwischen den Kaiser Nikolaus
ziemlich günstig gestimmt gefunden zu haben. Ohne bei der
Aufopferung der Interessen Hollands die Hand bieten zu wol=
len, gab ihm der Kaiser zu verstehen, er wünsche so sehr als

die andern Mächte eine friedliche Lösung, er werde dem ge=
mäß seinen Bevollmächtigten Inſtructionen ſenden, um jede
directe Unterhandlung zwiſchen Holland und Belgien, die auf
einer vernünftigen Bäſis unternommen würde, kräftig zu
unterſtützen. Von dieſem Augenblicke an waren alle Gedan=
ken darauf gerichtet, ein Mittel zur Beilegung zu finden,
und einen allgemeinen Brand zu vermeiden. Eröffnungen
wurden Belgien gemacht; ſein Bevollmächtigter hatte aber
nur Ein Wort zu ſagen: „Macht erſt, daß Antwerpen ge=
räumt wird, dann wollen wir unterhandeln.‟ Ueber zwei
Monate lang ſcheiterten alle Vorſchläge der Conferenz an
dieſer Antwort. Endlich unternahm es Lord Palmerſton,
Herrn Goblet zu bekehren, und ihm begreiflich zu machen,
daß dieſer Widerſtand von Seite Belgiens zu nichts führen
könne. Die Unmöglichkeit, ohne Anwendung von Gewalt die
24 Artikel auszuführen, und die Räumung Antwerpens zu
bewirken, war nicht ſchwer zu beweiſen. Die Conferenz lehnte
die Anwendung von Gewalt ab; die Mächte wollten nichts
davon hören, alſo blieb nur die Unterhandlung übrig. Hier=
auf erwiderte General Goblet: „Da ihr wollt, daß man
über einen Vertrag, den ihr uns aufgedrungen habt, unter=
handle, ſo unterhandelt ihr ſelbſt mit Holland, und wenn
ihr von demſelbigen billige Conceſſionen erhalten habt, ſo
theilt ſie uns mit, und wir werden ſehen, was zu thun iſt.‟
Darauf entgegnete man: „die holländiſchen Bevollmächtig=
ten haben Vollmacht, direct mit euch zu unterhandeln; dieß
iſt das Vernünftigſte, da die Intervention der Conferenz
bisher keine Partei befriedigte. Sucht bei eurer Regierung
um Vollmacht nach, und wir wollen dann euch möglichſt un=
terſtützen, um die Sache zur Ausgleichung zu bringen.‟ Hin=

zugefügt wurde, daß keine andere Schwierigkeit vorhanden seyn könne, als die Scheldeschifffahrt, daß aber Holland ohne Umstände anerkennen werde, daß sämmtliche europäische Mächte bei der Freiheit jenes Flusses betheiligt seyen, und daß demnach eine entgegenstehende Prätention nicht gelingen könne. Es sey daher vernünftiger Weise zu erwarten, daß die Sache auf eine Geldfrage reducirt, und durch Bezahlung einer zu bestimmenden Summe als Schifffahrtstare an Holland alle Schwierigkeiten beseitigt würden. Diese öfter wiederholten Bemerkungen stimmten endlich Herrn Goblet um, aber nicht die Regierung; dieß bestimmte Herrn Goblet, zurückzukehren, in der Hoffnung, sich mündlich besser verständlich zu machen, als er dieß schriftlich hatte thun können. Auch muß bemerkt werden, daß in der Zwischenzeit, und erst ganz kürzlich Herr von Ancillon, der preußische Minister der auswärtigen Angelegenheiten, an die belgische Regierung schrieb, und beinahe dieselben Gründe wiederholte. Der preußische Minister sagt in seinem Schreiben, die belgische Frage müsse beendigt werden, ganz Europa sey dabei betheiligt, und namentlich fühle Preußen das Bedürfniß davon. Er sey persönlich bisher der Meinung gewesen, die Schelde gehöre dem König Wilhelm eigenthümlich, und seine Souveränetät gebe ihm das Recht, alle Schiffe auf diesem Strome durchsuchen zu lassen; neuere Nachforschungen und genaue Untersuchung der Frage hätten ihn jedoch von dem Irrthum seiner Ansicht überzeugt; er glaube jetzt, daß die Schifffahrt auf diesem Strome frei seyn müsse, und daß ein zu bestimmender Zoll alles sey, was Holland verlangen könne. Anders verhalte es sich mit den innern Gewässern, für welche Holland ein Recht habe, die Anwendung des Mainzer Tarifs zu ver=

langen. Herr von Ancillon schließt sein Schreiben mit der
Angabe, daß er Instructionen in diesem Sinne an Herrn
von Bülow gesendet, und daß es wünschenswerth sey, daß
eine directe Unterhandlung zwischen den beiden betheiligten
Ländern stattfinde. Sir R. Adair und Herr von Latour-
Maubourg haben ihrerseits nichts unterlassen, diesen Ansichten das Uebergewicht zu verschaffen, und seit der Rückkehr
Herrn Goblets aus London arbeitete man mit neuem Eifer
daran, ihren Erfolg zu sichern. Der König wurde, so wie
sein Ministerium überzeugt, aber die den Kammern gegebene Versicherung nöthigte das letztere zum Rücktritte.''

Der Austritt der belgischen Minister war sehr populär, und in Adressen und nächtlichen Zusammenläufen gab sich
die erbitterte Volksstimmung kund. In den Adressen hieß es:
„Ohne eine völlig freie, von Holland unabhängige Schifffahrt
auf der Schelde vom Meer und in das Meer kann unser Seehandel nicht bestehen; die kleinste Zollabgabe, verbunden mit
dem Visitationsrechte, wenn die Erhebung der erstern und die
Ausübung des letztern an Holland frei gegeben wird, ist hinreichend, ihn zu untergraben. Holland will nicht unser
Geld, sondern unsern Untergang als Seehandel treibende
Nation. Bedenkt man, daß die Schelde ungefähr 150 Jahre
geschlossen war, so erscheinen dergleichen Besorgnisse nicht als
ungegründet. Weiter wurde bemerkt, daß ohne die Hülfs-
quelle des Seehandels Belgien außer Stand seyn würde, die
jährliche Rente von 8,400,000 fl. aufzubringen, und am Ende
also das Deficit und der Bankerutt unvermeidlich sey. König
Leopold hat diese Lebensfrage begriffen, doch wollte er gegen
alle völkerrechtlichen Grundsätze, die von Holland angerufen
werden, nicht stoßen, vielmehr eine letzte Anstrengung zur

Erhaltung des Friedens, in dem seine ganze Mission beruht, machen, um der Conferenz in ihrer mühseligen Arbeit einen Beweis zu geben, daß Belgien eine Geldaufopferung für eine solche freie Schifffahrt nicht scheue. Diese Hinneigung zu einem allerletzten Opfer, um den jedermann nöthigen Frieden nicht zu brechen, war Ursache an dem neulichen Minister= wechsel. Herr Goblet nahm die Verantwortlichkeit des Aus= gleichungsversuchs mit Holland auf sich und trat an die Stelle des Herrn Meulenaere, der sich in einem feierlichen Engagement den Kammern gegenüber befand, nicht über die 24 Artikel des Friedensvertrags vom 15 November zu gehen, also auch den dunkeln Artikel 9, wie er ist, zu genehmigen. Das Ministerium Goblet in einer ungebundenen Lage, bot für die völlige Freiheit der Schelde 150,000 fl. jährlich, mit Wahl jedoch diese Rente zu capitalisiren; mittelst jener Sum= me wäre der Fluß aufs unabhängigste für alle Flaggen offen, und die Pilotage und Balisage unter gemeinschaftlicher Auf= sicht Hollands und Belgiens gewesen. Die Binnenwasser zwischen Schelde und Rhein würden nach den Rheinschiff= fahrtstarifen behandelt worden seyn. — Es stände zu be= sorgen, daß Holland nun, wie es auch die Zeitungs=Nach= richten melden, diesen gütlichen Vergleich verwerfen würde, sich auf das alte Völkerrecht stützend, nach welchem ihm, als Besitzer der beiden Ufer an der Mündung des Flusses, das Recht einer Zollerhebung mit allen sonstigen Formalitäten, die ausschließliche Pilotage und die Erhaltung der Mündun= gen zuständen. Belgien kann und wird dieß nicht zugeben, es begreift sein Interesse, und zieht im schlimmsten Falle den Krieg einem Zustande vor, in welchem es unfehlbar ver= armen und in Verachtung fallen würde; es beklagt sich nicht

mit Unrecht, daß, unter spanischer und österreichischer Herr=
schaft in dieser Hinsicht mißhandelt, seine theuersten Interes=
sen wieder mit Füßen getreten würden."

Die Besorgnisse der Belgier bestätigten sich. Als Pal=
merston am 6 September den neuen Vorschlag Holland
mittheilte, antwortete dieses am 20sten ablehnend, indem
es gar nicht einmal auf die Vorschläge einging,
sondern lakonisch seine alten Forderungen wie=
derholte. Die Conferenz äußerte darüber in ihrem
70sten Protokolle vom 1 October großes Mißfallen und
nahm einen sehr strengen Ton gegen Holland an: „Nach
genauer und sorgfältiger Prüfung sind die Bevollmächtigten
der fünf Höfe überzeugt, daß wenn schon die Weigerung
des Haager Cabinets, dem 67sten Protokoll vom 11 Junius
beizutreten, alle amtlichen Schritte von Seite der Conferenz,
um einen definitiven Tractat zwischen Holland und Belgien
zu Stande zu bringen, nothwendigerweise suspendirt hatte,
das in Bezug auf die besonderen und vertraulichen Mitthei=
lungen des brittischen Bevollmächtigten beobachtete Schwei=
gen, die wiederholte Vorlegung eines von der Conferenz
für unzulässig erklärten Tractat=Entwurfs Seitens der nie=
derländischen Regierung, und die letzten von dem holländi=
schen Bevollmächtigten, auf die Fragen, welche die Conferenz
an ihn zu richten für ihre Pflicht hielt, ertheilten Antworten
auch die Annahme irgend einer vertraulichen Maßregel aus=
schließen, und keine Hoffnung mehr übrig lassen, daß die
Regierung der Niederlande auf dem gewöhnlichen Wege der Un=
terhandlung zu einer unmittelbaren Erledigung der belgischen
Angelegenheiten gebracht werden könnte, selbst nach den von
Seiten Belgiens gegebenen Beweisen, daß es sich nicht wei=

gern würde, über die Modificirungen, welche den Gegenstand
von Hollands Beschwerden ausmachen, so wie über gewisse
Vorbehalte und Erklärungen Seitens der Höfe von Rußland,
Preußen und Oesterreich zu unterhandeln. In Betracht alles
dessen also erklären die Bevollmächtigten der fünf Höfe, daß
wenn nicht am 15 dieses Monats die Citadelle von Antwer=
pen, die dazu gehörigen Punkte und andere Orte, die nach
den Bestimmungen in den Tractaten vom 15 November ei=
nen Theil des belgischen Gebiets bilden, von den holländischen
Truppen geräumt sind, sie Belgien das Recht zuerkennen
werden, für jede Woche, so lange als die Räumung aufge=
schoben wird, eine Million Gulden von den Rückständen
der bis zum 1 Januar 1832 auf dasselbe kommenden Schuld
abzuziehen, und endlich von dem Theile des Capitals der
Schuld, welcher auf dasselbe fallen würde; zu gleicher Zeit
wird Belgien seinerseits, in der Erwartung, daß die oben
erwähnte Räumung so bald als möglich stattfinden werde,
Venloo und die andern von demselben besetzten Plätze räu=
men, die nicht in dem ihm zuerkannten Gebiete begriffen
sind."

Trotz dieser Drohungen blieb die Sache dennoch hinaus=
geschoben, denn Rußlands, Oesterreichs und Preußens Be=
vollmächtigte behielten sich vor, erst die Instructionen ihrer
Höfe einzuholen, bevor die Drohung ernstlich zur Ausfüh=
rung käme. Daher protestirte Goblet im Namen Belgiens
in einer an Frankreich gerichteten Note vom 5 October ge=
gen jede neue Verschiebung: „Unter diesen Umständen wird
die französische Regierung ohne Zweifel erkennen, daß der
Unterzeichnete die Pflicht hat, im Namen seines Souveräns
gegen jede Maßregel zu protestiren, die abermals Unterhand=

lungen offen laſſen könnte, deren Fruchtloſigkeit eine lange
Erfahrung bewieſen hat, möchten ſie durch die gleichzeitige
und vereinigte Thätigkeit der bei der Conferenz repräſentir=
ten fünf Höfe oder durch die getrennte Bemühung des einen
oder andern derſelben verſucht werden. — Nach der letzten
Weigerung der niederländiſchen Regierung gibt es nichts
mehr, um zu jenem Reſultate zu gelangen, als die Anwen=
dung der materiellen Kräfte, denn man kann nicht anneh=
men, daß die Mächte ein endloſes Hinausſchieben, das der
öffentlichen Ordnung Europa's den größten Eintrag thun
würde, geſtatten, und nach zweijährigen müheſeligen Unter=
handlungen einen feierlich ratificirten Vertrag unvollzogen
laſſen werden."

Am 20 October veränderte König Leopold definitiv das
Miniſterium und an die Stelle Raikems erhielt Lebeau die
Juſtiz, und ſtatt de Theur de Meyland Rogier das Innere.

Holland antwortete auf das 70ſte Protokoll in einer
Note vom 18 October und erklärte, auf keine Weiſe nachge=
ben zu wollen: „Wenn auch ein rechtmäßiger Monarch, dem
Geſetze der Nothwendigkeit nachgebend, als er den größern
Theil ſeiner Staaten im Aufruhr ergriffen erblickt, darein
willigt, zwei Drittheile ſeines Königreiches und die Hälfte
ſeiner Familienbeſitzungen aufzuopfern, den aufrühreriſchen
Provinzen einen ungeheuren Theil der Staatsſchuld zu er=
laſſen und ihnen bedeutende Handelsvortheile zuzugeſtehen,
ſo iſt er doch weder verpflichtet noch befugt, ihnen die erſten
Intereſſen, die ganze Unabhängigkeit eines ihm treu geblie=
benen Volkes Preis zu geben; und eben ſo wenig würde der
conſtitutionelle Fürſt eines freien, ſo verſtändigen als treuer=
gebenen Volkes, in ſeinen auswärtigen Verhältniſſen einen

Weg verfolgen, der dem Gemeingeiste und der einstimmigen
Ansicht seines Volkes widerstrebte; es würde ihm, wo deſſen
bürgerliche Existenz auf dem Spiele ſteht, nicht zuſtehen, ſein
Volk als ein Brandopfer für die allgemeinen oder theilweiſen
Verwirrungen Europa's darzubringen.‟

Gleiche Geſinnungen ſprachen die am 25 October wieder
eröffneten Generalſtaaten aus: „Die Laſten ſind ſchwer.
Allein die Lage, die ſie erheiſcht, iſt auch einzig. Es gibt
keinen Holländer, der, wenn es ſich um Ehre und Unabhän=
gigkeit des Vaterlandes handelt, nicht geneigt ſeyn ſollte, al=
les aufzuopfern. Große Conceſſionen können im Intereſſe
der Erhaltung des europäiſchen Friedens gemacht werden;
allein das Heil des Staates ſteckt dann jenen Conceſſionen
ein Ziel, wenn ſie ihre letzten Gränzen erreicht haben. Nie
hat Holland freiwillig ſeine unabhängige Existenz aufgeopfert,
und es hat dieſelbe mehr als Einmal mit geringeren Kräften
gegen überlegenere Macht vertheidigt. Die Nation iſt noch
von denſelben Geſinnungen beſeelt; ſie ſetzt ihr Vertrauen
in den Gott ihrer Väter, der ſie oft aus größeren Gefahren
befreit. Wir ſtützen mit Ew. Majeſtät unſer Vertrauen auf
den höchſten Schiedsrichter der Geſchicke, und ſtark durch die
Einmüthigkeit unſerer Geſinnungen und die Gerechtigkeit
unſerer Sache, erwarten wir mit Ruhe die Frucht einer edlen
und hochherzigen Beharrlichkeit.‟

Ehe wir zur Erzählung des nun beginnenden Kampfes
übergehen, berichten wir hier noch über eine Epiſode, die mit
der oben ſchon erzählten hinterliſtigen Gefangennehmung
des Herrn Thorn, belgiſchen Civilgouverneurs von Lurem=
burg, im April begann. Trotz der dringenden Vorſtellungen

Belgiens und der mehrmals wiederholten Aufforderungen
der Conferenz wurde derselbe dennoch von Holland nicht freigegeben. Am 28 Junius beschloß die deutsche Bundesversammlung, hinsichtlich ihrer Rechte über Luxemburg, daß
Herr Thorn mit den von den Belgiern gefangenen Individuen der Tornaco'schen Bande ausgewechselt werden solle. Am
11 September sprachen die belgischen Gerichte zu Namur diese
Individuen frei und entließen sie in ihre Heimath. Holländische Blätter begingen nun die ihnen nicht ungewöhnliche
Gemeinheit, zu erklären: „Da die Gefangenen der Tornaco'schen Bande von den belgischen Gerichten als unschuldig freigesprochen seyen, so hätten sie ohnehin freigelassen
werden müssen, und mithin könne ihrer Freilassung wegen
nicht die des Herrn Thorn erfolgen, der trotz des Bundes-
beschlusses noch gefangen zu halten sey." In der That erkannte die holländische Regierung dieses Sophisma an, und
der arme alte Thorn mußte fortwährend im Kerker schmach-
ten, obgleich ihm nicht das mindeste Vergehen zur Last gelegt
werden konnte, während allerdings Tornaco's Bande straf-
fällig gewesen war. Aufs tiefste empört über dieses würde-
lose Benehmen der Holländer, griffen die Belgier nothge-
drungen zu einer Repressalie und ließen am 19 October den
Herrn Pescatore, der in gleicher Eigenschaft wie Herr
Thorn belgischerseits, so holländischerseits zum Civilgouver-
neur Luxemburgs eingesetzt war, zu Grevenmacher verhaften,
um ihn als Geisel für Thorn zu behalten, behandelten ihn
aber mit dem äußersten Anstande und erklärten öffentlich ihr
Bedauern, zu diesem Schritt durch die kleinliche Rachsucht
Hollands gezwungen worden zu seyn. Diese Maßregel hatte
inzwischen die erwünschte Folge, denn unter Mitwirkung des

deutschen Bundestages gab nun endlich Holland nach, und am 23 November wurde Thorn gegen Pescatore ausgeliefert.

3.

Bündniß Englands und Frankreichs. Eroberung von Antwerpen.

Holland sah die Drohungen der Conferenz nur für Demonstrationen an und glaubte nicht, daß es von den nordischen Mächten werde im Stich gelassen werden; darum trotzte es bis zum letzten Augenblick. Vielleicht glaubte es auch nicht so viel und wollte nur die Ehre retten. Gewiß ist, daß die Unterhandlungen des Lords Durham in Petersburg, Berlin und Frankfurt (auf dessen Reise wir noch später unter dem Capitel England zurückkommen werden) die nordischen Mächte bewogen hatten, einer französisch=englischen Intervention in der holländisch=belgischen Streitsache sich nicht mit Gewalt zu widersetzen. England versicherte Rußland, daß es trotz seiner innern Reform nach außen eine conservative, dem Liberalismus feindliche Politik befolgen wolle, und gab den Beweis davon, indem das Ministerium Grey weder gegen den Untergang Polens, noch gegen die Polizeigewalt Oesterreichs in Italien, noch gegen die usurpatorische Gewalt Don Miguels, noch gegen die deutschen Bundesbeschlüsse, so laut auch die englische Volkspartei es verlangte, keineswegs Proteste einlegte noch intervenirte. Dieß waren die Concessionen Englands, welchen Holland zum Opfer gebracht wurde. Hieraus erklärt sich die Indifferenz der nordischen Mächte, als nunmehr England und Frankreich die Waffen ergriffen, um Hol-

land zur Unterwerfung unter die Conferenzbeschlüsse zu zwin=
gen. Frankreich drang um so mehr darauf, als Ludwig Phi=
lipp die im Spätherbste einberufenen Kammern durch eine
glänzende Waffenthat zu gewinnen hoffte. Freilich sagte man
schon vorher, es werde nur eine Quasiwaffenthat seyn, da
man dem Bürgerkönig nun ein für allemal nur halbe Maß=
regeln zutraute; allein es erschien doch schon ein an ihm unge=
wöhnlicher Heldenmuth, den Krieg im Kleinen zu beginnen,
auf die Gefahr hin, daß er ins Große wachsen könne. Welche
Energie dazu gehörte, erhellt aus dem einzigen Umstande,
daß der alte Talleprand, der bereits im Sommer London
verlassen und sich zurückgezogen hatte (er wurde durch Durand
ersetzt), jetzt plötzlich wieder auftrat, an seinen Posten nach
London zurückkehrte und gleich nach seiner Ankunft das Schutz-
und Trutzbündniß vom 22 October mit England abschloß.
Aus diesen Daten scheint sich zu ergeben, daß der graue Di=
plomat der Revolution, des Kaiserreichs und der Restaura=
tion zuletzt an der Schwäche des Juste=Milieu sich geekelt
habe, bis in dieser gallertartigen Politik wieder etwas Knor=
pel fühlbar wurde.

Die Convention zwischen England und Frank=
reich vom 22 October lautete: „Da Se. Majestät der Kö=
nig der Franzosen, und Se. Majestät der König des Verei=
nigten Reichs von Großbritannien und Irland, von Sr.
Majestät dem Könige der Belgier eingeladen worden sind, die
Artikel des auf die Niederlande sich beziehenden und zu Lon=
don am 15 Nov. 1831 abgeschlossenen Vertrags in Ausfüh=
rung bringen zu lassen, nachdem die Ausführung in dem
25sten Art. eben dieses Vertrags durch JJ. MM. den Kaiser
von Oesterreich, den König von Preußen und den Kaiser

aller Reußen gemeinfam garantirt worden; da fie ferner
anerkannt haben, daß alle gemeinfchaftlich von den Mächten,
welche den Vertrag unterzeichnet haben, angewendeten Be=
mühungen, um auf dem Wege der Unterhandlungen zu bie=
fer Ausführung zu gelangen, bis jetzt ohne Erfolg blieben,
und fie überzeugt find, daß abermalige Zögerungen den Ver=
trag zu vollziehen, den allgemeinen Frieden Europa's ernft=
lich gefährden würden: fo haben fie, trotz des Bedauerns,
das_fie darüber empfinden, daß JJ. MM. der Kaifer von
Öefterreich, der König von Preußen und der Kaifer von Ruß=
land in diefem Augenblicke nicht bereit find, zu den thätigen
Maßregeln, welche die Ausführung des befagten Vertrags
erfordert, mitzuwirken, fich entfchloffen, in diefer Beziehung
ohne eine längere Verzögerung ihre Verpflichtungen zu er=
füllen." In Folge deffen wird der König der Niederlande
aufgefordert: 1) „fpätefiens am 2 November fich zu verpflich=
ten, fpätefiens am 12 November das belgifche Gebiet zu räu=
men." Wo nicht, fo werden England und Frankreich 2) „ein
Embargo auf alle holländifchen Schiffe in ihren Häfen le=
gen, und ein combinirtes englifch=franzöfifches
Gefchwader wird an den Küften Hollands Stellung neh=
men, alle holländifchen Schiffe anhalten und in ihre Häfen
fenden. 3) Wenn am 15 November noch holländifche Trup=
pen auf belgifchem Gebiete find, wird ein franzöfifches
Corps in Belgien einrücken. 4) Diefes Corps wird fich
auf die Vertreibung der holländifchen Truppen aus der Cita=
delle von Antwerpen und den davon abhängigen Forts und
Punkten befchränken, und Se. Majeftät der König der Fran=
zofen, in feiner lebhaften Sorgfalt für die Unabhängigkeit
Belgiens, wie für die aller beftehenden Regierungen, ver=

pflicht=

GÉRARD.

pflichtet sich ausdrücklich, keinen befestigten Platz Belgiens durch die französischen Truppen besetzen zu lassen, welche zu dem oben bezeichneten Dienste verwendet werden könnten, und wenn die Citadelle von Antwerpen nebst den davon abhängigen Forts und Punkten von den holländischen Truppen übergeben oder geräumt seyn werden, so sollen sie sogleich den Militärbehörden des Königs der Belgier überliefert werden, und die französischen Truppen sich sogleich auf das französische Gebiet zurückziehen."

Englischen Blättern zufolge sollen die russischen Botschafter erklärt haben: „Die Annahme von Zwangsmaßregeln, zu denen sich England und Frankreich gegen Holland entschlossen haben, bringt die Lage der Dinge auf einen Punkt, wobei die Bevollmächtigten Rußlands kraft der Instructionen, womit sie versehen, und mit deren Inhalt die Bevollmächtigten der alliirten Cabinette nicht unbekannt sind, sich in die Nothwendigkeit versetzt sehen, sich von der Conferenz zurückzuziehen."

Der bekannte † † Correspondent aus Berlin (in der Allg. Zeitung) äußerte sich unterm 10 November in sehr kriegerischem Sinne: „Die Londner Conferenz hat sich aufgelös't, oder wenigstens ihre Berathungen eingestellt. Dieß hat also die gepriesene Geschicklichkeit des Fürsten Talleyrand bewirkt! Mit seinem Wiedererscheinen in London war der Same der Zwietracht ausgestreut, der nun diese Frucht trägt. Nach dem Abschlusse der Convention vom 22 October zwischen dem englischen und dem französischen Ministerium erklärte Fürst Lieven, daß er nicht länger zur Beilegung einer unglücklichen Streitsache mitwirken könne, sondern von dem Laufe der Ereignisse deren Schlichtung abzuwarten Befehl

habe, sobald ein oder das andere Mitglied der Conferenz den
Weg der Unterhandlungen verlaſſen und zu Gewaltmitteln
greifen würde. Dieſer Fall iſt nun eingetreten; Fürſt Lieven
und Graf Matuſchewitſch gaben ihre Theilnahme auf, und
unſer, wie der öſterreichiſche Bevollmächtigte folgten ihrem
Beiſpiele. Jetzt hat jede der Mächte die Stellung eingenom=
men, die ihr durch die Juliusrevolution angewieſen war,
und alle Täuſchung iſt vorüber. Zu Berlin herrſcht eine
außerordentliche Thätigkeit im auswärtigen Departement.
Hr. v. Ancillon wohnte einer langen Conferenz im königlichen
Palaſte bei, und arbeitete ſpäter mit dem ruſſiſchen und öſter=
reichiſchen Bevollmächtigten; Couriere fliegen nach allen Rich=
tungen; ein Adjutant des Königs ward nach Coblenz ge=
ſchickt, unſere Truppen ſetzen ſich in Bewegung, und heute er=
ſchien in der Staatszeitung eine königliche Erklärung, um
das Publicum in keiner Ungewißheit zu laſſen.“ In der preu=
ßiſchen Staatszeitung hieß es: „Se. Majeſtät der König ha=
ben, Ihren zu allen Zeiten abgegebenen Erklärungen gemäß,
im Einverſtändniſſe mit Oeſterreich und Rußland, den Re=
gierungen von England und Frankreich anzeigen laſſen, daß
Höchſtdieſelben dieſen Zwangsmaßregeln nicht allein jede Mit=
wirkung, ſondern auch ihre Zuſtimmung verſagen mußten,
und vielmehr entſchloſſen ſeyen, ein Obſervationscorps gegen
die Maas aufzuſtellen, um bei dem Einrücken einer franzö=
ſiſchen Armee in Belgien, zur Abwendung der etwanigen
Folgen, welche die beabſichtigten militäriſchen Operationen
für die Ruhe von Deutſchland und Ihrer Staaten, ſo wie für
den allgemeinen Frieden überhaupt haben könnten, bereit zu
ſeyn.“ — Inzwiſchen war es mit dieſen Rüſtungen nicht auf
Krieg abgeſehen; wenigſtens erklärte der am Rhein comman=

dirende preußische General von Vorstell am 18 December:
„Die Lage der Rheinprovinz in der Nähe des Kriegstheaters
macht es nothwendig, die hier vorhandenen Streitmittel in
solche Bereitschaft zu setzen, daß deren Entwicklung in der
möglich schnellsten Zeit geschehen könne. Se. Majestät der
König haben mich hierüber mit Befehlen versehen, zugleich
aber auch hinzuzufügen geruht: „Sie haben den dießfallgen
Befehlen zur Beruhigung der Einwohner ausdrücklich hinzuzufügen, daß diese Maßregeln nur aus Vorsicht geschehen,
und daß ich die Erhaltung des Friedens hoffe, aber auch jedem
Angriffe, mit Vertrauen auf die gute Gesinnung meiner Unterthanen zu begegnen und das Vaterland kräftig zu schützen
wissen werde." — Von Aeußerungen österreichischer-
seits ist nichts bekannt geworden.

Holland erhielt die vom 29 October datirte Anzeige
der bevorstehenden kriegerischen Maßregeln; der deßfalls am
2 November versammelte Cabinetsrath erklärte sich aber einstimmig, um keinen Preis nachgeben zu wollen,
und beschränkte sich in der Antwortsnote darauf, über den
Widerspruch zu spotten, in welchem die Zwangsmaßregeln
mit dem früher so pomphaft verkündeten Grundsatze der Nichtintervention ständen. „Der König sieht sich nicht in dem
Falle, in die Maßregel zu willigen, welche den Gegenstand
der Note des Herrn Geschäftsträgers von Frankreich ausmacht; aber stets geneigt, dem Faden der Unterhandlungen
in dem Sinne zu folgen, welcher der geeignetste ist, die
Schwierigkeiten zu vermeiden, die noch den unmittelbaren
Schluß des Vertrags aufhalten, läßt Se. Majestät Ihren
Bevollmächtigten bei der Londoner Conferenz mit Instructionen zu diesem Behufe versehen. Was die militärischen

Bewegungen betrifft, die bestimmt wären, die Räumung zu
einer frühern, als der auf diplomatischem Wege festgesetzten
Zeit zu bewirken, wird es genügen, den Scharfblick des französischen Hofs daran zu erinnern, wie sehr das laut verkündigte Princip, daß die Londoner Conferenz nie ihren Charakter als Vermittlerin verlieren dürfe, dadurch verletzt würde,
und beizufügen, daß wenn, wie man erwarten müßte, die
Verwicklungen, die sie ohne Grund herbeiführen würden,
den Gegenstand der Unterhandlungen der zwei letzten Jahre
bloß stellten, und zwar gerade am Vorabend ihrer Lösung,
alsdann die Opfer, welche Holland der Erhaltung des Friedens brachte, es selbst von dem Scheine befreien würden, als
hätte es die Veranlassung zu einem so beklagenswerthen Aus-
gange gegeben."

Inzwischen wandte sich Holland noch einmal ausschließlich an England, und erklärte dem Minister
Grey am 9 November, daß es einen neuen, von Preußen
eingesandten Vermittlungsvorschlag anzunehmen geneigt sey.
Gleichzeitig machten die englischen Tories große Anstrengungen, das eben geschlossene Bündniß mit Frankreich wieder aufzulösen. Am 12 November antwortete Grey dem holländischen Botschafter Van Zuylen von Nievelt: „Der preußische Entwurf wurde hier von gewissen Mitgliedern der Conferenz abgefaßt und nach Berlin gesendet, ohne daß die brittische Regierung daran Theil genommen oder Kenntniß davon
gehabt hätte; er wurde später durch den preußischen Bevollmächtigten im Haag der niederländischen Regierung vorgelegt, aber niemals der Conferenz, noch officiell Sr. Majestät
Staatssecretär mitgetheilt. Ew. Exc. übergab mir am 9ten
eine Abschrift dieses Entwurfs, und bei näherer Prüfung fand

sich, daß er viele ernste Einwürfe veranlassen konnte, und
Schwierigkeiten darbot, welche nur durch weitere Erklärungen
und Discussionen gehoben werden konnten. Obwohl Ew. Exc.
geneigt seyn mochte, diesen Entwurf als Basis eines Vertrags zu unterzeichnen, so konnte er doch in seiner jetzigen
Form ohne Zustimmung der belgischen Regierung nicht angenommen, noch von dieser (englischen) Regierung ohne
manche wesentliche Aenderungen zugestanden werden. Konnte
ich also nicht mit Recht sagen, der mir am 9ten gemachte
Vorschlag enthalte nichts weiter als ein Anerbieten, den
Entwurf des preußischen Cabinets als die Basis einer Unterhandlung anzunehmen, und daß darin nichts gewiß zu seyn
scheine, als weiterer Verzug, den der jetzige Stand der Angelegenheiten nicht länger gestatte?"

An demselben Tage veranstalteten die Tories eine Versammlung reicher Kaufleute in London, um durch dieselben eine Petition zu Gunsten Hollands einzureichen, unter dem Vorsitz
des Sir Thomas Wilson und A. Baring. Als die Tories
aber ähnliche Versammlungen in Leeds und Huddersfield be-
riefen, fanden sich lauter Liberale ein, und es wurden gerade
umgekehrt Beschlüsse zu Gunsten der Minister und gegen
Holland gefaßt. Eben so mißlang eine pomphaft angekün-
digte russische Anleihe, durch welche die Tories einen Continentalkrieg mehr ankündigen als eigentlich unterstützen wollten.

Schon am 29 October hatten sich die Flotten von England und Frankreich, jene unter Admiral Pulteney Mal-
colm, diese unter Villeneuve bei Portsmouth vereinigt.
Am 6 November begann die Blocade der holländischen
Küste; es wurde auf alle holländischen Schiffe in England
und Frankreich Embargo gelegt und die auf der See befind-

lichen von der vereinigten Blocadeflotte weggenommen. Der
König von Holland erwiderte diese Feindseligkeit auf eine
großmüthige Weise, indem er am 16 November erklärte, er
halte es für unbillig und dem Handelsinteresse schädlich,
Repressalien zu gebrauchen, beschränke sich also darauf, den
englischen und französischen Schiffen, die sich in holländischen
Häfen befinden, den Befehl zu ertheilen, dieselben binnen
drei Tagen zu verlassen. Durch diese Großmuth beschämt,
gab England am 19 November alle holländischen Schiffe frei,
die vor dem Blocade=Termine ausgesegelt waren, und gestat=
tete auch, alle dem Verderben ausgesetzten Waaren aus den
weggenommenen Schiffen an den Ort ihrer Bestimmung zu
bringen. Da sich die holländische Flotte nicht in die See
wagte, kam es zu keinem Seegefecht. Es fiel nichts von
Bedeutung vor, außer daß am 17 November in dunkler
Nacht das englische Linienschiff Talavera mit der franzö=
sischen Fregatte Calypso zusammenstieß und sich beschädigte.

Am 15 November eröffnete König Leopold die belgischen
Kammern und kündigte mit dem Einmarsch der Franzosen
zugleich die Unthätigkeit der belgischen Armee an,
da England und Frankreich derselben nur dann zu handeln
erlauben würden, wenn die holländische Armee einen Ein=
fall in Belgien unternähme. Mehrere Deputirte erklärten
sich zwar mit großer Heftigkeit gegen die Schande der Unthä=
tigkeit, zu der man die belgische Armee verdamme, allein in
der Antwortsadresse gab die Kammer zu erkennen, daß man,
trotz der Kränkung, sich doch in die Nothwendigkeit fügen müsse.

Am 23 November bot der König von Holland den Land=
sturm auf und rief die ganze Bevölkerung unter die Waffen.
Der englische Globe äußerte sich über diesen kriegerischen

Muth: „Der König von Holland ist entschlossen, um den Preis vielleicht von Tausenden von Menschenleben, seine Occupation einer Festung zu verlängern, von der er zugesteht, daß sie ihm nicht mehr gehöre, ja, daß er schon im November 1830 erklärt hatte, er sey bereit sie zu räumen, sobald man über einen Waffenstillstand übereingekommen sey. Der Waffenstillstand kam zu Stande, aber die Räumung erfolgte nicht, und nun hebt er seine Hände zu dem Gott der Gerechtigkeit und des Friedens empor, und befiehlt seinen Unterthanen, den Himmel anzuflehen, daß er seine Sache segne. Wie kam es, daß der König von Holland überhaupt die Herrschaft über Belgien bekam? Durch Erbrecht? Nein. Durch die Wahl des belgischen Volks? Nein. Durch seine siegreichen Waffen auf dem Schlachtfelde? Nein. Seine Voreltern waren nie Souveräne von Belgien; die Belgier hatten stets Abneigung unter sein Scepter gestellt zu werden, und was seine Kriegsthaten betrifft, so wissen wir nicht, wo sie geschahen. Im Jahre 1815 wiesen die Großmächte, gleich Commissarien bei einer Allmend-Vertheilung, die belgischen Provinzen dem souveränen Fürsten der altholländischen Niederlande zu, aber nicht um seines eigenen Vortheils, sondern um des allgemeinen Wohls von Europa willen, zur Erhaltung des Friedens und des Gleichgewichts der Macht. Dabei wurde die Bedingung gestellt, daß der neue Souverän die acht Artikel vom Julius 1814 streng erfülle. Unglücklicherweise wurden diese Bedingungen nicht erfüllt. Statt jene Provinzen so zu regieren, daß dadurch die Vereinigung zwischen ihnen und Holland „innig und vollständig würde, so daß die beiden Länder nur einen und denselben Staat bildeten,“ wurden sie auf jede Weise geneckt und gereizt; ihre Liebe entfernte sich jedes Jahr mehr

von ihrem holländischen Souverän und ihren holländischen
Mitbürgern; statt Sympathie und Harmonie erwuchs wech=
selseitige Antipathie; und als 1830 die Revolution ausbrach,
war es schwer zu sagen, ob die Belgier oder die Holländer
sich mehr über die Trennung freuten. Wenige Wochen nach
dem Ausbruche der Revolution in Brüssel hatten sich die Na=
tionalversammlungen von Belgien und Holland auf gleiche
Weise für die Trennung der beiden Länder ausgesprochen,
und der König war der Entscheidung beigetreten. Am 4 No=
vember 1830 unterzeichnete dieselbe Toryregierung, die jetzt
mit solchem Geschrei Nichtintervention fordert, durch ihr
Organ, Lord Aberdeen, das erste Conferenz=Protokoll, in
welchem gesagt ist: „auf beiden Seiten sollen die Feindselig=
keiten vollständig aufhören; die respectiven Truppen werden
sich gegenseitig hinter die Linie zurückziehen, die vor dem
Vertrage vom 30 Mai 1814 die Besitzungen des souveränen
Fürsten der vereinigten Provinzen von denen trennte, die
durch den Vertrag von Paris, „seinem Gebiete beigefügt
wurden, um das Königreich der Niederlande zu bilden.
(Diese Linie, wohlgemerkt, wies Antwerpen an
Belgien.) Innerhalb zehn Tagen sollen die respectiven
Truppen die festen Plätze und Gebiete räumen, die sie noch
gegenseitig jenseits der besagten Linie besetzt halten.“ In
der nächsten Conferenzsitzung am 17 November 1830, als
Lord Aberdeen noch im Amte war, erklärte der holländische
Gesandte: „daß der König, sein Herr, dem Protokolle vom
4 November, so wie dem dadurch begründeten Waffenstillstande
beitrete.“ Und die Conferenz, welche die Antwort der belgi=
schen Regierung gleichfalls als eine Annahme zu betrachten
beschloß, decretirte: „daß der von beiden Seiten angenom=

mene Waffenstillstand eine gegen die fünf Mächte eingegan=
gene Verpflichtung bilde, über deren Vollziehung
dieselben fortan zu wachen hätten." Die hollän=
sche Antwort hatte ganz speciell versprochen, daß die Citadelle
von Antwerpen, die Tête des Flandres, so wie Lillo und
Lieffenshoef innerhalb zehn Tagen geräumt werden sollten.
Wird man, kann man nun glauben, daß derselbe König von
Holland, der 1830 sich feierlich verpflichtete, jene Forts zu
räumen, jetzt dem General Chassé gebietet, sie eher in Trüm=
mer zu verwandeln, als sie zu übergeben, und daß dieselben
Tories, die 1830 erklärten, jenes Versprechen der Räumung
bilde eine gegen die fünf Mächte eingegangene Verpflichtung,
über deren Vollziehung sie zu wachen hätten, jetzt jeden
Winkel des vereinigten Königreiches widerhallen laffen von
ihrem Geschrei, weil die jetzige Regierung über der Vollzie=
hung jener Verpflichtung wacht, d. h. sie erzwingt?"

Die französische Armee setzte sich unter dem Com=
mando des Marschalls Gérard an dem vorausbestimmten
Tage wirklich in Bewegung und überschritt die belgische Gränze
am 14 November. Die Herzoge von Orleans und Nemours
waren dabei. Sie kamen am 17ten nach Brüssel, wo sie
herzlich vom König, vom Volk aber kalt empfangen wur=
den, denn die Belgier konnten es nicht verschmerzen, daß
sie die Waffen ruhen laffen sollten, während die Franzosen
sich für ihre Sache schlügen. Am 22 November nahm die
französische Armee ihre Stellung in der Umgegend von Ant=
werpen ein, während General Sebastiani weiter vorwärts
an das linke Scheldeufer detachirt wurde.

Das Ende des jetzt beginnenden Kampfes war leicht vor=
auszusehen, da Holland allein dem mächtigen Frankreich

nicht lange widerstehen konnte, und an einen allgemeinen
Continentalkrieg glaubte man nicht. Dagegen nahm das
Schickſal der Stadt Antwerpen die allgemeine Theilnahme
in Anspruch. Schon 1830 hatte der holländiſche Commandant
der Citadelle, General Chaſſé, die Stadt bombardiren laſ=
ſen und einen Theil derſelben zerſtört. Jetzt befürchtete man,
er werde vollends die ganze Stadt zerſtören, und es war hol=
ländiſcherſeits oft genug mit dieſer Grauſamkeit gedroht wor=
den. Die Citadelle beherrſchte zugleich die Stadt und den
Fluß, hatte freie Verbindung durch den Fluß mit Vließingen,
und war mit Mannſchaft und Kriegsvorräthen im Uebermaß
verſehen. Der Commandant hatte längſt ſeinen Heldenmuth
bewährt. David Heinrich von Chaſſé, aus einer altfran=
zöſiſchen Familie, die der Religion wegen nach Holland ge=
flüchtet war, wurde 1765 zu Thiel in Geldern geboren.
Nach der holländiſchen Revolution von 1787, während wel=
cher er ſich zur Partei der Patrioten hielt, wanderte er aus,
nahm Dienſte in den franzöſiſchen Armeen, wo er im Jahre
1793 den Oberſtlieutenantsrang erhielt. Er zeichnete ſich in
den Schlachten bei Monperon, Stade und Hooglede aus,
kehrte im Jahre 1795 mit Pichegru's Armee in ſein Vater=
land zurück, und verließ es bald wieder, um den Feldzug
von 1796 in Deutſchland unter den Befehlen des holländiſchen
Generals Daendels mitzumachen. Als die Engländer im
Jahre 1796 an den holländiſchen Küſten eine Landung be=
werkſtelligten, befehligte Oberſt Chaſſé ein holländiſches
Jägercorps, welches ſich mehrere Stunden mit großer Erbit=
terung gegen die weit zahlreichern engliſchen Truppen ſchlug.
Nach Beendigung dieſes Feldzugs begab er ſich nach Deutſch=
land, um an dem dortigen Feldzuge Theil zu nehmen. Er

war bei der Belagerung von Würzburg zugegen, nahm den Oesterreichern eine Batterie ab, und machte in dem Gefechte vom 27 December 1800 einen Trupp von 400 Mann zu Gefangenen. In den Jahren 1805 und 1806 diente er unter den Befehlen des Generals Dumonceau. Namentlich aber that sich General Chassé im spanischen Kriege hervor, und gab Beweise von der größten Unerschrockenheit, wodurch er sich unter den Soldaten den Namen Bajonnet=General erwarb, indem er sich sehr häufig und mit Glück dieser Waffe bediente. Napoleon ernannte ihn durch ein Decret vom 30 Junius 1811 zum Reichsbaron. Im Monate Januar 1813 empfing er den Befehl, mit seinen vier Regimentern sich der großen Armee in der Umgegend von Paris anzuschließen. Am 27 Februar griff er mit den Trümmern dieser Regimenter eine Colonne von 6000 Preußen an, die durch eine Batterie von sechs Kanonen unterstützt wurde und auf einer Hochebene bei Bar=sur=Aube ihre Stellung hatte; nachdem sich die Infanterie zurückgezogen hatte, hielt er zu drei wiederholtenmalen den hartnäckigsten Cavallerie=Angriff aus. Er wurde in diesem Gefechte verwundet, und in den beiden Feldzügen von 1813 und 1814 wurden ihm drei Pferde unter dem Leibe getödtet und zwei verwundet. Nach der ersten Capitulation von Paris kehrte er in sein Vaterland zurück, und der souveräne Fürst von Holland nahm ihn am 21 April 1814 mit Generallieutenantsrang in seine Armee auf, und 1815 kämpfte er bereits in der Schlacht bei Waterloo unter Wellington gegen die Franzosen.

Um den Holländern jeden Vorwand zu nehmen, die Stadt Antwerpen zu beschießen, wurde die Stadt selbst von den Franzosen nicht besetzt, und obgleich sie von der Stadt aus

die Citadelle weit leichter und schneller hätten nehmen kön=
nen, zogen sie es doch vor, damit in jedem Fall die Stadt
geschont werde, die Citadelle von der Feldseite anzugreifen,
die ihnen weit mehr Schwierigkeiten darbot. Gérard erklärte
diese Maßregel dem General Chassé am 30 November, und
erhielt zur Antwort: „Ich werde die Stadt Antwerpen so
lange für neutral ansehen, als man sich der Festungswerke
der Stadt (und der davon abhängenden äußern Werke) deren
Feuer gegen die Citadelle und die Spitze von Flandern mit
Inbegriff der Forts Burght, Zwyndrecht und Austerveld, so
wie gegen die auf der Schelde vor Antwerpen stationirte Flo=
tille gerichtet werden könnte, nicht bedienen wird. Es ver=
steht sich von selbst, daß die freie Communication durch die
Schelde mit Holland, wie sie bisher stattgefunden hat, nicht
unterbrochen werden darf.“ — Gérard erklärte wieder, er
geständе dieß zu, jedoch nehme er das Fort Montebello links
von der Stadt aus, welches er besetzen werde, und zweitens
könne er die freie Communication auf der Schelde nicht zuge=
stehen, sondern werde dieselbe zu verhindern suchen, weil
sonst eine Belagerung der Citadelle völlig unmöglich sey.
Chassé antwortete, wenn der Marschall das Fort Montebello
besetzen ließe, werde er sich nicht mehr abhalten lassen, auf
die Stadt zu schießen. Doch führte er diese Drohung nicht
aus, und Antwerpen kam dießmal mit dem Schrecken davon.
Gérard ließ unter besonderer Leitung des geschickten und
tapfern Generals Haro die Belagerungsarbeiten rasch begin=
nen, und richtete dieselben hauptsächlich gegen die Lunette
St. Laurent, um zuerst dieses Vorwerk und von demselben
aus alsdann die Citadelle selbst zu erobern. Die rauhe Jahrs=
zeit und Regen und Stürme vermehrten die Schwierigkeiten

des Terrains, und die französischen Soldaten standen unglaub=
liche Strapazen aus. Sie mußten fast immer im eiskalten
Wasser arbeiten, das die Laufgräben anfüllte, und wurden
zugleich von der Citadelle aus beschossen. Am 2 December
machten die Holländer einen Ausfall, um die Belagerungs=
werke zu zerstören, wurden aber zurückgeschlagen, und am 4
December begann die regelmäßige Beschießung der Festung
aus allen Batterien. Chassé ließ eben so heftig das Feuer
erwidern, und that den Franzosen besonders durch die Hand=
mörser à la Coehorn bedeutenden Schaden. Der Herzog von
Orleans, der sich immer unter den Truppen befand, setzte
sich furchtlos dem Feuer aus. Am 6 December wagten die
Franzosen einen Sturm auf die Lunette, wurden aber mit
Verlust zurückgeschlagen. Sie bohrten nun mit großer An=
strengung eine Miene dicht unter die Mauer der Lunette und
sprengten dieselbe in der Nacht auf den 15ten. Dadurch ent=
stund eine geräumige Bresche, durch welche die Franzosen am
folgenden Morgen die Lunette St. Laurent erstürmten. Der
größte Theil der Besatzung hatte sich schon in die Citadelle
geflüchtet, man machte daher nur 65 Gefangene.

Während die Franzosen nun ihre Bresche=Batterie unmit=
telbar gegen die Citadelle selbst richteten, wurde auch weiter
unten an der Schelde gekämpft. Der holländische Contre=
admiral Lewe van Aduard hatte versäumt, die Forts St.
Marie und St. Philipp zu besetzen. Diese wurden nun von
den Franzosen besetzt und unterbrachen die Verbindung zwi=
schen Seeland und der Citadelle von Antwerpen. Vergebens
lag der Admiral mit der holländischen Flotte davor, sie wie=
der zu erobern. Er selbst wurde von einer Kanonenkugel
getödtet. Damals hieß es, was widerlegt worden ist, er habe

sich selbst getödtet, um dem Kriegsgericht zu entgehen, bei dem er sich wegen jener Versäumniß, die Forts zu besetzen, rechtfertigen sollte. Die Truppen Sebastiani's litten von dem durch Ueberschwemmungen feuchten Boden und von der Jahrs= zeit, hatten daher viele Kranke. Man glaubte, die holländi= sche Armee werde eine Diversion auf das linke Scheldeufer machen, wodurch Sebastiani hätte abgeschnitten werden kön= nen. Es geschah aber nicht, weil dann auch die belgische Armee sich eingemischt und die Franzosen selbst die holländi= sche Gränze nicht mehr respectirt haben würden.

General Haro ließ nach der Eroberung der Lunette St. Laurent die Citadelle von Antwerpen selbst so kunstgerecht und mit solcher Anwendung der zweckmäßigsten und kräftig= sten Mittel beschießen, daß er trotz des schwierigen Terrains und trotz der tapfern Gegenwehr des Platzes bald Meister werden mußte. Er ließ unter anderm zur Probe einen Mörser auf= führen, der Bomben von zehn Centnern in die Festung schleu= derte, und deren furchtbare Explosion alles niederschmetterte, wo sie hinfielen. Alle nicht bombenfesten Gebäude wurden in Trümmer gelegt, die Brunnen verschüttet und das Proviant= magazin in Brand gesteckt. Kurz, wie man sagte, die Citadelle wurde mit Bomben erstickt. Die fürchterlichste Zerstörung wurde in der Nacht auf den 23 December bewirkt. Die Bresche war gelegt, jeden Augenblick erwartete man den Sturm. Die Holländer hofften sich noch auf der Flotte retten zu können; aber der Nebel verhinderte sie, Signale zu geben. Morgens neun Uhr erklärte General Chassé, er glaube für die Ehre genug gethan zu haben, und sey zu einer Capitulation erbötig, da die Festung jetzt nicht mehr haltbar sey. Die Citadelle wurde mit allen von ihr abhängigen Forts den

Franzosen übergeben und die Besatzung sollte so lange kriegs=
gefangen bleiben, als die weiter unten an der Schelde gele=
genen Forts Lillo und Liefkenshoek nicht ebenfalls
den Franzosen übergeben seyn würden. Am 24sten fand die
Uebergabe statt, und die Sieger erwiesen der tapfern Be=
satzung, besonders dem General Chassé, jede Ehrenbezeugung.
Sie bestand aus 4200 Mann, worunter 300 Verwundete.

Da die Flotte nicht in der Capitulation inbegriffen war,
und die Holländer, wie es hieß, nach der Heldenthat des
jungen Spyck geschworen hatten, den Belgiern kein Schiff
in die Hände fallen zu lassen, so entschloß sich Capitän
Koopmann, der die zwölf auf der Schelde bei Antwerpen
stationirten Kanonenboote commandirte, da er sie nicht retten
konnte, dieselben zu zerstören, und steckte sie in der Nacht
auf den 25sten in Brand. An demselben Tage versuchten
die Holländer 2000 Mann auf dem linken Scheldeufer zu
landen, bei Dort, wurden aber von Sebastiani mit Verlust
zurückgetrieben. Weiter unternahmen sie nichts. Die Waf=
fen ruhten einstweilen und die Unterhandlungen begannen
von neuem ihren schleichenden Gang.

Man sah den ganzen Feldzug überhaupt als keinen Krieg,
sondern als eine Friedensmaßregel, als eine bloß etwas ver=
stärkte Art zu unterhandeln, an. Nie erreichte die diploma=
tische Sprache einen so hohen Grad von Selbstbetrug und
Affectation. In den Marschzetteln für die holländischen Ge=
fangenen hießen diese nur: „Festgenommene, in Folge der
zur Vollstreckung des Tractats vom 15 November angewand=
ten Zwangsmaßregeln.“

Schon am 26 December langten die beiden Erklärungen
im französischen Hauptquartier an, erstens von Seite Frank=

reichs, daß sich die französische Armee unverzüglich aus Bel=
gien zurückzuziehen habe, da ihr Zweck, die Eroberung
der Citadelle, erreicht — und zweitens von Seite Hollands,
daß König Wilhelm die Capitulation nicht geneh=
mige und die Forts Lillo und Lieffenshoek nicht auslie=
fern werde. Da diese Forts noch auf belgischem Gebiet lagen
und die Scheldeschifffahrt beherrschten, so war im Grunde mit
der Eroberung Antwerpens noch nichts gewonnen, außer die
Sicherheit dieser, bisher von der Citadelle aus stets mit Unter=
gang bedrohten Stadt. Die Frage wegen der Gränzen und we=
gen der Scheldeschifffahrt blieb aber immer noch unentschieden.

Frankreich und England boten Holland am 30 December
eine Convention an, folgenden Inhalts: „1) Die Forts
Lillo und Lieffenshoek sollen den belgischen Truppen zehn
Tage nach der Ratification übergeben werden. 2) Die Schiff=
fahrt auf der Maas soll denselben Regulativen unterworfen
werden, wie sie kürzlich für den Rhein festgestellt wurden.
3) Die Scheldeschifffahrt soll bis zum Abschlusse eines Trac=
tats zwischen Belgien und Holland völlig frei seyn. 4) Die
Durchfuhr belgischer Waaren nach Deutschland soll frei seyn
mit Ausnahme gemäßigter Zölle zur Unterhaltung der Wege
u. s. w. 5) Amnestie für alle politischen Vergehen in Venloo
und Luremburg. 6) Räumung Venloo's und des holländi=
schen Antheils von Luremburg durch die belgischen Truppen.
7) Verminderung der holländischen Armee auf den Friedens=
stand. 8) Verminderung der belgischen Armee auf den Frie=
densstand. 9) Restitution des von der englischen und fran=
zösischen Regierung confiscirten holländischen Eigenthums.

Allein Holland gab auch diesen Vorschlägen so wenig
Gehör, als den früheren.

Eng=

CHASSÉ.

III.

Englanb.

1.

Umtriebe der Tories und Sturz des Mini=
steriums Grey.

Wir haben gesehen, mit welcher Energie der Premiermi=
nister Großbritanniens, Graf Grey, die vom Volk laut
geforderte und dringend nothwendig gewordene Parla=
mentsreform durchzusetzen entschlossen war, und welchen
hartnäckigen Widerstand ihm die englische Aristokratie ent=
gegensetzte. Das ganze Jahr 1831 war unter den heftig=
sten Kämpfen ohne Entscheidung vorübergegangen. Die To=
ries übten einen doppelten Einfluß, einmal auf das Unter=
haus, sofern die von den verhaßten alten Rotten=Boroughs
gewählten Parlamentsglieder ihre Geschöpfe waren, und so=
dann auf den König, sofern sie unter Beistand auswärtiger
Diplomaten demselben beständig in den Ohren lagen und
die Reform als den Anfang einer Revolution und eines
Thronumsturzes darstellten. Grey hatte dagegen die allge
meine und lautdröhnende Stimme des Volks und das ganze
Gewicht der Wahrheit und des Rechts für sich; denn was
konnte klarer seyn, als daß die bisherige Wahlform, nach

welcher der einzelne Beſitzer eines alten normänniſchen
Burgflecken allein für ſich ein Parlamentsglied wählen durfte,
während die betriebſamſten Städte von mehrern hundert=
tauſend Einwohnern, wie Mancheſter, Birmingham ꝛc., weil
ſie zur Zeit Wilhelms des Eroberers noch nicht exiſtirten,
keinen einzigen Vertreter im Parlamente hatten — daß dieſe
Wahlform für eine große und freie Nation durchaus unan=
gemeſſen ſey.

Bisher hatten die Tories im Unterhauſe ſich verſchanzt,
und als Nachkommen der alten normänniſchen Barone und
Beſitzer der alten privilegirten Burgflecken das Unterhaus
mit ihren Creaturen bevölkert, die ſich um jeden Preis der
Reform widerſetzen mußten. Allein den unabläſſigen Be=
mühungen Grey's und der Whigs, ſo wie dem Schrecken,
der von den Volksverſammlungen ausging, war es gelungen,
allmählich und nach oft wiederholten Verſuchen eine Ma=
jorität für die Reform zu erlangen; da aber das Oberhaus
ſie verwarf, ſo ließ Grey, ohne zu ermüden, das Parlament
auflöſen, um die Bill aufs neue vorzubringen. Dieſe
Standhaftigkeit des Miniſters, die große Thätigkeit der
Whigs und die Volksgährung imponirten den Tories. Sie
gaben nicht nur das Unterhaus, worin ſie nicht mehr auf
die Stimmenmehrheit zählen konnten, gleichſam als ihre
erſte Vertheidigungslinie auf, und zogen ſich hinter die
zweite, das Oberhaus zurück, ſondern ſuchten ſich auch, da ſie
durch die offenen Wahlumtriebe und Parlamentsreden nichts
mehr ausrichteten, durch Intriguen am Hofe zu befeſtigen.
Grey ſah ein, daß wenn auch das Unterhaus die Reform=
bill annähme, das Oberhaus es gewiß nicht thun werde,
wenn ſich der König nicht zu einem Pairsſchub entſchlöſſe,

durch welchen Reformfreunde in hinlänglicher Anzahl ins
Oberhaus befördert würden, um die aristokratischen Stim=
men derselben zu überbieten. Er verlangte mithin den
Pairsschub als eine dringend nothwendige Maßregel. Aber
hier begegnete er den Intriguen der Tories, die von einigen
auswärtigen Botschaftern unterstützt wurden, denen daran
lag, das Bündniß Englands mit Frankreich zu zerreißen
und das liberale Ministerium Grey zu stürzen. Folgende
schon in den ersten Monaten des Jahres 1832 mitgetheilte
Zeitungsnachrichten wurden durch die nachherigen Ereignisse
bestätigt. So sagte der Courrier français schon im Januar:
„Das englische Parlament ist am Dienstage (nach den Neu=
jahrsferien) wieder zusammengetreten. Man wundert sich,
daß der Wiedereröffnung der Kammer keine Pairsbeförderung
voranging. Es scheint, daß das Ministerium die Bedenk=
lichkeiten des Königs in diesem Punkte nicht überwinden
konnte. Die Antipathie, die dieser Monarch schon früher
gegen eine solche Maßregel hegte, scheint durch alle Bemü=
hungen seiner Umgebungen noch zugenommen zu haben.
Man behauptet, gewisse Vorgänge, die man ihm unter die
Augen gelegt, hätten großen Eindruck auf sein Gemüth ge=
macht. Es soll, so heißt es, leicht gewesen seyn, ihn zu
überreden, daß man durch eine Ernennung von Pairs mit
einem speciellen Mandate die Constitution antaste und eine
Art von Staatsstreich mache. Man hätte mehrere entgegen=
gesetzte Beispiele anführen können, aber man stellte sie nicht
einmal demjenigen entgegen, das einige Journale in Bezug
auf ein unter der Königin Anna vorgekommenes Factum
mitgetheilt haben. Der geringe Einfluß, den Lord Grey bei
einer so wichtigen Conjunctur ausgeübt, ist von bedenklicher

Vorbedeutung für die Dauer seines Ministeriums." Im
Februar schrieb ein Londoner Correspondent in der Ber=
liner Haude= und Spenerschen Zeitung geradezu: „In der
City scheint man jetzt allgemein der Meinung, daß die drei
großen Mächte, Rußland, Oesterreich und Preußen, ihre end=
liche Entscheidung hinsichtlich des holländisch=belgischen Ver=
trags so lange aufschieben dürften, bis das Schicksal der
englischen Reformbill bekannt seyn wird. Hieraus würde
also natürlich die Annahme folgen, daß, im Falle die Bill
durchfallen sollte, eine Veränderung im englischen Mini=
sterium vorgehen und ein Tory=Cabinet an das Ruder kom=
men würde. In diesem Falle dürfte die englische Regierung
sich leichter zu Modificationen in dem Vertrage verstehen,
so daß der König von Holland dann wohl eher darauf ein=
gehen, und diese Modification seiner Politik besser zusagen
dürfte. Sollte hingegen die Reformbill durchgehen, und
keine Veränderung in unserem Ministerium eintreten, so
dürften die drei Mächte sich wohl veranlaßt finden, alles
das zu ratificiren, was bis jetzt geschehen ist. Diese Ansicht
der Dinge beruht allerdings nicht auf einer bestimmten
Kenntniß von den Gesinnungen jener drei Cabinette; auf
jeden Fall legt man indeß die Zögerung derselben hier auf
keine andere Weise aus. Was die Reformbill betrifft, so
ist es beinahe unnöthig zu sagen, daß ihr Erfolg in beiden
Häusern, so weit die menschliche Aussicht dieß bestimmen
kann, beinahe gewiß ist. Die Maßregeln, welche von den
Ministern ergriffen worden, lassen in dieser Hinsicht keinen
Zweifel übrig. Wenn indeß auch die Lords die Bill zum
zweitenmale verwerfen, und die Minister demzufolge ihren
Abschied nehmen sollten, so ist dieß immer noch kein Grund

zu glauben, daß dann ein Tory-Cabinet sich bilden würde, denn auch die Tories würden unter keinen andern Bedingungen ihre Aemter antreten können, als daß sie sogleich eine der jetzt verhandelten Bill völlig ähnliche einbrächten."

Jedes Wort dieses Artikels enthält eine Wahrheit, denn es ging alles so in Erfüllung. In demselben Monate schrieb der Messager aus London: „Die Königin steht mit Lord Grey schlecht, über den sie sich zu beklagen hatte. Ihre Meinungen sind übrigens denen der Whigs entgegengesetzt." Der englische Spectator fügte hinzu: „In die erste Reihe der Reformgegner gehören die Namen: Königin Adelheid, die Prinzessinnen Auguste und Sophie von Glocester, die einflußreichsten unter den Hofdamen, die natürlich sämmtlich der Reform nicht hold sind; sodann die Herzoge von Glocester, von Cumberland, von Wellington, von Aberdeen, Marquis von Londonderry, und im Unterhause Sir Robert Peel und seine Freunde; außerdem das diplomatische Corps, die Fürstin von Lieven dazu gerechnet, und den Fürsten v. Talleyrand ausgenommen."

Wie die Tories durch einen Ministerwechsel in England auf die Continentalangelegenheiten einwirken wollten, eben so suchten sie auch umgekehrt durch diese jenen herbeizuführen. Wellington erhob im Februar eine große Anklage gegen die auswärtige Politik des Grey'schen Ministeriums und machte besonders geltend, daß jetzt England mit seinem ältesten Feinde Frankreich gegen seinen ältesten Freund Holland sich verbündet habe, was unnatürlich und unnational sey. Im März gab die Besetzung Ancona's durch die Franzosen neuen Anlaß zu Klagen; allein Grey wies alle diese Angriffe zurück,

indem er ziemlich deutlich zu verstehen gab, daß wenn be
der englisch=französischen Allianz irgend ein Theil der über=
geordnete und leitende sey, diese Rolle nicht Frankreich, son=
dern England übernommen habe. Der Refrain der mini=
steriellen Repliken Grey's war immer: „Was das brittische
Ministerium betrifft, so wurden von uns Maßregeln ergrif=
fen, welche von der französischen Regierung wohl aufgenommen
wurden."

Das Volk war in Erwartung der Parlamentsentscheidung
im Allgemeinen ruhig. Nur in Manchester wurde am
29 Januar eine tumultuarische Reformversammlung gehalten.
Am 29 Februar reichten die Lehrjungen von Derry eine
Adresse ein, worin sie den König um Reform baten. Se.
Majestät sagten bei dieser Gelegenheit zum Lord Londonderry:
„Sehr junge, junge Rathgeber, Mylord, nicht wahr?"

Ein Fasttag und die nächstbevorstehende Entscheidung des
Unterhauses über die Reformbill gab zu einer Procession
der Londoner Union Anlaß. „Ungeachtet der Ankündigung
der Regierung, daß Anstalten getroffen worden, die ange=
drohten Aufzüge der Arbeiter zu verhindern, und trotz der
Aufforderung derselben, daß alle guten Unterthanen sich da=
von entfernt halten möchten, versammelte sich doch eine sehr
große Anzahl, dem erften Vorhaben gemäß, in Finsbury
Square, einem am nordöstlichen Ende der Altstadt gelegenen
Platze, von wo aus der Zug in verschiedenen Abtheilungen
sich nach dem vornehmeren Quartiere des westlichen Stadt=
theiles begeben sollte. Der Plan zu dieser Versammlung war
eigentlich von dem politischen Vereine der arbei=
tenden Classen ausgegangen, welcher von einigen De=

magogen, gebildet wurde, weil ihnen der unter Vorsitz Sir
F. Burdetts gebildete politische Nationalverein noch zu aristo=
kratisch war. Von jenem Vereine sollen ungefähr 10,000 zu=
gegen gewesen seyn; und man muß ihnen die Gerechtigkeit
widerfahren lassen, daß sie keine Gewaltthätigkeit beabsich=
tigen konnten, da sehr viele ihre Weiber bei sich hatten. Aber
es gesellten sich viele Tausende anderes Gesindel zu ihnen,
und wenn man nach Physiognomien schließen darf, so fanden
sich nicht wenige darunter, denen ein Spiel à la Bristol nicht
unangenehm gewesen wäre. Durch die Altstadt, welche ihre
eigene Polizei hat, fanden die Züge kein Hinderniß; sobald
sie aber an den Bezirk der neuen Polizei kamen, deren über
4000 in verschiedenen Truppen versammelt waren, wurden
sie zurückgewiesen. Die Menge erhob ein furchtbares Geschrei,
Heulen und Pfeifen, und überschüttete die Polizei mit einem
Hagel von Steinen, wodurch viele bedeutend verwundet wur=
den. Einige ließ der Polizei=Chirurgus vom Platze tragen,
die Uebrigen aber, worunter gegen zwanzig mit verbundenen
Köpfen, rückten vor, bis es endlich nach anderthalbstündigem
Kampfe gelang den Platz zu säubern, worauf sich der Pöbel,
unter dem man auch manchen stark Verwundeten bemerkte,
in den anstoßenden Straßen postirte, und dort sein Schreien
und Toben fortsetzte." Doch wurde die Ruhe durch die Ma=
gistrate hergestellt, am 21 März.

Am folgenden Tage nahm das Unterhaus, gelehrig
für Lord Grey's Ermahnungen und des Volkes Drohungen,
die Reformbill mit größerer Stimmenmehrheit als im
vorigen Jahre an (355 gegen 239), nachdem sich die Redner
aufs neue in Wiederholungen der oft besprochenen Sache er=
müdet hatten. Gleich darauf kam die Bill vor das Ober=

n uß ihnen die Gerechtigkeit
kein Gewaltthätigkeit beabsich-
hre Liber bei sich hatten. Aber
de eres Gesindel zu thun,
omit schließen darf, so fanden
nen n Spiel à la Bristol nicht
Our die Altstadt, welche ihre
le Ize kein Hinderniß; sobald
uen polizei kamen, deren über
en bsammelt waren, wurden
erst ein furchtbares Geschrei,
schüte die Polizei mit ein
vielbedeutend verwundet
Churgus vom Platze trägt,
ege ein zwanzig mit verbunden
dli nach anderthalb stündig
äuben, worauf sich der Lib
n st Verwundeten be
postte, und dort sein Se
wur die Ruhe durch die

haus. Die Lords Wharncliffe und Harrowby, als
Sprecher der gemäßigten Tories, und der Bischof von
London als Organ eines großen Theils der Prälaten er=
klärten sich für sie. Die entschiedenen Tories dagegen unter
Anführung Wellingtons, Londonderry's rc. wollten
um so weniger nachgeben, als sie gerade von der abermaligen
Verwerfung der Bill den Sturz des Ministeriums Grey hoff=
ten. Da diese geheime Absicht im Hintergrunde lag, fruch=
teten alle Friedenspredigten nichts. Lord Haddington
und Lord Gage, die früher gegen die Reform gestimmt hat=
ten, erklärten jetzt, „daß dieß die letzte Gelegenheit sey, welche
das Oberhaus habe, noch mit Würde und Freiheit über die
Bill zu rathschlagen, und vielleicht im Ausschusse Vieles,
was ihnen noch immer als höchst gefährlich erschiene, zu ver=
bessern oder zu vermitteln. Eine abermalige Verwerfung
des von der ganzen Nation anerkannten Grundsatzes der Noth=
wendigkeit einer Reform in diesem Sinne würde dem Hause
selbst das Vertrauen der gemäßigten Bürger entziehen, und
es würde nachher gezwungen das thun müssen, was es jetzt
auf seine Privilegien trotzend, verwärfe.“
Allein um dieser für die Wellington'sche Partei gefähr=
lichen Trennung unter den Tories vorzubeugen, mußte der
Herzog von Buckingham erklären, er verpflichte sich, wenn
diese Reform verworfen werde, gleich nach Ostern eine an=
dere vorzuschlagen. Wellington war sehr geneigt, wenn er
nur wieder erster Minister würde, eine etwas modificirte
Parlamentsreform eben so durchzusetzen, wie er früher, um
Minister zu bleiben, die Emancipation der Katholiken durch=
gesetzt hatte. Allein durch diese späte Erklärung verriethen
die Tories nur ihre Furcht und gaben eine Blöße, die auch

Graf Grey sogleich benützte, indem er sagte, diese Erklärung
habe ihn der Nothwendigkeit überhoben, die Unerläßlichkeit
einer Parlamentsreform im Allgemeinen, und selbst der be=
sondern von seiner Administration vorgeschlagenen, zu er=
weisen; denn beides habe der edle Herzog anerkannt: die
Grundsätze der Regierungsbill und der verheißenen Bill des
Herzogs seyen ganz dieselben; jeder Vorwurf der revolutio=
nären Tendenz, den man jener gemacht, müsse nun auf=
hören, und die Frage sey nur noch, wie weit der Grundsatz
geführt werden solle. Hierüber drückte sich der Premier sehr
gelinde aus, und gab zu verstehen, daß er geneigt sey, im
Ausschusse bei fast allen fraglichen Punkten sich über das
Mehr oder Weniger mit den Gegnern zu vergleichen.

Einem Artikel des Courier zufolge hätte der König selbst
dem Herzog von Wellington, wenn er ihn auch wieder an
Grey's Stelle wählen würde, doch die Reform zur Bedingung
gemacht.

Sobald die Tories merkten, daß das Oberhaus sich schon
jetzt für die Reformbill entscheiden werde, änderten sie
ihren Plan und machten gerade diesen Sieg der Bill zu einem
Mittel, um Grey zu stürzen. Sie sagten dem Könige, wenn
erst die Bill durchgegangen sey, dann bedürfe es Grey's wei=
ter nicht mehr, dann werde das Volk zufrieden seyn, und
wenn sonach nur erst im Innern die Ruhe hergestellt sey,
könne Wellington in Bezug auf das Ausland eine andere Po=
litik ergreifen, ohne deßfalls von der Volkspartei gehindert
zu werden.

Während so die gemäßigten Tories eine etwas modificirte
Reform aufrichtig wünschten, wenigstens um des Friedens

willen, und die ſtricten Tories aus Heuchelei und in Rück=
ſicht auf ihren Hinterhalt nicht mehr den heftigen Eifer gegen
die Reform blicken ließen, wie früher, ſagte Graf S h r e w s=
b u r y allein die reine Wahrheit und verlangte eine noch
weit durchgreifendere Reform, als die beantragte: „Es iſt
eine erbärmliche Politik, wenn eine Regierung wartet, bis
ſie dem aufgeregten Gefühle der Nation nicht mehr wider=
ſtehen kann. Man hat viel von der Vollkommenheit der brit=
tiſchen Conſtitution geſprochen, und die ausſchweifendſten
Lobſprüche an ſie verſchwendet; unſere Conſtitution hat uns
aber nie vor den Uebeln, die auf andern Staaten laſten, be=
wahrt. Wir waren fortwährend in ungerechte Kriege ver=
wickelt, welche dem Lande 800 Millionen Schulden aufluden.
Wir haben Nationalunruhen, Krieg, Anarchie, Revolution
und Handelsverlegenheit bis zu einem in andern Ländern
unbekannten Grade erfahren. Wir haben unſere Bevölkerung
in der Mitte des Ueberfluſſes vor Hunger dahin ſterben ſehen,
das Verbrechen hat an Schrecklichkeit zugenommen; in un=
ſerer ganzen Verwaltung herrſchte früher die verworfenſte
Beſtechlichkeit, und bei dieſem Syſteme verharrte man, bis
das Volk, zur Verzweiflung getrieben, ſich erhob, entſchloſſen
ſeine Freiheit zu erlangen. Das ausſchweifende Benehmen
der geſetzgebenden Macht, ihre Nichtachtung der Intereſſen
des Landes, ihre Tyrannei gegen Irland, deren bittere
Frucht man jetzt erntet, alles dieſes mußte am Ende auf die
Urheber zurückfallen. Man muß dem Volke Recht verſchaf=
fen, oder es verſchafft ſich daſſelbe ſelbſt, und der immer mehr
aufregende Streit könnte am Ende zu ſchrecklichen Convul=
ſionen führen. Nach der Rede, die ich geſtern von einem
ſehr ehrwürdigen Prälaten hörte, kann ich mich nicht enthal=

ten, einige Worte an die Bank der Bischöfe zu richten. Wenn
die Geistlichkeit ihre eigenen Interessen kennt, so muß sie
jetzt ihre Pflicht gegen das Land thun. Sie hat nur allzuoft
jedem von einer lasterhaften Oligarchie befolgten Systeme der
Verschwendung und Verfolgung gehuldigt. (Geschrei: Nein!
Nein!) Die Zeit ist gekommen, wo sie für diesen Mißbrauch
der Gewalt Buße thun muß. Das Ministerium sollte über
eine Majorität in diesem Hause verfügen können oder abtre=
ten. Bei der jetzigen Lage des Landes aber wäre der Rück=
tritt des edlen Grafen nicht nur der Todesstreich für seinen
eigenen Ruhm, sondern auch das Signal zu Anarchie und
Revolution. Die Minister müssen über eine Majorität ver=
fügen können, nicht durch Pensionen, nicht durch Beförderun=
gen unter Länd= und Seetruppen, nicht durch Kirchenpfrün=
den oder Versetzung von Bischöfen auf reichere Sitze, nicht
durch Erhebung von Pairs zu höherem Range. Sie müssen
die Zahl der Pairs nicht durch Leute vermehren, deren ganze
Auszeichnung in einer langen Laufbahn von Corruption be=
steht, sondern sie müssen Männer zur Pairswürde erheben,
welche sich durch Redlichkeit und standhafte Verfolgung der
Interessen ihres Landes auszeichneten. Ich nehme keinen
Anstand, offen zu sagen, daß wenn das Unterhaus reformirt
wird, auch das Oberhaus reformirt werden muß.‟

Am 13 April erklärte sich das Oberhaus in der That bei
der zweiten Verlesung mit 184 gegen 175 Stimmen für die
Bill. Die Reformer hatten dieses Resultat nicht erwartet
und sahen die Täuschung und List bald ein. Der Examiner
schrieb sogleich: „Die zweite Verlesung ist mit einer Majo=
rität von 9 Stimmen durchgegangen. Dieß reicht hin, um
zu beweisen, daß man ohne eine Pairs=Creirung nicht durch

die Committee kommen kann. Die Majorität schließt alle Wet=
terhähne und alle Schwankenden in sich, deren eingestandener
Zweck es ist, die populären Theile der Bill wegzuschneiden,
und sie nach ihren aristokratischen Begriffen umzuformen,
damit sie von dem jetzigen fehlerhaften Systeme sich so wenig
wie möglich unterscheide. Wir sind der Meinung, daß die
Bill jetzt in der Hand ihrer Feinde ist. Die zweite Verlesung
ist kein Triumph, wir haben sie stets als einen Theil der
Torytaktik betrachtet."

Das Volk sah klar ein, daß das Oberhaus ein täuschen=
des Spiel treibe, und daß es die Bill gewiß nicht ohne große
und wichtige Aenderungen werde annehmen wollen. Es fürch=
tete, Grey werde am Ende doch nachgeben. Es glaubte ihn
daher unterstützen zu müssen. Zu Leeds wurde eine große
Volksversammlung gehalten, und eine Adresse an den König
unterzeichnet, die das verlangte, was Shrewsbury als noth=
wendig bezeichnet hatte: „Die Achtung für das Oberhaus
würde durch eine Vermehrung seiner Mitglieder oder eine
Aenderung seiner politischen Gesinnungen, welche in der
That zu einer reinern Verwaltung der öffentlichen Angele=
genheiten nothwendig geworden ist, nicht vermindert. Wir
flehen daher Eure Majestät unterthänigst an, in diesem Falle
zu geeigneter Zeit durch eine furchtlose und liberale Aus=
übung Ihrer königlichen Prärogative uns mit Einemmale
gegen eine Oligarchie zu schützen, und mit Hülfe Ihrer jetzi=
gen Minister, welche allein das Vertrauen des Volks besitzen,
den Sieg der Bill und die Erhaltung der Constitution zu
sichern."

Aehnliche Versammlungen fanden überall statt. Es ging
wieder jene verhängnißvolle Bewegung durch die englischen

Volksmassen, die in jedem entscheidenden Moment gespürt wurde. Ein Correspondent in der Allgemeinen Zeitung schrieb damals: „Eine eben so merkwürdige als erfreuliche Erscheinung bietet jetzt die außerordentliche Wachsamkeit der brittischen Nation dar, dem Vorhaben der Pitt'schen und Liverpool'schen Tory-Lords, die Hauptclauseln der Reformbill durch Intriguen zu vereiteln, sich entgegenzustemmen. In allen Gegenden des Landes finden Versammlungen statt, und die ganze Nation steht wie Ein Mann in Gesinnung und Absicht da. Sie ist entschlossen, wie Herr Hume neulich erklärte, eine feste Stellung, eine eiserne Stirn und einen unbezwingbaren Ernst anzunehmen. Soll ich Ihnen von den Versammlungen hier und in unzähligen andern Städten und Orten Englands und Schottlands erzählen? Es sey genug die Eine Thatsache zu erwähnen, daß am nächsten Montag eine Versammlung der Grafschaft Warwick in Birmingham stattfinden wird, zu welcher nicht weniger als 500,000 Menschen erwartet werden. Hier erblicken Sie eine Probe von Englisch-Spirit, von englischer Freiheit, und die Feinde der brittischen Nation mögen nur immerhin behaupten, England gehe rückwärts, habe seinen Culminationspunkt erreicht! Ja, allerdings würde es diesen erreicht haben, hätte die Nation sich noch länger das Joch der Oligarchie gefallen lassen; sie hat sich aufgerichtet und wird noch lange die erste und größte der Welt, das Fußgestell der bürgerlichen Freiheit des Menschengeschlechts bleiben."

Die imposanteste Versammlung fand am 7 Mai zu Birmingham statt, wo nahe an 200,000 Menschen mit Musik und Fahnen aufzogen und sich zum Schutz der Reform verbündeten.

An demselben Tage erfolgte die Entscheidung im Ober=
hause. Da der König auf keine Weise sich bewegen ließ,
neue Pairs zu ernennen, so blieb Grey nichts übrig, als
mit den alten zu unterhandeln, so weit es möglich sey. Al=
lein die Tories, nun ihres Sieges gewiß, wurden übermüthig
und wiesen selbst die billigsten Forderungen Grey's zurück.
Es scheint, die Einen wollten von Grey wirklich noch mehr
und immer mehr Concessionen erhalten und die Reform so
verclausuliren, daß sie sich nicht mehr ähnlich sähe; die An=
dern dagegen wollten nur Grey stürzen und widersetzten sich
der Bill nicht in der Absicht, dem Volk, sondern nur dem
Whigministerium zu trotzen; denn in der Hoffnung, daß
Grey unfehlbar gestürzt und Wellington an seine Stelle ge=
setzt werden würde, wollten sie die Grey'sche Bill nicht durch=
gehen lassen, um ihr eine weit liberalere Wellington'sche
Bill nachfolgen zu lassen und das Volk wieder für Wellington
zu gewinnen. Lassen wir die Thatsachen sprechen.

Als Grey am 7 Mai im Oberhause vorschlug, die erste
Clausel in Berathung zu nehmen, nach welcher 56 Ortschaf=
ten, von denen jede jetzt zwei Mitglieder ins Parlament
schickt, dieses Recht verlieren sollen, dabei aber, um über
Einzelnes Streitigkeiten zu vermeiden, sich erbot, die Zahl
(56) gänzlich auszulassen, und später die Ortschaften, wie
sie vom Unterhause angenommen worden, der Reihe nach vor=
zuschlagen, machte Lord Lyndhurst (früher Canzler und jetzt
einer der Oberrichter des Landes) den Gegenvorschlag, daß
diese und die folgende Clausel ganz verschoben werden möch=
ten. Seine Gründe, so wie die seiner Partei waren vorzüg=
lich: es würde gefährlich seyn, durch die Annahme jener beiden
Clauseln den Grundsatz anzuerkennen, daß gewisse Theile des

Unterhauses so corrupt oder verrottet seyen, daß man sie
ohne weitern Grund abschneiden müsse ꝛc. Kurz, das Ober=
haus erklärte sich mit 151 gegen 116 Stimmen für Lynd=
hurst's Vorschlag. Die Times schrieben: „Betrachten wir
die Fäden des verdeckten feingesponnenen Plans etwas näher.
Der Furcht, die Zügel der Macht zu verlieren, hatte Wel=
lington seinen Widerwillen gegen die katholische Emanzipa=
tion zum Opfer gebracht; nie verziehen ihm die Ultra=Tories,
daß er durch Winkelzüge, Perfidie und Feigheit sie damals
über Bord geworfen. Seit er aber selbst über Bord geworfen
ward, hatte er, als Parteimann, das stete Ziel im Auge, seine
frühere Stellung wieder zu gewinnen, und die erste sehr
günstige Gelegenheit, sich diesem Ziele bedeutend zu nähern,
bot sich am Montag (7) dar. Einige Tage zuvor hatten Pri=
vatunterhaltungen mit den glatten doppelzüngigen „Schwan=
kern" stattgefunden, in Folge deren beschlossen ward, die
Bill sammt dem Ministerium mit Einem Schlage zu ver=
nichten, aber unter dem Scheine, als bezwecke man bloß
einen Wechsel der Clauseln. Hätte Lord Grey nachgegeben,
so hätte er damit den Grund zu neuen immer unerträglichern
Forderungen gelegt; kämpfte er aber dagegen an, so mußte
er unterliegen, und so geschah's. Was blieb nun den Mi=
nistern übrig? Entweder mußten sie vom Souveräne das
fordern, was, wie die Hof=Intriganten ihre Toryfreunde
längst versichert hatten, der König ihnen nicht gewähren
würde; oder sie mußten resigniren. Nun wäre das zweite
Blatt des Plans umzuschlagen. Bekanntlich hatte Lord Wel=
lingtons erste barsche Erklärung gegen alle Reform ihn in
den Augen des englischen Volks jedes Anspruchs auf das Mi=
nisterium verlustig gemacht. Es war daher nöthig, einen

Schritt zu thun, um ihn in Stand zu setzen, die Nieder=
lage und Resignation der Minister zu benutzen; das konnte
nicht anders geschehen, als wenn er oder einer seiner nächsten
Freunde seine frühere Erklärung „gegen alle und jede Re=
form" widerrief. Daß der edle Herzog diesen Widerruf in
eigener Person mache, mag unziemlich oder übereilt geschie=
nen haben; die Sache wurde daher dem Baron Ellenborough
übertragen, der, nachdem sich die Majorität für
Lyndhursts Vorschlag ausgesprochen hatte, sich
erhob, um dem erstaunten Lande anzukündigen, daß wenn
der Herzog von Wellington Minister werden sollte, er in die
Entfernung von 113 Borough=Repräsentanten willigen würde.
So würden also, wie in der Katholikensache, die Ultras
abermals durch ihren Führer über Bord geworfen. Ob
das englische Volk geneigt seyn wird, die Reform aus den
Händen eines solchen Proselyten anzunehmen, ist eine andere
Frage. Was die Lords Harrowby und Wharncliffe (die Füh=
rer der Schwanker) betrifft, so überlassen wir jedem, zu er=
wägen, welchem Urtheile sich Männer aussetzen, die insgeheim
mit der einen Partei unterhandeln, um die andere, der sie
zu helfen sich den Anschein geben, zu stürzen. Die meisten
Bischöfe thaten, was Bischöfe schon oft gethan haben: indem
sie den Staat in Gefahr setzten, vergaßen sie, daß die Kirche
in demselben Schiffe sich befindet. Was die Nation zu all
dem sagen wird, kann nicht lange zweifelhaft bleiben."

Am 8 Mai verlangte das Ministerium entweder die
Creirung neuer Pairs oder die Entlassung und
wurde in Gnaden entlassen. Grey verkündete dieses Re=
sultat dem Oberhause am folgenden Morgen.

2.

Große Volksbewegung. Grey behält das Staatsruder, und die Reformbill geht durch.

Kaum wurde die Verabschiedung Grey's, hinter der jedermann das Ministerium Wellington und das absoluteste Toryregiment folgen sah, im Volke bekannt, als eine ungeheure Aufregung entstand, die, einer hohl gehenden See gleich, gegen den Thron anschwoll und ihn in Schwanken brachte. Woge auf Woge wälzte sich die drohende Volksmasse heran, und eine blutige, alles zermalmende Revolution stand nahe bevor.

Alle Blicke richteten sich gegen die Hof-Cabale, und schonungslos stellte man jeden Namen, den höchsten nicht ausgenommen, dem Volkshasse bloß. Das Morning-Chronicle sagte: „Die Wahrheit muß endlich gesagt werden; Graf Grey hatte noch nie die Ermächtigung Pairs zu creiren. Die beiden Abtheilungen der Opposition wußten dieß. Wie kommt es, möchte man fragen, daß der König den Grafen wählte, der unter der ausdrücklichen Bedingung der Reform ins Ministerium trat? Wie kommt es, daß der König den ministeriellen Reformplan sanctionirte, und damit, zum großen Nachtheile des Handels und Verkehrs, anderthalb Jahre lang zubringen ließ, jetzt aber sich entschließt, daß alles, was geschah, als nicht geschehen betrachtet werden soll? Die Nation ist zu sehr bei dieser Frage interessirt, als daß wir zögern könnten, alles, was wir über die Sache wissen, mitzutheilen. Daraus, daß in England Weiber sich nicht öffentlich mit Staatsangelegenheiten zu beschäftigen scheinen, folgt nicht, daß sie ohne Einfluß sind. In der That haben die Königin

und Prinzeſſinnen nie aufgehört, den König mit allen mög=
lichen düſtern Gerüchten und Vorausſagungen über die Uebel,
welche aus der Reform entſpringen werden, zu quälen. Die
Nation mag erfahren, daß die Königin der Sache der Reform
größern Schaden that, als irgend jemand in England. Das
Volk hegte längſt Verdacht, da man wußte, daß die Königin
ſtets von Feinden der Reform umgeben, und von den Tories
bei den königlichen Unterhandlungen immer als erſter Gegen=
ſtand der Verehrung erwählt war. Das Whigminiſterium
konnte Ihrer Majeſtät Spielzimmer nicht füllen, und was
iſt das Intereſſe der Nation in Vergleich mit einer glänzen=
den Spielpartie? Der König war bis jetzt der populärſte
Monarch der hannöveriſchen Dynaſtie; aber er möge nicht glau=
ben, daß nicht jede Wirkung auch ihre Urſache habe. Der
König verdankte ſeine unermeßliche Popularität nur dem all=
gemeinen Glauben, daß er die Intereſſen der Nation tief
im Herzen trage. Die Engländer ſind nicht das Volk, das
ſich durch den Glanz des Königthums blenden läßt.‟

Schon am 8 Mai erhielt der Lordmayor folgenden Brief:
„Wir, die Wahlbürger (Livery-men) von London, bitten
Eure Herrlichkeit ſogleich eine Verſammlung zu berufen,
um eine Adreſſe an Se. Majeſtät zu richten, mit der Bitte
ſogleich Pairs zu ernennen, in hinreichender Anzahl, um
die Reformbill unverſtümmelt durchzuſetzen. Ferner, um in
Erwägung zu ziehen, ob es geeignet iſt, unſere Repräſen=
tanten zu inſtruiren, und das Haus der Gemeinen zu bit=
ten, zu keinem Zwecke fernere Geldbewilligun=
gen zu machen, auch um andere Gegenſtände nöthigen=
falls in Ueberlegung zu nehmen.‟ Dieſer Brief iſt von
Dienſtag (8) Morgens 11 Uhr datirt.

In einer Versammlung der National-Union in London
fielen bedrohliche Reden, selbst gegen die königlichen Häupter. Ein Geistlicher, Namens For, gedachte der Absetzung
Jakobs und Karls Hinrichtung; Andere riethen zur Verweigerung aller Steuern. Ein Londoner Correspondent der
Allgemeinen Zeitung schrieb: „In der Versammlung der
Union am 9ten sprach man sehr kräftig, nicht nur gegen
die Tories, welche die Katastrophe herbeigeführt, sondern
auch gegen den König, und besonders gegen die, denen man
dessen Weigerung zuschreiben will, die Königin und den
Herzog von Cumberland, welche man noch dazu (freilich auf
unerwiesene Vermuthung hin) als unter auswärtigem Einflusse handelnd, darstellte. Die Beschlüsse erklärten das un-
veränderte Vertrauen in den Grafen Grey, und daß man
durchaus entweder dessen Reformbill, oder eine weit ausge-
dehntere haben wolle; auch beschloß man eine Adresse ans
Unterhaus zu senden, mit der Aufforderung keinem andern
Ministerium als dem Grey'schen Subsidien zu gewähren,
vielmehr die dem Staate unentbehrlichen Gelder besondern
Commissarien anzuvertrauen. Diesen Mittag versammelte
sich auch der Londoner Stadtrath; ich weiß noch nicht genau,
was derselbe beschlossen hat, wahrscheinlich etwas Aehnliches,
oder doch eine Empfehlung an die Vertreter der Stadt, keine
Subsidien zu bewilligen. Diesen Abend versammeln sich die
Bürger von Westminster, morgen die Bürgerschaft von London und mehreren anderen Stadtvierteln, Sonnabend die
Einwohner von Southwark und von Marylebone. Kurz,
alles ist in Bewegung, und wenn nicht inzwischen etwas Be-
ruhigendes geschieht, so wird wahrscheinlich allenthalben der
Beschluß gefaßt werden, keine Steuern zu entrichten, und

da in diefem Augenblicke noch wenig von den directen Ab
gaben des letzten Halbjahrs eingegangen ist, so könnten die
Folgen furchtbar werden."

Man hörte, der König habe den Lord Lyndhurst rufen
laffen und ihm die Wahl eines neuen Ministeriums aufge=
tragen. Dieß erbitterte von neuem, da Lyndhurst durch fei=
nen Antrag die Katastrophe herbeigeführt hatte. -

Fast alle englischen Zeitungen enthielten Briefe aus
allen Theilen des Landes, die mit den Worten beginnen:
Es ist unmöglich, die Aufregung zu schildern ꝛc. Am 9ten
war in Birmingham überall an den Fenstern angeschlagen:
Bekanntmachung: Hier werden keine Taren be=
zahlt, bis die Reformbill durchgegangen ist! An
andern Fenstern war noch hinzugefügt: Und nichts gekauft,
was die Einnehmer des Auspfändens halber wegnehmen.
Am 9 Uhr Abends verfammelten sich gleichfalls in Birming=
ham über 100,000 Menschen. Mehrere große Manufacturi=
sten, die bisher für Antireformer galten, schlossen ihre Werk=
stätten um 3 Uhr, damit ihre Arbeitsleute der Verfammlung
beiwohnen könnten, und benachrichtigten diese zugleich, daß
ihr Lohn doch wie gewöhnlich ausgezahlt werden solle. Viele
taufend Perfonen aus den umliegenden Städten waren gleich=
falls zugegen, auch kamen Deputirte von Worcester, Coven=
try, Wolverhampton, Walfhall, Warwick ꝛc. Der bekannte Att=
wood und mehrere andere Herren sprachen zur Verfammlung.
Der Ausschuß der politischen Union wurde für permanent er=
klärt, und zwei Mitglieder wurden nach London abgesendet, um
dem Gemeinderathe der City und der Stadt Westminster den
Entschluß von Warwickshire und Staffordshire kund zu thun, sie
in der gemeinsamen Sache zu unterstützen. Die Petition an

das Unterhaus enthielt folgende Stelle, die den Geist der
Versammlung hinreichend bezeichnet: die einzige Hoffnung
des Landes sey nun das Unterhaus, dieses halte noch die
bestehende Constitution des Landes zusammen, und die Bitt=
steller flehen dasselbe an, seine großen Pflichten männlich
und furchtlos zu erfüllen.   Die Bittsteller finden in der
„Bill der Rechte," daß das englische Volk „Waffen haben
solle zu seiner Vertheidigung."   In Liverpool und Boston
sind gleichfalls Versammlungen angesagt, die politischen Unio=
nen sind sehr thätig.   Die Freeholders der Stadt Bungay
haben an die zwei Parlamentsglieder für Suffolk eine Adresse
erlassen, worin sie von denselben begehren, daß sie durch
Verweigerung des Budgets und durch alle andern
constitutionellen Mittel sich jedem Ministerium widersetzen,
das nicht die vollständige Bill dem Lande anbiete. — Der
Gemeinderath von London versammelte sich am 10ten
und beschloß eine Petition an das Unterhaus, worin unter
Anderem dasselbe gebeten wird, kein Budget zu bewilligen.
„Es ist die Pflicht des Gemeinderaths, sagt Hr. Thornhill,
durch seine Maßregeln zu zeigen, daß der Geist einer Na=
tion nicht geschwächt, und ihr Arm nicht verkürzt wird durch
ein Votum des Oberhauses."   Man beschloß, um die Ueber=
gabe der Petition desto feierlicher zu machen, solle der ganze
Gemeinderath den Lordmayor und die Scheriffs nach dem
Unterhause begleiten.

„In einer Versammlung zu Westminster, wo Sir F.
Burdett den Vorsitz führte, und viele Parlamentsglieder sich
einfanden, wurden nachstehende Resolutionen gefaßt: 1) Tiefen
Unwillen darüber auszudrücken, daß die Minister des Königs
zum Rücktritte gezwungen worden; (2) zu erklären, daß die

Versammlung in die patriotischen Gesinnungen des Grafen
Grey und seiner Collegen fortwährend das festeste Vertrauen
setze; 3) daß eine Petition ans Unterhaus gesandt werde, mit
der Bitte, alle Geldbewilligungen auszusetzen, bis eine
Administration aus anerkannten Reformfreunden gebildet sey.
In der Petition kommt die merkwürdige Stelle vor: „Wir
können zwar mitleidig die verblendete Bethörung von Men=
schen betrachten, welche den Willen einer Nation durch das
Gaukelspiel einer nominellen Reform aufzuhalten wähnen;
aber wir sind tief von dem Gefühle der ernsten Gefahren
durchdrungen, worein das Land gestürzt wird, wenn solche
Menschen in den Rath Sr. Majestät kommen."

„In Manchester standen, als die Nachricht von dem
Rücktritt des Ministeriums anlangte, sogleich alle Geschäfte
still, und schon am 10ten ging Abends 6 Uhr eine Deputa=
tion mit einer Bittschrift ab, die in vier Stunden 25,000
Unterschriften erhalten hatte; hätte die Zeit es gestattet, so
wäre die Zahl der Unterschriften schnell auf 50,000 gestiegen.
In Salfort wurde ein Gastmahl, welches auf des Königs
Geburtstag angesetzt war, sogleich abgesagt. Ueberhaupt ist
zu bemerken, daß keine Petition an den König gerichtet wird,
und man denselben überhaupt so wenig nennt, wie möglich."

Am 10 Mai schlug Lord Ebrington unter unermeß=
lichem Beifall im Unterhause vor, „daß Sr. Majestät eine un=
thänige Adresse überreicht werde, vor Sr. Majestät das
tiefe Bedauern des Hauses unterthänig vorzustellen über die
in dem Rathe Sr. Majestät durch den Rücktritt von Mini=
stern, in welche dieses Haus fortwährend ein ungeschwächtes
Vertrauen setzt, stattgefundene Veränderung; daß dieß Haus
in Uebereinstimmung mit der in der gnädigen Rede Sr. Ma=

jestät enthaltenen Empfehlung, eine Bill zur Reformirung
der Vertretung des Volks an das Haus der Lords gesendet
hat, wodurch seiner Ueberzeugung nach die Prärogative der
Krone, die Autorität beider Häuser des Parlaments und
die Rechte und Freiheiten des Volks würden gesichert werden;
daß dieß Haus sich verpflichtet fühlt, Sr. Majestät zu be=
merken, daß deren Unterthanen mit dem lebhaftesten Antheile
den Fortgang dieser Maßregel betrachten, und daß das Haus
Sr. Majestät die Befürchtung nicht verhehlen kann, daß ein
glücklicher Versuch, die Bill zu verstümmeln und deren Wirk=
samkeit zu vermindern, das größte Bedauern erregen würde;
daß dieß Haus demnach, bewogen durch die wärmste An=
hänglichkeit an die Person Sr. Majestät, dieselbe unterthänig,
aber dringend anfleht, in Ihren Rath nur solche Personen
zu berufen, welche die Bill zur Reform der Vertretung des
Volkes, die kürzlich in diesem Hause durchging, in allen
ihren wesentlichen Bestimmungen unversehrt durchzuführen
beabsichtigten.“

Selbst die alten Gegner Grey's, z. B. O'Connell
stimmten von Herzen für ihn. Am weitesten ging Hume,
indem er verlangte, das Unterhaus solle gleich dem französi=
schen Convent während der Revolution alle Gewalt allein an
sich nehmen: „Man sollte Se. Majestät auffordern, in der
Reformangelegenheit weiter zu gehen, als bis jetzt geschehen
ist, und wenn Se. Majestät den Rath nicht annehmen, und
zum Besten des Volks keine Pairs ernennen will, so hat das
Unterhaus die Macht, ihn zu zwingen, in seiner Hand.
(Beifall.) Aus Vorsorge für das Interesse unserer Consti=
tuenten und zum Schutze der Interessen des Throns selbst,
sind wir verpflichtet Sr. Majestät zu rathen, die entlassenen

Minister wieder in seinen Rath zu berufen, denn niemand als sie kann consequenterweise die jetzige Reformbill in ein Gesetz umwandeln lassen. — Ich sage, wenn Minister gegen den erklärten Wunsch der Vertreter des Volks ernannt werden, dann muß das Hans parlamentarische Commissarien ernennen, und ihnen die öffentlichen Gelder übertragen. (Wiederholter Beifall.) In so kritischen Zeiten, wie die jetzigen, dürfen weder Krone noch Oberhaus sich in unsere Rechte mischen."

Macauley erklärte sich gegen die Kriegslist der Tories und vereitelte ihren alten Plan, dem Volk zum Scheine eine Reformbill hinzuwerfen, durch die Sprache der Wahrheit: „Daß Leute, welche im Herbste 1830 lieber vom Amte abtreten, als irgend eine Reform=Maßregel vorbringen wollten, welche sich der Reformbill in allen ihren Stadien widersetzten, welche die Entziehung des Wahlrechts für eine offene Räuberei, die Ertheilung desselben als den Weg zur Pöbelherrschaft erklärten, daß Leute, welche den Reichen vom allgemeinen Stimmrechte, den Armen von der Aristokratie der Zehnpfundwähler sprachen, es ist unmöglich, sage ich, daß diese ins Ministerium treten können, um eine Reformbill durchzusetzen. Die Erklärungen der Parteien sind zu neu, die Inconsequenz wäre zu schreiend, der Zweck läge gar zu offen da."

Die Reformer nahmen ihre eben so energischen als gesetzlichen Maßregeln, mit Vermeidung aller unconstitutionellen Gewaltthat. Der Courier schrieb: „Eine zahlreiche Versammlung von Unterhaus = Mitgliedern fand bei Brookes statt, um über das in der jetzigen Krisis zu befolgende Benehmen sich zu berathen. Es kam zu keinem bestimmten Beschlusse,

man sprach aber viel von einer beabsichtigten Motion Herrn
Hume's, alle Geldverwilligungen mit Einem Male zu ver=
weigern; die Meinung schien jedoch vorzuherrschen, daß eine
solche Maßregel unter den dermaligen Umständen zu voreilig,
ja zu gewaltsam sey, und man klüger thun würde, die Bil=
dung der neuen Verwaltung abzuwarten. Auch Lord Althorp,
welcher erklärte, nicht mehr als Minister, sondern nur als
Parlamentsglied zu sprechen, rieth von jedem heftigen Schritte
von Seite des Unterhauses ab. Herr Hume und alle übrigen
kamen indeß überein, dem Herzoge von Wellington, auf den
sie kein Vertrauen setzten, auch durchaus keine Fonds zu be=
willigen."

Nach dem Toryblatt Standard „wurden der König und
die Königin, als sie am 12ten nach der Stadt kamen, zu
Brentfort mit Geschrei und Zischen empfangen. Auch soll
Koth nach dem Wagen geworfen worden seyn. Dieselbe
Stimmung zeigte sich längs dem Wege nach London; als der
Wagen in den Park einfuhr, war das Geschrei und Zischen
fürchterlich, aber die Thore des Palaceyard wurden geschlos=
sen, sobald der Wagen durch war. Die Polizei mußte endlich
dem Pöbel zerstreuen." Der Observer erzählt dasselbe, fügt
aber noch hinzu: „Se. Majestät habe sich im Wagen zurück=
gelehnt, die Königin aber sey vorwärts gesessen, und es habe
geschienen, als bekümmere sie sich um das Geschrei und Ge=
zisch des Volks nicht im mindesten. Der Herzog von Wel=
lington war eine Viertelstunde früher in voller Uniform bei
dem Palaste angelangt, und mit allen möglichen Zeichen der
Mißbilligung von Seite des Volks empfangen worden. Glei=
ches widerfuhr dem Grafen von Munster und dem Lord Fre=
deric Fitzclarence."

„In allen Theilen des Landes dauerten die Versammlun=
gen der nun fast überall organisirten Reformvereine, politischen
Unionen ꝛc. fort. Die wichtigste dieser Unionen, die von
Birmingham, hatte mit allen ähnlichen Vereinen der drei
Königreiche Correspondenzen eröffnet; der Ausschuß war Tag
und Nacht versammelt, und Vorbereitungen wurden getroffen
zu einer allgemeinen Versammlung von Delegirten sämmtlicher
Unionen des Landes. In allen Versammlungen zeigte sich
der Wechsel, der in der öffentlichen Meinung in Betreff des
Königs eingetreten war. In Birmingham war früher als
Kennzeichen der Union eine Medaille vorgeschlagen worden,
mit der Inschrift: „Gott segne den König!" Jetzt aber rief
alles: „Weg mit der Medaille!" Im Theater von Manche=
ster wollte eine Partei fremder Alpensänger zum Schlusse
das gewöhnliche Nationallied anstimmen; aber so wie das
Lied anfing, erhob sich ein allgemeines, heftiges Geschrei von
allen Seiten des Hauses: „Kein God save the King!"
Kaum zwei oder drei Stimmen wagten, auf dem sonst so
populären Liede zu bestehen; sie wurden ausgezischt und hin=
ausgeworfen; dann ward mitten im Aufruhre ein anderes
Lied gefordert, und sogleich willfahrten die fremden Sänger,
die von diesen, ihnen neuen, Scenen ganz verblüfft waren."

Die Birminghamer Adresse wurde vom König zurückge=
wiesen. Inzwischen stieg im ganzen Lande die Aufregung
immer höher. In den Versammlungen offenbarte sich die bit=
terste Stimmung der Gemüther. „Zwar mahnten fast alle
Sprecher, nur friedliche Mittel zu gebrauchen, freilich
das Wort friedlich in einem etwas weiten Sinne genom=
men, so daß es vor allem die Abgabenverweigerung in sich

schließt; doch wurden auch manche Stimmen laut, die den
Herzog von Wellington an das Wort der Schrift mahnten,
daß wer mit dem Schwerte schlage, wieder geschlagen werde
mit dem Schwerte. Ueberall war die bloße Erwähnung
des Namens Wellington das Signal zu jenem furchtbaren
Schreien, Zischen und Toben, von dem nur der sich einen
Begriff machen kann, der einmal einen solchen tausendstim=
migen Chorus eines englischen Volks = und Pöbelhaufens
hörte. Bei einer dieser Versammlungen in Leicestersquare
(London), bei welcher gegen 16,000 Personen anwesend waren,
sagte ein Herr Buller, der den Vorsitzstuhl einnahm: „der
Herzog von Wellington ist der einzige Mann im Lande, der
sagt, daß keine Reform, sondern nur eine starke Regierung
nöthig sey, um das Volk niederzuhalten." Da rief's als
Antwort: „Hängt ihn! hängt ihn!" „Dieß ist die Bahn,
fuhr der Redner fort, die Karl X vom Throne trieb, um an
unsern Küsten eine Stätte der Zuflucht zu suchen. Wollte
Gott, daß der unglückliche Gentleman, der diesen Morgen
von Windsor kam, einen kleinen Abstecher nach dem Norden
machte, wo er von Karl X gewiß bessern Rath erhielte als
von den Speichelleckern des Hofes. (Großer Jubel.) Auch
sollte die unglückliche Frau, die ihrem Mann so zugesprochen
haben soll, auf das Beispiel der Königin eines andern Karls
blicken, die arm und elend aus dem Lande getrieben wurde, über
das ihr Mann einst geherrscht hatte. (Schickt sie nach Hannover!
nach Hannover!) Ich möchte dem Herzoge von Wellington sagen,
daß wir die Macht in Händen haben, weil wir unsere Re=
präsentanten instruiren können, die Verwilligungen zu ver=
weigern; säße ich im Unterhause, bei Gott, ich gebe dem
Könige nicht mehr als 10,000 Pfund jährlich. (Unendlicher

Beifall.) Das erste Volk der Welt, die Republicaner von
America., zahlen ihrem Präsidenten nur 5,000 Pfund des
Jahrs. Indessen bitte ich das Volk, sich nicht zu compromit=
tiren, indem es diesem oder jenen Torylord vom Pferde wirft,
oder ihm ein paar Fensterscheiben zerbricht. Ich will euch
sagen, was wir thun müssen, um den Engländern ins Herz
zu greifen. Heute kam ein Torylord zu seinem Kaufmanne,
und ließ durch diesen sein Guthaben aus seines Bankiers
Casse ziehen, was klar beweist, daß dieser Torylord kein
großes Vertrauen in die gegenwärtige Ordnung der Dinge
hat. Gehet hin und thut deßgleichen, denn wenn wir einig
sind, siegen wir, das schwöre ich euch bei der lebendigen Ma=
jestät des Volks." Diese Sprache gibt eine lebhafte Probe
der Reden, die von einem Ende des Königreichs bis zum an=
dern widerhallten. Wie gut das Volk seinen Shakspeare
kennt, bewies ein Zug bei einer dieser Reform=Versammlungen
in Southwark. Einer der Sprecher sagte: „Ihr habt alle
von der alten Prophezeyung gehört, daß Richard III seine
Krone verlieren soll, wenn der Birnamwald nach Dun=
sinan käme." Da lachten die Umstehenden laut und riefen:
„Das war ja Macbeth! Macbeth!" „Richtig, ihr habt
Recht (entgegnete der Redner); indessen ist dieß für das, was
ich eigentlich sagen will, gleichgültig; ich will nur sagen, daß,
wenn das Haus der Lords sich nicht warnen läßt, so kommt
Wapping nach Whitehall. (Gelächter und Beifall.) Läßt man
sich nicht warnen, so wird der Birminghamer Stahl sehen, ob
er nicht stärker ist als das Westminster Gold. Daß Weiber
Einfluß erhielten im Rathe des Staats, hat, das lesen wir
in allen Geschichtbüchern, nie etwas getaugt. Ihr wißt alle
was dabei herauskam, als Ahab sich berathen ließ von sei=

nem Weibe Jesabel" . . . „Seit achtzehn Monaten (sagte ein Anderer) haben wir die Luft erfüllt mit Vivatrufen für den patriotischen König, und jetzt sind wir doch die Betrogenen. Das ging uns noch immer so mit allen vom Hause Braunschweig." Der Unwille gegen die Königin ist so groß, daß selbst bei der neulichen Mahlzeit der Gesellschaft zur Unterstützung verarmter Schriftsteller viele sonst sehr gemäßigte Männer bei der Ausbringung ihrer Gesundheit die Gläser umkehrten. Ja, gemeinere Leute und Zeitungen, welche für diese geschrieben werden, wenden diesen Haß gegen alles Deutsche, selbst gegen die deutsche Oper, welche eben hier eingeführt worden ist, und bei allen Liebhabern ächter Tonkunst den größten Beifall findet."

Aus allen Gegenden, besonders den Fabrikstädten, kamen immer dieselben Nachrichten: Gährung ohne Gewaltthätigkeit, Versammlungen mit Bittschriften ans Unterhaus keine Subsidien zu bewilligen, und gewöhnlich auch Beschlüsse, keine Steuer in Geld zu bezahlen, bis die Reformbill zum Gesetze geworden. Auch aus Schottland erfuhr man das Nämliche: „Die große Versammlung in Edimburgh stand unter dem Einflusse der achtungswürdigsten und vorsichtigsten Reformer, deren diese Stadt sich rühmt, und ging deßhalb in einer Art vor sich, die dem öffentlichen Mißvergnügen eine constitutionelle Richtung gab; aber zu Perth zeigten sich Gesinnungen, und Drohungen wurden laut, die kein Freund der guten Ordnung und der bestehenden Institutionen des Landes ohne große Besorgniß betrachten kann. Noch ein wenig mehr von diesem Unwillen erregenden Aufschube, der die Nation beinahe schon in Wuth gebracht hat, dann kann ein gewisser vornehmer Toryführer erkennen, wie sehr er sich täuschte, als er auf die Bemerkung, das Volk sey fast des Wartens müde, erwiderte: „Gut, un: so besser, wenn es ermüdet ist, muß es sich niederlegen."

Die schrecklichsten Drohungen des empörten Volks sammelte der Marquis von Londonberry und las sie vierzehn Tage später im Oberhause öffentlich vor. Sie lauteten: „Die Reformbill zählt unter ihren Gegnern im Oberhause nur alte Wüstlinge." — „Der König hat durch die Weigerung seine Prärogative auszuüben, zugleich seine Verachtung für die Wünsche des Volks und seinen Wunsch gezeigt, die Gewalt wieder den Händen der Aristokratie anzuvertrauen." — „Se. Majestät wird von treulosen Rathgebern getäuscht." — „England ist, wie Frankreich es war, von Auflagen erdrückt, und seufzt unter dem Drucke der Würdeträger der Kirche." — „England wird von einem charakterlosen Könige regiert, der sich von einer fremden Frau beherrschen läßt." Endlich ging ein Redner so weit, auszurufen, daß würdigere Häupter, als das der Königin Adelaide auf dem Schaffotte gefallen seyen.

Der Spectator meldete ferner: „Bei der letzten Versammlung von Glasgow waren 300 Fahnen beisammen; einige trugen schreckbare (awful) Insignien. Von einem aufgerichteten Pfahle hing ein Bündel Schwerter herab; eine Krone war mit Stroh ausgestopft und hatte die Ueberschrift „Jesabel;" andere waren komischer Art; z. B. eine Frau in der Hand ein paar Unaussprechliche (inexpressibles, so nennt die englische Jungfräulichkeit ein Paar Hosen) mit dem Motto: So ein Weib wie Wilhelm hat (Sic a wife as Willy had) die Zahl der Versammelten betrug 120,000 Menschen. 7000 Irländer standen in einer dichten Schaar beisammen."

„Am 14 Mai legte im Parlament der Alderman Wood eine Petition von Seite der Wahlbürger von London zu Gunsten der Reform vor. Es thut mir leid, sagte er, daß Herr Baring nicht hier ist, denn ich denke nicht, daß er auch diese Petition für ertravagant erklären wird. Die unterzeichneten Bittsteller sind freilich nicht so reich, wie das ehrenwerthe Mitglied für Thetfort, doch besitzen manche derselben 100,000 bis 1 Mill. Pfund Sterling. Sie verlangen, daß man keine Anflagen mehr bewillige, und was mich betrifft, so erkläre ich, daß ich gegen alle Auflagen stimmen werde, so lange die Reform nicht zugestanden ist.“

An demselben Tage erklärte Lord Carnarvon im Namen des Herzogs von Wellington, daß das künftige Tory-Ministerium für die Reformbill seyn werde, und bestätigte somit, was man längst wußte, daß die Tories zwar rücksichtlich der Bill der Gewalt nachgeben wollten, aber nur um den Preis, dafür ins Ministerium zu kommen. Da sich aber Wellington früher allzu feindselig gegen die Bill ausgesprochen hatte, so lag sein böser Wille und das Spiel, welches die Tories mit dem Volke spielten, klar am Tage. Lord Ebrington rief aus: „Ich möchte wissen, ob es wahr ist, wie man allgemein sagt, daß der Herzog von Wellington ein Portefeuille angenommen habe, unter der Bedingung, eine Reformbill vorzulegen, deren Hauptclauseln von Lord Ellenborough entworfen seyen. Wird dieser Staatsmann uns mit der einen Hand die Bill, mit der andern seine Protestationen vorlegen? Welches Zutrauen könnte alsdann sein Ministerium einflößen? Wenn es noch eine Achtung für die öffentliche Moral und Meinung gibt, wie können Leute, welche die Bill in allen Stadien für räuberisch erklärten, auf die Stimme eines Menschen, wie hoch er auch gestellt seyn möge, die Grundsätze und die Sprache ihres ganzen Lebens verläugnen, nun sich zu Verfechtern der Reform erklären? Duncombe: Reform von dem Herzoge, von dem Herzog von Wellington! Reform von den Tories! von diesen ehrenwerthen und sehr ehrenwerthen Apostaten! Was aus einer so befleckten Quelle kommt, muß verdorben seyn, und wir dürfen den Tories nie mehr mißtrauen, als wenn sie liberal zu seyn affectiren. Wenn das Ministerium gebildet ist, was will es mit diesem Hause anfangen? Will es das Parlament auf-lösen, das der König berief, um die Gesinnungen des Volks auszusprechen? Es kann sich darauf verlassen, daß es seine Lage nicht verbessern, daß es unfehlbar Niederlagen, Schande und Entehrung einernten würde. Es ist umsonst, daß man die Bittschriften der politischen Unionen verwirft, das Volk wird und muß gehört werden. Ihr mögt, so viel euch beliebt, von der Unterdrückung der politischen Unionen sprechen. Ich möchte den Versuch sehen, ob politische Unionen unterdrückt werden können. Nur die Gewährung der Reform ist dieß zu thun im Stande. Ehe ich mich niedersetze, erkläre ich noch, daß ich mich mit allen Mitteln, welche die Formen des Hauses gestatten, dem neuen Ministerium widersetzen, und auch au-ßerhalb alles thun werde, um ihm Schwierigkeiten in den Weg zu legen, bis die Urheber dieser niederträchtigen Belei-digung aller Gefühle der Nation von ihrer hohen Stellung herabgestürzt sind, unter den Flüchen eines verhöhnten Volks und den Verwünschungen eines erzürnten Parlaments. Wenn hochstehende Staatsmänner so schimpflich sich beneh-men, so ziemt es sich für die Vertreter des Volks, ihren Constituenten zu zeigen, daß der Flecken nicht auf ihnen

haf=

LORD HOLLAND.

haftet, daß noch jemand da ist, auf den man bauen kann,
daß nicht alle bereit sind, ihre Grundsätze gegen Stellen ein=
zutauschen. Wenn andere Ehrlosigkeit und Stellen
wollen, so soll wenigstens das Unterhaus sich an die Ehre
und an Reform halten.“ Lord Russell frug: „Warum hat
sich denn das ehrenwerthe Mitglied nicht vor einer Woche wie
jetzt ausgesprochen und die Bill unterstützt? Lassen sich seine
Ansichten allenfalls so ausdrücken: „wir haben nichts gegen
eure Bill, gebt uns nur eure Stellen, dann wollen wir eure
Bill durchführen?“ (Rauschender Beifall.) Sir Francis
Burdett sagte von den Tories überhaupt: „Was man auch
sagen mag von der factiösen Bande im Oberhause, sie sind,
wenn nicht factiös, doch die kurzsichtigsten Menschen, daß sie
die Ruhe ihres Landes und alles, was ihnen theuer seyn
sollte, wagen, um ihre besondern Privilegien zu behalten,
die der Wohlfahrt des Volkes entgegenstehen.“

Ebenfalls am 14 Mai erklärte die Union von Birming=
ham den Herzog für einen allgemeinen Feind der Freiheit:
„Es flöße Schrecken und Unruhe ein, daß er jede Willkür=
gewalt auf dem europäischen Continente unterstütze, so daß
die Nation durch ihn nothwendig in ungerechte und verderb=
liche Kriege gegen die Freiheiten Europa's verwickelt würde,
daher die Union erkläre, alle ihr zu Gebote stehenden gesetz=
lichen Mittel anzuwenden, um Se. Majestät zu veranlassen,
die Faction, an deren Spitze der Herzog stehe, aus ihrem
Rathe fern zu halten.“ Ueber diese Volksstimme sprach der
Globe: „Der Herzog von Wellington verdankt seinen glän=
zendsten Sieg und seine schmählichste Niederlage einer und
derselben Ursache — dem unbezwungenen Sinne seiner Lands=
leute. John Bull focht mit ihm bei Waterloo und gegen

ihn in der Reformschlacht. Seine Gnaden haben nun den
Unterschied zwischen einem Kampfe für und mit der Nation,
und gegen dieselbe kennen gelernt. In dem einen erwarb er
sich unsterblichen Ruhm, in dem andern ewige Schmach."

Am 15ten wurde der Herzog vom Pöbel insultirt, der
ein so gellendes Geschrei erhob, daß seine Pferde scheu wur=
den und eines derselben stürzte. Darüber wurde gesagt: „Daß
der Pöbel nicht mehr Zartgefühl zeigt, ist gerade die Schuld
jener Partei, an deren Spitze Lord Wellington sich gestellt
hat. Diese hat von jeher die Erziehung der niedern Classen
in England auf das schamloseste und muthwilligste vernach=
lässigt; sie erntet jetzt den Lohn, wenn ihr der Pöbel alle
Achtung verweigert."

Um den Haß gegen den Herzog noch mehr zu entflammen,
machte man alle seine Titel bekannt: „Der erlauchteste
und edelste Fürst Arthur, Herzog, Marquis und Graf von
Wellington, Marquis von Douro, Viscount Wellington
von Talavera und von Wellington, und Baron Douro von
Wellesley, Mitglied des höchst ehrenwerthen Geheimenraths
Sr. Majestät, Feldmarschall Ihrer Armeen, Obrist des kö=
niglichen Regiments der Fußgarden, Constabel des Towers
von London, Lord=Aufseher der fünf Häfen, Ritter des höchst
edeln Hosenbandordens, Ritter Großkreuz des höchst ehren=
werthen Bathordens, Fürst von Waterloo, Herzog von Ciu=
dad=Rodrigo, spanischer Grande erster Classe, Herzog von
Vittoria, Marquis von Torres=Vedras, Graf von Vimeira
in Portugal, Ritter des erlauchtesten Ordens vom goldenen
Vließe, des spanischen Militärordens vom St. Ferdinand,
Ritter, Großkreuz des kaiserlich militärischen Maria=The=
resia=Ordens, Ritter, Großkreuz des kaiserlichen St. Geor=

gen-Ordens von Rußland, Ritter, Großkreuz des preußischen schwarzen Adler-Ordens, Ritter, Großkreuz des portugiesischen königlichen und militärischen Thurm- und Schwert-Ordens, Ritter, Großkreuz des königlichen und militärischen Schwert-Ordens von Schweden, Ritter, Großkreuz des Elephanten-Ordens von Dänemark, des niederländischen Wilhelms-Ordens, des Annunciada Ordens von Sardinien, des Maximilian-Joseph-Ordens von Bayern, so wie mehrerer anderer, und jetzt Premier-Minister von England. (NB. Dieser Artikel steht im Courier vom 13 Mai.) Zu allem dem können wir hinzufügen, daß er Obercommandant der alliirten Armeen in Paris war, als der tapfere Ney erschossen wurde. — Nachstehendes sind einige von den Emolumenten des Herzogs:

Pension . . . . . . 4,000 Pfund.
Als Oberst des ersten Garderegiments . 2,695 —
Als Constabel des Towers . . . 950 —
Zinsen von den ihm durch das Parlament
    votirten Geldern . . . . 35,000 —
                        42,645 Pfund.

Er hat noch mehrere andere Stellen, deren Einkünfte unter den obigen nicht begriffen sind. Es ist wahrscheinlich, daß eine Generation der Familie Wellesley dem Staate zwei Millionen Pfund kostet.‟

Dieser mächtige Sterbliche war jetzt in einer bedenklichen Lage. Der König hätte ihn gern an die Spitze der Geschäfte gestellt, und trug ihm wirklich die Zusammensetzung eines neuen Ministeriums auf, allein er wagte nicht von dieser Ehre Gebrauch zu machen, denn die Nachricht, Wellington

fey Minister geworden, würde unfehlbar das Signal zur blu=
tigſten Revolution geweſen ſeyn. Man zauderte bei Hof.
Die Tories, die fremden Botſchafter eilten ab und zu.
Man kam mit nichts zu Stande.

Schon am 14 hatte Sir Francis Burdett folgenden
guten Rath gegeben: „Es frägt ſich nun, was iſt zu thun?
Meiner Anſicht nach muß die Regierung wieder in die Hände
der abgetretenen Miniſter übergehen, und die Reformbill
durchgeſetzt werden, deren Aufſchub oder Verweigerung die
Urſache aller Schwierigkeit iſt. Ich habe Vertrauen auf die
Mäßigung und Weisheit des Volks, allein die Gemüther
ſind dermaßen erhitzt, daß ſie ſich nur durch vernünftige Con=
ceſſionen werden beſchwichtigen laſſen. Mir ſcheint, es würde
ſich für den Herzog von Wellington weit mehr ziemen, wenn
er, ſtatt ſelbſt ein Cabinet zuſammenzuſetzen, dieſelbe Re=
formbill durchzuführen, und dann, wie man ſagt, ſogleich
zu reſigniren, ſeinen Einfluß im Oberhauſe darauf verwen=
dete, die Bill unter dem Einfluſſe der Miniſter, die ſie zu=
erſt vorſchlugen, durchzuführen. Dann würde er die Freude
haben, zu ſehen, daß die Conſtitution wieder ein Gegenſtand
der Verehrung für das Volk würde, und der Monarch die
Liebe ſeiner Unterthanen wieder gewänne.“

Dieſer gute Rath war wirklich der einzig heilſame, den
der Hof endlich auch annahm. Am 17 Mai erklärte der Her=
zog von Wellington im Oberhauſe: „Die letzten Discuſſionen
im Unterhauſe hätten gezeigt, wie unmöglich es ſey, einer
Regierung, die nach den von ihm entwickelten Anſichten ge=
bildet wäre, das Vertrauen des Landes zu ſichern, daher habe
er den König in Kenntniß geſetzt, daß er den ihm gnä=
digſt ertheilten Auftrag (ein Miniſterium zu

bilden) nicht erfüllen könne, und der König da=
gegen habe ihm eröffnet, er werde die Communicatio=
nen mit seinem frühern Ministerium wieder er=
neuern."

Hierauf erklärte der König am 18, daß Grey auf sei=
nem Posten bleibe. Diese Erklärung erweckte unge=
heuern Jubel im ganzen Lande, mit dessen Beschreibung ich
mich hier nicht aufhalten will. Es handelte sich jetzt nur
noch darum, ob das Oberhaus die Reformbill ohne einen
Pairsschub annehmen werde, und um diesen letztern zu
vermeiden, um ihre geschlossenen Reihen nicht von Whigs
durchbrechen und das Oberhaus mit ihren Feinden anfüllen
zu lassen, erklärten sich die Tories sogleich bereit, die Re=
formbill anzunehmen, wenn nur keine neuen
Pairs gemacht würden.

Um wenigstens die Ehre zu retten, sagte man, der Kö=
nig allein wolle es, habe es den Tories wider ihren Willen
zur Pflicht gemacht. Es wurde absichtlich ein Brief des Hrn.
Taylor, Privatsecretairs des Königs verbreitet, des Inhalts:
„Mein werther Lord! Ich bin von Seiner Majestät mit dem
Auftrage beehrt, Eure Herrlichkeit zu benachrichtigen, daß
alle Schwierigkeiten bei den beabsichtigten Arrangements heute
Abend werden gehoben werden, durch die Erklärung einer
hinreichenden Anzahl von Pairs, daß sie in Folge des jetzi=
gen Standes der Angelegenheiten zu dem Entschlusse gekom=
men sind, alle weitere Opposition gegen die Reformbill fallen
zu lassen, damit sie ohne Verzug, und, so weit dieß möglich
ist, in ihrer jetzigen Gestalt durchgehe. Ich habe die Ehre ꝛc.
Sir H. Taylor." Inzwischen mußte den Tories selbst mehr
als dem Könige daran liegen, sich durch diese Concession aus

der Schlinge zu ziehen, ohne ihre Macht im Oberhause mit
läftigen Collegen aus den Reihen der Whigs theilen zu dürfen.
Die Reformbill ging nunmehr wie im Galopp durchs
Oberhaus. „Die Tories,“ lautete ein Brief aus London in der
Allgemeinen Zeitung, „haben die Waffen geftreckt, mit Aus=
nahme eines kleinen Häufleins, das mit dem laughaarigen
Lord Ellenborough an der Spize es für Pflicht hält, fortzu=
kämpfen, obgleich fie keine Hoffnung haben, in der Bill et=
was verändert zu fehen, als was die Minifter felbft groß=
müthig genug feyn dürften, aus freiem Willen zuzugeftehen.
Schon daß der Herzog von Wellington am Montag nicht
erfchien, zeigte, daß die Partei den wahren Stand der Dinge
endlich erkannt, und fich entfchloffen hat, durch künftige
Mäßigung den Whigs allen Grund zur Creirung neuer Pairs
zu entziehen. So ließ man alle Städte, welche für Reprä=
fentanten vorgefchlagen wurden, faft unangefochten durch,
bis man an die erfte Abtheilung der Hauptftadt kam. Mit
diefer fing man am Dienftag an; man erwartete Oppofition
dagegen, aber glaubte kaum, daß man es würde zur Abftim=
mung kommen laffen; doch gefchah es, und es ftimmten 91
für, 36, fage fechs und dreißig, gegen diefe fo oft be=
ftrittene Claufel. So befanden fich denn die Minifter, welche
fünfzehn Tage früher durch eine Mehrheit von 35 gezwungen
worden waren, abzudanken, jetzt fiegreich in einer Mehrheit
von 55 bei einem der Hauptpunkte der Bill! Auch hat diefe
feitdem die fchnellften Fortfchritte gemacht, fo daß man ge=
ftern Nacht fchon mit der 24ften Claufel zu Ende kam; in
zwei Abftimmungen, welche feit Dienftag ftattgefunden,
hatte die Oppofition nur noch 15 und 23 Stimmen ins
Feld gebracht, während ihre Zahl vor 14 Tagen noch 288

betrug. Die Nation steht im eigentlichsten Sinne mit der
Hand am Schwert. Man lese nur die Berichte von den Ver=
sammlungen, welche seit der ersten Nachricht von der Rück=
kehr des Grafen Grey stattgefunden, von den Freudenbezeu=
gungen an vielen Orten, der eifrig fortgesetzten Organisation
der Vereine, von der Beschickung der Londoner Stadtgemein=
de, von dem Birminghamer politischen Vereine, der Ueber=
reichung des hiesigen Bürgerrechts an Herrn Attwood, dem
Essen, welches der Lordmayor demselben und den andern Ab=
geordneten von Birmingham, Manchester, des Londoner Ver=
eins u. s. w. gab, der Kälte, womit man die Gesundheit des
Königs und der Königin, und der Begeisterung womit man
die des Herzogs von Sussex trank (der sich zur Volkspar=
tei geschlagen hatte), und man wird sich überzeugen, daß die
Tories nichts Klügeres thun können, als geschehen zu lassen,
was zu verhindern nicht mehr in ihrer Macht steht.''

Am 4 Junius nahm das Oberhaus die Reform=
bill mit 106 gegen 22 Stimmen an, unter donnern=
dem Beifallgeschrei des Volkes, das man im Hause deutlich ver=
nahm. Am 7 gab der König der Bill seine Sanction.

Das englische Volk war nun auf Einmal wieder beruhigt,
und nur wenige Excesse waren als die Nachwehen der allge=
meinen Aufregung zu betrachten. Am 18 Junius, dem Jah=
restage der Schlacht bei Waterloo, wurde der Held dieses Ta=
ges, der Herzog von Wellington, vom Londoner Pöbel aus=
gezischt und mit Koth geworfen. Am 19 befand sich der Kö=
nig auf dem Pferderennen zu Ascot, als ein Kerl in Lum=
pen und mit einem Stelzfuß ihm einen Stein an die Stirn
warf, der ihn zum Glück nicht verletzte, da der Hut die
Stärke des Wurfs gebrochen hatte. Der Thäter war Den=

nis Collins, ein irländischer Matrose, der als Pensionair im Matrosenhospital zu Greenwich wegen eines Vergehens fortgejagt worden war, auf seine Bittschrift an die Admiralität eine abschlägige Antwort erhalten hatte, und nun, aus Hunger in Verzweiflung gerathen, sich am König rächen wollte. Seiner That lag keinerlei politische Absicht zu Grunde; Parlament und Volk versäumten aber diese Gelegenheit nicht, dem Könige laute Beweise ihrer, seit der glücklichen Entscheidung der Reformfrage wiederkehrenden Liebe zu geben.

3.
Angelegenheiten Irlands und Grey's Continentalpolitik.

Der traurige Zustand Irlands nahm fortwährend die Aufmerksamkeit des Parlaments in Anspruch; allein es geschah noch immer nicht genug für dieses Land, theils weil Regierung und Parlament mit andern wichtigen Dingen beschäftigt waren, theils weil der englische und protestantische Stolz zu sehr gewöhnt war, die Irländer stiefväterlich zu behandeln, theils weil sogar die Gemäßigten fürchteten, durch zu große Nachgiebigkeit gegen O'Connell, Shiel ꝛc. die ohnehin schon aufgeregten Irländer nur noch trotziger zu machen. Stets behaupteten die irischen Freunde, durch erweiterte Emancipation werde Irland beruhigt, seine Verbindung mit England befestigt werden; und stets behaupteten die Engländer, eben dadurch würden die Irländer nur übermüthig werden und die Trennung um so gewisser erfolgen.

Die katholischen Irländer verlangten einstimmig die Ab=

schaffung der an die protestantische Geistlich=
keit zu leistenden Zehnten. Als die katholischen Ir=
länder durch die protestantischen Engländer unterjocht wur=
den, mußten sie, troß dem, daß sie katholisch blieben, eine voll=
ständige protestantische Geistlichkeit unter sich aufnehmen und
ihr den Zehnten geben bis auf den heutigen Tag. Daß sich
das ohnehin arme Volk endlich einmal weigerte, die ihr
fremde und verhaßte Geistlichkeit länger mit seinem Schweiß
zu mästen, war natürlich, und sobald der Widerstand ein=
mal angefangen hatte, wurde er allgemein.

Zweitens verlangte wenigstens ein Theil der Irländer,
und darunter sogar Protestanten, die Aufhebung der
Union zwischen England und Irland, dergestalt,
daß zwar die Kronen auf Einem Haupt vereinigt bleiben,
Irland aber ein eigenes Parlament haben sollte. Dieß war
der große Plan O'Connells.

Am 12 Januar versuchte Stanley einen Mittelweg
einzuschlagen, indem er eine irische Reformbill an
das Unterhaus brachte, worin er auf eine sehr mäßige Er=
weiterung und zweckmäßigere Einrichtung der irischen Reprä=
sentation drang. Er sagte: „Es ist nicht nöthig, in Irland
so weit als in England zu gehen, weil sich dort kein Gatton
oder Old Sarum befinden, die schon bei der Union des Wahl=
rechts beraubt wurden, als man die Zahl der Repräsentanten
von 500 auf 100 verminderte; von diesen hundert werden
64 von den 32 Grafschaften, 4 von den beiden größten Städ=
ten, einer von der Universität, und 31 von verschiedenen
Flecken und Städten gewählt. Aber den fehlerhaften Wahl=
körper ließ man bestehen, so daß oft von 50,000 Menschen
nur 10 oder 12 Wähler sind. Hier muß eine Aenderung ge=

troffen werden, wie dieß in der englischen Reformbill geschehen ist. Ehe ich jedoch weiter auf diese Einzelnheiten eingehe, muß ich eines Punkts erwähnen, worüber ich mit Vielen nicht einerlei Meinung bin, nämlich der Vermehrung der irischen Repräsentantenzahl, welche nicht mehr als fünf Mitglieder betragen soll."

Die Sache wurde hinausgeschoben. Die irischen Freunde widersprachen heftig. O'Connell verlangte eine weit größere Ausdehnung des Wahlrechts, indem er behauptete, der Geldwerth sey in den beiden Ländern nicht gleich, und 5 Pfund in Irland gerade so viel als 10 Pfund in England, so daß durch die Anlegung desselben Maßstabes in beiden Ländern die Anzahl der Wähler dort verhältnißmäßig weit geringer werden würde, als in England und Schottland. Ja, er wollte sogar den Vierzig-Schilling-Freisassen, denen man bei der Emancipation, zur Beruhigung der Protestanten, das Wahlrecht entzog, dasselbe zurückgegeben haben. Aber die irischen Freunde blieben in der Minderheit, und die Bill ging am 25 Junius durch.

Die Zehntensache war von größerer Wichtigkeit, da hier das Volk unmittelbar Theil nahm. Es widersetzte sich eigenmächtig und bildete Associationen. Schon im Januar meldete der englische Courier: „Ein organisirter Widerstand gegen die Zahlung des Zehnten besteht zwar bis jetzt bloß in Kilkenny, Carlow, der Grafschaft der Königin, und vielleicht in einigen Theilen von Tipperary; einzelne Fälle ereignen sich täglich auch in andern Grafschaften. Selbst in einigen Districten der Grafschaft Cork, wo sich niemals Whiteboys blicken ließen, würde ein Auspfänder sicherlich sein Leben in Gefahr setzen, wenn er in die entfernteren Theile derselben

käme, wo keine Polizeistationen in der Nähe sind. Wenn
der Widerstand sich so ausbreitet, und in diesem Falle wird
wegen der unmittelbaren Gelderleichterung die Ansteckung sich
schnell verbreiten, so läßt sich leicht berechnen, daß, mit Aus=
nahme der nördlichen Grafschaften, das jetzige System nur
durch das Martialgesetz wird aufrecht erhalten werden kön=
nen." Dasselbe Blatt berichtete ferner: „Ein Geistlicher, Na=
mens Whitty, aus der Grafschaft Tipperary, ward in der
Nähe seines Hauses auf eine barbarische Weise ermordet.
In der Grafschaft Innishowen haben sich die Pächter in großer
Anzahl versammelt, die Zahlung der Zehenten verweigert,
und deren völlige Abschaffung verlangt; auch haben sie ihren
Gutsherren erklärt, daß sie künftig nur den zehnten Theil
der früher von ihnen erpreßten Pachtrente bezahlen würden.
Eine starke Truppenmacht wurde dahin gesendet. In der
Grafschaft Galway wurde der Versuch gemacht, einen der
Mönche im Kloster zu ermorden, weil er gegen die ungesetz=
lichen Verbindungen in jener Grafschaft gepredigt hatte.
Mehrere Bauern, welche im November ihre Pachtungen ruhig
abgegeben hatten, sind zurückgekehrt und haben sich mit Ge=
walt wieder in deren Besitz gesetzt. Aber nicht bloß die Ka=
tholiken zeigen sich auf diese Weise, auch die Protestanten.
Bei einer kürzlichen Oranienversammlung in der Grafschaft
Fermanagh hörte man die wüthendste Sprache; der prote=
stantische Erzbischof ward auf Veranlassung eines protestan=
tischen Geistlichen ausgezischt. Nicht besser ging es in der
Grafschaft Tyrone."

Die Sache kam vor das Parlament, weniger um der Ir=
länder, als um der des Zehnten beraubten Geistlichen willen.
Besonders nahm sich das mit der hohen Geistlichkeit und

Aristokratie angefüllte Oberhaus der gefährdeten Reich=
thümer ihrer Amtsgenossen an, und setzte eine Committee nie=
der, die schon am 16 Februar berichtete, und auf eine Ent=
schädigung drang. Man fühlte aber die Nothwendigkeit, das
ganze System zu ändern und nahm einstweilen die Vorschläge
des Marquis von Lansdown an, am 8 März. Derselbe
sagt: „Es ist dem Hause bekanntgeworden, daß sich in mehre=
ren Theilen Irlands eine organisirte und systematische Oppo=
sition gegen die Zehnten=Zahlung gebildet hat, wodurch das
Gesetz machtlos, und viele Geistliche von der hohen Kirche in
große Noth versetzt wurden. Um dieser Noth abzuhelfen,
wird es für nothwendig erachtet, daß Se. Maj. ermächtigt
werden sollte, aus dem consolidirten Fonds solche Summen,
wie sie zu diesem Zwecke nöthig erachtet werden, zu erheben.
Diese so erhobenen Summen sollen von dem Lordlieutenant
durch und mit dem Rathe des geheimen Raths als Vorschüsse
nach dem Verhältnisse des Einkommens der Pfründner,
denen man die gesetzlich gebührenden Zehnten verweigerte,
vertheilt werden, nach einer Scala, die mit dem steigenden
Einkommen abnimmt. Daß zur wirksamen Wiederherstellung
der Macht des Gesetzes, und als Sicherheit für die Rückzah=
lung der so vorgeschossenen Summen Se. Maj. ermächtigt
werden, den Betrag der rückständigen Zehnten eines Theils
oder des ganzen Jahrs 1851 zu erheben, ohne Nachtheil der
Ansprüche der Geistlichkeit auf irgend einen Rückstand, der
sich von einer längern Periode herschreibt: von den eingehen=
den Rückständen soll der Betrag der Vorschüsse abgezogen,
und der Ueberrest den gesetzlichen Anspruchs = Berechtigten
ausbezahlt werden. Es ist die Meinung des Hauses, daß
um die Interessen der Kirche und die dauernde Wohlfahrt

Irlands zu sichern, eine Systemsänderung erforderlich ist, und daß eine solche Aenderung, um genügend zu seyn, eine vollständige Abschaffung der Zehenten, auch derjenigen, die Laieneigenthümern gehören, enthalten muß, indem dieselben in eine Landtaxe verwandelt, oder gegen Grund und Boden ausgetauscht werden." Diese Vorschläge wurden ohne Abstimmung gebilligt. — Im Unterhause machte Hr. Stanley, Staatssecretair für Irland, den Antrag, daß sich das gesammte Haus in eine Committee verwandeln solle, um die Anträge der Regierung, die im Ganzen mit dem erstatteten Berichte übereinstimmten, im Detail zu prüfen. Nach einer ziemlich langen Debatte, worin sich die Tories für die Maßregel, und Hr. Shiel im Namen der irischen Mitglieder in lebhafter Apostrophe dagegen aussprachen, indem durch eine Verwandlung des Zehntens in eine Landtaxe der Zehnten nur verewigt würde, kam es zur Abstimmung, wo die Minister mit 314 gegen 31 Stimmen in der Majorität blieben. Die 31 Mitglieder, welche dagegen stimmten, waren Irländer, oder Radicale, wie Hunt.

Allein mit diesem Auskunftsmittel war wenig geholfen. Das irische Landvolk fuhr fort, den Zehnten zu verweigern, und selbst den Auspfändungen zu trotzen. Ein Geistlicher, der den Muth hatte, einem Zehntpflichtigen eine Kuh pfänden zu lassen, konnte diese auf dem Lande nirgends verkaufen. Er ließ sie nach der Stadt Cork treiben, wo sie unter Begleitung einer Abtheilung Lanciers und gefolgt von mehr als 10,000 Landleuten ankam. Der Aufstreich begann; der Ausrufer bot die Kuh um 3 Pfund aus: — kein Käufer; um 2 Pfund: — kein Käufer; um 1 Pfund — kein Käufer; kurz er kam herab auf 3 Schilling für das Stück Vieh, ohne

daß sich ein Käufer gezeigt hätte. Dieß dauerte ungefähr
eine Stunde, man wollte den Verkauf noch einmal verschie=
ben, der General aber, der die Truppen commandirte, er=
klärte sich dagegen, er wolle die Truppen nicht länger einem
so ermüdenden Dienste aussetzen. — In der Grafschaft Kil=
kenny wurde abermals ein Versuch gemacht, Vieh zu ver=
kaufen, das wegen verweigerter Zehnten weggenommen wor=
den war; der Versuch schlug vollständig fehl, 20,000 Perso=
nen waren anwesend, Niemand bot, und das Vieh mußte
den Eigenthümern zurückgegeben werden.

Dergleichen Vorfälle spornten das Parlament aufs neue.
Am 14 Junius wurde ein zweiter Bericht über den irischen
Zehnten erstattet. Es wurde darin vorgeschlagen, erstens
eine Bill, welche die Bestimmungen der Zehntvergleichs=
Acte verbessert, und sie dauernd und zwingend macht. Zwei=
tens eine Bill, um geistliche Diöcesancorporationen in Ir=
land einzusetzen. Drittens eine Bill zur Umwandlung der
Zehnten gegen Land. Die Committee schlägt zugleich eine
wichtige Veränderung in der Art vor, wie das Geld zu Er=
bauung und Wiederherstellung der Kirchen erhoben werden
soll. Am 2 Julius wurde vom Oberhause auf den Antrag
des Grafen Roden eine Adresse an den König beschlossen,
um denselben auf den traurigen Zustand Irlands aufmerksam
zu machen.

Das irische Volk nahm eine noch drohendere Haltung
an. Am 8 Julius versammelte es sich in großer Zahl zu Ba=
lyhale. Man schätzte die Versammlung auf 200,000 Men=
schen. Die Dublin Evening=Post schilderte sie also: „Zwei
Stunden lang dauerte das Eintreffen einer imposanten Men=
schenmenge zu Fuß, zu Wagen und zu Pferde. Zwischen

dem fortdauernden Geschrei der Begrüßung hindurch hörte
man die Töne von Pfeifen, Trommeln und anderer Musik.
Die Einwohner jedes Districtes hatten sich unter ihre respectiven Fahnen geordnet, von denen man Hunderte, theils
orange, theils grün, theils dreifarbig, flattern sah. Es
hatten sich auch viele Protestanten eingefunden, welche den
Vorgängen mit großer Theilnahme zusahen. Militär oder
Polizei war nicht zu erblicken. Dieß fand man ungemein
vernünftig. Auf einer Fahne sah man einen sterbenden Irländer abgebildet, der einen sehr wohlbeleibten Geistlichen
trug; auf einer anderen war der Teufel als Auctions-Com-
missarius dargestellt, der eine gepfändete Kuh zum Verkauf
ausbot; auf der andern Seite sah man einen jammernden
Geistlichen, der ausrief: „Kein Gebot, kein Gebot!" Auf
unzähligen Fahnen sah man das Bildniß O'Connells, mit
den Inschriften: „Keine Zehnten!" „Gänzliche Abschaffung!" „Eine gerechte Reform oder Auflösung!". Eine Anzahl Edelleute, Pächter und Bauern aus der Gegend von
Carrick ließen einen Sarg vor sich her tragen, um das Leichen-
begängniß der Zehnten darzustellen. Es war auch eine
wahre irländische Leichenfeier; denn Tausende hatten an diesem Tage 20 (englische) Meilen zurückgelegt und kehrten
noch in derselben Nacht nach Hause zurück, ohne vielleicht
einen Sixpence zu Erfrischungen in der Tasche gehabt zu haben. Der Obrist Pierce Butler, Vice-Lordlieutenant der
Grafschaft, war 28 Meilen weit hergekommen, um den Vorsitz zu führen, seinen Abscheu gegen das Zehnten-System an
den Tag zu legen, und eine vollständige Reform oder die
Auflösung der Union zu verlangen. Da die Versammlung
zu groß war, um von einem Husting alles zu vernehmen,

so wurde noch ein zweites Gerüste errichtet, von welchem
herab die Redner zu dem Volke sprachen. Die Zahl der anwesenden Personen wurde auf nahe an 200,000 geschätzt.‘‘

Der Courier schrieb: „Die Verbindungen gegen die
Zehntenzahlung haben eine neue Gestalt angenommen; unermeßliche Versammlungen bilden sich selbst in Tribunale um,
vor welche Personen geladen werden, um wegen des ihnen
angeschuldigten Verbrechens der Zehntenzahlung Rechenschaft zu geben; wer sich nicht stellt, wird von allen Leuten
in seinem Dienste verlassen. Landedelleuten und Pächtern
blieb nicht ein Arbeiter, um die nothwendigsten Geschäfte
zu thun. Das Heu vermodert auf dem Boden, und das
Vieh fällt um aus Mangel an Nahrung und Pflege. So
groß ist der Schrecken vor dieser neuen Richtergewalt, daß
höchst achtungswerthe Personen, um Schlimmeres abzuwenden, es nöthig finden, sich zu stellen, die Gerichtsbarkeit anzuerkennen, und Gehorsam gegen ihre Aussprüche zu geloben.
Die irische Regierung hat hiegegen ein Circular erlassen,
daß alle Mittel des Widerstandes gegen Zehntenzahlung,
mögen sie wirkliche Gewaltthat oder bloß Einschüchterung
seyn, illegal sind, und die wirksamsten Gegenmaßregeln ergriffen werden sollen. Die Magistrate sollen alle in ihren
Händen liegende Gewalt anwenden, um die Schuldigen zur
Strafe zu bringen.‘‘

Trotz dieser Vorgänge begnügte sich das Parlament,
die wenig durchgreifenden Vorschläge des zweiten Commissionsberichts anzunehmen, am 24 Julius; obgleich S h i e l
sich aufs kräftigste gegen diese halben Maßregeln wehrte. Er
sagte:„Wir flehen die Minister an, rasche und augenblickliche
Reformmaßregeln in der irischen Kirche anzuordnen. Die
Miß-

Mißbräuche der verrotteten Flecken waren nicht schlimmer, als die Mißbräuche der Kirche. Der Schrei von Irland herüber um Reform dieser Kirche ist so stark, als der, welcher zur Parlamentsreform zwang. Will man auf ein neues Parlament acht Monate lang warten? Werden die Ereignisse auch warten? Was wird bei der nächsten Wahl geschehen? Was sollen die, welche die Freunde der Regierung seyn möchten, dem Volke sagen? Was sollen wir sagen, wenn man uns fragt, ob ein irisches Parlament eine solche Bill hätte durchgehen lassen? Um Gottes willen erwacht zu dem Gefühl eurer und unsrer Lage, erwägt die Gefahren, die euch umgeben, und das ganze Reich mit so großem Unglück bedrohen. Noch ist es Zeit, noch ist die kostbare Gelegenheit nicht vorüber, ergreift sie; wenn ihr sie dießmal entschlüpfen laßt, so ist sie für immer vorüber." Er trug sodann darauf an, die Bill in der Art auszudehnen, daß die ersten Früchte, nach ihrem wahren Werth erhoben, und die Zehnten, nachdem für die Kirche gebührend gesorgt, für Religion, Unterricht und mildthätige Zwecke verwendet würden. Die Anstrengungen Hrn. Shiels, so wie anderer irischer Mitglieder waren umsonst; die Minister blieben mit 79 Stimmen gegen 18 in der Majorität.

Somit war dem Uebel noch keineswegs abgeholfen. Schon am 13 August lieferten sich Protestanten und Katholiken ein förmliches kleines Gefecht bei Portglenone. Ueber den Zustand des Landes äußerte sich der Courier im September: „Die ackerbautreibende Bevölkerung beklagt sich über die Uebel, welche die Abwesenheit der Gutsbesitzer über sie bringe, während doch die Behandlung, welcher anwesende Güterbesitzer ausgesetzt sind, abscheulich ist. Einer jungen Dame, die auf einem kleinen Gute in der Nähe von Werford lebte, wurde der Brunnen vergiftet, alle Neckereien angewendet, um sie zu verjagen, und endlich die Scheune, in der das neueingeheimſte Korn ſich befand, in Brand geſteckt. Einem Pächter, der einer von Capitain Rock erhaltenen Aufforderung, seine Pachtung zu verlaſſen, nicht gehorcht hatte, gab man eine Salve Flintenſchüſſe durchs Fenſter, und man fand am Morgen in ſeinem Schlafzimmer 18 Kugeln. Das ſind die jede Nacht vorkommenden Landbeluſtigungen derer, die unter der ackerbautreibenden Bevölkerung von Irland leben. Iſt es da zu verwundern, daß kleine Capitaliſten mit ihrem Eigenthume lieber nach Deutſchland, Frankreich oder Italien gehen, wo ſie vor Beleidigung und Mord geſchützt ſind? Die Gewerbe von Dublin beklagen ſich über den Verfall der iriſchen Manufacturen. Wie können aber Manufacturen oder andere Induſtriezweige blühen, wo keine Sicherheit des Capitals iſt.‟

Die ſchottiſche Reformbill, wodurch den Schotten noch weitere 8 Parlamentsglieder zu wählen geſtattet wurde, erfuhr keinen bedeutenden Widerſtand und wurde am 17 Julius vom Könige ſanctionirt.

In der zweiten Hälfte des Jahres beſchäftigte ſich das Miniſterium Grey und das Parlament vorzüglich mit den auswärtigen Angelegenheiten, wozu endlich Zeit gewonnen war, nachdem die ſchwierigſte innere Frage, die Reform, ihre Erledigung gefunden hatte. Allein wenn Grey bei jener innern Frage den Widerſtand der Tories mit Hülfe der Volkspartei ſiegreich überwunden hatte, ſo bekam er es, hinſichtlich ſeiner auswärtigen Politik, mit beiden Parteien zugleich zu thun. Die Tories waren für Rußland gegen Polen, für Holland gegen Belgien, für Don Miguel gegen Dona Maria; die Volkspartei umgekehrt. Grey hielt die Mitte, befolgte ein consequentes Friedenssystem und machte es somit keiner der Parteien Recht.

Grey war für den Frieden und unterstützte das französische Juste = Milieu aus folgenden Gründen: 1) Im Kriege konnte England nichts mehr gewinnen, als einige Colonien, an denen es ohnehin schon mehr als zu viel hat; dagegen hätte es Hannover leicht verlieren und durch die Kriegskosten die Nationalschuld wieder ungeheuer vermehren können; 2) durch einen neuen Continentalkrieg wäre auch unfehlbar eine Continentalmacht, etwa Frankreich oder Rußland, zum Primat gelangt, und dadurch der englische Einfluß geschwächt worden; 3) ein Principienkrieg auf dem Festland Europa's hätte auf die englische Bevölkerung zurückwirken und die Katastrophe der Aristokratie, zu der Grey immerhin gehört, beschleunigen müssen. Dagegen erhielt sich England durch den Frieden 4) die ruhige friedliche Entwicklung seiner innern Reform und 5) seinen großen diplomatischen Einfluß, den es nicht nur in Verbindung mit Frankreich auf die nordischen Mächte, sondern auch wieder auf Frankreich selbst übte, sofern es Frankreich immer ein wenig am Schlepptau nahm, weil Frankreich an der englischen Verbindung allzu viel lag.

Grey war mit Ludwig Philipp vollkommen darin einverstanden, daß man den Streit der Principien wieder unterdrücken und auf den Streit der Mächte zurückführen müsse, weil ihnen selbst sonst die Principien über den Kopf wachsen könnten. Daher trat in Grey's auswärtiger Politik genau die nämliche Antipathie oder wenigstens Apathie gegen die

Volksoppositionen in andern Ländern hervor, wie in der Politik des französischen Juste=Milieu. Auch Grey that nichts für die Polen, nichts für die Italiener, nichts für die Constitutionellen der pyrenäischen Halbinsel; und was er für Belgien that, geschah nicht des Volkes wegen, sondern nur um ein Pfand der Versöhnung zwischen Frankreich und dem Norden niederzulegen. Die Trennung Belgiens von Holland mußte Frankreich, die Wahl Leopolds mußte den Norden beschwichtigen.

Für die Sicherung dieses Friedenspfandes machte Grey große und glückliche Anstrengungen. Der friedliebende König der Franzosen und, wie es scheint, auch Oesterreich unter=stützten ihn. Nur in Holland und Rußland fand er harten Widerstand. Grey suchte nun ausschließlich Rußland für seinen Friedensplan zu gewinnen, überzeugt, daß dann Hol=land ohnedieß nachgeben müsse. Hiezu dienten ihm vorzüg=lich drei Mittel: 1) Geld, 2) Billigung des Verfahrens von Seite Rußlands gegen Polen und 5) eine außerordentliche diplomatische Sendung des Lords Durham, seines eben so klugen als energischen Schwiegersohnes.

England hatte 1815 bei der Herstellung des Königreichs der Niederlande an Rußland Geldleistungen übernommen, die jedoch an die Untrennbarkeit Belgiens von Holland ge=bunden waren. Die Bedingung hatte aufgehört, Grey be=eilte sich aber, die Geldleistungen fortzusetzen, ja er griff Rußland damit in dem Augenblick unter die Arme (im Herbst 1831), da Rußland der Mittel gegen die Polen am meisten bedurfte. Dieß war ein mächtiger Grund, um Ruß=land den Ansichten des Lords Grey geneigt zu machen. Grey

ließ den neuen Vertrag, den er deßfalls mit Rußland am 15
November 1831 abgeſchloſſen hatte, am 27 Junius dem Parla=
mente vorlegen. Lord Althorp ſagte: „Der Vertrag von
1815 war, daß der König der Niederlande und Großbritan=
nien die Intereſſen eines dem Kaiſer von Rußland ſchuldi=
gen Anlehens mit einem Amortiſationsfonds von 1 Procent
bis zur völligen Tilgung zahlen ſollten. Im Falle einer Tren=
nung zwiſchen Belgien und Holland ſollte die Verbindlich=
keit des Königs der Niederlande und Großbritanniens auf=
hören. Das iſt der Buchſtabe des Vertrags; die Trennung
hat ſtatt gefunden, und die Frage iſt nun, ob ſie der Art
iſt, wie der Vertrag ſie im Auge hatte, und ob dieß Land
nach Ehre und Recht von fernerer Zahlung frei iſt. Ich glaube
nicht; die Trennung, die der Vertrag im Auge hatte, war
eine durch fremde Gewalt herbeigeführte, und dieſe Erklä=
rung wird durch die geheimen Artikel beſtätigt, von denen
einer ſogar die Möglichkeit einer Beſetzung während eines
Jahrs vorausſetzt, und die Beſtimmung enthält, daß nach
dieſer Periode der Vertrag, wie früher, ausgeführt werden
ſolle. Der Zweck des Vertrags war, Rußland zu veranlaſſen,
in die Trennung nicht zu willigen. Rußland willigte darein,
aber nicht gegen den Wunſch Englands, ſondern vielmehr in
Gemäßheit deſſelben. Vertrüge es ſich nun mit Ehre und Ge=
rechtigkeit, daß England auf dem Worte des Vertrags beſtände,
und Rußland der Vortheile deſſelben beraubte, weil es ſeinen
Wünſchen ſich fügte? Umſtände ſind eingetreten, welche eine
Veränderung des Vertrags nothwendig machen; aber nicht
im Weſen der Verpflichtung ſelbſt, die für uns dieſelbe
bleibt. Dieß iſt der Urſprung der neuen Convention, die
unmittelbar nach der Trennung Belgiens von Holland

unterzeichnet wurde, aber erſt nach der Ratification des Ver=
trags vom 15 November in Wirkſamkeit trat.‟

Der Antrag, jene ruſſiſch=holländiſche Anleihe
zu beſtätigen, fand heftigen Widerſpruch im Parlament,
namentlich deßwegen, weil engliſches Geld dazu verwendet
worden war, Polen zu unterjochen. Herr Baring erklärte
geradezu, wenn auch England die Zahlung ferner leiſte, ſo
wäre es doch klug geweſen, damit zurückzuhalten und aus der
Beſtätigung oder Nichtbeſtätigung eine diplomatiſche Waffe
gegen Rußland zu machen, um es zur Milde gegen Polen zu
zwingen. Am kräftigſten ſprach Oberſt Evans, der am 7 Au=
guſt abermals eine Motion zu Gunſten der Polen einbrachte
und ſie mit der Anleiheſache in Verbindung brachte. Die
von ihm vorgeſchlagene Reſolution lautete: „In Betracht,
daß in Uebereinſtimmung mit dem Geiſte, obgleich in Wider=
ſpruch mit dem Buchſtaben des Vertrags vom 19 Mai 1815
Se. Maj. in eine Erneuerung gewiſſer Verpflichtungen gegen
den Kaiſer von Rußland willigte; in Betracht, daß beſagter
Vertrag und die erwähnten Verpflichtungen Glieder oder
Reſultate der allgemeinen Verträge zwiſchen den alliirten
Mächten von 1814 und 1815 waren, liefert nach der Mei=
nung dieſes Hauſes obenerwähnte Convention Sr. Majeſtät
einen ſpeciellen Rechtsanſpruch an die dadurch im Vortheil
befindliche Macht, auf getreuliche Interpretation anderer,
von beiden Parteien eingegangenen Verpflichtungen, nament=
lich derer in Betreff Polens.‟

Nachdem Evans die traurige Lage der Polen nach der
Unterwerfung und trotz der Amneſtie mit großer Wärme
geſchildert, fuhr er fort: „Wohl ſagte bei der Discuſſion
über die ruſſiſch=holländiſche Anleihe ein ehrenwerthes Mit=

glied (Shiel): es gab eine Zeit, wo wir hätten interveni=
ren können, und wo ein Admiral in der baltischen See mehr
Beredsamkeit gezeigt haben würde, als ein Gesandter in St.
Petersburg. Jetzt ist das Land gefallen, und wir benützen
sein Unglück zur schmutzigen Speculation gegen Rußland, um
die Rechnung auszugleichen mit Polens bestem und edelstem
Blute. Alles dieß ist ganz wahr, aber nicht weniger wahr
ist, daß wenn die starke Sprache, die im Laufe jener Debatte
von verschiedenen Mitgliedern geführt wurde, ein Jahr vor=
her geführt worden wäre, Polen hätte gerettet werden kön=
nen, wenigstens von der Tiefe des Jammers, in welche die
Tyrannei seiner Unterdrücker es jetzt gestürzt hat. . . . Die
Convention von 1815, in Kraft deren wir die russisch = hol=
ländische Anleihe fortbezahlen, war von den allgemeinen,
1814 und 1815 zwischen den alliirten Mächten abgeschlosse=
nen Verträgen unzertrennlich, und eine der Stipulationen
dieser Verträge war die Erhaltung der Nationalselbststän=
digkeit Polens. Wie benahm sich Rußland gegen uns seit
1815? War es ein freundschaftlicher, getreuer Alliirter Eng=
lands, oder war es nicht das gerade Gegentheil? Sein ganzes
Benehmen ist eine Reihe unverantwortlicher Eingriffe in die
Rechte und die Territorien anderer Staaten. So die Kriege
mit Persien und später mit der Türkei. Rußland war
die Macht, die sich 1823 am meisten der Gründung con=
stitutioneller Regierungen in Neapel, Piemont und den andern
italienischen Staaten widersetzte; auf seinen Antrieb beson=
ders sendete Frankreich seine schmachvolle Expedition nach
Spanien, die diesem Land alle seine bisherigen Leiden berei=
tete. Die Krone von allem aber war sein Benehmen ge=
gen Polen." Hierauf sagte Lord Palmerston: „Ich kann

dem Vorschlage nicht beistimmen, und trage auf die vorläu=
fige Frage an. Ich muß mich entschieden widersetzen, daß,
wie es in der Motion geschieht, die Erfüllung unserer ein=
gegangenen Verpflichtungen in Betreff der russisch=holländi=
schen Anleihe mit Rußlands Benehmen gegen Polen vermischt=
werde. Ich berufe mich auf die Bemerkungen, die ich in frü=
hern Debatten über diesen Gegenstand gemacht habe. Da
indessen der ehrenwerthe Antragsteller das von Rußland seit
dem Frieden von 1815 beobachtete Benehmen in den stärksten
Ausdrücken verurtheilt, so halte ich es für meine Pflicht als
Minister der Krone, einer mit uns verbündeten Macht Ge=
rechtigkeit widerfahren zu lassen, daher ich das Haus mit
einem oder zwei Worten belästigen muß. Das ehrenwerthe
Mitglied führte die Kriege mit Persien und der Türkei an.
In diesen beiden Fällen war aber nicht Rußland der angrei=
fende Theil, sondern Persien sowohl als die Türkei hatten den
Angriff provocirt. Ich will mich nicht in eine Untersuchung
des Einflusses einlassen, den der russische Rath auf das Be=
nehmen Oesterreichs in Italien, und Frankreichs in Spanien
ausgeübt haben soll; des ehrenwerthen Mitglieds Bemerkun=
gen darüber beruhen bloß auf Vermuthungen, die, mögen
sie wahr oder falsch seyn, jedenfalls hier nicht als wirkliche
Thatsachen in Frage kommen können. Was endlich die Frage
über das Recht oder Unrecht der Verletzung der polnischen
Constitution betrifft, so kann nicht geläugnet werden, daß
die ersten feindlichen Schritte von Polen ausgingen, durch
einen feindlichen Widerstand. Die, welche Polen für den an=
gegriffenen Theil halten, behaupten damit, es habe bei dieser
Gelegenheit ein unbestreitbares Recht des Widerstandes ge=
habt; indessen beschränke ich mich hier auf die einfache Anfüh=

rung des Factums, daß die ersten feindlichen Schritte von
Polen ausgingen. Aus diesen Gründen widersetze ich mich
der Motion." Diese Sprache des Ministers war, wie die
Bestätigung der Anleihe selbst, durchaus geeignet, Rußland
zu schmeicheln, um so mehr, da die Opposition in der Minorität blieb.

Diese Gesinnungen wollte Grey noch durch die Sendung
seines Eidams Durham dem Kaiser von Rußland bestätigen und das Friedensband noch enger knüpfen. Man
streute aus, Durham werde für Polen interveniren, woran aber das Ministerium, das früher, wo es noch möglich
war, nicht daran gedacht hatte, jetzt, da es zu spät war, noch
weit weniger denken konnte. Grey selbst gab den Tories, die
ihn mit Fragen wegen der Sendung seines Eidams bestürmten, deutlich genug zu verstehen, daß es bloß die friedliche
Entscheidung der belgischen Sache, als des Friedensunterpfan-
des gelte, indem er deßfalls am 3 Julius im Oberhause mit
einem Seitenblick auf die stürmischen Polenfreunde im Unterhause, die heftige Beleidigung gegen den Kaiser von Rußland ausgestoßen hatten, erklärte: "Ueber die Sendung nach
Rußland kann ich bloß bemerken, daß sehr wichtige Umstände,
welche eingetreten sind, es Sr. Majestät Ministern rathsam
machten, diese Mission zu beschließen. Was die Ausdrücke
betrifft, die an einem andern Orte gebraucht worden sind, so
muß ich vor allem erklären, daß die Regierung für die Reden
Einzelner nicht verantwortlich ist. Man ist fremden Souverainen Achtung schuldig, und muß solche beobachten. Eine
beleidigende Sprache verträgt sich nicht mit der Würde des
Parlaments, ist den Interessen des Landes nachtheilig, er-
schafft Schwierigkeiten, wo sie noch nicht sind, und erschwert

folche, bie bereits vorhanden. (Beifall.) So lange bie bel=
gifche Frage unentfchieden bleibt, ift ber Friebe Europa's
allerbings mehr ober minber gefährbet, unb barum war es
auch bas ftete Beftreben ber Minifter Sr. Majeftät, bie Sache
zu einer balbigen unb genügenben Löfung zu bringen, zu einer
Löfung, bei welcher bie Intereffen aller Theile gehörig berück=
fichtigt, unb ber Friebe Europa's erhalten würbe. (Hört!
hört! hört!) Ich bebaure, noch nicht fagen zu können, baß
bie Unterhanblungen zu einem folchen Schluffe gebracht finb,
unb erwarte mit Sehnfucht ben Augenblick, wo ich bem Haufe
biefe Nachricht geben kann. Bei bem jetzigen Stanbe ber Un=
terhanblungen halte ich es für meine Pflicht, nicht mehr zu
fagen."

Der Kaifer von Rußland wußte biefes Entgegenkommen
Englands zu fchätzen. Er fuhr am 21 Julius bem Lorb Dur=
ham vor St. Petersburg entgegen, um England einen aus=
gezeichneten Beweis von Achtung zu geben, unb beftieg bas eng=
lifche Schiff. Ein Augenzeuge berichtet barüber folgendes:
„Wir empfingen ben Kaifer mit allen, auf brittifchen Schif=
fen beim Befuche von Souverainen üblichen Ceremonien. Er
war von bem Prinzen Wilhelm von Preußen, von bem
Prinzen von Olbenburg, von bem Fürften Menzikoff unb Uri=
foff unb einem fehr zahlreichen unb glänzenben Stabe be=
gleitet — nur müffen Sie mir bie Namen erlaffen — ach,
biefe ruffifchen Namen! Als ber Kaifer auf bas Hinterbeck
kam, nahm er ben Capitain Brown freunblich bei ber Hanb,
unb fagte auf Englifch: „Wollen Sie mir Ihr Schiff zeigen?
Ich fpreche fehr fchlecht Englifch." Er fchien bas Englifche
recht gut zu verftehen, brückte fich aber, aus Mangel an
Uebung, unvollkommen aus. Mit Fremben fpricht er ge=

wöhnlich französisch oder deutsch; da aber Capitain Brown keine dieser beiden Sprachen versteht, so war der Kaiser genöthigt, englisch mit ihm zu sprechen, und es ging ganz gut. Er ward in allen Theilen des Schiffs herumgeführt, das er genau untersuchte, und dabei Fragen stellte, die eine überraschende Kenntniß des Schiffswesens, besonders der brittischen Marine, bewiesen. Er fragte bei Namen nach Herrn Blake, dem Schiffsbauer auf den Werften von Portsmouth, und machte einige Bemerkungen über dessen beabsichtigte Verbesserungen im Schiffbaue. Er erwähnte auch den Namen des Schiffsbauers von Devonport. An Bord des Talavera befindet sich ein 68Pfünder, den er sehr genau besichtigte, ihn ein= und ausziehen und laden ließ. Die Leichtigkeit schien ihm zu gefallen, mit der das mächtige Geschütz von so wenigen Menschen gehandhabt wurde. Er nahm die Hebstange, versuchte das Gewicht der Kanone selbst, und sagte: „O, sie ist ganz leicht.“ Während der Kaiser unten die Vorrathskammern besah, schlug es zwölf Uhr. Nun ist es Sitte in der brittischen Marine, daß die Matrosen um zwölf Uhr zu Mittag essen, und, wenn nicht die äußerste Noth bringt, damit nicht eine Minute lang sich aufhalten lassen. Diese Sitte ward auch, trotz der Gegenwart des Kaisers, bei uns an Bord beobachtet. Als er daher auf das Unterdeck zurückkehrte, waren die Leute beim Essen; es schien ihn dieß sehr zu amusiren; er kostete die Suppe und das Rindfleisch, und sagte: „Es ist sehr gut; nun, habt ihr etwas Rum oder Branntwein?“ Der Capitain entgegnete: „Ew. Majestät werden einige Erfrischungen in der Casüte erhalten.“ „Nein, nein, erwiderte der Kaiser, ich meine dieß nicht; ich möchte gern mit den Leu=

teu da trinken." Es ward ihm ein Glas Grog überreicht, von welchem er trank, mit den Worten: „Ich trinke auf die Gesundheit König Wilhelms IV und des ganzen Schiffs= volks." In der Vorrathskammer befinden sich in eingelegter Zimmerarbeit die Worte: „Gott segne den König." Er ward darauf aufmerksam gemacht, und als er das las, sagte er: „Ach! Gott segne den König! ja, Gott segne ihn! er ist ein sehr guter Freund von mir!" In der Art, wie er diese Worte sprach, lag etwas so Offenes, Männliches, und, wie es schien, Herzliches, daß er alle unsere Herzen gewann, und Capitain Brown vergaß von diesem Augenblick an den Kaiser und be= handelte ihn wie ein ehrlicher brittischer Seemann den andern behandelt, der seinen König und sein Land wie sich selbst liebt. Bereitwillig ging der Kaiser in denselben Ton ein, und ihr ganzes Gespräch ward mit einer Cordialität geführt, die für Capitain Brown so schmeichelhaft seyn mußte, als es den sämmtlichen russischen Höflingen auffallend war." Ehe er das Schiff verließ, sagte er: „Capitain, ich bin Ihnen sehr verbunden für Ihre Artigkeit gegen mich; Sie haben mir alles gezeigt; ich kann Ihnen nichts dagegen zeigen, als meine Garden. Kommen Sie bis Mittwoch mit Ihren Offi= cieren zu mir aufs Land, da will ich Ihnen meine Garden zeigen." Dann lud er den Capitain Brown und den Com= mandeur Herringham ein, am folgenden Tage in Peterhof mit ihm zu Mittag zu speisen, wobei er dem Capitain herz= lich die Hand schüttelte, und das Schiff verließ. Auch nach= her wurden alle mit Durham angekommenen Engländar auf's zuvorkommendste behandelt. Von den Unterhandlungen er= fuhr man nichts, doch hat der Erfolg gezeigt, daß sie den europäischen Frieden zum Zweck hatten. Lord Durham kehrte

nachher über Berlin und Frankfurt zurück, um Preußen
und den deutschen Bund für denselben Friedensplan zu ge=
winnen. Am 11 October war er wieder in London.

Dieselbe conservative Politik behauptete das Ministerium
Grey auch in Betreff anderer Staaten. Für Dona Maria
gegen Don Miguel geschah nichts, außer daß man dem Don
Pedro gestattete, eine Expedition auszurüsten.

Lebhafte Discussionen erregten die deutschen Bundes=
beschlüsse vom 28 Junius, hauptsächlich weil sie der König
von England als König von Hannover unterzeichnet hatte.
Am 25 Julius fand deßfalls in der Londoner Kron= und An=
kertaverne eine Volksversammlung statt, bei welcher der be=
rühmte Dichter Campbell präsidirte, und deren Zweck war:
„ihren Unwillen über die gedachten Beschlüsse auszudrücken."
Am folgenden Tage brachte Bulwer die Motion ans Parla=
ment, wegen jener Beschlüsse eine eigene Adresse an den König
zu erlassen. Allein Lord Palmerston legte von Seite des Mini=
steriums Protest ein: diese Sache eigne sich zu keiner Inter=
vention Englands, denn der König von Hannover sey als
solcher vom Parlament völlig unabhängig, und die deutschen
Souveraine seyen bei Abfassung der Beschlüsse einig, und ihre
Autonomie unzweifelhaft gewesen.

Grey und sein Ministerium erhielten sich in vollem An=
sehen. Das Parlament wurde am 16 August prorogirt. Man
ruhte etwas aus. Grey wurde auf einer kleinen Landreise im
Triumph empfangen. Ihm und mehreren andern Ministern
überreichten die Bürger von London große goldene Becher,
die aus Beiträgen von je einem Pfennig bezahlt worden
waren.

Was man etwa an dem Entgegenkommen Grey's gegen
Rußland zu tadeln gefunden hatte, wurde wieder vernichtet
durch seine Energie gegenüber Holland. Als er sich nämlich
mit Rußland verständigt hatte, betrieb er im Verein mit
Frankreich ernstlich die Zwangsmaßregeln gegen Holland, und
so schien er wieder der Vorkämpfer des Liberalismus. Die
Tories waren unklug genug, auf die alte protestantisch= und
antifranzösische Sympathie des englischen Volks für Ho alb
zu rechnen, und eine Abresse einiger Kaufleute zu veranlaßen,
welche gegen den holländischen Krieg am 13 November prote=
stiren mußte. Allein es genügte, die wahren Urheber zu be=
zeichnen, um die ganze Sache scheitern zu machen. Die Eng=
länder liebten Holland lange nicht so sehr, als sie die Tories
haßten. Die letztern wurden durch Gegenadressen überstimmt,
und zogen überall den Kürzern.

Am 3 December löste der König das Parlament völlig
auf, und befahl die Wahl eines neuen reformirten Par=
lamentes, bei dessen Zusammensetzung zum erstenmal die
Reformbill ihre Kraft erproben sollte. Die Prophezeyungen
der Tories gingen dabei nicht in Erfüllung. Den berühmten
Cobbett ausgenommen, diesen kräftigen, geistreichen und
höchst populären Demagogen, der in Oldham gewählt wurde,
kamen wenig neue Radicale ins Unterhaus, und wenn bei dem
reformirten Parlament etwas auffallend war, so war es die
Aehnlichkeit mit dem nichtreformirten. Die gemäßigten Whigs
herrschten in beiden sowohl über die Tories als über die Ra=
dicalen vor. Inzwischen kündigten eben diese Whigs große
Consequenzen der Reform an. Das Monthly=Magazin sagte:
„Die Abschaffung des Systemes der Flecken und die Aus=
dehnung des Wahlrechts sind nur die Schatten einer Reform.

Das Wesen dieser glorreichen Maßregel besteht in der Ver=
minderung der Nationalschuld, in der Verringerung unseres
ungeheuern Marine= und Militär=Wesens, in der Abschaf=
fung der Korngesetze, und aller ungerechten Beschränkungen,
welche auf unserm Handel liegen; endlich in einer gerechten
Vertheilung der Lasten der Nation durch eine Auflage auf das
Grundeigenthum. Erwägen wir zuerst die Nationalschuld.
Der Druck dieser bergähnlichen Last, welche die Kraftentwick=
lung der Nation niederhält, kann in einer einzigen Session
eines kraftvollen reformirten Parlaments beträchtlich erleich=
tert werden, und zwar nicht durch ungerechte und unredliche
Mittel, sondern durch eine kluge Verwendung des National=
eigenthums, von welchem ungeheure Massen jeden Augen=
blick in Umlauf gesetzt werden können. Manche Leser werden
erschrecken bei den Vorschlägen, die wir hier machen; aber
dieselben Personen würden vor 2 Jahren bei dem Gedanken,
56 Wahlflecken mit Einem Schlage zu vernichten, in ein Ge=
lächter ausgebrochen seyn. Zuerst bieten sich die Kronländereien
dar. Diese sind längst von den Königen Großbritanniens
gegen eine jährliche Civilliste aufgegeben, und seit einem
Jahrhunderte von den verschiedenen Ministerparteien auf eine
so unverantwortliche Weise vertheilt und geplündert worden,
daß man noch jetzt jeden noch lebenden Premierminister, wel=
cher das Recht Pachtungen zu bewilligen in Anspruch nahm,
vor dem Parlamente anklagen könnte. Die Kronländereien
sollten alle verkauft und das Departement der Forsten und
Wälder abgeschafft werden. Ihr Werth beträgt erwiesener
Maßen über 17 Millionen. Ferner schlagen wir vor, alle
Corporationen der Königreiche Großbritannien und Irland
abzuschaffen; diese Corporationen wurden errichtet, um die

jungen Städte gegen die Angriffe von Räubern und benachbarten Baronen zu schützen. Dieser Zustand der Gesellschaft ist vorüber; diese Corporationen sind entartet, zu einer Wahldienstmannschaft für den boroughmäcklerischen Adel herabgesunken, und allenthalben betrachtet sie das Volk als verhaßte Unterdrücker. Ihr Eigenthum sollte jetzt ohne Unterschied zur Ablösung der Nationalschuld verkauft, und alle ihre Vorrechte, Zölle und Einkünfte abgeschafft werden. Eine Polizei, unter der Leitung von Commissarien, welche von den Hauseigenthümern gewählt werden, ist die einzige Regierungsweise, welche in unserer Zeit für die verschiedenen Städte des Königreichs nothwendig ist. Der Verkauf des Eigenthums aller dieser Corporationen Englands, Schottlands und Irlands, mit Einschluß des bodenlosen Abgrundes von Mißbräuchen, jener Besitzungen der City und der Corporationen von London, kann wohl 100 Millionen Pfund abwerfen. Die Kirche sollte jetzt das Eigenthum der Armen aufgeben: die ursprüngliche Vertheilung des Zehnten in drei Theile ist von Allen anerkannt, welche mit der alten Kirchengeschichte bekannt sind, ein Drittheil der Kircheneinkünfte war das unzweifelhafte Eigenthum der Armen, und Rückgabe dieses dritten Theiles sollte daher jetzt statt finden. Wegen der Kosten der Verwaltung ist es passender, den Betrag zur unmittelbaren Abzahlung der Nationalschuld zu verwenden, da das Publicum fortwährend die Armen durch die Armentare unterstützt. Das ganze Besitzthum der Kirche an Zehnten und Landeigenthum hat einen Capitalwerth von 178,450,000 Pf. St., und die ausgedehnten Pachtungen, welche demnächst an das Bisthum London zurückfallen, bringen den Betrag auf 180 Millionen; ein Drittheil hievon, nämlich

60 Mill. Pf., ift deßhalb die Summe, welche der Staat völ=
lig berechtigt ift, von der Kirche zu verlangen. Sodann
fchlagen wir den alsbaldigen Verkauf der verfallenen Mild=
thätigkeits=Anftalten vor. Der Bericht der Parlamentscom=
miffarien deckt eine unglaubliche Maffe von Unterfchleifen auf,
und eine unermeßliche Menge von Eigenthum, das in die
Hände unrechtmäßiger Befitzer übergegangen ift. Ein refor=
mirtes Parlament kann, wenn es kraftvoll nach diefem Be=
richte verfährt, zur Abzahlung der Nationalfchuld eine Summe
von 25 Millionen erlangen. Das Greenwich=Hofpital kann
mit Vortheil abgefchafft werden. Diefe Anftalt ift jetzt kein
Hofpital für verftümmelte Seeleute, fondern für minifterielle
Creaturen. Auf feinem Landeigenthume laften 30,000 Pf.
Verwaltungskoften für ganze Schaaren übermäßig bezahlter
Commiffäre, Auffeher, Einnehmer u. dgl. — Eben fo fchla=
gen wir den Verkauf der fchottifchen Krone und Kronfchätze
vor, welche jetzt in einem Kaften in Holyrood liegen, nur um
dafelbft einmal geftohlen oder verbrannt zu werden. Bei der
eingetretenen Aenderung in der Nationalgefinnung der Schot=
ten würde die Maßregel keinen Widerftand erregen, denn
die feudaliftifchen Beweggründe, weßhalb man die Embleme
der Souveränetät fo lange aufbewahrt hat, find lange ver=
geffen, und unfere Politik ift es jetzt nicht, die Vorurtheile
einiger hochländifchen Häuptlinge zu beachten, fondern ver=
hungerten Webern Brod zu verfchaffen. Holyrood = Houfe
felbft könnte nebft vielen unbewohnten Paläften und könig=
lichen Schlöffern in verfchiedenen Theilen des Königreichs ver=
kauft werden. Stellt man nun diefe Summen zufammen, fo
ergibt fich Folgendes:

Kronländereien . . . . . 17,000,000 Pf.
Eigenthum der Corporationen . . 100,000,000 „
Kircheneigenthum . . . . 60,000,000 „
Verfallene Mildthätigkeitsanstalten . 25,000,000 „
Greenwich = Hospital . . . . 20,000,000 „
Chelsea-Hospital, schottischer Kronschatz,
Holyrood = House u. s. w. . . 10,000,000 „

 232,000,000 Pf.

So könnte eine einzige Parlamentssession uns ein Dritt=
theil der Nationalschuld vom Halse nehmen, wenn man nur
ein wenig kraftvoll aufträte, und es ist wohl zu bemerken,
daß kleinliche Maßregeln und klippkrämerische Ersparnisse der
Nation nicht mehr genügen werden." Dann folgen noch
andere Vorschläge in Bezug auf Ersparungen bei der Marine,
auf Vereinfachung der Verwaltung, Besteuerung der Reichen,
Schmälerung der aristokratischen Vorrechte und Abschaffung
der kostspieligen Mißbräuche aller Art.

Unter den bereits aufgedeckten Mißbräuchen nahm die
Bankdirection die vorzüglichste Stelle ein. Bei ihrer
Untersuchung im Spätsommer wurde bemerkt: „Es ist aner=
kannt, daß die Bank in den letzten Jahren ansehnliche Ver=
luste gehabt hat und genöthigt gewesen ist, einen Theil des
Ueberschuß = Capitals zu verwenden, um die Dividende von
8 Procent zu zahlen. Die Actien sind daher von 210 auf 188
gefallen. Die Vortheile der Bank werden indeß bei kluger
und ökonomischer Administration immer so ansehnlich seyn,
daß selbst bei Wegnahme mancher Privilegien dennoch eine
ansehnliche Dividende gewiß bleibt, wenn auch weniger als
8 Procent. In dem oben genannten Capital der Bank ist
eine Forderung an die Regierung von ungefähr 11,000,000

Pfund begriffen, wofür die Bank nur 3 Procent Zinsen er=
hält; sie kann aber gekündigt werden. Die Vortheile der
Bank bestehen hauptsächlich im Handel mit Gold und Silber,
zinsfreier Benützung großer Depositen = Gelder, Verwaltung
der Regierungsgelder und Discontirung von Wechseln. Die
Masse von Noten, welche jetzt von der Bank von England
hier im Lande circulirt, wird auf 20 bis 21 Millionen Pfund
geschätzt; auch darüber wird man nähern Aufschluß erhalten.
Die Valuta befindet sich dafür in Wechseln, Gold und Sil=
ber ɛc. in den Händen der Bank." — „Die Verhöre der Bank=
directoren sind sehr belehrend, weil sie sonnenklar den Beweis
liefern, wie hochschädlich jede Geheimnißkrämerei bei allen
wichtigen Geldinstituten für eine ganze Nation, selbst die
reichste ist, und wie sehr die Wohlfahrt des ganzen Landes
dadurch auf das Spiel gestellt wird. Wer hätte glauben sol=
len, daß die Bank im Jahre 1825 schon im Begriffe war,
sich zur Einwechselung ihrer Noten gegen Gold für unfähig zu
erklären, und daß ihr dieser Rath selbst von Hrn. Husliffon
gegeben wurde, da die Regierung ihr nicht helfen konnte,
noch mochte? Man denke nur an die furchtbare Erschütte=
rung, welche ein solches Ereigniß im ganzen Lande hätte her=
vorbringen müssen! Das ganze Nationalcapital wäre ohne
Zweifel um ein Viertheil, wo nicht mehr, durch die Imbe=
cillität der Leiter eines Instituts gesunken! Hier haben wir
wieder einen Beleg von den furchtbaren Folgen der Scheu von
Oeffentlichkeit in öffentlichen Angelegenheiten. Noch sonder=
barer ist aber das angewendete Mittel, welches jene Kata=
strophe verhinderte. Als die Bankdirectoren in jener bedräng=
ten Zeit ihren Status bilancirten, da fand sich zum großen
Glücke ein Paket von mehreren Hunderttausend Pfund älter
„Ein Pfund Noten" vor, die man auf erhaltene spätere In=

demnification des Parlaments schnell in Umlauf sezte. (Die
Circulation der Ein Pfund Noten von der Bank war gesez=
widrig, und die geringste Note hat den Werth von 5 Pfund.)
Dieß gab der Circulation einen neuen Schwung, das Publi=
cum kannte die wahre Ursache der von den Ministern zur
Circulation der Ein Pfund Noten gegebenen Erlaubniß nicht,
und das auf eine Fiction berechnete Zutrauen stellte sich wieder
ein. Diese Mißbräuche sind nun aufgedeckt; auch hier hat die
Heimlichkeit ihr Ende erreicht. Die Nation will solche Skan=
dale nicht länger dulden. Wichtig sind jene Untersuchungen,
weil das Circulationssystem nach dem Ablaufe der Bank Char=
ter auf einer breitern, aber doch festern Grundlage als jezt
beruhen wird. Alle Erfahrungen früherer Fehler werden be=
nuzt werden, diesem wichtigen Zweige des Staatshaushalts
die größte Freiheit mit der größtmöglichen Festigkeit zu geben.
Ist auch ein Bankinstitut für die Hauptstadt und das ganze
Land höchst wünschenswerth, so wird dasselbe dennoch nicht
mehr die Privilegien genießen, die es zu solchen Mißbräuchen
verleiten könnten, daß das Wohl und Weh eines ganzen
Landes entweder von dessen eignen Fehlern oder von den Ca=
pricen Anderer abhängen würde.“

Schließlich bemerken wir, daß in diesem Jahre die Cho=
lera in England wüthete. Nachdem sie schon im vorigen
Jahre nach Sunderland an der Küste eingewandert war, kam
sie am 12 Februar 1832 nach der Hauptstadt London, wo sie
verhältnißmäßig wenig, und später nach Irland, wo sie weit
mehr Verheerungen anrichtete, ohne jedoch, wie auf dem Con=
tinent, Volksexcesse zu veranlassen.

Von Europa sprang die Cholera nach den amerikanischen
Colonien über und wüthete im Julius namentlich in Quebeck.

IV.

Spanien.

König Ferdinand VII kränkelte. Ihm zur Seite stand
die junge Königin Christine mit ihrer im October 1831
gebornen Tochter Isabelle, welcher der König durch die
pragmatische Sanction die Thronfolge gesichert hatte. Auf
der andern Seite aber stand neben dem Könige sein erster
Minister und Günstling Calomarde, das Haupt der
jesuitischen und absolutistischen Partei, welche des Königs
Bruder, den Infanten Don Carlos, zum Thronfolger ver=
langte. Der König liebte die Königin und that alles für
seine Tochter, aber er war von zu despotischen Gesinnungen,
um sich den Liberalen in die Arme zu werfen, welche die
Partei der Königin und Prinzessin ergriffen. Er blieb also
den Absolutisten treu, die ihn über ihre Absicht, seine Toch=
ter trotz der pragmatischen Sanction zu entthronen, zu täu=
schen wußten. Calomarde herrschte unumschränkt. Als am
19 Januar 1832 Salmon, der Minister der auswärtigen
Angelegenheiten, starb, kam durch Calomarde's und Ruß=
lands Einfluß der durch seine absolutistischen und inquisi=
torischen Grundsätze bekannte Graf Alcudia an seine
Stelle.

Im erſten Theil des Jahres beſchäftigte Spanien vor=
züglich die portugieſiſche Frage. Don Pedro war im Begriff,
Portugal anzugreifen, um Don Miguel zu ſtürzen. Gelang
es ihm, ſo fiel mit Don Miguel auch das abſolutiſtiſche Sy=
ſtem in Portugal, und das conſtitutionelle ſchien an ſeine
Stelle treten zu müſſen. In ſolcher Nähe konnte dieß auch
auf Spanien bedeutenden Einfluß üben, die Conſtitutionellen
dieſes Landes ermuthigen, die Hoffnungen der ſpaniſchen
Carliſten ſcheitern machen. Die herrſchende abſolutiſtiſch=
carliſtiſche Partei in Spanien ließ alſo Truppen an die por=
tugieſiſche Gränze rücken, und Alcudia erklärte im April,
Spanien werde ſich gern den Beſchlüſſen der großen Mächte
in Betreff Portugals unterwerfen, „ſonſt aber, und wenn
man unter mehr oder minder ſcheinbaren Gründen einen
verheerenden Vulcan auf der Halbinſel entzünden wollte,
könnte die Madrider Regierung kein ruhiger Zuſchauer bei
einem ſolchen Kampfe bleiben, ohne vor der ganzen Welt
Schwäche und Trägheit zu zeigen. Wenn Spanien ſieht,
daß eine Expedition gegen Portugal gerichtet iſt, die ſich auf
das Comité Lafayette von Paris ſtützt, und deren Batail=
lone aus der hölliſchen Elite aller Völker beſtehen, ſo kann
es, ohne unklug zu handeln, ſeine Gränzen nicht entblößt
laſſen, und die Wechſelfälle eines Kriegs mit einem Fürſten,
der jetzt ſein Verbündeter iſt, dem Schickſale preisgeben,
ohne alle zur Aufrechthaltung der öffentlichen Ordnung nö=
thigen Vorſichtsanſtalten zu treffen.“ Da zugleich franzö=
ſiſcherſeits von einer Heirath zwiſchen Dona Maria und
dem Herzog von Nemours die Rede war, ſo ſuchte Alcudia
dieſem franzöſiſchen Prinzen einen Rivalen zu geben an dem
älteſten Sohne des Don Carlos. Doch kam weder die eine,

noch die andere Heirath zu Stande. Don Pedro landete in
Portugal und nahm Oporto ein. Spanien aber verhielt sich,
durch die starke Sprache Frankreichs und Englands im Zaum
gehalten, vollkommen ruhig dabei.

Diese politische Stille Spaniens unterbrach nichts als
das sonderbare Edict vom 23 Julius, wodurch allen Civilper=
sonen das Tragen der Schnurrbärte verboten wurde, Adeligen
bei 6 Monaten Festung und 200 Ducaten, Bürgerlichen bei
6 Monaten Galeerenstrafe in Ketten.

Im September nahm die Gicht des Königs in dem Grade
zu, daß er 14 Tage lang mit dem Tode rang. Niemand
glaubte an sein Aufkommen, und die Carlisten versäumten
die gemeinste Vorsicht. Anstatt dem Sterbenden den Trost
der Religion zu bringen, bestürmten sie ihn mit Drohungen,
wenn er nicht die pragmatische Sanction widerrufe. Anstatt
betrübt zu seyn, oder wenigstens zu scheinen, brachen sie in
lauten Jubel aus. Schon hatten sie alle Maßregeln getroffen,
den Lieblingswunsch des Königs, seine Tochter auf dem spani=
schen Thron zu sehen, zu vereiteln. Die Garde, ein Theil der
Armee war gewonnen. Calomarde und Alcudia sprachen sich
offen für Don Carlos aus. „Nur Wenige blieben treu. Die
erlauchte, ihren Schmerzen hingegebene Königin blieb mitten
am Hofe ohne Stütze. Die Carlisten strahlten überall in
Freude, aber diese war nicht von langer Dauer. Die Hof=
ärzte hatten zum Glück die Krankheit des Königs nicht ver=
standen. Der König kam aus seiner Ohnmacht wieder zu sich,
und seit dieser Zeit bessert er sich. Der König hatte gar keine
Erinnerung von dem, was in den stärksten Anfällen vorgegan=
gen war. Er erinnerte sich nicht, daß er gebeichtet und die
Sterbsacramente empfangen hatte. Am allermeisten aber er=

ſtaunte er zu vernehmen, daß er eine Acte unterzeichnet habe,
die das Geſetz annullirt, wodurch ſeine älteſte Tochter die
Thronfolge erhielt. In der That war Herr Calomarde zu
der Königin gekommen, und hatte ihr eine ſchauderhafte
Schilderung von den Ereigniſſen gemacht, die ſich vorbereite=
ten, und wovon ſie vielleicht das erſte Opfer werden würde,
wenn man ſich der Thronbeſteigung des Don Carlos wider=
ſetzen wollte. Die Acte ward von dem König unterzeichnet
und in den Rath von Caſtilien gebracht, um daſelbſt einge=
tragen zu werden. Aber Herr Puig, Gouverneur des Raths,
wollte die Handſchrift des Königs in den unterzeichneten un=
leſerlichen Buchſtaben nicht erkennen, und verlangte eine Er=
klärung von den Aerzten, die es nicht wagten, dieſe Erklä=
rung geradezu zu verweigern, ſondern Zeit zu gewinnen ſuch=
ten. In dieſer Zwiſchenzeit hatte ſich der König wieder erholt.
Der König erfuhr bald, was vorgegangen war. Seine erſte
Maßregel war, das Miniſterium zu ändern, Herrn Zea Ber=
mudez zu den auswärtigen Angelegenheiten, General Mon=
net zum Kriegsminiſter, Herrn Encima Piedra zum Finanz=
miniſter, Herrn Laborde zum Seeminiſter, Herrn Cafranga
zum Miniſter der Juſtiz und der Gnade zu ernennen.‟

„Der Infant Francisco de Paula und ſeine Gemahlin,
eine Schweſter der Königin, waren gerade in den Provinzen,
als ſie die Todesgefahr des Königs erfuhren; ſie eilten nach
San Ildefonſo, und ſollen dort zuerſt das ganze Gewebe der
für den Tod des Königs in den Provinzen völlig vorbereite=
ten carliſtiſchen Intriguen enthüllt haben. Die beiden ita=
lieniſchen Prinzeſſinnen arbeiteten der portugieſiſchen, der Ge=
mahlin des Infanten Don Carlos, deren überwältigenden
Einfluß ſie längſt ſchmerzlich gefühlt haben mochten, entgegen,

Die Portuguera, so nennt das Volk Don Carlos Gemah=
lin, gleicht ihrer Mutter, der bekannten Wittwe Johanns VI,
an Herrschsucht, und ihrem Bruder Don Miguel an jener
Art von Popularität, die jene Fürsten am meisten gewinnen,
die am ungeschminktesten die Sitten des Volks, selbst in ihrer
Rohheit, beibehalten. Auch ihr Gemahl Don Carlos hat,
sey's aus Politik, sey's aus Naturell, diese Eigenthümlich=
keit, und ist deßwegen bei der Masse weit beliebter, als der
durch große Reisen im Auslande gebildetere Franz de Paula.
Die ältere Schwester der Gemahlin des Infantin Carlos, die
Prinzessin von Beyra, nimmt, obgleich Wittwe, gleichfalls
eine nicht unwichtige Stellung in den politischen Combina=
tionen ein, da ihr Sohn, Don Sebastian (1811 in Rio=Ja=
neiro geboren) von der Miguelistischen Partei für den Thron
von Portugal ausersehen ist, falls Don Miguel erbenlos ster=
ben sollte. Würde aber Dona Maria ihren Oheim des Throns
entsetzen, so wäre auch für sie Don Sebastian der nächste
Brautwerber, da das Gesetz von Lamego die Vermählungs=
rechte der Thronerbinnen sehr beschränkt. Diese Prinzessin
von Beyra nun soll sich der Partei der Königin zugewandt
haben. Man erzählt sich, der König und die Königin hätten
alles lesen wollen, was die französischen und englischen Blät=
ter, in Folge des falschen Gerüchtes über den Tod Ferdi=
nands, rücksichtlich der Thronfolge äußerten. Nach der über=
standenen Krise war dieß eine eindringliche Lection, die denn
auch ihre reichen Früchte trug. Die alten Namen, die seit
den Zeiten der Cortes nicht mehr gehört worden waren, er=
stehen wieder. So war, um nur Einige anzuführen, der
zum Gouverneur von Cadiz ernannte Zarco del Valle unter
den Cortes Kriegsminister und Gouverneur von Madrid.

Der Marquis de las Amarillas war ebenfalls Minister unter der Herrschaft der Constitution, während der Generalcapitain von Granada, an dessen Stelle er tritt, General Moreno, dieses Gouvernement als Lohn dafür erhielt, daß er den Grafen Torrijos und seine Gefährten hatte erschießen lassen. Der Geheimerath, den die Königin als Regentin um sich gebildet hat, besteht aus dem lange verfolgten Martinez de la Rosa, in dem sich der Staatsmann und der Dichter so glücklich vereinen, und aus den Herzogen von San Fernando, San Lorenzo und Cambronero, lauter Männer, die sich unter den Cortes von 1820 auszeichneten. Die Kammerherrenschlüssel wurden allen Kammerherren zurückgestellt, die 1823 in Ungnade fielen, d. h. fast allen freisinnigen Granden Spaniens, wie den Herzogen von Frias und San Fernando, den Marquis von Alcanizes, Abrantes ꝛc. Abgesetzt wurden die erklärtesten Carlisten des Raths von Castilien, wie Modet, Cabanillas, Tadeo Gil ꝛc.; gleiches Schicksal hatten fast alle Criminalrichter von Madrid (Alcaldes de Sala y Corte), und schon wurde zum Präsidenten dieses Gerichtshofs (Decano de la Sala) Oller, ehemaliges Mitglied des Obertribunals unter den Cortes, ernannt, der seit dem Procsse des Buchhändlers Miyar nach Valladolid verbannt war, weil er sich weigerte, zu jenem Justizmorde seine Stimme zu geben. Eine der wichtigsten Ernennungen ist die des General-Polizei-Intendanten, General San Martin, während der Corteszeit besser bekannt unter dem Namen Tintin."

Die Bewegungen in den Provinzen bestätigten dem König die Umtriebe der Carlisten. In vielen Gegenden hatte man bereits Don Carlos zum König ausgerufen, so der Bischof von Murcia, so die berüchtigten Gouverneure Espanna

in Catalonien und Eguia in Gallizien. Die letzten beiden wei=
gerten sich, ihr Commando abzutreten und in Madrid Rechen=
schaft abzulegen.

Der König war nunmehr gänzlich enttäuscht und überließ
sich mit Freuden der Leitung seiner Gemahlin. Am
1 October wurden die absolutistischen Minister durch
gemäßigte ersetzt. „Man brauchte für das erste Staats=
ministerium, das des Auswärtigen, einen geschickten Poli=
tiker, der die Diplomatie und die Diplomaten Europa's ge=
nau kennt; wen hätte man da passender wählen können, als
Zea Bermudez? Was die Finanzen betrifft, so kannte nie=
mand besser als Encima das seit der Restauration befolgte
System und die geheimen Verhältnisse mit den Bankiers im
Auslande. Für das Portefeuille des Kriegs bedurfte es eines
Militärs, der von 1814 bis 1824 von der Halbinsel entfernt
war, und folglich allen Complotten und Insurrectionen fremd
blieb, welche die Armee in jener Zeit durchwühlten; durch die
Wahl Monets ward dieß erreicht. Um Chef der Justiz zu
werden und in steter Beziehung zu dem hohen Clerus zu ste=
hen, hatte man einen Bureaukraten der Camara, einen
Mann von gewissen Vorurtheilen nöthig; die Wahl konnte
auf niemand besser als Cafranga fallen. Laborde, dem die
Marine zufiel, ist einer unsrer erfahrensten Seemänner. Was
die Politik der neuen Administration betrifft, so steht Cafranga
der Partei der gemäßigten Absolutisten am nächsten; die
Gegenansicht wird zunächst in Zea=Bermudez und Encima
Repräsentanten finden, und von der Königin unterstützt
werden.‟

Da inzwischen Zea-Bemudez, dessen Geist die neue Regie=
rung leiten sollte, noch abwesend war, so wurde in einem sehr

liebevollen Decret des Königs einstweilen die Königin zur
Regentin ernannt, am 6 October. „In Erwägung
des Verzugs, welchen die Staatsgeschäfte wegen meines schlim=
men Gesundheitszustandes erfahren, der mir nicht erlaubt,
mich denselben so zu widmen, wie ich wünschte, und wie es
das Wohl der von der göttlichen Vorsehung mir anvertrau=
ten Völker erfordert, hielt ich für angemessen, die Königin,
meine sehr theure und vielgeliebte Gemahlin für befähigt zu
erklären, augenblicklich, und während der Dauer meiner
Krankheit, meine Stelle zu vertreten, in der Hoffnung, daß
Gott mir bald eine vollständige Wiederherstellung gewähren
wird. Ich bin innigst überzeugt, daß meine erlauchte Ge=
mahlin meinem Vertrauen entsprechen wird, durch die Liebe,
die sie für mich hegt, und die zärtliche Sorgfalt, mit der sie
mich stets für meine getreuen und großherzigen Unterthanen
einzunehmen wußte."

Schon am folgenden Tage erließ die neue Regentin ein
Decret über die Wiederherstellung der Universitä=
ten: „Eine große und edelsinnige Nation, wie die, welche
die göttliche Vorsehung der väterlichen Sorgfalt des Königs,
meines sehr theuren und vielgeliebten Gemahls, anvertraute,
ist würdig, den lebhaftesten Wunsch einzuflößen, zu ihrem
Ruhme und zu ihrem Glanze alles beizutragen. Dieser Ge=
danke, der stets sein Herz, von dem Augenblicke an, wo er
den Thron einnahm, erfüllte, fand Hindernisse von einer Art,
die man unmöglich beschreiben kann, ohne schmerzliche Er=
innerungen zu wecken. Eines der größten ist die Unwissen=
heit, die gleich einer Seuche sich auf eine so außerordentliche
Weise verbreitete, daß kaum Einer der Ansteckung entging.
Aus dieser beklagenswerthen Quelle sind die großen Fehler

geflossen, welche die Reiche zerstören, und die gelehrtesten,
verständigsten, vernünftigsten, weisesten und wohlthätigsten
Institutionen vernichten. Hieraus entstehen auch die Un=
einigkeiten, Parteien und verächtlichen Parteinamen, die
Heuchelei, welche mit der Maske der Tugend die schändlichsten
Laster bedeckt, und den Namen des öffentlichen Wohles
Leidenschaften gibt, die ihm am meisten schaden. Indem
wir diesen Uebeln eine unübersteigliche Schranke entgegen zu
setzen und die Liebe zu erneuern wünschen, welche die Völker
dieser großherzigen Nation stets ihrem Souverain bezeugten,
besonders in diesen letzten Tagen, habe ich unter andern
Maßregeln von allgemeinem Nutzen, und in Kraft der mir
vom Könige verliehenen Gewalten, durch ein Decret vom
gestrigen Datum beschlossen, die Universitäten wieder zu dem
Glanze zu erheben, der Spanien in frühern Jahren so berühmt
machte, und befehle, daß man den Privatunterricht, der un=
ter gebieterischen Umständen gestattet oder geduldet wurde,
aufgebe, am 28sten dieses Monats die Universitäten eröffne,
und daß die Matricularregister am 25 November, wie dieß
sonst geschah, geschlossen werden. Der bestimmte Termin
kann unter keinem Vorwande verlängert werden. Sie wer=
den solches beachten und ausführen lassen. Mit der Unter=
schrift der Königin. Gegeben zu St. Ildefonso den 7 Octo=
ber 1832. Don Joseph de Cafranga."

Am 15 October erließ die Regentin folgendes merkwürdige
Amnestiedecret, das wörtlich lautete: „Für einen groß=
herzigen und frommgesinnten König, der sein Volk liebt
und dankbar für die Gebete ist, die es an den Allmächtigen
für seine Wiederherstellung richtet, ist nichts wesentlicher,
als das Vergessen der Schwächen derer, die aus Uebereilung

oder Verkehrtheit von der Linie der Achtung sich entfern=
ten, die ihnen vorgeschrieben war, und in der sie sich
stets ausgezeichnet hätten. Dieses Vergessen und die innige
Güte, mit welcher der König unter dem glorreichen Mantel
seiner Milde alle seine Kinder zu empfangen wünscht, indem
er sie Theil nehmen läßt an seiner Liebe und seinem Wohl=
wollen, sie zurückführt in den Schoß ihrer Familien, sie
befreit von dem eisernen Joche, dem sie schon dadurch allein
unterworfen waren, daß sie in fremdem Lande wohnten —
alle diese Betrachtungen, und was noch mehr ist, die bloße
Erinnerung, daß sie Spanier sind, müssen ihren aufrichtigen
und innigen Dank für die Größe und Huld Sr. Majestät des
Königs wecken, so wie ich selbst das herzlichste Vergnügen
fühle, indem ich seine edelmüthigen Entschlüsse bekannt mache.
Geleitet von so freundlichen Hoffnungen, und Gebrauch ma=
chend von den Rechten, die mir von meinem vielgeliebten,
sehr erlauchten Gemahl anvertraut wurden, bewillige ich,
im Einklange mit seinem Willen, die vollständigste und all=
gemeinste Amnestie, die bis jetzt von irgend einem Könige
bewilligt worden, allen denen, die bis jetzt als Staatsver=
brecher verfolgt worden, gleichviel mit welchem Namen sie
bezeichnet wurden. Ausgenommen jedoch von diesem Act der
Gnade sind — was ich mit widerstrebendem Herzen ausspreche
— alle, welche das Unglück hatten, für die Absetzung des
Königs in Sevilla zu stimmen, so wie alle, welche rebellische
Heere gegen die Souveränetät befehligten. (Gegeben in San
Ildefonso am 15 October 1832. (Unterz.) Die Königin.“
Es ist nicht uninteressant, zu bemerken, daß die junge Kö=
nigin Christine (geb. 1806) diese Sprache des edelsten Frei=
muths im Namen der constitutionellen Sache in einem Au=

genblicke führte, in welchem ihre ältere Schwester, die Her=
zogin von Berry (geboren 1798) wegen ihrer karlistischen
Aufruhrversuche der schimpflichsten Gefangenschaft entgegen
ging.

Man kann um so weniger an der Aufrichtigkeit der
jungen Königin zweifeln, als dieser edle Eifer ihr wirklich
gefährlich war, und sie sich genöthigt sah, denselben einem
Volk gegenüber zu mäßigen, das noch zu tief in den Banden
des Pfaffenthums lag, um sich so schnell, als sie es wünschte, zu
emancipiren. Sie errichtete ein neues Ministerium des
Innern, welches dem verwahrlosten Lande sehr nöthig war.
Graf Ofalia war dafür bestimmt, einstweilen übernahm es
der Finanzminister. An eine Zusammenberufung der Cortes
wurde gedacht, dieselbe aber noch verschoben.

Man bemerkte bald in den Schritten der Königin und
des Ministeriums eine gewisse Unsicherheit. Man schrieb da=
mals aus Madrid: „Die Regierung ist gewissermaßen noch
nicht installirt, da ihr Haupt, Zea Bermudez, fehlt, dessen
Gegenwart sehr nöthig ist, um die künftigen Grundlagen der
Verwaltung zu bestimmen, eine Arbeit, für die man mit
Recht auf seine Kenntnisse zählt. Indessen conspiriren die
Apostolischen in der Stille: ihre Agenten regen sich nach allen
Seiten, verbreiten einschüchternde Gerüchte, heften heimlich
Pasquinaden an, streuen Libelle aus und bringen Spott=
lieder unter das gemeine Volk. Auf der andern Seite heißt
es: der Gouverneur des Conseils habe trotz der Amnestie
Certificate über das politische Benehmen gefordert; ferner
soll der neue Kriegsminister, Monet, seinen Amtsantritt
damit bezeichnet haben, daß er einen mit einem Purifica=
tionspatente versehenen Officier für nicht purificirt erklärte.

Derselbe Minister soll fordern, daß alle seine Untergebenen
sich jeden Morgen um 8 Uhr im Hotel des Ministeriums
einfinden, um daselbst vor Eröffnung der Bureaur die Messe
zu hören. Alle diese Gerüchte, gegründet oder nicht ge=
gründet, circuliren überall und entmuthigen die Herzen.
Sieben und zwanzig Jahre von Leiden und Hoffnungen, die
nur wiederkehrten, um immer wieder grausam getäuscht zu
werden, drückten den Gemüthern der Spanier ein tiefes
Gefühl des Mißtrauens ein, das nur langsam und schwer
zu zerstören seyn wird."

Wirklich wurde ein Complot der Karlisten entdeckt, das
am 6 November ausbrechen sollte. Es veranlaßte viele Ver=
haftungen und ein Decret der Königin vom 15 November,
worin sie ihren sanften Bitten die Drohung hinzufügte:
„Wisset, daß wenn einer sich weigert, dieser väterlichen und
friedlichen Ermahnung zu gehorchen, und nicht alle Kräfte
anwendet, der durch sie vorgezeichneten Linie zu folgen, so
wird das schon erhobene Beil auf sein Haupt fallen,
wer auch der Verschwörer und seine Mitschuldigen seyn mögen,
unter welchem Namen alle diejenigen begriffen sind, welche,
ihrer Natur vergessend, die Unklugen verführen, und eine
andere Regierung empor zu bringen gedenken würden, als
die reine Monarchie unter der sanften Aegide ihres legiti=
men Souveräns, meines erhabenen und ausgezeichneten und
großmächtigen Königs, Don Ferdinands VII, meines er=
lauchten Gemahls, so wie er sie von seinen Vorfahren erhal=
ten hat."

Die Königin fand für nöthig, sich zum Absolutismus,
wenn auch zu einem gemäßigten zu bekennen, und dadurch der
Constitution abzusagen, weil die constitutionelle Partei zu

schwach,

FERDINAND VII,

König von Spanien.

schwach, der König selbst ihr zu feindselig war. Unter den
Ministern handelte der Kriegsminister Monet entschieden ab=
solutistisch, und selbst Zea Bermudez, der endlich anlangte,
unterstützte die Constitutionellen keineswegs und suchte das
voreilige Amnestiedecret der Königin durch die Erklärung
einer weniger liberalen Politik gleichsam zu desavouiren.
„Herr Zea glaubt, daß das Glück der Bevölkerung der Halb=
insel nicht durch neue, ihr unbekannte Doctrinen befördert
werde, daß es allein der Abstellung weniger Mißbräuche be=
dürfe, um sie zu den glücklichern zählen zu können, und nach
und nach auch in ihrer Mitte die Industriezweige aufblühen zu
sehen, die den Wohlstand anderer Nationen bilden. Nicht
vorlaute Geistesverfeinerung, sondern materielles Wohlbe=
finden ist es, was Herr Zea für das Bedürfniß seiner Lands=
leute hält. Man weiß nicht, ob es Kurzsichtigkeit oder Na=
tionaleitelkeit sind, welche Herrn Zea diese Ansicht von dem
Glücke seiner Landsleute geben, da er selbst ein aufgeklärter
und gewandter Staatsmann ist, der sich unter den schwierig=
sten Verhältnissen zu behaupten wußte. Dieser Umstand läßt
voraussetzen, daß er die Lage Spaniens und die Summe
oder die Verbreitung der intellectuellen Bildung der Nation
nicht für geeignet hält, große Veränderungen ohne Erschüt=
terung zu ertragen, und daß er aus Besorgniß, sein Vater=
land in einen convulsivischen Zustand zu versetzen, einen
Gang vorzieht, der langsam, aber sicherer zum Ziele führt.“
    In diesem Sinne erließ Herr Zea ein Umlaufschreiben
an die Mächte, worin er in Bezug auf innere Politik äu=
ßerte: „Ihre Majestät weiß wohl, daß die beste Regierung
für eine Nation diejenige ist, die ihrem Charakter und ihren
Sitten entspricht. Spanien will seine hoch verehrte Reli=

gion; es will, daß seine legitimen Könige ihres vollen An=
sehens, ihrer gänzlichen politischen Unabhängigkeit, ihrer
alten Constitution, einer unparteiischen Justizverwaltung,
eines innern Friedens, wobei der Handel, der Kunstfleiß,
der Ackerbau und die Künste blühen, genießen; dieß will die
spanische Nation, und dieß wird ihr auch ihre Regierung
geben. Die Königin erklärt sich für eine unversöhnliche
Feindin jeder religiösen und politischen Neuerung, die dahin
trachten sollte, in das Königreich in jeder Beziehung eine
andere Ordnung der Dinge als die bestehende einzuführen,
Sie verzichtet aber nicht darauf, in den verschiedenen Zwei=
gen der öffentlichen Verwaltung alle Verbesserungen anzu=
bringen, welche gesunde Politik und der Rath wahrer patrio=
tisch gesinnter Männer eingeben dürfte." Und in Bezug auf
äußere Politik: „Die einzige politische Frage, die das spa=
nische Cabinet beunruhigt hat, und deren schnelle Lösung
dasselbe interessirt, ist der bedauernswerthe Streit zwischen
den beiden Prinzen des Hauses Braganza. Ihre Majestät
wird von der eingeschlagenen Bahn nicht abweichen. Sie
wird eine vollkommene Neutralität beobachten, und sie er=
hält die feierlichsten Versprechungen von Frankreich und Eng=
land, daß diese beiden Staaten, die ihrerseits versprochene
Neutralität nicht überschreiten werden." Inzwischen ver=
fehlte Zea doch nicht, in einer ernsten Note England zu
ermahnen, daß es Don Pedro nicht so vielen Beistand leisten
solle, weil sich dieß mit der versprochenen Neutralität nicht
vertrage.

Unter Zea's Einfluß wurde am 15 December das Mini=
sterium modificirt. Cruz wurde statt Monets Kriegsmini=
ster, Pino statt des zu freisinnigen Cafranga, der die

liberalen Decrete der Königin unterzeichnet hatte, Justizminister. „Das Wanken in der eingeschlagenen vernünftigen
Bahn, welches mit dem oft bessern, oft schlimmern Zustande
des Königs zusammenhing, hatte Cafranga schon mehrmals
bestimmt, seine Entlassung einzureichen; endlich wurde sie
angenommen, und er ist nun Präsident (oder Gobernador)
des Consejo von Indien. — Auch Zea Bermudez's Ankunft
trug hiezu bei; denn dieser wünschte durch den zwischen Tod
und Leben schwebenden König allein und nach seiner Weise
(Willfür) zu regieren. Wie er die gesunderen Augenblicke des
Königs benutzt hat, davon zeugt das berühmte Circular, welches
die Karlisten beruhigen und die Liberalen einschüchtern sollte.
Es hat die Spanier aller Parteien nur beunruhigt, und den Gang
der Regierung schwieriger gemacht. — Der neue Minister des
Innern, Graf O f a l i a, ist von größern Kenntnissen und weit ge=
diegenerem Charakter, als Zea Bermudez, und schwerlich können
beide zusammenstehen. — Ofalia war im Ministerium des Aus=
wärtigen 1808, trat dann zu Josephs Partei, verließ sie je=
doch wieder 1811, wurde von Ferdinand seit 1815 in indischen
Angelegenheiten (die er gründlich kennt) häufig benutzt, und
trat dann in den Consejo de Guerra. 1825 war er Minister
des Auswärtigen. Gemäßigter und aufrichtiger als Zea, hat
er eine bedeutende Partei in der Nation, während jener sich
allein nur auf den Willen des Königs stützt. Es wäre da=
her kein Wunder, und es wäre selbst sehr gut, wenn Ofalia
die Stelle Zea's erhielte. Die Königin wird ihn wenigstens
vorziehen, und der neue Weg erfordert einen festern Führer,
als Zea ist."

Dieß war der Zustand Spaniens am Schluß des Jahrs
1832. Am letzten Tage dieses Jahrs erließ der König eine

feierliche Proteſtation gegen den ihm während ſeines Todes=
kampfs von Calomarde abgedrungenen Widerruf der pragma=
tiſchen Sanction. „Unredliche oder hintergangene Menſchen
umringten mein Krankenlager, vermehrten, indem ſie meine
und meiner geliebten Gemahlin Liebe für die Spanier miß=
brauchten, den Kummer derſelben, und machten meine
ſchmerzliche Lage peinlicher, indem ſie verſicherten, daß das
ganze Königreich der Beobachtung der pragmatiſchen Sanc=
tion entgegen ſey, und mir die Ströme von Blut und die
allgemeine Verheerung ſchilderten, welche die Folge ſeyn
würden, wenn dieſelbe nicht aufgehoben werden ſollte. Dieſe
abſcheuliche Vorſtellung, die unter Umſtänden gemacht wurde,
in denen für die Perſonen, die am meiſten ſchuldig waren
mir die Wahrheit zu ſagen, dieſe Pflicht beſonders heilig
wurde, und in einem Augenblicke, wo ich weder Zeit noch
Kraft hatte, dieſelbe gehörig zu prüfen, verwirrte meinen
ermatteten Geiſt, und beraubte mich der mir noch übrig ge=
bliebenen Urtheilskraft, ſo daß ich nur den Frieden und das
Wohl meiner Völker im Auge hatte, und (wie ich in demſel=
ben Decrete mich ausdrückte), ſo viel an mir war, dieſes
große Opfer der Ruhe der ſpaniſchen Nation brachte. Die
Treuloſigkeit vollendete das ſchändliche Gewebe, das mit Ver=
führung begonnen worden, und noch an demſelben Tage wur=
den Certificate von dem Geſchehenen nebſt einer Abſchrift
des Decrets verbreitet, indem das Siegel, das ich bis nach
meinem Tode zu reſpectiren befohlen, ungeſetzlicherweiſe er=
brochen wurde. Nunmehr von der Lügenhaftigkeit unterrich=
tet, mit der man die Redlichkeit meiner theuren, der Nach=
kommenſchaft ihres Königs immer treu ergebenen Spanier
verleumdet hatte, vollkommen überzeugt, daß es weder in

meiner Macht, noch in meinen Wünschen liegt, dem seit
undenklichen Zeiten bestehenden Erbfolgerechte entgegen zu
handeln, das durch Jahrhunderte aufgestellt, durch das Ge=
setz geheiligt, durch die berühmten Heldinnen, die mir auf
dem Throne vorangingen, gerechtfertigt, und von dem ein=
stimmigen Wunsche des Königreichs in Anspruch genommen
ist, endlich befreit von dem Einflusse und Zwange jener trau=
rigen Umstände, — erkläre ich feierlich, mit meinem un=
eingeschränkten Willen und aus eigenem Antriebe, daß das
mitten unter den Beängstigungen meiner Krankheit unter=
zeichnete Decret mir durch Ueberraschung entrissen wurde;
daß es eine Wirkung der falschen Schrecken war, mit denen
man mein Gemüth bestürmte; daß es nichtig und kraftlos
ist, indem es den Fundamentalgesetzen der Monarchie und
den mir, als König und Vater, gegen meine erlauchte De=
scendenz obliegenden Verpflichtungen entgegen steht."

Calomarde, dem die schwerste Rache drohte, war so
glücklich, nach Frankreich zu entkommen. Eben so Espanna,
dem sein Nachfolger in Catalonien, General Llander,
großmüthig das Leben rettete. „Als der letztere nach Barce=
lonà kam, war Espanna so keck, seinen Nachfolger zur Be=
glückwünschung besuchen zu wollen. Das Volk war auf der
Lauer; eine zahllose Menge umgab seinen Wagen, warf die
Gläser mit Steinen ein, und bedrohte das Leben des Erge=
neralcapitäns. Man versuchte, aber vergeblich, den Wagen
umzuwerfen. Eine Dame, deren Gatte auf Befehl des Gra=
fen unschuldig erschossen worden, zeichnete sich vorzüglich aus,
indem sie ihn eine halbe Stunde lang mit nur allzu verdien=
ten Vorwürfen überhäufte. Endlich kam er am Hause des
Herrn Llander an. Das Volk verfolgt ihn bis zur Treppe,

hält aber bei dem Anblicke Llander's still, so daß der Graf
Espanna nun gerettet war. Llander sagte dem Grafen:
„Wie konnten Sie so unvorsichtig seyn, Ihre Existenz aus=
zusetzen, und meine Autorität durch einen solchen Schritt
bloßzustellen? Erinnern Sie sich dessen nicht mehr, was Sie
gethan haben?" Hierauf kehrte er ihm den Rücken, und
umarmte den General Bigodet, einen Verbannten, der
kürzlich gelandet war, und die Amnestie benutzt hatte. Die=
ser General war einer von denen, welche die Regentschaft
1823 bildeten. General Llander behielt den Grafen Espanna
bis um 11 Uhr bei sich, und schickte ihn dann mit Beglei=
tung nach der Cidatelle zurück. Das Volk hatte den früher
weggefahrnen Wagen von neuem angegriffen, und in der
Meinung, daß der Graf darin sey, den Kutscher getödtet."

V.

Portugal.

1.

Don Pedro's Expedition.

Portugal befand sich noch immer in dem jammervollen Zustande, den wir in den frühern Jahrgängen geschildert haben. Don Miguel behauptete sich als Usurpator, als König de facto, obgleich ihn nur der Papst, Spanien und die Vereinigten Staaten anerkannt hatten. Umsonst hatten sich die Constitutionellen und Anhänger der legitimen Königin Dona Maria in den früheren Jahren von Zeit zu Zeit gegen das unerträgliche Joch des Tyrannen aufgelehnt. Alle diese Versuche waren vereitelt und grausam gerächt worden. Zahlreiche Hinrichtungen färbten Lissabon und Oporto mit Blut, alle Kerker waren überfüllt, und Tausende wurden in Ketten nach den afrikanischen Colonien in Ceuta und Angola geschleppt. Die Aufstände, die Verschwörungen hatten ihr Ende erreicht. Don Miguel ruhte unter Gräbern und Kerkern. Von innen her war keine Gefahr mehr für ihn, denn er hatte seine Gegner im Lande zertreten. Allein von außen zog sich ein Gewitter zusammen, dessen Blitz ihn

treffen follte. Sein Bruder, Don Pedro, der Vater der
rechtmäßigen Königin Portugals, war im vorigen Jahre von
Brafilien, deffen Kaiferfrone er verloren, nach England ge=
fommen und hatte eine Flotte und ein fleines Heer gerüftet,
womit er im Namen feiner Tochter ihn angreifen wollte.
Um diefem Sturm zu troßen, rüftete Don Miguel ein Heer
von 30,000 Mann, ungerechnet die Milizen und von den
Pfaffen aufgehetzten Guerillas. Und um feine Caffe zu fül=
len, erneute er die gezwungenen Anleihen. Viele Reiche, die
fich dagegen fträubten, wurden in den Kerfer geworfen, der
Baron Quintilla, dem eine große Summe auferlegt worden
war, aller feiner Würden entfetzt. Endlich bemühte fich Don
Miguel eifrigft um den bewaffneten Beiftand des benachbar=
ten Spanien; doch hier hielt ihm der Einfluß Englands und
Frankreichs die Wage, und Spanien fah fich gezwungen,
neutral zu bleiben.

Don Pedro hatte bei der Ausrüftung feiner Flotte, wie
wir fchon im vorigen Jahrgang fahen, mit großen Schwie=
rigfeiten zu fämpfen. Man legte eine Zeit lang Befchlag
auf feine Schiffe, man verurfachte ihm durch die Verzöge=
rung große Koften und erfchöpfte feine Caffe. Man duldete
nicht, daß er die conftitutionellen Generale, die fich früher
in der portugiefifchen Sache berühmt gemacht hatten, unter
feine Armee aufnahm. Saldanha machte im Januar
1832 öffentlich befannt, daß der diplomatifche Einfluß fich
feiner Theilnahme an Don Pedro's Expedition widerfetzt
habe. Eben fo bitter flagten die Generale Stubbs,
Moura, Cabreira. Diefe diplomatifche Vorficht ging
von England und Frankreich aus und hatte wahrfcheinlich
zum Zweck, der Expedition Don Pedro's den Schein einer

conſtitutionellen und liberalen Sache zu nehmen und ſie mehr
im Licht einer legitimen Familienangelegenheit erſcheinen zu
laſſen, damit die abſolutiſtiſchen Mächte des Nordens weni=
ger Anſtoß daran nehmen möchten. Und zugleich ſcheint man
beſorgt zu haben, jene alten conſtitutionellen Helden möchten
in Portugal ſelbſt, wenn ſie erſt dort wären, einen zu gro=
ßen Einfluß gewinnen und im Sinne der revolutionären Pro=
paganda handeln. Dagegen ließ es ſich England gefallen,
daß Don Pedro einen Engländer, den Admiral Sarto=
rius, zum Befehlshaber ſeiner Flotte, den auf der Inſel
Terceira commandirenden Grafen Villaflor zum Befehls=
haber ſeiner Armee, und den gewandten Diplomaten Marquis
Palmella zu ſeinem erſten Miniſter ernannte. Ueberdieß
befanden ſich mehr als 1000 Fremde unter Don Pedro's Armee,
die Engländer unter Obriſt Hodges, die Franzoſen unter
Graf St. Legier, und verſchiedene andere Fremde unter
dem deutſchen Oberſt Schwallbach.

Am 31 Januar begab ſich Don Pedro zu ſeiner bei
Belle=Isle verſammelten Flotte, die aus 3 Fregatten und
7 kleinern Kriegsſchiffen beſtand. Von hier aus wollte er in
Perſon nach Terceira fahren, ſich dort mit den Truppen
Villaflor's verſtärken und dann ungeſäumt Portugal angrei=
fen. Zuvor aber erklärte er in einem feierlichen Manifeſt vom
2 Februar die Gründe und den Zweck ſeiner Unternehmung:
„Durch das Erſtgeburtsrecht und die Grundgeſetze der Mon=
archie, wie ſie in der Carta de Lei, und dem perpetuellen
Edicte vom 25 November 1825 angeführt ſind, berufen, dem
Könige, meinem erlauchten Vater auf dem Throne Portugals
zu folgen, bin ich von allen Mächten förmlich als König
von Portugal anerkannt worden, ſo wie auch von der por=

tugiefifchen Nation, die mir nach Rio Janeiro eine aus
Repräsentanten der drei Stände des Staats bestehende De=
putation zusandte. Jedoch stets von dem Wunsche beseelt,
selbst um den Preis der größten Opfer das Wohl meiner Un=
terthanen beider Erdhälften zu sichern, und nicht Willens,
daß die gegenseitig zwischen beiden Ländern in Folge der
Trennung so glücklich bestehenden Freundschaftsverhältnisse
durch die zufällige Vereinigung beider Kronen auf einem und
demselben Haupte gefährdet würden, entschloß ich mich der
Krone Portugals zu Gunsten meiner vielgeliebten Tochter,
Dona Maria da Gloria, zu entsagen, welche ebenfalls von
allen Mächten und der portugiesischen Nation anerkannt wur=
de. — Als ich im Begriffe stand, diese Entsagung zu voll=
ziehen, fand ich mich durch meine Pflichten und meine Ge=
sinnungen für das Land meiner Heimath, so wie für die edle
portugiesische Nation, die mir den Eid der Treue geleistet,
veranlaßt das Beispiel meines ruhmwürdigen Vorfahren,
Don Joao's IV zu befolgen, und benußte wie er, den kurzen
Zeitraum meiner Regierung, um die portugiesische Nation in
den Genuß ihrer alten Rechte und Privilegien wieder einzu=
sehen, indem ich dergestalt die Verpflichtungen erfüllte, die
mein erlauchter Vater, glorreichen Andenkens, in seiner
Proclamation vom 31 Mai 1823 und in der Carta de Lei
vom 4 Januar 1824 eingegangen war. — Zu diesem Behufe
ertheilte ich Portugal am 29 April 1826 eine constitutionelle
Charte, in welcher die alte Form der portugiesischen Re=
gierung und die Verfassung des Staates factisch bestätigt
sind. Damit die Charte in der That eine Bestätigung und
eine Folge des Grundgesetzes der Monarchie seyn möge, sicherte
ich vor allen Dingen der allerheiligsten Religion unserer Vä=

ter den feierlichſten Schutz und die tiefſte Ehrfurcht zu; be=
ſtätigte ich das Thronfolge=Geſetz nebſt allen Cläuſeln der
Cortes von Lamego; ſetzte ich die Perioden der Zuſammen=
berufung der Kammern feſt, wie dieß bereits früher unter
den Regierungen der Könige Don Alfonſo V und Don Joao III
üblich geweſen; erkannte ich die beiden weſentlichen Grund=
ſätze der alten portugieſiſchen Regierung an, daß nämlich
Geſetze nur unter Mitwirkung der Cortes erlaſſen werden
können, und daß nur in den Cortes, niemals aber außerhalb
derſelben, die Auflagen und die Verwaltung des Staats=
ſchatzes verhandelt und beſtimmt werden dürfen; endlich ver=
fügte ich, daß die beiden Stände der Geiſtlichkeit und des
Adels, die aus den geiſtlichen und weltlichen Großen des
Reichs beſtehen, hinfür zu einer einzigen Kammer vereinigt
werden ſollten, indem die Erfahrung die Nachtheile erwieſen,
die aus einer beſondern Berathung dieſer beiden Stände ent=
ſprangen. — Ich fügte noch einige andere Beſtimmungen
bei, welche ſämmtlich die Befeſtigung der National = Unab=
hängigkeit, der königlichen Würde und Autorität, ſo wie des
Wohles und der Freiheit des Volkes zum Zwecke hatten.
Von dem Wunſche beſeelt, dieſe Wohlthaten nicht den ge=
fahrvollen Wechſelfällen und den Nachtheilen einer Minori=
tät preiszugeben, hielt ich es für angemeſſen, dieſelben da=
durch zu conſolidiren, daß ich meine erlauchte Tochter mit
einem portugieſiſchen Prinzen verband, der durch religiöſe und
Familienbande natürlich geneigt ſeyn mußte, ſich mehr als
jeder Andere für die vollkommene Verwirklichung der Refor=
men zu intereſſiren, mittelſt deren ich das Glück der portu=
gieſiſchen Nation zu befördern hoffte. — In meiner Eigenſchaft
als Vater ſchmeichelte ich mir auch mit der Ueberzeugung,

daß die guten Beispiele des tugendhaften Monarchen, meines hohen Verwandten, an deſſen Hofe jener Prinz ſich aufhielt, ihn würdig gemacht haben würden, die ganze Heiligkeit des Vertrauens zu begreifen, welches ein Bruder in ihn ſetzte, der die ganze Zukunft einer geliebten Tochter in ſeine Hände gab. — Dieß war die Urſache, daß meine Wahl auf den Infanten Don Miguel fiel: unglückſelige Wahl, die viele unſchuldige Opfer mit mir beweint haben, und die eine der unheilvollſten Epochen in der portugieſiſchen Geſchichte bezeich= nen wird! — Der Infant Don Miguel, nachdem er mir, als ſeinem natürlichen Souverän, ſo wie der conſtitutionellen Charte in ſeiner Eigenſchaft als portugieſiſcher Unterthan, den Eid geleiſtet; nachdem er bei mir die Würde eines Regenten des Königreichs Portugal, Algarbien und ihrer Dependenzien nachgeſucht, welche Würde ich ihm in der That mit dem Titel eines Generalſtatthalters durch das De= cret vom 8 Julius 1827 ertheilte; nachdem er freiwillig den Eid geleiſtet, die conſtitutionelle Charte aufrecht zu halten, wie ſie von mir der portugieſiſchen Nation er= theilt worden, und die Krone der Königin Dona Maria II bei Antritt ihrer Majorität zuzuſtellen — beging ein unter ſolchen Umſtänden beiſpielloſes Attentat. Unter dem Vor= wande, eine weder de facto noch de jure ſtreitige Frage zu entſcheiden, berief er, mit Verletzung der ſo eben von ihm beſchwornen conſtitutionellen Charte durch einen Mißbrauch der ihm von mir anvertrauten Autorität, die drei Stände des Königreichs auf eine höchſt ungeſetzliche und illuſoriſche Weiſe zuſammen, und indem er die Achtung mit Füßen trat, die er allen Souveränen Europa's, welche meine Tochter Dona Maria II, als Königin von Portugal anerkannt hatten,

schuldig war, ließ er durch die vorgeblichen Abgeordneten,
die sich unter seiner Macht und seinem Einflusse befanden,
entscheiden, auf ihn und nicht auf mich habe die Krone Por=
tugals, nach dem Tode Don Joao's VI übergehen müssen;
und so schritt er zur Usurpation des Throns, den ich ihm
anvertraut hatte. Die auswärtigen Mächte gaben ihren Un=
willen über diesen Act der Rebellion dadurch zu erkennen,
daß sie unverzüglich ihre Repräsentanten von dem Lissaboner
Hofe abberiefen; die von mir (in meiner Eigenschaft als Kai=
ser von Brasilien) bevollmächtigten Minister zu Wien und
London erließen selbst unterm 24 Mai 1828 und unterm 8
August desselben Jahrs zwei feierliche Protestationen gegen
alle und jede Verletzung meiner Erbrechte und deren meiner
Tochter, gegen die Vernichtung der freiwillig von mir er=
theilten und auf gesetzlichem Wege in Portugal eingeführten
Institutionen, gegen die ungesetzmäßige und trügerische Zu=
sammenberufung der vormaligen Stände dieses Königreichs,
welche eben sowohl in Folge einer langen Verjährung als
kraft der von mir ausgegangenen Institutionen aufgehört
hatten, gegen die Entscheidung dieser vorgeblichen drei Stände
des Königreichs, und die Gründe, worauf sie dieselbe zu
stützen gesucht, endlich aber und vor allem gegen die falsche
Auslegung eines alten Gesetzes der Cortes von Lamego, so
wie eines andern vom 22 Sept. 1642, welches von dem Kö=
nige Joao IV auf Verlangen der drei Stände und zur Be=
stätigung des obermähnten Gesetzes der Cortes von Lamego
erlassen worden war. Alle diese Protestationen sind mit dem
Blute besiegelt worden, welches so viele Opfer der erprobte=
sten Treue fast täglich vergossen. Nachdem er einmal die
Bahn der Gewaltthätigkeiten und der Ungesetzlichkeiten be=

treten, konnte der Prinz, der sich eine so sträfliche Usurpation
zu Schulden kommen lassen, nicht mehr Halt machen, und
verhängte über die unglücklichen Portugiesen einen schwerern
Druck, als je ein anderes Volk ertragen. Um eine Regie=
rung zu unterstützen, welche sich vom Nationalwillen ausge=
gangen zu seyn rühmte, mußte man Schaffotte errichten,
auf denen eine große Anzahl derjenigen hingerichtet wurde,
die es versuchten dem verhaßten Joche der Usurpation zu
widerstehen; alle Gefängnisse des Königreichs wurden mit
Opfern angefüllt, denn man bestrafte nicht das Verbrechen,
sondern die Loyalität und die Achtung vor der beschwornen
Treue. Eine zahllose Menge Unschuldiger wurden nach den
furchtbaren Einöden Africa's verwiesen; andere beendigten
ihr Daseyn in grauenvollen Kerkern, von Angst und Mar=
tern gepeinigt; endlich wimmelten die fremden Länder von
Portugiesen, die ihr Vaterland flohen und sich gezwungen
sahen, fern von demselben die Bitterkeit eines unverdienten
Exils zu ertragen!!! — So stürmten auf mein Geburtsland
alle Gräuel los, die menschliche Verworfenheit nur zu ersin=
nen vermag! Unterdrückung der Einwohner durch Gewalt=
thätigkeit, die von den über sie gesetzten Behörden begangen
wurden; Beschimpfung der portugiesischen Annalen durch de=
müthige Genugthuung, zu denen die sinnlose Regierung der
Usurpation sich verurtheilt gesehen, zur Buße für Handlun=
gen einer thörichten Grausamkeit, deren sie sich gegen fremde
Unterthanen mit Verachtung ihrer Regierungen vermessen;
Unterbrechung der diplomatischen und commerciellen Verhält=
nisse mit ganz Europa; endlich die Tyrannei, den Thron
besudelnd, Elend und Unterdrückung, die edelsten Gefühle
des Volks erstickend; dieß ist das Bild des Grauens, welches

Portugal seit beinahe vier Jahren darbietet. Mein Herz, bei dem Anblicke so vieler Leiden von Betrübniß durchdrungen, tröstet sich gleichwohl, indem es den sichtlichen Schutz erkennt, den Gott, der höchste Lenker der Throne, der edlen und gerechten Sache, die wir vertheidigen, zu Theil werden läßt. Wenn ich erwäge, wie die Treue troß der größten Hindernisse jeder Art auf der Insel Terceira (als Asyl und Bollwerk der portugiesischen Freiheit schon in andern Epochen unserer Geschichte verherrlicht) jene schwachen Hülfsquellen zu bewahren gewußt, mittelst deren es ihren edeln Vertheidigern nicht allein gelungen, die übrigen azorischen Inseln nochmals an das Scepter meiner erhabenen Tochter zu knüpfen, sondern auch alle uns gegenwärtig zu Gebote stehenden Streitkräfte daselbst zu vereinigen, wie sollte ich da nicht den besondern Schutz der göttlichen Vorsehung erkennen! — Gestärkt durch ihren Beistand, und auf das Verlangen, welches die gegenwärtige Regentschaft im Namen Ihrer Allergetreuesten Majestät durch eine Deputation an mich gerichtet, welche abgesandt wurde, um dieser Monarchie und mir selbst den lebhaftesten Wunsch zu bezeugen, den die Bevölkerung der Azoren und die übrigen auf diesen Inseln befindlichen treuen Unterthanen hegen, daß ich öffentlich in den Angelegenheiten J. Allergetreuesten Majestät die Stelle übernehmen möge, die mir in meiner Eigenschaft als Vater, Vormund und natürlicher Vertheidiger meiner Tochter, so wie als Oberhaupt des Hauses von Braganza, zukommt, und in Erfahrung zu bringen, ob ich in einer solchen Krisis, die von den Umständen gebieterisch erheischten Maßregeln schleunig und wirksam ergreifen würde, endlich durch das Gefühl der Pflichten bewogen, welche das Grundgesetz von Portugal mir aufgelegt, beſchloß ich mich der Ruhe zu entreißen, deren Genuß meine gegenwärtige Lage mir geſtattete: und mich trennend von den meinem Herzen theuerſten Gegenſtänden, die ich auf dem Feſtlande zurücklaſſe, werde ich mich den Portugieſen anſchlie= ßen, welche für den Preis der größten Opfer durch ihre hel= denmüthige Tapferkeit allen Anſtrengungen der Uſurpation zu widerſtehen vermochten. — Nachdem ich denjenigen, die auf den azoriſchen Inſeln, die von mir während meiner Ab= weſenheit ernannte Regentſchaft bildeten, meine Dankſagun= gen für den Patriotismus abgeſtattet, womit ſie ihre Func= tionen unter ſo ſchwierigen Umſtänden ausgeübt, werde ich aus den oberwähnten Gründen, die von eben dieſer Regent= ſchaft ausgeübte Autorität übernehmen und dieſelbe beibe= halten, bis die legitime Regierung meiner erhabenen Tochter in Portugal wieder hergeſtellt ſeyn wird, und bis die unver= züglich von mir einzuberufenden Kammern darüber berath= ſchlagt haben werden, ob es angemeſſen ſey, daß die Aus= übung der im Art. 92 der conſtitutionellen Charte angegebe= nen Rechte mir noch ferner übertragen bleiben. Würde dieſe Frage bejahend entſchieden, ſo werde ich alsbald den von dieſer Charte zur Ausübung der genannten Regentſchaft er= forderten Eid leiſten. — Alsdann werden die unterdrückten Portugieſen das Ziel der Leiden, die ſeit ſo langer Zeit auf ihnen laſten, vor ſich ſehen. Sie haben keine Reaction, keine Rache von Brüdern zu befürchten, die nur herbeieilen, um ſie zu befreien, die nichts ſehnlicher wünſchen, als ſie in ihre Arme zu ſchließen, die während der ganzen Zeit, daß ſie von dem vaterländiſchen Boden verbannt geweſen, ihr ge= meinſames Unglück mit ihnen beweint, und einander ver= ſprochen haben, daſſelbe in ewige Vergeſſenheit zu begraben. —

Was

Was die Unglücklichen betrifft, deren schuldbeladenes Ge=
wissen dem Sturze der Usurpation, die sie befördert haben, mit
Besorgniß entgegen sieht, so mögen sie überzeugt seyn, daß
wenn auch die Wirksamkeit der Gesetze sie in dem Genusse po=
litischer Vorrechte heimsuchen dürfte, die sie zum Verderben
ihres Vaterlandes so schmählich mißbraucht, keiner von ihnen
jedoch für sein Leben, oder für seine bürgerlichen Rechte, oder
für sein Vermögen (mit Vorbehalt der Rechte Dritter) solche
Gewaltsamkeit zu befürchten haben wird, als auf eine uner=
hörte Weise so viele ehrenwerthe Männer betroffen, deren
einziges Verbrechen die Vertheidigung der Landesgesetze ge=
wesen. — Ich werde ein Amnestiedecret zur öffentlichen
Kunde bringen, worin die Gränzen dieser Begnadigung deut=
lich angegeben seyn werden; ich erkläre jedoch von heute an,
daß keine Angeberei über vergangene Thatsachen, Ereignisse
oder Meinungen Eingang finden wird, und daß alle ange=
messenen Maßregeln getroffen werden sollen, damit Nie=
mand hinfür aus dergleichen Gründen behelliget werden
könne. Auf diesen Grundlagen werde ich mit dem beharr=
lichsten Eifer beschäftigt seyn, alle Verfügungen zu treffen,
die zur Ehre und Wohlfahrt der portugiesischen Nation bei=
tragen sollen; eine der ersten wird die Herstellung der poli=
tischen und commerciellen Verhältnisse seyn, die zwischen
Portugal und den übrigen Nationen bestanden, mit gewissen=
hafter Achtung der Rechte einer jeden, und mit sorgfältiger
Vermeidung alles dessen, was uns in Angelegenheiten aus=
wärtiger Politik verwickeln und dadurch verbündete und be=
nachbarte Nationen beunruhigen könnte." —

Kaum war Don Pedro's Flotte abgesegelt, als die Tories
im englischen Parlament einen Sturm gegen das Ministe=

rium erhoben, welches die Unternehmung zugelassen hatte, am 9 Februar. Doch behielten die Minister in dieser so populären Sache die Oberhand, und hatten eher nöthig, sich zu entschuldigen, warum sie nicht schon längst der Tyrannei Don Miguels, dieses Schandflecks der neuesten europäischen Geschichte, ein Ende bereitet hätten.

Don Pedro kam am 3 März auf Terceira an, wurde mit großem Jubel empfangen und übernahm, laut seinem Manifest, die bisher von Villaflor geleitete Regentschaft im Namen seiner Tochter. Die jahrelang hier zusammengedrängten portugiesischen Flüchtlinge jubelten, das Ende ihres Exils nahe zu sehen, und Don Pedro brachte durch sie seine Armee auf etwa 8000 Mann Landtruppen. Seine Schiffe blokirten die Insel Madeira, da aber hier zu Anfang des Jahres ein Aufstand zu Gunsten der Dona Maria grausam unterdrückt worden war, und Don Miguels Behörden wachsam waren, hielt sich Don Pedro nicht mit der Eroberung dieser Insel auf, sondern beschleunigte seine Rüstungen gegen Portugal selbst und ging dahin mit allen seinen Streitkräften unter Segel, am 25 Junius.

Don Miguel erwartete ihn in Lissabon und hatte in dieser Stadt seine ganze Macht concentrirt. Aber eben das wußte Don Pedro und nahm daher seine Richtung nach Oporto, wo man keine Vertheidigungsanstalten getroffen hatte. Er wollte es nicht darauf ankommen lassen, mit seiner geringen Mannschaft von Lissabon zurückgeschlagen zu werden. Dieser Eine Schlag hätte seine Leute muthlos gemacht und das ganze Unternehmen gelähmt. Es schien ihm räthlicher, sich in Oporto festzusetzen, hier die Verstärkungen an sich zu ziehen, die ihm seine Agenten in England und

Frankreich nachſenden ſollten; und erſt von hier aus uns
mit Hülfe einer Inſurrection im Lande ſelbſt Liſſabon anzu=
greifen.

Nach einer glücklichen Fahrt kam Don Pedro am 8 Ju=
lius vor Oporto an, und hielt ohne Widerſtand am folgen=
den Tage ſeinen Einzug in dieſer Stadt, indem die Migue=
liſten unter General Santa Marta, von paniſchem
Schrecken ergriffen, obgleich ſie 4000 Mann ſtark waren,
Oporto räumten und ſich nach Coimbra zurückzogen. Don
Pedro ließ ſie verfolgen, mußte ſich aber bald auf Oporto
zurückziehen und konnte keine Inſurrection des Landes
zu Stande bringen, da Santa Marta ſich mit dem Ge=
neral Povoas vereinigte, der mit großen Verſtärkungen
in Coimbra anlangte. In Liſſabon hätte ſich ein Theil
des 13ten Regiments bei der Nachricht von Don Pedro's Lan=
dung empört, war aber leicht überwunden worden; der
Schrecken hielt die Gemüther gefeſſelt, und Don Miguel
konnte den Kern ſeiner Armee gegen Oporto wenden. Don
Pedro beſchränkte ſich daher auf die Befeſtigung Oporto's, um
ſich hier zu halten, da es thöricht geweſen wäre, wenn er
mit ſeinen geringen Streitkräften ſich tief ins Land gewagt
hätte. Zugleich aber ſchickte er den Admiral Sartorius
ab, um por Liſſabon zu kreuzen und Don Miguels
Flotte zu beobachten, und den Marquis Palmella ſandte
er nach England, um dort theils auf diplomatiſchem
Wege, theils in Betreff der noch erwarteten Verſtärkun=
gen, Proviant= und Geldſendungen aufs thätigſte für ihn
zu wirken. Endlich erließ er am 6 Auguſt einen Tags=
befehl, zur Beruhigung Spaniens, weil er noch im=
mer beſorgt war, Spanien werde dem Don Miguel beiſtehen.

„Se. Majestät der Herzog von Braganza, Regent im Na=
men der Königin, hat erfahren, daß der spanische General
Mina, Hr. Arescun und ein Franzose Namens Bertrand,
sich nach diesem Hafen wenden, mit Anschlägen — wie man
wenigstens Verdacht hegt — gegen die Ruhe Spaniens, un=
sers Nachbarlandes. Da nun Se. Majestät, unser erlauch=
ter Herr, feierlich sein kaiserliches Wort den europäischen
Mächten gab, nie zu gestatten, daß irgend ein Unterthan
Sr. katholischen Majestät, gegen den sich der geringste Ver=
dacht erheben könnte, als wollte er die Ruhe jenes König=
reichs stören, in irgend einem Theile des Königreichs Portu=
gal oder der portugiesischen Besitzungen, der bereits zum
Gehorsam gegen die legitime Souverainin zurückkehrt ist,
eintreten oder in demselben wohnen dürfe, wovon Se. Maj.
bereits einen offenbaren Beweis gaben durch die am 25 Mai
d. J. dem Oberbefehlshaber ihrer Heere in der Provinz der
Azoren zugesendeten Befehle: so verordnen Se. Majestät,
daß dieselben Befehle Ew. Excellenz mitgetheilt werden, da=
mit Sie dieselben ohne Verzug vollziehen, und die obener=
wähnten Fremden, so wie sie an der Barre des Hafens an=
kommen, in das Schloß San Joao del Foz führen lassen,
wo sie gefangen gehalten und genöthigt werden sollen, sich
auf dem ersten Fahrzeuge wieder einzuschiffen, das aus die=
sem Hafen nach irgend einer andern Bestimmung als nach
dem Königreiche Spanien oder dessen Besitzungen auslaufen
wird. Se. Majestät wollen, daß derselbe Befehl auf jeden spa=
nischen Unterthan angewendet werde, der hier ankäme, ohne
mit einem von den gesetzlichen Behörden dieses Königsreichs
oder von seinen Gesandten oder Consuln in den fremden
Ländern ausgestellten Passe versehen zu seyn.‟

Don Miguel seinerseits verließ sich außer auf seine Ar=
mee vorzüglich auf die Rohheit des Volkes, das durch seine
treuen Anhänger, die Pfaffen, aufs eifrigste bearbeitet wurde.
Sie schilderten Don Pedro als ein Ungeheuer, und die Eng=
länder und Franzosen in seinem Gefolge gaben ihnen einen
erwünschten Anlaß, den alten Haß gegen die Ketzer zu ent=
flammen. Während Don Pedro die strengste Mannszucht,
Versöhnung und Amnestie verkündigte, malten die Pfaffen
sein Bild als das eines Räubers aus, der nur sengen und
brennen, plündern, morden, schänden, und die alte Reli=
gion vernichten wolle. Um sich die Geistlichen noch mehr zu
befreunden, verkündete Don Miguel unterm 30 August feier=
lich, daß die Jesuiten in den Besitz aller ihrer ehemaligen
Güter und Rechte wieder eingesetzt werden sollten.

2.
Der Kampf um Oporto.

Die Stadt Oporto liegt unweit der Mündung des Duero=
Flußes, und hat ungefähr 70,000 Einwohner. Sie ist auf
dem Abhange eines Gebirgs erbaut, dessen Höhe 35 bis 40
Toisen erreicht, und sie liegt auf der schrägen Ebene, die sich
von dem Berggipfel bis an den Saum des Wassers erstreckt.
Der Duero ist tief und reißend und etwa 300 Ellen breit.
Eine gegenwärtig abgebrochene Schiffbrücke verbindet die
Stadt mit der Vorstadt Villa=Nova. Oporto ist seiner Lage
wegen sehr eng. Auf einem Berge, der dem, worauf Oporto
gebaut ist, an Höhe gleich kommt, liegt das Kloster da
Serra, welches die Vorstadt und Stadt beherrscht. Drei

Straßen gehen von der Stadt aus; die eine nördlich nach
Braga, eine zweite östlich nach Amarante, und die dritte
südlich durch Coimbra nach der Hauptstadt. Sie sind sämmt=
lich sehr schlecht, uneben und steinig, und für Evolutionen
der Cavallerie und Artillerie höchst unbequem. Die Gegend
ringsumher ist voller unregelmäßiger Hügel, die zahlreiche
feste Positionen darbieten.

Don Pedro durfte sich von der Stadt nicht weit entfer=
nen, um nicht von derselben abgeschnitten zu werden, da
Don Miguel eine starke Macht gegen ihn schickte. Die unter
Santa Marta und Povoas vereinigte Miguelistische Armee
von 12000 Mann ging über den Duero und concentrirte sich
bei Vallonga, ganz nahe bei Oporto. Don Pedro aber
ließ sie augenblicklich angreifen, am 23 Julius. Ein Au=
genzeuge berichtet darüber im englischen Courier: „Am 21
Abends marschirten alle unsere Truppen, den Kaiser an der
Spitze, ab, dem Feinde entgegen; in Villa = Nova blieb
kein Soldat und die Stadt demnach unter dem Schutze der
neuerrichteten Freiwilligen=Bataillone. Am 22 nahm unsere
Armee Stellung dem Feinde gegenüber, der auf den Anhöhen
von Vallonga stand, und blieb daselbst bis zum Morgen des
23sten. Der Feind hatte wenigstens 12,000 Mann, wir nur
7000, der Rest befand sich auf den Transportschiffen, die mit
Sartorius nach Lissabon gegangen waren. An diesem Mor=
gen begann das Gefecht, nachdem der Nebel verschwunden
war, um halb 11 Uhr und dauerte bis 7 Uhr Abends, in=
dem beide Parteien wie die Teufel fochten. Da man den
Kampf hören mußte, so kann ich mir eine Vorstellung ma=
chen, wie er war, und die, die ihn sahen, beschreiben ihn
als fürchterlich; unsere Truppen siegten jedoch endlich, in=

dem sie den Feind aus seinen zum Theil vortrefflichen Po=
sitionen nach und nach vertrieben; der Feind floh mit Aus=
nahme einer Division, die sich in guter Ordnung zurückzog,
nach allen Richtungen, die Unsrigen verfolgten ihn bis jen=
seits Baltar, wo sie Halt machten. Während die große
Schlacht vor sich ging, fand General Povoas, daß Villa=Nova
verlassen sey und begann ein Geplänkel; unsere Kriegsschiffe
aber, die von der Brücke abwärts bis Gaja aufgestellt waren,
feuerten einige wohlgezielte Schüsse ab, und machten ein Ge=
schütz unbrauchbar, das man gegen die Stadt richtete; dieß
schien ihm das Feuern zu verleiden, es fiel nur noch hie und
da ein Schuß. In derselben Nacht, als die Nachricht
vom Erfolg unserer Truppen zu Vallonga ankam, als die
Stadt illuminirt wurde, und die Glocken ertönten, schien
der Feind von panischem Schreck ergriffen zu werden, und
am nächsten Morgen sah man nicht eine Seele mehr dießseits
Carvalhos. Die wohlthätigen Resultate des Siegs von Car=
valhos wurden dadurch sehr gemindert, daß der Gouverneur
am Morgen des 24sten die falsche Nachricht erhielt, es sey eine
beträchtliche Macht bei Auriotes über den Fluß gegangen, und
werde die Stadt erreichen, ehe die Truppen von Vallonga
zurückkehren könnten. Dieß erregte einen panischen Schrecken,
der bis 8 Uhr dauerte, wo es sich zeigte, daß es ein falscher
Allarm war; zum Unglück aber hatte der Gouverneur Nach=
richt an den Kaiser gesendet, ehe der Irrthum sich aufgeklärt
hatte, so daß Don Pedro, statt, wie er beabsichtigte, am 24sten
den Feind wenigstens eine Zeit lang zu verfolgen, mit seiner
ganzen Armee zurückeilte. Aber ich habe Ihnen nun eine
Geschichte zu erzählen, um zu zeigen, welcher schrecklichen
Verbrechen die Migueliften und Mönche fähig sind, um ihre

Zwecke zu erreichen. In derselben Nacht, wo die Truppen aus der Schlacht zurückkehrten, stand das Franciscanerkloster, in welchem das 2te und 5te Jägerbataillon einquartirt waren, mit Einemmal an vier Ecken in Feuer, und die Flammen breiteten sich so schnell aus, daß die Truppen große Mühe hatten zu entrinnen; fünf Mann kamen jedoch in den Flammen um. Sie können sich den Abscheu, die Entrüstung, die Wuth über einen so teuflischen Anschlag vorstellen; denn bei genauer Untersuchung ergab sich, daß man fünf Klöster, in denen Truppen einquartirt waren, in Brand stecken wollte, denn man fand in allen fünf Brennmaterialien. Am andern Morgen, den 25sten, suchte man allenthalben nach Mönchen jeder Art; die meisten waren verschwunden; nur einige wurden gefangen und wenige sogleich niedergemacht.".

Der glückliche Ausgang des Gefechtes bei Vallonga und mehr noch die Unfähigkeit und Uneinigkeit der beiden Miguelistischen Generale ließen Don Pedro Zeit, die Stadt stärker zu befestigen, im Innern zu verbarrikadiren, und nach Außen mit neuen Schanzen zu versehen. Besonders verstärkte man das wichtige Serra = Kloster, dagegen versäumte man, das andere Ufer des Duero da, wo es die Einschifffahrt beherrscht, zu befestigen, wovon indeß die Miguelisten damals noch keinen Vortheil zu ziehen wußten.

Am 7 August machten die letzteren einen neuen Angriff. "Graf Villaflor griff den Vortrab am Morgen des 7 August mit 3000 Mann an, trieb ihn zurück, und machte einige Gefangene. Das Zurückweichen der Truppen Don Miguels war unglücklicher Weise planmäßig, die Truppen Don Pedro's fielen in einen Hinterhalt, denn plötzlich stießen sie auf eine Verstärkung des Feindes von 9000 Mann, die sie

zum Rückzug nöthigte, wobei sie 150 bis 200 Mann an Tod=
ten und Verwundeten und 2 Feldstücke verloren, und den
Feind in vollem Besitze der Südseite des Flusses ließen. Ge=
neral Povoas ward während des Gefechts abgeschickt, um
über die Brücke zu gehen, und in Oporto einzudringen,
ward aber abgeschreckt, weil die Brücke durch Kanonenboote
vertheidigt wurde.''

Dann folgte einen Monat lange Ruhe, während welcher
Don Pedro aus England einige Verstärkungen erhielt. Erst
im September begann der Kampf von neuem und wurde um
so erbitterter, als Don Miguel in der Person des Generals
Tereira einen talentvollen Oberbefehlshaber an die Stelle
Santa Marta's und Povoas setzte. Dieser faßte sogleich den
Plan, Oporto enger einzuschließen, bei allen Angriffen und
Ausfällen hauptsächlich auf die Vernichtung der Engländer
und Franzosen auszugehen, weil diese den Kern der Pedristen
bildeten, das Serra=Kloster, als den Schlüssel der Stadt
mit Sturm zu nehmen, und Don Pedro vom Meer und von
seinen Zufuhren durch Besetzung des vernachlässigten Ufers
an der Mündung des Duero abzuschneiden. Es gelang ihm
jedoch nicht, diesen geschickten Plan ganz auszuführen.

Der nun fast ununterbrochene Kampf begann am 8 Sep=
tember. ,,Die Armee Don Miguels machte an diesem Tage
einen allgemeinen Angriff. Villanova, eine unhaltbare Po=
sition, ward von Don Pedro's Truppen geräumt, welche die
Brücke hinter sich abbrachen, so daß die Pedristische Garnison
des Serra=Klosters aus ungefähr 600 Mann bestehend, sich
selbst überlassen blieb, und von den Miguelisten eingeschlossen
wurde, übrigens so muthvollen Widerstand leistete, daß,
wenigstens so weit die letzten Nachrichten gehen, die unun=

terbrochenen Angriffe der Miguelisten vergeblich waren. Don
Pedro war bei dem Treffen am 8 auf den am heftigsten 'an=
gegriffenen Punkten und befehligte von 9 Uhr Morgens bis
8 Uhr Abends das Geschütz der Batterien in Person; fast
wäre er selbst getödtet worden, da eine Kanonenkugel hart
über seinem Haupte in die Brustwehr schlug, als er gerade
eine Kanone richtete. Der Gouverneur von Oporto erhielt
einen Schuß am Arm, der dessen Abnahme nöthig machte.
Die Angriffe geschahen gleichzeitig längs der ganzen Linie
der Constitutionellen. Obrist Hodges griff die Miguelisten,
an der Spitze einer kleinen Abtheilung, in der Flanke an,
auf der Nordseite des Duero, und warf sie in die Flucht.
Die Miguelisten wiederholten ihre Angriffe auf das Serra=
Kloster am 9 und 10, dann am 11 Nachts 10 Uhr, und am
12 Morgens 3 Uhr; aber der Widerstand der Belagerten
war nicht zu besiegen; es war Don Pedro gelungen, eine
Verstärkung von 4000 Mann in diese feste Position zu wer=
fen, welche Oporto beherrscht, und deren Behauptung daher
von der größten Wichtigkeit war, um so mehr als die Mi=
guelisten bereits angefangen hatten, Bomben nach Oporto
zu werfen, und laut ihre Absicht verkündigten, diesen Sitz
der Revolution zu vernichten. Am 16 Abends machte eine
Abtheilung der Besatzung von Oporto einen Ausfall, und
trieb die gegenüberstehende Abtheilung Miguelisten aus ih=
rer Position; dabei soll sie gegen 100 Gefangene gemacht,
einige Geschütze erobert, und einige andere vernagelt haben.''

Inzwischen rückten dennoch die Miguelisten allmählich
mit ihren Batterien näher, und ihre Bomben fielen bereits
in die Stadt. Am 29 September unternahmen sie einen
neuen Hauptangriff, wobei sie es auf die Vernichtung der

tapfern Fremden in Don Pedro's Armee abgesehen hatten. „Der Hauptangriff des Feindes war gegen die Rechte der Linie gerichtet, die von den Franzosen und Britten besetzt war; die andern Operationen waren bloß Scheinangriffe, um diesen Versuch zu verdecken. Ein Theil der französischen Position war zweimal in des Feindes Händen, wurde aber tapfer wieder genommen und gehalten, die brittische Linie war fast drei Stunden in seinem Besitz. Es ist höchst auffallend, daß der Feind, nachdem er auf einem so starken Punkte solche Vortheile errungen hatte, seinen Weg nicht in das Herz der Stadt fand; aber eine Colonne von ungefähr 3000 Mann, die auf den Erfolg des Angriffs auf der St. Cosme-Straße harrte, ward, als sie vorzurücken versuchte, durch das Feuer der dießseitigen Batterien niedergeschmettert. Die Tapferkeit der Franzosen ist über alles Lob erhaben; alle ihre Officiere so wie alle brittischen Officiere wurden, keinen einzigen ausgenommen, theils getödtet, theils verwundet. Der große Verlust wird besonders von Seite Don Pedro's schmerzlich gefühlt; ich glaube er hat jetzt kaum noch 9000 Mann unter Waffen. Nur wenige der brittischen Officiere sind schwer verwundet; die meisten werden morgen ihren Posten wieder einnehmen können." Unter den Verwundeten befanden sich die beiden Anführer selbst, die Obersten Hodges und St. Legier.

Hierauf folgte einige Ruhe, bis am 14 October die Miguelisten einen neuen Hauptangriff unternahmen. „Sie rückten, wie ein Augenzeuge nach England schrieb, in drei Colonnen an, eine von Villanova her, die ich am besten übersehen konnte, die zweite gegen den Wall in der Fronte von la Serra, und eine dritte von der Linken gegen den

Evia, oder Dreschplatz, der Scene des entscheidenden Zu=
rückwerfens des ersten Angriffs am 8 September. Man
konnte nicht kühner und tapferer angreifen, als hier die Mi=
guelisten, aber man konnte auch nicht tapferer und kaltblüti=
ger zurückgeworfen werden. In einem Momente waren die
Mauern von la Serra besetzt, und ein Feuer, tödtlich und
ununterbrochen, ward über die Angreifer ergossen. Die letz=
tern standen so dicht, daß kaum ein Schuß fehlgehen konnte,
und nach einer halben Stunde fanden die Miguelistischen Of=
ficiere kein Gehör mehr; trotz ihrer Vorwürfe, und trotz der
Hiebe, die sie mit ihren Säbeln ihren eigenen Leuten aus=
theilten, ward der Instinct der Selbsterhaltung zu mächtig,
und Alle stürzten eilig zurück, nicht Alle, denn Viele, gar
Viele blieben und hoben keinen Fuß und kein Auge mehr.
Indessen war der Kampf noch lange nicht zu Ende. Auf der
andern Seite ward er noch fortgesetzt, und sechsmal rückten
die Truppen zum Sturme an, aber nur um eben so oft zu=
rückgeworfen zu werden. Die Artillerie von dießseits des
Flusses machte furchtbare Arbeit, und breite Gassen rissen
die schweren Schüsse in die enggeschlossenen Colonnen des Fein=
des. So dauerte dieß drei Stunden lang, und erst als die
Nacht herabsank, trat der definitive Rückzug ein. Nun hör=
ten wir die läuten Vivas der Besatzung des Serraklosters,
widerhallt von denen, die aus der Stadt hinübertönten, und
so den Rückzug der Gegner begleiteten.‟

So schwankte der Kampf. Die Miguelisten wurden bei
jedem Angriff zurückgeschlagen, aber auch die Pedristen rück=
ten nicht vorwärts und blieben in Oporto eng eingeschlossen.
Um den Ausgang zu beschleunigen verließ Don Miguel
Lissabon und begab sich in eigner Person zur Armee vor

Oporto, der er durch eine Proclamation die Plünderung
dieser reichen Stadt zusicherte, falls sie sich derselben be=
mächtigen würde, am 17 October. Den Oberbefehl in Liſſa=
bon übertrug er mittlerweile dem Herzog von Cadaval. Aber
auch Don Miguel selbst richtete nichts gegen Oporto aus,
wenn gleich die Lage Don Pedro's gerade damals sehr kri=
isch war.

Die Hoffnungen der Pedriſten waren getäuscht worden.
Anstatt in Portugal gut aufgenommen zu werden und im
Triumph in Liſſabon einzuziehen, sahen sie sich von ei=
ner überlegenen Armee in einer Küstenstadt eingeschlossen,
mußten ihre Reihen in täglichen erfolglosen Kämpfen gelich=
tet sehen und litten überdem Mangel an Geld und Nahrungs=
mitteln. Um neue Werbungen in England zu veranstalten,
mußte Don Pedro den Truppen, die er schon bei sich hatte,
den Sold vorenthalten, und dieß erzeugte Unzufriedenheit.
Ueberdieß wollte Don Pedro alles selbst leiten, und da er viel=
leicht nicht immer das Richtige verfügte, fand er Wider=
spruch bei den höhern Officieren. Am 16 November tumultuir=
ten die englischen Truppen in Oporto und verlangten unter
lauten Drohungen ihren Sold. Der tapfere Oberst Hodges
zog sich mißvergnügt zurück; doch erhielt Don Pedro neue
Verstärkungen aus England unter Anführung des Sir John
Doyle.

Aehnliche Mißhelligkeiten hatte Don Pedro mit dem Ad=
miral Sartorius, dem es gleichfalls an Geldmitteln ge=
brach, und der in seinen Unternehmungen zur See äußerst lau
war. Er kreuzte Anfangs vor Liſſabon, und die Flotte Don
Miguels lief einigemal gegen ihn aus; allein obgleich es zu
verschiedenen Malen zu kleinen Seegefechten kam, am 3 und

10 August und wieder am 11 October, so blieben dieselben doch ohne Resultat, und Don Miguels Flotte wurde zwar ein wenig beschädigt, aber weder genommen noch vernichtet. Im Spätherbst zog sich Sartorius in den spanischen Hafen von Vigo zurück, wo er ausgewiesen wurde.

Demnach war die Lage Don Pedro's nichts weniger als vortheilhaft, da Don Miguel sich selbst gegen ihn in Bewegung setzte, und bei etwas mehr Energie und Geschicklichkeit hätte er sich wohl Oporto's bemeistern können. Allein Don Miguel war kaum bei der Armee angelangt, als er den talentvollen General Tereira, der bisher die Belagerung geleitet und den Pedristen viel zu schaffen gemacht hatte, in Ungnade entließ, und das Commando wieder in die Hände des Santa Marta und Povoas legte. Anstatt daß nun die Belagerung neuen Schwung bekommen hätte, schleppte sie sich nur desto langsamer hin. Am 24 October wurde ein neuer Angriff der Miguelisten abgeschlagen. Am 14 November machte der Major Schwallbach einen äußerst kühnen und glücklichen Ausfall, überrumpelte die Miguelisten in Villanova und nahm ihrer gegen 300 gefangen; am 16ten erfolgte ein neuer Ausfall, deßgleichen am 28sten und am 6 December.

Indeß gelang es Don Miguel doch, durch Befestigung des von den Pedristen vernachläßigten Duero-Ufers, den Hafen zu sperren und Oporto die Zufuhr abzuschneiden. Die englischen Schiffe, die sich wenig darum bekümmerten, wurden am 19 November und 17 December von den Miguelistischen Batterien aus beschossen. Den beträchtlichsten Schaden aber verursachten sie der Stadt, indem sie eine große Anzahl Bomben hineinwarfen, die selbst Don Pedro's Palast erreichten. Er soll, indem er eine derselben betrachtete, ausgerufen ha-

ben: „das sind die Geschenke, die man mir nach Oporto
sendet.''

Wenn aber auch am Schlusse des Jahres alles für Don
Pedro ungünstig stand und man den Fall Oporto's als nahe
bevorstehend ansah, so verdankte er dennoch seiner Ausdauer
und einer neuen Wahl geschickter Officiere eine eben so schnelle
als glückliche Wendung seines Schicksals, wie wir in der Geschichte des folgenden Jahres sehen werden.

VI.

Italien.

––––––

1.

Zug der päpstlichen Truppen nach Bologna.

Das schöne Land, von dem Filicaja klagt, daß es zu viele
Schönheit besitze, um die Fremden nicht zum Raube zu locken,
und zu wenig Kraft, um sich gegen sie zu vertheidigen, —
Italien, das immer von außen sein Glück oder Unglück er=
wartet, hatte sich nach der Juliusrevolution, wie wir in den
früheren Jahrgängen sahen, trügerischen Hoffnungen hinge=
geben. Im Kirchenstaat, wo das altmodische Pfaffen=
regiment zugleich am drückendsten und doch am schwächsten
war, brach der Aufstand zuerst aus. Die italienischen Insur=
genten hofften auf Frankreichs Hülfe, aber sie wurden von
dieser Seite desavouirt und durch den schnellen Einmarsch einer
österreichischen Armee zur Ruhe gebracht. Inzwischen zogen
sich die Oesterreicher alsbald wieder aus der Romagna zurück,
und der Papst bewilligte den in der That bisher äußerst ver=
wahrlos'ten Legationen eine Art von Constitution. Beides
geschah, um das französische Cabinet zu beschwichtigen, wel=
ches.

CHATEAUBRIAND.

ches weder die Oesterreicher in der Romagna dulden, noch auch
die Italiener ganz ohne einen Schein von Hülfe lassen
konnte, wenn es sich nicht von Seite der Opposition den
heftigsten Vorwürfen und entschiedener Unpopularität aus=
setzen wollte.

So trat das Jahr 1832 ein. Der französische Gesandte
in Rom, Herr von St. Aulaire, suchte die Häupter der
Volkspartei in Bologna, wo noch immer der Herd des Wi=
derstandes war, auf jede Weise zu beruhigen, pries ihnen die
Concessionen des Papstes an, die ein Werk der französischen
Verwendung seyen, und wollte, daß sie sich zutrauensvoll
dem mildgesinnten Papst in die Arme werfen sollten. Der
Papst seinerseits erließ am 10 Januar eine Circularnote an
die fremden Höfe, worin er denselben anzeigte, daß er zur
völligen Herstellung der Ruhe in die von den Oesterreichern ver=
lassenen, von seinen, den päpstlichen Truppen aber noch nicht
besetzten Legationen, und insbesondere nach Bologna, wo eine
bewaffnete Nationalgarde den Oppositionsgeist unterstützte,
die römischen Soldtruppen (Papalinis) zur Besatzung schicken
werde. Er verband damit die ausdrückliche Versicherung
„denen Verzeihung zu gewähren, welche sich seit dem Ab=
marsche der österreichischen Truppen bis zu dem Augenblicke,
in welchem die päpstlichen Truppen in diese Provinzen rückten,
unvorsichtigerweise haben verführen lassen." Unter den un=
bedingt zustimmenden Antwortsnoten der fremden Gesand=
ten zeichnete sich insbesondere die des Herrn von St. Aulaire
aus, der im Namen Frankreichs erklärte: „Zur selbigen
Zeit, wo der heilige Vater von diesem unbestreitbaren
Recht der Souverainetät (Absendung von Linientruppen
und Auflösung der Nationalgarden) Gebrauch macht, ge=

ruht er seinen verirrten Unterthanen eine Amnestie für
diejenigen illegalen Handlungen zu versprechen, zu welchen
sie sich seit dem letzten 15 Julius haben hinreißen lassen.
Der Unterzeichnete zweifelt nicht, daß dieser neue Act
der Gnade alle Herzen dem Souverain versöhnen, und daß
die Ausführung seiner Befehle eine unmittelbare und unbedingte Unterwerfung von Seite aller Classen der Einwohner
nach sich ziehen werde. — Sollte es jedoch geschehen, daß die
Truppen in ihrer durchaus friedlichen Mission, und indem
sie die Befehle ihres Souverains ausführen, einen strafbaren
Widerstand finden, und daß einige Ruhestörer (factieux)
es wagen sollten einen Bürgerkrieg, eben so unsinnig in
seinem Zwecke als unglücklich in seinen Resultaten, zu beginnen, so fühlt der Unterzeichnete keine Schwierigkeit zu erklären, daß diese Menschen als die gefährlichsten Feinde des
allgemeinen Friedens von der französischen Regierung angesehen werden würden, welche immer ihrer so oft verkündigten
Politik getreu, über die Unabhängigkeit und Integrität der
Staaten der Kirche, im Nothfall alle ihre Mittel anwenden
würde, um dieselben festzustellen. Das gute Verständniß,
welches zwischen der Regierung des Königs und denen seiner erhabenen Alliirten herrscht, versichert die Erfüllung der
Wünsche, welche der Unterzeichnete Se. Eminenz bittet zu den
Füßen Sr. Heiligkeit zu legen."

Der heilige Vater motivirte seine militärische Maßregel
in folgendem Manifest vom 14 Januar: „Als der heilige
Vater im verflossenen Monate Julius einwilligte, daß die
Truppen Sr. k. k. apost. Majestät sich aus den Provinzen zu-
rückzögen, und er, ohne seine übrigen Besitzungen zu ent-
blößen, keine andern Soldtruppen an ihre Stelle setzen konnte,

vertraute er proviforiſch die Vertheidigung der Ordnung
und öffentlichen Ruhe der Einſicht, der Treue, der Ehre
aller derjenigen an, welche entweder an den frühern Um-
wälzungen nicht Theil genommen hätten, oder durch eine
ſchmerzliche Erfahrung belehrt, fähig wären, wirkſam
zu einem ſo heilſamen Zwecke beizutragen. Seit dieſer
Handlung des Vertrauens von Seite des Souverains iſt
nun der ſechste Monat verfloſſen, ohne daß das gehoffte
Reſultat erreicht worden wäre. Statt deſſen kann man
ohne Uebertreibung ſagen, daß in dieſen Gegenden auch
nicht mehr ſcheinbar die ſchuldige Unterwerfung gegen die
geſetzmäßige Regierung beobachtet wird, und daß Leben
und Eigenthum der Privaten der Willkür weniger Perſonen
anheim gegeben ſind, welche ſich die Macht angemaßt haben,
ſie ohne Rückhalt anzutaſten. Höchſt aufrühreriſche und lügen-
hafte Schriften werden angeſchlagen und ohne Schonung verbreitet, um den treueſten Unterthanen des heiligen Vaters
Furcht einzuflößen, um die ruhigen Landbewohner zu betrügen und zu verführen, um die Magiſtrate jeder Claſſe zu beleidigen und herabzuwürdigen, und ihr Amt unnütz zu
machen, mit Einem Worte um alles umzukehren, und dieſe
ſchönen Provinzen in alle Gräuel der Anarchie zu ſtürzen.
Die bewaffnete Gewalt ſelbſt, welche nach den Anordnungen Sr. Heiligkeit nur aus rechtſchaffenen, redlichen Bürgern,
den wahren Freunden der guten Ordnung und der öffentlichen
Ruhe beſtehen ſollte, ward zum Theil unglücklicher Weiſe fort-
geriſſen von Factionsgeiſt, hiedurch von ihren bekannten Formen und ihrer natürlichen Einrichtung entfernt, und wurde
an einigen Orten mehrfach das Werkzeug verderblicher Gewaltthat und Hinterliſt. Der heil. Vater ermangelte zwar

nicht seine Mißbilligung auszudrücken, und wir selbst tha=
ten dieß den Prolegaten durch besondere Depeschen kund, aber
troß dieser Mißbilligung bestrebten sich die Unruhestifter nur
desto mehr, den Bürgergarden den Charakter eines Kriegs=
heers zu geben. Ein solcher Zustand der Dinge, der mit
dem Zwecke der bürgerlichen Gesellschaft in vollem Wider=
spruche ist, kann nicht länger, weder von der Regierung,
die aus Pflicht und aus Achtung gegen sich selbst verbunden
ist, demselben ein Ende zu machen, noch auch von der uner=
meßlichen Majorität der Unterthanen geduldet werden, welche
von allen Seiten mit gutem Grunde die dringend nöthige
Hülfe begehren. Da fruchtlos alle andern zur Verfügung des
heil. Vaters stehenden Mittel erschöpft sind, so kann er sich
nicht länger schmeicheln, Ordnung und Ruhe in diesen Pro=
vinzen auf eine andere Weise herzustellen, als indem er sei=
nen Truppen Befehl ertheilt, vorzurücken, sie zu besetzen, und
der Regierung die Gewalt zu leihen, welche nöthig ist, um
Gehorsam und Achtung zu fordern, und um der Souveraine=
tät die Garantie zu bieten, ohne welche jede fernere Handlung
der Nachgiebigkeit, der Milde und Mäßigung nur, wie bis=
her, ihrer Macht und der öffentlichen Ruhe zum Nachtheil
gereichen würde. Die päpstlichen Truppen, weit entfernt,
mit feindseligen Absichten oder zur Unterstützung einer
Schreckensregierung, wie die Aufrührer glauben machen wol=
len, vorzurücken, haben keine andere Mission als friedlich in
diese Provinzen einzurücken, und die Befehle der Repräsen=
tanten Sr. Heiligkeit zu befolgen. Sie werden das regel=
mäßigste Betragen beobachten und mit euch nur Eine
Familie ausmachen. Die strengsten Befehle sind bereits er=
theilt, daß die Disciplin mit aller militairischen Strenge auf=

recht erhalten werde. Sie werden für die öffentliche Sicher=
heit wachen, und so handeln, daß die der ruhigen Ausübung
ihrer häuslichen Angelegenheiten und ihrer gewohnten Be=
schäftigung zurückgegebenen Bürger, des mühsamen und un=
mäßigen Militairdienstes überhoben werden, wozu einige über=
mächtige Personen sie jetzt zwingen. Dieß ist die bestimmte
Willensmeinung des heil. Vaters, welcher der festen Hoff=
nung ist, daß seine Truppen mit der Achtung und dem Wohl=
wollen, das ihnen von seinen eigenen Unterthanen gebührt,
werden aufgenommen werden, und der das Vertrauen hegt,
daß die öffentliche Ordnung nach dem Einmarsche der Trup=
pen nicht mehr werde gestört werden. Wenn gegen die ge=
rechten Erwartungen Sr. Heiligkeit man ihrem friedlichen
Einmarsche sich widersetzen, oder die unruhigen Feinde des
öffentlichen Friedens künftig ihn durch neue Attentate zu ge=
fährden suchen sollten, wird der heil. Vater, stark durch das
Bewußtseyn, seit seiner Thronbesteigung alles was von ihm
abhing, gethan zu haben, um seinen Völkern den Grad von
Wohlseyn und Glück zu sichern, den er im Erguß seines vä=
terlichen Herzens versprach, sich wider Willen genöthigt sehen,
zu andern Mitteln, denen sein Herz bis jetzt widerstrebte,
seine Zuflucht zu nehmen, sicher, daß ihm die schnelle und
mächtige Unterstützung nicht fehlen wird, welche schon ein=
mal das strafbare Unternehmen einer Faction vernichtete,
die vor keinem Verbrechen zurückschrickt, und keine andern
Spuren hinter sich läßt, als Rebellion, Zerstörung und
Anarchie."

Dagegen antwortete der General Patuzzi, der die
Nationalgarden in Bologna commandirte, in einer Proclama=
tion vom 19 Januar: „Ihr, die Nationalgarden, habt euch

nicht zu berathschlagenden Versammlungen gebildet, wie man
euch sehr unrecht beschuldigt hat; ihr habt die öffentlichen
Caſſen nicht angegriffen, ihr ſeyd nicht gegen die Linientrup=
pen marſchirt, um gegen ſie zu ſtreiten; eure Verſammlungen
hatten keinen andern Zweck, als Repräſentationen einzuſetzen,
um dem Souveraine den allgemeinen Wunſch, gute Geſetze
zu erhalten, ehrfurchtsvoll auszudrücken. Es war allerdings
gerecht, zu den Caſſen ſeine Zuflucht zu nehmen, um die Be=
dürfniſſe der Bürgergarde zu beſtreiten; und als ihr ein=
müthig verlangt habt, mitzuwirken, um das Vorrücken der
Linientruppen zu verhindern, trieb euch nicht der unverſtän=
dige Entſchluß dazu an, mit dem Souveraine Krieg zu füh=
ren, den wir alle verehren, ſondern vielmehr das Verlangen,
die öffentliche Ordnung zu erhalten, und den Urſachen vorzu=
beugen, welche dieſelbe hätten ſtören können, und durch dieſe
unſere Haltung zur Erlangung jener neuen Aera beizutragen,
welche von unſerm Souveraine mit väterlichen und troſtvollen
Worten zugeſichert worden iſt. Dieſes war bisher die Abſicht
unſerer Bemühungen; dieſes iſt der Zweck, wegen deſſen ihr
heute alle mit lauter Stimme mich auffordert, eure Brüder
zu verſtärken, welche mit ihren Brüdern in der Romagna ver=
bunden beſchloſſen haben, die Hinderniſſe fern zu halten,
welche ſich der Beförderung unſeres Wohls entgegenſtellen
würden.‟

An demſelben Tage, dem 19 Januar, ſetzten ſich die päpſt=
lichen Truppen in Marſch. Sie beſtanden zum Theil aus
barbariſchem, aus Gefängniſſen und von der Landſtraße zu=
ſammengerafftem Geſindel, von dem man, trotz der väter=
lichen Verheißungen des Papſtes, nichts Gutes erwartete.
Die Bologneſer ſchickten ihnen einige Nationalgarden ent=

gegen, aber ihr Muth war schwach, da sich in diesem Augen=
blick die Nachricht verbreitete, daß die Oesterreicher abermals
einmarschiren würden. Die Papalinis zogen unter Oberst
Zamboni von Ferrara, unter Oberst Barbieri von Ri=
mini aus. Der erstere schlug am 20 Januar bei Bastia
einen kleinen Trupp Insurgenten zurück; der andere einen
größeren bei Cesena, worauf er am folgenden Tage, 21 Ja=
nuar, nach Forli vorrückte. An beiden Orten überließen
sich seine Truppen den abscheulichsten Ausschweifungen.

Ueber die Gräuel zu Cesena und Forli berichtete
ein italienischer Correspondent im Messager des Chambers:
„Nach dem Gefecht bei Cesena vom 20 Januar, worin 1800
Bürgergarden sechs Stunden lang gegen mehr als 4000 päpst=
liche Soldaten, die von 600 Mann Cavallerie und einer zahl=
reichen Artillerie unterstützt waren, kämpften, zog sich der
größte Theil unserer Landsleute in guter Ordnung nach Forli
zurück; die übrigen 150 bis 200 rückten in Cesena ein, wo sie
sich in den Familien zerstreuten, die ihnen eine Freistätte
darboten, und um die Stadt nicht der Plünderung auszu=
setzen, ihre Waffen niederlegten. Am Abend drangen die
päpstlichen Truppen in die Stadt ein, die keinen Widerstand
leistete. In der Vorstadt Sarti fingen sie sogleich die em=
pörendsten Ausschweifungen an, und die Stadt ward bald dar=
auf der Plünderung und schauderhaften Excessen überliefert.
Man hörte drei Stunden lang Flintenschüsse auf den Straßen
und in den Häusern. Kinder, Greise, Frauen wurden nach
den niederträchtigsten Mißhandlungen ermordet. Die Sol=
daten kamen mit Gold, Silber, Kleidern und Geräthschaften,
die sie geplündert hatten, aus den Häusern. Während dieß
in Cesena vorging, entschlossen sich die Bürgergarden, die

die Unmöglichkeit einsahen, der Uebermacht, die sie den Tag
zuvor bedrängt hatte, zu widerstehen, sogleich sich nach Bologna
zurückzuziehen. Sie verließen am 21sten Morgen Forli, und
ließen die Stadt ohne Vertheidigung. Eine Deputation be=
gab sich am Morgen von Seite der Stadt in das päpstliche
Hauptquartier, und kündigte die volle Unterwerfung an.
Der Obercommandant suchte sie zu beruhigen und versicherte,
daß er die strengste Mannszucht unter seinen Truppen halten
würde. Gegen Mittag zogen die Päpstlichen wirklich in Forli
ein, und wurden ohne alle feindselige Demonstration em=
pfangen. Bald darauf zogen Patrouillen in der Stadt um=
her, und die Ordnung ward einige Stunden hindurch nicht
gestört. Die Bürger gingen, um mehr Vertrauen zu zeigen,
auf die Straßen, oder an ihre Hausthüren. Inzwischen
zogen viele Soldaten einzeln in der Stadt umher. Um 4
Uhr Abends bekam ein Mann aus dem Volke Streit mit
einem Sergenten wegen ein Paar Schuhen, die der erstere
von einem Soldaten gekauft, und deren Zurückgabe der Ser=
gent verlangte. Der Käufer verlangte sein Geld wieder und
erhielt statt aller Antwort einen Flintenschuß, der ihn auf
die Erde niederstreckte. Dieser Vorfall war das Zeichen zu
einer furchtbaren Metzelei. Die Soldaten stürzten sich unter
Anführung ihrer Officiere auf den Marktplatz, und feuerten
auf friedliche und waffenlose Bürger. Bald war die Metzelei
allgemein, und die Soldaten stürzten sich unter dem Rufe:
Zur Plünderung! in die Häuser. Die Stadt bot den schau=
derhaftesten Anblick dar. Viele Officiere nahmen an den nie=
derträchtigen Ermordungen Theil, die mehrere Stunden
fortdauerten. Der Pfarrer ward mit zwei andern Priestern
getödtet. Man erkannte unter den Todten den Grafen Fer=

binand Guocchi, den jungen Grafen Suli, furchtbar entstellt.
Mehrere Mönche wurden ermordet, Kinder von 5 bis 6 Jah=
ren getödtet, und Frauen schmachvoll mißhandelt, und dann
ermordet. Die Straßen waren mit verstümmelten Leichnamen
überdeckt. Man sah zerstreute, abgelös'te Arme, Füße, Köpfe
umherliegen. Man hatte den Verwundeten, noch bevor man
sie umbrachte, Nasen und Ohren abgeschnitten. Alle Leich=
name waren ohne Kleider; viele wurden in den Canal gewor=
fen, andere von den Soldaten selbst begraben. Man kennt
die Zahl der Todten noch nicht genau. Von den Verwundeten
zählt man gegen 100, und man weiß bereits gewiß, daß
wenigstens fünfzig Personen bei dieser Metzelei umgekom=
men sind."

Ein Correspondent der Allgemeinen Zeitung fügte hin=
zu: „Unter den Opfern in Cesena befindet sich eine Mut=
ter mit einem Säugling. Die Barbaren drangen endlich in
ein berühmtes Heiligthum, verwüsteten es, und raubten die
reichen Kirchengeschenke bis auf den Mantel, der das Bild
der heiligen Jungfrau deckte. Das heilige Oel nahmen sie,
um ihre Schuhe damit zu schmieren, und bei ihrem Abzuge
fand man heilige Gefäße in den Strohsäcken der Caserne.
Zu Forli wurden diese Truppen am 21 Januar mit aller Un=
terwürfigkeit empfangen, sie erwarteten aber nur das Ein=
brechen des Abends, um sich mit Wuth über die wehrlosen
Einwohner herzustürzen. Drei und zwanzig Einwohner wur=
den massacrirt, darunter zwei Frauen, ein Greis von 70,
und mehrere Personen von 50 bis 55 Jahren. Die unbegra=
benen Opfer fand man am andern Tage nackt ausgezogen,
und auf eine schreckliche Weise verstümmelt. Die Zahl der
Verwundeten beträgt 41; unter diesen sind sechs Frauen, eine

Nonne und ein Priester, auch manche andere Personen von
Stand, deren Anhänglichkeit an den heiligen Stuhl be=
kannt war."

Daß es arg gewesen seyn muß, geht ganz einfach aus
der officiellen Proclamation des Cardinals Albani her=
vor, welchem der Papst die Leitung der Angelegenheiten in
den angeblich zu beruhigenden Provinzen übertragen hatte.
Sie war vom 22 Januar und lautet: „Die friedliche Auf=
nahme, welche den päpstlichen Truppen in der Stadt Forli zu
Theil ward, hatte mich mit hoher Freude erfüllt, und ich hatte
kaum die frohe Nachricht empfangen, als ich mich selbst nach
dieser Stadt begab. Aber meiner Ankunft ging ein Ereigniß
voraus, das meinem Herzen Trauer und Kummer im höch=
sten Grade verursachte. Die öffentliche Ruhe ward durch
einen jener Zufälle gestört, die sich weder voraussehen noch
verhindern lassen. Das Abfeuern eines Gewehrs, dessen Ur=
sache man noch nicht kennt, das aber durchaus keinem bösen
Willen zuzuschreiben ist, wurde als eine feindselige Hand=
lung von den Truppen betrachtet, und von diesen mit Schüs=
sen beantwortet, wodurch einige Militärs und Bürger, die
man noch nicht kennt, umkamen. Da es von Wichtigkeit ist,
daß dieß unglückliche Ereigniß unter seinem wahren Gesichts=
punkte betrachtet werde, und nicht zu ungünstigen Deutungen
Anlaß gebe, so wird es in der That, wie es sich ereignete, zur
Kenntniß des Publicums gebracht, und werden zu gleicher Zeit
die strengsten Befehle gegeben und die wirksamsten Anstalten
gemacht, damit sich ähnliche Unfälle nicht erneuern, indem ich
nicht zweifle, daß alle Einwohner dieser Stadt meinen auf=
richtigen, nur auf das allgemeine und das besondere Wohl
eines Jeden gerichteten Absichten entgegenkommen werden.

Die künftige Aufrechthaltung der Ruhe wird allein den Kum=
mer mindern können, den mir der unerwartete Vorfall von
gestern Abend verursacht hat."

Gleichwohl suchte das officielle Diario di Roma den Vor=
fall nachher zu beschönigen und sagte unterm 10 März: „Die
beständige Mannszucht, von welcher die Truppen Sr. Heilig=
keit ein Beispiel gegeben haben und geben, in den Pro=
vinzen dieses Staats wie in dieser Hauptstadt selbst, unter
den Augen Aller, gibt Gewährleistung für unsre Lügen=
strafung, und beantwortet alle falschen Beschuldi=
gungen, in welchen man die allzu große Hitze übertrie=
ben hat, womit die verrathbedrohten Soldaten sich an andern
Orten dem Triebe der Selbstvertheidigung über=
lassen haben."

Cardinal Albani kündigte nach dem Ereignisse von Forli
an, er habe die Oesterreicher um Hülfe gebeten, um ähnlichen
Gräueln vorzubeugen; allein schon am 19 Januar hatte der
Oberbefehlshaber der k. k. Truppen in Italien, Graf Ra=
detzki eine Proclamation datirt, welche den Ein=
marsch der Oesterreicher in die Romagna „im Ein=
verständniß der hohen Mächte und auf Verlangen Sr. Heilig=
keit" ankündigte.- Am 20 Januar war er selbst in Modena
und betrieb den Einmarsch, der sogleich erfolgte. Am 26sten
vereinigte sich der österreichische General Hrabowski mit den
papistischen Obersten und hielt mit ihnen am 28sten seinen
Einzug in Bologna, wo man ihm keinerlei Widerstand
entgegensetzte.

Albani ließ sogleich die Nationalgarden entwaff=
nen und jede Art von Waffen bei strengster Strafe abliefern.
Sodann errichtete er ein Revolutionstribunal in Bo=

logna, am 20 Februar, unter folgenden Beſtimmungen:
„Das temporäre zu Bologna reſidirende Tribunal wird aus
einem Präſidenten und zweien aus dem Richterſtande gewähl=
ten, und drei militairiſchen Richtern von dem Grade des Ca=
pitains oder Lieutenants beſtehen, aus einem Fiscal=Advocaten,
einem amtlichen Vertheidiger, einem Canzler und einer an=
gemeſſenen Zahl Unterſuchungsrichter, General=Advocaten und
Subſtituten; alle dieſe werden je nach Zeit und Gelegenheit
von uns ernannt werden. 2) Das temporäre Tribunal wird
die Verbrechen beleidigter Majeſtät, die Verſchwörungen,
Aufſtände und andere Vergehen gegen die öffentliche Sicher=
heit, welche in dem gegenwärtigen Edicte bezeichnet ſind, rich=
ten; die Urtheile werden von der heil. Conſulte in den Arti=
keln 557 bis 564 und 438 bis 483, gegen die Ausbleibenden
in den Art. 567 ff. vorgeſchriebenen Form gefällt. 3) Im
Fall eines Todesurtheils werden alle Acten durch den erſten
Poſtcourier an das Staatsſecretariat abgeſchickt, um zu ſehen,
ob eine Reviſion erforderlich iſt. 4) Eine wirkliche oder pro=
jectirte Verſchwörung mit oder ohne Eid zwiſchen zwei oder
einer größern Anzahl von Individuen, in der Abſicht, ſich
gegen den Souverain und den Staat zu empören, um einen
Aufſtand herbeizuführen, um den einen oder den an=
dern zu einer Conceſſion zu nöthigen, oder die
öffentliche Macht zu überfallen und zu entwaffnen, wird mit
dem Tode beſtraft. 5) Die, welche zum Aufſtande und zur
Empörung anreizen und dieſelbe ermuntern, indem ſie Leute
werben, oder Waffen und Munition ſammeln, werden gleich=
falls mit dem Tode beſtraft. 6) Die Verfaſſer und Drucker
von Schriften, die zur Rebellion auffordern, werden mit
lebenslänglicher Galeere beſtraft. 7) Die, welche ſich verfüh=

ren oder in eine Verschwörung oder einen Aufstand verflech=
ten lassen, und diejenigen, welche aufrührerische Schriften
verbreiten, werden mit 10 bis 15, oder 15 bis 20 Jahren
Galeere, je nach der Wichtigkeit und dem Zusammentreffen
der Umstände, bestraft. 8) Die Anstifter einer Verschwö=
rung oder eines Aufstandes werden als die Hauptschuldigen
betrachtet und bestraft. 9) Die, welche sich auf die Verbrei=
tung einer einzigen Druckschrift, oder auf die Circulation
eines einzigen Manuscripts beschränkten, die, wenn gleich
auf denselben Zweck des Aufruhrs und der Verschwörung ge=
richtet, doch keinen gefährlichen Erfolg hatte, werden mit
5 bis 10 Jahren Galeere und einer Geldstrafe von 100 bis
500 römischen Thalern bestraft. 10) Die Besitzer von Druck=
schriften oder Manuscripten, welche zur Empörung oder zu
irgend einem Attentate gegen den Souverain und den Staat
auffordern, werden mit Gefängniß von 1 bis 5 Jahren und
einer Geldstrafe von 50 bis 300 Thalern belegt. 11) Auf=
rührerische oder verläumberische Vorschläge und Reden an
öffentlichen Orten gegen den Souverain oder seine Regierung,
oder die zum Ungehorsam gegen die Magistrate auffordern,
werden mit Gefängniß in einer Festung während 1 bis 5
Jahren, und mit einer Geldbuße von 100 bis 500 Thalern
bestraft. 12) Verhöhnung, Verachtung oder Aufreizung ge=
gen die öffentliche Macht werden mit Gefängniß von 3 bis
5 Jahren und einer Geldbuße von 50 bis 300 Thalern be=
straft. 13) Im Falle eines einfachen Ungehorsams gegen die
Befehle der bewaffneten Macht wird die Strafe einjähriges
Gefängniß seyn. 14) Im Falle von Widersetzlichkeit oder be=
waffnetem Widerstande, wird die Strafe 5= bis 10jährige
Galeere seyn. 15) Erfolgt eine nicht gefährliche Wunde, so

ist die Strafe lebenslängliche Galeere. 16) Ist einige oder
große Gefahr dabei, so erfolgt die Todesstrafe. 17) Der
Angriff gegen dieselbe Macht, mit dem Zwecke sie zu entwaffnen,
wird, wenn er nicht mit persönlichen Verletzungen verknüpft
ist, mit lebenslänglicher Galeere bestraft. Ist persönliche Ver=
letzung dabei, so folgt die Todesstrafe. 18) Alle geheimen
Gesellschaften, mit welchem Namen sie auch bezeichnet wer=
den mögen, und selbst wenn sie keinen bestimmten Namen
hätten, sind als Versammlungen erklärt, die sich in perma=
nentem Aufstand gegen den Souverain und den Staat be=
finden. Demgemäß werden diejenigen, welche diesen Gesell=
schaften angehören, mit den für alle durch die bestehenden Ge=
setze bestimmten Handlungen mit den obenbezeichneten Stra=
fen belegt. 19) Derjenige, welcher nach dem Geiste geheimer
Gesellschaften einen Verbündeten, der nicht zu seiner Fami=
lie gehört, aufnimmt, verbirgt oder seine Flucht begünstigt,
wird mit ewiger Galeere bestraft. 20) Derjenige, welcher
auf irgend eine Weise Kenntniß von einer Versammlung oder
einer andern Handlung einer geheimen Gesellschaft erhält,
und sie nicht der entsprechenden Behörde anzeigt, wird mit
5= bis 10jähriger Galeere bestraft.“

Außer Bologna wurden auch die übrigen insurgirten
Städte besetzt. Obrist Zamboni kam am 4 Februar nach
Ravenna, wo seine Leute sich neuen Gräueln überließen,
die erst durch die Ankunft von Oesterreichern gestillt wurden.
Der Courrier français berichtete darüber: „Die päpstlichen
Mörder beginnen ihre Metzeleien von Neuem, in Ravenna
wurden am 7ten die blutigen Scenen von Forli und Cesena
erneuert, die Soldaten durchliefen die Straßen, beleidigten
die Bürger, rissen den jungen Leuten die Schnurrbärte aus,

und schnitten ihnen die rothe Besetzung von den Beinkleidern.
Die Bürger betrachteten dieß als ein Vorspiel zu noch ernstern
Scenen und schlossen sich vor der Abendglocke in ihre Häuser
ein. Drei Viertelstunden nach Sonnenuntergang verbreite=
ten sich die Mordbanden in allen Straßen; ein Dragoner
bringt in die Boutique eines Barbiers, Namens Maroni,
wirft sich auf den Boden und schreit: Mörder! Auf dieß
verabredete Zeichen stürzen mehrere seiner ruchlosen Came=
raden hinein, und hauen mit Säbeln auf 5 bis 6 Personen
hinein, die sich darin befanden. Der Bataillonschef, Bernardi,
ein alter, von Napoleon decorirter Soldat, sucht allenthal=
ben die Soldaten zur Ruhe zurückzubringen, und befiehlt ihnen,
in ihre Quartiere zurückzukehren. Statt ihm zu folgen, wer=
fen sie sich auf ihn, und versetzen ihm eine Menge Säbelhiebe.
Er büßte das Unrecht, seinem Souverain seine Dienste gegen
sein Land verkauft zu haben, mit dem Leben; er starb am
8ten um Mitternacht an seinen Wunden. Herr Paganelli
that an der Spitze von 90 Carabiniers, die mit den Bürger=
garden in der Provinz geblieben waren, und stets die päpst=
liche Cocarde getragen hatten, alles Mögliche, um die Metze=
lei zu verhindern. Diese braven Soldaten leisteten durch ihre
Festigkeit und ihrer Energie große Dienste. Zwei Frauen
wurden indeß ermordet, und neun Bürger blieben mit Wun=
den bedeckt auf dem Platze, mehrere davon liegen hoffnungs=
los darnieder. Das sind die Soldaten, welche nach Herrn
Saint=Aulaire als Friedensstifter bei uns einziehen sollten.
Wird man noch wagen, uns als Rebellen und Unsinnige zu
behandeln, weil wir mit solchen Bösewichten nicht fraterni=
siren wollten? Als die päpstlichen Soldaten ihren Chef
ermordet hatten, suchten sie glauben zu machen, die Cara=

biniers hätten es gethan, aber der Capitain Paganelli begab
sich am 8ten mit dem Consultore Ceccoli und zwei Priestern
an das Bett des Sterbenden, und seine Aussage ward zu
Protokoll genommen. Während der Nacht des 7ten waren
die Bürger in ihren Häusern geblieben, am 8ten aber begaben
sie sich Morgens um 9 Uhr wohl bewaffnet und mit Muni=
tion versehen 400 Mann stark auf den öffentlichen Platz; 300
andere zogen sich in die Nähe des Klosters S. Vitale, wo
das Hauptquartier der Päpstlichen war; 400 junge Leute,
welche am Meere den Sanitäts=Cordon bildeten, wurden
benachrichtigt. Man kam überein, gleich nach ihrer Ankunft
die Sturmglocke zu läuten. Alle Bürger sollten die Waffen
ergreifen, und die Päpstlichen in ihren Quartieren angreifen.
Diese hatten sich in den Casernen verschanzt, der Generalstab
hatte sich versteckt. Der Prolegat sandte den Capitain Pa=
ganelli mit seinen 90 Carabiniers ab, um das Volk zu be=
ruhigen, welches mit dem Geschrei: Hinaus mit den Mör=
dern! hinaus mit den Päpstlichen! die Truppen herausfor=
derte. Obrist Zamboni, hiedurch erschreckt, verlangte zu ca=
pituliren, was denn auch durch Vermittlung der Carabiniere
zu Stande kam. Ein Theil der päpstlichen Truppen, 130 In=
fanteristen und 120 Pferde, entfernte sich aus der Stadt.
Der Ueberrest, ungefähr 400 Mann, waren in ihren Quar=
tieren eingeschlossen, und auf dem Punkte, sich zu ergeben,
als drei Compagnien Oesterreicher von Forli ankamen. Sie
wurden von dem Volk gut aufgenommen und die Ruhe augen=
blicklich hergestellt."

2.

2.

Die Franzosen in Ancona.

Der unerwartete Einmarsch der Oesterreicher in die Romagna veranlaßte das französische Cabinet zu einer Gegenoperation. Es läßt sich inzwischen schwer ausmitteln, ob es damit ernst gemeint war, oder ob es nur eine verabredete Scheindemonstration war, um die Eifersucht der französischen Opposition zu beschwichtigen. Zu der letztern Vermuthung gab die Schwäche der französischen Expedition Anlaß, die in keinem Fall im Stande gewesen wäre, den großen Streitkräften Oesterreichs die Wage zu halten.

Am 7 Februar lief eine kleine französische Flotte von Toulon aus und landete am 21sten bei Ancona. Sie bestand aus dem Linienschiff Suffren und den Fregatten Artemise und Victoire und führte nur 1500 Mann Landungstruppen mit sich, über welche der General Cubières (der über Rom gereis't war und noch daselbst verweilte) das Commando übernehmen sollte. Ueber die Art, wie sich der einstweilen commandirende französische Obrist Combes der Stadt und Festung Ancona durch Ueberfall bemächtigte, erstatten folgende zwei päpstliche Noten Bericht, die zugleich die Protestation des heiligen Vaters enthalten: „Am 23 Februar Morgens 3 Uhr schifften sich die französischen Truppen heimlich aus, kamen 1500 Mann stark ans Land und fingen an, das Thor des Schlachthauses, welches unbesetzt war, zu vernichten; hierauf bemächtigten sie sich zweier Wachtposten in der Stadt und entwaffneten die päpstlichen Soldaten. Sie überrumpelten die an dem Quartiere des Hafen- und Platz-Commandanten, Obristen Laza-

rini, befindliche Wache, sendeten den Sergenten des päpst=
lichen Wachtpostens an die Thüre seiner Wohnung und ließen
sich, indem sie sich seiner Stimme, die den Personen in der
Wohnung des Commandanten bekannt war, bedienten, die
Thüre desselben öffnen. Der Obrist Combes trat hieraufin
das Zimmer des Commandanten und erklärte, daß er franzö=
sischer Kriegsgefangener sey, wenn er ihm nicht die Festung
übergebe. Der Commandant verweigerte dieses Begehren,
und der Obrist Combes ließ ihn nebst seinem Adjutanten in
den Palast des Delegaten bringen, wo er dem Comman=
danten die Uebergabe der Festung aufs Neue zumuthete, wo=
fern er in Freiheit gesetzt seyn wollte. Als aber der Com=
mandant hiezu seine Einwilligung abermals versagte, so
wurde er sowohl als auch die Officiere, Soldaten und Mili=
tairbeamten, die sich nicht in der Citadelle befanden, als Ge=
fangene erklärt, und es wurde ihnen auf die Parole des Com=
mandanten der Aufenthalt in der Stadt, wo sie in ihrer
Eigenschaft als Gefangene zu verbleiben hätten, gestattet.
Etwa um dieselbe Zeit, nämlich Morgens 4 Uhr, begab sich
ein französischer Stabsofficier in Begleitung eines päpstlichen
Officiers in das Schlafzimmer des Delegaten, indem er dem=
selben eröffnete, daß alle militärischen Posten der Stadt von
französischen Truppen besetzt seyen, und zugleich, um Blut=
vergießen zu vermeiden, die Uebergabe der Festung begehrte.
Von einem so gearteten Verfahren, welches sich eine befreun=
dete Macht erlaubt, überrascht, äußerte der Delegat, daß er
sich diesem Verlangen nicht fügen könne, und protestirte zu=
gleich mündlich und schriftlich wider dieses Attentat gegen die
Souverainetät des heiligen Stuhls. Vorstehendes ist die ge=
treue Darstellung eines Ereignisses, welches dem Unterzeich=

neten durch zwei officielle Berichte zur Kenntniß gebracht wor=
den ist. Der heilige Vater ist von diesen Vorgängen unter=
richtet worden, und ob er schon überzeugt ist, daß ein so
schweres Attentat gegen seine Souverainetät weder auf Befehl
Sr. Majestät des Königs der Franzosen, noch der Regierung
desselben unternommen worden seyn kann, und daß sich solches
auch ohne Vorwissen Ew. Excellenz ereignet hat, so hat er
doch den Unterzeichneten beauftragt, das Ganze zur Kenntniß
Ew. Excellenz zu bringen und folgende Erklärung abzugeben:
Se. Heiligkeit protestirt nämlich förmlich gegen diese Ver=
letzung des päpstlichen Gebiets, die am Morgen des 23 Fe=
bruars von Seite des französischen Geschwaders stattfand,
so wie gegen alle Eingriffe in seine Souverainetätsrechte
und gegen die sich erlaubten Verletzungen der Sanitäts=
anstalten von Seite des französischen Geschwaders, indem er
zugleich überdieß die französische Regierung für alle daraus
entstehenden Folgen verantwortlich erklärt. Se. Heiligkeit
verlangt, daß die in Ancona feindlich eingedrungenen fran=
zösischen Truppen sich augenblicklich entfernen. Bei dem Ge=
fühle des höchsten Mißfallens, wovon Se. Heiligkeit über
einen so unangenehmen Vorgang durchdrungen ist, hält sich
der heilige Vater überzeugt, daß er von der Rechtlichkeit der
französischen Regierung die gerechte Genugthuung, die er
verlangt, erhalten werde." Eine zweite Note fügt hinzu:
„Morgens den 23 Februar ließ Obrist Combes dem Dele=
gaten von Ancona bedeuten, daß er mit niemanden spreche,
und daß niemand zu ihm gehen dürfe, zu welchem Ende eine
Schildwache an die Thüre des Cabinets des Delegaten gestellt
wurde, welche nicht gestattete, daß derselbe auch nur mit
einem seiner Bedienten spreche. Zu gleicher Zeit forderte

Obrist Combes den in der Festung befindlichen österreichischen Stabsofficier auf, die Uebergabe derselben zu bewirken, mit der Bedingung, die päpstlichen Truppen mit Waffen und Bagage unter militairischer Ehrenbezeigung aus der Festung abziehen, oder den Dienst in der Festung gemeinschaftlich versehen zu lassen, indem die Hälfte der Besatzung aus französischen Truppen bestehen sollte, welchen alles von dem französischen Gesandten in Rom eröffnet worden wäre. Der päpstliche Stabsofficier fand es vorzüglicher, die Festung zu übergeben, und eine französische Besatzung von gleicher Stärke wie die päpstliche zuzulassen, in dieser Lage aber die Entscheidung aus Rom abzuwarten. Der französische Obrist versprach überdieß, daß im Falle sich österreichische Truppen in der Nähe von Ancona zeigen sollten, die päpstlichen Soldaten mit Waffen und Kriegsgeräthschaften den Weg nach Rom einschlagen dürften, unter der Bedingung jedoch, daß die aus der Festung abgegangene Besatzung weder die Waffen zu Gunsten der Oesterreicher noch einer andern Macht gegen die französischen Truppen ergreifen dürfte. Se. Heiligkeit, von all diesem in Kenntniß gesetzt, beauftragt den Unterzeichneten, im Namen Sr. Heiligkeit dagegen förmlich zu protestiren, so wie derselbe auch gegen die gegen den Delegaten als Repräsentanten Sr. Heiligkeit verübte Gewalt und gegen die Besitznahme der Festung protestirt. Der heil. Vater hat den oben erwähnten unförmlichen Vertrag, welchen Obristlieutenant Ruspoli und Obrist Combes unterschrieben haben, nicht nur nicht genehmigt, sondern solchen auch ganz und gar verworfen."

Der französische Botschafter in Rom, Herr von St. Aulaire, erklärte feierlich, daß ihm der Vorfall ganz unerwar=

tet sey, er habe zwar gewußt, daß Franzosen nach Ancona
kommen würden, aber die Art, wie es geschehen, sey nicht
zu rechtfertigen. General Cubieres eilte nach Aneona, be=
freite den Delegaten und äußerte gegen ihn sein Leidwesen
über das Geschehene; er sagte: „wäre er gegenwärtig gewesen,
so würde der Vorfall nicht statt gefunden haben, da er auf
den Schiffen neue Instructionen aus Frankreich erwartet
haben würde. Der französische Botschafter in Rom erklärt
laut und gegen jedermann, daß ihm diese Befehle fremd wa=
ren, die den Vorfall verursachten, und diese seine Erklärung
muß wahr seyn, da ja in kurzer Zeit die Begebenheit aufge=
klärt seyn wird. Daß die Franzosen nach Ancona kommen
würden, wußte man: Die Art, wie sie in Ancona sind, ist
nicht zu rechtfertigen.‟

Während der Papst sich bitterlich beschwerte und der Be=
sitznahme Ancona's durch die Franzosen eine große Wichtigkeit
gab, schien man sie anderwärts nicht für so gefährlich zu hal=
ten. Schon am 23 Februar erklärte der österreichische Gene=
ral Grabowski in Bologna durch einen Tagesbefehl:
„Nachdem sich das Gerücht verbreitet, daß ein französisches
Geschwader Truppen längs der Küste der päpstlichen Staaten
landen solle, und diese Behauptung seit mehreren Tagen der
Gegenstand aller Unterhaltungen geworden ist, so erblicken
die guten und ruhigen Bürger in diesem Umstande den Vor=
boten einer verhängnißvollen Zukunft, weil die revolutionäre
Partei sich darüber freut und neue chimärische Hoffnungen
daraus schöpft. Es dürfte nun zweckmäßig seyn, bemerklich
zu machen, daß, welche Bewegungen auch immer die franzö=
sischen Kriegsschiffe machen mögen, eine solche Expedition nur
unter der Leitung von Principien stehen kann, die denen ähn=

lich sind, welche die Truppen Sr. kaiserl. apostol. Majestät vermocht haben, in die Legationen einzurücken, das heißt unter Principien, die man den Rebellionen und der Anarchie entgegensetzt, die darauf ausgehen, die Autorität der legitimen Staatsgewalt zu stürzen. Die hohen Mächte, mit Inbegriff Frankreichs, sind über diesen Punkt vollkommen einig." Mit dieser Sprache stimmte auch der französische Moniteur überein, indem er officiell erklärte: „Unsere Truppen sind am 23 Februar zu Ancona gelandet. Der rasche Lauf der Flotte, die sie trug, erlaubte dem General Cubières, der sich über Rom nach Ancona begeben sollte, nicht schnell genug dort anzukommen, um das Commando der Expedition zu übernehmen, und selbst bei Vollziehung der Instructionen, die er von der Regierung erhalten, den Vorsitz zu führen. Uebrigens besteht in diesem Augenblicke das vollkommenste Einverständniß zwischen unsern Truppen und den Ortsbehörden. Unsere Truppen besetzen die Citadelle in Gemeinschaft mit den Truppen des heiligen Stuhls. Diese Expedition, die schon lange voraus gesehen ward, im Falle daß die Ruhe in den römischen Staaten von neuem gestört werden sollte, wird eben so wie die nach Belgien die Rechtlichkeit der Absichten der französischen Regierung beweisen; und man darf, trotz der kleinen Zahl der sie zusammensetzenden Truppen, hoffen, daß diese zweite Expedition, so gut wie die erste, das glückliche Resultat haben wird, in den Staaten des heiligen Stuhls die Lösung der Schwierigkeiten schneller herbeizuführen, deren Beseitigung den Mächten so sehr am Herzen liegt, wie sie es bereits durch Unterhandlungen, die fortwährend sehr eifrig betrieben werden, bezeugt haben."

Was sollte nun aber die ganze Drohung bedeuten, von

der man selbst versicherte, daß sie nicht ernst gemeint sey. Das Journal de la Haye, stets ausgezeichnet durch seinen schonungslosen Spott gegen Ludwig Philipp, schrieb damals: „Im vorigen Jahre widersetzte sich das Ministerium des Kö= nigs der Franzosen der österreichischen Intervention in Ita= lien, und das Journal des Debats fand dieß wohlgethan. Jetzt wird dieses so ungerechte Princip der Intervention plötzlich gerecht. Die Oesterreicher haben nicht nur dazu voll= kommenes Recht, sondern man intervenirt mit ihnen zugleich, und das Journal des Debats weiß sich vor Verwunderung kaum zu fassen. Wir, nachdem es uns bekannt war, daß 80,000 Oesterreicher in Italien stehen, wir glaubten, da wir im Journal des Debats die energischen Worte lasen: „Gehen sie ab, so gehen auch wir ab; bleiben sie, so bleiben auch wir;" daß wenigstens auch 80,000 Franzosen nach Italien marschiren würden. Und was erfahren wir? Daß Herr Pe= rier, um dem Fürsten von Metternich Respect einzuflößen, 5000 Mann nach Italien sendet! Der Hochmuth der Regierung Ludwig Philipps nimmt auf eine seltsame Art ab. Da sie die Intervention nicht wehren kann, so muß das Ministe= rium Perier sich stellen, als ob es auch interveniren wolle, und um Oesterreich zu beweisen, daß es nur Verstellung sey, werden nur 5000 Franzosen abgeschickt, um frische Luft in Italien zu schöpfen. Sind 5000 Mann etwa das Juste Mi= lieu zwischen 80,000 und gar nichts?"

Hierauf antwortete aber Thiers in der Kammersitzung vom 6 März: „Ich sage, daß wir nicht dulden konnten, das Geschick Italiens von einer einzigen Macht anordnen zu las= sen, daß wir dabei interveniren mußten; wir haben uns da= bei gegen unsere Principien in der Politik eben so wenig ver=

fehlt, wie damals, als wir in Belgien einrückten, um eine
Gegenrevolution zu verhindern. In Italien hatten wir zu
verhindern, daß die Legationen nicht unter die Herrschaft
Oesterreichs zurückfielen, daß der Papst nicht Verbesserungen
verspreche, ohne sie zu vollziehen. Man hat zwar gesagt:
Was sollen einige tausend auf einen Punkt von Italien abgesetzte Soldaten nützen? Allerdings würden einige tausend
Mann, mitten in die Ebenen von Oberitalien geworfen,
nichts heißen; aber diese einige tausend Mann, von einer
Flotte unterstützt, im Besitze eines wichtigen Punkts, wollen
etwas heißen. Man hat gesagt: Gegen wen sind diese einige
tausend Mann gerichtet? Gegen Oesterreich oder gegen den
Papst? Weder gegen Oesterreich, noch gegen den Papst. Sie
befinden sich aus folgendem wichtigen Beweggrunde daselbst:
Es ist nicht passend, daß fünf Mächte in Italien unterhandeln
und nur eine einzige eine Armee daselbst halte, und die übrigen auf die bloße Macht diplomatischer Noten beschränkt seyen.
Diesen Noten wird also Frankreich etwas beifügen; es kann
alsdann in Ancona bleiben oder sich von da zurückziehen, je
nachdem man die ihm gemachten Versprechungen hält.“

Inzwischen wurde der Notenwechsel zwischen dem Papst
und Frankreich fortgesetzt. Herr von St. Aulaire erklärte,
er habe schon sechs Wochen vorher dem römischen Hofe
die Besetzung Ancona's angezeigt, und der Papst habe erklärt,
er werde sich dabei passiv verhalten. Jetzt entgegnete (Note
vom 3 März) der Cardinal Bernetti dem französischen Gesandten: „Der Unterzeichnete erlaubt sich, E. E zu erinnern, daß
er in den mit E. E. gehabten Unterredungen niemals aufhörte
zu bemerken, daß Se. Heiligkeit für Ihre Person nicht in die
Besetzung von Ancona gewilligt habe, obgleich Sie auch noch

hinzuſetzte, daß die römiſchen Päpſte häufig genöthigt ge=
weſen ſeyen, der Gewalt nachzugeben und ſich ihr zu unter=
werfen. Dieſe Phraſe ſcheint dem Unterzeichneten, beſonders
nach der Verſicherung, welche E. E. dem Unterzeichneten,
und nachher dem heiligen Vater mündlich ertheilten, daß die
franzöſiſchen Truppen auf keinen Fall ohne die Zuſtimmung
Sr. Heiligkeit in Ancona einrücken, ſondern in dieſem Falle
ſich beſchränken würden, in dem adriatiſchen Meere zu kreu=
zen, niemals in dem Sinne eines Zugeſtändniſſes verſtanden
werden zu können.“

Die ferneren Noten ſchilderten das Benehmen der Fran=
zoſen in Ancona als revolutionär: „Trotz der Proclamation
des Herrn General Cubieres und ſeiner wiederholten Verſiche=
rungen ſich nicht in die päpſtliche Verwaltung miſchen, die Behör=
den ſchützen, die Geſetze beobachten machen, und die Unruhigen
im Zaume halten zu wollen, hat der Adjudant=Major Palés
Befehl gegeben, daß proviſoriſch zwei politiſche Gefangene in
Freiheit geſetzt würden. In die auf dem Theater gegebene
Oper mußte auf Andringen der franzöſiſchen Officiere eine
auf die Freiheit anſpielende Arie eingeſchoben werden; dieſe
erweckte den größten Enthuſiasmus unter der Faction, und
aufrühreriſche Rufe gegen die Regierung Sr. Heiligkeit ließen
ſich auf den Straßen vernehmen und blieben ungeſtraft. Man
ſieht fortwährend an öffentlichen Orten geſchriebene und ge=
druckte Anſchläge, welche zur Revolution auffordern, und Per=
ſonen, die von der päpſtlichen Regierung verbannt, und von
der Amneſtie des vergangenen Jahrs ausgeſchloſſen ſind, ſieht
man frei in Ancona herumgehen, begleitet von denſelben Of=
ficieren, welche zur Unterſtützung der päpſtlichen Autorität
hergeſendet ſeyn ſollen.“

Am 11 März lief das französische Linienschiff Marengo und die Corvette Rhone mit noch weitern 1500 Mann Landungstruppen in Ancona ein. Dieß veranlaßte eine neue Note: „Die Unruhestifter wurden durch die Gegenwart dieses neuen französischen Schiffs so aufgeregt, daß sie sich den unanständigsten Freudensbezeugungen überließen, und einen Sergenten der Hülfstruppen, unter dem Vorwande, daß er der päpstlichen Regierung anhänge, mißhandelten und tödtlich verwundeten. Was die Provinzen betrifft, so nimmt die Meinung, daß die französischen Truppen sich in Kurzem über die Marken ausdehnen würden, so wie die daraus entstehende Exaltation jeden Tag zu, und General Cubières, so scheint es wenigstens, bestärkt dieselbe. Beweis hiefür ist der am 7ten in Ancona von gedachtem Herrn General und dem Lieferanten Herrn Benedetto Constantini unterschriebene Militairlieferungs-Vertrag, in welchem man Art. 11 wörtlich Folgendes liest: „Gegenwärtiger Vertrag wird vollzogen für die französischen Truppenabtheilungen, welche die Umgegend von Ancona in einem Umkreise von sechs Stunden occupiren dürften, so wie für die Corps oder Theile von Corps, die vielleicht in der Folge von Ancona ausgesendet werden, um in Sinigaglia, Jesi, Osimo, Loretto, Recanati und den umliegenden Dorfschaften zu cantonniren.‟

Zum Beweise, daß die Verstärkung der Franzosen den Italienern wirklich neuen Muth machte, dient, daß am 13 März in Bologna ein Aufstand gegen die päpstlichen Truppen ausbrach. „Der päpstliche Obrist Zamboni sollte in Bologna einrücken. Der österreichische General Hrabowski, nur von einem Adjutanten begleitet, ritt ihnen entgegen. Große Volkshaufen, mehrere Tausende, hatten sich

verfammelt. Die Truppen nähern fich. Das Volk geräth in
Bewegung, zifcht, fchimpft, wirft mit Steinen. Zamboni,
mehrfach getroffen, fällt verwundet vom Pferde und wird in
die Stadt getragen. Sogar Hrabowski wird getroffen; da
ertönt es aber fogleich: „Scusi, scusi! Viva l'Austria"!
Der Lärm, das Werfen, der Unfug nehmen zu. Endlich
geben die Soldaten Feuer. Einige fallen todt nieder, An=
dere werden verwundet; das Volk flieht in die Stadt. Auf
dem Markte verfammelt es fich aufs neue, fchimpfend, höh=
nend, mit neuen Steinigungen drohend. Da läßt Hrabowski
Oefterreicher anrücken, befiehlt auf Italienifch zu feuern,
und auf Böhmifch nur anzulegen. Der menfchenfreundliche
Einfall bringt die gewünfchte Wirkung hervor; die Soldaten
legen an, die Haufen reißen aus. Unterdeß hatten fich die
päpftlichen Truppen in die Cafernen begeben. Dorthin zieht
das wüthende Volk zu ftürmen, Rache fchnaubend, Tod dro=
hend. Ein neues, nur zu gerechtes Feuer, kühlte diefe Gluth.
Das Volk zog ab, und die Ruhe ftellte fich wieder her."

Cardinal Albani erließ hierauf eine drohende Noti=
fication: „Auch dürfen wir nicht verfchweigen, daß fich die
Uebelgefinnten gänzlich täufchen würden, wenn fie fich in
ihrem verbrecherifchen Vorhaben beftärken, ftatt gänzlich dar=
auf zu verzichten, und Umtriebe auf Umtriebe, Verbrechen
auf Verbrechen folgen laffen, im Vertrauen die Regierung
einzufchüchtern und zu ermüden; indem das Souvernement
felbft feft entfchloffen ift, Mittel auf Mittel zu häufen, Fe=
ftigkeit mit neuer Feftigkeit zu vermehren, um fie vom erften
bis zum letzten niederzufchlagen, um fie ohne Erlaß auszu•
rotten, und auf eine folche Weife die Gefellfchaft von Nieder=
trächtigen zu reinigen, welche fie anfeinden und entehren, und

welche in jeder Rückſicht verdienen als öffentliche Feinde be=
trachtet und behandelt zu werden."

Sobald die Oeſterreicher die Ankunft neuer franzöſiſcher
Truppen und die Abſicht des Generals Cubières, die Umgegend
Ancona's zu beſetzen, erfahren hatten, machten ſie am 16 März
eine Bewegung vorwärts und beſetzten Rimini, Peſaro, Fano
und Urbino.

Inmittelſt erhielten die Franzoſen Befehl, ſich ruhig zu
verhalten, den Oeſterreichern und dem Papſt keine Beſorg=
niſſe, den Italienern keine Hoffnungen mehr zu machen. Die
Haupttheilnehmer an der Beſitznahme Ancona's fielen in Un=
gnade. Man ſchrieb ſchon unterm 50 März aus Ancona:
„Die ausſchweifenden Hoffnungen vieler hieſigen Einwohner,
und die Declamationen im Weltherrſchertone der eingedrun=
genen 1500 Franzoſen, haben beide in wenigen Wochen ihr
Ziel erreicht. Der Vormarſch der Oeſterreicher in die Linie
von Urbino nach Peſaro, die ſichtbare Angſt, welche dieſe
Bewegung unter der hieſigen Garniſon verbreitete, die Abreiſe
des Obriſten Gallois mit allen Zeichen der Ungnade, und
nicht über Rom wie er gewünſcht hatte, die Nothwendigkeit,
in welcher General Cubières ſich befand, den Oberſten Com=
bes, die zweite Hauptperſon bei der Eroberung unſerer fried=
ſamen Stadt, mit Arreſt zu belegen, die Agonie, in welcher
die große dreifarbige Fahne auf den Wällen unſerer Feſtung
liegt, die ſchillernde Sprache in den franzöſiſchen Blättern
und die ſehr entſchiedene in allen übrigen; dieſe und viele
andere Umſtände haben der Expedition bereits den ihr gebüh•
renden Stempel aufgedrückt." Die Patrioten in Ancona
fingen an unruhig zu werden, und bald ließ Cubières ſie füh=
len, daß er ſich nur in Ancona befinde, wie Hrabowſki in

Bologna, um die päpstliche Autorität aufrecht zu erhalten. Am 8 April fielen einige Excesse vor. Am 9ten erließ Cubières folgenden Tagsbefehl: „Einiges Gesindel, das größtentheils der Stadt Ancona nicht angehört, und sich den Namen Patrioten gibt, sucht Unruhen zu erregen, um rauben zu können. Da ihnen dieß in Gegenwart der französischen Truppen nicht gelang, so suchten sie ihre strafbaren Plane auf dem Lande auszuführen. Das Dorf delle Grazie war gestern ihren Angriffen ausgesetzt. Die Einwohner mußten zur Vertheidigung ihres Eigenthums zu den Waffen greifen. Ein Mann von der Patrouille des 66sten Regiments, welcher an Ort und Stelle geschickt worden war, wurde durch einen Flintenschuß leicht verwundet. Dieser Vorfall, der in der Nacht sich ereignete, kann nicht als eine feindselige Handlung gegen die französischen Truppen betrachtet werden. Befehle sind gegeben, daß niemand mit Waffen aus der Stadt gehe. Die Herren Corpschefs werden den Soldaten unter ihren Befehlen verbieten, sich aus der Festung über die Vorstädte hinaus zu entfernen. Die Posten werden ihre Aufsicht verdoppeln, und keine Zusammenrottung auf den Straßen dulden. Sie werden alle Leute verhaften, welche die öffentliche Ordnung durch Handlungen oder durch Drohungen stören." Bald darauf befahl Cubières, die päpstlichen Polizeisoldaten neu zu organisiren, um die Ruhestörer zu bewachen.

Von den Unterhandlungen am päpstlichen Hofe erfuhr man, daß der russische Gesandte unbedingte Unterwerfung der Legationen unter den Papst verlangte, der österreichische dagegen, Concessionen des Papstes und einen Zustand in den Legationen wünschte, mit dem die Einwohner sich zufrieden geben könnten, weil sonst immer und immer wieder Aufstände

zu beforgen feyen. Namentlich follte Oefterreich gewünſcht
haben, daß die Pacification der Romagna unter den Auſpi=
cien des talentvollen und mäßigen Ritters Sabregondi
vollendet werden möchte, der ſich dafür beſſer eigne als der
Cardinal Albani, welcher zu viel Hitze und Starrſinn zeigte,
und von dem man ſagte, er ſey ein Werkzeug der ehrgeizi=
gen Plane des Herzogs von Modena. Gerüchte liefen um,
welche dieſen Fürſten beſchuldigten, er trachte nach der Krone
Italiens. Dieſe trügeriſchen Gerüchte dienten dazu, Oeſter=
reich auf Koſten Frankreichs populär zu machen.

Da Frankreich in Ancona nicht revolutionirte, ſondern
im Gegentheil die Patrioten verfolgte, ſo ließ ſich auch der
Papſt billig finden. Nachdem ihm durch die Entfernung
des Capitains Gallois und Obriſten Combes für die ge=
waltthätige Beſitznahme Ancona's Genugthuung gegeben
worden war, ließ er ſich ſeinerſeits ein noch längeres Ver=
weilen der Franzoſen in Ancona gefallen. In der deßfalls am
16 April abgeſchloſſenen Convention wurde ausgemacht:
1) die franzöſiſchen Truppen in Ancona dürfen nicht verſtärkt
werden; 2) ſie dürfen keine neuen Werke daſelbſt anlegen;
3) ſie werden in dem Augenblick Ancona verlaſſen, in welchem
die öſterreichiſchen Truppen die Romagna verlaſſen. Das
Diario di Roma kündigte an, in Ancona herrſche wieder
die alte Ordnung: „Könnte dieſe heilſame Lehre die Reue
ſo vieler Uebelthäter vollſtändig machen, welche bei jedem
öffentlichen Ereigniſſe ſich eiteln und trügeriſchen Hoffnun=
gen hingeben; möchten ſie zugleich erkennen, daß die fran=
zöſiſche Regierung weit entfernt iſt, die treuloſen Plane der
revolutionären Propaganda unterſtützen zu wollen.“ Als
der einzige Grund, warum ſich weder die Oeſterreicher, noch

die Franzosen zurückzogen, obgleich sie beide vollkommen über=
einzustimmen schienen, wurde angegeben, daß erst die von
dem Papst neugeworbenen Schweizertruppen orga=
nisirt werden müßten. Bis diese Söldner, welche die gänz=
lich demoralisirten päpstlichen Truppen ablösen sollten, ange=
kommen seyn würden und man ihnen die Bewachung der
empörten Provinzen anvertrauen dürfte, hielt man es nicht
für gerathen, die Oesterreicher und Franzosen zu entfernen.
Die Convention des Papstes mit der Schweiz wurde am
14 April abgeschlossen und betraf die Stellung von 3000
Mann.

Die Wuth der Patrioten in Ancona war gränzenlos, als
sie sich in allen Hoffnungen getäuscht und am 2 Mai den
Obrist Origo mit 150 päpstlichen Carabiniers einreiten
sahen, die fortan ausschließlich die Polizeigewalt handhaben
sollten. Origo ließ sogleich einen Mann verhaften und aus
Ancona entfernen, was am folgenden Morgen das Volk zum
Aufstande reizte. Die Franzosen legten sich ins Mittel. Doch
erregte die Nachricht, es kämen noch mehr päpstliche Trup=
pen, einen neuen Sturm, bis Cubières erklärte, den com=
promittirten Patrioten entweder eine Amnestie zu verschaffen,
oder sie nach Frankreich mitzunehmen, und zum Polizeidienst
täglich nicht mehr als fünf Carabiniers verwenden zu lassen.
Gleichwohl glühte der Haß in den Gemüthern fort. Am
23 Mai wurde der Gonfaloniere, Ritter Girolamo de Conti
Boldari, bei Nacht auf der Straße gemeuchelmordet. Am
3 Junius schmückte sich die halbe Bevölkerung mit dreifarbi=
gen Bändern und begab sich in Procession zu General Cubiè=
res, ihn um Verwendung für eine erträgliche politische Re=
form zu bitten.

Auch in der Romagna gährte es fort. Cardinal Al=
bani blieb auf seinem Poſten in Bologna und wollte den=
ſelben nicht verlaſſen. Man ſchrieb im Mai aus Bologna:
„Die innern Angelegenheiten des päpſtlichen Staats nehmen
eine immer ſchlimmere Wendung. Statt der ſo oft verſpro=
chenen Verbeſſerungen in der öffentlichen Verwaltung werden
die Legationen mit neuen und unerträglichen Auflagen be=
laſtet, zu denen noch ein gezwungenes Anlehen kam, welches
realiſirt wird, indem man die Mobilien derjenigen, welche
nicht zahlen können, im Aufſtreiche verkauft; ein drückendes
Syſtem, das, wie man glaubt, von dem bekannten Vorot=
telli an die Hand gegeben wurde, der den Rath und die Ge=
ſchäfte des Cardinals Albani leitet. Der römiſche Hof deu=
tete dem Letztern mehrere Male an, ſeinen Oberbefehl in den
Legationen niederzulegen, und ſich nach ſeinem ehemaligen
Gouvernement Peſaro zu begeben; allein in Folge jener Un=
ordnung der Gewalten, welche in den römiſchen Staaten
herrſchend geworden iſt, will der Cardinal von ſeinem Poſten
nicht abgehen. Der Staatsſecretär ergriff dann den Aus=
weg, einen ausgezeichneten Prälaten, Monſignore Capaccini,
nach Bologna zu ſenden, um ſeinen erlauchten Mitbruder
zum Gehorſam zu ermahnen. Dieſe Miſſion hatte einen un=
angenehmen Ausgang. Cardinal Albani wiederholte ſeine
abſchlägliche Antwort, und begleitete ſie mit den härteſten und
unhöflichſten Ausdrücken, ſo daß Monſignor Capaccini ganz
verdutzt nach Rom zurückkehrte. Man ſpricht nicht mehr
von der Miſſion des Ritters Sabregondi; die Einwohner der
Legationen argwöhnen ſeit langer Zeit die Exiſtenz einer großen
Intrigue, welche jede Verſöhnung zwiſchen der Regierung
und dem Volke unmöglich machen würde. Alles was ſeit eini=
ger

CUVIER.

ger Zeit vorfällt, verstärkt diese Meinung, und wenn alles in diesem Sinne unter den Augen der Truppen und der fremden Diplomaten vorgeht, kann man sich da im geringsten noch Illusionen machen?"

Bei dieser Lage war es natürlich, daß die Wuth des Volks von Zeit zu Zeit ausbrach. Eine Verhaftung in Forli veranlaßte einen Tumult daselbst, und die Bewegung theilte sich mehrern andern Städten mit. In Ferrara erregte die Ankunft päpstlicher Truppen einige Unruhen.

In Ravenna und Faenza nahm der Widerstand einen gesetzlichen Charakter an, sofern er sich auf anständige Protestationen gegen die Willkür beschränkte, mit welcher Albani seine Creaturen den Städten als Communalräthe aufdrang (zu scheinbarer Vollziehung des Edicts vom 5 Julius 1851). Mit Waffengewalt und durch Absetzungsdecrete setzte der Cardinal dennoch seine Absicht durch. Auch in Bologna wurde in der Nacht vom 10 Junius eine Protestation angeheftet „gegen die Ernennungen absolut unwürdiger und unfähiger Subjecte zu Communalräthen und Richtern." Am 13 Junius kam es zwischen dem Volk und den päpstlichen Soldaten in Bologna zu einem kleinen Scharmützel.

Der Papst wurde durch diese Begebenheiten aufs neue beleidigt, und erließ am 21 Junius eine donnernde Bulle gegen die Rebellen. „Wir möchten wohl die Heerde jener verirrten Menschen, wie im vorigen Jahre, abermals durch die Stimme der Ermahnung, des Mitleids und der Nachsicht zu uns rufen; da sie aber in ihrem Fieberwahne dem so oft rufenden Vater stets widerstanden, und, befestigt in ihrer gottlosen Verschwörungswuth, die Kirche zu hören verschmähten, und sich mit immer ungeheuern Verbrechen

befleckten, so finden wir uns jetzt, da wir durch eine lange
Erfahrung so vieler Monate belehrt wurden, daß alle heil=
samen Mittel einer überfließenden Güte, Geduld und Liebe
völlig vergeblich seyen, endlich gezwungen, mit Trauer, aber
mit Erkenntniß der Nothwendigkeit den Entschluß zu ergrei=
fen, den die heiligen Canone, und das Beispiel der römischen
Päpste, unserer Vorfahren, uns vorschreiben, daß wir näm=
lich gegen die rebellischen Unterthanen das Schwert ziehen,
womit uns Gott zum Schutze der Religion und der Gerechtig=
keit ausgerüstet hat." Hierauf folgte der große Bannfluch über
alle, die an dem Widerstand gegen Sr. Heiligkeit Verfügun=
gen und Autorität Antheil genommen. „Wir thun sie sämmt=
lich, welche (zunächst in Ancona) gegen die gesammten oder
einzelnen weltlichen Rechte der Kirche und dieses heiligen
Stuhls unter irgend einem Vorwand oder auf irgend eine
Weise sich vergingen, welche Aufträge gegeben oder zu dem
Ende Hülfe leisteten, welche gegen päpstliche Soldaten die
Waffen trugen, welche auch an andern Orten der heiligen
Kirche Verschwörungen anzettelten, und Aufstand und Ab=
fall weiter zu verbreiten strebten, sämmtlich, welchen Grad,
Titel, Amt und Beruf sie auch haben mögen, in den g r o ß e n
B a n n. Uebrigens erklären Wir sie für unfähig, die Wohl=
that der Absolution zu empfangen, bis sie allen und jeden
Verirrungen mit Wort und That abgesagt, und in Bezug
auf dieselben der Kirche und Uns und diesem heiligen Stuhle
je nach der Zeit und Lage der Personen gebührende Genug=
thuung geleistet haben."

Die Procession vom 3 Junius in Ancona veranlaßte den
Papst, sich bitter gegen die Franzosen zu beschweren. Cu=
bières mochte deßhalb Vorwürfe erhalten haben und rächte

sich an den Anconesen durch äußerst zornige Verhaftsbefehle vom 1. Julius, wornach alle Unruhestifter festgenommen werden sollten, und durch Laufpässe, mit denen er viele Italiener aus Ancona entfernte, und die zum Schein eine Amnestie versprachen. Am 1 August hielt der neue päpstliche Delegat Graffelini seinen feierlichen Einzug in Ancona, begleitet von einer neuen Abtheilung päpstlicher Dragoner.

Die Italiener waren über alle diese Dinge trostlos. Man schrieb aus Bologna: „Die öffentliche Verwaltung ist noch immer in dem gewohnten bodenlosen Zustand, und die Einwohner verlieren mit jedem Tage die Hoffnung mehr, von Rom her etwas von den versprochenen Verbesserungen zu erhalten. Wie es scheint, hat die Diplomatie mit den Forderungen dieser Völker Spott getrieben, und unter dem Vorwande, die Ruhe herzustellen, sich in der That mit nichts Anderm beschäftigt, als sie wieder der absoluten Herrschaft des päpstlichen Stuhls zu unterwerfen. Der Ritter Sabregondi ist seit mehreren Tagen zurückgekehrt; es scheint aber sicher, daß seine diplomatischen Unterhandlungen nur das Interesse des österreichischen Occupationscorps betroffen haben; bis jetzt ist den besetzten Provinzen keine Verbesserung ihrer Lage in irgend einer Art zu Theil geworden. Die sogenannten Schweizer in päpstlichem Solde betragen schon über 1000 Mann und stehen größtentheils zu Ravenna; die kürzlich zu ihrer Bewaffnung getroffenen Verfügungen deuten jedoch auf eine baldige Vermehrung bis mehr als 5000 Mann hin. Ihre Ankunft in kleinen Abtheilungen dauert ohne Unterbrechung fort.“

Der Papst war mit dem Benehmen der Franzosen in Ancona wieder so zufrieden, daß er am 25 August in der Lud=

wigskirche dem französischen Gesandten sagte: „Ich kam, um das gute Einverständniß zu bezeugen, welches zwischen den beiden Nationen herrscht, und einen Beweis zu geben von meiner Anhänglichkeit an Frankreich, an Ihre Person und Se. Majestät den König."

Man hoffte, England werde für die Legationen thun, was Frankreich, Oesterreich und der Papst selbst, nur mit ihrer eifersüchtigen Stellung gegen einander beschäftigt, versäumt hatten. Wenigstens verlautete nichts mehr von den pomphaft verkündeten, durch Oesterreichs Einfluß bewirkten Reformplanen des Ritters Sabregondi. Aber die Conferenz der fremden Gesandten zu Rom verwarf die Pacificationsvorschläge Englands, wie aus der Note des englischen Gesandten in Florenz, Herr Seymour, erhellt, der zu dem Congreß zugezogen worden war. Derselbe schrieb unterm 7 September an die Conferenz: „Der Unterzeichnete ist beauftragt, das tiefe Bedauern seines Hofs auszudrücken, daß alle seine Bemühungen während der letzten anderthalb Jahre, zu einer Wiederherstellung der Ruhe in Italien mitzuwirken, vergeblich waren. Die brittische Regierung sieht voraus, daß wenn man bei dem jetzigen Systeme verharrt, neue Unruhen von immer ernstlicherem Charakter im Kirchenstaate ausbrechen werden, und daß aus diesen Unruhen Verwicklungen hervorgehen können, die dem Frieden Europa's Gefahr drohen. Sollten diese Befürchtungen sich unglücklicher Weise verwirklichen, so wird wenigstens Großbritannien aller Verantwortlichkeit für die Uebel ledig seyn, die aus der Verwerfung der Rathschläge hervorgehen, auf welche die brittische Regierung mit so viel Ernst und Beharrlichkeit gedrungen hat." Hierauf antwortete der österreichische Gesandte, Graf

Lützow, sehr entschieden und ganz im Widerspruch mit den früher ausgesprengten Fabeleien vom Ritter Sabregondi: „Es ist zu hoffen, daß das (italienische) Volk von nun an nur dem angebornen und gewohnten Gefühle dessen, was ihm wahrhaft nützlich und vortheilhaft ist, folgen, und die perfiden Rathschläge einer allen Thronen feindseligen Faction zurückzuweisen wissen werde, welche sich bis jetzt gewiß nicht mit dem beschäftigt hat, was man unter der Phrase von „Volkswohl" versteht. Von nun an trägt alles zu der Ueberzeugung bei, daß die Ordnung wiederkehren wird, wenn diese verborgene Gewalt, wie sie aus dem Rathe aller Könige verbannt ist, auch recht gewürdigt seyn wird von dem Volke, das sie zum Aufruhre zu verleiten wünscht, den man jetzt als Zwistigkeiten mit dem Souverain bezeichnet. Dann wird nichts den heiligen Vater verhindern, seinerseits die Regeneration seiner Staaten zu verfolgen, und dadurch jeden Gegenstand des Streits und der Verwicklung zu entfernen, welche alle Fürsten sowohl als Privaten und Regierungshäupter zu vermeiden gleichmäßig wünschen." Der Fürst Metternich selbst äußerte in einer Note schon vom 28 Julius: „Die Verbesserungen in der Administration der päpstlichen Staaten, zu denen der heilige Vater sich durch frühere Erklärungen bereit gezeigt hatte, waren eines von den Mitteln, um nach dem Rückzuge der österreichischen Truppen die öffentliche Ruhe zu sichern, und man hat sie auch den Repräsentanten der Mächte vorgeschlagen, in der Absicht über diesen Punkt mit der Regierung Sr. Heiligkeit zu einem Einverständnisse zu gelangen. Aber das österreichische Cabinet, obgleich bereit mit seinem Rathe hiezu mitzuwirken, hat nie das Recht anerkannt, dem heiligen Vater irgend etwas aufzulegen, und hat unwandel-

bar seiner Theilnahme diejenigen Gränzen gesteckt, welche die-
der Unabhängigkeit dieses Souverains gebührende Achtung
vorzeichnete." Noch deutlicher äußerte er sich sodann mit
den Worten: „Se. k. k. Majestät hegt die vollständige Ueber=
zeugung, daß die vorgeschlagenen Concessionen zur Verände=
rung der Form der päpstlichen Regierung in den Augen derer,
von denen sie verlangt werden, keinen andern Werth haben,
als den eines Mittels, um ihren Zweck zu erreichen, den sich
ganz vom heiligen Stuhle zu trennen; und daß diese Con=
cessionen keinen andern Erfolg haben können, als zu neuen
Forderungen und abermaligen Unruhen zu führen. Es ge=
schieht demnach aus Rücksichten für die Ruhe Italiens, daß
der Kaiser sich für verbunden achtet, diesen Forderungen seine
Unterstützung zu verweigern, und indem er so der Stimme
seines Gewissens gehorcht, dient er zugleich der Sache des all=
gemeinen Friedens, welcher der Zweck seiner Wünsche und
seiner beständigen Sorgfalt ist."

Engländer ließ es bei seinem Bedauern bewenden, und
Frankreich that gar nichts für die Legationen. Es blieb beim
Alten.

3.

Neapel. Savoyen. Modena.

Von Neapel verlautete das ganze Jahr hindurch nur
wenig. Man rühmte, daß der junge König in seinem Eifer
für wohlthätige Reorganisationen fortfahre, namentlich auch
in Sicilien. Dem Principe di Campo waren die Ministerien
der Finanzen, des Innern und des Auswärtigen, dem Hrn.
Mastropaolo die der Justiz, der Polizei und der geist=

lichen Angelegenheiten übertragen; Ruffo nahm als Mi=
nister ohne Portefeuille am Conseil Theil. Am 30 Mai,
dem Namenstage des Königs Ferdinand begnadigte
derselbe viele Verurtheilte, und nahm 97 wegen politi=
scher Vergehen früher ausgeschlossene Individuen wieder in
den Staatsdienst auf. Eine kleine revolutionäre Bewe=
gung, die der Mönch Angelo Peluso zu Nola leitete, endete
mit dessen Verhaftnehmung und scheint von wenig Bedeutung
gewesen zu seyn, im Anfang des Herbstes. Am 9 September
schaffte der König das Ministerinm des königlichen Hauses ab,
und traf noch einige andere Maßregeln der Vereinfachung.

Man wollte übrigens bemerkt haben, daß der König sich
mit großer Vorliebe dem Militärwesen widme. Ein Corre=
spondent im Morgenblatt äußerte darüber: „Ja, unser neuer
König ist im Punkte der Soldateska ein wahrer Karl XII.
Er zieht wöchentlich ein= oder zweimal mit seinen Soldaten
nach dem Campo di Marte, im Herbste aber in die Ebenen
bei Salerno und Sessa ins Feld, und führt Krieg. Da treibt
er sich im Felde mit den Soldaten herum, läßt sich's in Wind
und Wetter sauer werden und schläft auf Stroh. Das Mili=
tär wünscht ihm dafür, daß er es zu seiner Passion erhoben
hat, das Podagra, und sehnt sich in die friedfertigen Zeiten
des frommen Francesco zurück, wo man alle Jahre am Feste
von Piedigrotta seine Uniform ausklopfte, und seine Frau
auf zwei oder drei Tage verließ! Ach die schöne Zeit ist hin!
Jetzt sind die Regimenter in fortwährender Hin= und Herbe=
wegung, und da die meisten neapolitanischen Officiere und
Unterofficiere verheirathet sind, so entsteht eine gothische
Völkerwanderung bei jedem größern Manouvre. Unter die=
sen Umständen ist die Kriegslust eben nicht sehr groß; ein

allgemeiner Jammer bricht in den Bezirken aus, wo geloos't
werden soll, und das halbe Dorf läuft weinend den unglück=
lichen Treffern nach, als wenn sie eben auf eine Völker=
schlachtbank geführt würden. Ja, ich habe in Spitälern
viele Soldaten gesehen, die sich mit Kalk das Augenlicht ge=
blendet, um untauglich zu werden, andere Verstümmlungen
gar nicht gerechnet; und dieß mitten im Frieden. Wenn
man weiß, daß die Bevölkerung des Landes leicht ums Dop=
pelte stärker seyn könnte, so muß man gestehen, daß bei die=
sen Aushebungen der Landbau eben nicht gewinnen kann.
Eine wohlorganisirte Armee wäre übrigens in einem monar=
chischen Staate nicht zu verachten, besonders wenn man sie
nöthig hätte: nun aber fehlt diesen Regimentern gerade, was
sie zu einer Armee verbinden könnte — das Ingenieurwesen.
— Das kriegerische Heldenfeuer hat auf eine komische Weise
auch über das Militär hinaus um sich gegriffen. Man hatte
bemerkt, daß der Fürst selten das große Operntheater be=
suchte; da er einmal keinen Sinn für Musik hatte, so suchte
man seine Aufmerksamkeit auf eine andere Weise zu fesseln:
man fing an, fortwährend kriegerische Ballette aufzuführen.
Uniformen aller Farben und Waffen ziehen da halbe Stunden
lang mit Trommelschlag und Trompetenschmettern über die
Bretter, die Reiterei macht die tollsten Manöuvres, Getümmel
aller Art, die Pferde werden wild, die Tänzer ergreifen die
Flucht u. s. w. Die List gelang, der König kam!"
Der militairische Eifer des Königs erscheint bei dem bis=
herigen schlechten Zustande der neapolitanischen Armee (man
vergleiche ihr Benehmen bei der letzten österreichischen Inva=
sion), und bei den unruhigen Bewegungen im übrigen Ita=
lien genügend motivirt. Daß der König eine ausschließlich

italienische Politik befolge, scheint sich durch seine Heirath zu
bestätigen. Er wählte vorzugsweise eine italienische Prin=
zessin, die 1812 geborne Tochter des vormaligen Königs Fe=
lir von Sardinien, Christine, deren Geist und Schönheit
gerühmt wird. Er begab sich deßfalls incognito nach Genua,
wo die Verlobung am 21 November statt fand.

  In Sardinien war bekanntlich, nachdem der Mannsstamm
der ältern Linie ausgestorben war, die jüngere Linie Carignan
in der Person des Königs Carl Albert zur Regierung ge=
langt, der bei der Revolution von 1821 compromittirt war,
jetzt aber seine ehemaligen constitutionellen Freunde durchaus
nicht begünstigte. Inzwischen fiel, nachdem der Versuch, von
Frankreich aus Savoyen zu insurgiren, im vorigen Jahre
mißlungen war, nichts Wichtiges in den sardinischen Staaten
vor. Am 8 Januar erfolgte in Chambery ein kleiner Auf=
lauf gegen den jesuitischen Missionär Guyot, der eine Pro=
cession veranstaltet hatte. Später erfuhr man, der König
habe viele verhaftete junge Leute, die schon entlassen waren,
wieder verhaften und strenger behandeln lassen, auch Absetzun=
gen der Aufsichtsbehörden verfügt, die zu wenig Strenge ge=
zeigt hätten. Den Buchhändlern und Druckern von Cham=
bery wurde „volle Verlags= und Druckfreiheit verstattet,
sofern sie eidlich gelobten, nichts drucken zu wollen, was das
Mißfallen der Regierung erregen könne.“ Man erfuhr fer=
ner, daß an den Festungswerken von Alessandria und den an
der französischen Gränze liegenden Forts eifrig gearbeitet
werde.

  In Modena dauerte die Reaction fort. Am 15 März
wurde daselbst folgendes Edict publicirt, aus Anlaß ei=
nes Erdbebens: „Die Erderschütterungen sind, so weit sie

von Leuten, welche die physischen Gesetze untersuchen, und na=
mentlich von solchen, die nicht ungläubig sind, erforscht wer=
den können, als eine Geißel betrachtet worden, welche Gott
uns jetzt sendet, wie er dieß sonst gethan hat, theils um die
Menschen zu strafen, theils um sie zu warnen, daß sie sich
bekehren sollen, wenn sie große Sünden begangen haben,
oder wenn sie einen schlechten Weg verfolgen, und sich ihren
Leidenschaften überlassen. Diese Zeit ist vielleicht jetzt gekom=
men, weil ehr= und gottlose Grundsätze, der Geist des Un=
gehorsams, der Ketzerei, des Stolzes, des Unglaubens, der
Wahnsinn, welcher die niedrigsten Leidenschaften erzeugt, wie
eine epidemische Krankheit geworden sind, welche die Köpfe
verwirrt, und die Herzen verkehrt, und den Verlust der Seele,
so wie aller Ruhe und alles irdischen Glücks nach sich zieht,
welche mit einem falschen Scheine und Milde alles vergiftet,
weil alles dieß das Werk des bösen Geistes ist, in dessen Ge=
walt derjenige, welcher Gott und sein heiliges Gesetz verläßt,
jeden Tag mehr fällt. Darum sendet Gott in seiner Gnade,
um die Seelen, die ihrem Untergange nahen, zu erschüttern,
um die Verirrten zurückzuführen, um die Guten in der Tu=
gend zu befestigen, und um Allen seine Allmacht deutlich zu
machen, den Menschen offenbare, schreckliche, außerordentliche
Unfälle, wodurch allesammt gestraft, und Allen ein heilsames
Gefühl der Furcht eingeflößt wird. Es ist dieß eine große
Warnung, welche Gott uns gibt, um uns zu zeigen, daß er
mit uns nicht zufrieden ist; daß unter uns Kälte oder die
Neigung herrscht, ihn zu verlassen; daß es unter uns eine
große Anzahl verirrter Menschen gibt, und solcher, die gegen
göttliche, wie gegen menschliche Gesetze rebellisch sind, und die
erschüttert und gebessert werden müssen. — Wir erklären,

daß wegen neuer Anstrengungen von Seite der geächteten Secten und der Revolutionaire, um neue Unruhen hervorzubringen, wir für klug erachtet haben, die Wirkung der Amnestie, welche wir einer gewissen Classe von Verirrten bewilligt haben, noch zu suspendiren; dieß war zum Wohle unserer Unterthanen geschehen, weil diese Sünder, diese Menschen ohne Religion, geneigt die Gesellschaft durch böse Beispiele zu stören, indem sie schlechte Grundsätze verbreiten und Revolutionen herbeiwünschen, daß sie es sind, welche auf die Bevölkerung Gottes Strafen und Zorn herbeigezogen haben. Kein Wohldenkender darf aus übelverstandenem Mitleid diese Feinde Gottes und der menschlichen Gesellschaft, namentlich diejenigen, welche wegen ihrer Verbindung mit den geächteten Secten mit dem Banne belastet sind, begünstigen. Er muß im Gegentheil alle Bemühungen anwenden, um sie zu entlarven, wenn sie sich nicht bekehren, um die Strafen Gottes zu entfernen, welche sonst mit immer größerer Gewalt auf einander folgen werden."

Auch erfuhr man durch öffentliche Blätter, der Herzog habe seinen Soldaten folgenden Eid leisten lassen: „Die Soldaten Franz IV haben den lebhaftesten Unwillen gefühlt (einen Unwillen, für dessen Ausdruck es keine Worte gibt, und welcher nur mit der Entdeckung und Vertilgung der Meuchelmörder schwinden wird), als sie von dem gotteslästerlichen Plane hörten, welchen die Revolutionaire entworfen hatten, die geheiligte Person ihres anbetungswürdigen Souverains zu ermorden; sie erklären, daß sie eine wahrhafte Befriedigung empfanden, und daß ein reiner und edler Stolz in ihnen erwachte, als sie zuerst unter das Panier eines Prinzen traten, welcher durch seine Geisteskraft und seinen Muth der

erſte Soldat des Jahrhunderts genannt werden kann. Die
Soldaten Franz IV ſind glücklich, unter ſeinen Fahnen dienen zu können; ſie ſchwören, ihren letzten Blutstropfen
zu vergießen, um den unüberwindlichen Herzog, ihren geliebten Vater, ihren großen Feldherrn zu vertheidigen. Sie werden ihre Wachſamkeit und ihre Energie verdoppeln. Das
Leben iſt ihnen nur theuer, weil ſie es hingeben können, um
das ihres Souverains zu retten, oder um ſeine Mörder nie-
derzuhauen. Wenn jemals (was Gott verhüte) die Hölle eine
ſo ſchwarze Seele ausgeſpien haben ſollte, die ein ſolches Attentat wagen könnte, ſo bringen es die Soldaten Franz IV
zu jedermanns Kunde, daß ſie vollkommen, Mann für Mann,
jeden ihrer Mitbürger kennen, welcher ſich zu den Grundſätzen
der revolutionären und liberalen Böſewichter bekennt; ſie
mögen zittern, denn die Soldaten machen ſie mit ihrem Leben verantwortlich für die Sicherheit Franz IV; ſie mögen
zittern, und das Urtheil der Soldaten trifft ſchnell und
ſicher.“

―――

Gedruckt: Augsburg, in der Buchdruckerei der J. G. Cotta’-
ſchen Buchhandlung.

ALI-PASCHA.

Taschenbuch
der
neuesten Geschichte.

Herausgegeben
von
Dr. Wolfgang Menzel.

Vierter Jahrgang.
Geschichte des Jahres 1832.
Zweiter Theil.

Mit 11 Portraits.

Stuttgart und Tübingen
in der J. G. Cotta'schen Buchhandlung.
1834.

Inhalt.

Geschichte des Jahres 1832.
Zweiter Theil.

Die

Geschichte des Jahres 1832.

———

Zweiter Theil.

———

Die Geschichte des Jahres 1832.

VII.

Rußland und Polen.

1.

Russische Maßregeln in Polen.

Nachdem am 8 September 1831 Warschau gefallen, das polnische Heer ausgewandert und das ganze Land den Russen wieder unterworfen war, verfolgten die Letztern den Plan, jede künftige polnische Revolution zu verhüten, mit eiserner Consequenz.

Die erste Maßregel bestand in der Entwaffnung des Landes. Sie wurde schon im Herbste 1831 so weit getrieben, daß dem Landmanne die Sensen mangelten. Der größte Theil des polnischen Heeres war nach Oesterreich und Preußen geflüchtet. Die in Polen zurückgebliebenen, so wie die Soldaten, welche sich durch die versprochene Amnestie bewegen ließen oder sich gezwungen sahen, zurückzukehren, wurden sogleich unter die russischen Regimenter gesteckt. Als französische und englische Blätter aufs bitterste darüber

klagten, daß auf diese Weise die den polnischen Soldaten zu=
gesagte Amnestie verletzt werde, wurde russischerseits bekannt
gemacht: „Nachdem die polnische Insurrection die Quellen
der Industrie, des Handels und des Nationalwohlstandes
ausgetrocknet hatte, vermachte sie der russischen Regierung
die schwierige und peinliche Aufgabe, für den Unterhalt meh=
rerer tausend Soldaten zu sorgen, welche von der revolutio=
nären Faction verführt, ihrer Pflicht untreu gemacht, und
in einen Kampf auf den Tod verlockt worden waren, um
nachher zur Verbannung oder zum Elende verurtheilt zu wer=
den, denn dieß ist das Schicksal, welches die Urheber der In=
surrection vom 17 Nov. denen bereitet haben, die unter ihren
Fahnen fochten. In diesem Zustande befanden sich die Solda=
ten der polnischen Armee im Augenblick, als die legitime
Macht wieder hergestellt wurde. Ohne Mittel, sich zu ernäh=
ren, ohne Leitung, ohne Anführer und ohne Zucht durfte
diese Masse von Soldaten nicht auf gut Glück im Lande ver=
breitet werden, wollte man anders sich nicht der Gefahr aus=
setzen, die Sicherheit des Eigenthums und die Erhaltung der
öffentlichen Ruhe bedroht zu sehen. Unerläßlich war eine
schnelle, kräftige, umfassende Maßregel, um einem Zustande
der Dinge, der keinen Aufschub duldete, Hülfe zu bringen.
Der Kaiser Nikolaus erkannte, daß hier das heilsamste Mit=
tel darin bestand, den polnischen Militärs die Reihen der
russischen Armee zu öffnen. Dieß Eine Wort bezeichnet den
Ursprung und den Zweck der neuerlichst von der Regierung
des Königreichs getroffenen Anordnung, welche bereits mit
so viel Bitterkeit getadelt wird. Doch ist diese Maßregel,
wenn sie, wie sich's gebührt, als eine von dem Bedürfnisse
des Landes geforderte Nothwendigkeit anerkannt wird, kei=

neswegs geeignet, weder für eine den Soldaten der Insur=
rection auferlegte Bestrafung, noch für ein Mittel gehalten
zu werden, die disponible Stärke der russischen Armee über
ihren frühern Stand zu vergrößern. Sie ist bloß eine die
öffentliche Ordnung bezweckende Einrichtuug, gegründet auf
die doppelte Absicht, einmal einer großen Anzahl nahrungs=
loser Menschen zu Hülfe zu kommen, und sodann das Land
von der Gegenwart so vieler Soldaten zu befreien, welche
unfähig sind, wieder ins bürgerliche Leben zurückzutreten,
ehe sie von neuem gelernt haben, sich dem Gesetze des Ge=
horsams zu unterwerfen. Wie sollte man hierin eine Aus=
übung der Strafe oder der Rache gegen Soldaten der polni=
schen Armee entdecken? Sind doch diese Soldaten zu der Ehre
berufen, unter den Fahnen der russischen Armee zu dienen!
Menschen, die für die Sache der Empörung gekämpft, erfahren
eine gleiche Behandlung, wie die Soldaten, die nie ihrem Eide
untreu wurden! Um diese einfache Thatsache zu entstellen, sucht
man jetzt mit beispielloser Unredlichkeit das Gerücht zu ver=
breiten, als seyen die polnischen Militärs in Masse bestimmt,
in Sibirien zu dienen, und als müsse dieses Land als der
Ort ihrer ewigen Verbannung angesehen werden. Es ist
kein Schatten von Wahrheit in diesen Angaben. Die Unter=
thanen des Königreichs sind berufen, in unsern Reihen im
Innern des russischen Reichs zu dienen, wie alle andern rus=
sischen Krieger ohne Unterschied ihres Ursprungs."

Die zweite Maßregel war die Verhaftung und Be=
strafung aller Häupter oder nur einigermaßen erheblicher
Theilnehmer der Revolution, so wie der Verdächtigen. Die
meisten waren freilich nach Frankreich entkommen, doch hat=
ten viele, um ihre Güter zu retten, die Gefahr, im Vater=

lande zu bleiben, dem Elende der Verbannung vorgezogen.
Ein Schreiben im Nürnberger Korrespondenten schilderte den
Zustand Warschau's also: „Ich kann Ihnen die Gefühle nicht
beschreiben, welche mich in dieser Stadt ergriffen, die ich un=
ter einer ganz andern Gestalt gekannt hatte. Ich fand mich
da fremd, wie in Constantinopel; alle Bekannten sind ge=
storben, die Universität ist geschlossen, höchst wahrscheinlich,
um nie wieder geöffnet zu werden. Nicht bloß die Cadetten=
schule in Kalisch, sondern auch die polytechnische in Warschau,
so wie überhaupt alle höhern Schulen bis zur vierten Classe
sind aufgehoben. Alle Ministerialrescripte sind auf pagina
fracta, halb russisch, halb polnisch geschrieben, und in den
Normalschulen hat man das Russische als unerläßliche Be=
dingung eingeführt. Die verhafteten Deputirten sitzen bis
jetzt ohne Verhör, einige gegen Caution in der Stadt, an=
dere bei den Carmelitern, darunter v. Niemojowski, Olizar,
Szyndlarski. Man hofft, daß nach der Ankunft des Fürsten
Paskewitsch der Gerichtshof über sie constituirt werden wird.
Die zurückgebliebenen polnischen Officiere leben im größten
Elende. — Die Gelehrten stehen jetzt in schlechtem Rufe.
Die Professoren der ehemaligen Universität sind sämmtlich
außer Thätigkeit, und beziehen nur den dritten Theil ihres
Gehalts, nicht die Hälfte, wie es in einigen Blättern hieß.
Statt der Universität wird nun eine medicinische Schule ein=
gerichtet. Außer den öffentlichen Bibliotheken hat die Re=
gierung nun auch das Münzcabinet und die Kupferstichsamm=
lung obsigniren lassen, und alle diese Sammlungen werden
wohl eine gemeinschaftliche Reise nach Moskau antreten. Die
Büchersammlung der Kriegsschule, so wie die Gemälde des
königlichen Schlosses, von denen mehrere früher das Napo=

leonische Museum in Paris schmückten, sind schon auf dem Wege nach St. Petersburg. Polens jetzige Lage hat viel Aehnlichkeit mit der römischen Imperatoren=Zeit; der Geist flüchtet aus dem öffentlichen Leben, und übt sich in der Einsamkeit im Dulden und Ausdauern."

Ein Schreiben in der Allgemeinen Zeitung sagte aus: „Alle Verordnungen erscheinen zugleich in russischer und polnischer Sprache. Schriftstellerei in letzterer Sprache wird bald ganz aufhören. Es gibt in Warschau und ganz Polen kein Lyceum, keine höhere bürgerliche oder militärische Lehranstalt mehr. Dazu muß man in die altpolnischen Provinzen, nach dem ganz servilen Wilna, oder ins Innere des Reichs seine Zuflucht nehmen. Nur in den Primärschulen duldet man für jetzt noch die Nationalsprache. Die Verlegung der Warschauer Universität nach Kauen war eine bittere Ironie. Die Abführungen nach Sibirien haben noch nicht aufgehört, besonders in dem empört gewesenen Litthauen. Alte Edelleute, in schwere Ketten geschmiedet, mit geschornen Köpfen, und bloß mit Nummern bezeichnet, so daß selbst ihr Name untergeht, wandern in das hinterste Asien, zur Zwangsarbeit in die Bergwerke. Daß die Söhne der schuldig befundenen Väter russischen Instituten einverleibt, dort nur in russischer Sprache Unterricht erhalten, ist bekannt. Man erinnert sich dabei an die Institute der Osmanlis, woraus die Janitscharen entstanden."

Der Constitutionnel behauptete, nach angeblichen Briefen aus Krakau, der junge und heldenmüthige Fürst Roman Sangusko sey zur Bergwerksarbeit in Sibirien verurtheilt worden. Seine Verwandten hätten, nachdem sie vergebens mehrere Millionen zu seiner Rettung aufgewendet, endlich ihre ganze Hoffnung auf die Gnade des Monarchen gesetzt, und es wirklich dahin gebracht, daß das Urtheil ihm an sei= nem Geburtstage vorgelegt worden. Der Kaiser soll jedoch an den Rand desselben geschrieben haben: zu Fuß! (Die Reise nach Sibirien.) Auch ein kaum siebenjähriger (?) Neffe des Gräfen Hermann Potozki soll seinen Verwandten entrissen, und nach Sibirien gebracht worden seyn.

Im April wurden folgende Fragmente aus der Reise eines gewissen Krzewski bekannt, für deren Aechtheit glaub= würdige Personen einstanden, und die um so wahrscheinlicher sind, als ganz andere und gewiß übertriebene Nachrichten von der Versetzung von 70 — 80,000 Polen nach Sibirien in Umlauf waren. Krzewski's Nachrichten lauten: „Wiatka. Es befinden sich hier 360 Polen, Civil= wie Militärperso= nen, als Kriegsgefangene, die so eben durch eine Special= commission gerichtet wurden. Die russischen Officiere Gresser und Bezobrazow, früher in Warschau als Adjutanten des Großfürsten Constantin hinlänglich bekannt, wenden alle mög= lichen Mittel an, verschwenden Drohungen und Versprechun= gen, um die polnischen Militärs zu bewegen, in den Dienst des Kaisers zu treten, die Officiere des berühmten vierten Linienregiments werden alle vorläufig nach Tobolsk, der Hauptstadt Sibiriens, geschickt, ihre fernere Bestimmung ist noch unbekannt. In Kursk und Woronez finden sich eine Menge edler Polen, die bloß aus Vorsicht, weil sie im Jahre 1826 für verdächtig erklärt worden waren, hieher geschleppt wurden. So in Kursk der Obrist Tarnowski, die Capitäns Karwizki, Lenkiewicz, Butharyn, Oskierko und mehrere An= dere. — Wasil, kleine Stadt im Gouvernement Nischneino= wogrod. Hier begegnete ich 15 Officieren von der volhynischen

Insurrection, die zum Corps des Generals Dwernizki ge=
hört haben. Man führt sie zu Fuß nach Tobolsk, um sie als
gemeine Soldaten in die Garnisonsbataillone einzureihen.
Ihr Elend ist unbeschreiblich, doch weinen sie weniger um ihr
eigenes Schicksal, als um das ihres Vaterlandes, und hof=
fen auf göttliche Gerechtigkeit. Bei Tarkin. Vierzig junge
Schüler der Akademie von Wilna, von denen die ältesten
15 Jahre alt waren. Man führte sie nach Sibirien, damit
sie dort in den Minen arbeiten. Alle die, welche zu diesen
Arbeiten verurtheilt sind, verlieren ihre Vor= und Zunamen.
Die Wächter kennen sie nur an den Nummern, mit denen
man sie bezeichnet hat, und nach diesen ruft man sie. Drak=
zow. Ich begegnete hier einer Menge Kinder von 10 zu 12
Jahren, Frauen mit ihren Säuglingen in den Armen, Greise;
alle schleppte man nach Sibirien. Weiterhin begegnete ich
noch mehreren ähnlichen Detaschements, aus 100 und meh=
reren Personen bestehend. Dieß sind die unglücklichen flüch=
tigen Familien, die, in den litthauischen, volhynischen und
podolischen Wäldern eine Zuflucht suchend, in die Hände der
Kosaken fielen, und nun als Kriegsgefangene fortgeführt
werden. — Vom Gouvernement Mohilew an befinden sich
auf allen Stationen befestigte und verbarrikadirte Häuser, die
man Ostrogi nennt. Diese schmutzigen, verpesteten und fin=
stern Hütten, in denen man die zur Transportirung nach
Sibirien bestimmten Verbrecher unterbringt, wimmeln jetzt
von Schlachtopfern des Aufstandes jedes Alters, jedes Rangs
und jedes Geschlechts, und gewähren einen herzzerreißenden
Anblick. —; Kaluga. Im Ostrog dieser Stadt seufzt der junge
Gotthardt Sobanski, Arme und Beine mit Ketten beladen.
Nachdem er fünf Jahre in diesem scheußlichen Gefängnisse

zugebracht, soll er nach Sibirien gebracht werden, um hier
auf Lebenszeit in den Minen zu arbeiten. — Lipnow, Dorf
im Gouvernement Wladimir. Wir hörten von weitem ein
sonderbares und schreckliches Geräusch, wie wenn es aus den
Eingeweiden der Erde käme. Es waren 150 edle Litthauer,
die, mit Ketten beladen, baarfuß nach Sibirien giugen. Ihr
Urtheil lautet, als gemeine Soldaten in die Regimenter des
Kaukasus, Orenburg und Sibirien, vertheilt zu werden.
Einen herzzerreißenden Anblick boten zwei junge Grafen
Tyszkiewicz, fast noch Kinder. Bei jedem Schritte sanken
sie unter der Last ihrer schweren Ketten zusammen, und
bettelten bei den Vorübergehenden um Almosen, um sich
leichtere Ketten kaufen zu können, die ihnen ihre mitleids=
losen Hüter verweigerten. — Similiew, im Gouvernement
Smolensk. Hier sah man den General Prondzinski, densel=
ben, der die beweinenswerthe Capitulation von Warschau
unterhandelte, in einem bequemen Wagen mit seiner Ge=
mahlin reisen. — Krupka, Dorf im Gouvernement Mohilew.
Etwa hundert gefangene Soldaten ohne Arme, auf Krücken,
ausgemergelt von Leiden und Erschöpfung, nach Sibirien ge=
schleppt. — Chorbacewicze. Einige Detaschements von 50 bis
60 Soldaten, in Ketten nach Sibirien geführt. Es waren
solche, die im Vertrauen auf die vom Czaar bewilligte und
vom Könige von Preußen garantirte Amnestie, sich nach Po=
len zurückzukehren entschlossen hatten. Viele von ihnen ver=
gossen heiße Thränen, als sie uns erblickten; mehrere ver=
suchten zu singen: „Noch ist Polen nicht verloren!“ Andere
riefen uns zu: „Geht zurück, geht zurück, zu unserer geliebten
Mutter, wir gedenken auch noch einmal wieder zu kommen.“ —
Jenseits Choracewicze. Herr Warcynski, Marschall von Os=

miana (jener Stadt, wo die Kirgiſen 400 Weiber, Kinder
und Greiſe in einer Kirche ermordeten). Man führte ihn
mit Poſt unter Bedeckung von Gendarmen, Hände und
Füße mit Ketten beladen, einen eiſernen Ring um den Leib,
der mit einem Reife um den Hals in Verbindung ſtand.
Sein langer Bart fiel bis auf die Bruſt herab, ſein Kopf
war in Form eines Kreuzes geſchoren, ſeine Kleidung halb
ſchwarz, halb weiß, er iſt zur Zwangsarbeit auf Lebenszeit
verurtheilt. — Bobruysk, Feſtung im Gouvernement Minsk.
Sechshundert Soldaten vom vierten Linienregimente, von
den Kuszelſchen Jägern, der Höllencompagnie und andern
von den am meiſten ſchuldig erklärten Regimentern, zur
Feſtungsarbeit verurtheilt. Sie werden in Banden zu zehn
geführt, mit den Armen an eine lange eiſerne Stange ge-
ſchmiedet; man befreit ſie davon nur in den Arbeitsſtunden.
Hier ſeufzt auch im Kerker, ſein Urtheil erwartend, ein edler
Litthauer, Zaba, beſchuldigt, daß er die Feſtung den Inſurgenten habe ausliefern wollen. Als man ihn ergriff,
führte er eine Liſte der Patrioten bei ſich, es gelang ihm,
ſie zu verſchlingen; die Sbirren riſſen ihm mit einem Ei-
ſen die Zähne auseinander, zerfleiſchten ihm den Mund,
und riſſen ihm einige Bruchſtücke des Papiers aus dem
Schlunde."

Die ruſſiſch geſinnte Mannheimer Zeitung äußerte nicht
über dieſe, aber über die anderweitigen übertriebenen Gerüchte Folgendes: „Es wird angegeben, über 83,000 Polen
ſeyen nach Sibirien verwieſen und bereits dahin gebracht
worden. Man habe ſie ihres Namens beraubt und ſie bloß
numerirt; man habe ſie gezwungen, ſich mit verworfenen
Weibsperſonen zum zweitenmale zu verehelichen und ihre

erſten rechtmäßigen Weiber an ruſſiſche Kriegsknechte ver=
theilt. In ruſſiſchen Blättern findet man die genaueſten
Angaben, wie viel und welche Polen nach Sibirien geſendet
wurden, mit Beifügung der Urſache ihrer Verbannung.
Einige der Verwieſenen wurden wohl von ihren Familien
getrennt, aber die Familien erhielten meiſtens noch zu Hauſe
Unterſtützung von Rußland; an eine gezwungene neue Ver=
ehelichung oder Verſchenkung an ruſſiſche Kriegsknechte iſt
nicht zu denken. Niemand wird überhaupt in Rußland zu
einer Heirath gezwungen, und die ruſſiſche Neigung ſteht
den polniſchen ältern Weibern und einer Stieffamilie nicht
ſo nahe, als den ledigen ruſſiſchen Mädchen, das iſt wohl
auch ſehr natürlich; die Regierung würde ſich daher mit dem
Geſchenke in ihrer Armee nicht ſehr empfehlen. Eben ſo
wenig vertraut man den Gefangenen liederliche Weibsperſonen,
weil dadurch der Regierungszweck ihrer Anpflanzung ganz
verfehlt ſeyn würde. Mit dem Numeriren der Gefangenen
hat es ſeine Richtigkeit, dieſes geſchieht der Ordnung we=
gen; es werden nemlich alle zuſammen in eine Liſte getra=
gen, die aber zugleich auch ihre Namen enthält. Jeder Ge=
fangene hat die Freiheit, ſich einen neuen Namen zu wäh=
len, der in der Originalliſte ſeinem vorherigen beigefügt
wird. Dagegen aber bleibt dieſer dem Transportführer
verſchwiegen, welcher nur die neuen Namen ſammt Num=
mern zu verleſen hat. Es iſt dieſes ein nur zu lobendes
Zartgefühl der ruſſiſchen Regierung, um die Familie der
Unglücklichen nicht zu kränken und zu beſchimpfen.‟

Den beiden genannten Hauptmaßregeln, der Entwaff=
nung und den Verhaftungen und Verbannungen nach Si=
birien, folgten ſodann andere nach. Trotz der franzöſiſchen

Thronrede, welche den Polen ihre Nationalität garan=
tirte, troß der Hoffnungen, welche selbst England erregt
hatte, daß die Basis von 1815 werde beibehalten und die
Integrität des Königreichs Polen erhalten werden, stieß
Rußland jetzt die Verfassung Polens um und ersetzte sie
nach eigenem Gutdünken durch das sogenannte polnische
Statut vom 26 Februar 1832. Es heißt in dem einlei=
tenden Manifeste:

„Das im Jahre 1815 durch Rußlands siegreiche Waffen
eroberte Königreich Polen erlangte damals durch die Groß=
muth Unseres erlauchten Vorgängers, des Kaisers Aleran=
der, nicht nur seine Nationalerristenz wieder, sondern es
erhielt auch besondere Gesetze, die durch die verfassungsmä=
ßige Charte geheiligt wurden. Indeß konnten diese Wohl=
thaten die ewigen Feinde aller Ordnung und rechtmäßigen
Gewalt nicht zufriedenstellen. Diese, in ihren verbreche=
schen Planen hartnäckig beharrend, hörten keinen Augenblick
auf von einer Trennung der beiden Unserem Scepter unter=
worfenen Völker zu träumen, und in ihrem Stolze wagten
sie es, die Wohlthaten des Wiederherstellers ihres Vater=
landes zu mißbrauchen, indem sie dieselben Gesetze und
Freiheiten, die sein mächtiger Arm ihnen großmüthig ge=
spendet hatte, zum Umsturze seines großen Werkes dienen
ließen. Blutvergießen war die Folge dieser Umtriebe. Die
Ruhe und das Glück, deren das Königreich Polen in einem
bis dahin unbekannten Grade genossen hatte, verschwanden
inmitten eines Bürgerkriegs und einer allgemeinen Verwü=
stung. Alle diese Trübsale sind jetzt vorüber: das König=
reich Polen, Unserem Scepter aufs neue unterworfen, wird
die Ruhe wieder erlangen, und im Schoße des Friedens,

der ihm unter den Auspizien einer wachsamen Regierung
zurückgegeben ist, neu wieder aufblühen. Demnach halten
Wir es in Unserer väterlichen Sorge für das Wohl Unserer
getreuen Unterthanen für die heiligste Unserer Pflichten,
durch alle Uns zu Gebote stehenden Mittel der Rückkehr
ähnlicher Unfälle als diejenigen, welche sie betroffen haben,
dadurch vorzubeugen, daß wir den Böswilligen die Mittel
entziehen, mit deren Hülfe es ihnen, wie es sich dermalen
gezeigt hat, gelungen ist, die allgemeine Ruhe zu stören."

Der Hauptinhalt des Statuts bestand in Folgendem:
„Das Königreich Polen wird für immer mit dem russischen
Kaiserthume vereinigt, und bildet einen integrirenden Theil
desselben. Das Königreich wird seine abgesonderte Verwal=
tung, sein eigenes Civil= und Criminal=Gesetzbuch haben,
und die Gesetze und Privilegien der Städte und Gemeinden
bleiben in Kraft. Die Krönung der Kaiser von Rußland
und Könige von Polen wird künftig in Moskau durch einen
und denselben Act in Gegenwart der dazu abgeordneten
Deputirten statt finden. Im Falle des Eintritts einer Re=
gentschaft im Kaiserthume wird sich die Macht des Regenten
auch auf das Königreich Polen erstrecken. Die Freiheit des
Cultus ist garantirt; die katholische Religion ist als die
der Mehrzahl der Einwohner Gegenstand des besondern
Schutzes und Wohlwollens der Regierung, die persönliche
Freiheit wird verbürgt; niemand darf außer den im Gesetze
vorgesehenen Fällen und vorgeschriebenen Formen verhaftet,
und muß spätestens binnen drei Tagen vor ein competentes
Gericht gestellt werden. Die Strafe der Confiscation kann
nur bei Staatsverbrechen erster Classe angewendet werden.
Die Presse wird einigen unerläßlichen Beschränkungen unter=

worfen. Das Königreich Polen trägt zu den allgemeinen Ausgaben des Kaiferreichs in angemeffenem Verhältniffe bei. Die bis zum November 1830 beftandenen Auflagen werden aufrecht erhalten. Die Handelsverbindungen des Königreichs und des Kaiferthums follen nach den gegenfeitigen Intereffen der Parteien feftgeftellt werden. Es wird künftig nur eine Armee für Polen und Rußland geben. Der Kaifer behält fich vor, den Antheil, den das Königreich Polen an der Zufammenfetung der Armee haben foll, fpäter zu beftimmen. Die Einwohner beider Länder können gegenfeitig naturalifirt werden. Die obere Verwaltung beruht in dem vom Statthalter präfidirten Adminiftrationsrathe, der aus den Generaldirectoren, einem Generalcontroleur und andern vom Souverain berufenen Mitgliedern beftehen wird. Der Adminiftrationsrath fchläft die Candidaten für die Erzbifchöfe, Bifchöfe, Generaldirectoren u. f. w. vor, die unter allen Unterthanen Sr. Majeftät ohne Unterfchied gewählt werden können. Außerdem befteht ein Staatsrath, deffen Befugniffe die Adminiftrativgefetzgebung betreffen. Alle allgemein wichtigen Gefetze, fo wie das Budget, werden dem Staatsrathe des Kaiferthums zur Revifion und Beftätigung eingefendet. Alle Verwaltungs= und Adminiftrativ=Angelegenheiten werden in polnifcher Sprache verhandelt. Die alte Eintheilung des Landes befteht fort, ebenfo die Wojewodfchaftscommiffionen. Auch die Verfammlungen des Adels, fo wie Communalverfammlungen und Wojewodfchaftsräthe dauern fort."

Die preußifche Staatszeitung lieferte folgenden Commentar dazu: „Der Befchluß des Wiener Congreffes — welchen die Polen während der Revolution, im angeblichen

Namen der Nation, unbedingt verworfen hatten — wurde
mit der größten Gewissenhaftigkeit und Treue in diesem
Statute gewahrt, und im ersten Paragraphen desselben ein
Résumé des ganzen Staatsgesetzes vorausgeschickt, um jede
Mißdeutung des hohen kaiserlichen Willens gleich Anfangs
niederzuschlagen. Polen hat seine eigene Administration
(une administration distincte), seine Provincialstände
Adels = und Gemeinde=Versammlungen, die wesentlichsten
Nationalinstitutionen und natürlichsten Repräsentationen
erhalten, welche das Land für die Dauer und in seiner hei=
mathlichen Ausbildung glücklicher machen werden, als alle
stummen oder tumultuarischen Reichstage der Vorzeit ge=
than. In der Sprache der Landesgesetze und des Volks wird
Polens Wissenschaft fortleben und sich erweitern, in der
Glaubensfreiheit sich ein lebendiger religiöser Sinn entwi=
ckeln, und wo, wie hier durch das organische Statut, Volks=
sitte und Herkommen und persönliche Freiheit gesetzlich so
gesichert sind, da gibt es eine Nationalität, oder es hat
deren daselbst thatsächlich nie gegeben. Der Geschichtschreiber
der Schweizerfreiheit erklärte, daß eigenen, localen und na=
tionalen Gesetzen gehorchen bürgerliche Freiheit sey. Und
diese, deren sich die Polen zu erfreuen haben, ist die allge=
meine Pflegerin aller Nationalität. Wohl sind die zwei
Kammern mit den Wällen von Warschau gefallen, jedoch
werden dafür die volksthümlichsten Institutionen, die Com=
munal = und Provincial=Berathungen, kräftiges, frisches Le=
ben gewinnen, welches sie in Polen, wo die Reichsstuben
alle Freiheit in sich centralisirten, nie genossen haben. Und
ist es wahr, was Fievée, Lafayette's Freund, behauptet, daß
dort, wo die Freiheit keinen andern Anwalt habe, als die

Dis=

Discussionen zweier Kammern, keine Freiheit existire, so
hat Polen fürwahr keine Ursache, diesen Verlust hoch anzu=
schlagen. Dieß geschieht auch nicht. Denn die Kammern
von 1831 leben beim Volke, das mehr die Folgen und Er=
folge, als die Principien, erwägt und beurtheilt, in keinem
wünschenswerthen Andenken fort. Mit den Kammern ist
das polnische Heer verschwunden. — Wie man daher auch
das organische Statut betrachten mag, immer drängt sich
die Wahrheit dem Unparteiischen auf, daß der Wiener Con=
greß — welcher ja niemals die polnische Constitution von
1815 garantirt hat, in allen seinen Bestimmungen hinsicht=
lich Polens durch das organische Statut aufrecht erhalten,
und die Polen des Königreichs wesentlich mehr als ein blo=
ßes Aufhören des Regierungsprovisoriums und die Instal=
lirung einer neuen Administration gewonnen haben. Diese
Wohlthaten haben sie ganz anerkannt. Denn so eben ist
eine Nationaldeputation nach St. Petersburg von hier ab=
gegangen, um dafür den Dank des polnischen Volks an den
Stufen des Throns auszusprechen. Nur eine vorsätzliche
und geflissentliche Tadelsucht mehrerer Journalisten, welche
gewohnt sind, die ganze legislatorische Weisheit und Ge=
rechtigkeit der alten und neuen Welt mit Phrasen nieder=
zurennen, und sich dadurch alles Criteriums derselben zu
begeben, verfolgt nun das organische Statut, wie früher
die Constitution. Immerhin!"

Um dieses Statut aus St. Petersburg abzuholen, hatte
sich der provisorische Gouverneur Polens, Paskewitsch,
Fürst von Warschau, am 11 Februar zum Kaiser begeben,
und bevor er zurückkehrte, wurden in Warschau vom 3 — 6
März zahlreiche neue Verhaftungen bei Nacht vorgenommen,

und am 9ten das Tragen aller und jeder polnischen Uniform, auch den abgedankten Officieren und Nationalgardisten, aufs strengste untersagt. Am folgenden Tage traf der Fürst mit dem Statut in Warschau ein.

Hierauf wurde eine Deputation von polnischen Gro=ßen nach Petersburg geschickt, um dem Kaiser zu danken. Ein Brief von der polnischen Gränze in der Allg. Zeitung lautet: „Nicht uninteressant mögen Ihnen einige, aus der Erzählung eines Augenzeugen geschöpfte Details über die Deputation seyn, die Fürst Paskewitsch nach St. Petersburg sendet. Er ließ zwanzig der ersten Notabeln Warschau's Tag und Stunde anzeigen, wo sie sich bei ihm einfinden sollten. Sie kamen, mußten aber mehr als zwei Stunden im Vorzimmer warten, in dem sich nicht Ein Stuhl befand. Endlich öffnet sich die Thüre, der Fürst tritt heraus, und ohne sie zu grüßen, sagt er mit kurzem Wort: „Seyen Sie bereit abzureisen, so wie ich es befehlen werde. Ich habe Sie ersehen, nach St. Petersburg zu gehen, um dem besten und großmüthigsten Monarchen für die neue Constitution, die er Ihnen zu geben geruhte, und für alle die Wohltha=ten zu danken, die er über Ihr Land verbreitet." Fürst Valentin Radziwill wollte etwas erwidern, Fürst Paske=witsch aber fiel ihm augenblicklich in die Rede: „Schweigen Sie, man spricht zu mir bloß, wenn ich frage, und schweigt, wenn ich Befehle ertheile." Dieß waren die eigenen Worte dessen, in dessen Hände nun Polen gegeben ist."

Ein Russenfreund forderte in derselben Zeitung den Fürsten Radziwill auf, diesen lügenhaften Correspondenz=artikel zu widerlegen, doch ist keine Widerlegung erfolgt. Die Deputation begab sich nach Petersburg, und hatte am

13 Mai die Ehre, JJ. Majestäten dem Kaiser und der
Kaiserin vorgestellt zu werden. Der Kaiser antwortete auf
ihre Dankrede gnädig und ließ folgende Hoffnungen durch=
blicken: „Eine traurige Erfahrung hat die Bevölkerung des
Königreichs Polen schon oft belehrt, daß ihr Glück und ihre
Ruhe nur in einer unerschütterlichen Treue gegen ihren
Monarchen, in den seiner Weisheit zu verdankenden Insti=
tutionen, so wie in einer unauflöslichen Vereinigung mit
der ihr stammverwandten russischen Nation, einen sichern
Grund finden können. Die Zukunft wird ihr jene Güter
wieder geben, welche durch die Zerrüttungen eines innern
Krieges vernichtet wurden, und Seine kaiserliche Majestät
würden auf diese Weise einen Allerhöchst ihrer theuersten
Wünsche erfüllt sehen."

Als die Mitglieder der Deputation nennt die Zeitung
von St. Petersburg folgende Personen: Fürst Valentin
Radziwill, den Suffraganbischof Stanislaus Choromanski,
den Abt Graf Thaddäus Lubienski, Michael Hoffmann,
Alexander Walewski, Eduard Niemojewski, Franz Soltyk,
Graf Joseph Scorupka, Albert Spinek, Graf Ignaz Komo=
rowski, Ludwig Dembinski, Graf Johann Jezierski, Kaje=
tan Sosnowski, den General außer Diensten Graf Thomas
Lubienski, den Baron Joseph Wyszynski, Xaver Jazkowski,
Karl Scholz und Andreas Brzezinski.

Die ehemaligen Würdenträger der polnischen Krone
wurden, sofern sie nicht an der Revolution Theil genommen
hatten, in russische verwandelt und an den Hof nach Peters=
burg gezogen. Die polnischen Orden waren schon im vori=
gen Jahre russificirt worden. Das polnische Wappen, die
polnischen Farben und Uniformen hörten auf. Am 1 Mai

wurde die polnische Armee für gänzlich aufgelös't erklärt,
um nie wieder organisirt zu werden. Alle Fahnen, Ehren=
zeichen, Kostbarkeiten und Reichskleinodien Polens wurden
nach Moskau entführt, um die dortige kaiserliche Rüstkam=
mer zu putzen. Die Moskauer Zeitung sagt: „Auf beiden
Seiten des daselbst befindlichen Gemäldes des hochseligen
Käisers Alexander I. in Lebensgröße sah man die polnischen
Fahnen pyramidenförmig aufgestellt, mit der Inschrift:
„Kaiser Alexander I, Polens Wohlthäter, beehrte seine pol=
nische Armee mit diesen Fahnen. Seine Großmuth würde
indeß mit Verrath belohnt, und das russische Heer, das
Warschau eroberte und der Stadt schonte, nahm die Fahnen
wieder zurück.“ Unter dem Gemälde hängen die Schlüssel
der Festung Zamosc; auf dem Boden ist die Capsel zu sehen,
in welcher das Document über die im Jahre 1815 dem Kö=
nigreiche Polen geschenkten Rechte befindlich ist. Diese Ge=
genstände sind stets von einer Menge Neugieriger, beson=
ders aus dem Kaufmannsstande, umgeben, und nicht selten
hört man da acht patriotische Ausrufungen dem tiefen Ge=
fühle des russischen Herzens entsteigen. Eine andere Neuig=
keit, und zwar die allerjüngste, denn die Rüstkammer erhielt
sie erst den 9 Julius d. J., ist Polens Krone, Scepter,
Reichsapfel und ein ziemlich langes Schwert in griechischer
Form, welche bei der Krönung Sr. Majestät des Kaisers
Nikolaus Paulowitsch in Warschau gebraucht wurden; diese
Reichskleinodien liegen in einem offenen Futteral unter
einem kostbaren Baldachin in dem Eckzimmer rechts. Dort
wird auch der polnische Krönungsmantel gezeigt.“ Doch ist
von der alten Krone Polens hier nicht die Rede. Diese
soll, nach alter Sage, in einem Kloster verborgen seyn, und

nicht eher wieder zum Vorschein kommen, bis sie ein ächter Pole tragen wird.

Das neue polnische Statut nun war die dritte große Maßregel der russischen Sieger gegen das überwundene Polen. Die vierte war die Entführung der Kinder, die zum Zwecke hatte, sie der nationalpolnischen Bildung zu entziehen, sie ganz zu Ruffen zu machen. Was bei der ältern Generation unmöglich war, den polnischen Nationalgeist auszurotten, das hofften die Russen bei der noch unmündigen Jugend durchzusetzen. Schon im vorigen Jahrgange war davon die Rede. Man erfuhr darüber noch Weiteres Zuerst durch einen ausführlichen Bericht in der Braunschweiger Nationalzeitung: „Die Confiscation der Kinder erfolgt in den schon früher Rußland einverleibten Provinzen, als: in Litthauen, Volhynien, Podolien und der Ukraine, ohne nähere Vorschriften, nur nach dem allgemeinen militärischen Ukase; die Ausnahmen hängen von dem Willen des Commandanten ab. Sie erstreckt sich übrigens auf Kinder beiderlei Geschlechts. In dem sogenannten Königreiche Polen, welches Europa näher ist, betrifft sie bloß das männliche Geschlecht und die Classe der Armen, das heißt $^{19}/_{20}$ der männlichen Kinder. Der betreffende Ukas Sr. Maj. des Kaisers Nikolaus ist in folgendem Inhalte bekannt gemacht worden: „Der Generalstab der activen Armee. An den stellvertretenden Rath, Secretär im Administrationsrathe des Königreichs Polen, N. S. Cynowski. Der Chef des Generalstabes Sr. kaif. Majestät in den militärischen Colonien, General der Infanterie, Tolstoy, machte unterm 9 Februar d. J. dem Oberbefehlshaber der Armee bekannt, aß Se. Majestät befohlen haben, die sich herumtrei-

benden Knaben, Waiſen und denen es an Unter=
kommen mangelt, im Königreiche zu ſammeln, nach
Minsk zu ſchicken, und dem Commandanten der dortigen
Garniſon zu übergeben, um ſie in den Bataillonen der
Kriegskantoniſten zu placiren, und demnächſt den durch den
Chef des Generalſtabs für die Militärcolonien beſtimm=
ten Abtheilungen zuzuſenden. Der Oberbefehlshaber der
activen Armee hat ſämmtlichen Militärchefs in den Woje=
wodſchaften die ſtrengſte Erfüllung des allerhöchſten Willens
anbefohlen, und einen Fonds aus der Feldintendantur für
Rechnung derjenigen Summen, die zu unvorhergeſehenen
Ausgaben für das Heer aus den Einkünften des Königreichs
angewieſen ſind, zum Unterhalte der gedachten Knaben, und
zu den zu deren Fortſchaffung nach Minsk nöthigen Fuhr=
werken beſtimmt. Indem ich nun des erhaltenen Auftrags
mich hiemit entledige, benachrichtige ich Sie hievon, damit
Sie dieß in der Sitzung des Raths Sr. Durchlaucht dem
Fürſten Statthalter vorſtellen. Hierzu füge ich noch die in
beglaubter Abſchrift an die Militärchefs in den Wojewod=
ſchaften und den Generalintendanten erlaſſenen Befehle Sr.
Durchlaucht des Fürſten Statthalters, Chef des General=
ſtabes der activen Armee. (Gez.) Generaladjutant Fürſt
Gorczakow.""

„In fernerer Ausführung erließ der Feldmarſchall Pas=
kewitſch folgendes Schreiben an den Schatzdirector wegen des
Fonds: „An den Hrn. Hauptdirector, Präſidenten im Fi=
nanzminiſterium, Staatsrath Fuhrmann. Es iſt Sr. Ma=
jeſtät Wille, ſämmtliche ſich herumtreibende Knaben und
Waiſen; ſo wie auch diejenigen, die kein Unterkommen im
Königreiche Polen finden, in die Bataillone der Kriegskan=

tonisten aufzunehmen; dieselben sollen, so wie sie versammelt sind, nach der Gouvernementsstadt Minsk geschickt, wo sie nach den durch die Anordnungen des Generalstabes Sr. Majestät angewiesenen Grundsätzen ihre fernere Bestimmung erhalten werden. Die Ausführung dieses Willens Sr. Majestät ist den militärischen Commandanten in den Wojewodschaften aufgegeben worden; der Generalintendant der activen Armee hat dagegen den Befehl erhalten, Kleidungsstücke von dreierlei Größe anschaffen zu lassen: klein, mittel und größer, für Knaben von 7 bis circa 16 Jahren, aus jeder Wojewodschaft zu 100 gerechnet. Gegenwärtig hat mir der Beamte der vierten Classe, Pogodin, folgende, von drei Meistern gefertigte Muster zur Bestätigung vorgelegt: Feldmütze von grauem Tuch mit gelben Streifen, Mantel und Kurtki von grauem Tuch mit gelben Kragen und glatten Knöpfen, graue Beinkleider ohne Seitenschnur, schwarze Halsbinden, kurze Stiefeln, zwei Hemden für jeden und Fußlappen. Diese Montirung, nach Art der russischen Kantonisten, beträgt für Alle, wenn man aus jeder Wojewodschaft 100 rechnet, 48,222 fl. poln. 7 gGr. poln. — Nachdem ich mir die vorgelegten Muster und die für die dazu erforderlichen Materialien geforderten Preise bestätigt, habe ich die Ausführung dieses Gegenstandes den militärischen Commandanten in den Wojewodschaften übertragen, mit der Bemerkung, die Militärhandwerker aus den in den Wojewodschaften stationirten Regimentern dazu gegen Ausbezahlung der Hälfte des bestätigten Preises anzuwenden. Der Generalintendant hat den Befehl erhalten, dergleichen Muster für jede Wojewodschaft anzuschaffen, und mit dem dazu bestimmten Fonds zugleich den militärischen Commandanten

zuzuſenden. Indem ich Sie hievon in Kenntniß ſetze, bitte
ich Sie zugleich, die zur Montirung von 800 Knaben nö=
thige Summe von 48,222 fl. poln. 7 gGr. poln. aus den
Einkünften des Königreichs, für Rechnung des im Budget
unter dem Titel: zu unvorhergeſehenen Kriegsausgaben,
enthaltenen Fonds, anzuweiſen, und dieſelbe zur Diſpoſition
des Beamten der vierten Claſſe, Pogodin, zu ſtellen, welcher
zu ſeiner Zeit Rechnung darüber ablegen wird. (Gez.) Fürſt
von Warſchau, Paskewitſch von Erivan.“

„Dieſe Befehle, von ſo drohendem Inhalte und tauſend=
mal fürchterlicher in der Ausführung, verbreiteten allgemeine
Furcht im ganzen Königreiche. Die erſchrockenen Mütter
hörten auf, die Kinder in die freilich ziemlich ſchlechten noch
exiſtirenden Schulen zu ſchicken, und es ging ſo weit, daß
das Municipalitätsamt in Warſchau ſich genöthigt ſah, eine
Aufforderung zu erlaſſen (die die preußiſche Staatszeitung
ſofort zu allgemeiner Kenntniß brachte), daß Se. Maj. der
Kaiſer nur die armen Kinder und die Waiſen unter ſeinen
Schutz nehme. — Was aber ein armes Kind oder eine
Waiſe iſt, das hängt von der Beurtheilung des Militär=
Kommandanten ab. Bis zum 5 Mai hat man bereits vier
Transporte jeden zu 150 aus der Stadt Warſchau allein
heimlich ausgeſchickt. Am 17 Mai hat man den fünften
Transport, beſtehend aus über zwanzig mit polniſchen Kin=
dern von 6 bis 17 Jahren vollgepackten Wagen, nicht mehr
heimlich, ſondern ganz offen ausgeſandt. Der Anblick die=
ſes Ereigniſſes war herzzerreißend. „Schon ſeit einigen
Tagen“ — ſchreibt ein Augenzeuge — „war ſehr ſchlechtes,
kaltes Wetter, und an dem Tage (17 Mai) fiel ein ſtarker
Regenguß; niemand läßt ſich auf der Straße ſehen; da läßt

sich mit Einemmale gegen 1 Uhr Nachmittags ein unge=
wöhnliches Wagengeraffel, Pferdegetrampel und Frauen=
geschrei, mit Weinen vermischt, vernehmen. Es war dieß
die; von den Alexander=Casernen die Straßen Nowomiasto,
Padwale, Krakowskie przedmiercie, die Straße Bedwarska
hinab nach der Brücke zu rollende, mit geraubten Kindern
angefüllte Karawane. Wer nur irgend etwas an Nahrungs=
mitteln, Kleidungsstücken, Geld u. dgl. im Hause hatte,
der schickt oder trägt es hinaus, legt es in die Wagen, oder
reicht es den unschuldigen Wesen, die für die Mutter und
für das Vaterland auf ewig verloren gehen. Die hinter
ihren Kindern nachlaufenden Mütter werfen sich unter die
Wagen, um sie anzuhalten; andere Frauenzimmer theilen
ihren Schmerz; es entsteht ein allgemeines Jammern, lau=
tes Verfluchen der Gendarmen, das jedoch zur Zeit frucht=
los. . . . Jedem Gebildeteren fiel damals das Beispiel des
Löwen in Florenz ein, der die Straßen durchstreifend ein
Kind ergriffen und dasselbe in die Wüste fortschleppte.
Wehe! Die Verzweiflung der Mutter entwaffnete die Grau=
samkeit des Thiers, sie vermochte aber nicht die Grausam=
keit der Menschen in Warschau zu entwaffnen! Diejenigen
Russen, die das Furchtbare der Befehle ihrer Regierung
fühlen, verbreiteten die Entschuldigung in Warschau, dieß
geschehe in Folge der von allen drei verbündeten Höfen,
Rußland, Oesterreich und Preußen, gegen Polen angenomme=
nen Grundsätze. Der Ukas des Monarchen spricht zwar von
Waisen; nach der russischen Definition ist aber eine Waise:
1) jeder, der keinen Vater mehr hat, wenn er auch Vermö=
gen besitzt. 2) Wer beide Eltern noch hat, die aber nicht
reich sind, wenn der Vater nicht Officiersrang hat, oder

nicht Beamter ist, sey es welcher Classe es auch wolle. Um
also die Waisen in dieser Bedeutung auszumitteln, haben
die russischen Behörden folgenden Weg eingeschlagen. Man
ließ in der Stadt Warschau durch Bezirkscommissäre und in
den Provinzen durch Kreiscommissäre alle diejenigen, welche
einer Unterstützung zum Unterhalte der Kinder bedürfen,
auffordern, vor ihnen zu erscheinen und ihre Namen einzu=
schreiben. Eine Menge armer und verarmter Personen mel=
dete diesen Behörden die Zahl ihrer Kinder an. Auf diese
Listen sich stützend, nahm man ihnen darauf die Kinder
weg, unter dem Vorwande, der Kaiser geruhe den Wunsch
der Eltern zu erfüllen, und lasse den Kindern derselben sei=
nen Schutz angedeihen. Den Soldaten und Unterofficieren
von den Veteranen hat man alle Söhne weggenommen, und
diejenigen Väter, welche sich diesem Verfahren widersetzten,
sind in Ketten geschmiedet und den Gerichten zur Untersu=
chung und Bestrafung wegen Insubordination überliefert
worden. Es muß hier erwähnt werden, daß die Veteranen
in der Hauptstadt ganz arm sind; gewöhnlich hat der Mann
seinen geringen Sold, und frei Quartier, die Frau beschäf=
tigt sich mit Waschen; beide haben einen ehrlichen Erwerb
und schicken ihre Kinder in die Schule. Es ereignete sich,
daß man einem Unterofficier, welcher ein in der Vorstadt
gelegenes Häuschen nebst Garten besaß, seinen Sohn fort=
nahm. Auf die an den Feldmarschall Paskewitsch gerichtete
Bittschrift erhielt er abschlägige Antwort. Als nun hierauf
die betrübten Eltern ihn fußfällig und mit Thränen um die
Zurückgabe ihres Sohnes baten, antwortete er ihnen: Ihr
habt eine kleine Besitzung, der Kaiser aber hat millionen=
mal mehr; er wird also eurem Sohn eine bessere Erziehung

geben können. — Am 18 Mai fing man schon öffentlich in
den Straßen Warschau's Knaben, die Sand zum Verkaufe
herumtrugen, Zündhölzchen, Bücher, Blumen, kleine Krä-
merwaaren u. dgl. verkauften, denn jeder dieser Knaben
gehörte zu der oben genannten Kategorie der Herum-
treibenden. Diese aufgefangenen Knaben überlieferte
man der Polizei und von dort der Alexander-Caserne, wo
man ihnen die Köpfe rasirte, sie in Soldatenmäntel kleidete
und darauf nach Rußland trieb. Bis an die Gränze des
Königreichs werden sie gefahren, von da an müssen sie gehen. Ein Augenzeuge erzählt, daß von den ersten, 450 Kinder umfassenden Transporten kaum 115 nach Robrojok gelangt waren; der fehlende Rest war theils unterwegs umgekommen, theils in den russischen Hospitälern zurückgeblieben. Nur die ältesten waren in Robrojok angekommen;
aber auch diese höchst elend, voll Ungeziefer, die Köpfe bedeckt
von einer Art ansteckender Krätze, so daß man sie sämmtlich
dem Hospitale dieser Stadt übergeben mußte. Man darf
hiebei den Umstand nicht übergehen, daß Kinder dieser Art
eine große Hülfe für die Eltern in Warschau sind. Der
Vater geht gewöhnlich mit Art oder Säge auf Verdienst
aus; die Mutter vermiethet sich zum Waschen, Scheuern,
zu Gartenarbeiten u. dgl. Das Kind sitzt daher, so lange
es noch klein ist, zu Hause; wenn es aber heranwächst, so
beschäftigt es sich mit Herumtragen von Sand ꝛc. in gewisse
bestimmte Häuser, wodurch es täglich fast zwei polnische
Gulden (8 gGr.) verdient. Auf diese Art sich an eine Arbeit
gewöhnend, bildete es sich mit der Zeit zum kräftigen Taglöhner, zum ehrlichen Kleinkrämer aus. Am 19 Mai nahm
man sämmtliche Knaben aus der Parochialschule fort, dann

die aus der Schule der Missionäre, der geistlichen an
der heiligen Kreuzkirche, so wie die aus den Bezirksschulen.
Aus dem Cadettencorps in Kalisch hatte man bloß die armen
Kinder fortgenommen, aus andern alle. Der Befehl zur
Fortschaffung der Kinder aus den Dörfern des schon so ent=
völkerten Landes hat ein, desto fühlbareres Unglück verur=
sacht. In der Hütte des Ackermanns pflegen die erwachse=
nen Kinder die kleineren zu bewachen, das Vieh zu füttern,
den Eltern Essen auf das Feld zu tragen ꝛc. Sie sind in
vielfacher Hinsicht bei der Arbeit behülflich. Man kann
daher aufrichtig sagen, daß es auf dem Lande in Polen keine
Waisen gibt, denn der Bauer ernährt, erzieht und kleidet
ohne Unterschied die Waise, wie sein eigenes Kind, da er
von beiden gleichen Nutzen hat. Schon laufen Berichte von
dem Aufruhr der Bauern ein, die sich dieser Maßregel
wegen in die Wälder flüchten, und mit Aerten bewaffnen,
weil die Schießgewehre im ganzen Lande verboten sind. Dieß
alles ist noch nichts in Vergleich mit der Fortschleppung
der Kinder beiderlei Geschlechts aus den Provinzen Litthauen,
Volhynien, Podolien und der Ukraine. Dort denkt man an
die Kleidung nicht mehr; der größte Theil der nach dem
Innern Rußlands getriebenen Opfer stirbt vor Elend, Hun=
ger und Ermattung, besonders wenn Steppen passirt wer=
den müssen. Bei jedem Transporte der armen Kinder sind
nur einige Kibitken für die Lebensmittel und die kleinsten,
von denen die Wagen so überfüllt sind, daß, im Falle eines
derselben erkrankt, kein anderes Mittel bleibt, als es zu
tödten oder in den Steppen auszusetzen. Die Mütter, welche
ihre Kinder nicht verlassen wollten, tragen aus Mitleid
jede zwei bis drei der Kleinen, aber auch sie sind außer

Stande, ihnen vollständige Hülfe zu leisten. Oft läßt daher die Escorte die schwach gewordenen Kinder unterwegs zurück und stellt neben dieselben eine dreitägige Portion Brod, da der Transport nicht aufgehalten werden kann. "Die aus Sibirien Zurückkehrenden haben an den Straßen eine Menge kleiner menschlicher Leichname zusammengekrümmt, neben dem Brode gesehen, das die armen Wesen außer Stand zu essen waren. Auch fällt vor, daß ein folgender Transport polnischer Verbannter Kinder, die er noch lebend antrifft, mit sich fortnimmt. Man sah, wie die mit Ketten belasteten polnischen Helden die auf diese Art gefundenen Kleinen auf dem Rücken fortschleppten. Während des Transports durch Gegenden, in denen es den Juden zu wohnen erlaubt ist, verkaufen Kosaken und Baschkiren die armen Kinder an dieselben, wenn ihre Mütter nicht gegenwärtig sind. Viele davon verschenken sie an russische Bauern, da auch auf diese Weise der Zweck erreicht wird. Zu Nachtquartieren für diese Transporte sind sogenannte Etapp in den sogenannten Ostrogi eingerichtet, in einer Entfernung von 5 — 6 Meilen in den Steppen. Dieß ist eine Hütte, Stall und Wagenscheuer, mit einem Graben umgeben und verpallisadirt, und darin eine Kosakenschildwache. Die nach Sibirien bestimmten Gefangenen und Kinder treibt man in die Wagenscheuer und auf den Hof, ohne das Lagerstroh zu wechseln, welches zuletzt mit Spreu verglichen werden könnte, und eine unzählige Masse von Ungeziefer in sich verbirgt. In diesem Neste der Ansteckung starben jede Nacht viele Kinder, und die älteren nahmen Krankheiten mit sich fort."

Im Junius schrieb man von der polnischen Gränze: „Die Nachrichten aus Polen lauten fortwährend traurig.

Sie erzählen unter Anderm, daß das Warschauer Findelhaus „zum Kindlein Jesu" aufgehoben, und bis jetzt mehr als 5000 Kinder aus Polen nach dem Innern von Rußland abgeführt worden seyen. Die Russen geben als Zweck dieser Maßregel an, daß die Regierung für die Kinder sorgen wolle, deren ausgewanderte Eltern zum Theil außer Stande seyen, sie zu ernähren. Ein bis jetzt nur auf einem Warschauer Briefe beruhendes, und daher hoffentlich unwahres Gerücht will wissen, die Gemahlin des Generals Rozyski, deren Gatte sich in Frankreich befindet, habe zuerst ihre Kinder, dann sich selbst getödtet, nachdem ihr Gesuch an den Thron, daß man ihr die Kinder lassen möchte, ohne Erfolg geblieben war."

Im Julius schrieb man aus der Gegend von Krakau: „Wir sehen einer sehr schlechten Ernte entgegen; es regnet fortwährend. Die Recrutirung und das Wegführen der Kinder vernichtet unsern Ackerbau. Man nimmt zu Recruten selbst kleine, übelgebaute und verstümmelte Leute, im Ganzen 70,000 Mann. Da eine Menge derselben entflieht, so werden stets neue Aushebungen gemacht, und so entvölkert sich das Land immer mehr. Eine zweite Aushebung von neuen 70,000 Mann soll im September vorgenommen werden. Man spricht fortwährend vom Kriege. General Chlopizki hat die Erlaubniß erhalten, in Krakau zu bleiben. Eine Menge Bauern flieht aus dem Königreiche und kommt hieher oder geht nach Gallizien. In den waldigen Gegenden verlassen die Bauern die Dörfer und begeben sich mit ihren Aexten in den Wald, um sich gegen die Recrutirung und das Wegführen der Kinder zu vertheidigen. Der Aufstand in Litthauen soll noch immer fortdauern, und wenn die

Ruſſen ihr furchtbares Syſtem nicht aufgeben, ſo wird er
ſich eher weiter verbreiten. Die inſurgirten Litthauer töd=
ten-alles, was ihnen in die Hände fällt. In Podolien iſt
beinahe kein ruſſiſches Militär mehr, alles iſt im König=
reiche concentrirt und zum Marſche bereit. Eine ruſſiſch
geſinnte Dame, die Gräfin Branißka, hat dem Kaiſer 12,000
Mädchen für die Colonien geſchenkt.''

Die lebhafteſte Senſation machte die Entführung der
polniſchen Kinder in England. Ferguſſon ſagte im Unter=
hauſe: „Laſſen Sie uns nun einen kleinen Theil deſſen be=
trachten, was in der neueſten Zeit in Polen vorging. Von
den 24 in Polen verhafteten Generalen kehrten nicht mehr
als vier in ihre Heimath zurück, obgleich erklärt worden
war, daß ſie alle in die Amneſtie eingeſchloſſen ſeyen. Auch
die polniſchen Soldaten waren in die Amneſtie eingeſchloſ=
ſen, und doch wurden ſie, mit eiſernen Stangen aneinander=
gefeſſelt, in großen Haufen nach Sibirien getrieben. Dieß
war die Behandlung, die ſie aus den Händen des milden
Nikolaus empfingen. Kein beſſeres Schickſal wartete der
polniſchen Edeln — ſie wurden verbannt und degradirt. Die
Sentenz über einen polniſchen Fürſten ward von Nikolaus
am Namensfeſte ſeines heiligen Patrons unterſchrieben;
und was war dieſe Sentenz? daß er nach Sibirien ver=
bannt ſeyn und zu Fuße dahin gehen ſolle. Die Fürſtin,
ſeine Mutter, eilte, ſo wie ſie das Urtheil vernahm, nach
St. Petersburg, in der Hoffnung, einige Milderung des
Spruchs zu erflehen; und was war die Bedingung, unter
welcher der Kaiſer eine Milderung zugeſtehen wollte? Der
Fürſt ſollte anerkennen, er hätte in Folge des Todes ſeiner
Gattin den Verſtand verloren, und ſey dadurch zur Theil=

nahme an der Revolution gekommen. Der Verurtheilte
antwortete eines Polen würdig. Muthvolle Offenheit hat
sonst wohl den starren Willen von Tyrannen gebeugt — Ni=
kolaus war jeder Regung unzugänglich — der unglückliche
Fürst ward der ganzen Härte des Urtheils unterworfen.
Ich will noch einen zweiten Fall erzählen. Die russischen
Soldaten hatten Befehl, alle Kinder zu ergreifen, die sie
ohne Eltern fänden. Da sollte ein Greis seiner achtjährigen
Enkelin beraubt werden, — er war siebenzig. Er hatte
unter Kosciusko gefochten; er widerstand mit mehr als ro=
mischem Heldenmuth und selbst russische Brutalität wich
zurück." Er schloß mit den Worten: der Kaiser nennt sich
den Vater aller Kinder, die keine Eltern haben; keinen Ver=
wandten gestattet man, sie zu schützen und zu nähren. Wi=
derliche Heuchelei! Diese Kinder werden nach verschiedenen
Theilen des Reichs gesendet, und als Feinde ihres Landes,
als Sklaven eines Tyrannen erzogen, der selbst nur der
Sklave der alten moskowitischen Partei ist, die nur nach
Blut lechzt."

Lord Morpeth fügte hinzu: „Ich beklage Rußlands
Politik, wenn es das Scepter, das es über die Menschheit
so göttlich wirkend ausstrecken könnte, zum blutigen Schwerte,
zur eisernen Keule macht. Es widerstrebt meinem Gefühle,
in jene schmerzlichen Einzelzüge der Rache und des Leidens
einzugehen, mit denen unser Gemüth jetzt so oft bestürmt
wird, ohne daß wir Gelegenheit hätten, ihre Wahrhaftigkeit
zu prüfen und zu berichtigen. Wenn aber auch nur Einzel=
nes von dem, was wir hören, wahr ist, und leider wissen
wir, daß Vieles wahr seyn muß, wenn die Absicht vorhanden
und in thätiger Ausführung ist, die polnische Nation, ihre

Ver=

Verfaſſung, ihren Namen, ihre Sprache zu vernichten, al=
les — nur nicht ihr unſterbliches Andenken — zu vernich=
ten, das Volk der Caſimire, Sigismunde und Sobieskis,
das zuerſt dem wilden Strome der mohammedaniſchen Inva=
ſion widerſtand, und die Freiheiten, die Religion Europa's
ſchützte; wenn ſeine Fürſten und Edlen und Senatoren in
die Gefängniſſe, die Bergwerke, die Gräber Sibiriens ge=
worfen werden; wenn die edlen Frauen zu den Füßen des
Thrones ſich niederwerfen — ihre bloße Gegenwart ſoll ein
Gefühl des Grauens in die Feſte der Hauptſtadt gebracht
haben — und nicht um Verzeihung, nur um ein wenig
milderndes Mitleid flehen für die, deren einziges Verbrechen
war, mit hingebender, heldenmüthiger, wenn auch verzwei=
felnder Aufopferung für die Sache ihres unglücklichen Vater=
landes einzutreten, ſo lange ſie noch glauben konnten, ein
Vaterland zu haben, was ihnen jetzt beſtritten wird; wenn,
während die Czartoryski und Sangusko in Confiscation und
Verbannung ſchmachten, die aufwachſende lebenvolle Jugend
hinweggeſchleppt wird, um die Reihen der ruſſiſchen Heer=
maſſen anzuſchwellen und neue Tedeums für künftige Trium=
phe über die Freiheit der Welt vorzubereiten; wenn —
möge es wohl bewieſen werden, ehe wir es unbedingt glau=
ben — ſelbſt Kinder, um das Andenken an ihr edles Vater=
land zu verlieren, an des Obi eiſige Ufer oder in die bergi=
gen Steppen des Kaukaſus geführt werden — dann iſt doch
wohl ein Fall da für die energiſche Intervention Englands
und Europa's. Was aber auch das Reſultat ſolcher Inter=
vention ſeyn mag — der Himmel mit ſeiner gerechten Ver=
geltung wird nicht ausbleiben." Und das waren noch nicht die
ſtärkſten Dinge, die damals in England ausgeſprochen wurden.

Dagegen stellten russische und preußische Zeitungen die Entführung der polnischen Kinder als eine Wohlthat für die Polen dar. Die Petersburger Zeitung erklärte: „Man hat zu behaupten gewagt, daß Kinder im ersten Lebensalter aus den Warschauer Primairschulen entführt und nach Rußland gebracht worden wären, um hier, fern von ihrer Familie, zurückgehalten zu werden. Um die ganze Verworfenheit dieser lügenhaften Angaben beurtheilen zu können, wird es genügen, anzuzeigen, daß eine große Anzahl Kinder, welche der Krieg zu Waisen gemacht hatte, sich in einem furchtbar verlassenen Zustande befand, und der Noth und dem Laster preisgegeben war. Diese von Kleidung und Nahrung entblößten Kinder, die ohne Obdach in den Gassen von Warschau und auf den Landstraßen umherirrten, befahl der Kaiser einzusammeln, zu kleiden und in den zunächst gelegenen Schulen der Soldatenkinder unterzubringen, um sie hier zu ernähren und auf Kosten des Staats zu erziehen. Diese Handlung der Humanität hat eine schamlose Verleumdung als Grausamkeit zu verschreien gesucht. Solches Verfahren richtet sich selbst."

Ein Berliner Korrespondent in der Allg. Zeitung äußerte sich in demselben Sinne: „Wie leicht der Parteigeist aus einer Sache geradezu ihr Gegentheil zu machen weiß, sieht man recht auffallend in der neulich in öffentlichen Blättern verbreiteten Nachricht, die russische Regierung lasse in dem wieder unterworfenen Polen die Söhne der im Kampfe gegen Rußland gefallenen oder flüchtig gewordenen Edelleute aus dem Schoße ihrer Familien mit Gewalt wegnehmen und nach Rußland abführen, um dort in russischen Militär-Erziehungshäusern ihrem Vaterlande völlig fremd zu werden.

Schon mancher Mutter, heißt es, die den Knaben hergeben mußte, sey dabei das Herz gebrochen. Wie kann man aber in so gehässiger Art entstellen, was vielmehr als menschenfreundliche Fürsorge gepriesen zu werden verdient! Es ist glaublich, daß einer polnischen Mutter, auch wenn sie eingewilligt hat und noch einwilligt, ihren Sohn in eine entlegene Erziehungsanstalt abgehen zu lassen, die Trennung schwer werden kann, besonders bei den noch frisch blutenden Wunden des unglücklichen Kriegs. Aber von Seite des erhabenen Kaisers ist es immer eine edle Gesinnung, für die Waisen derer, die gegen ihn strafbar sind, auf eine Art zu sorgen die selbst für die Söhne seiner treuen Russen nicht besser seyn könnte, und bei der jene jungen Polen schon im voraus durch ihre Erziehung gleich zu Officieren bestimmt werden."

Die fünfte große Maßregel der Russen war die Confiscation der Güter aller Ausgewanderten oder Verhafteten oder Todten, sofern sie in der Revolution compromittirt waren. Bald nach der Eroberung war bereits eine Untersuchungscommission niedergesetzt worden, vor welcher sich alle Beamten über die Verwendung der öffentlichen Gelder seit dem Anfang der Revolution zu verantworten und erforderlichen Falls Ersatz zu leisten hatten. Im August schrieb man aus Krakau: „Man behauptet, Fürst Paskewitsch habe einen Antrag auf Confiscation sämmtlicher Güter der außer Landes befindlichen Polen gemacht; der Kaiser aber habe, setzt man hinzu, sich einer directen Anordnung in dieser Hinsicht zu enthalten gewünscht, und den Fürsten nur auf die allgemeinen Instructionen verwiesen, nach denen er als Stellvertreter des Monarchen anzuordnen habe, was die Verhältnisse erheischten. Ter Minister der Justiz, General Kosezki,

ein Pole, und der Minister des Innern, General Strogonow,
ein Russe, hätten gleichfalls Bedenken gefunden, ein Decret
zu unterzeichnen, das mit den bestehenden Gesetzen im Wider=
spruch stände, und dem russischen Namen in der Meinung
Europa's abermals so nahe treten könnte. Nun habe Fürst
Paskewitsch in der Form einer bloßen Administrativverfügung
befohlen, alle die erwähnten Güter mit Sequester zu belegen,
aber nur aus Fürsorge für die Erhaltung des Vermögens
der Frauen und Kinder der Ausgewanderten. Dieser Seque=
stration zufolge könnten weder der Eigenthümer, noch seine Frau,
noch seine Kinder, noch seine Verwandten die Güter mehr
verwalten, oder verkaufen, oder auch nur auf irgend eine
Weise benützen. Güter, Frauen oder Kinder fielen der Dis=
cretion der Specialcommissarien anheim, die in alle Woje=
wodschaften abgeschickt worden. So lauten übereinstimmende
Berichte aus Krakau; möchte die Wirklichkeit die bangen
Befürchtungen Lügen strafen, welche das unglückliche Land
daran knüpft, und die ich hier nicht näher bezeichnen will,
da man bei keiner dieser Angaben sicher ist, ob und welche
Uebertreibungen durch Schmerz, Leidenschaft und Nationalhaß
eingegeben worden."

Diese Gerüchte erhielten nur zu bald ihre Beglaubigung:
„Sowohl briefliche als mündliche Nachrichten, die ich aus
Warschau erhalte, bestätigen die in Polen vorgenommenen
Confiscationen. So wurden die Güter des Fürsten Adam
Czartoryski und der Warschauer Palast des Wojewoden Paz
confiscirt; in die Hypothekenbücher ward der Ukas des Kai=
sers gelegt. Gleiches Loos traf die Güter der verwittweten
Prinzessin von Würtemberg, geb. Fürstin Czartoryska; na=
mentlich die Güter von Piliza, und den großen Palast in

Warschau, sie wurden ihrem Sohne dem Prinzen Adam von
Würtemberg gegeben, der in Pulawy gegen das Schloß sei=
ner Großmutter die Kanonen hatte richten lassen." — End=
lich erfuhr man, daß der Kaiser durch einen Ukas vom
9 August die von Paskewitsch ihm vorgeschlagenen Confisca=
tionen genehmigt habe. „Zu diesem Ende werden Liquida=
tionscommissionen in Kiew, Volhynien, Podolien, Wilna,
Grodno, Minsk, Witebsk, Mohileff und Bialystock errich=
tet, die aus dem Chef des Gouvernements, als Vorsitzer,
dem Gouvernements=Adelsmarschall, dem Vice=Gouverneur,
dem Vorsitzer des Civiltribunals, einem Rathe der Gouver=
nementsregierung und einem Rathe der temporären Confis=
cationsabtheilung des Cameralhofes bestehen, und ihre öffent=
lichen Bekanntmachungen in den officiellen Zeitungen beider
Hauptstädte, so wie in einer Warschauer Zeitung und im
Litthauischen Kurier, in russischer, polnischer und deutscher
Sprache erlassen." Von der Wirksamkeit der russischen Con=
fiscationscommissionen haben wir Zeugnisse erhalten, denn
es ist noch wohl jedem unserer Leser erinnerlich, mit welchen
unendlichen, zuerst in der Petersburger Zeitung vom 26 De=
cember mitgetheilten und später noch weiter fortgesetzten
Namenlisten polnischer Flüchtlinge, deren Güter als confis=
cirt proclamirt wurden, alle deutschen Zeitungen angefüllt
waren.

Mit diesen Confiscationen stand als sechste Maßregel in
genauer Verbindung die Unterdrückung der polnischen
Bildungsanstalten. Die Universität Wilna wurde
durch Ukas vom 1 Mai aufgehoben, und ihre große Biblio=
thek nach Rußland abgeführt. Eben so verfuhr man mit
Warschau, wo jedoch eine Anstalt für medicinischen und

theologischen Unterricht zurückblieb. Der Adjutant des Kai=
sers, Czernitschef, schrieb an Paskewitsch: „Se. Majestät
haben mir befohlen, Ew. Durchlaucht zu benachrichtigen, daß
Se. Majestät Warschau alle medicinischen, theologischen und
astronomischen Werke zu lassen geruhen, daß aber die juri=
dischen und andere zu gedachter Bibliothek gehörende Bücher,
bei der Unmöglichkeit, die Fortdauer letzterer Facultät zu
gestatten, nach St. Petersburg zu führen sind, und daß es
bei dem früher deßhalb erlassenen Befehle sein Bewenden
haben soll."

Die siebente Maßregel betraf die Sichtung des pol=
nischen Adels. Am 17 September wurde eine Commission
in Warschau niedergesetzt, um über die Adelsrechte solcher
Polen zu entscheiden, die auf Officiersstellen in der russischen
Armee Anspruch machen könnten. Da der polnische niedere
Adel selten verbrieft ist, wurden auf diese Weise eine Menge
Adelige cassirt. Eine besondere Clausel ermächtigte diese
Commission, wenn es der Statthalter Fürst Paskewitsch beson=
ders befehlen würde, auch über den Adel solcher Polen abzu=
urtheilen, die nicht zum Militär gehörten. Durch einen
fernern Ukas vom 31 October wurde diese Maßregel noch
weiter ausgedehnt, und eine förmliche Sichtung des gesamm=
ten polnischen Adels befohlen, wodurch derselbe an Zahl ver=
mindert und innerlich zerrissen, der eine Theil seiner Vor=
rechte beraubt und dadurch auf den andern eifersüchtig ge=
macht wurde. Der Ukas befahl, sämmtliche zur gewesenen
Schljachta gehörige Personen genau auszumitteln und in
folgende drei Kategorien zu theilen: Edelleute, die a) ent=
weder von den Deputirtenversammlungen anerkannt oder
ohne Anerkennung im Besitze bewohnter Edelgüter, landloser

Bauern, Leibeigener oder zum Hofe gehöriger Leute, oder
b) nur von den Deputirtenversammlungen anerkannt, allein
nicht im Besitze bewohnter Güter, oder endlich c) weder von
den Deputirtenversammlungen anerkannt, noch im Besitze
besagter Güter sind. Die erste Kategorie, die schon an und
für sich keiner Kopfsteuer und keiner Militärpflichtigkeit unterliegt, bleibt auch von beiden völlig befreit; die zweite bis
zur Prüfung ihrer beigebrachten Beweisstücke in der Heroldie; die dritte ist sofort zu besteuern und militärpflichtig zu
erklären. 2) Den Deputirtenversammlungen in den West-
gouvernements zu untersagen, neue Adelszeugnisse ohne Bestätigung abseiten der Heroldie zu ertheilen. 3) Die gegenwärtig in der Zellwache Befindlichen, welche zu Recruten
bestimmt werden, in jener Wache, für die Zeit der allgemeinen fünfzehnjährigen Frist, gerechnet vom Tage ihrer Bestimmung dazu, zu lassen.“

Die achte Maßregel war die Aufhebung vieler katholischen Klöster, die insbesondere in Litthauen, Volhynien und Podolien die Revolution unterstützt hatten. Dadurch wurde der polnische Priesterstand decimirt, wie durch
obige Verordnungen der Adel. Der Befehl zu dieser Maßregel ist vom 31 Julius datirt.

Die neunte Maßregel war die Belohnung der Juden, da dieselben während der Revolution den Russen als
Spione, Mäkler und Lieferanten sehr nützlich gewesen waren.
Diese Begünstigung der Juden mochte dem polnischen Na-
tionalstolz empfindlich seyn, doch weit folgenreicher war die
damit verbundene außerordentliche Erweiterung
der jüdischen Schenkgerechtigkeit. Früher hatte
die russische Regierung das Ausschenken des die Bevölkerung

durchaus demoralifirenden und zum Vieh herabwürdigenden
Branntweins mehr eingeschränkt, jetzt dehnte fie es aus.
„Der Feldmarschall Paskewitsch machte die Regierung auf den
gegenwärtigen Zustand der Israeliten im Königreiche aufmerk=
sam, mit der Bemerkung, daß die Juden im letzten Kriege sich als
eifrige Anhänger der gesetzlichen Autorität und der Truppen
Sr. Majestät erwiesen, und ihnen ungemeine Dienste gelei=
stet haben. Sie wurden deßhalb von den Insurgenten ver=
folgt, die bei jeder Gelegenheit sich nicht nur des Vermögens
dieser Individuen bemächtigten, sondern auch mehrere hin=
richten ließen. Se. Durchlaucht glaubt, daß nach Wieder=
herstellung der gesetzlichen Autorität im Königreiche die Re=
gierung den Wittwen und Waisen der Juden Schutz und
Hülfe schuldig sey. Was die tauglichsten Mittel anlange,
um die Existenz der jüdischen Bevölkerung im Königreiche
zu fördern und ihnen am meisten Vortheile zu verschaffen,
so erklärte der Oberbefehlshaber des Königreichs, daß unter
den verschiedenen und zahlreichen Eingaben der Juden wegen
Entschädigung zwar gewöhnliche Gesuche um Geldunterstützun=
gen vorkämen, doch aber auch von Manchen als Schadlos=
haltung für Einbußen die Erlaubniß nachgesucht werde,
Branntwein und andere geistige Getränke verkaufen zu dür=
fen. Trotz der wichtigen Gründe, welche die Regierung frü=
her bestimmt hätten, den Juden den Verkauf geistiger Ge=
tränke zu verbieten, glaube er, daß man für den gegenwär=
tigen Augenblick und bei der Nothwendigkeit, dieser Classe
Existenzmittel zu geben, dieses Verbot aufheben und folglich
den Juden die Erlaubniß ertheilen müsse, mit solchen Ge=
genständen Handel zu treiben." Der Administrativrath in
Warschau beschloß sodann; „1) Die Juden haben während

des Krieges viele Proben von Treue gegen die gesetzliche Au=
torität gegeben, und haben theils durch die Unfälle des Kriegs,
theils in Folge ihrer Anhänglichkeit an die Autorität derge=
stalt gelitten, daß sie ohne Geldunterstützungen nicht leben
können, die demnach ihnen, wie ihren Wittwen und Waisen
zu verwilligen sind. 2) Diese Unterstützungen sind dreifacher
Art: a) ein Geldgeschenk, als Entschädigung für die durch
den Krieg verursachten Verluste, welches jedoch nicht den
dritten Theil des Verlustes übersteigen darf; b) die Er=
laubniß, Branntwein und andere geistige Getränke ohne
irgend eine Auflage oder Abgabe zu verkaufen; c) die Er=
laubniß, geistige Getränke gegen eine Gebühr für die Ge=
währung zu verkaufen. 3) Ein Comité, aus mehreren Mit=
gliedern der Beamten des Departements des Innern gebil=
det und von dem Generaldirector ernannt, wird unverweilt
niedergesetzt, um die Reclamationen der Juden, die von ih=
nen geforderten Entschädigungen betreffend, zu revidiren.
Diese Reclamationen sind Sr. Durchlaucht dem Feldmarschall
vorzulegen. 4) Die den Juden aus den von Seite des Kai=
sers den Einwohnern des Königreichs gegebenen 4,500,000
Gulden zu bewilligenden Unterstützungen dürfen bis 200,000
Gulden betragen. Sollte letztere Summe nicht hinreichen,
so hat die Commission des Departements des Innern ihre
Ansicht hierüber dem Rathe zu berichten. In Einstimmung
mit dem Protokoll. Gez. Tymowski." — Außer diesen
Wohlthaten haben die Juden auch noch die Erlaubniß be=
kommen, Ländereien als Unterpfand zu nehmen, was ihnen
bisher verboten gewesen war, weil überhaupt kein Jude
Grund und Boden besitzen durfte.

Dieß waren die russischen Maßregeln in Polen.

In Warschau wurde im Herbst folgender Polizeibefehl verlesen: „Nr. 954. Der Commissär des zweiten Districts in Warschau. Auf den durch Rescript des Vicepräsidenten hiesiger Stadt unterm Gestrigen ertheilten und mit Nr. 38,036 bezeichneten höhern Befehl setze ich die wackern Bürger, Hauseigenthümer oder Miether dieser Stadt in Kenntniß, daß sie gehalten sind, ihre Häuser am 11 d. (Geburtstag des Großfürsten Thronerben) vor 8 Uhr Abends zu erleuchten. Da indessen bei der letzten Feierlichkeit (am Jahrstage der Krönung des Kaisers) bemerkt worden, daß viele Fensterstöcke in Privathäusern unbeleuchtet geblieben, so wird hiemit bekannt gemacht, daß künftig die Beleuchtung der Häuser nicht mehr vom freien Willen der Einzelnen abhängt, sondern daß, höhern Befehlen gemäß, alle vordern Fensterstöcke ohne Ausnahme beleuchtet seyn müssen, bei unausbleiblicher Strafe von 30 fl. für jeden nicht beleuchteten Fensterstock. Die achtbaren Hausbesitzer werden aufgefordert, diesen Befehl ihren Miethsleuten zu eröffnen, und zur Bescheinigung der Mittheilung eine Abschrift der gegenwärtigen Polizeiverordnung zu unterzeichnen. Warschau, den 8 Sept. 1832. Szczyzielski." Im November hörte man von neuen Verhaftungen in dieser Stadt.

So gefahrvoll auch nur der leiseste Schein von Widerspruch war, so wagten es dennoch die Adeligen Podoliens, die in der Revolution nicht compromittirt waren, im Anblicke so gräßlichen Jammers eine Fürbitte für ihre Landsleute einzulegen. Die Times theilten die Adresse der Grundbesitzer Podoliens mit, die am 19 September an den Kaiser gerichtet worden seyn soll: „Nachdem im Eingange dem Kaiser für die Erlaubniß, zur Erwählung ih=

rer Obrigkeiten zusammenzukommen, und ihre Wünsche an
seinen Thron zu bringen, gedankt worden, werden folgende
Bitten gestellt: 1) Als die Großmutter Ew. Majestät, Ka=
tharina die Große, ewig dauernden Andenkens, diese Pro=
vinzen mit ihrem Reiche vereinte, hat sie uns alle Privile=
gien erhalten. Unser Adel hat, durch Gesetze beschützt, und
nach Einzeichnung seiner Namen in die Districtsbücher,
unter Ihrem kaiserlichen Vater und unter dem Kaiser Alex=
ander, dessen Ruhm und Herrschaft Sie fortsetzen und ver=
mehren, dieser Privilegien sich erfreut. Nun bittet derselbe
Ew. Majestät unterthänigst, ihm diese Privilegien ferner zu
erhalten, sowohl denen, welche bereits ihren Stammbaum
bewiesen und ihre Namen in die Geschlechtsbücher eingetra=
gen haben, als denen, welche dieß noch nicht erlangen konn=
ten, indem ihre Familiendocumente in fremden Ländern sich
befinden. Wir bitten Sie, daß in Gemäßheit des Artikels
89 der Privilegien von 1785 die Bücher unserer Geschlechts=
register, die uns nur für eine kurze Zeit entzogen wurden,
uns wieder verliehen werden möchten, und daß denen, welche
ihre Namen noch nicht darin eintragen konnten, einige we=
nige Jahre gestattet werden, um diese ihre Pflicht zu erfül=
len. 2) Ihr Adel, Sire, sieht mit banger Besorgniß die
Schwierigkeiten und Nachtheile, denen er durch das Verbot
unserer Muttersprache in den Gerichtshöfen ausgesetzt wird.
Wir Polen haben, wie andere slavische Stämme, unsere be=
sondere Sprache; sie war durch viele Jahrhunderte uns eigen
und reich an Erinnerungen; Millionen Ihrer Unterthanen
ist sie gemein, sie war uns von Ihren Vorfahren erhalten,
in unseren gesellschaftlichen Verhältnissen unentbehrlich; in
ihr hatten wir alle unsere Urkunden, Contracte und Ver=

träge; sie sprach unsere Bedürfnisse aus, war uns nöthig und mit uns gleichsam verwachsen. Gnädiger Kaiser, erlauben Sie uns diese Sprache, damit wir in ihr für Sie und für Ihre gesegnete Familie zu Gott beten können! 3) Großer, mächtiger Vater, indem Sie Ihre unermeßliche Güte dem jüngern Geschlechte zuwandten, bestimmten Sie, daß ein Beamter aus dem Adel die Schulen beaufsichtigen solle. Eine gute Erziehung war zu jeder Zeit der Gegenstand unserer vorzüglichsten Sorge. Deßwegen verliehen unsere Vorfahren dem Orden der Jesuiten, die damals allein die Jugend erzogen, sehr großen Grundbesitz. Nach dessen Aufhebung wurden diese Güter durch Gesetze zur Unterhaltung der Schulen und Gymnasien angewiesen. Der Kaiser Alexander hat diese Bestimmungen bestätigt; er hat das Gymnasium zu Kaminiec, die Bibliothek, den botanischen Garten, und mehrfache Sammlungen und literarische Schätze bestätigt. Wir bereicherten ferner diese Anstalt mit vielen Schenkungen. Die Anwendung der Muttersprache beim Lehren erleichtert das Lernen, erweckt Liebe zu derselben, und überliefert die Kenntnisse den künftigen Geschlechtern. Zwei Dialekte, die aus demselben Stamme entspringen, von derselben Macht geschützt werden und gegenseitige Verbesserungen befördern, sollen eines Tages die Welt über die Vollkommenheit der slavischen Literatur in Erstaunen setzen, und über die Regierung Ew. Majestät Glanz verbreiten. Wir bitten Sie, Herr, erhalten Sie uns das Institut zu Kaminiec, unsere übrigen Schulen und unsere Sprache darin! 4) Mit uns brachten wir auch unsere römisch-katholische Religion unter Ihr Scepter. Die Religion, welche über die menschliche Schwäche wacht, bedarf der Leitung von Dienern Gottes.

Vernachläſſigung und Sinken der Religion ſind die Vorboten
allgemeinen Verderbens. Die Religion unſerer Vorfahren
hat den Fürſten deren Beſchützung überlaſſen. In Ihrer er=
habenen Weisheit haben Ew. Majeſtät es nothwendig ge=
funden, die Klöſter aufzuheben und deren Güter einzuziehen.
Aber, Sire, dieſe Klöſter verſahen auch die Dienſte der Pre=
diger. Bereits fühlt man großen Mangel an Seelſorgern
und Predigern. Die Moralität unſeres Volkes würde bei
der allgemeinen Zerſtörung ohne Hülfe der Religion ſich ſehr
mangelhaft erweiſen. Wir bitten Sie daher, Herr, als un=
ſern gemeinſchaftlichen Vater, erbarmen Sie ſich unſer, und
rathen Sie uns gegen dieſe drohenden Uebel! 5) In allen
Ländern iſt der Adel überzeugt, daß es ſeine Pflicht iſt, den
Thron zu unterſtützen. Die Verſchiedenheit in dem Vermö=
gen, ſelbſt Armuth entzieht ihm dieſes Vorrecht nicht. Wir
bitten daher Ew. Majeſtät unterthänig, Befehl zu geben,
daß niemand ohne Schuld von ſeinem Hauſe in entfernte
Gegenden geſchickt werde. In jedem Winkel der Erde wird
ſich jeder als treuer Unterthan Ew. Majeſtät beweiſen; aber
Sire, auch der ärmſte Mann liebt das Land, wo er geboren
iſt. Dieſer allgemeine Trieb, der durch die Thränen von
Tauſenden von Familien bezeugt wird, gibt uns den Muth,
Sire, Ihre Menſchenliebe für dieſelben in Anſpruch zu neh=
men. 6) Unſere Brüder haben Sie beleidigt, indem ſie ge=
gen ihre Leiden Hülfe ſuchten, und nicht ſich bittend an Sie
wandten. Aber, Sire, als ein Bild des Allmächtigen auf
der Erde ſollen Sie nicht immer zürnen, ſollen Sie nicht
immer ſtrafen. Eltern ſehen mit traurigem und verweintem
Blicke nach ihren Kindern, die von ihnen weggeführt und
für immer in unwegſame Gegenden geſandt wurden. Andere

suchen einen Zufluchtsort in fremden Ländern, fern von ih=
ren Verwandten, in Armuth und Dürftigkeit. Wenigen von
ihnen haben Sie verziehen. Zugleich mit uns bitten diese,
Ihre Gnade auch auf die übrigen auszudehnen. Wir legen,
Sire, diese unterthänigen Bitten an die Stufen Ihres Thro=
nes. Kaminiec, den 19 Sept. 1832." (Folgen die Unter=
schriften aller Marschälle der verschiedenen Districte.)

Im Februar 1833 wurde aus Warschau geschrieben:
„Am besten gibt von den Absichten der russischen Regierung
in Betreff der russisch=polnischen Provinzen die Reihe
von Ukasen Zeugniß, die seit der Revolution erschienen:
1) Ein Ukas, der in den im Jahre 1772 abgerissenen Pro=
vinzen das alte Gesetzbuch „Status Litewski" aufhob, und
mit Einem Federzuge das letzte Vermächtniß der Väter ver=
nichtete. 2) Der Ukas, der alle Civilhandlungen in allen
übrigen Provinzen einstellte und die Hypothekenbücher allen
Transactionen verschloß. 3) Der Ukas, der alle polnischen
Provinzen von nun an „revindicirte" zu nennen befahl,
während selbst Katharina sie nur „einverleibte" nannte, und
wobei den Districtsmarschällen anbefohlen wurde, den russi=
schen Titel „Peredwodytelc" anzunehmen. 4) Der Ukas, der
die von den Vorfahren gegründeten und dotirten Collegien
der christlich=unirten Geistlichkeit entzog, und solche der schis=
matischen, der russisch=griechischen Kirche, übergab. 5) Sechs
schnell hinter einander folgende Ukasen, wodurch erwachsene
Zöglinge aus den Schulen entfernt, die Lesevorschriften ab=
geändert, endlich alle von der katholischen Geistlichkeit unter=
haltenen Schulen geschlossen wurden. 6) Der Ukas, welcher
die Aufnahme der Novizen in die unirten Klöster so sehr
erschwerte, daß nach Aussterben der noch lebenden Geistlichen

alle katholischen Klöster eingehen, und nur griechische übrig
bleiben müssen. 7) Der Ukas, durch den das den Provinzen
von Katharina gelassene und von Paul und Alexander ge=
schonte Privilegium der freien Wahl der Richter aufgehoben,
und deren unmittelbare Ernennung der Krone vorbehalten
wurde. 8) Der Ukas, der rein katholische Kirchen, die in
der Nähe einer nicht unirten bestehen, aufhebt, und alle An=
dachtsübungen in den katholischen Dorfcapellen verbietet.
9) Der Ukas, der alle Adelsbücher, die durch eigens hiezu
errichtete Commissionen verfaßt und von frühern Monarchen
bestätigt waren, cassirt, und die Erwirkung neuer Legitima=
tionen in der russischen Heroldie zu St. Petersburg besiehlt.

Ferner las man in englischen Blättern: „In einer kürz=
lich gehaltenen Versammlung der angesehensten Einwohner
des Landes, in welcher man eine Adresse an den König um
Verwendung für die unglücklichen Polen beschloß, trat Graf
Cäsar Plater, Cäciliens Bruder, mit einer eindringlichen
Rede über das traurige Loos seiner Landsleute auf. Nach
ihm gab ein Herr Baynes eine kurze Schilderung der Tha=
ten und letzten Augenblicke der polnischen Amazone. Ausge=
zeichnet durch Schönheit, Reichthum und Geistesgaben, erhob
sich die Jungfrau, in Gemeinschaft mit ihren Brüdern, bot
die Bauern auf ihren Gütern in Litthauen auf, und führte
sie, bloß mit Sensen bewaffnet, gegen die russischen Batail=
lone. Die Zartheit ihres Geschlechts vergessend, bestieg sie
das Schlachtpferd, ertrug die härtesten Strapazen des Partei=
gängerkriegs, erschien an der Spitze ihrer Truppen, und da,
wo der Kampf am heißesten war. Als sie endlich von der pol=
nischen Armee keinen genügenden Beistand erhielt, und ihre
Truppe durch wiederholte Kämpfe geschwächt war, mußte

ſie der Ueberzahl weichen. Als Bäuerin verkleidet, machte
ſie ſich zu Fuße mitten durch die Feinde nach Warſchau auf
den Weg; allein Ermüdung, Entbehrungen und Kummer
warfen ſie unterwegs auf das Krankenlager; in ihrer Bauern=
kleidung (da ſie ihren Rang nicht zu entdecken wagte) kehrte
ſie in einer rauhen Hütte eines litthauiſchen Gränzdorfes
ein, und hier, der Pflege entbehrend, die ihr Geſchlecht und
ihre Gewohnheiten erforderten, verſchied ſie an Entkräftung,
einen Namen hinterlaſſend, welchen die Geſchichte der Nach=
welt überliefern wird."

Am 3 December ſprach Lafayette in der franzöſiſchen De=
putirtenkammer von einem neuen Befehle, wornach aus jeder
polniſchen Provinz 5000 Familien an den Kaukaſus ſollten
verpflanzt werden. Eine andere Quelle dieſer Nachricht iſt
mir unbekannt.

2.

Die polniſchen Flüchtlinge.

In der freien Stadt Krakau wurden keine polniſchen
Flüchtlinge geduldet, und man ſtellte die ſtrengſten Nachfor=
ſchungen nach denen an, die ſich etwa dort verborgen gehal=
ten hatten.

Den nach Preußen geflüchteten Polen wurde befohlen,
unter Zuſicherung einer Amneſtie in ihr Vaterland zurück=
zukehren. Anfangs galt dieſe Amneſtie nur den Corps von
Gielgud und Chlapowſki; im Januar 1832 wurde ſie auch
auf das große Armeecorps des Generals Rybinſki ausge=
dehnt. Die erſtern kehrten am 13 Januar bei Neidenburg
wirk=

OSTROWSKI.

wirklich nach Polen zurück, um sich nicht noch härtern Maß=
regeln auszusetzen. Von den letztern erklärte der größte
Theil standhaft, die russische Gnade nicht annehmen zu wol=
len. 1400 Officiere erhielten Pässe nach Frankreich, auch
viele andere Polen sollen durch die Menschenfreundlichkeit
der Behörden unter der Hand Pässe erhalten haben. Zuletzt
blieben noch 6—7000 Polen in Preußen übrig, Gemeine,
die keine Pässe erhalten konnten und auch um keinen Preis
sich den Russen überliefern wollten. Ueber diese Vorgänge
gaben eine Anzahl polnischer Officiere im Nürnberger Frie=
dens= und Kriegskourier folgende Erklärung ab: „Der preu=
ßische General Rummel, bestimmt, die Truppen nach Polen
zu führen, machte bekannt, da der russische Kaiser den Unter=
officieren und Soldaten Amnestie bewilligt habe, so müßten
sich alle nach Polen in Marsch setzen. Er erklärte, daß die=
jenigen, die jetzt nicht marschirten, später den Russen als
Deserteure ausgeliefert werden würden. Da man jedoch im=
mer noch auf den beim Uebergang über die Gränze zugesicher=
ten Schutz der preußischen Regierung rechnete, so glaubte
man, der General Rummel allein wolle unsere unglücklichen
Krieger verkaufen, denn man weiß, was russische Amnestie
ist; man sieht dieß auch aus den nachfolgenden Handlungen
der russischen Regierung, welche den Soldaten volle Freiheit
zugesichert hatte, sie jedoch in russische Regimenter steckte,
unter dem Vorwande, ihnen die nöthigen Unterhaltsmittel
zu liefern, und ihnen alle Privilegien der Russen versprach,
d. h. daß sie mit schwarzem Brode genährt und mit Prügeln
überhäuft werden sollten. Die Soldaten kamen am 11 Dec.
an den bestimmten Orten an, wurden von den preußischen
Truppen, welche sie mit geladenen Gewehren erwarteten, fest=

genommen, und bedeutet, daß man auf diejenigen schießen
werde, die sich zu marschiren weigern würden. Diese unglückliche Nachricht verbreitete sich in Einem Augenblicke. Die,
welche nicht nach Polen zurückkehren wollten, kamen nicht
herbei, oder gruppirten sich zusammen, und trotzten allen
Drohungen, und selbst dem Tode, den sie der russischen Amnestie vorzogen. An diesem Tage blieb es jedoch bei den
Drohungen, und man ließ die Widerspänstigen zurück, oder
trieb diejenigen, welche man einzeln hatte ergreifen können,
mit Kolbenstößen fort. Die, welche ihre Einwilligung, nach
ihrem Vaterlande zurückzukehren, erklärt hatten, marschirten
willig; aber man ließ auch von diesen einige Detaschements
zwei Tage lang, trotz der strengen Kälte, ohne Nahrung und
ohne Obdach; man cantonirte sie, wie früher, und ließ sie
ruhig. — Nun kam am 14 December der Major Brandt
von Berlin zu Elbing an mit den Pässen für die Officiere.
Der General Bem und sein Generalstab wurden zuerst befördert. Major Brandt gab jedoch demselben noch sein Ehren-
wort, daß niemand gezwungen werden würde, nach Polen
zurückzukehren. Wir werden sehen, wie er es gehalten hat.
Die andern Officiere wurden in sechzehn Colonnen abgetheilt,
und auf Kosten der preußischen Regierung nach Sachsen gesandt. Während die Officiere abgingen, bot man alles Mögliche auf, um die zurückgebliebenen Soldaten zum Abmarsche
nach Polen zu vermögen; endlich versammelte man sie, unter
dem Vorwande, die Cantonirungen zu ändern, und fragte,
ob sie sich nicht entschlossen hätten, nach Polen zurückzukehren, und als sie nichts davon hören wollten, ließ man sie
dennoch, scheinbar um die Cantonirungen zu wechseln, den
dahin führenden Weg einschlagen. Die unglücklichen Sol-

daten, getrennt von ihren Officieren, von der Denkungsart
der preußischen Behörden überzeugt, wollten nicht weiter ge=
hen; dieß war das Signal zu der furchtbaren Schlächterei,
welche die Welt nur mit Schaudern vernehmen wird. Die
preußische Cavallerie griff die waffenlosen Krieger an, denen
die Regierung Schutz versprochen hatte; sie hieb diejenigen
nieder, welche auf jene Versprechungen gebaut hatten. Diese
blutigen Scenen fanden an mehreren Orten statt. Aber sollte
man es glauben? Die polnischen Soldaten riefen Gott zum
Zeugen dieses barbarischen Verfahrens an, ließen auf sich
einhauen und marschirten nicht. Als endlich die Grausamen
sich in dem stromweise vergossenen Blute gesättigt hatten,
hörte das Gemetzel auf; man umringte die polnischen Solda=
ten, schloß sie in Scheunen und Schuppen ein, und ließ sie
mehrere Tage ohne Nahrung, und der Strenge der Jahres=
zeit preisgegeben. Aufs Aeußerste getrieben, wollten einige
die Scheunen, worin man sie eingesperrt hatte, anzünden,
um sich zu verbrennen, und auf diese Weise der barbarischen
Behandlung ihrer Beschützer zu entziehen. Wenn die über
dieß unwürdige Verfahren empörten Einwohner diese Un=
glücklichen nicht zu Hülfe gekommen wären, sie hätten gewiß
mit einem Streiche der Verzweiflung geendet. Man bot
von Zeit zu Zeit denen, welche sich zur Rückkehr nach Polen
entscheiden würden, Nahrung, Kleidung und selbst Geld an;
aber die Soldaten wiesen alles zurück. So suchte man die
unglücklichen Trümmer der polnischen Armee durch Schwert
und Hunger zu zwingen, die Reihen der Unterdrücker zu
vermehren. Alle diese Maßregeln waren von dem General
Rummel und seinem Adjutanten, dem Major Brandt, an=
geordnet und geleitet. Der Letztere ließ selbst Bürger packen,

die beim Anblicke dieses barbarischen Benehmens die Seelen=
größe hatten, ihm Vorwürfe zu machen. — Diese beiden
Officiere scheinen indeß ihre Befehle überschritten zu haben,
denn der General Rummel wurde durch den General Schmidt
ersetzt und die Functionen des Major Brandt einem Civil=
beamten übertragen. Seitdem wurden alle Unterofficiere
und Soldaten in Cantonirung bei Marienburg gebracht, wo
sie sich noch am 25 Junius befanden. Ein großer Theil hat
sich jedoch im Lande umher zerstreut, um sich dem Hunger
und den Säbelhieben ihrer Beschützer zu entziehen; aber die
thätige Gendarmerie raffte sie einzeln auf und lieferte sie
den Russen aus. Das ist der Stand der Dinge in seiner
ganzen Wahrheit. Europa mag urtheilen, ob die Regierung,
welche den Truppen, die sich auf seiner Gränze zeigten,
Schutz und Unterhaltsmittel zugesagt hatte, das Recht be=
saß, über ihre Personen und ihr Leben zu verfügen, nachdem
man sie entwaffnet hatte. Wir müssen indeß vielen edel=
müthigen Menschen Gerechtigkeit widerfahren lassen, welche
das Vorgefallene laut mißbilligten, und durch das Interesse,
das sie an unserm Unglücke nahmen, unsere Lage zu mildern
suchten, und selbst den allen möglichen Entbehrungen ausge=
setzten Soldaten Hülfe brachten. Gern zollen wir diesen die
der Tugend gebührende Huldigung, und versichern sie unse=
res innigsten Dankes. Die polnischen Officiere als
Augenzeugen."

Ein Berliner Correspondent in der Allg. Zeitung sagt:
„Die Polen wollten nicht zurückkehren. Ueberredung, ange=
botene Amnestie, Versicherung guter Behandlung im Vater=
lande thaten keine Wirkung; man schritt zu strengern Mit=
teln, zertheilte sie in kleinere Haufen, um die wechselseitige

Einwirkung zu verhindern, man änderte mehreremale ihre Cantonirungen; man sperrte sie hin und wieder auf einige Tage bei Wasser und Brod ein, Winters in offne Scheunen. — es half nichts, „wir wollen nach Frankreich" war immer ihre Antwort; sagte man ihnen, Frankreich wolle sie nicht aufnehmen, „immerhin", sprachen sie, „wir wollen nach Algier, nach America — nur nicht zu den Russen!" Da dachte man, es seyen die Einflüsterungen der Officiere, die in Entfernung von einigen Meilen in Quartieren lagen, welche diese beim gemeinen Manne unerwartete Standhaftigkeit hervorbrächten. Die Officiere erhielten also Befehl, wegzureisen, wohin sie wollten, zaudernde sahen sich durch Gendarmen dazu angehalten. Doch jetzt sind zwei Monate seit ihrer Entfernung verflossen, und die Soldaten bleiben noch immer dabei: „Wir wollen nach Frankreich." Da fing man an sie zu sondern, sie in Compromittirte, in mehr und minder Exaltirte zu theilen, und verlegte die so Abgesonderten in neue Cantonirungen. Zu den Hartnäckigsten zählte man die Artilleristen, das vierte Infanterieregiment und die Krakusen. Was diese Sonderung bezweckte, ist bis jetzt unbekannt; allgemein wurde geglaubt, daß den Compromittirten und Exaltirten erlaubt seyn werde, ins Ausland zu gehen; bis jetzt freilich hat dis noch nicht stattgefunden; im Gegentheile sind nach den letzten Nachrichten 21 von den sogenannten exaltirten Unterofficieren in die Casematten von Graudenz eingekerkert, jeder für sich. Ich schweige über die Ereignisse in Elbing, Preußisch=Markt u. s. w., über die Mordscene in Fischau, wo unglücklichen, unter dem Schutze des Königs stehenden Flüchtlingen, welche über erlittene Unbill bei einer höhern Behörde klagen gehen wollten, der Weg mit

Gewehrfeuer versperrt wurde! Es sind bekannte Thatsachen,
welche — mögen sie aufs geflissentlichste entstellt werden —
nicht nur vor Europa, sondern auch vor der Mehrzahl un=
serer Mitbürger sich auf keinerlei Weise verhehlen oder auch
nur beschönigen lassen; es leben zu viele Tausende von
Zeugen."

Ein Correspondent der Allg. Zeitung aus Elbing sucht
ebenfalls die armen Rebellen zu entschuldigen: „Wenn man
es für gut hielt, die Officiere von den Unterofficieren und
Gemeinen völlig abzutrennen, um zu verhindern, daß, wie
es geschehen seyn soll, jene nicht durch die Vorhaltung der
Gefahr in russische Dienste genommen zu werden, die Ge=
meinen von der Rückkehr nach Polen abhielten, so wurde
die Schwierigkeit, die gehörige Disciplin zu erhalten, aber
auch ungemein vermehrt, indem man eine völlig desorgani=
sirte Masse zum großen Theil roher, unwissender Leute zu
behandeln hatte, welche nun, da man sie mit ihren Wün=
schen eine Zeit lang hingehalten hat, so mißtrauisch gewor=
den sind, daß sie keinen, auch nicht den vernünftigsten Vor=
stellungen Glauben beimessen. Zudem sehen sie nun ihre
Officiere nach Frankreich abreisen, glauben dadurch sich auch
von diesen verrathen und verlassen, und wollen nun selbst
den Vorstellungen zurückgebliebener Officiere nicht glauben,
woher es denn geschah, daß in Fischau bei dem ebenerwähn=
ten Auftritte ein polnischer Officier, welcher zum Frieden
sprechen wollte, Verräther genannt und gemißhandelt wurde.
Neben allem diesem gibt es noch Leute, da wo selbige nicht
zu finden seyn sollten, welche nicht allein fühllos, sondern
auch unvorsichtig sich Aeußerungen gegen diese Unglücklichen
erlauben, welche sie erschrecken und noch mehr in sich selbst=

zurückdrängen, so daß sie nun niemandem mehr glauben, und niemand mehr anhören wollen, sondern Pässe nach Frankreich oder den Tod verlangen."

Ueber die blutigen Vorfälle in Fischau berichtet die preußische Staatszeitung officiell: „Die Commissionen, welche die Cantonirungen der Polen bereisen sollten, hatten veranlaßt, daß selbige in Haufen von 150 bis 200 versammelt wurden, um so ihre resp. Erklärungen abzugeben. In den von Marienburg und Elbing entferntesten Ortschaften, wo keine Officiere waren, die Soldaten mithin mittelbar keinen bösen Einflüsterungen ausgesetzt waren, ging dieß sehr ruhig von statten. Selbst einige Abtheilungen des vierten Regiments, das sich kurz vorher noch so renitent bewiesen, verhielten sich durchaus ruhig. Je mehr man sich jedoch den beiden obengenannten Punkten näherte, je unruhiger, je tumultuarischer wurden die Versammlungen. In Altmark schon versammelten sich statt 200 Mann 700 des vierten Regiments, wie bei Neiteich mit Stangen und Knitteln bewaffnet, indeß lief dort noch alles ohne Unannehmlichkeiten ab. Ganz anders gestalteten sich jedoch die Sachen in der Umgegend von Elbing und Marienburg, wo die Artillerie und Cavallerie, in welcher letztern besonders viele Szlachcizen dienten, cantonirt waren. Abgesehen davon, daß sich die Soldaten hier ebenfalls gegen die ihnen gegebenen Befehle tumultuarisch in großen Abtheilungen versammelten, so bemerkte man auch hier schon einen künstlich vorbereiteten Plan. So wie die einzelnen Haufen ankamen, gaben sie sich einander Signale; einzelne Leute waren sehr reichlich mit Geld versehen, und tractirten die übrigen. Jeder Haufen, der nicht hieher gehörte, und der dennoch gegen alle Verbote hier er-

schien, ward mit Vivatrufen empfangen. Den Culminations=
punkt hatten diese tumultuarischen Auftritte in Fischau am
27 Januar erreicht. So wie die Commission hier ankam,
konnte ihr nicht entgehen, daß es zu unangenehmen Auftrit=
ten kommen werde. Nichts desto weniger hielt sie alles preu=
ßische Militär sorgfältig entfernt, und nur vier Cuirassiere
und einige Ordonnanzen blieben im Orte. Sie selbst begab
sich in ein Haus, und setzte ihre Arbeiten, die einzelnen Sol=
daten vorladend und vernehmend, fort. Plötzlich ward ihr
gemeldet, daß mehrere Haufen polnische Soldaten, die bereits
am vorigen Tage gefordert, und gegen Meve und Neuenburg
in Bewegung gesetzt waren, anlangten; daß von mehreren
Orten her, ebenfalls Soldaten im Anzuge wären. Die Com=
mission hielt es daher für Pflicht, 60 Mann Infanterie, die
in einem benachbarten Orte standen, heranzuziehen. Kaum
jedoch waren diese angelangt, als auch der Haufe der Tumul=
tuirenden schon auf 7 bis 800 Mann angewachsen war, die sich
durch den Genuß starker Getränke in den höchsten Zustand
der Exaltation versetzt hatten. Anfangs gab es Zänkereien
mit den Ortsbewohnern, die jedoch noch beigelegt wurden.
Dann aber fiel die ungehorsame Soldateska über einen polni=
schen Officier, der um seine Amnestie nachgesucht hatte, und
den der Zufall durch das Dorf führte, her. Er wurde vom
Pferde gerissen, und war im Begriffe unter dem Messer eines
Trunkenbolds zu erliegen, als er durch die Dazwischenkunft
unseres Militärs gerettet wurde. Kaum war diese Unannehm=
lichkeit beseitigt, so wurde die Aufregung der Soldaten stär=
ker. „Wozu dieses Classenformiren,“ riefen sie, — — „wir
sind, wir wollen alle compromittirt seyn. Wir werden schon
wissen, uns Recht zu verschaffen, und den Weg nach Frank=

reich auch ohne die Preußen finden." Zugleich zeigten einige
Bewohner an, daß die polnischen Soldaten es in der Schenke
verabredeten, sich auf Marienburg zu dirigiren, während ein
Theil von ihnen sich gegen das Haus, worin die Commission
beschäftigt war, in Bewegung setzen wolle. Während sie in
dichten Haufen gegen das Infanterie-Detaschement, das den
Weg nach Marienburg sperrte, andrangen, setzte sich eine
kleinere Abtheilung gegen jenes Haus in Bewegung. Vergebens, daß man einige der Sprache mächtige Unterofficiere
an sie schickte, sie von ihrem frevelhaften Beginnen abzubrin-
gen; vergebens, daß die preußischen Officiere selbst sie ermahn-
ten, sich ruhig und vernünftig zu betragen — sie empfing nur
Hohn, verachtendes Geschrei. Da glaubte der besonnene Anführer des Infanterie-Detaschements durch eine Art Bajonnet-
Attaque die Ruhe herzustellen — aber auch dieß Mittel scheiterte. Nochmals also versuchte man den Weg der Ueberredung, und schickte aufs neue einige Unterofficiere an die
Meuterer ab — aber sie wurden auch dießmal nicht gehört.
Da ließ der Officier laden. Auch dieß fruchtete nicht. Ladet
so viel ihr wollt; ihr dürft doch nicht schießen — wir werden
auch schießen, schrie der rohe Haufe, und hob dabei drohend
die Knippel in die Höhe. Nichts desto weniger wäre vielleicht
die Ruhe erhalten worden, wenn nicht durch einen besoffenen
Fiedler, der sich im Haufen befand, plötzlich der Chlopizkische
Masurek intonirt worden wäre. Ob durch Zufall oder verabredet, in dem Augenblicke stürzte sich die Masse auf das Detaschement los. Schon haben einige dessen Glieder gebrochen,
schon ist ein Unterofficier des zweiten Chasseur-Regiments im
Begriff, dessen Anführer zu packen — da erschallte das Commando „Feuer," und neun Mann sinken todt nieder. Zugleich,

wie auf Commando, ſtürzte die ganze Menge zur Erde, erhob
ſich jedoch alsbald wieder, um nach allen Ecken aus einander
zu ſtieben. Auf die erſte Nachricht jedoch von dieſem Vorfalle
hatten ſich Bauern und Bürger der Umgegend bewaffnet.
Die Flüchtigen wurden haufenweiſe eingefangen und nach
Marienburg gebracht, wo ein Deputirter des Oberlandes-
gerichts von Marienwerder eine Unterſuchung gegen ſie ein-
geleitet hat."

Am 16 März wurden dieſe Polen unter preußiſche Militärdisciplin geſtellt, und zu öffentlichen Arbeiten, namentlich Feſtungsbau, verwendet. Der Wachtmeiſter Kotarski,
die Unterofficiere Guttowski und Swidzinski, die bei
Fiſchau das Wort geführt hatten, wurden zum Zuchthaus
verurtheilt.

Endlich trat einiges Erbarmen für dieſe Unglücklichen
ein. Man geſtattete den Schiffern, die nach Danzig kamen,
hin und wieder einige, aber jedesmal nur wenige Polen mitzunehmen, im Junins aber durften auf Einmal 164 Polen nach
Frankreich ſich einſchiffen, jedoch nur, wie es in der preußiſchen Staatszeitung ausdrücklich hieß, „nach erfolgter Beiſtimmung des milden und gerne verzeihenden Monarchen von
Rußland."

Den Polen aus dem Großherzogthume Poſen, die an
der Revolution Theil genommen hatten, ertheilte Preußen
eine Amneſtie, und die anfangs angedrohte Confiscation ihrer
Güter unterblieb, doch wurden die aus Polen oder Oeſterreich
noch ferner Zurückkehrenden einer Unterſuchung unterworfen.
Das Bildniß des General Uminski wurde zu Poſen an den
Galgen geſchlagen, trotz der Wachen aber mit Blumen be-

kränzt. Den Landständen des Großherzogthums wurde kö=
niglicherseits eröffnet: „Nur mit Befremden haben Wir
aus dem in erweitertem Maße wiederholten Antrage der Pro=
vinzialstände auf Erhaltung ihrer Nationalität entnom=
men, welche Deutung den von Uns in Unserem Zurufe vom
15 Mai 1815 ertheilten Verheißungen zu geben versucht wird.
Wir haben darin den Einwohnern des Großherzogthums
Posen eröffnet, daß Wir ihnen durch ihre Einverleibung mit
Unserer Monarchie ein Vaterland gegeben, ohne daß sie ihre
Nationalität verläugnen dürfen; es ist ihnen dabei die Theil=
nahme an der den übrigen Provinzen Unsers Reichs zuge=
sicherten ständischen Verfassung, so wie die Aufrechthaltung
ihrer Religion und der Gebrauch ihrer Muttersprache, neben
der deutschen, zugesichert worden. Dieser Unser allerhöchster
Wille ist auch genau und ohne alle Beeinträchtigung in Er=
füllung getreten, und bei jeder gegründeten Veranlassung
zu einer Beschwerde über Mißbräuche einzelner Beamten,
derselben abgeholfen worden. Ein Mehreres zu thun, und
den der polnischen Abkunft angehörigen Einwohnern der
Provinz Posen einen von dem Provinzial=Landtage in An=
spruch genommenen Vorzug vor allen übrigen getreuen Un=
terthanen Unsers Reichs und insbesondere vor den der deut=
schen Abkunft angehörigen Einwohnern derselben Provinz
zu gewähren, hat keineswegs in Unsern Absichten gelegen.
Es würde sich auch eine solche nach einer politischen
Absonderung hinstrebende Ausdehnung der Ansprüche eines
Unsern Staaten einverleibten Volksstammes weder mit der
landesväterlichen Zuneigung vereinigen lassen, mit welcher
Wir alle Unsere Unterthanen umfassen, noch der nothwendi=
gen Einheit eines gemeinsamen Staatsverbandes entsprechen.

Indem Wir daher den Provinzialständen hiemit Unsern
ernstlichen Willen kund geben; die Provinz Posen auch ferner
nur als einen Bestandtheil Unsers Reichs zu betrachten,
und ihren Bewohnern deßhalb alle Unsern übrigen getreuen
Unterthanen bewilligten Rechte zu gewähren, erwarten Wir
auch von den Provinzialständen; daß sie sich für die Zukunft
lediglich auf diese ihnen bisher in vollem Maße und mit
sorgfältiger Berücksichtigung ihrer individuellen, auf die Ver=
schiedenheit der Volksstämme Bezug habenden Bedürfnisse
zu Theil gewordenen Rechte beschränken, und daß sie sich
insbesondere ferner jeder willkürlichen Deutung Unsers kö=
niglichen Wortes gemessenst enthalten wollen. Die Provinzial=
stände werden übrigens in Unsern gegenwärtig zu treffenden
Anordnungen die landesväterliche Vorsorge dankbar zu er=
kennen Veranlassung erhalten, welche Wir der Beibehaltung
der polnischen Sprache, als derjenigen, welcher die Mehrzahl
ihrer Bewohner angehört, widmen, ohne daß Wir aber dem
Gebrauche dieser Sprache in öffentlichen Verhandlungen da=
durch mehr einzuräumen gesonnen sind, als der Mutter=
sprache eines Unsern Staaten einverleibten Volksstammes,
im Gegensatze zu der Landessprache, gebührt. Die Anstellung
eines der polnischen Sprache unkundigen Rathes bei einem
dortigen Landes=Collegium kann daher auch kein Gegenstand
der Beschwerde seyn, da den Einsprüchen der Einwohner
polnischer Abkunft vollkommen genügt ist, wenn es nur
überhaupt nicht an Beamten fehlt, welche der polnischen
Sprache kundig sind, und den Gebrauch dieser Sprache neben
der deutschen in allen Geschäftsverhandlungen sichern."

Als ein Zeichen der Zeit mag folgendes Gedicht des
Herrn von Stägmann, eines ausgezeichneten preußischen

Staatsmanns und Dichters, nicht unbeachtet bleiben. Er rief dem Kaiser Nikolaus zu:

Wirf Staub in Staub! Dieß Namengeschmeide wirf
Vom Ueberfluß demantener Kronen weg,
Und erzumgürtet banne Polens
Nacket Gespenst in die starre Kluft ein,
Worin, dem Molch im todten Basalte gleich,
Die Fabelwelt vergeß'ner Barbaren schläft,
Und bei dem Schall der Kriegstrompete,
Schreib in den Flammen des Schwerts die Antwort.
Zerspringen sollt', o Schand'! an dem Pöbelschrei
Die Lanze Ruriks mitten im Siegeswurf?

— — — — — — — — —

Nur dich hinweg, deß lügender Schimmer Schmach
Der Krone zufügt, die dich verherrlichet!
Dich, Name Polens, falschen Demant,
Rotte der Meuterer letzter Tag aus!

Aus Oesterreich wurden die geflüchteten polnischen Officiere ungehindert nach Frankreich entlassen. Von den Gemeinen wurde nur bekannt, daß auf Verwendung Oesterreichs der russische Kaiser auch den Compromittirtesten im Mai 1832 eine vollständige Amnestie gewährt habe.

Im übrigen Deutschland nahm man die polnischen Flüchtlinge mit Enthusiasmus und wahrer Zärtlichkeit auf. Die aus Preußen und Oesterreich nach Frankreich Durchreisenden wurden gleichsam auf den Händen getragen. Ueberall beeiferten sich sogenannte Polencomités, sie mit Geld und allen Lebensbedürfnissen zu versorgen, und ihnen Ehrenfeste zu geben. Sie erließen daher am 7 März aus Be

sançon eine Dankadresse an die Deutschen: „Der
Zeitpunkt unserer Wanderung durch Deutschland ist zu denk=
würdig, der dort gefundene, zugleich herzliche und glänzende
Empfang unsern Herzen zu kostbar, als daß es uns nicht
zur süßen Pflicht gereichen sollte, Euch, edlen Bürgern, un=
sern zärtlichsten Dank zu wiederholen; bis einst eine ge=
wandtere Feder Eure freundschaftlichen Handlungen in Po=
lens Annalen verewigt. Ihr, die Ihr nichts verabsäumtet,
um unsere Leiden zu lindern, uns für unsere Opfer so viel
wie möglich zu entschädigen, und unsern Schmerz und unsere
Verbannung vergessen zu machen, Ihr werdet gewiß auf
ewig der Gegenstand unserer Erinnerung seyn. Feste, Con=
certe, Bälle, Abendgesellschaften, diese oft nur flüchtigen
Vergnügen erinnern jeden Polen an Genüsse, die um so
süßer sind, als sie ihm jenen unbeschreiblichen Zauber ge=
währten, den man genießt, wenn man im Unglücke seine
Brüder, seine Freunde, seine Tröster umarmt. Durch die
Hoffnung plötzlich wieder aufgerichtet, sah er Polens Hori=
zont sich von neuem aufhellen, als er so viele Deutsche er=
blickte, entschlossen, für die Freiheit zu sterben. Indem wir
die Herzlichkeit anerkennen, mit welcher die Bürger, und be=
sonders jene wackre, von der edelsten Begeisterung erglü=
hende Jugend in Deutschland uns aufnahmen, beeilen wir
uns, unsere besondere Huldigung Euch darzubringen, Ihr
trefflichen Frauen, Ihr Muster des schönen Geschlechts und
aller geselligen Tugenden. In Eurem anmuthigen und huld=
vollen Umgange vergaß der Pole seinen Kummer; in Euren
Tröstungen, in Euren Thränen des Mitleids wird er die
Wonne seiner Verbannung finden. Jeder von uns hat sein
Stammbuch mit den Verbindlichkeiten angefüllt, die er Euch

schuldet; indem er sie mit einer Art Verehrung überliesſt, fühlt aber jeder mehr, als er auszudrücken vermag. Wir können diese Darstellung unserer Erinnerungen nicht beendigen, ohne auch Euch, gaſtfreundliche Landbewohner, unſern innigſten Dank für Eure Theilnahme an unſerm Empfange zu erſtatten. Es gehört ein höherer Grad von Beredſamkeit dazu, um die Rührung zu ſchildern, die wir oft empfanden, als wir Euch mit Freuden Eure friedlichen Arbeiten verlaſſen ſahen, um arme Verbannte nicht zu verfehlen, und ihnen durch die aufrichtigſten Aeußerungen die Theilnahme an ihrem Geſchicke zu bezeugen. Alles — mit Einem Worte — hat in Deutſchland dazu beigetragen, unſere Pilgerſchaft angenehm und rührend zu machen, nicht zu gedenken der Unterſtützungen und Hülfsleiſtungen, die man uns anzubieten wetteiferte. Die in letzterer Abſicht gebildeten Ausſchüſſe haben ganz beſondern Anſpruch auf unſern Dank. Vor ſechs Monaten gezwungen, unſern heimiſchen Boden zu verlaſſen, das Herz voll Trauer und Verzweiflung, haben wir gleichſam in Deutſchland ein zweites Polen gefunden, und während der Autokrat des Nordens ſeine vorgeblichen Siege feiert, können die durch Mißgeſchick beſiegten, verbannten und unglücklichen Polen ſich des ſchönſten Sieges der Freiheit erfreuen. Die polniſchen Flüchtlinge."

In Hanau, wo die Polen mit beſonderer Feſtlichkeit empfangen worden waren, wo ihre Fahne neben der heſſiſchen auf den ſie tragenden Mainſchiffen prangte, entſtanden eben deßhalb Reibungen mit dem kurheſſiſchen Militair. Ein Officier von dem letztern, Lieutenant Niemeyer, mißhandelte den polniſchen Lieutenant Dewonski, ward aber von dieſem auf Piſtolen gefordert und im Duell erſchoſſen.

Am 5 Mai wurde der Pole, Herr von Tur, auf ruffi=
fche Requifition zu Göttingen verhaftet, und feine Papiere,
unter denen man Acten der Revolutionsregierung vermu=
thete, nach Rußland geschickt.

Am 2 Julius wurden alle Polen aus Kurheffen gewie=
fen, und ihnen der fernere Eintritt ins Land unterfagt. Am
3 Auguft machte die fächfifche Regierung bekannt, daß fie fich
durch ruffifche, öfterreichifche und preußifche Noten gezwung=
en fähe, nicht nur allen Polen den Aufenthalt in Sachfen
zu verfagen, fondern auch alle die Flüchtlinge, die etwa noch
aus Often anlangten, an der Gränze zurückzuweifen. Aehn=
liche Verbote gegen den Aufenthalt der Polen erfolgten in den
übrigen deutfchen Staaten. Selbft die Kranken, die fich zu
Wiesbaden aufhielten, wurden fortgewiefen.

In Frankreich glaubten die Polen ein ficheres und
freundliches Afyl zu finden, fahen fich aber gar bald getäufcht.
Man machte große Schwierigkeit, fie nach Paris zu laffen,
geftattete diefe Gunft nur ausnahmsweife, und verfetzte die
Maffe der Flüchtlinge theils in das ungaftliche karliftifche
Avignon, theils in die Sümpfe von Lunel, theils nach Algier.
Der Pole Jaffuski fchrieb aus Avignon im Februar: „Die
Regierung hat uns cafernirt, und gibt uns nur anderthalb
Pfund Brod und 3 Sous täglich auf den Mann, den Unter=
officieren 6 Sous nebft gleicher Ration Brod, und den Offi=
cieren 50 Sous; denn fie fagt, die Flüchtlinge feyen zu glei=
chem Sold wie das franzöfifche Heer nicht berechtigt. Wenn
dieß nicht anders wird, fo find wir genöthigt, nach America
zu gehen, wo die Regierung vielleicht mehr Mitgefühl für
unfer Unglück hat. Die Einwohner von Avignon lieben uns
nicht; wir können Abends nicht ausgehen, ohne von allen

Sei=

Seiten her mit einem Steinregen begrüßt zu werden. Ich bin 2c. Jafinski."

Ein Franzose schrieb in der Allg. Zeitung: „Bekanntlich hat unsere Regierung die ihnen ausgesetzte geringe Unterstützung noch verringert, so daß jetzt nicht mehr denn 15 Centimen oder 3 Sous für den Tag übrig bleiben, was für den ganzen Monat 4 Frkn. 50 Centimen macht. Wer nun weiß, was das Leben in unsern Gegenden kostet, der begreift, daß diese Unterstützung nicht hinreicht, um dem Manne nur für einen halben Tag Brod zum Sattessen zu verschaffen. Wären die Polenvereine in Besançon, Bourg, Avignon und die polnische Bazars-Societät in Lyon nicht, wo die Wohlthätigkeit der Privatpersonen viel an baarem Gelde, an Kleidungsstücken, Wäsche 2c. zusammenschießt, so würden die Armen sich kaum vor dem Hungertode sichern und übrigens kein einziges anderes Bedürfniß befriedigen können."

Schon am 20 Januar sagte Salverte in der Deputirtenkammer: „Im 18ten Jahrhunderte gab es einen König, dessen Botschafter am schlechtesten bezahlt waren und den alle Cabinette von Europa fürchteten. Der König hieß Friedrich. Ich frage, ob es durch die Diplomatie geschah, daß unsere Polizei sich so verfolgend gegen fremde Patrioten zeigt, die eine Freistätte in unserm Vaterlande gesucht haben. Ich frage, warum man von Paris, von der Hauptstadt Frankreichs, Männer entfernt, die unsere Herzen dahin berufen hatten, und hier spreche ich von den ehrenwerthesten Männern, von Herrn Niemojowski, den man gezwungen hat, Paris zu verlassen."

Niemojowski schrieb folgenden Brief an die Deputirten: „Es ist also entschieden, daß das Mitgefühl der Völker

keinen wirksamen Schutz gegen die heilige Allianz der Regie=
rungen bietet! Es gibt in Frankreich für die Verbannten
Polens keine Zuflucht mehr gegen den Despotismus der nor=
dischen Würger! Nach dreimonatlichem Verweilen in Paris
ist mir die Erlaubniß zum ferneren Aufenthalte von der
Polizeipräfectur, auf Befehl des Ministers des Innern und
Ministerpräsidenten, verweigert worden. Wenn das franzö=
sische Ministerium in seinem Verfahren gegen Polen conse=
quent bleiben will, so will auch ich meinem Gewissen nichts
schuldig bleiben, aber im entgegengesetzten Sinne. Für mei=
nen beharrlichen Widerstand gegen den Despotismus, dessen
Opfer mein Vaterland geworden, erleide ich jetzt die Strafe
der Verbannung; aber in meinem Vaterlande habe ich als
freier Mann für meine Rechte gekämpft, und das innige
Bewußtseyn, meine Pflicht erfüllt zu haben, tröstet mich für
die Leiden, die ich noch zu erdulden haben werde. In Frank=
reich wie in Polen jedem Parteigeiste fremd, kann ich dennoch
meine Grundsätze der Unabhängigkeit nicht verläugnen, und
mich nicht als Helote dem ministeriellen Despotismus unter=
werfen, gegen welchen ich keine andere Waffen besitze, als
die Freiheit zu protestiren, indem ich weder den Schutz der
Gesetze noch die Anerkennung des Gastrechts in Anspruch
nehmen kann. Da ich von der Regierung keine Geldunter=
stützung verlange, so würde man wahrscheinlich, wenn ich
mich an den Minister wendete, mir ausnahmsweise eine,
von einer ministeriellen Laune abhängende Aufenthalts=
erlaubniß ertheilen; allein als Landbote vermag ich meine
Sache von jener meiner Landsleute nicht zu trennen. Ich
werde also nun ein gastfreundlicheres Land aufsuchen, und
sage Frankreich Lebewohl, indem ich im Angesichte seiner

„Stellvertreter gegen eine Regierungsmaßregel protestire, deren Verantwortlichkeit die Nation gewiß nicht übernehmen
wird."

Als Perier darüber spottete, und die Polen in Frankreich beschuldigte, sie seyen unruhige Köpfe, erwiderte Mie-
mojowski in einem Briefe aus Brüssel, wohin er sich zurückgezogen hatte: „Im Julius verflossenen Jahrs wurde uns die
Abnahme von Geld, Munitionsvorräthen und sonstigen
Mitteln sehr fühlbar, deßhalb war es für uns von der größten Wichtigkeit, die Vereinigung von feindlichen Streitmas-
sen aus allen Kräften zu verhindern, und dem Gegner den
Uebergang über die Weichsel wo nicht ganz unmöglich zu machen, doch mindestens möglichst zu erschweren. In dieser
Lage der Sachen langte in Polen ein auf Kosten der französischen Regierung durch den Minister Sebastiani geschickter
Brief an, mit dem Rathe, den Kampf noch zwei Monate lang hinzuziehen, und deßhalb entschei-
dende Kriegswechselfälle zu vermeiden. Der Ge-
neralissimus der polnischen Armee, dessen Gewalt in strate-
gischer Hinsicht unbeschränkt war, befolgte diesen Rath, welchen der französische Gesandte in Berlin im Monat August
wiederholte; unser späteres Schicksal war die Folge dieser
Insinuation! Und wie handelt nun dasselbe Frankreich gegen
uns? Kein französisches Gesetz beraubt die in Frankreich
Schutz suchenden Polen ihrer persönlichen Freiheit; und doch
wurde auf ministerielle Befehle Polen, die keine Unterstützung fordern, der Aufenthalt in Paris untersagt, und ihnen
Chateauroux zum Aufenthalte oder eigentlich zum Verban-
nungsorte angewiesen. Es war nicht zu befürchten, wenn
es auch der Minister zu besorgen vorgab, daß die Bevölkerung

von Paris um 10,000 Polen vermehrt werden sollte; in ganz Frankreich befinden sich bis jetzt kaum 2000 von ihnen, und diejenigen, welche Unterstützung von der Regierung erhalten, verlangten nicht nach der Hauptstadt zu kommen. Die Behauptung, als würden falsche Officierspatente vorgezeigt, ist rein verleumderisch. Die Dienstentlassungen können in vielen Fällen um einen Grad höher gestellt worden seyn, als Lohn für überstandene Anstrengung und dargebrachte Opfer: nicht aber um höhere Unterstützung in Frankreich zu erlangen. Wie kann Männern, die ihr Alles für das Vaterland aufgeopfert, die zum Theil Millionen verloren haben, wie kann diesen die jämmerliche Absicht untergeschoben werden, sich falsche Zeugnisse ausstellen zu lassen, um in Frankreich auf höhere Unterstützung rechnen zu können? Die von dem französischen Ministerium gemachte Unterscheidung zwischen den polnischen Officieren, die vor, und denen, die nach dem Falle von Warschau zu höhern Graden befördert wurden, ist ganz im Geiste der Petersburgischen Amnestie-Ukase. Denen, die in dem letzten, schwersten Augenblicke noch aushielten, wird dieser Muth zu einer Art Verbrechen gemacht. Einige Polen, wird endlich behauptet, hätten sich Beleidigungen des Königs und seiner Regierung zu Schulden kommen lassen; möge die Schuldigen die gesetzliche Folge ihrer strafbaren Handlungsweise treffen; werden aber von keinem Beweise unterstützte Anschuldigungen gegen Menschen, die sich nicht rechtfertigen können, gerichtet, dann wird gegen Rücksichten gehandelt, welche das Unglück gebietet.“ Odilon-Barrot sagte damals in der Deputirtenkammer: „Es ist notorisch, daß selbst Generale, selbst höhere Officiere, deren Namen europäisch geworden sind, deren Namen durch den edelsten Enthufiasm und die ausgedehntesten Opfer für ihre Meinungen und ihre Grundsätze geweiht sind, es ist notorisch, sage ich, daß diese Männer, die reinsten unter allen reinen, unter eine Art von Proscription gestellt wurden. Man hat diesen Männern das verweigert, was man keinem Fremden abschlägt, man hat ihnen Pässe nach Paris verweigert. Sie haben sie verlangt, und nachdem man sie ihnen abgeschlagen, mußten sie ohne Pässe nach Paris reisen, und sich gewißermaßen dem Nationalschutze gegen die Verfolgungen der Polizei anver= trauen. Mit diesen Verfolgungen hatten sie auf gastfreund= lichem Boden zu kämpfen. Ueber diesen Punkt nun haben wir verschiedene Ansichten, allerdings kann man Maßregeln der Aufsicht und Mittel der Klugheit anwenden; aber diese Pflichten nehmen den Charakter der Lage an, in der man sich befindet, und sind je nach den Gefühlen, die man empfindet, verschieden. Wenn man eine lebhafte und tiefe Sympathie empfindet, so vollzieht man seine Pflicht mit Schonung und Maaß; wenn aber alle Sympathie aus dem Herzen der Re= gierenden entflohen ist, so wird die Aufsicht zur Härte und Plackerei, und alsdann entehrt sie das Land."

Am 9 April nahm die Deputirtenkammer ein Gesetz an, welches der Regierung gestattete, mit den Fremden nach Willkür zu verfahren. Daher protestirte das polnische Na= tionalcomité, das sich in Paris zur Unterstützung der polni= schen Flüchtlinge constituirt hatte: „Jetzt berufen wir uns auf die feierlichen Versprechungen derselben Deputirtenkam= mer, die versichert hat, „daß die polnische Nationalität nicht untergehen werde." Was hat sie aus dieser Nationalität gemacht? Sie hat die Existenz unserer eigenthümlichen Rechte nicht beschützt, und verweigert den Flüchtlingen den Schutz der französischen Gesetze. Die Deputirtenkammer hat aber entschieden, daß ein Pole Frankreich zur Last sey, in diesem Falle sollten demnach die Flüchtlinge es unverzüglich verlassen, und sie würden dieß auch ohne Bedenken thun, wenn tief gewurzelte Erinnerungen nicht Polen an das französische Volk knüpften, und wenn nicht so viele neue Beweise brüder= licher Sympathie unwidersprechlich den großen Unterschied zeigten, der zwischen den Regierungen und den Regierten vorhanden ist. Das Nationalcomité sieht, in schmerzhafter Erwägung der Gesinnung seiner Landsleute, den Augenblick voraus, wo sie Frankreich verlassen werden, jenes Frankreich, das ihr Herz als ihr zweites Vaterland betrachtete. Das polnische Comité sieht, wir wiederholen es, voraus, daß die polnischen Flüchtlinge sich bei der ersten Gelegenheit entfer= nen werden. Bevor noch dieser Augenblick eintritt, wollen wir allen denen unter den Deputirten, die durch ihre Stim= men das fragliche Gesetz zurückgewiesen, und allen denen, die, unter welcher Form dieß auch geschehen seyn mag, einer sol= chen Entscheidung ihre edle Entrüstung weihen, unsern Dank bezeugen.“

Am 14 April protestirte dasselbe Comité gegen das von Rußland dictirte polnische Statut: „Die Eisenfaust gefällt sich darin, die zu martern, die sie zu Boden geworfen hat; mit unermüdlicher Wuth werden immer neue Opfer aus dem Schooße der Familie gerissen, um sie zum Joche der Sklaverei zuzurichten. Da, wo vor kurzem noch der Freiheit freudige Rufe ertönten, wo Nationalgesänge erschallten, herrscht jetzt eine Grabesstille, nur durch die Schmerzenstöne der un= glücklichen Opfer und das Klirren ihrer Ketten unterbrochen. Auf dem der Sklaverei geweihten Boden wagt keine Stimme sich zu erheben. Daher ist es an dem Nationalcomité, das geschützter steht vor der russischen Verfolgung und mit zerrissenem Herzen die Verletzung aller Humanität sieht, die Rache des Allmächtigen anzurufen; an uns ist es, laut gegen die neuen Gewaltthaten zu protestiren, und alle unsere über die Länder Europens zerstreuten Mitbürger einzuladen, ihre Stimmen mit den unsern zu verbinden. Paris den 14 April. Der Präsident des poln. Nationalcomité's. J. Lelewel; L. Chodzko; A. Przeciszewski; A. Hlusniewicz; E. Rykaczewski; J. Zaliwski; M. Hube; B. Pietkiewicz.''

Dergleichen Protestationen erregten das Mißfallen der französischen Regierung, und in den ersten Tagen des Julius wurde Lelewel und alle Mitglieder des Comité's (wie es hieß auf russische Requisition) aus dem französischen Gebiete verwiesen. Unmittelbar vorher hatte dasselbe Comité kräftig gegen die Verpflanzung der Polen nach Algier protestirt, die jetzt ins Werk gesetzt wurde. Die aus Danzig auf Schiffen ankommenden Polen erhielten Befehl, sich unmittelbar nach Algier zu begeben. Am 25 September wurden 600 Polen in Toulon nach Algier eingeschifft.

In England hielten sich nur wenige polnische Flüchtlinge auf. Die Nation nahm warmen Antheil an ihnen. Man rühmte ihre Rechtlichkeit. Die Times schrieben im März: „Zur ewigen Ehre der Polen muß es gesagt seyn, daß sie, während ihre Tapferkeit und ihr Patriotismus in ihrem unsterblichen Kampfe ganz Europa in Erstaunen setzte, durch ihre edle Uneigennützigkeit nicht minder Bewunderung erregten. Sie verließen sich durchaus nur auf ihre eigenen so beschränkten Hülfsquellen, und verlangten keine Hülfe von andern Nationen, bis sie sich in einer Lage glaubten, ihre

Verbindlichkeiten mit Intereſſe zurückzuzahlen. Eine Depu=
tation ward nach Paris und London geſendet, um eine An=
leihe zu unterhandeln; ehe aber die Operation zu einer be=
deutenden Ausdehnung gediehen war, fiel Warſchau. Die
financielle Operation wurde von den hochherzigen Männern,
die ſie beauffſichtigt hatten, ſogleich eingeſtellt, die vorgeſchoſ=
ſenen Fonds zurückgegeben, und Graf Jelſki kündigt jetzt
an, daß wenn irgend eine Summe noch unbezahlt iſt, der
Unterzeichner ſie durch den Bankier, in deſſen Hände er das
Geld niedergelegt hat, zurücknehmen kann. Welch ein Con=
traſt gegen diejenigen Staaten, die aus ihrem Widerſtande
gegen die Tyrannei einen Vorwand nahmen, ihre Freunde
zu berauben, welche die Bettelbüchſe in ganz Europa umher=
ſandten, um für ihren Patriotismus Almoſen zu verlangen,
welche ihre Erfolge benützten, um ſich Credit auf der Stock=
börſe zu verſchaffen, und jeden Sieg und jede Niederlage
zu ſo und ſo viel Procent berechneten.‟

Ueber das polniſche Statut äußerten ſich die Times:
„Schwer iſt es, bei ſolcher Kunde die Gefühle des Unwillens
zurückzuhalten, aber noch ſchwerer, zu ſagen, ob die liberalen
Regierungen Europa's ſich dabei mehr gedemüthigt oder mehr
beleidigt fühlen werden. Alle Welt wird ſich erinnern, daß
inmitten der Tumulte, welche der Fall von Warſchau in Pa=
ris hervorrief, die franzöſiſchen Miniſter vor die Deputirten=
kammer traten, in der Hand eine Reihe Documente, die,
wie ſie glaubten, ſie nicht nur jedes Vorwurfs eines ſtraf=
baren Geſchehenlaſſens entheben, ſondern ihnen auch die dan=
kende Anerkennung der Freunde Polens verſchaffen ſollten.
Sie hatten das ganze Gewicht ihres diplomatiſchen Einfluſſes
in die Wagſchale der Polen gelegt, und feierliche Garantien

zu ihren Gunsten erlangt. Der französische Botschafter in
St. Petersburg schrieb seiner Regierung, der Kaiser habe
ihm die Zusicherung gegeben, welches auch das Resultat des
Krieges seyn möge, so werde Polens Unabhängigkeit und Nationalität den Verträgen gemäß aufrecht erhalten werden.
Dieselben Versicherungen wurden von dem Kaiser seinem königlichen Schwiegersohn in Berlin gesandt, und durch dessen
Mund dem französischen Botschafter am preußischen Hofe
wiederholt. Bei beiden Gelegenheiten berief sich der Kaiser
feierlich auf Gott den Allmächtigen. Lord Palmerston hat
zwar dem Hause der Gemeinen keine Depeschen über Polen
vorgelegt, aber dennoch zweifeln wir nicht, daß auch er ähnliche Versicherungen von St. Petersburg vorweisen könnte,
wie die, welche Graf Sebastiani in der Deputirtenkammer
vorlas. Und doch ist nun der Vertrag von Wien, durch welchen Kaiser Alexander Polen erhielt, offen verletzt, und die
wiederholten Betheurungen, daß dessen Stipulationen un-
verletzlich geachtet werden sollen, durch einen kaiserlichen
Ukas vernichtet. Der edelste Theil des großen Volkes ist
verbannt und in alle Länder zerstreut, und kann den Boden, auf dem der Thron eines fremden Eroberers aufgerichtet steht, nicht mehr als Vaterland betrachten. Die, welche
blieben, haben keine Armee mehr, keine Civilregierung, keinen gesetzgebenden Reichstag, keine Nationalfarben, keine
abgesonderte Verwaltung, keinen Schatz, keine eingebornen
Richter, keine Freiheit der Rede und Schrift — wer ist mehr
zu bedauern, die verbannten oder die zu Hause gebliebenen
Polen? Der Kaiser hat die Confiscation abgeschafft, ausgenommen für hohe politische Vergehen — d. h. er hat sie beibehalten für alle Fälle, in denen er sie dienlich findet. Hat

er den Fürsten Czartoryski geschont? Hat er die Güter ir=
gend eines edeln Polen, die jetzt in Verbannung leben, zu=
rückgegeben? Die russische Regierung hat den civilisirten
Nationen Europa's eine weitere Lehre über den Geist gege=
ben, der sie beseelt."

In dem Augenblick, da das Ministerium Grey durch die
Tories gestürzt werden sollte, sagte der englische Courier:
„Welch ewige Schmach liegt auf der Regierung Englands,
auf dem ganzen brittischen Volke, daß sie es unterließen, zu
rechter Zeit darauf zu denken, den tapfern, unglücklichen
Polen die jahrtausendalte Nationalität zu sichern? Kann
irgend ein Mitglied der Regierung, ja kann irgend ein
Mensch in den drei Königreichen sagen, es sey nicht öffent=
lich und privatim, in= und außerhalb des Parlaments, in
den Journalen und in aller Welt eine Sprache geführt wor=
den, die geeignet war, das Publicum glauben zu machen, die
Nationalität Polens werde geachtet werden, und das Beneh=
men des Kaisers voll Edelsinn und Großmuth seyn? — Ge=
rechter Gott! ist es dahin gekommen, daß der Souverän
eines halbbarbarischen Landes lachen kann über die Ehre und
Würde des brittischen Namens? Besteht die ganze Achtung
der Verwendungen der brittischen Regierung zu Gunsten
eines hochherzigen Volkes in eiteln Versprechungen und
nichtssagenden Declarationen? Und werden wir fromm und
zahm eine der größten Beleidigungen hinnehmen, die je der
Regierung und dem Lande angethan wurden? War dieß
der Preis, um den wir den nordischen Autokraten mit der
belgischen Frage versöhnten? Und erhalten wir als Dank
für alle unsere Concessionen nichts als stolze, unverschleierte
Verhöhnung unserer Macht, bestimmt, die Welt zu überzeu=

gen, daß die Tage brittischen Einflusses für immer vorüber
sind? Vielleicht wird man uns selbst jetzt noch von den groß=
müthigen Absichten des Kaisers von Rußland vorschwatzen.
Bemüht euch nicht, dieß ist zu abgenützt. Alle Welt weiß
jetzt nicht nur, daß wir vergebens vor Rußland zum Kreuze
krochen, sondern daß dieses auch zu der Täuschung die Insulte
fügt, und daß in diesem Augenblicke ein russischer Botschaf=
ter mit Instructionen in London ist, die Regierung über die
belgische Frage zu cajoliren, die Ratification des Vertrags
aber zurückzuhalten, bis die Reformbill angenommen oder
verworfen ist, wo dann der Kaiser bei einer Veränderung
der Regierung sich von ihr ganz losmachen könnte."

Am 8 Mai erhob sich Cutlar Fergusson im Parla=
ment zu Gunsten der Polen: „Alle Großmächte Europa's
nahmen Theil an dem Wiener Vertrage, und über allen
Begriff schmachvoll wäre es für sie, wenn sie still und zahm
sich dem schreienden Eingriffe unterwärfen, den kürzlich Kai=
ser Nikolaus in die Artikel jenes Vertrags machte. Nicht
bloß für die bei der Theilung Polens unmittelbar interessir=
ten Mächte ist der Vertrag von Wichtigkeit. Jede Nation,
die vor der großen, ungeheuren, überwältigenden Macht
Rußlands steht, hat Ursache, über das Vorschreiten jener
Macht mit eifersüchtigem Auge zu wachen. Ich glaube, Kai=
ser Alexander war aufrichtig, als er den Wunsch ausdrückte,
in Polen freie Institutionen wieder herzustellen, wenigstens
publicirte er kurz nach dem Wiener Congresse einen durchaus
freisinnigen und liberalen Entwurf eines constitutionellen
Systems für Polen. Unglücklicherweise siegten dunkle Räthe
über ein besseres Gemüth, und in einem unseligen Augen=
blicke sandte er einen Prinzen nach Polen, dessen grausamer

Druck die Ursache der furchtbaren Leiden ward, die über die=
ses heldenmüthige Volk kamen. Es gab keine Insulte, keine
Entwürdigung, mit der er, Recht und Verfassung mit Füßen
tretend, die Edeln Warschau's nicht heimsuchte. — Seine
Grausamkeit und Tyrannei übertrafen das Maaß, das Men=
schen erdulden können, und den unglücklichen Polen blieb kein
anderer Ausweg, ihren Klagen Recht zu verschaffen, als be=
waffnete Erhebung. Die Constitution, die Polen an Ruß=
land geknüpft, die Constitution, deren Beobachtung und Auf=
rechthaltung der Kaiser mit heiligem Eide gelobt hatte, war
rücksichtslos verletzt. Sie garantirte die Freiheit der Person
und die Freiheit der Presse; sie bestimmte, daß der Reichs=
tag in kurzen Zwischenräumen berufen werden müßte, und
daß die Abgaben bloß nach Bewilligung der Repräsentanten
des Volks erhoben werden dürften; ja so sehr ward darin die
Nationalität respectirt, daß kein Russe eine öffentliche Stelle
in Polen erhalten, und keinem russischen Heere erlaubt wer=
den sollte, im Lande zu liegen, oder auch nur, außer auf
Rußlands Kosten, durch dasselbe zu ziehen. Nicht Eine die=
ser Bestimmuungen ward gehalten; sie alle wurden aufs
offenste und gröblichste verletzt. So streng ward die Freiheit
der Person von der Charte geachtet, daß kein Pole auf irgend
eine Anschuldigung hin drei Tage verhaftet bleiben durfte,
ohne vor seinen ordentlichen Richter gestellt zu werden, und
wenn vor diesem kein zureichender Grund der Verhaftnahme
sich ergäbe, solle er augenblicklich wieder in Freiheit gesetzt
werden. Aber unbekümmert darum, schickte der Großfürst
die berühmtesten Polen in Kerker und Festungen, und zwang
die achtungswerthesten Bürger Warschau's, mit geschornem
Kopfe und im Verbrecherkleide die öffentlichen Straßen zu

kehren. Gleich wenig ward die Freiheit der Presse geachtet; kaum bestand sie Einen Tag; nicht einmal für die Verhandlungen des Reichstags, deren Oeffentlichkeit besonders garantirt war, wurde sie erlaubt. Schon dieses Eine war so gut als eine Vernichtung der ganzen polnischen Unabhängigkeit, denn selbst hier, auf brittischem Boden, würden die Freiheiten des Landes vernichtet, wenn es gelänge, das Haus der Gemeinen ein Jahr lang zu schließen. Die wiederholten Verletzungen der polnischen Verfassung rechtfertigten die Insurrection; aber war Rußland durch diese Insurrection auch berechtigt, nach ihrer Unterdrückung die ganze Unabhängigkeit Polens zu vernichten? Mit eben so viel Recht hätten wir nach der Rebellion Irlands dasselbe seiner Privilegien berauben, oder Schottland zur Provinz machen können, weil es dem Unternehmen des Prätendenten, der den König auf seinem Throne zittern machte, Beistand leistete. Durch das russische Manifest ward jedes Privilegium, das die Polen besaßen, jedes, das ihnen auch nur den kleinsten Anspruch auf den Namen einer unabhängigen Nation geben könnte, hinweggeschwemmt. Jede Macht, die Theil hat an dem Wiener Vertrage, ist nun verpflichtet, vorzutreten, und im Namen Europa's den schirmenden Schild über Polen zu halten. Warm schlagen die Herzen Frankreichs für das unglückliche Volk, und aus allen Ländern Europa's blicken die Freunde der Freiheit, Schutz erwartend, auf Frankreich und England. Ich hoffe, die Zeit wird kommen, wo ihre Hoffnung in Erfüllung geht. Bleiben Frankreich und England vereinigt in Aufrechthaltung freisinniger Institutionen, so wird Europa's Unabhängigkeit sicher bleiben vor jedem Angriffe, komme er, woher er wolle. In tiefster Seele beklage ich, daß einige

europäische Mächte, die ich nicht mit Namen nennen will,
von einer Art Schrecken über die wachsende Macht Rußlands
berührt sind. Aengstlich vermieden sie jeden Schein von
Feindseligkeit gegen Rußland, während diese Macht, weit
entfernt, jene Schüchternheit nachzuahmen, stolz und kühn
ihre Absicht an den Tag legte, den Krieg zu beginnen, so
wie sie ihn ihren Zwecken gemäß finde. Endlich ist es Zeit,
dieser Politik Schranken zu setzen. Als der König der Franzosen in feierlicher Thronrede erklärte, Polens Nationalität
werde nicht verletzt werden, würde da irgend jemand geglaubt
haben, daß man Rußland gestatten würde, mit dem Federzuge eines Manifestes die Unabhängigkeit einer Nation zu
zerstören, der tapfersten unter den tapfern? Ist es nicht
genug, daß das unglückliche Polen ein halbes Jahrhundert
lang das Opfer der Verschwörung der Großmächte war?
Wohin soll das tapfere Volk um Theilnahme blicken, wenn
nicht auf das freie Frankreich, auf das freie England? Die
Kammer der Deputirten Frankreichs hallte die Worte wider,
die der Monarch ausgesprochen hatte, und ich hoffe, Frankreich wird sich nicht so tief entwürdigen, jene Erklärung zu-
rückzunehmen und das unglückliche Polen der Gewalt, der
Willkür seiner Unterdrücker preiszugeben. Thut es aber
Schritte für Polen, so hoffe ich, England wird seinem Beispiele folgen. Man hat viel geschwatzt von der Milde des
Kaisers; wie hat er diese Milde bewiesen? Wie? Indem
er Tausende der Tapfern, die den Versprechungen von Gnade
und Verzeihung vertrauten, nach dem unwirthlichen Himmel
von Sibirien schickte. Derselbe milde Kaiser gab Befehl,
den Rest des polnischen Heeres, der sich dem Autokraten noch
nicht unterworfen hatte, auszurotten. Er befahl einem sei-

ner Werkzeuge, alle gewöhnlichen Rechtsformen bei Seite
zu setzen, und alle, die er für strafbar halte, auf der Stelle
richten zu laffen. So viel von der Milde des Kaifers! Eng=
land war verpflichtet, feierlich gegen solches Beginnen zu
protestiren. Was wir in Griechenland, was wir in Belgien
thaten, warum wandten wir es nicht auch auf das noch un=
glücklichere Polen an? Unter dem Schutze des Schreckens,
den es andern Ländern einzuftößen wußte, durfte Rußland
sein System verfolgen. Nach allen Seiten wirft es seine
gierigen Augen; möge England sorgen, daß es nicht auch
auf Jndien blicke. Es hat ein starkes Gelüfte darnach, und
oft schon hörte man einflußreiche ruffische Große sagen, daß
Rußland mit den indischen Angelegenheiten so gut fertig
werden könnte als England.''

Die polnischen Flüchtlinge selbst erließen unterm 29 Mai
eine Bittschrift an das Unterhaus, allein sie hatte so wenig
Folge, als die bis zur Wuth gesteigerten Klagen der Parla=
mentsglieder selbst. Das Ministerium gab ausweichende
Antworten, und die Sendung des Lords Durham nach St.
Petersburg, die im erften Theile dieses Jahrgangs ausführ=
lich geschildert wurde, bezweckte nicht Vorwürfe, sondern
Versöhnung.

Fürst Adam Czartoryski, der sich in London aufhielt,
erfuhr von Seite der hohen Aristokratie Beleidigungen. Die
Times schrieben im April: „Der Fürst kam nach den letzten
unglücklichen Ereigniffen, die auch ihm sein fürstliches Ver=
mögen kofteten, nach England, und höffte natürlich willkom=
men geheißen zu werden von seinen alten englischen Freun=
den, von denen viele in früherer Zeit seine glänzende Gaft=
freundschaft genoffen hatten. Er war sonst der vertraute

Besucher der Coterien einer fashionablen und politischen
Gräfin, deren Held jetzt der Herzog von Wellington ist, die
Opposition gegen ihre ci-devant Freunde. Er traf sie in
demselben Cirkel, und nicht ahnend, daß eine schöne Frau
durch Parteiwechsel in ein politisches Mannweib umgewan=
delt werden könne, näherte er sich, um ihr seine Achtung zu
bezeugen, wie es einem alten und wohlerzogenen Bekannten
zukam. Die stolze Gräfin that, als kennte sie ihn nicht;
der Fürst aber, der wirklich glaubte, sie erinnere sich seiner
nicht mehr, wiederholte die Begrüßung, beifügend: Madame
la Comtesse ne me reconnaît pas; assurement elle ne
veut pas me renier; aber Madame la Comtesse vergaß sich
so gänzlich, daß sie ihm unwillig den Rücken zukehrte, mit
dem Ausrufe: Je n'aime pas les revoltés. — Guter Gott!
und um einer solchen Aristokratie willen unterdrückt man die
Demokratie und enthält den Britten ihre Rechte vor!"

Die Nordamericaner, noch eingedenk des tapfern
Kosciusko, der einst für ihre Unabhängigkeit gestritten, lei=
steten den Polen einige Geldhülfe. Es bildete sich in Paris
ein americanisch=polnisches Comité, an dessen Spitze der Ame=
ricaner Dr. Howe stand. Derselbe begab sich zu Anfang
des Jahres 1832 nach Preußen, erhielt jedoch nur Erlaubniß,
die dort zurückgehaltenen Polen mit Kleidern und Wäsche
zu unterstützen. Da er sich die Freiheit herausnahm, auch
Geld unter sie auszutheilen, ward er von Marienburg mit
Gendarmen nach Berlin transportirt, dort eingesperrt und
seine Papiere mit Beschlag belegt. Man ließ ihn zwar bald
wieder frei und schickte ihn unter Escorte nach Frankreich,
die Summen aber, die er in Elbing zurückgelassen hatte, um
sie unter die Polen auszutheilen, wurden mit Beschlag belegt.

Auch

A. CZARTORYSKI.

Auch der Papst endlich mischte sich in die polnische Angelegenheit, sofern Polen größtentheils katholisch war. Im
Julius erließ er an die polnischen Bischöfe ein Breve,
aus dem wir folgendes mittheilen: „Aus der höchst verderblichen Quelle des Indifferentismus fließt der abge-
schmackte und irrige Lehrsatz, oder vielmehr der Wahnwitz,
daß einem jeden Gewissensfreiheit zugestanden und gewährt
werden müsse. Zu diesem höchst verderblichen Irrthume
nämlich bahnt jene völlige und schrankenlose Freiheit der
Meinungen den Weg, welche zum Verderben der Kirche und
des Staates weit um sich greift, wobei einige noch mit
größter Unverschämtheit behaupten, daß für die Religion
hieraus einiger Vortheil erwachse. Daher kommen die Um-
wandlungen der Gemüther, daher das Verderbniß der Jugend, daher im Volke die Verachtung des Gottesdienstes,
der heiligsten Dinge und Gesetze, daher, mit Einem Worte,
die Pest des gemeinen Wesens, die gefährlicher ist als jede
andere, da, nach dem Zeugnisse der Erfahrung, von den ältesten Zeiten her bekannt ist, daß Staaten, welche durch
Reichthum, Macht und Ruhm geblüht haben, durch dieses
einzige Uebel, durch die schrankenlose Freiheit der Meinungen, durch die Freiheit der Rede und durch die Sucht nach
Neuerungen zu Grunde gegangen sind. Dahin gehört die
so verderbliche, nie genug zu verwünschende und abscheuliche
Freiheit der Presse zur Verbreitung aller nur erdenklichen
Schriften unter das Volk, welche nichts desto weniger viele
mit so großem Geschrei zu fordern und zu befördern wagen.
Es schaudert uns, ehrwürdige Brüder, wenn wir sehen, mit
welchen Ungeheuern von Lehren, oder besser mit welchen
Mißgeburten von Irrthümern wir überladen werden, die

allenthalben weit und breit ausgestreut werden in einer
außerordentlichen Menge von Büchern, Flugschriften und
Journalen, die zwar dem Umfange nach klein, aber wegen
ihrer Bösartigkeit sehr groß sind, aus welchen, wie wir bit=
terlich beweinen, der Fluch über das Angesicht des Erdreichs
ausgegangen ist."

In Betreff der polnischen Revolution heißt es sodann:
„Jedermann, sagt der Apostel, sey der herrschenden Gewalt
unterthänig, denn es gibt keine Gewalt außer von Gott;
die bestehenden Gewalten aber sind von Gott eingesetzt.
Darum, wer sich der Gewalt widersetzt, der widersetzt sich
Gottes Geboten. Darum muß man sich unterwerfen, nicht
bloß um des Zorns, sondern um des Gewissens willen (Epi=
stel des heil. Paulus an die Römer). Der heilige Apostel
Petrus lehrt gleichmäßig: Seyd unterthänig jeder menschli=
chen Gewalt um Gottes willen, dem Kaiser als dem ober=
sten Herrscher, dem Fürsten als dem von ihm Gesandten.
Denn also ist der Befehl Gottes an die Rechtschaffenen, um
die Thorheit der Unverständigen zu zähmen (erste Epistel
des Apostel Petrus, zweites Capitel). Die Christen der ur=
sprünglichen Kirche waren diesen Grundsätzen bis zu dem
Grade getreu, daß sie selbst mitten unter den Schrecken der
Verfolgung den römischen Kaisern dienten, und so den Ruhm
des Reichs beförderten."

Ehe wir diesen Jahresbericht über Polen schließen, müs=
sen wir noch einige Berichtigungen des letzten Jahresberichts
anfügen.

Der im Jahrgange 1831 Theil 2 Seite 108 erwähnte
General Rozycki ist nicht mit dem Volhynier, Oberst Ro=
zycki, der den kühnen Zug aus Volhynien nach Warschau

unternahm, identisch,' sondern ein anderer. Jener Oberst
diente aber unter ihm und verließ mit ihm, nach der un=
glücklichen Katastrophe vor Krakau, den polnischen Boden.
Beide haben Memoiren geschrieben, der General einen Re=
chenschaftsbericht über seine Wirksamkeit, der Oberst Erinne=
rungen.

Sodann ist der Name des in demselben Theile S. 115
erwähnten tapfern polnischen Artillerieofficiers, der die ihm
anvertraute Schanze bei Wola in die Luft sprengte, nicht
Gordon, sondern Ordon. Der größte Dichter unserer Tage,
Mickiewicz, hat diesem Helden eines seiner schönsten Ge=
dichte gewidmet.

3.
Rußland.

Die Politik Ludwig Philipps und des Grafen Grey
war Ursache, daß die Folgen der Juliusrevolution ,weit ent=
fernt, die russische Macht zu bedrohen, sie vielmehr befe=
stigten und in ihrem raschen Wachsthum förderten. Was
nicht gegen Rußland geschah, mußte nothwendig für Ruß=
land geschehen. Rußland erntete in reichlichem Maaße die
Früchte seiner Consequenz, seiner Entschiedenheit. Man
kann hier nicht bloß von Glück sprechen, Rußland machte
sich sein Glück selbst. Es zeigte Charakter, wo seine politi=
schen Rivalen keinen zeigten. Es handelte, wo seine Riva=
len höchstens unterhandelten. Es unterwarf sich 1829 die
Türkei und 1851 Polen, ohne sich um die schwachen diplo=
matischen Demonstrationen seiner Rivalen zu bekümmern.

Es schwebte einige Augenblicke in Gefahr, aber es ließ keine Furcht, kein Schwanken blicken, und hatte die Genugthuung, zu erleben, daß seine Rivalen diese Augenblicke ungenützt vorübergehen ließen, und weder den Türken, noch den Polen beistanden. Endlich übertraf Rußland seine Rivalen weit an Benehmen, denn es kam, sah, siegte, und riß alle Vortheile an sich in der Stille und ohne Ruhmredigkeit, während seine Rivalen alles geschehen ließen, nichts thaten und doch unaufhörlich prahlten.

Die Juliusrevolution mit ihren Folgen war aber hauptsächlich insofern ein günstiges Ereigniß für Rußland, als es die Aufmerksamkeit Oesterreichs und Preußens vom Orient ablenkte und im Westen beschäftigte. Auch verstand es Rußland mit gewohnter diplomatischer Meisterschaft, das Schreckbild der revolutionären Propaganda überall vorzuschieben, und zu einer ihm vortheilhaften Diversion zu benützen, ja es verstand mit eben diesem Schreckbilde den König der Franzosen selbst einzuschüchtern, und so seltsam hatten sich die Verhältnisse verkehrt, daß es nicht Rußland war, das durch diese Drohungen des revolutionären Geistes geschreckt wurde, sondern das damit schreckte.

Rußlands Benehmen in der polnischen, türkischen, griechischen und belgischen Sache ist in der Geschichte derselben erzählt. Aus dem innern Rußland verlautete, wie gewöhnlich, nicht viel. Am 12 Januar verlieh Kaiser Nikolaus der Armee, welche Warschau erstürmt hatte, eine besondere Medaille, und allen Russen, die an dem polnischen Kriege überhaupt Theil genommen, ein Ehrenzeichen. Manche Schwärmer gingen so weit, darin eine Anerkennung der polnischen Nationalität finden zu wollen, denn nicht nach

Bürgerkriegen, sondern nur nach Besiegung Fremder pflege
man Orden auszutheilen. Ein Rescript vom nächstfolgen-
den Tage (13 Januar) betraf die russischen Adelswahlen.
Der Kaiser erließ dasselbe an den Staatssecretair Nowossil-
zow: „Aus den mir eingesandten Berichten ersehe ich mit
Leidwesen, daß die Adelswahlen nicht immer den Erwartungen der Regierung entsprechen. Der achtbarste Theil des
Adels entzieht sich entweder dem Dienste, oder nimmt an
den Wahlen gar nicht Theil, oder gibt seine Stimme Leuten,
denen zur Erfüllung der ihnen auferlegten Pflichten die erforderlichen Eigenschaften durchaus fehlen. Daher kommt
es, daß die in den Gerichten angestellten Beamten nicht
immer der Gesetze durchaus kundig sind, daß im Polizei-
wesen sich manche Mißbräuche eingeschlichen haben, daß bei
den Abgaben sich die Rückstände anhäufen und in den Unter-
suchungs- und Criminalsachen Unordnungen, Undeutlichkei-
ten und Versäumnisse bemerkt werden, welche den obern
Instanzen das Urtheil nach den Worten des Gesetzes sehr
erschweren. In Meinem Manifeste vom 6 (18) December
des letztverflossenen Jahres, mit welchem zugleich ein Reglement für die Adelsversammlungen, die Wahlen und den
Dienst in Wahlämtern bekannt gemacht wurde, habe Ich die
Erwartung geäußert, daß der Adel den Verordnungen dieses
Reglements nachkommen und sich beeifern werde, eine seiner
wichtigsten Pflichten gewissenhaft zu erfüllen, nämlich zu den
verschiedenen Fächern des Civildienstes Beamte zu wählen,
welche auch wirklich des Namens der Hüter der öffentlichen
Ordnung und des Rechtes würdig wären. Diese Meine
Erwartung trage Ich Ihnen auf, noch besonders Allen Gou-
vernements-Marschällen anzuzeigen und ihnen vorzuschreiben,

daß sie in Meinem Namen die ganze Aufmerksamkeit des Adels auf die Wichtigkeit der eingerissenen Unordnungen richten mögen, Unordnungen, durch welche der Stand selbst gelitten hat,˙ indem untaugliche und oft des Standes unwürdige Leute für den Dienst gewählt wurden."

Ferner ist durch Ukas vom 13 Mai dem Adel im ganzen russischen Reiche eine Galla-Uniform von dunkelgrünem Tuche mit rothtuchenem Kragen und gleichen Aufschlägen verliehen worden. Diese Knöpfe sind vergoldet und enthalten unter der kaiserlichen Krone das Wappen des betreffenden Gouvernements. Diejenigen, welche während eines vollen Trienniums irgend ein Wahlamt bekleidet haben, behalten für immer die demselben zukommende Uniform.

Unterm 22 April erging eine Verordnung, die Bürger betreffend: „Die Rechte und Vorzüge, welche durch das Patent von 1785 den Städten und ihren Bewohnern verliehen wurden, haben seitdem in mehreren Beziehungen aufgehört, mit deren Lage in Uebereinstimmung zu stehen, in Folge der Fortschritte, welche im Laufe einer so langen Reihe von Jahren in Handel und Industrie gemacht worden sind. In Betracht dessen und bei dem Wunsche, durch Auszeichnungen die Anhänglichkeit der Städtebewohner an ihren Stand, von dessen Gedeihen auch der glückliche Erfolg des Handels und Gewerbfleißes abhängt, immer mehr zu verstärken, haben Wir es für angemessen erachtet, ihre Rechte und Vorzüge durch die nachfolgenden Einrichtungen dauernd festzustellen: 1) Im Stande der Städtebewohner wird eine neue Classe gegründet, deren Mitglieder den Namen „notable Bürger" führen sollen. 2) Den notabeln Bürgern werden folgende Vorzüge gewährt: Befreiung von der Kopfsteuer, von der Recrutirung und von

gerichtlichen Körperstrafen; das Recht, an den Wahlen der
Grundeigenthümer in der Stadt Theil zu nehmen, und zu
solchen Gemeindeämtern gewählt zu werden, welche von glei=
chem und nicht geringerem Range sind, wie diejenigen, zu
denen Kaufleute der ersten und zweiten Gilde berufen werden;
die Gelehrten und Künstler, welche zur Classe der notablen
Bürger gehören, aber nicht in die Gilden eingeschrieben sind,
werden jedoch zu solchen Aemtern nur in dem Falle erwählt,
wenn sie selbst einwilligen; endlich das Recht, sich in allen
öffentlichen Acten notable Bürger zu nennen, und den Na=
men der Gilde hinzuzufügen, wenn sie in eine solche einge=
schrieben sind. 3) Die Vorrechte der notablen Bürger sind
von denen des Handels unabhängig und getrennt, welche
letztere man durch den Eintritt in die Gilde und Lösung von
Handelspatenten nach den in dieser Hinsicht bestehenden Ver=
fügungen erwirbt. 4) Die Vorrechte der notablen Bürger
können entweder bloß persönlich oder erblich erhoben werden.‟
Im weitern Fortgange des Manifestes wird näher bestimmt,
in welcher Weise die Vererbung dieser Rechte geschehen soll.
Bloß persönlich ohne Erblichkeit können die bürgerliche No=
tabilität erlangen: diejenigen, denen von einer russischen
Universität ein gehöriges Attest über die gänzliche Beendigung
des Lehrcurses oder das Diplom als Student oder Candidat
ertheilt worden, wobei sie jedoch das Recht, in den Staats=
dienst einzutreten, beibehalten; ferner Künstler freien Stan=
des, die von der Akademie der Künste ein solches Attest be=
sitzen, und diejenigen in der Akademie nicht gebildeten Perso=
nen, welche von derselben das Diplom als akademische Künst=
ler erhalten haben; endlich ausländische Gelehrte ꝛc., wenn
sie auch nicht russische Unterthanen sind, sobald ein Ministe=

rium darauf anträgt, indem es sich besondern Nutzen davon
verspricht; in einem solchen Falle werden die Rechte eines notablen Bürgers dem Ausländer durch einen besondern an den
dirigirenden Senat gerichteten Ukas ertheilt."

Nun folgen die nähern Bestimmungen über die Erwerbung der erblichen Bürger-Notabilität. Ausländische Gelehrte, Künstler, handeltreibende Capitalisten und Eigenthümer bedeutender Fabriken und Manufakturen, welche die persönliche Bürger-Notabilität erworben haben, können die Erblichkeit derselben nur erbitten, wenn sie russische Unterthanen
werden, und in dieser Eigenschaft zehn Jahre zur Zufriedenheit der Obrigkeiten verblieben sind. Diejenigen Ausländer,
welche selbst den Unterthaneneid nicht leisten, können jedoch,
wenn sie zehn Jahre die persönliche Bürger-Notabilität be-
sessen haben, für diejenigen ihrer Kinder, welche russische
Unterthanen geworden sind, um die erbliche nachsuchen. Die
Bittschriften um die Bürger-Notabilität werden bei der Heroldie eingereicht, welche dem dirigirenden Senate darüber Bericht
erstattet. Dieser ertheilt sodann auf die erbliche Bürger-
Notabilität Diplome und auf die persönliche bloße Atteste.
Diese Art der Ertheilung der Bürger-Notabilität erstreckt sich
jedoch nicht auf solche Personen, welche dazu, nach dem Inhalte dieses Manifestes, nur durch besondere Ukase Sr. Majestät an den dirigirenden Senat erhoben werden. Ihnen
ertheilt der Senat nur dann Documente, wenn sie schon in
der Notabilität bestätigt sind. Israeliten können in den
Gouvernements, wo ihnen der Aufenthalt zusteht, auch zur
Bürger-Notabilität erhoben werden, jedoch nur für außceror-
dentliche Verdienste oder ausgezeichnete Fortschritte in Wis-
senschaften, Künsten, Handel und Industrie, und durch be-

sondere Ukasen Sr. Majestät. Die Rechte der Bürger-Notabilität gehen verloren, in Folge gerichtlicher Degradation,
in Folge einer gerichtlichen Ehrlosigkeits-Erklärung und in
Folge eines böswilligen Bankerotts. Solche gerichtliche Urtheilssprüche in Bezug auf Bürgernotabeln, können aber nur
dann vollzogen werden, wenn der Senat dieselben revidirt
und bestätigt hat. Einige der Vorrechte der Bürger-Notabilität
hören auf durch das Eintreten in solche Gewerkszünfte, bei
denen keine Einschreibung in die Gilden statt findet, und
durch den Eintritt in einen Gesindedienst. In solchen Fällen
darf sich nämlich der Betheiligte nicht mehr in Schriften den
Titel „Bürger" beilegen, sondern sich nur Gewerksmeister
oder Stadtbewohner nennen.

Ferner, zu Beförderung der Nationalindustrie, und um
die Verwendung von Privatcapitalien zu verschiedenen gemein-
nützigen Unternehmungen sicher zu stellen, wird durch Ukas
vom 14 November sämmtlichen freien Ständen im Reiche
das Recht gestattet, Grundstücke der Krone sowohl für eine
Zeit lang als auch erblich zu benutzen, um darauf den Landbau zu betreiben, oder Manufacturen und Fabriken zu gründen; jedoch gegen Zahlung eines bestimmten Pachtzinses und
in Gemäßheit festgesetzter Vorschriften zur Sicherung obiger
Einrichtungen.

Am Ende des Jahres machte Rußland eine neue Anleihe
in Holland von 20 Millionen Rubel.

Ueber den nicht uninteressanten Kampf in Daghestan
lieferten die russischen Blätter ziemlich ausführliche Berichte.
„Aufgemuntert durch die gelungenen Räuberzüge der Tschetschener und Tscherkessen, ihren Nachbarn, regten sich die
Lesghinen in der Gegend Kachetiens. Der Aufbau der Fe-

ſtung Sakatal im Herzen der Berge koſtete viel Mühe und
Blut. Allmählich drang der Geiſt der Empörung auch in
das längſt unterworfene Daghestan, concentrirte ſich um den
frech auftretenden Aufruhrsprediger Kaſi Mullah, und
nahm einen ſcheinbar religiöſen Charakter an, unter deſſen
Aſchenhülle jedoch die verfehlte Begierde zum Raube, als
wahrer Grund verborgen lag. Es lohnt der Mühe, hier noch
einige Worte in Beziehung auf jenen ſchon ſonſt erwähnten
ungewöhnlichen Mann einfließen zu laſſen, der alle Bazars
des Kaukaſus mit den Sagen von ſeinen Thaten und Anſchlä=
gen erfüllt, von dem die Mutter an des Säuglings Wiege
ſingt, und mit deſſen Namen die Kinder einander erſchrecken.—
Kaſi Mohammed, von Geburt ein Koiſubuliner, ſtammt aus
dem Dorfe Uiſukul. Es heißt, ſein Großvater ſey ein entflo=
hener ruſſiſcher Soldat geweſen. Seine Kindheit brachte er
in Gimri zu, einem Dorfe, das am ſüdlichen Abſturze des
Salatav (Salabat), Erpilei gerade gegenüber, liegt. Der
arme Knabe trieb, gleich ſeinen übrigen Landsleuten, täglich
einen Eſel mit Weintrauben befrachtet in die ſchamchalſchen
Dörfer, um dort die ſüße Laſt gegen Weizen zu vertauſchen.
Dieſe nomadiſirende Lebensart gewährte ihm eine genaue
Bekanntſchaft mit der Localität, deren er ſich ſpäter mei=
ſterhaft gegen uns bediente. In der Folge kam er zu einem
Mullah, im Dorfe Birikei, in die Schule, welcher den Kna=
ben, deſſen ſeltene Lernbegierde und Geiſtesgewandtheit ihm
auffiel, in das Land des Aſſlan Chan von Kaſi=Kumyk zu dem
Kadi Mohammed ſchickte, einem Gelehrten von bekanntem Rufe
in jener Gegend. Dort lernte er die arabiſche Sprache, und
ſog den Geiſt des muſelmänniſchen Irrglaubens und der Un=
duldſamkeit ein. Alsbald gab ſich Kaſi für begeiſtert von

oben aus, und predigte Haß und Aufstand gegen die Anders=
gläubigen. Dem Aßlan Chan, der eben so herrschsüchtig als
von Fanatismus entfernt ist, mißfiel dieses Unwesen in sei=
nem Gebiete, und er verjagte den Lehrer zusammt dem Schü=
ler, indem er behauptete, die Muselmänner hätten genug an
Einem Mohammed. Dieß geschah im Jahre 1821. Von da
an verstummte Kasi, und wie es scheint, gab er damals auch
selbst alle Hoffnung auf Berühmheit auf. Die Umstände
hatten ihm die Flügel beschnitten. Die westlichen Gebirgs=
völker begannen 1830 ihre Raubzüge, und wetteiferten darin
mit einander; nur in Daghestan, wo Kasi Mohammed schon
anfing, durch Briefe, Aufrufe, Anreizungen und Verspre=
chungen thätig zu werden, erfolgte nichts von Bedeutung;
der Strom murrte, schäumte, und trat noch nicht aus seinem
Bette. Ueber den Daghestanern schwebte, gleich einer dunkeln
Wolke, das starke Truppencorps, welches zuerst von dem
Generallieutenant Fürsten Eristow, dann von dem General=
lieutenant Fürsten Rosen II. befehligt ward. Nur die dem
Schamchal unterworfenen Bewohner von Themir=Chan=Schura
verließen ihre Wohnungen, und beunruhigten in nächtlicher
Weile mit ihrem Flintenfeuer das Lager in der Nähe ihres
Dorfes. Die Truppen nahmen bloß eine Recognoscirung
auf dem Gimriberge vor, übernachteten auf dem Schnee und
weideten ihre Blicke an den Dorfschaften, die in der koisubu=
linischen Schlucht zerstreut liegen; die Artillerie warf zum
Versuche einige Granaten, die alle in der Luft zersprangen,
weil der jähe tiefe Abhang alle Schüsse vereitelte. Die Trup=
pen kehrten in ihr Lager nach Schura zurück. Den Winter
über war alles ruhig; allein so wie die Viehweide zu
grünen begann, wurden auch alle Küstenbewohner ihrer

Verpflichtung ungetreu. Hier und dort fielen Mordthaten
vor. Nawrus Beg, einer der ältesten Reisigen Daghestans,
und lange Zeit den Russen befreundet, der sich aber wegen
übler Verwaltung der ihm anvertrauten Dorfschaften unter
Gerichtsverhör befand, entwischte aus Derbent mit seinen
hurtigen Söhnen, sammelte einen Haufen, überfiel die im
Walde zerstreuten Schnitter des Kurinschen Regiments, und
hieb mehrere derselben nieder. In kurzem erstanden auch
die Karataitacher; Kasi Mullah erschien fast zu gleicher Zeit
zu Daghestan mit einem starken Heerhaufen von Tawlinen
und Tschetschenern; das Gebiet des Schamchal griff zu den
Waffen."

Was den Fortgang dieser Kämpfe im Jahre 1832 betrifft, so können wir nur folgende Meldungen russischer
Blätter an einander reihen. Unschwer erkennt man, daß
ein feuriger Patriotismus an diesen Kämpfen größern Antheil hat, als Raublust, doch überzeugt man sich auch, daß
die Vereinzelung der kaukasischen Stämme, ihre barbarische
Bewaffnung und ihr Mangel an europäischer Kriegskunst
jeden Widerstand gegen Rußlands eiserne Politik in diesen
Gegenden vereitelt. Nur wenn ein mächtiges Reich im
Süden des Kaukasus jene tapfern und rohen Völker zu concentriren und organisiren wüßte, wären sie ein undurch-
dringliches Hinderniß für Rußland; allein Persien ist fast
noch unmächtiger und in sich zerfallener als die Türkei.

Die Petersburger Zeitung schrieb im Frühjahre: „Die
Tschetschenzen benutzten im Januar das Zufrieren des Terek
und der Schunscha, um einige Invasionen in die linke Flanke
der kaukasischen Linie zu machen. Der Generallieutenant
Weljaminoff rückte daher am 27 Febr. mit einem Detasche-

ment aus der Festung Groß-Naja, um sie zum Rückzuge zu
nöthigen. Die Dörfer Kosak-Kitschu, Galajurt, Saken-Jurt,
Groß-Kular und Alchan-Jurt, welche heftigen Widerstand
leisteten, wurden von den russischen Truppen zerstört. Die
Bewohner der übrigen Dörfer unterwarfen sich. Die Tschetschenzen zogen sich auf das jenseitige Ufer der Sunscha
zurück. Unterdessen wiegelte Kasi Mullah in Daghestan die
Bevölkerung gegen die Russen auf, welches ihm jedoch nicht
gelang, weil der Aelteste der Bewohner von Gimri, Dawud
Mohammed, dagegen arbeitete; nachdem er diesen indeß getödtet und auch in Unzukult seinen Zweck nicht erreicht hatte,
wandte er sich nach Tschetschna, und beschloß, einen unver-
mutheten Ueberfall auf Wladikawkas zu wagen. Er traf
mit ansehnlichen Haufen am 3 April dort ein, mußte aber
ebenfalls unverrichteter Sache sich wieder zurückziehen, da
ein Detaschement unter dem Befehle des Generalmajors
Fürsten Bekowitsch von Tscherkask gegen ihn zu fechten bereit stand. In dem an die Kabardei gränzenden Digorien
lehnten sich einige Dörfer gegen die Russen auf, der Generalmajor Gorichwastoff zwang sie aber, sich zu unterwerfen
und Geiseln zu stellen. Im März setzten transkubanische
Räuber in großer Menge über einen Arm des Kuban, und
griffen die rechte Flanke der transkaukasischen Linie an. Der
Heeresälteste Schiwotowski rückte ihnen mit einem Haufen
Kosaken und zwei Kanonen entgegen. Es entspann sich ein
Gefecht, welches von 4 Uhr Morgens bis 4 Uhr Nachmittags
währte, und an dem russischerseits 353 Kosaken und feind-
licherseits 1000 Bergbewohner Theil nahmen. Die letztern wurden geschlagen, und mußten sich mit Verlust über
den Kuban zurückziehen. Am 16 März lieferte der General-

Verpflichtung ungetreu. Hier und dort fielen Mordthaten
vor. Nawrus Beg, einer der ältesten Reisigen Dagheſtans,
und lange Zeit den Ruſſen befreundet, der ſich aber wegen
übler Verwaltung der ihm anvertrauten Dorfſchaften unter
Gerichtsverhör befand, entwiſchte aus Derbent mit ſeinen
hurtigen Söhnen, ſammelte einen Haufen, überfiel die im
Walde zerſtreuten Schnitter des Kurinſchen Regiments, und
hieb mehrere derſelben nieder. In kurzem erſtanden auch
die Karataitacher; Kaſi Mullah erſchien faſt zu gleicher Zeit
zu Dagheſtan mit einem ſtarken Heerhaufen von Tawlinen
und Tſchetſchenern; das Gebiet des Schamchal griff zu den
Waffen."

Was den Fortgang dieſer Kämpfe im Jahre 1832 betrifft, ſo können wir nur folgende Meldungen ruſſiſcher
Blätter an einander reihen. Unſchwer erkennt man, daß
ein feuriger Patriotismus an dieſen Kämpfen größern Antheil hat, als Raubluſt, doch überzeugt man ſich auch, daß
die Vereinzelung der kaukaſiſchen Stämme, ihre barbariſche
Bewaffnung und ihr Mangel an europäiſcher Kriegskunſt
jeden Widerſtand gegen Rußlands eiſerne Politik in dieſen
Gegenden vereitelt. Nur wenn ein mächtiges Reich im
Süden des Kaukaſus jene tapfern und rohen Völker zu concentriren und organiſiren wüßte, wären ſie ein undurch-
dringliches Hinderniß für Rußland; allein Perſien iſt faſt
noch unmächtiger und in ſich zerfallener als die Türkei.

Die Petersburger Zeitung ſchrieb im Frühjahre: „Die
Tſchetſchenzen benutzten im Januar das Zufrieren des Terek
und der Schunſcha, um einige Invaſionen in die linke Flanke
der kaukaſiſchen Linie zu machen. Der Generallieutenant
Weljaminoff rückte daher am 27 Febr. mit einem Detaſche-

ment aus der Festung Groß-Naja, um sie zum Rückzuge zu
nöthigen. Die Dörfer Kofak-Kitschu, Galajurt, Saken-Jurt,
Groß-Kular und Alchan-Jurt, welche heftigen Widerstand
leisteten, wurden von den russischen Truppen zerstört. Die
Bewohner der übrigen Dörfer unterwarfen sich. Die Tsche=
tschenzen zogen sich auf das jenseitige Ufer der Sunscha
zurück. Unterdessen wiegelte Kasi Mullah in Daghestan die
Bevölkerung gegen die Russen auf, welches ihm jedoch nicht
gelang, weil der Aelteste der Bewohner von Gimri, Dawud
Mohammed, dagegen arbeitete; nachdem er diesen indeß ge=
tödtet und auch in Unzukult seinen Zweck nicht erreicht hatte,
wandte er sich nach Tschetschna, und beschloß, einen unver=
mutheten Ueberfall auf Wladikawkas zu wagen. Er traf
mit ansehnlichen Haufen am 3 April dort ein, mußte aber
ebenfalls unverrichteter Sache sich wieder zurückziehen, da
ein Detaschement unter dem Befehle des Generalmajors
Fürsten Bekowitsch von Tscherkask gegen ihn zu fechten be=
reit stand. In dem an die Kabardei gränzenden Digorien
lehnten sich einige Dörfer gegen die Russen auf, der Gene=
ralmajor Gorichwastoff zwang sie aber, sich zu unterwerfen
und Geiseln zu stellen. Im März setzten transkubanische
Räuber in großer Menge über einen Arm des Kuban, und
griffen die rechte Flanke der transkaukasischen Linie an. Der
Heeresälteste Schiwotowski rückte ihnen mit einem Haufen
Kosaken und zwei Kanonen entgegen. Es entspann sich ein
Gefecht, welches von 4 Uhr Morgens bis 4 Uhr Nachmittags
währte, und an dem russischerseits 353 Kosaken und feind=
licherseits 1000 Bergbewohner Theil nahmen. Die letz=
tern wurden geschlagen, und mußten sich mit Verlust über
den Kuban zurückziehen. Am 16 März lieferte der General=

major Bergmann den Abasechen und Sapsugen ein zweites
Gefecht, wobei er 34 Mann derselben zu Gefangenen machte,
und die übrigen in die Flucht schlug."

Der „russische Invalide" fügt später hinzu: „Nach
einem unglücklichen Angriffe auf Wladikaukas wandte sich
Kasi Mullah nach Tschetschuja. Von einem dichten Nebel,
der seinen Marsch umhüllte, begünstigt, bemächtigte er sich
am 28 März der Dörfer Bugun-Jurt und Kull-Jurt, welches letztere zwei Werste von der Festung Großnaja entfernt
ist. Der in derselben kommandirende Obrist Saretschan
ließ sie zurücktreiben, und Kasi Mullah entwich in die Gebirge. Die Karabuleken und Tschetschenzen gingen ebenfalls
in ihre Heimath zurück, worauf auf der rechten Flanke der
kaukasischen Linie sich nichts Besonderes mehr zutrug. In
Tschernomorien hörten, nachdem der Kuban seine Eisdecke
verloren hatte, die Streifzüge der Räuber auf, aber jenseits
des Kubans überfielen sie am 10 Mai, 500 Mann stark,
ein aus dem Fort Afip zum Fällen von Bauholz ausgeschick-
tes Commando, während ein anderer eben so starker Trupp
den Platz selbst angriff. Beide Parteien wurden indeß von
dem in der Festung kommandirenden Capitän Scherdew
zurückgeschlagen. Am 27 Mai griff eine zahlreiche Räuber-
bande die Olginsche Brückenbefestigung an, wurde aber ebenfalls
mit Verlust abgewiesen. Bis zum Mai war in Daghestan
alles ruhig. In den ersten Tagen dieses Monats betrat
Kasi Mullah mit einer bedeutenden Mannschaft das Gebiet
der Akuschinen, und besetzte das Sudacharinische Dorf Kubba;
es gelang indeß dem über die Akuschinen befehligenden Mah-
med Kadi in der Eile Truppen zusammen zu bringen und
die Räuber in die Flucht zu schlagen, worauf Kasi Mullah

sich gegen das Dorf Arakan wendete; allein auch dort wurde
er von den Bewohnern desselben, mit Hülfe des Abu-Mus-
selim von Kasanisch und des Uku-Bei von Erpilei vertrieben. In der Mitte dieses Monats erschien dieser Aufrührer mit 600 Mann auch auf dem Gebiete des Schamchal
von Tarki, nahm einen 7 Werste vom Dorfe Erpilei entfernten unzugänglichen Platz, Kalantschar genannt, ein, und
befestigte sich daselbst. Am 18 Mai schickte er 150 Mann
aus, denen es auch gelang, eine dem Ulu-Bei von Erpilei
gehörige Viehheerde zu rauben. Auf Veranstaltung des im
nördlichen Daghestan commandirenden Generalmajors Su-
leiman-Mirsa umringten Abu-Muselim, Ulu-Bei von Erpilei
und Achmut-Chan von Mechtuli die Räuber; allein in der
Nacht auf den 28 entkam Kasi Mullah mit Hülfe eines entlau-
fenen Karanajers, der ihn auf einem von den unsrigen nicht
mit Wachen besetzten Pfade durchführte. Kasi Mullah ging
hierauf nach Gimri, nachdem er sich unterwegs der Schafe
und des Hornviehes der Bewohner von Karanai bemächtigt
hatte. Von diesen wurde er jedoch lebhaft verfolgt."

Die „nordische Biene" meldete sodann: „Der Gouverneur der Provinz Dschar, Generalmajor Karpoff, berichtet,
daß der bekannte daghestanische Empörer und Spießgeselle
Kasi Mullahs, Hamsad-Beg, mit andern ihm ähnlichen Auf-
rührern, Tschoban-Beg, mit dscharischen Ueberläufern und
mit Schaaren von Bergbewohnern verschiedener Genossen-
schaften, die Einwohner unserer Bergdörfer, ungefähr 2000
an der Zahl, in Aufstand versetzte, in die Provinz Dschar
einfiel, und die Empörung unter sämmtlichen Lesghiern
ausbreitete, welche ihre Familien und ihre Habe in die
Berge schafften, und sich ihm anschlossen. Um seine Absich-

ten zu vereiteln, vereinigte Generallieutenant Baron Ro=
sen IV. an den Königsbrunnen einen Theil der regulären
Truppen und die grusinische Miliz, und marschirte am 26.
Julius gegen ihn aus. Bei seiner Ankunft in Aliabad
stellte er seine Truppen in Schlachtordnung, am 29 Julius,
und griff die Haufen Hamsad=Begs an, welche bis eine
Seite des Orts besetzt hielten; als aber unsere Abtheilung
hervorrückte, begab sich Hamsad=Beg nach kurzem Gewehr=
feuer auf die Flucht, und wurde bis Basar verfolgt. Dann
vereinigte sich das Detaschement mit den Truppen des Ge=
neralmajors Karpoff. Am 50 zog uns Hamsad=Beg aber=
mals entgegen, wurde aber wieder durch die Artillerie ge=
worfen, und wich in die Schluchten von Muchach zurück."

Endlich am Jahresschlusse enthielten Petersburger Blät=
ter ausführlichen Bericht über die nunmehr erfolgte völlige
Niederlage der seit fünf Jahren rebellischen wilden Stämme
der kaukasischen Bergvölker. „Scheich Kasi Mullah hat bei
der Vertheidigung seines letzten Zufluchtsortes, des unzu=
gänglichen Engpasses von Gimri, das Leben eingebüßt. Kasi
Mullahs und seiner nächsten Anhänger von Bajonnetten
durchbohrte Leichname fielen in russische Hände. Am 18
(30) October zogen die russischen Truppen in Gimri ein.
Gleich nach Gimri's Eroberung erschienen vor dem Baron
Rosen die Dorfältesten mit der Bitte um Gnade. Am fol=
genden Tage kamen die Aeltesten einiger anderer Dörfer der
Koisubulinen und bezeigten gleichfalls ihre Unterwürfigkeit;
am 20 October (1 November) die Kadi's von Akuschin und
Arakan mit ihrem Glückwunsche und mit der Nachricht, daß
der Mitgefährte des Kasi Mullah, Hamsad=Beg, der nach
Irganai entflohen war, von den Dörflern selbst fortgejagt,
sich

fich in die Berge gerettet habe. Die Kadi's versprachen, ihn
zu fangen und auszuliefern. — Von diesem für die Ruhe
des Kaukasus wichtigen Ereignisse hat der Generaladjutant
Baron Rosen die Bergstämme Daghestans und der übrigen
Gegend durch folgende Anzeige in Kenntniß gesetzt: „Gottes
Gericht hat den Irrlehrer und Friedensstörer Kasi Mullah
erreicht. Er, seine nächsten Anhänger und eine Menge der
von ihm Betrogenen sind durch das siegreiche russische Heer
in der berüchtigten unzugänglichen Kluft von Gimri aus=
gerottet worden. Möge dieses allen Feinden der Ruhe zur
Warnung dienen, mögen sie reuevoll zu der mächtigen ruf=
sischen Regierung ihre Zuflucht nehmen, und die Gnade des
großen Kaisers wird ihnen Verzeihung gewähren. Wer aber
hinfort noch es wagt, böse Anschläge zu schmieden, der ver=
fällt unerbittlich der Schärfe des Gesetzes. Ihn retten nicht
Berge, noch Wälder, noch Klüfte. Ueberall werden die sieg=
gekrönten Truppen Rußlands eindringen, überall die unge
horsamen Verräther gezüchtigt werden. Gefühlt haben es
die Galgajer, Jeschkeriner, Tschetschener, Gimrier und An=
dere. Wer Ohren hat zu hören, der höre und begreife."

VIII.

Der Orient.

1.
Die Türkei.

Im Orient hatten sich wichtige Dinge vorbereitet. Seit dem unglücklichen Kriege mit Rußland, der mit dem schimpflichen Frieden von Adrianopel 1829 endigte, war die Macht des einst so gewaltigen türkischen Reiches gebrochen; der Sultan schwankte unsicher zwischen Rußland und England, die sich ihm mit wechselseitiger Eifersucht zu Vormündern aufdrangen, und verlor noch die letzte Stütze in der Liebe seiner Unterthanen, bei denen er sich durch seine Reformen, durch Vertilgung der Janitscharen, Einführung europäischer Tracht und Sitte verhaßt gemacht hatte. Diese Lage der Dinge benutzte der alte ehrgeizige Mehemed Ali, Pascha von Aegypten, um die Fahne der Empörung zu erheben, und, wenn nicht den Sultan vom Throne zu stoßen, doch ein unabhängiges und mächtiges Reich im Süden zu gründen. Schon hatte dieser alte Kriegsheld Aegypten, Nubien und Arabien erobert, und beherrschte diese Länder eigenmächtig, indem er nur dem Namen nach den Sultan als Oberherrn erkannte. Jetzt trug er seine Waffen nach Syrien. Er fand zwei große Parteien unter den Türken selbst. Die Einen hofften von seiner Thatkraft die Rettung des Reichs und des alten Glaubens; sie hofften, er werde mit seinen siegreichen Armeen den Russen bessern Widerstand zu leisten wissen, als der unthätige, in seinem Harem schwelgende, überall besiegte und immer nachgebende Sultan. Diese Hoffnung benutzte Mehemed Ali, schmeichelte den Altgläubigen und complotirte mit der alten Janitscharenpartei. Die Andern, schon aufgeklärter und von der Nothwendigkeit einer Reform überzeugt, sahen in Mehemed Ali einen wahren, durchgreifenden Reformator, der seine See- und Landmacht, seine Fabriken ꝛc. schnell in Flor brachte, während der Sultan mehr nur mit Uniformen und europäischen Sitten coquetirte. Endlich hatte Mehemed Ali an England und Frankreich einen geheimen Rückhalt, denn diese Mächte begriffen wohl, daß nur eine neue kriegerische Dynastie die Pforte retten und Rußland einen Damm entgegen setzen könne.

Im Spätherbst 1831 sandte Mehemed Ali seinen tapfern Sohn Ibrahim mit einer trefflich disciplinirten Armee nach Syrien, zunächst unter dem Vorwande, nur den Abdallah, Pascha von St. Jean d'Acre, zu züchtigen, der sein persönlicher Feind war. Dieser Pascha wehrte sich mit großer Tapferkeit, und es schien lange, Ibrahim werde vor der starken Festung Acre so unglücklich seyn, wie einst Napoleon. Am 9 März unternahm er einen Hauptsturm, der aber abgeschlagen wurde. Dann schloß er mit Abdallah einen 40tägigen Waffenstillstand, und benutzte diese Zeit, eine große

Recognoscirung an der Küste hin zu unternehmen, die Ge=
birgspässe des Libanon nebst den Häfen am Mittelmeere zu
besetzen, und die von dem Osman, Pascha von Tripoli ge=
sammelten Streitkräfte zu zerstreuen. Er überfiel und schlug
den letztern bei Alexandrette am 8 April; die Türken
zerstoben fast ohne Kampf vor den Aegyptiern auseinander.

Der Sultan benahm sich Anfangs, als ob Mehemed Ali
wirklich nur eine Privatsache mit Abdallah ausmache. Er
that noch keinen öffentlichen Schritt gegen ihn, sondern frug
nur höflich und väterlich an, was der Pascha mit seinen Rü=
stungen wolle. Dieß that er, weil er selbst noch nicht gerüstet
war, oder weil er dem Pascha einen Rückweg offen halten
wollte, falls es mit Hülfe Rußlands seinen geheimen Unter=
handlungen gelungen wäre, den Pascha von weitern Schritten
abzuschrecken. Da aber Ibrahim nicht nur die Belagerung
von Acre forsetzte, sondern auch während des Waffenstillstands
weiter in Sprien vorrückte, nahm der Sultan eine ernstere
Miene an, befahl, daß die jährliche Pilgercaravane nach
Mekka dießmal zurückbleiben solle, und ernannte den bekann=
ten Hussein Pascha zum Obergeneral der gegen Ibrahim
bestimmten Armee, die schleunigst zu Koniah (das alte
Iconium) gesammelt und auf 60,000 Mann gebracht wurde.
Am 5 Mai sodann sprach der Sultan feierlich den Kirchen=
bann über Mehemed Ali aus. In dem deßfalls an Hussein
Pascha ausgestellten Fetwa hieß es: „Der eifrige Wunsch, die
Ruhe der muselmännischen Nation und Meiner armen Raja's
nicht zu stören, war Ursache von der Langmuth, womit Ich
die ersten strafbaren Handlungen des Erstatthalters von Aegyp=
ten ertrug; allein die Vernichtung seiner Person ist nun eine
gebieterische Pflicht geworden, und es gehört zur Pflicht Meines

Thrones, den Bannfluch der heiligen Geſetze gegen ihn zur
Vollſtreckung zu bringen. — Die Gouvernements von Aegyp=
ten, Candia und Abyſſinien nebſt ihren Dependenzen ſind den
beiden Rebellen entzogen, und dir übertrage Ich ſie. Der
Verräther Mehemed Ali und ſein Sohn, der unverſchämte
Ibrahim Paſcha, ſind dadurch, daß ſie Meine Wohlthaten mit
Füßen traten, ſich in die Schmach des Aufruhrs ſtürzten, als
Ich keinen andern Gedanken hegte, als den, ſie auf die Bahn
wieder zurückzuführen, welche allein ihr Heil ſichern konnte;
dadurch, daß ſie den Kampf gegen ihren Gebieter begannen, das
Blut der Muſelmänner vergießen ließen, und ſie des heiligen
Rechtes der Pilgerſchaft beraubten, durch eigene Schuld ihrem
Untergange entgegen geeilt.'' Am 7 Mai lief die Flotte des
Sultans aus, that aber in dieſem ganzen Kriege nichts.

Ibrahim erneuerte inzwiſchen nach Ablauf des Waffen=
ſtillſtandes ſeine Angriffe gegen Abdallah, und erzwang am
27 Mai die Uebergabe von St. Jean d'Acre. „Am
19 Mai begann neuerdings die Beſchießung von Acre, am 27
waren vier Breſchen gemacht, Ibrahim Paſcha beorderte nun
ſeine Truppen, mit Sturm einzudringen; dreimal wurden die
Stürmenden mit Verluſt zurückgetrieben, alſo ſtellte er ſich
ſelbſt an die Spitze ſeiner Colonnen, und machte ihnen durch
ſein Beiſpiel Muth. Endlich gelang es den Aegyptiern, ſich
in den Beſitz der Mauern zu ſetzen; Ibrahim ſoll große per=
ſönliche Tapferkeit bewieſen haben. Abdallah ließ eine Mine
ſpringen, wodurch die Stürmenden großen Verluſt erlitten.
Zuletzt zog er ſich mit ſeinem Harem und einigen Getreuen in
einen Thurm zurück, und ſetzte dort ſeinen Widerſtand fort.
Die Diener der Religion verwendeten ſich indeſſen bei Ibra=
him Paſcha für den heldenmüthigen Vertheidiger von Acre.

Ibrahim verlangte bloß, daß er sich augenblicklich ergeben sollte, ihm sein Leben, das der Seinigen und den Besitz seines Privateigenthums zusichernd. Abdallah ergab sich nun seinem großmüthigen Sieger, welcher ihm freistellte, sich wohin er wolle zu begeben. Nach der Besitznahme der Stadt sollen mehrere Unordnungen vorgefallen seyn, worüber uns jedoch das Nähere noch mangelt." — Abdallah wurde nach Cairo abgeführt, wo ihn Mehemed Ali mit väterlicher Güte aufnahm und ihm große Ehrenbezeugungen machen ließ.

Am 8 Junius brach Ibrahim von Acre auf und nahm seine Richtung nach Damascus. Ali, Pascha dieser Stadt, mußte mit seiner geringen Mannschaft das Feld räumen. Die Einwohner, von den Paschas gedrückt, nahmen die Aegyptier gern auf, am 15 Junius. Auch Tripolis wurde von Ibrahims Truppen besetzt.

Unterdeß war Hussein Pascha bei der Armee in Koniah angekommen, hatte sie nach Aleppo geführt und den Seraskier Mohammed, Pascha von Aleppo, mit der Avantgarde in übereilten Märschen bei der äußersten Hitze dieser Jahreszeit bis Homs vorausgejagt. Hier stieß Ibrahim Pascha auf die ermatteten Feinde, fiel augenblicklich über sie her und brachte ihnen eine totale Niederlage bei, am 7 Julius. Der türkische Bericht im Moniteur Ottoman lautet: „Die Division des Vortrabs unter den Befehlen Mehemed Pascha's kam den 7 Julius Morgens 9 Uhr zu Homs an. Sie hatte Befehl erhalten, diese Stadt in aller Eile zu besetzen, um sich daselbst mit den irregulären Truppen des Gouverneurs von Haleb, die mehrere tausend Mann betrugen, zu vereinigen. Durch eine weite Entfernung von der übrigen Armee getrennt, seit mehreren Tagen durch den Mangel an Lebens=

mitteln den größten Entbehrungen ausgesetzt, in Eilmärschen angelangt, durch Anstrengungen und Hitze erschöpft, hatte diese Division kaum angefangen, ein Lager zu schlagen, als der Feind erschien. Es war 11 Uhr Morgens. Mehemed Pascha rüstete sich zum Kampfe. Er hatte 16 Bataillone Infanterie, wovon zwei das Lager bewachten, und drei Regimenter Cavallerie von 6 Escadrons unter seinen Befehlen. Seine Artillerie war größtentheils durch die Erschöpfung der Pferde zurückgeblieben, und konnte erst einen oder zwei Tage später zu ihm stoßen. Das Wenige, was ihm gefolgt war, befand sich aus demselben Grunde außer Stande, mehrere Stunden nach einander zu manövriren. Die ägyptische Armee, die man leicht zählen konnte, weil Ibrahim sie in einer Linie, und die Cavallerie auf dem rechten Flügel in großer Entfernung aufgestellt hatte, war 27 Bataillone und 6 Regimenter Cavallerie, je zu 4 Escadrons, stark. Seine numerische Ueberlegenheit betrug also 9 Bataillons und 6 Escadrons. Aber die thörichte Art, wie ihr Anführer sie aufstellte, verminderte ihre zahlreichen Chancen des Erfolgs. Um zwei Uhr begann die Canonade. Während mehr als 20 Minuten blieb die erste ottomanische Linie ruhig mit dem Gewehre im Arme unter dem feindlichen Feuer stehen. Die Artillerie antwortete schlecht, sie hatte nur 18 Geschütze, während der Feind deren 58 hatte. Mehemed Pascha, der sich, ohne von seiner Artillerie wirksam unterstützt zu seyn, in kein allgemeines Gefecht einlassen wollte, suchte die Ankunft der zurückgebliebenen Artillerie zu beschleunigen, sie kam aber nicht. Nachdem er sich endlich mit einem Pascha der irregulären Truppen verständigt hatte, rückte er unter dem Feuer einer feindlichen Batterie, die er mit dem Bajonette nahm, über seine erste Linie hinaus vor, und marschirte gegen das linke Centrum der ägyptischen Armee. In demselben Augenblicke gab der Pascha der irregulären Truppen seiner Cavallerie Befehl, die feindliche Linie im Rücken anzugreifen. Diese Cavallerie bricht, trotz der ihr gegebenen Anweisung, im Galopp auf, läßt sich durch das Feuer einer Batterie einschüchtern, hält an, und verfehlt ihren Zweck, als die Gefahr vorüber war, und sie nur noch zu siegen hatte. Mehemed Pascha setzte seine große Frontebewegung fort, seine ermatteten Truppen führen sie mit mehr Muth als Stärke aus; die Artillerie folgt nicht, um ihn durch ihr Feuer zu decken; die erste Linie behält noch einige Kraft, die zweite folgt langsam, und behält nur mit Mühe ihre Schlachtordnung. Mehemed Pascha schickte neue Befehle an seine Artillerie; sie ist außer Stande, sich auf den Punkt zu begeben, wohin er sie ruft. In dieser widrigen Lage kommt man 150 Schritte weit vom Feinde an. Die Aegyptier bilden sich in Angriffscolonnen, um die vorrückenden deployirten Bataillone zu empfangen. Niedergeschmettert vom Artillerie- und Musketen-Feuer, zieht Mehemed Pascha nur seinen Muth zu Rathe, und will die ägyptische Linie mit dem Bajonette durchbrechen. Aber seine erste Linie, die sich im Feuer der Artillerie so muthig benommen hatte, hält an, ihr fehlen die Kräfte zu einer letzten Anstrengung. Ihrerseits gedrängt, weicht sie zurück, aber in guter Ordnung, auf die zweite Linie, die sich auflös't und die Flucht ergreift. Mehemed Pascha eilt auf zwei Bataillone zu, welche von Anfang der Schlacht den Theil der feindlichen Linie im Schach gehalten hatte, den er in der Schlacht zu isoliren beschloß. Er greift an ihrer Spitze die Aegyptier an, und zwingt sie, Halt zu machen. Diese energifche Bewegung deckt den Rückzug des Reftes feiner Truppen, und die beiden Bataillone ziehen fich in guter Ordnung zurück, nachdem fie eine Zeit lang die Bemühungen der ganzen ägyptifchen Armee aufgehalten haben. Dieß find die Ereigniffe diefes Tages, der keineswegs für das Schickfal des Feldzugs entfcheidend ift. Als Folge der Unklugheit des Obergenerals, der feinen Vortrab zu weit voranfchickte, ohne fich die Mittel vorzubehalten, ihn zu unterftützen, hätte diefer Verluft leicht wieder gut gemacht werden können, wenn der Feldmarfchall rafch angekommen wäre, um die Offenfive mit der Maffe der Armee fortzufetzen. Aber nachdem er dreißig Tage zu Koniah verloren, und mit einer ausnehmenden Langfamkeit nach Antiochia marfchirt war, theilte er beim Einmarfche in Syrien feine Truppen, und mattete das kleine Korps ab, das er mit Märfchen und Contre-Märfchen von der Küfte nach Haleb, von Haleb an die Küfte führte, ohne Nutzen, ohne Zweck, ohne daß Ibrahim eine andere Mühe gehabt hätte, als die, ihn in fchlecht combinirten Anftrengungen fich erfchöpfen zu laffen."

Das Bulletin der ägyptifchen Armee lautet: „Die feindliche Armee, von Mohammed Pafcha, Gouverneur von Aleppo, der noch andere Pafcha's unter fich hatte, befehligt, betrug ungefähr 25,000 Mann. Ibrahim Aga gab fogleich von dem, was er gefehen, dem Obergeneral, Sr. Hoheit Ibrahim Pafcha, Nachricht, welcher fich perfönlich davon überzeugte, und dann folgende Difpofitionen vorfchrieb. Das zweite und vierte Infanterieregiment wurden auf dem rechten Flügel eines hinter dem andern aufgeftellt. Das Regiment der Garde-Infanterie, fechs Stücke Gefchütz und das eilfte Infanterieregiment, fo wie die Beduinenreiterei, kamen auf den

linken Flügel. Der Feind zeigte sich in drei Colonnen. Eine
Abtheilung unserer Beduinenreiter rückte en tirailleurs in
Detaschements von 40 bis 50 Mann gegen ihn an. Kaum
waren einige Kanonenschüsse gethan, als der Feind bis auf
eine Linie Entfernung zurückwich. Auf der Seite des Fein=
des waren vier Infanterie= und drei Cavallerie=Regimenter
so aufgestellt worden, daß in den Zwischenräumen je zwei
Kanonen standen. Unser Garderegiment eröffnete eine Ka=
nonade, die ungefähr eine halbe Stunde dauerte, die feind=
lichen Regimenter, welche vorgerückt waren, wurden durch
einige sehr lebhafte Kugel= und Kartätschen=Salven zurück=
geworfen. Eines derselben setzte jedoch das Gewehrfeuer noch
fort. Dann formirte sich das erste und zweite Bataillon der
Garde unter dem Befehle Churschid Bey's in zwei Colon=
nen, ebenso das dritte und vierte Bataillon mit Selim Bey
an ihrer Spitze; diese griffen den Feind so lebhaft an, daß
sie die größte Unordnung in seine Reihen brachten. Das
zweite und vierte Cavallerieregiment brachten ihn vollends
in Auflösung. Der Feind hatte ungefähr 7000 Mann regu=
lirter Truppen im Gefechte, wovon wir ihm 2000 tödteten;
wir haben 2500 Gefangene gemacht, worunter viele Ver=
wundete."

Die nächste Folge dieses Sieges war die Besetzung der
wichtigen Stadt Aleppo. Schon vor diesem Ereignisse machte
die Allg. Zeitung auf die Bedeutung dieser Stadt aufmerk=
sam: „Die Bewohner der Stadt sind von alter Zeit her in
zwei Parteien getheilt: die Scheichs, d. h. die Nachkommen
des Propheten, und die Janitscharen. Jene zeichnen sich
durch einen grünen Turban mit einer rothen Mütze aus;
die Letztern trugen, so lange ihr Costume erlaubt war, hohe

Mützen mit einem weißen Turban, und es gibt nur wenige
Türken in der Stadt, die nicht einer dieser Parteien angehören. Die Scheichs hatten sich vor etwa 70 Jahren der
Gewalt bemächtigt, und regierten einige Jahre lang, ohne
einen Pascha von der Pforte anzuerkennen, bis der Bey von
Alexandrette zum Pascha von Aleppo ernannt wurde, die
Stadt überfiel und alle Häupter der Scheichs erdrosseln ließ.
— Dadurch kamen die Janitscharen wieder an das Ruder,
und übten durch einen aus ihrer Mitte, Tschelebi Effendi,
einen Mann von großer Familie und unermeßlichem Reich-
thume, den größten Einfluß. — Seit dem Jahre 1826 hat
dieser Zustand der Dinge sich natürlich geändert. Die Pforte
hat die Macht in der Stadt wieder an sich gerissen, und die
Pascha's stützen sich auf die Scheichs; daher kann Mehemed
Ali auf die Wünsche und die Unterstützung der Janitscharen
rechnen, sobald er eine Armee gegen Aleppo schicken wird.
Aleppo besaß vor dem großen Erdbeben von 1822 etwa 200,000
Einwohner, und war eine wohlgebaute, reiche Stadt. Die
meisten Häuser wurden damals zerstört, und die Stadt hat
seitdem sehr an Bevölkerung abgenommen, ist aber doch noch
von großer Bedeutung. Fast in der Mitte derselben liegt
eine Festung auf einem steilen, mit soliden Mauern bedeckten
Hügel. Die Stadt selbst ist nicht vertheidigt, sondern liegt
in der Mitte von Gärten, die sich mehrere Meilen weit erstrecken, und den Zugang überall offen halten. Es ist bei
diesen Umständen höchst wahrscheinlich, daß die Stadt in die
Hände des Pascha's von Aegypten fallen wird. Sein militärischer Despotismus und seine fiscalischen Grundsätze ver-
tragen sich nicht mit der Wiederherstellung der Macht der
Janitscharen, so daß er sich wahrscheinlich in kurzer Zeit den

Haß der beiden Parteien zuziehen wird. Aber in militäri=
scher Hinsicht ist ihm Aleppo höchst wichtig, weil es ihn zum
Meister der Communication von Damascus mit dem Reste
des türkischen Reiches macht, und ihm erlaubt, Position vom
Euphrat zu fassen, und damit die Operationslinie des Pascha's
von Bagdad, Mosul und Diarbekir zu unterbrechen."

Ibrahim besetzte auch Antiochia, und nahm zu
Alexandrette die daselbst für die Türken gelandeten Le=
bensmittel weg. Hussein Pascha verlor den Kopf völlig,
seine Leute gingen schaarenweise zu Ibrahim über, und bei
Bylan ließ er am 29 Julius vollends sein Corps zerspren=
gen. Nur der Pascha von Aleppo leistete noch in der Festung
Kumkale, in die er sich geworfen hatte, tapfern Widerstand.

Die gänzliche Auflösung der türkischen Armee ließ Ibra=
him Zeit, Syrien zu organisiren. Er suchte die verschiede=
nen mohammedanischen und christlichen Bevölkerungen zu ge=
winnen, ihren Klagen abzuhelfen, und vor allen Dingen sein
Heer zu verstärken und die festen Plätze mit allem Nöthigen
zu versehen. Unter Anderm erließ er in Betreff Jerusalems
folgenden Ferman: „Jerusalem faßt Tempel und Denkmäler
der alten Zeit in sich, welche Christen und Juden aus den
entferntesten Ländern zu besuchen pflegen. Aber diese zahl=
reichen Pilgrime haben Ursache sich über die ungeheuren Ab=
gaben zu beschweren, welche ihnen auf dem Wege abgefordert
werden. Da mir daran gelegen ist, einem so schreienden
Mißbrauche ein Ende zu machen, so befehle ich allen Musel=
männern des Paschaliks von Saide, so wie der Districte
von Jerusalem, Tripoli und allen Provinzen des Mittel=
meeres, auf allen Straßen und an allen Orten sämmtliche
Abgaben dieser Art ohne alle Ausnahme zu unterdrücken.

Auch gebiete ich, daß die christlichen Priester, welche zu den
Kirchen gehören, in denen das Evangelium gelesen wird,
und welche die Cerimonien ihrer Religion verrichten, nicht
länger genöthigt seyn sollen, die willkürlichen Abgaben zu
bezahlen, welche ihnen bisher aufgelegt worden sind."

Der alte Großwessier Redschid Pascha hatte längst die
Unfähigkeit des schönen Günstlings Hussein Pascha erkannt,
und den Sultan mehrmals fußfällig gebeten, ihn vom Com=
mando zu entfernen. Der Sultan wartete aber erst die Nie=
derlage seines Lieblings ab, bevor er ihn entließ und an
seiner Stelle das Commando dem alten Großwessier übertrug.
Dieser aber war nicht mehr im Stande, eine so ganz verdor=
bene Sache wieder gut zu machen. Die Armee war im höch=
sten Grade entmuthigt, und die zusammengerafften, in euro=
päische Uniformen gezwungenen Recruten haßten den neuen
Dienst eben so sehr, als sie vor den Aegyptiern eine panische
Furcht hatten. Am 8 November brach der Großwessier mit
60,000 Mann von Scutari auf und richtete seinen Marsch
gerade nach Koniah, wo Ibrahim bereits am 1 November
eingerückt war. Des Großwessiers rechte Flanke sollte Sulei=
man Pascha und die linke der Pascha von Trapezunt decken,
der herbeigerufen worden war und gegen Cäsarea marschirte.

Ibrahim täuschte den Großwessier durch eine Kriegslist,
that, als ob er ihm nicht Stand halten wollte, räumte Ko=
niah, und lockte die ihn verfolgende türkische Armee in die
Defileen von Karaman, wo er sie plötzlich überfiel und
vernichtete, am 21 December. Ein Correspondent der Allg.
Zeitung aus Wien berichtet: „Die Folgen dieses für den
Orient unberechenbaren Ereignisses sind einzig der Wort=
brüchigkeit des Großwessiers zuzuschreiben, der mit Ibrahim

Pascha bis zum 23 December einen Waffenstillstand geschlossen
hatte, und sich dann voreilig in einen Kampf einließ, der
jene gänzliche Niederlage der großherrlichen Armee herbei=
führte. Der türkische Feldherr hatte schon am 18 December
seine gesammten Streitkräfte bei Akscher vereinigt, die Vor=
posten waren kaum mehr drei Stunden von Koniah entfernt,
als der Großwessier den Entschluß faßte, auf Koniah selbst
loszugehen und Ibrahim anzugreifen. Die Stellung der
ägyptischen Armee in den Ebenen hinter der Stadt Koniah
bot für einen Feldherrn wie Ibrahim außerordentliche Vor=
theile dar, die Stadt stand gleichsam als Bollwerk vor ihm,
und die großen Flächen boten ein treffliches Terrain für
ausgedehnte taktische Operationen. Ibrahim erwartete also
mit festem Fuße den Angriff der Türken, deren Stärke mit
den irregulären Truppen an 60,000 Mann betragen mochte.
Am 21 December früh begann die Schlacht, der Großwessier
brachte alle seine Streitkräfte ins Gefecht; der Kampf war
anfangs sehr heftig, einzelne ottomanische Truppencorps ga=
ben glänzende Beweise von Tapferkeit; doch gegen 3 Uhr
Nachmittags wich die gesammte türkische Armee dem An=
drange der Aegyptier und warf in eiliger Flucht die Waffen
von sich. Nun entstand ein unbeschreibliches Chaos: Ibra=
hims treffliche Artillerie und Cavallerie warfen alles darnie=
der, die Infanterie machte mit dem Bajonette ein gräßliches
Blutbad, und rieb den Rest der sich ihnen noch entgegenstel=
lenden Türken auf. Ibrahim hatte sonach einen glänzenden
Sieg erfochten, seine ganze Armee, wenig über 30,000 Mann
stark, aber von erfahrenen europäischen Officieren geleitet,
war den ganzen Tag über im Gefechte. Der Großwessier
ward verwundet und gefangen; Gleiches Schicksal theilten

mit ihm zwei ausgezeichnete Männer, der Pascha von Ko=
niah und Bosnak Ali Pascha; übrigens fiel noch eine große
Anzahl von Pascha's nebst einem ungeheuren Kriegsmaterial
jeder Art, in die Hände der Sieger. Ibrahims Heer erlitt
gleichfalls bedeutende Verluste, doch bestätigt sich bis jetzt
noch nicht die Nachricht von seinem weitern Vordringen.
Von einer türkischen Armee kann von nun an keine Rede
mehr seyn, denn sie ist gänzlich vernichtet! Mehemed Pascha
und Achmed Pascha sind beide auf dem Rückzuge geblieben,
der Erstere fiel bei Akscher, der zweite bei Eski=Chehir."

Ein Correspondent aus Constantinopel erzählt: „Am
21sten wollte er dem Feinde ein Treffen liefern, das den
Feldzug mit Einem Schlage beendigen sollte. Zu diesem
Ende war er dem Ibrahim Pascha in die Defileen von Kara=
man gefolgt, um ihn dort anzugreifen. Seine Dispositio=
nen waren ungefähr so genommen: das Gros der großherr=
lichen Truppen, aus 42,000 Mann meist Albanesern, und
500 Mann Haustruppen des Großwessiers bestehend, sollte
unter seiner Anführung den Hauptangriff auf das Centrum
der Aegyptier machen, welches an einen Bergrücken angelehnt
war; während die großherrliche Reiterei in zwei Treffen,
jedes von 6000 Mann, die Flügel der ägyptischen Armee be=
schäftigen, und wenn thunlich, angreifen sollte. Ibrahim
Pascha mochte dieses Manövre errathen haben, und war in=
zwischen unter Begünstigung der Bergschluchten mit bedeu=
tenden Colonnen gegen die Flanken des Großwessiers debou=
chirt, im Centrum nur so viele Truppen lassend, als erfor=
derlich war, seine Bewegungen zu decken, und zu ihrer Voll=
ziehung Zeit zu gewinnen. Kaum war er auf der Höhe der
äußersten Flügel des Großwessiers angekommen, als er mit

Ungestüm über die türkische Reiterei herfiel, sie zerstreute,
und nun von zwei Seiten ihn selbst angriff. Auf diesen un=
verhofften Angriff nicht vorbereitet, und mit dem feindlichen
Centrum engagirt, das zu brechen ihm bereits gelungen war,
sammelte der Großwessier in der Eile einige seiner besten
Truppen, um den Angriffscolonnen der Aegyptier die Stirne
zu bieten. Allein es war verlorne Mühe, da der größte
Theil des Artillerieparks nicht mehr deployiren konnte und
das feindliche Geschütz schon große Verheerungen anrichtete.
Es blieb daher nichts übrig, als die unvermeidliche Nieder=
lage den Feind so theuer als möglich erkaufen zu lassen; was
auch geschah. Der Sieg der Aegyptier wurde nach einem
sechsstündigen blutigen Kampfe errungen. Der Verlust des
Siegers an Mannschaft war jenem des Besiegten fast gleich.
Als die Albanesen zerstreut und nicht mehr zu sammeln wa=
ren, stand der Großwessier von dem kleinen Häufchen seiner
treuen Haustruppen umgeben an einen Graben gelehnt, im
heftigsten Kartätschenfeuer, und wehrte die gegen ihn mit
dem Bajonette gemachten Angriffe so lange ab, bis er selbst
schwer verwundet wurde und dann in Gefangenschaft gerieth.“

Nach dieser furchtbaren Niederlage der Türken glaubte
Rußland einschreiten zu müssen. Gelang es Ibrahim Pa=
scha, sich mit der unzufriedenen Partei in Constantinopel zu
verbinden, und den Sultan zu stürzen, und eine neue kräf=
tige Dynastie zu gründen, so war dieß für Rußland von un=
berechenbarem Nachtheil, und die so nahe Aussicht, sich Con=
stantinopels zu bemächtigen, wurde wieder weit hinausge=
schoben. Da sich Rußland nun seit dem Frieden von Adrianopel
zum Beschützer der Pforte aufgeworfen hatte, so trat es jetzt
in die Schranken. General Murawieff wurde nach Con=
stan=

IBRAHIM PASCHA.

ſtantinopel mit dem Verſprechen ſchleuniger materieller Hülfe
geſandt (im December), und mußte zugleich Mehemed Ali
mit der ganzen Rache Rußlands bedrohen. Schon im Früh=
jahr war der ruſſiſche Generalconſul aus Aegypten zurückge=
rufen worden. Der Moniteur Ottoman berichtete darüber:
„Se. Maj. der Kaiſer von Rußland befahl, daß der zu Alex=
andria reſidirende Conſul unverzüglich zurückberufen würde,
da ſich die Anweſenheit eines ruſſiſchen Agenten in jenem
Lande mit dem gegenwärtigen Zuſtande der Dinge nicht ver=
trage. Auch darf kein ruſſiſches Kaufmannsſchiff die Rebellen
mit Lebensmitteln oder Waffen unterſtützen. Die Empörung
Mehemed Ali's wird ohne Zweifel von den andern der
hohen Pforte befreundeten Cabinetten, ebenſo wie von dem=
jenigen Sr. Maj. des Kaiſers von Rußland, als eine ver=
brecheriſche und durch nichts zu entſchuldigende Unternehmung
angeſehen werden, die durch die Zurückberufung der Reprä=
ſentanten aller Regierungen, welche in der Ordnung und
Geſetzlichkeit ihr und ihrer Unterthanen Intereſſe finden,
beſtraft werden muß.“

Der Ausdruck „ohne Zweifel“ beweiſt, daß man im Ge=
gentheil ſehr zweifelte. Gewiß iſt, daß keine Macht den
Paſcha von Aegypten direct unterſtützte, weil dieß gegen die
Verträge mit der Pforte und den beſtehenden Frieden lief.
Inzwiſchen hatte Mehemed Ali in England ſehr gute Freunde,
und der Sultan hielt es nicht für überflüſſig, den Namik
Paſcha als Geſandten nach London zu ſchicken, um das eng=
liſche Cabinet für ſich zu gewinnen. Namik kam am 17 De=
cember nach London. Auch Frankreich ſah das Einmiſchen
Rußlands mit lebhafter Eiferſucht, allein die Politik des
Juſtemilieu ließ nur halbe Maßregeln zu. Die franzöſiſchen

Journale demonstrirten mit großer Beredsamkeit, Rußland
hätte dem Sultan seine Hülfe nicht aufdringen sollen, aber
Rußland handelte inzwischen. Die Instructionen der fran=
zösischen Agenten in Constantinopel und Aegypten waren
eben so unnütz. „Sie schrieben dem Erstern vor, sagt ein
französisches Memorandum, seine Bemühungen zu verdop=
peln, die Pforte von dem Gedanken abwendig zu machen,
von neuem den Wechselfällen des Kriegs die Spitze zu bie=
ten; sie trugen dem Zweiten auf, Mehemed Ali durch Er=
wägungsgründe, die am geeignetsten seyn mochten, auf sein
Gemüth Eindruck zu machen, zu vermögen, seine Forderun=
gen zu mäßigen, und die Würde der Pforte zu schonen, so
daß er derselben gegenüber die Initiative der Unterhandlun=
gen ergreife. Hr. Mimault sollte dem Pascha notificiren,
daß die Regierung des Königs, als treue Freundin der
Pforte, und der Aufrechthaltung des ottomanischen Reichs
aufrichtig ergeben, zum voraus auf das förmlichste jeden
Entwurf mißbillige, der nach dem Sturze des Sultans
trachte.“

England und Frankreich wußten nicht, was sie wollten,
indem sie sich nicht für den Sultan oder für den Pascha ent=
schieden. Rußland wußte, was es wollte, entschied sich für
den Sultan, schickte ihm eine Armee zu Hülfe, und erreichte
somit den doppelten Vortheil, den Pascha zurückzuschrecken und
den Sultan noch enger in seine Fesseln zu schmieden. Mäch=
tiger als je stand Rußland als Schiedsrichter im Oriente da,
und England und Frankreich hatten das Zusehen, wie immer.
— Was die Politik Oesterreichs betrifft, so entzog sich dieselbe
der Publicität. Das übertriebene, beinahe schwärmerische
Lob, welches Herr von Prokesch in seiner ägyptischen Reise=

beschreibung dem Pascha von Aegypten angedeihen ließ, er=
laubte einige Vermuthungen; doch schien es nachher, als ob
Oesterreich geneigter sey, sich mit Rußland in die Protection
der Pforte gegenüber von England und Frankreich zu theilen.

Da Mehemed Ali ein Gegenstand der Hoffnungen
und Besorgnisse der europäischen Politik geworden war, so
kamen auch die entgegengesetztesten Urtheile über ihn zum
Vorschein. Ein türkischer Artikel im Moniteur Ottoman
schilderte sein Leben also: „Zu Kavala in Macedonien ge=
boren, war Mehemed Ali Anfangs nichts als ein gemeiner
Seymen oder Soldat unter den irregulären Truppen. Er
machte in Gesellschaft des Sohnes des Tschorbadschi von
Prausta den ägyptischen Krieg mit. Als die Fremden Aegyp=
ten geräumt hatten, blieb Mehemed Ali als Buluk Baschi oder
Polizeichef in Diensten der Statthalter dieser Provinz. Es
wurde ihm in der Folge der Grad eines Bim=Baschi oder
Chefs von 1000 Mann, und später der eines Capi=Buluk=
Baschi oder Polizeichefs des Palastes zu Theil. Seine Thä=
tigkeit gewann ihm das Vertrauen der Statthalter, die
durch ihre Berichte an die Regierung den Grund zu seinem
Rufe legten, und ihn mit reichen Geschenken beehrten. —
Undankbar von Natur und schelmisch aus Grundsatz, verbarg
er seine schon gereiften Plane unter äußerer Ergebenheit
und jener plumpen Offenheit, die um so sicherer täuscht, als
sie selten trügerisch ist. Eine Anzahl verworfener Menschen,
wie sie dem ersten besten Tollkopfe, der sich ihrer zum Bösen
bedienen will, immer bereit stehen, wurden von ihm gewon=
nen. Auf das verabredete Signal erhob sich diese durch
Geldvertheilung und Versprechungen vermehrte Bande; aber
Mehemed Ali suchte den Vortheil und fürchtete die Gefahr,

er stellte also einen gewissen Tahir Pascha, einen gebrand-
markten und charakterlosen Albaneser, an die Spitze des
Aufruhrs, und beschränkte sich darauf, diese Empörung gegen
den Statthalter von Aegypten, dem allein er sein Glück
verdankte, zu unterstützen, war aber der Erste, der darauf
drang, daß Tahir Pascha in der Festung von Cairo eingekerkert werde. — Die Bahn war gebrochen, und Mehemed
Ali wollte sie im Sturmschritte durchlaufen. Tahir Pascha
wurde sein Opfer; dieser Mann hatte ihm in einem unge-
wissen Kampfe eine Weile als Schild gedient, als er ihm
nichts mehr nützen konnte, war sein Erstes, sich dieses Genossen zu entledigen. Aegypten war durch die Invasion
von Grund aus erschüttert worden; die Leidenschaften konnten nur mit der Zeit und mit Hülfe einer weisen Verwaltung sich beruhigen, Mehemed Ali aber schürte den Brand.
Seine Stellung machte es ihm leicht, mit den Vornehmen
zu intriguiren, ihrem Ehrgeize zu schmeicheln, oder ihr
Rachegefühl anzufeuern. Er zog sie in seine Partei und
war der Anstifter des gegen Itsch Eli Achmet Pascha ge-
schmiedeten Complots und der blutigen Niedermetzelung
des neuen Statthalters von Aegypten, Seid Ali Pascha,
seiner Familie und seines ganzen Gefolges. Er war es,
der dem Churschid Achmet Pascha, dem Hadschi Mehemed
Pascha, und endlich allen jenen vornehmen Aegyptiern, die
sich zu Helfershelfern seiner Gräuelthaten gebrauchen ließen,
die Schlingen zum Verderben legte. Die von ihm aufge-
wiegelten und hintergangenen Oberhäupter aus dem Militär, der Geistlichkeit und der Bürgerschaft, kurz Alle, die
ihm die Hand zu seiner Erhebung liehen, fielen nach und
nach unter seinen Schlägen. — Mehemed Ali ließ sich nun

auf dem Seſſel der ägyptiſchen Statthalter nieder, be=
ſudelt mit dem Blute ſeiner Wohlthäter, die ihn empor=
gezogen hatten, und ſeiner Cameraden, die ihm bei ſeinen
Empörungen ein Beiſtand geweſen waren. Solcher Anfang
mußte ſeine Früchte tragen. Die roheſte und unerbittlichſte
Unterdrückung laſtete auf den Einwohnern Cairo's und der
Städte und Dörfer dieſes unglücklichen Landes. Verächter
der Religion und alle Rechte mit Füßen tretend, ſobald es
ſich um Geld handelte, entzog er den großherrlichen Moſcheen
größtentheils die ihnen beſtimmten Einkünfte, ſetzte die Ge=
halte der Beamten des Cultus auf ein Minimum herab,
und beeinträchtigte dergeſtalt dieſe Diener des Friedens und
des Unterrichts der Jugend, obgleich die ottomaniſchen Herr=
ſcher ſeit den älteſten Zeiten dieſe Beamten mit den freige=
bigſten Dotationen ausgeſtattet hatten. Die Unzucht, die
in den muſelmänniſchen Geſetzen mit der tiefſten Entehrung
gebrandmarkt iſt, dieſes ſchändliche Laſter wurde für ihn
eine Quelle der Bereicherung ſeines Schatzes. Unter ſeinem
Schutze, vielleicht ſelbſt auf ſeinen Befehl, wurden für die
Orgien dieſes zerſtörenden Verbrechens öffentliche Anſtalten
errichtet und als Zweig des öffentlichen Einkommens beſtä=
tigt. Und er, der Statthalter Aegyptens ſelbſt, entblödete
ſich nicht, durch lockende Aufmunterung alle Frauen jenes
Landes zur allgemeinen Schande zu verführen. — Die Be=
ſchützung der heiligen Stätten war jederzeit eine der uner=
läßlichſten Verpflichtungen der Statthalter von Aegypten,
die ſtets einen Theil der Zehenten = und Kopfſteuer=Revenuen
für dieſelben beſtimmten. Ihnen vor Allen übertrug der
erſte Imam der Muſelmänner die Sorge, die Unruhen zu
unterdrücken, welche in der Provinz Hedſchas entſtehen, und

der heiligen Pflicht aller Anhänger des Korans, zu gewiſſen Zeiten ihres Lebens eine fromme Wallfahrt nach dem Grabe des Propheten zu unternehmen, Hinderniſſe in den Weg legen könnten. Die Expedition Bonaparte's im Jahre 1213 der Hedſchra brachte allgemeine Verwirrung über dieſes weite Land; aber die Ruheſtörung wurde durch die Handlungen blutiger Zwietracht, vermittelſt deren Mehemed Ali an die Spitze der Angelegenheiten gelangte, noch verlängert. Dieſe Gelegenheit kam den Wahabiten erwünſcht; ſie benutzten dieſelbe, um ſich der heiligen Orte zu bemächtigen, und die muſelmänniſchen Pilger wurden mehrere Jahre hindurch der Möglichkeit beraubt, ſich nach Mekka zu begeben. — Die Befreiung der heiligen Orte von jenen Barbaren konnte nur von Aegypten aus geſchehen. Nach jahrelangen Vor= wänden und Zögerungen entſchloß ſich Mehemed Ali endlich zu handeln; aber nicht etwa, weil es ſeine Pflicht ihm ge= bot, den Befehlen der Regierung zu gehorchen, nicht weil die Sache der Religion und des Reiches bloßgeſtellt war, ſondern weil er in der Vertreibung der Wahabiten ein Mittel ſah, ſich den Beſitz von Dſchedda und jener ganzen Küſte zu ſichern. Seine Habgier berechnete, was ihm die arabiſche Halbinſel, wenn ſie einmal zur Ruhe gebracht wäre, eintragen könnte. Auch dort führte er nun ſein un= heilvolles Syſtem ein, und ſein eiſerner Arm erſtreckte ſich über jene Bewohner, ein friedliches und harmloſes Volk, das ein beſſeres Schickſal verdiente, und dem ſchon das bloße Andenken an den Propheten, durch den jene Gegend ver= ewigt ward, gegen die Gewaltthätigkeiten einer unverſöhn= lichen Tyrannei hätte zum Schirme gereichen ſollen.‟

Ein im ruſſiſchen Intereſſe aus Alexandria geſchriebener

Artikel in der Allg. Zeitung stellte alle Regierungsmaßregeln
Mehemed Ali's von der Schattenseite dar: „Jedermann
weiß, daß Aegypten eines der segensreichsten und fruchtbar=
sten Länder der bekannten Welt ist; auch ist jedem, der nur
einigermaßen geographische Kenntnisse besitzt, bekannt, daß
Aegyptens Lage eine der vortheilhaftesten für einen thätigen,
blühenden, sowohl activen als passiven Handel ist. Und
trotz aller dieser von der Natur erhaltenen unschätzbaren
Mittel zum Wohlstande ist doch kein Volk auf der Erde
ärmer und elender, als das ägyptische unter dem jetzigen
Pascha; man kann nicht, ohne daß einem das Herz blutet,
halbnackte, in zerrissene Lumpen gehüllte und in feuchtem
Winter vor Kälte schnatternde Bauern in der Mitte der
herrlichsten Baumwollenäcker sehen, oder neben den schönsten
und reichsten Weizenfeldern Menschen erblicken, die, um
nicht dem Hunger zu unterliegen, schlechte ungesunde Kräu=
ter verzehren. Und dieses erblickt man in dem vielgepriese=
nen Nilthale, unter dem in Europa so hochgefeierten huma=
nen und civilisirenden Mehemed Ali. Der arme Bauer
wird von der zartesten Jugend an wie ein elender Sklave
mit dem Stocke zu den Arbeiten getrieben, und der Pascha
allein erntet die Frucht aller Anstrengungen seiner Untertha=
nen. Es müssen nämlich alle Producte der Erde in die
Staatsmagazine zusammengehäuft werden, und der Schein,
den der Bauer für seine Erzeugnisse erhält, beträgt kaum
so viel, als er zur Aussaat für das nächste Jahr bedarf. Alle
Kaufleute, sowohl große als kleine, sind nichts Anderes, als
Taglöhner des Pascha's, denn alle möglichen Waaren müssen
aus seinen Niederlagen gekauft werden, und können folglich
nur mit geringem Gewinne im Kleinen abgesetzt werden.

Alles wird von ihm verpachtet, bis auf das Recht, den Ka=
mel=Mist, deſſen man ſich hier zur Feuerung bedient, auf
den Straßen zuſammenzuſcharren und zu dörren, Waſſer zu
tragen, Holz zu ſpalten, Bordelle zu errichten ꝛc. Alles die=
ſes ſteht unter großen Pächtern, die nach Belieben alles ta=
riren, hingegen dafür ungeheure Summen dem Paſcha bezah=
len. Die Organiſation einer für ein ſo kleines Land unge=
heuren Land= und Seemacht verſchlang alle Schätze, die den
armen Aegyptiern erpreßt wurden. Erträglich waren noch
die Koſten einer Landarmee von mehr als 50,000 Mann,
denn die Soldaten ſind ſchlecht gekleidet, ſchlecht ernährt
und ſchlecht einquartirt, nur die Bezahlung der vielen eu=
ropäiſchen Inſtructeurs, Aerzte und Pharmaceuten, beſon=
ders aber die verſchwenderiſche Beſoldung der Oberofficiere,
erfordern bedeutende Summen; denn ein einfacher Oberſt
hat jährlich bei 40,000, ein General bei 60,000 Franken,
und ſo weiter ſteigend bis zu den Miniſtern und kleinen
Paſchas, die über eine halbe Million Franken jährlich als
regelmäßige Einkünfte aus dem Staats= oder königlichen
Schatze beziehen. Der Paſcha wußte wahrſcheinlich, wie we=
nig auf eines Türken Treue zu zählen iſt, und ſuchte daher
durch eine beiſpielloſe Freigebigkeit ſeine Officiere an ſich zu
feſſeln. Der eigentliche Schlund aber, der alles aufgetriebene
Geld des Paſcha's verzehrt, iſt ſeine Marine. — Während
Aegypten von Militärinſtructoren wimmelt, ſieht man nicht
einen einzigen Volkslehrer, der berufen wäre, das Volk zu
unterrichten, um es einigermaßen aus ſeiner tiefen Ignoranz
zu erheben. So ſchmachtet jetzt Aegypten, wie vielleicht kein
Volk auf der Erde, im allertiefſten phyſiſchen und mora=
liſchen Elende. Die brauchbare kräftige Jugend, verheira=

thete sowohl als ledige Männer, werden gezwungen, die
Waffen zu ergreifen, und diese sind nicht am meisten zu
bedauern, da sie doch einiges Durabrod und Bohnen täglich
erhalten, in den Dörfern hingegen bleiben, der drückendsten
Armuth preisgegeben, die Greise, Weiber und Kinder zurück.
— Wenden wir uns nun zur Armee, dem Kleinod Mehemed Ali's, dem Ueberbleibsel von Aegyptens ganzer Existenz,
so sehen wir ärmlich, schlecht und unbequem gekleidete Soldaten, die selbst in den äußern Exercitien und militärischen
Manöuvres weit unter den schlechtesten europäischen Truppen
stehen." — Dagegen rühmt Herr v. Profesch das Regierungssystem Mehemed Ali's auf jede Weise, und geht so weit, es
mit dem weisen Verfahren Josephs und der alten Pharao-
nen zu vergleichen: „Die Verwandlung alles Grundbesitzes
in Staatseigenthum oder Domänenbesitz ist die breite Basis,
worauf der ganze Bau Mehemed Ali's ruht. Der Augenblick, worin der Vicekönig diese Maßregel unterzeichnete, ist
derjenige der Wiedergeburt Aegyptens. Keine wurde von
den lauten Sachwaltern der Philanthropie strenger getadelt,
keine mit schimpflicheren Namen belegt, keine ist ihrem Wesen nach philanthropischer als diese. — Man kann Aegypten
nicht Kleider anziehen, die vielleicht für America passen.
Ein Land, dem die vereinzelte Thätigkeit und die vereinzel-
ten Opfer nichts abzwingen, und das durch den zu demselben
Zwecke vereinigten, geregelt für das Ganze verwendeten
Aufwand alles wird: dem ist von der Natur die Verwaltung
vorgezeichnet, die ihm am besten bekommt. Es sollte von
denen, welche gegen das von dem Vicekönig angenommene
Systgem zu Felde ziehen, gewiß nicht übersehen werden, daß
Aegypten in jeder seiner blühenden Epochen ganz auf ähnliche

Weise behandelt und verwaltet ward, und eben so wenig, daß in den Epochen, wo der Grundbesitz Eigenthum des An= bauers wurde, das Land verfiel und zur Wüste wurde. — Die Weisheit Josephs als Gründer einer blühenden Ver= waltung von Aegypten in ältester Zeit, in der Zeit, von de= ren Lebenskraft und riesigen Entwicklung die größten Werke und die vereinten Stimmen der Geschichte und Mythen zeu= gen, ist in der Bibel verewigt und noch heut zu Tage bei allen Morgenländern Sprüchwort. Was that Joseph? — „Er lösete alle Ländereien für Pharao als Eigenthum ein; nur die Ländereien der Priester lösete er nicht ein" (Genesis 47); dann gab Joseph die Saat und ließ das Land für Pha= rao bearbeiten. Vier Fünftel der Ernte ließ er den Be= bauern des Grundes, ein Fünftel gehörte dem König, und diese Abgabe wurde Gesetz."

Von der Politik des Pascha's erhalten wir folgendes Ge= mälde: „Die Elemente, welche die Bevölkerung von Aegyp= ten ausmachen, die Stellung des Vicekönigs zu den Nachbarprovinzen der Pforte und zu dieser selbst, die Vorurtheile in Religion, in Sitten und Gebräuchen, zwin= gen diesen kühnen Fürsten, in der Ausführung seiner Plane für Aegypten mit einer Vorsicht zu Werke zu gehen, welche nicht selten seine Schritte zu lähmen scheint. Und doch ist sein Gang der schnellste. Wo ist ein Land, das in zwanzig Jahren verhältnißmäßig größere Schritte gemacht hat, als das heutige Aegypten? — Er muß wie ein Schiffer zwischen Klippen sich durchwinden, und hundertmal den kürzesten Weg aufgeben, um den schnellsten und sichersten zu fahren. — Er muß die Türken, die eigentlichen Herren, durch das Schwert in Achtung halten, und ihre Abneigung gegen die

Neuerungen beschwichtigen. Er muß die Araber als die Be=
siegten und Diener niederhalten, und als die zahlreichsten,
die eigentliche Nation und die Fähigsten, aufrichten. — Er
muß die Kopten als unentbehrliche Werkzeuge brauchen, und
als geborne Feinde entfernen. Er muß die Griechen und
übrigen Rajas ob ihrer Kenntnisse und Fertigkeiten für sich
gewinnen, und dabei doch die unter den gegenwärtigen Zeit=
umständen so aufgeregten Gemüther der Muselmänner scho=
nen. — Er muß die Franken, von denen allein er lernen
kann, hoch halten, auf daß sie ihm mit Neigung dienen;
und er soll sie auch demüthigen, um nicht zu sehr gegen die
Vorurtheile seiner Unterthanen anzustoßen. So jeden Au=
genblick auf der Hut, aus dem Streite dieser widersprechen=
den Bestrebungen den größtthunlichen Nutzen für sich heraus=
zuziehen, hat er sich als erfahrener Steuermann bewiesen. —
Kein Land kann weniger der Civilisation entbehren, als
Aegypten, das durch sie zu einem Paradiese werden kann,
und ohne sie zur Wüste. Wie viel ist aber nicht schon in
zwei Jahrzehnten, in diesem Wiegenalter der Civilisation,
in Aegypten geschehen? — Große Wasserwerke, die Schlüssel
zum Schatzkasten des Landes, sind von den Küsten des Mee=
res bis an die Katarakten aufgeführt; ein geregeltes System
derselben ist in Berathung, und an hundert Orten zugleich
sind ein verständiges Auge und eine fleißige Hand dafür thä=
tig. Der Canal Mahmudieh und jener von Abu=Neschabe
am linken, — der Canal Ibrahim und der von Belbeis am
rechten Ufer des Nil, in Unterägypten, — der große Canal
zur Bewässerung der Provinz Garbieh und eine Menge an=
derer im Delta, — die schönen Schleußen von Sauwatsch
in der Nazirschaft von Dschirdscheh, die Menge von Däm=

men, Schleußen, Durchläſſen, Waſſerzügen und Steinbrücken,
über das ganze Land gebreitet, ſind Werke des Vicekönigs.
— Baumwolle war zu Zeiten der Ptolemäer ein Haupterzeug=
niß. Es beſtanden damals Spinnereien dafür, ſo wie für
Leinen. Jahrhunderte hindurch, und noch bis vor wenigen
Jahrzehnten, mußte Aegypten ſeinen Bedarf an Baumwolle
in Nachbarländern kaufen, denn es hatte aufgehört zu erzeu=
gen, und glaubte zu viel zu thun, wenn es ſich darin ver=
ſuchte. Der Vicekönig pflanzte, und jetzt kleidet Aegypten
mit dieſem Erzeugniß ſeine Bevölkerung und führt noch für
mehrere Millionen ſpaniſcher Thaler jährlich aus.“ Eben ſo
verhält es ſich mit Waldpflanzungen, mit Oelbau, Seiden=
bau. — Vorzüglichen Fleiß verwendet der Paſcha auf ſein
Heer. „Das Lager von Cairo iſt die Pflanz= und Muſter=
Schule der Armee, der Herd für die Verbreitung euro=
päiſcher Kenntniſſe und Einrichtungen, das ältere Lieb=
lingskind des Vicekönigs und die Stütze ſeiner Macht in
Aegypten. Es liegt vier Stunden NO. der Hauptſtadt zwi=
ſchen den Dörfern El=Khanka und Abuſabel, am Saume der
arabiſchen Wüſte.“ Die beſten Truppen ſind die Araber,
auch Neger hat er in Regimenter abgerichtet und hält. ſo
einen Volksſtamm durch den andern im Zaum. „Eine Ar=
mee allein aus Arabern und Negern wäre ſein Wunſch, wenn
er nicht fürchten müßte, daß ſie dann keinen Türken zum
Fürſten haben wollten.“

Das Meiſterſtück Mehemed Ali’s iſt die Civiliſation
der Beduinen. „Dieſe Umwandlung iſt ohne Zweifel
merkwürdig, um ſo mehr, da ſie nicht eine Umwandlung des
Charakters der Beduinen, ſondern nur eine Veränderung in
ihrer Berührung mit dem feſtſitzenden Volke iſt, als dadurch

die Aufgabe gelöf't erscheint, beide neben einander friedlich
bestehen zu machen. Der Vicekönig, weitsehend und berech=
nend, überdieß die Schwächen der Einzelnen wie ganzer
Stämme schnell faffend, arbeitete, von dem Augenblicke, als
er in Aegypten Wurzel zu faffen begann, nach einem und
demselben Plane an der Bändigung der Beduinen. Ihren
Vourtheilen schmeichelnd, die Häuptlinge mit Auszeichnun=
gen überhäufend, treu in seinen Versprechnungen, stimmte er
diese von Mamelucken und Türken nur feindlich oder treu=
los behandelten Stämme nach und nach für sich. Nun ging
er daran, sie zu beschäftigen. Die Beduinen waren der
Schrecken der Caravanen: er übertrug ihnen die Führung
derselben, und benützte so die Beispiele, die bereits im Lande
bestanden. Die Beduinen, durch das Vertrauen, das der
Vicekönig in sie setzte, geschmeichelt, entsprachen demselben
im vollen Umfange. Es ließen sich gleichzeitig andere Schritte
machen. Die Beduinen konnten mehr als dreißigtausend be=
waffnete Männer ins Feld stellen. Da in jedem Stamme
der Häuptling und eine größere oder kleinere Zahl an Män=
nern von dem Vicekönige Sold zog, so war dadurch die ganze
Masse gebunden. Dieß schien aber nicht genug für die Sicher=
heit Aegyptens. Er gab den Stämmen der libyschen Wüste,
welche Aegypten zu besuchen pflegen, 12 Ortschaften in der
Provinz Fayum als Eigenthum. Daraus kam für jeden die=
ser Stämme an 27,000 Piaster jährliches Einkommen. Er
verlangte dagegen: daß diese Stämme nicht mehr, wie vor=
mals, unter sich gemischt seyn sollten, und jeder nur gewisse
Landstrecken in Aegypten betreten dürfte. Er wies sonach
allen Hirtenstämmen Weideplätze an, und allen übrigen die
Gränzen ihrer Bewegung. Dieß einmal angenommen, stellte

er den Grundſatz auf, daß für jeden von einem Beduinen
vollführten Raub, überhaupt für jedes an Unterthanen oder
Schützlingen Aegyptens von Beduinen begangene Unrecht,
der Stamm im Ganzen verantwortlich wäre."

Der Sultan hatte übrigens außer mit Mehemed Ali auch
noch mit andern Empörern zu kämpfen. Bosnien, die
äußerſte türkiſche Gränzprovinz im Weſten, im Rücken Ser-
biens, geſchützt durch Gebirge, war ſeit geraumer Zeit unbot-
mäßig, hatte früher den Paſcha von Scutari bei ſeiner Empörung unterſtützt, und ſetzte ihren Ungehorſam auch nach deſſen
Unterwerfung fort. Wie einſt in dem empörten Griechenland,
warfen ſich auch hier einzelne Häuptlinge, halb Räuber, halb
Soldaten, zu Herrſchern auf. Obgleich mohammedaniſch, iſt
die Bevölkerung doch nicht türkiſch, ſondern ſlaviſch, und den
Serben in Sprache und Sitte nahe verwandt. Der Sultan,
der ſeine ganze Aufmerkſamkeit auf Aegypten richten mußte,
erließ am 26 Februar einen ſehr gnädigen Hattiſcheriff an den
Fürſten Miloſch von Serbien, der ihm die Bosnier unterwerfen ſollte. Miloſch beſetzte auch die Gränze, unternahm
aber nichts gegen die Bosnier, um ſich dieſes Volk, das ſich
früher oder ſpäter an die Serbier anſchließen wird, nicht zum
Feinde zu machen. Im März mußte daher der Großweſſier
Redſchid Paſcha in eigner Perſon eine Armee zuſammen-
raffen und nach Bosnien führen. Da die Rebellen nur des
kleinen Kriegs mächtig waren, konnten ſie gegen geſchloſſene
Maſſen nicht aushalten, und ließen ſich am 20 April bei No-
vihagor, am 29 Mai bei Sarajewo ſchlagen, worauf
dieſe Hauptſtadt Bosniens von den Türken beſetzt wurde.
Von hier aus führten dann die Türken den kleinen Krieg in
den Gebirgen fort, zerſtörte die Burgen; in welchen ſich die

Häuptlinge, wie in alter Ritterzeit, verschanzt hatten, nah=
men viele gefangen, und nöthigten die übrigen, sich ins
Oesterreichische zu flüchten. Gefangen wurden Mahmud Pa=
scha Fedaich von Zwornik, Imzaga Ginowich von Banjakula,
die Brüder Sircich, Hassan Aga Pecski 2c., nach Oesterreich
entkamen Sofhoch Ali Pascha, Osman Beg Ressulbegowich,
Ibrahim Aga Xinovich von Mostar, Hussein, Firdus, Gra=
dashesevich 2c.

Am 28 Mai empörten sich auch die Einwohner von Bag=
dad, indem die alte Janitscharenpartei durch die ägyptischen
Agenten aufgehetzt wurde. Doch unterdrückte der Pascha Ali
den Aufruhr bald.

Der Pascha von Trapezunt unternahm einen Streif=
zug gegen die unruhigen Gebirgsvölker von Surmene, und
besiegte sie am 26 Junius.

In der Wallachei und Moldau stand alles auf dem
alten Fuß, d. h. auf russischem. Unter dem Einflusse des ru=
ssischen Generals Kisselew theilten sich die Familien Stourdza
und Balsch in die Verwaltung. Der ältere Stourdza war
Präsident der Administration, sein Sohn hatte die Finanzen,
ein Balsch die Justiz, ein anderer die Milizen. Ein russisches
Blatt, die Zeitung von Odessa, rühmt folgendes: „Zwei Di=
vane, in Generalversammlungen zu Jassy und Bucharest
vereinigt, berathschlagen mit reiflicher Ueberlegung über die
wichtigsten Landesinteressen. Eine Nationalmiliz, zwar nicht
sehr zahlreich, aber bemerkenswerth durch ihre Haltung und
Mannszucht, zieht die Blicke einer Bevölkerung auf sich, die
glücklich und stolz darauf ist, nicht mehr von der Gnade einer
Handvoll albanesischer Söldlinge abzuhängen. Quarantänen
erheben sich am Donaustrome entlang, und diese Orte verspre=

chen, dereinst eben so viele Sammelplätze eines freien und
gewinnbringenden Handels zu werden. Eine große Anzahl
Bulgaren hat sich auf unsern brachliegenden Aeckern angebaut,
und das Beispiel ihrer Arbeitsamkeit, so wie die Ermuthigung,
welche die von den frühern Fesseln befreite Ausfuhr von nun
an gewährt, werden die Nacheiferung und den Gewerbfleiß
des eingebornen Landmannes erwecken. Die schönen Wal=
dungen, welche den Gipfel und Abhang unserer Gebirge be=
decken, werden nicht mehr den Schlägen einer räuberischen
Art ausgesetzt seyn. Unsere Städte auf dem linken Donau=
Ufer, deren Wälle uns einst so ungeheure Summen, ein so
theures Material und niederdrückende Frohndienste kosteten,
erheben sich schnell aus den Trümmern ihrer Umschanzungen,
und die Festungswerke werden geschleift, um nie wieder
aufgeführt zu werden. Zwei öffentliche Blätter, die in der
Sprache unserer Vorfahren regelmäßig erscheinen, unter=
richten uns von allem, was zur Verbesserung und Befesti=
gung unseres künftigen Schicksals geschieht."

2.
Griechenland.

Nach dem Blutbade vor Argos am 21 December 1831,
durch welches der dort versammelte griechische National=
congreß aufgelös't worden war, zogen sich die Deputirten der
Opposition unter Koletti und dem Militärchef Grivas
nach Megara, die Regierungspartei aber unter Augu=
stin Capodistrias und den Militärchefs Kolokotroni,
Kalergi, Nikitas ꝛc. nach Nauplia zurück. Die letztere
Par=

MIAULIS.

Partei, die sich nach der Ermordung des Grafen Johann
Capodistrias, durch seinen Bruder Augustin in der Regierung erhalten hatte, wird insgemein die russische genannt,
weil man ihr Schuld gab, daß sie im Interesse Rußlands
Griechenland entkräften und seine Unabhängigkeit verhindern
wolle, bis einst Rußland davon Besitz ergreifen könne.
Thatsache ist, daß der russische Contreadmiral Ricord, der
in den griechischen Gewässern stationirt war, den Grafen
Augustin eben so thätig unterstützte, als sein Bruder Johann jederzeit von Rußland unterstützt worden war. Obgleich nun die Engländer und Franzosen die Herrschaft dieser Partei mißbilligten, so mußten sie doch dieselbe anerkennen, weil sie einmal im Besitze der Regierung war, und
Graf Augustin hatte den Vortheil, durch Beschluß der Londoner Conferenz unterm 7 Januar 1832 in der Eigenschaft
als Präsident von Griechenland bestätigt zu werden. Ueber
das System dieser Partei äußert die Allg. Zeitung folgendes: „Was dieses System sey, davon hat man in Europa
durchaus keine Vorstellung. Man kennt wohl die Regierung
von Venedig in Italien, und weiß, welche Künste des Trugs,
der Unterdrückung und, nach Bedürfniß, des Mordes und
der herzlosesten Grausamkeit sie in Bewegung setzte, um zu
bestehen, das Volk durch Unwissenheit, die Gebildeten durch
Furcht in Gehorsam zu halten, und den Menschen nach dem
zu schätzen, was seine Feilheit und Schlechtigkeit zu Schirm
und Pflege jener gräuelvollen Macht beitrug; aber diese
Herrschaft in ihrer ursprünglichen Gestalt ist noch ein gol-
denes Zeitalter gegen ihre Entartung in den auswärtigen
Besitzungen dieses argen Staates. In Zante wurde das
Jahr glücklich gehalten, in welchem die Zahl der Meuchel-

morde nicht auf 500 ſtieg, und aller größere Landbeſitz da=
ſelbſt ohne Ausnahme iſt in jener venetianiſchen Zeit durch
den Dolch, durch Meineid und durch Gebrauch des richter=
lichen Beiles gegen Unſchuldige gewonnen worden. Dieſes
Syſtem in Griechenland einzuführen, hatte man unternom=
men, die Juſtiz war durch Gennata, die Polizei durch Viaro,
den ältern Bruder des Präſidenten, zwei corfiotiſche Advocaten der venetianiſchen Schule, auf jenen Fuß geſtellt, der
höhere Unterricht abſichtlich abgeſchnitten, und die armſeli=
gen Anſtalten, welche hier beſtehen, nach einem von Stourdza
gekommenen, von Viaro geſchätzten Plane eingerichtet, daß
das viele Wiſſen für Griechenland nicht tauge, die Freiheit
der Lehren verderblich ſey, und man an der Schule des
wechſelſeitigen Unterrichts und einigen Mittelſchulen für
Theologie, Krieg und Recht genug habe. Die Folgen davon?
Jene Gerichte betreffend, ſo wünſchen die Griechen den Aga
als ihren Richter zurück. Griechenland iſt unter dem Joche
der Türken elend und verödet, aber nicht in ſeinen Einge=
weiden verpeſtet und verdorben geweſen; ihre Macht war die
des Schwertes, nicht die des Truges, des Verrathes, der
ſchlechten Advocaten=, Spionen= und Richterkünſte einer
vermoderten Civiliſation, und jene nomadiſche Gewalt wurde
durch gute Eigenſchaften des Ottomanen moraliſch weniger
ſchädlich gemacht, der, als einzelner und zur Regierung nicht
gehörig, außer dem Kreiſe ſeiner ſtolzen Gewaltthätigkeit
und ſeiner religiöſen Vorurtheile, der Lüge und dem Truge
feind, aufrichtig, wohlwollend, dankbar, ſogar groß und edel
zu ſeyn und zu handeln weiß. Deßwegen blieb der Kern
des griechiſchen Volkes, obwohl in den Spitzen und Zweigen
vieles verdarb, geſund und unberührt. Die Revolution

fand eine große Summe von lautern Gesinnungen, Liebe
zur Ordnung, Liebe zur Freiheit, und Capodiftrias ein Volk,
aus deffen edlem und biegfamem Stoffe er das Befte und
Schönfte bilden konnte. Was er damit gewollt und gethan,
wird die Geschichte richten, wir haben hier nur von wenigen
Theilen feines Wirkens zum Behufe des Verftändniffes des
Ganzen den Schleier gehoben. Noch jetzt ift die Hoffnung
der Wiedergeburt von Griechenland nicht verloren, wenn
es ihm gelingt, aus diefem Kampfe gegen größeres Ver=
derben, als je das türkifche gewefen ift, fiegreich hervorzu=
gehen."

Die Rumelioten zu Megara, unterftützt von der alten
Oppofition zu Hydra, waren kühn entfchloffen, die herrfchende
Partei um jeden Preis zu ftürzen, befonders da man von
Monat zu Monat von Seite der großen Mächte die Ernen=
nung eines fremden Prinzen zum griechifchen Könige erwar=
tete. Es mußte der Nationalpartei alles daran gelegen feyn,
daß diefer neue König die Herrfchaft aus den Händen der
Nation und ihrer wahren Stellvertreter, nicht aus den Hän=
den einer im Lande verhaßten Partei empfange. Die De=
putirten der Oppofition proclamirten fich alfo als National=
Congreß zu Megara, und decretirten am 18 Januar die
Abfetzung des Grafen Auguftin und die Einfetzung
einer neuen Regierung, beftehend aus Konduriotti,
Koletti und Zaimi. Der bayerifche Hofrath Thierfch,
der fich damals in Nauplia befand, gibt eine fehr intereffante
Schilderung von der Stellung der Parteien: „Mehr und mehr
erklärte fich der beffere Theil der Nation für die Oppofition,
während die Macht der Gewalthaber in Nauplia immer tiefer
fank, namentlich auch dadurch, daß fie durch ihr blindes Werk=

zeug, die Deputirtenverſammlung in Nauplia, Griechenland
mit verderblichen und barbariſchen Geſetzen erfüllten, die
ſchrecklichſten Veruntreuungen gut hießen, und das öffentliche
Vermögen auf die ſchamloſeſte Weiſe verſchleudern ließen.
Während des Januars bekämpfte dieſe Regierung die Rume=
lioten mit Decreten, und erkaufte die Trümmer von Itſchkale;
blieb Griechenland in dieſem Zuſtande ſich ſelbſt überlaſſen,
ſo war der Kampf in wenigen Wochen entſchieden; aber durch
fremdes Einſchreiten waren die Rumelioten und die Hydräer
zur See gehemmt, und durch Unterſtützung an Geld ward
dem Mangel des Capodiſtrias'ſchen Haushaltes von Zeit zu
Zeit abgeholfen. Endlich kam das Conferenzprotokoll an,
welches Anerkennung der Regierung gebietet, die in Argos in
allen geſetzlichen Formen eingerichtet ſeyn würde. Statt dieß
zu benützen, und die in Perachore und Megara zerſtreuten
Abgeordneten zum Behufe der Gründung einer ſolchen Re=
gierung in Argos zu vereinigen, wurde die durch Trug und
Gewalt gegründete Regierung des Grafen Auguſtin Capodi=
ſtrias anerkannt, und den Rumelioten und Hydräern ſofort
bedeutet, ihre Waffen niederzulegen, und ſich Leuten zu unter=
werfen, die ſtets ihr Verderben gewollt, und ihren Sinn auch
jetzt nicht geändert hatten. Was vorauszuſehen war, geſchah.
Die Hydräer verwahrten ſich gegen die Anerkennung einer
geſetzloſen Regierung, und die Rumelioten blieben trotzig
unter den Waffen. Kurz darauf erfolgte die Kunde, daß
Griechenland in dem zweiten Sohne ſeines Wohlthäters
einen Beherrſcher erhalten habe. Von Allen ward ſie mit der
lebhafteſten Freude vernommen, nur nicht von den Dienern
der Gewalt. Die Hydräer und die Rumelioten äußerten
beide dieſelbe Freude, dieſelbe Bereitwilligkeit, in dem

neuen Herrscher das Unterpfand künftigen Glückes zu em=
pfangen, aber auch denselben unversöhnlichen Haß gegen das
Haupt der Regierung in Nauplia; eine Vereinigung der Par=
teien blieb unmöglich. Indessen hatten die Rumelioten
Salona und Naupaktos eingenommen, mit Ausnahme von
Eleusis und Missolonghi folgten ganz Ost= und Westgriechen=
land ihren Führern, und sie waren gerüstet, in den Peloponnes
einzurücken, als die Wahl verkündet wurde. Fest stand der
Entschluß, ihrem Todfeinde unmittelbar auf den Leib zu
gehen, und zu verhindern, daß er nicht zum Verderben des
Vaterlandes sich des Vertrauens der neuen Regierung be=
mächtige. Die fremden Residenten berathschlagten mit den
Admiralen, wie der Peloponnes vor einer Katastrophe ge=
schützt werden könne. Auch der in Nauplia anwesende Hof=
rath Thiersch, der sich von beiden Parteien ein fast unbe=
schränktes Zutrauen erworben hatte, ward zugezogen. Man
beschloß: 1) die bisher noch immer gefangen gehaltenen Mau=
romichalis aus dem Kerker zu befreien, und nach Maina zu=
rückkehren zu lassen, um dort Ruhe und Ordnung zu erhalten;
2) den Isthmus durch Truppen der Allianz zu besetzen, und
3) den Hofrath Thiersch nach Perachore und an Koletti zu
senden. Thiersch wurde von Koletti gut aufgenommen, doch
erklärte derselbe, von dem festen Entschlusse der Opposition,
die Regierung zu stürzen, nicht abgehen zu können. Da die
fremden Residenten mit den französischen, noch in Morea sta=
tionirten Truppen drohten, so erklärte die Opposition: „Wenn
die französischen Truppen ihrem Marsche sich widersetzen,
selbst wenn solche auf sie feuern würden, so werden sie doch
keinen Schuß gegen ihre edelmüthigen Wohlthäter thun, aber
die Truppen werden auch nicht Halt machen und nicht zurück=

weichen; die Repräsentanten ihrerseits werden mit gekreuz=
ten Armen und die Brust dem Feuer der Franzosen darbietend,
als Opfer der bewaffneten Einmischung fallen, und der Welt
zu beurtheilen überlassen, ob die griechische Nation nicht eines
bessern Looses würdig war."

„Trotz der drohenden Stellung der Rumelioten und ihrer
eigenen Schwäche gab indeß die Regierung in Nauplia noch ihre
Sache gar nicht verloren; gestützt auf die Anerkennung der Resi=
denten und auf die Hülfe, die ihr von diesen geleistet wurde, suchte
sie durch Intriguen ihr Daseyn noch auf Jahre hinaus zu fristen.
Die Mächte wollten, daß Griechenland durch einen General=
statthalter regiert werde, bis zur Ankunft des Prinzen von
Bayern, und die Residenten erkannten die Regierung des
Grafen Augustin Capodistrias als gültig an, nicht bis zur
Ankunft des Generalstatthalters, sondern bis zur Ankunft des
Prinzen, wodurch also Graf Augustin gewissermaßen als Re=
gent anerkannt wurde, denn bei der Jugend des Prinzen Otto
ist es ja vielleicht noch ungewiß, wann er selbst Griechenland be=
tritt. Gleichen Zweck hatte eine von 42 Deputirten unter=
zeichnete Petition an die großen Mächte, den Grafen Augu=
stin zum Vormunde des Prinzen zu ernennen, und ähnliche
Petitionen schickte man im Peloponnes umher, um Unter=
schriften zu sammeln. Der Plan schien also zu seyn, daß
Graf Augustin Griechenland bis zur Ankunft des Prinzen
regieren solle. Da nun nach der Constitution von Nauplia
der Prinz, um selbst zu regieren, 22 Jahre haben soll, so
wäre dem Vormund die Herrschaft auf 5 Jahre gesichert wor=
den. Unterstützt durch das königliche Ansehen seines Mün=
dels und das Anlehen von 60 Millionen Franken, im Besitze
aller Hülfsmittel der Regierung, würde er das bisherige

Regierungsſyſtem durch alle Mittel zu befeſtigen geſucht ha=
ben. Daß vielleicht noch mehr im Hintergrunde lauerte,
ſcheint aus den Bemühungen zu erhellen, die Perſon des
Prinzen in der Meinung herabzuſetzen, ſo wie aus dem Her=
vorſuchen von den Parteinamen Royaliſten (βασιλικοι), wo=
mit man die Freunde des Prinzen bezeichnete, und κυβερνητικοι
oder Anhänger der Regierung des Grafen Capodiſtrias.
Dieſe Intriguen wichen indeß bald der Sorge für die eigene
Erhaltung. Am beſtimmten Tage rückten die Rumelioten
in den Peloponnes ein, zerſprengten die ihnen entgegen=
ſtehenden Truppen der Regierung, und wurden auch in
Argos mit offenen Armen und unter dem Geläute aller
Glocken empfangen. Nichts wurde geplündert, ſogar dem
Mobiliar des Grafen Auguſtin freier Abzug geſtattet. Den
Tag darauf kehrte, was von den Einwohnern von Argos
geflüchtet war, in langem Zuge mit Hab und Gut zurück.
Die Kriſe der griechiſchen Verhältniſſe war nun zur Reife
gediehen, und eine glückliche Löſung durch das Protokoll vom
8 März vorbereitet, welches, wie eine Hülfe Gottes, an dem=
ſelben Tage über Conſtantinopel in Nauplia ankam, wo in
Argos für die Rettung aus großer Gefahr in den Kirchen
gedankt wurde. Das Protokoll vom 8 März begehrt Ein=
ſetzung einer nationalen und gerechten Regierung, die bis
zur Ankunft des Statthalters die Ruhe aufrecht zu erhalten
im Stande ſey. Der Capodiſtrias'ſchen Verwaltung, welche
das nicht vermocht hatte, war hiemit der Stab gebrochen.
In Folge einer Aufforderung von Seite der Reſidenten
verſammelte ſich der Senat. Graf Auguſtin, von allen Sei=
ten gedrängt, reichte ſeine Entlaſſung ein, und eine provi=
ſoriſche Regierungs=Commiſſion, beſtehend aus Koletti, Ko=

lokotroni, Metaxa, Buduri und Zaimi ward vorgeschlagen.''
Dadurch wurden aber die entschiedensten Anhänger der bis=
herigen Regierung und der Opposition so neben einander
gestellt, daß kein Friede von einer solchen Verbindung zu
hoffen war, und ein Justemilieu war überhaupt unter einem
Volke von so wenig Zahmheit und politischer Gelehrigkeit
nicht möglich.

Am 13 April zog Koletti in Nauplia ein, und Au=
gustin Capodistrias verließ diese Stadt; allein Koloko=
troni, Metaxa ꝛc., die in der Regierung zurückgeblieben
waren, und der alte, durchaus dem russischen Interesse erge=
bene Senat machten der Opposition noch viel zu schaffen.
Die erste Zusammensetzung der Regierung (Koletti, Koloko=
troni, Zaimi, Buduri, Metaxa) entsprach weder dem Geiste
des Protokolls der Londoner Conferenz vom 8 März, noch
der Stellung der Parteien. Sobald also Koletti in Nau=
plia war, wurde, unter der Garantie der Residenten, eine
neue Regierung beschlossen, die durch die vier Namen Kon=
durioti, Ypsilanti, Koletti und Zographos der siegenden
Partei die Majorität Einer Stimme gab. Neue Intriguen
suchten Trikupi an die Stelle von Zographos zu setzen; nach
dreitägigen peinlichen Unterhandlungen aber wurden beide
aufgegeben, und der Rumeliote Athanasius Lidoriki, ein
Mann ohne Charakter und Ansehen, durch die Rumelioten
der Capodistrias'schen Partei vorgeschoben, und als eine
Art Halbresultat von der andern Rumeliotenpartei (Ko=
letti's), die der Unterhandlungen müde war, angenommen.
Aber Lidoriki war entfernt; die andern sechs hielten sich, in
gleiche Hälften getheilt, die Wage, und waren so gelähmt,
mitten in einer Zeit der Gährung und des völligsten Geld=

mangels. Um aus dieser drohenden Krise zu kommen, ward
von den Chefs der Rumelioten von Argos der achtbare
Name Kosta Botzaris an die Stelle Liboriki's vorgeschlagen,
und in einer vereinigten Sitzung des Senats und der Re=
gierung angenommen. So war man endlich nach 14tägigem
Kampfe zu einer Zusammensetzung gelangt, welche der Re=
gierung möglich machte, sich zu bewegen und vorzuschreiten.

Sobald aber die russische Partei in der Regierung be=
siegt war, erhob sie sich von neuem in den Provinzen, indem
sie militärische Aufstände erregte. „Schon früher hatte
die schwierige Stimmung der Besatzung und die Furcht vor
Zavellas, der in der Nähe stand, die Einwohner von Patras
bewogen, von den Schiffen der verbündeten Mächte eine
Schutzwache zu begehren. Sie war ihnen gewährt worden;
aber die Maßregel blieb eine halbe, weil man die Festung
in den Händen der unzuverlässigen Besatzung ließ. Der
Sohn des Herrn Fürsten v. Wrede, welcher sie commandirte,
hatte seinen Abschied begehrt und erhalten, den Tag nach
seinem Rücktritte brach die Bewegung los. Es sey Sache
der griechischen Ehre, hieß es, den Franzosen nicht die Fe=
stung des Vaterlandes zu übergeben; und da man von der
ungesetzlichen Regierung verrathen würde, müßte man zum
Wohle Griechenlands von dem eigenen Muthe Rath neh=
men, jener Behörde den Gehorsam aufkündigen, und den
Franzosen die Festung verschließen. Die Empörer nöthigten
ihren frühern Commandanten, seine Stelle wieder einzu=
nehmen, und riefen, da er auf seinem Rücktritte beharrte,
den Sulioten Zavellas zu Hülfe, der keinen Augenblick Be=
denken trug, das Commando anzunehmen, die Franzosen
zurückwies, und die andern Provinzen zu gleichem Verfah=

ren und zur Verbindung mit ihm gegen die Regierung
einlud."

„Die Regierung forderte die Residenten auf, Zavellas
begreiflich zu machen, daß die Franzosen als Truppen der
Allianz und in ihrem Namen kämen, und ihn aufzufordern,
sie als solche in die Festungen aufzunehmen. Ihrer Ant=
wort ward das Schreiben beigelegt, in welchem sie die Con=
suln der drei Mächte zu Patras aufforderten, deßhalb die
nöthigen Schritte zu thun, doch enthielt das Schreiben zu=
gleich die Erklärung, die man ihm machen solle, daß im
Falle er auf seiner Weigerung beharre, man alle Mittel an=
wenden würde, um die Regierung von Gewaltmaßregeln
gegen ihn abzuhalten, als welche den friedlichen und versöh=
nenden Absichten der drei Mächte entgegen seyen."

Da auf diese Weise die fremden Residenten die Autori=
tät der Regierung so wenig unterstützten, wurden die Häupt=
linge der Gegenpartei immer kecker. „Kalergis, der
Held von Poros und Argos, den die Rumelioten mit Schimpf
vom Isthmus heimgeschickt hatten, waffnete fast öffentlich,
und nachdem er eine Abtheilung seiner Leute mit Weisun=
gen nach Karitene vorausgeschickt hatte, ward er mit andern
an dem Bord einer Brigg des genannten Admirals aufge=
nommen, und nach Koron geführt; indeß die Räuber wur=
den durch die Wachsamkeit von Grivas großentheils einge=
fangen, die Soldaten von Kalergis auf dem Wege nach
Karitene von einer kleinen Abtheilung Reiter, und nach
Argos gebracht, und Kalergis selbst von Koron zurückgewie=
sen, gesellte sich zu den Räubern, welche einen alten Thurm
befestigt hatten, und von da aus die Gegend beunruhigten."
Der Contre=Admiral Kanaris verweigert, die Schiffe, mit

denen er in Syra lag, nach Nauplia zu bringen. Er geht
nach Aegina, nimmt dort 60,000 Piaster, die in der Münze
vorräthig sind, in Beschlag, tilgt damit einen Theil seiner
Rückstände, und bleibt in Aegina, troß wiederholter Auffor=
derung der Regierung zurück. Eine andere Abtheilung der
Flotte ward von dem Spezzioten Kalandruzzi geführt. Auch
er verweigert sie nach Nauplia zu bringen und der Regie=
rung zu übergeben, vorgebend, daß die Seeleute sie in Spez=
zia als Unterpfand behalten wollten, bis ihr Sold bezahlt
sey. Zugleich aber übernimmt sein Bruder Anastasius Ka=
landruzzi, ein gewaltthätiger und leidenschaftlicher Mann,
die Functionen eines Gouverneurs von Spezzia wieder, die
er niedergelegt hatte, nöthigt mit seiner Wache und einem
Haufen Volks seinen von Nauplia angekommenen Nachfol=
ger unter Drohungen, sich wieder einzuschiffen, und schreibt
an die Regierung, daß er diesen Schritt gethan, um die
Ruhe der Stadt aufrecht zu halten." Im Julius schrieb
man aus Nauplia: „Die Franzosen können von Nauplia
nach Modon nur noch zur See correspondiren, nachdem die
Briefcouriere von der Bande Kolokotroni's angehalten, alle
Briefschaften, selbst die diplomatischen Depeschen nach Frank=
reich, weggenommen und den Russen ausgeliefert worden
sind. Später fand man einige eröffnete Briefe und Wechsel
in einer Brieftasche des Bandenführers Kalergi, die derselbe
nach einem unter den Augen der Franzosen bestandenen un=
glücklichen Gefechte mit den Regierungstruppen im Stiche
gelassen. Das Land ist den Bandenführern überliefert, die
Regierung ohne Geld, und kaum noch im Stande, die Trüm=
mer der regulären Truppen zu ernähren. Die Citadelle
von Patras ist noch von Tzavellas besetzt, der dort eine

proviſoriſche Regierung errichtet hat, angeblich, in Erwar=
tung des Prinzen Otto, eigentlich aber um Achaja auszu=
ſaugen. Kolokotroni hat zu Karitene ebenfalls eine Regie=
rung für eigene Rechnung errichtet, die gegen ihn ausge=
ſchickten Truppen der Regierung von Nauplia konnten nichts
ausrichten. Man beſchuldigt die Ruſſen, daß ſie Banden
unterſtützen und mit Lebensmitteln und Munition ver=
ſehen, auch der Nationalverſammlung nach Kräften entgegen=
arbeiten. — Die Reſidenten und Admirale bleiben ruhige
Zuſchauer beim Untergange der Hoffnungen einer Nation,
und laſſen ruſſiſche Intriguen triumphiren. Griechenland
iſt jetzt in der Gewalt der Kapitanis, die es in einen ſchlech=
tern Zuſtand verſetzten, als zu irgend einer Zeit der Revo=
lution, und die eine weit größere Tyrannei ausüben, als die
Türken. Dieſe Räuber, welche durch die Ereigniſſe der Re=
volution aus der Hefe des Volkes zu Reichthum und Macht
emporgehoben wurden, haben ſich bereits der Einkünfte der
Provinzen bemächtigt. — In Meſſenien iſt Nikitas aufge=
treten, und hat die Bauern in Bewegung gebracht. Dieſe
ſind ohne Eigenthum, weil das reiche Land türkiſch war und
ſeitdem Staatsgut geworden iſt. Sie bauen es gegen Abgabe
von 2 ½ vom Zehnten oder 25 vom Hundert, und gewinnen
dabei noch bedeutend. Nikitas verkündigte ihnen Erlaß die=
ſer Abgabe, wenn ſie die Waffen ergreifen würden. Nur
einen Zehnten brauchten ſie zu bezahlen, und auch den nur
zum Unterhalte des Krieges, wegen des übrigen würde der
Fürſt entſcheiden. Durch dieſe verderbliche Lockung hat er die
Bevölkerung unter die Waffen gebracht, und Katzakes, der
mit geringer Mannſchaft gegen ihn zog, fand ſich plötzlich in
Mikromane durch 2000 Bauern unter Nikitas eingeſchloſſen.

Die Dazwischenkunft der Franzosen und ein nächtlicher An=
griff von 500 Mainotten, welche Germanos seinem Bruder
zu Hülfe führte, retteten jenen vom Untergange. Die Bauern
zerstreuten sich eben so schnell, wie sie gekommen waren, und
Nikitas zog sich in die Gebirge des obern Messeniens zurück.“
Mittlerweile hatten die großen Mächte am 13 Februar
den Prinzen Otto, zweiten Sohn des Königs von Bayern,
zum König von Griechenland gewählt, unter Bestim=
mungen, die durch eine Convention der drei paciscirenden
Mächte, England, Frankreich und Rußland, mit Bayern un=
term 7 Mai festgesetzt wurden: Art. I. Die Höfe von Groß=
britannien, Frankreich und Rußland, zu dem Ende von der
griechischen Nation gehörig bevollmächtigt, bieten die erb=
liche Souveränetät Griechenlands dem Prinzen Friedrich
Otto von Bayern, zweitem Sohne Sr. Majestät des Königs
von Bayern, an. Art. II. Se. Majestät der König von
Bayern, im Namen seines minderjährigen Sohnes handelnd,
nimmt für ihn die Souveränetät Griechenlands unter den
nachstehenden Bedingungen an. Art. III. Der Prinz Otto
von Bayern soll den Titel König von Griechenland führen.
Art. IV. Griechenland soll unter der Souveränetät des Prin=
zen Otto von Bayern und unter der Garantie der drei Höfe
einen monarchischen und unabhängigen Staat bilden, nach
den Bedingungen des am 5 Februar 1830 von den besagten
Höfen unterzeichneten, und von Griechenland und der otto=
manischen Pforte angenommenen Protokolls. Art. V. Die
Gränzen des griechischen Staates sollen so seyn, wie sich
durch die Unterhandlungen, welche die Höfe von Großbritan=
nien, Frankreich und Rußland neuerlich in Ausführung des
Protokolls vom 26 September 1831 mit der ottomanischen

Pforte eröffnet haben, bestimmt worden sind. Art. VI. Da
die drei Höfe zum voraus entschlossen waren, das Protokoll
vom 3 Februar 1850 in einen Definitiv=Tractat umzuwan=
deln, sobald die Unterhandlungen über die Gränzen Grie=
chenlands beendigt seyn würden, und diesen Vertrag allen
Staaten, mit denen sie in Verbindung stehen, mitzutheilen;
so wird hiemit beschlossen, daß sie diese Verbindung erfüllen
werden, und daß Se. Majestät der König von Griechenland
ein contrahirender Theil bei dem fraglichen Vertrage wer=
den soll. Art. VII. Die drei Höfe werden von dem jetzigen
Augenblicke an ihren Einfluß anwenden, um bei allen Sou=
veränen und Staaten, mit denen sie Verbindungen haben,
die Anerkennung des Prinzen Otto von Bayern als König
von Griechenland zu bewirken. Art. VIII. Die königliche
Krone und Würde soll in Griechenland erblich seyn, und
auf die directen und gesetzlichen Nachkommen des Prinzen
Otto von Bayern nach dem Erstgeburtsrechte übergehen.
Im Falle der Prinz Otto ohne directe und gesetzliche Nach=
kommenschaft sterben sollte, geht die Krone Griechenlands
auf seinen jüngern Bruder und dessen directe und gesetzliche
Nachkommen und Erben nach dem Erstgeburtsrechte über. Im
Falle der letztgenannte Prinz gleichfalls ohne directe und gesetz=
mäßige Nachkommenschaft sterben sollte, geht die Krone von
Griechenland auf seinen jüngern Bruder und dessen directe
und gesetzliche Nachkommen und Erben nach dem Erstgeburts=
rechte über. In keinem Falle sollen die Krone von Grie=
chenland und die Krone von Bayern auf demselben Haupte
vereinigt werden. Art. IX. Die Großjährigkeit des Prinzen
Otto, als Königs von Griechenland, ist auf den Zeitpunkt
bestimmt, wo er sein zwanzigstes Jahr vollendet haben wird,

d. h. auf den 1 Junius 1855. Art. X. Während der Min=
derjährigkeit des Prinzen von Bayern, Königs von Griechen=
land, sollen seine Souveränetätsrechte in ihrer vollen Aus=
dehnung durch eine Regentschaft ausgeübt werden, die aus
drei von Sr. Majestät dem Könige von Bayern ernannten
Räthen besteht. Art. XI. Der Prinz von Bayern soll in
vollem Besitze seiner Appanagen in Bayern bleiben. Se.
Majestät der König von Bayern verpflichtet sich überdieß,
so weit es in seiner Macht steht, den Prinzen Otto in sei=
ner Stellung in Griechenland zu unterstützen, bis ein Ein=
kommen für die Krone in jenem Staate ausgemittelt seyn
wird. Art. XII. In Ausführung der Bedingungen des
Protokolls vom 20 Februar 1830 verpflichten sich: Se. Maj.
der Kaiser aller Reußen ein von dem Prinzen Otto von
Bayern als König von Griechenland zu contrahirendes An=
lehen zu garantiren, und Ihre Majestäten der König der
vereinigten Reiche von Großbritannien und Irland und der
König der Franzosen, der erste seinem Parlamente, der letz=
tere seinen Kammern zu empfehlen, Ihre Majestäten in den
Stand zu setzen, solches Anlehen zu garantiren, und zwar
unter nachstehenden Bedingungen: 1) Das Capital des unter
der Garantie der drei Mächte zu contrahirenden Anlehens
soll einen Totalbetrag von 60 Mill. Franken nicht über=
steigen. 2) Das besagte Anlehen soll in Abtheilungen, jede
von 20 Mill. Franken, erhoben werden. 3) Für den Augen=
blick soll nur die erste Abtheilung erhoben werden, und die
drei Höfe werden die Zahlung eines Drittheiles des jähr=
lichen Betrags der Zinsen und der Tilgung garantiren.
4) Die zweite und dritte Abtheilung des besagten Anlehens
können gleichfalls nach den Bedürfnissen des griechischen

Staates nach vorhergegangener Uebereinkunft zwischen den
drei Höfen, und Sr. Maj. dem Könige von Griechenland
erhoben werden. 5) Im Falle die zweite und dritte Abtheilung
des obenerwähnten Anlehens in Folge einer solchen Ueber=
einkunft erhoben wird, werden die drei Höfe jeder die Zah=
lung eines Drittheils des jährlichen Belaufes der Zinsen
und der Tilgung dieser beiden Abtheilungen wie der ersten
garantiren. 6) Der Souverän Griechenlands und der grie=
chische Staat sollen gehalten seyn, zur Zahlung der Zinsen
und der Tilgung derjenigen Abtheilungen des Anleihens,
welche unter der Garantie der drei Höfe erhoben seyn kön=
nen, die ersten Einkünfte des Staats in der Art anzuwei=
sen, daß die wirklichen Einkünfte des griechischen Schatzes
vor allem zur Zahlung besagter Zinsen und Tilgung be=
stimmt und zu keinem andern Zwecke verwendet werden, bis
die Zahlungen für Rechnung des unter der Garantie der
drei Höfe erhobenen Anlehens für das laufende Jahr voll=
ständig gesichert sind. Die diplomatischen Repräsentanten
der drei Höfe in Griechenland werden besonders beauftragt
werden, über die Erfüllung dieser letzterwähnten Stipulation
zu wachen. Art. XIII. Im Falle, daß eine Geldentschädi=
gung zu Gunsten der ottomanischen Pforte aus den Unter=
handlungen sich ergeben sollte, welche die drei Höfe bereits
zu Constantinopel über die definitive Bestimmung der Grän=
zen Griechenlands eröffnet haben, so soll der Betrag dieser
Geldentschädigung aus dem Anlehen bezahlt werden, das
den Gegenstand des vorgehenden Artikels bildet. Art. XIV.
Se. Majestät der König von Bayern wird dem Prinzen Otto
seine Hülfe leihen, um in Bayern ein Truppencorps von
nicht über 3500 Mann zu bilden, das im Dienste des Kö=
nigs

nigs von Griechenland verwendet, von dem griechischen
Staate bewaffnet, ausgerüstet und bezahlt, und sobald als
möglich dahin gesendet werden soll, um die bis jetzt noch in
Griechenland stationirten Truppen der Allianz abzulösen.
Art. XV. Se. Majestät der König von Bayern; wird dem
Prinzen Otto gleichfalls behülflich seyn, die Dienste einer
gewissen Anzahl bayerischer Officiere zu erhalten, welche ein
Nationalmilitär in Griechenland organisiren sollen. Art. XVI.
Sobald als möglich nach Unterzeichnung gegenwärtiger Con=
vention werden die drei Räthe, welche Sr. königl. Hoheit
dem Prinzen Otto von Sr. Majestät dem König von Bayern
beigegeben werden sollen, um die Regentschaft von Griechen=
land zu bilden, sich nach Griechenland begeben, die Aus=
übung der Functionen besagter Regentschaft antreten, und
alle nöthigen Maßregeln zum Empfange des Souveräns
vorbereiten, welcher seinerseits mit so wenig Zögerung wie
möglich dahin abgehen wird. Art. XVII. Die drei Höfe
werden der griechischen Nation durch eine gemeinsame Er=
klärung die von ihnen getroffene Wahl Sr. königl. Hoheit
des Prinzen Otto von Bayern zum Könige von Griechen=
land ankündigen, und der Regentschaft alle in ihrer Macht
stehende Unterstützung angedeihen lassen. Art. XVIII. Ge=
genwärtige Convention soll ratificirt, und die Ratifica=
tionen zu London in sechs Wochen oder wo möglich früher
ausgewechselt werden. Zu Zeugniß dessen haben die respecti=
ven Bevollmächtigten dieselbe unterzeichnet und ihre Wappen=
siegel beigedruckt. Geschehen zu London am siebenten Tage
des Mai im Jahre unseres Herrn 1832. (Unterz.) Pal=
merston. Talleyrand. Matuszewicz. Lieven. A. de Cetto.
Otto I., König von Griechenland, zweiter Sohn Lud=

wigs I., Königs von Bayern, und Therese, geb. Prinzessin
von Sachsen-Hildburghausen, ward am 1 Junius 1815 ge=
boren, und unter der Leitung des Domdechant v. Oettel erzo=
gen. Dieser hoffnungsvolle junge Prinz wurde jedem andern
Candidaten vorgezogen, weil Bayern in keiner nähern Ver=
bindung mit oder Abhängigkeit von einer der größern Mächte
stand, also ein bayerischer Prinz keine Eifersucht zwischen
denselben erwecken konnte. Auch den Griechen mußte der
Sohn eines Königs, der sich ihrer stets mit Liebe angenom=
men, und der für die altgriechische Kunst begeistert war,
willkommener seyn als ein anderer. Endlich war der Prinz
jung, in den politischen Verhältnissen neu, den Parteien
fremd, also um so passender, wie der englische Globe richtig
urtheilte: „daß man die Krone Griechenlands einem so jun=
gen Manne, wie Prinz Otto von Bayern, anbot, wird min=
der Erstaunen erregen, wenn man gehörig erwägt, daß sein
Vater und seine Familie bei den Griechen einer großen Po=
pularität genießen. Es ist unnütz, hier mit Vernunftgrün=
den zu prangen, wäre der Prinz älter, so wäre es besser,
aber selbst diese Jugend kann ihren Vortheil haben, im
Vergleiche mit der Wahl eines ältern Prinzen, der schon
auf die eine oder die andere Weise sich in die Parteipolitik
Europa's gemischt hätte. Ohne sich zum voraus mit ge=
wandten und verantwortlichen Rathgebern zu umgeben, kann
keiner nach Griechenland gehen, und wenn der Prinz, wie
dieß der Fall seyn soll, gute Anlagen besitzt, so mag es viel=
leicht nicht ohne Vortheil seyn, daß er mit unvoreingenom=
mener Seele seine männlichen Pflichten beginnt. Wahr=
scheinlich hatte man in Betracht der manchen auf der einen
oder andern Seite zu befürchtenden Gefahren die Wahl

OTTO I,

König von Griechenland.

nicht unter allzu vielen Competenten. Ein junger Prinz mag sich leichter den Sitten des Landes anfügen, als ein schon in Jahren vorgeschrittener, deſſen Gewohnheiten bei den Griechen hätten Anſtoß finden können. Ein Prinz aus einer der andern deutschen Familien würde wahrscheinlich minder unterſtützt ſeyn, als der Sohn des Königs von Bayern, der ihn mit Rathgebern, Geld und erfahrenen, ſeiner Familie ergebenen Führern unterſtützen kann."

Am 21 Julius kam endlich auch der Gränzvertrag in Conſtantinopel zu Stande, „worin die Pforte zur Erweiterung der griechiſchen Gränze, wie die Londoner Conferenz ſie verlangt hat, nämlich vom Golf von Arta bis zu jenem von Volo, ihre förmliche Zuſtimmung gibt. An demſelben Tage wurde ein zweites Protokoll abgefaßt, worin der Pforte eine Entſchädigung an Geld für die Abtretung jenes Striches Land von Seite Griechenlands zugeſichert wird. Sie beläuft ſich auf 40 Mill. Piaſter, wenn es in London zur Sicherheit Griechenlands für nöthig erachtet wird, der Gränzerweiterung die oben bezeichnete Ausdehnung zu geben."

Unterdeß fühlte die griechiſche Regierung in Nauplia das Bedürfniß, wenn auch nicht zur völligen Herſtellung der Ruhe, was unmöglich war, doch zu größerer Feierlichkeit, den noch immer nicht förmlich, ſondern nur gewaltſam aufgelöſ'ten National=Congreß wieder zu eröffnen. Die Conſtitutionellen mochten dabei hoffen, einige Grundlinien zu bezeichnen, nach denen ſich etwa der neue König Otto zu richten haben ſollte; oder wollten mindeſtens den Schein der Ordnung retten und einen ſolennen Act veranlaſſen, durch den das griechiſche Volk ſeine Freude über die Wahl König

Otto's ausdrücken sollte. Auch Thiersch war dabei thätig. Am 27 Julius wurde der neue Congreß eröffnet in einem großen hölzernen Gebäude am Ende der Vorstadt von Nauplia. „Das Gebäude gleicht vollkommen einer Thierbude auf unſern Meſſen, womit ich jedoch keinen Spott ausſprechen will. Die Umſtände geboten Eile, und man hatte nur ſchlechtes Holz und ſchlechte Handwerker. Aus rohen unbehobelten Balken und Brettern iſt es leicht und luftig gezimmert, ein längliches Viereck, 14 bis 15 Ellen breit und reichlich doppelt ſo lang, mit einem ſpitzigen Bretterdache. Die Wände ſind etwa vier Ellen hoch mit Brettern bekleidet, und laſſen dann bis an das Dach einen offenen Raum, durch den Zuſchauer von dem rings um das Gebäude laufenden Gerüſte die Verſammlung überblicken können. Im Innern bildet die nackte Erde den Boden; an drei Seiten des Saales ſind drei Reihen von Bänken über einander angebracht; in der Mitte einer der langen Seiten ſind drei kleine Tribunen, die mittlere für die Präſidenten und die Secretäre des Congreſſes, die zweite für die Regierung, die dritte für die europäiſchen Diplomaten und Fremden. Die Miniſter haben, ſey es aus Vergeſſenheit bei der Eile des Baues oder aus Mangel an Raum, keinen beſondern Platz erhalten; wenn ſie amtliche Mittheilungen an den Congreß zu machen haben, ſetzt man ihnen einen Tiſch in die Mitte des Saales. Nur die Tiſche, deren ſich drei finden, ſind mit rothem Tuche überdeckt, alles Uebrige iſt nacktes Holz. In dieſem Locale hält gegenwärtig die ſouveräne National-Verſammlung Griechenlands (ἐθνικὴ συνέλευσις τῆς Ἑλλάδος) ihre Sitzungen in der Regel täglich von 8 bis 2 oder 3 Uhr.“

In einer Proclamation vom 1 Auguſt erklärte der Con=
greß, er werde ſich unter andern mit dem Entwurfe einer
neuen Verfaſſung beſchäftigen. Vielleicht geſchah es aus
dieſem Grunde, daß die fremden Reſidenten gegen den Con=
greß proteſtirten, und daß dieſer ſich endlich darauf be=
ſchränkte, am 8 Auguſt den König Otto anzuerkennen,
und am 1 September ſich bis zur Ankunft des Königs zu
vertagen.

Hofrath Thierſch eilte mit den am 8 Auguſt vom
Nationalcongreſſe entworfenen Anerkennungsadreſſen
an JJ. MM. von Bayern und Griechenland voraus, und
traf am 3 September in Corfu, am 14 in Trieſt ein. Der
Nationalcongreß hatte ihm die Adreſſen mit folgender ſchmei=
chelhaften Zuſchrift zugeſtellt: „Die bevollmächtigten Depu=
tirten der griechiſchen Nation haben durch eine Adreſſe an
den König Otto von Griechenland den Wunſch des von ihnen
repräſentirten Volkes ausgedrückt, baldmöglichſt durch eine
väterliche Regierung das Vaterland dem Glücke zugeführt
zu ſehen. Auch hielten ſie für nöthig, Sie, mein Herr, zu
bitten, dieſe Adreſſe zu den Füßen des Thrones JJ. MM.
niederzulegen, und als Dolmetſcher der herzlichen Wünſche
der Griechen zu dienen. Eng mit den Griechen durch er=
zeigte Wohlthaten und Gunſt verbunden, haben Sie ihr
Vertrauen erworben und ſich in den Stand geſetzt, in ihren
Herzen zu leſen. Im Augenblicke, wo Sie den Boden Grie=
chenlands verlaſſen wollen, hielten die Deputirten der Na=
tion es für ihre Pflicht, Ihnen, großmüthiger Philhellene,
beſonders den Dank der geſammten Nation auszudrücken,
für alles, was ſie ſtets zu Gunſten Griechenlands gethan
haben, und für den Eifer, den Sie unabläſſig bis auf dieſen

Augenblick für seine wahre Freiheit und sein Glück gezeigt haben. Sie haben stets und allenthalben allen Ihren Einfluß angewendet, um durch Ihre weisen Rathschläge unsere Vereinigung zu bewirken, und unsere Anhänglichkeit an die wahren Interessen des Vaterlandes zu befördern." Es gingen inzwischen Gerüchte, daß die Annahme der Adressen bayerischerseits bis zur Ankunft der nationalen griechischen Deputation verschoben worden sey, die dem Herrn Thiersch am 5 September aus Griechenland folgte und am 13 October in München anlangte. Sie bestand aus dem berühmten Admiral Miaulis, dem nicht minder berühmten General K. Botzaris und Kaliopulos (Plaputas). Am 15 fuhren sie bei den beiden Majestäten in München feierlich auf, überreichten die Huldigungsadresse ihres Volkes, und leisteten dem Könige Otto den Eid der Treue. „Auf Miaulis, den Seehelden, waren alle Augen gerichtet. Er war schwarz, in die Farbe des griechischen Admiralcostume's gekleidet; seine Begleiter Botzaris ꝛc. trugen die gewöhnliche glänzende Nationaltracht, Pistolen und Dolch im Gürtel. Was mehr als dieser Prunk ins Auge fiel, war die Physiognomie und der Blick, der forschende."

Von König Ludwig von Bayern wurde schon am 5 October folgende griechische Regentschaft, die die Verwaltung von Hellas bis zur Großjährigkeit des Königs übernehmen sollte, ernannt: 1) der Staatsrath und Staatsminister außer Dienst, Kämmerer und Reichsrath Joseph Ludwig Graf von Armansperg, 2) der Staats- und Reichsrath Dr. Georg Ludwig von Maurer, 3) der königl. Kämmerer und Generalmajor Karl Wilhelm von Heideck, genannt Heidegger, und zur Aushülfe 4) der geheime Legationsrath

GRAF VON ARMANSPERG.

Ritter Karl von Abel beigegeben. Am 6 December nahm der
junge König Otto von seinen Eltern eine rührenden Abschied
und begab sich auf die Reise nach Griechenland, begleitet von
der Deputation und Regentschaft und von einer Brigade
bayerischer Truppen, die in Triest eingeschifft wurden.

Während dieses in Deutschland vorging, war die russi=
sche Partei in Griechenland aufs neue thätig. Schon am
22 August war ein Ueberfall auf die Deputirten in Nauplia
gemacht worden, der aber keine Folgen hatte. Am 20 No=
vember aber verließ der Senat plötzlich die Hauptstadt Nau=
plia und gründete zu Astros am 24 eine Gegenregie=
rung, die alle Handlungen der bisherigen Regierung und
des Congresses für nichtig erklärte, und von den Spezzioten
und Kolokotroni unterstützt wurde. Diese Partei ging so weit,
daß sie am 16 December den russischen Admiral Ricord zum
Präsidenten von Griechenland wählte. Auch der Sohn des
bayerischen Fürsten Wrede wurde bei diesem Anlasse genannt.—
In denselben Tagen fingen Kolokotroni und Kalergi Händel
mit den französischen Truppen an, die sich bisher immer
ruhig verhalten hatten, jetzt aber eine Bewegung machten,
um Argos zu besetzen, sofern man daselbst die Landung König
Otto's erwartete. Die griechischen Häuptlinge lauerten dem
französischen Obersten Stoffel unterwegs auf, tödteten ihm
aber nur 3 Mann und verwundeten 27, als sie schon in die
Flucht geschlagen wurden, am 17 December. General Col=
let ließ sogleich mehrere der gefangenen Räuber erschießen.

Zu Anfang des nächsten Jahres kam König Otto und
eine neue Regierung mit 3000 Mann tüchtiger Truppen an,
womit eine neue Epoche der griechischen Geschichte begann.

IX.

Skandinavien.

1.

Schweden.

Alles, was man aus Schweden in neuerer Zeit hört, zeugt von politischer Bedeutungslosigkeit und innerem Verfall. Die alten ehrlichen Sitten und der alte Wohlstand des Volks werden nach den einstimmigen Berichten aller neuern Reisenden in diesem Lande durch die großen, zum Theil ausländischen, Fisch = und Holz=Händler an den Küsten und Fabrikherren im Innern des Landes untergraben, indem dieselben das Volk mit Branntwein überschwemmen. Nirgends ist die Völlerei in diesem Zweige fürchterlicher, als gegenwärtig in Schweden und Norwegen. Daraus erklärt sich das strenge Verbot des Branntweinbrennens, das 1832 wieder verschärft wurde, sich aber nur auf eine gewisse Zeit im Jahre erstreckt, und in der That um so weniger fruchtet, als das Schmuggeln nicht zu verhindern ist. Auch von großem Mangel in den nördlichen Provinzen des Reichs las man in den Zeitungen, und in Stockholm besuchte Se. Majestät

Karl Johann eine wohlfeile Speiseanstalt, um die Speisen selbst zu kosten. Im Herbst kam noch dazu die Cholera nach Norwegen.

Der König schmeichelte den altschwedischen Erinnerungen. Er umarmte einen alten Bauer, der ihn den ächten Nachfolger des alten König Ring nannte. Er feierte den zweihundertjährigen Todestag Gustav Adolphs. Reeller als diese Feierlichkeiten war die Eröffnung des berühmten Götha=canals, welcher der König in Person beiwohnte, am 26 September. „Diese umfassende Wassercommunication geht durch den Mittelpunkt Schwedens, gewährt eine sichere Schifffahrt zwischen der Nord= und Ost=See, und bietet über eine Wasserstrecke von 150 Meilen einen ungehinderten Seetransport nach den Küstenländern, so wie einen directen Handel mit der übrigen Welt. Seine Dimensionen sind so beträchtlich, daß Fahrzeuge von 9½ Fuß Tiefe und 23 Fuß Breite ihn passiren können, und mit Dampfbugsirschiffen auf den Landseen kann man in acht Tagen von der Nord= zur Ost=See gelangen." An dem Canal ist 22 Jahre lang gearbeitet worden. Er kostet ungefähr 10½ Mill. Thaler.

Trotz dieser für den Handel so günstigen Unternehmung liefen die betrübtesten Klagen über den Verfall des schwedischen Handels ein. Die Bürgerschaft von Gothenburg überreichte dem König bei seiner Durchreise folgende Adresse: „Unsere vor dem Jahre 1816 aus etwa 200 Schiffen, zusammen von 15,000 Lasten, bestehende Handelsflotte hat sich leider auf 73 von in allem nur 6825 Lasten vermindert, welche Schiffe jetzt meistens alle alt sind und mit Verlust segeln. Seit mehreren Jahren ist nicht Ein neues Schiff auf unsern Werften vom Stapel gelaufen, deren Eigenthümer

gegenwärtig den Tag als ein Fest ansehen, wo ihnen ein al=
tes Schiff zum Ausbessern übergeben wird. Die gewaltige
Abnahme des Verkehrs können wir Ew. Majestät in wenigen
Worten nicht lebhafter darstellen, als indem wir anführen,
daß das vorbehaltene Einkommen, welches Ew. Majestät und
der Krone im Jahre 1811 eine Bewilligung von circa 134,000
Rthlr. Banco brachte, letztes Jahr nicht mehr als circa
56,000 übrig ließ, wogegen die jetzigen Abgaben an die Ar=
menpflege sich auf nicht weniger als 36,000 Rthlr. Banco be=
laufen. Wie will man sich solche fühlbare Umstände erklären,
die leider von der Beschaffenheit sind, daß sie sich, mit weni=
gen Ausnahmen, von dem ganzen Vaterlande aussagen laf=
sen? Keineswegs schreiben wir der Administration Ew. Ma=
jestät dieses alles zu, wohl wissend, daß sehr Vieles von den
nicht reiflich bedachten Beschlüssen unserer Stände herrührt;
von den verkehrten Maßregeln, die hie und da gegen die
herrschende Krankheit getroffen worden; von den illiberalen
Handelsgesetzen anderer Länder; und von der hieraus erfolgen=
den Stockung des Handels im Allgemeinen. Allein die
Wahrheit gebietet uns zu sagen, daß ein sehr bedeutender
Theil die betrübte Folge des weniger Liberalen und Zweck=
mäßigen in unserer eigenen Verwaltung ist. Auf das gelin=
deste gesagt, stellen wir uns vor, daß die Personen, welche
darin rathen oder es handhaben, entweder nicht den Willen
oder nicht die Einsichten, oder auch nicht Zeit genug übrig
haben müssen, um gründlicher sowohl die Möglichkeiten, als
die Vortheile und Folgen zu beurtheilen. Die in Folge def=
sen schwankenden Maßregeln im Allgemeinen sind, in Ver=
bindung mit der nicht ungewöhnlichen Einmischung in Han=
delsgeschäfte von Seite der Administration für Ew. Majestät

FÜRST METTERNICH.

handeltreibende Unterthanen im bedenklichsten Grade schäd=
lich. Dem in Ew. Majestät edeln Absichten liegenden Guten
wird nicht selten gerade durch dergleichen Vornahmen ent=
gegengewirkt, und die Oberflächlichkeit, welche sich leider in
den meisten der erscheinenden Verordnungen kund gibt, voll=
endet oft das allgemeine Elend. — Diesem äußerst schäd=
lichen Einwirken auf den Handel des Königreichs müssen
wir schließlich noch in Unterthänigkeit den wahrhaft kläglichen
Zustand beimessen, worin sich die umliegenden Landgegenden
befinden. Nicht dürfen Ew. Majestät die financielle Lage des
Landmanns darnach beurtheilen, daß sich etwa die Volks=
menge durch die übertriebene Zerstückelung des Bodens
mehrt, die nur Armuth erzeugt; oder daß die Steuern im
Allgemeinen ordentlich bei der Staatscasse einfließen, da die=
ses nur zu häufig durch Auspfändung geschehen dürfte.“

Im Herbst erregte die Verhaftung zweier schwedischer
Edelleute, der Herren v. Vegesack und v. Düben, ein
überflüssiges Aufsehen. Man beschuldigte sie, zu Gunsten
des Prinzen Gustav Wasa, Sohn des vormaligen Königs von
Schweden, conspirirt zu haben. Aus allen Daten ging indeß
hervor, daß der Name des Prinzen bloß mißbraucht worden
war von Abenteurern, die etwas Geld damit verdienen
wollten.

2.

Dänemark.

Die Reform in den Herzogthümern Schleswig
und Holstein, die längst in den Wünschen der Betheilig=

ten lag, die aber erst durch die Juliusrevolution öffentlich
angeregt wurde, sollte ihrer Realisirung langsam um einen
kleinen Schritt näher gebracht werden. Auf den 1 Mai wur=
den 36 vom Könige selbst ausgewählte sogenannte erfahrne
Männer aus den gedachten Herzogthümern nach Kopen=
hagen einberufen, um die künftigen ständischen Verhältnisse
dieser Herzogthümer zu berathen. Zugleich wurden den Letz=
tern für dieß Jahr 25 Procent der Steuern erlassen, und
der bekannte Lornsen, welcher zuerst die Reform verlangt,
endlich aus seinem Gefängnisse entlassen. Von den Bera=
thungen der erfahrnen Männer selbst aber erfuhr man nichts.
Das tiefste Stillschweigen wurde darüber beobachtet, und ein
Resultat kam vor der Hand noch nicht zum Vorschein. Aber
38 politische Broschüren und eine gedrängte Uebersicht in der
Hannoverschen Zeitung ließen einen Blick in die innern Ver=
hältnisse der Herzogthümer thun, die einen Schluß auf jene
Berathungen gestatten: „Es sind drei Parteien im Lande:
erstens die Ritterschaft, die nicht nur besondere Privi=
legien, sondern auch beträchtliche Klostergüter besitzt. Dann
ist die Ritterschaft, als einziger Rest des frühern schleswig=
holsteinischen Landtags, der seit 1711 nicht gehalten worden,
auch Depositär der Landesrechte. Die Verwechslung dieser
beiden Eigenschaften hat viel Verwirrung hervorgebracht.
Hundertmal haben diejenigen, auf deren Stimmen es an=
kam, die Sache so vorgestellt, als wolle die Ritterschaft nur
ihre Privilegien, und man muß gestehen, daß dieser Glaube
fast allgemein im Lande ist. Dazu trägt bei, daß die Besitzer
adeliger Güter sowohl vom Zoll als Militärdienste frei sind.
Statt sich im rechten Augenblicke Freunde zu gewinnen, statt
allen andern Grundbesitzern und den Bürgern der Städte

die Hand zu bieten, um die Landesrechte zu behaupten, hat
die Ritterschaft sich isolirt. Zweitens: die Gegenritter=
schaft. Während die Ritterschaft und die Tausende von
andern Besitzern uneins waren, wuchsen die Beamten zu
immer größerer Macht empor und hatten leichtes Spiel.
Dieser Beamtenverein hat seit 15 Jahren so viel Einfluß
gehabt, daß man fast sagen kann, die Gegenritterschaft hat
15 Jahre lang regiert. Seit 15 Jahren sind in allen deut=
schen Ländern Verbesserungen aller Art gemacht, nur nicht
in den Herzogthümern Schleswig und Holstein. Diese ha=
ben die Leiden des Kriegs in vollem Maaße getragen, von
1800 bis 1815 sind die directen Steuern verdreifacht. Die
Einwohnerzahl ist im Steigen und nähert sich mit jedem
Menschenalter mehr einer Million. Und dieß Land hat kein
Tribunal, wie das höchste Gericht in Kopenhagen, oder das
Apellgericht in Celle, nichts, was damit zu vergleichen ist.
Alle richterlichen Behörden sind zugleich und größtentheils
mit Verwaltungssachen beschäftigt. Alle Verbesserungsvor=
schläge, alle Berufungen auf die Rechte des Landes sind seit
15 Jahren abgewiesen worden. Immer ward das Schreck=
bild gebraucht: wollt ihr die Herrschaft der Ritterschaft?
Die Ritterschaft besteht aus ungefähr 40 Familien. Aber
jetzt hat die Stunde geschlagen. Man soll und muß ans
Werk. Drittens die Patrioten, diejenigen, die weder
von der Ritterschaft noch von der Gegenritterschaft Druck
empfinden, sondern dem Könige, ihrem Herzoge, mit Freu=
den gehorchen wollen, dem Könige, welcher durch freierwählte
Landesdeputirte erfährt, was des Landes Noth und Bedürf=
niß ist, was des Landes Wohl seyn wird, und vor allem,
was des Landes Recht gewesen ist und bleibt. Immerhin

mögen unter diesen Patrioten, welche der Trägheit gegenüber allerdings Männer der Bewegung sind, Einzelne seyn, die übertriebene Wünsche haben, deßwegen verdienen keineswegs Alle den Namen „Uebelwollende" oder Demagogen. Dieß Land ist nicht die Heimath der unruhigen Köpfe. Man kommt schwer in Bewegung, aber die Kraft ist nachhaltig. Die Schleswig-Holsteiner sind erwacht, kennen und wollen ihr Recht und werden es erlangen."

Als ein Zeichen der Zeit erwähnten die Zeitungen noch, daß die Officiere des Regiments des Königs sich vereinigt hätten, bei ihrem Regimente die in Dänemark noch immer üblichen Stockschläge abzuschaffen.

X.
Die Schweiz.

Die Parteiungen, die vorher nur in jedem einzelnen Kanton
der Schweiz statt gefunden hatten, nahm im Jahre 1832
größere Umriſſe an und drohte die geſammte Eigenoſſenſchaft
in zwei geſonderte und einander feindlich gegenübertretende
Föderativſyſteme zu zerſpalten. In Folge der franzöſiſchen
Juliusrevolution hatte zwar die Partei der Bewegung in der
Schweiz einen raſchen, und, wie es Anfangs ſchien, vollſtän=
digen Sieg erfochten, allein in Folge des franzöſiſchen Juſte=
Milieu war auch in der Schweiz ein Schwanken und Zaudern
eingetreten, die ſtabile Partei der alten Ariſtokratie hatte
wieder Muth gefaßt, vertheidigte, was ſie noch beſaß, mit
großer Kühnheit, und complottirte, das Verlorne wieder zu
erobern, während die ſiegende Bewegungspartei, trotz ihrer
Uebermacht, in Radicale und Gemäßigte getheilt, mit ſich
ſelbſt haderte. Der Widerſtand ging, wie wir ſchon im vo=
rigen Jahrgang ſahen, von Baſel, Neufchatel und Alt=Schwyz
aus, in dieſem Jahre ſchloſſen ſich auch die alten Urkantone
an ihn an, und in Bern verſuchte die geſtürzte Ariſtokratie,
obwohl vergeblich, eine Contrerevolution.

Die Tagſatzung ſchwankte höchſt unſicher zwiſchen ra=
dicalen und gemäßigten Maßregeln, da ihre Geſandten, in
der Mehrzahl temporiſirend, gleichwohl auf der einen Seite
durch den Trotz der Ariſtokraten und auf der andern durch
den Ungeſtüm der Radicalen beſtändig aufgereizt wurden.
Hier wollte Baſel kein Haar breit nachgeben, dort verlang=
ten die politiſchen Volksvereine, man ſolle noch viel
weiter gehen, als man ſchon gegangen, und nicht nur die
einzelnen Kantone, ſondern die ganze Bundesverfaſſung
umgeſtalten. Von ſo ganz entgegengeſetzten Forderungen
und Intereſſen gedrängt, wagte die Tagſatzung nicht, ſich zu
entſcheiden, und überließ das Staatsſchiff den hin und
her wogenden Wellen der Parteien, und gerade die, welche
an der alten lockern Föderativverfaſſung hingen, lieferten
wider Willen den Beweis, daß ſie nichts tauge, weil bei ihr
keine Einheit und Kraft möglich war.

Nachdem die Tagſatzung Baſel bedroht hatte, die Land=
ſchaft von der Stadt zu trennen, wenn die letztere ihren
Beſchlüſſen nicht Folge leiſte, erklärte die Stadt Baſel
dieſe Trennung aus eigener Machtvollkommenheit, am 22 Fe=
bruar 1832. In Folge deſſen conſtituirte ſich am 18 März
auch die Regierung der Landſchaft Baſel in Lieſtal un=
ter dem Vorſitze des bekannten Gutzwyler. Dieſer Ungehor=
ſam veranlaßte eine ſchleunige Zuſammenberufung der Tag=
ſatzung vom 12 bis 30 März, in der gegen dieſe eigenmäch=
tige Trennung bloß proteſtirt wurde, ohne daß ſonſt irgend
ein kräftiger Schritt gegen Baſel gethan worden wäre.

Im April ſchrieb man aus Baſel: „Die Stadt Baſel
iſt von der ſogenannten Vereinigung im Caſino beherrſcht,
und die Beſchlüſſe der Räthe ſind in dem entſchiedenſten Be=
har=

harren auf dem nun einmal eingeschlagenen verkehrten Wege ausgezeichnet consequent zu nennen. Verfolgung aller sogenannten Liberalen, schroffes Zurückweisen aller eidgenössischen Vermittlung, und sogar Erklärungen, daß nur Waffengewalt die Stadt zur Aufnahme von eidgenössischen Truppen zwingen werde, das sind die Nachrichten, die man aus jener Stadt vernimmt! Gerüchte lassen das Maaß der Thorheiten aller Art so überfließen, daß wir nicht wiederholen möchten, was über Bestrebungen, Hülfe anderwärts zu suchen, auf Rechnung dieser Stadt gesagt wird."

Dagegen beschuldigten die Stadt=Baseler auch wieder die Gesandten der Tagsatzung, die als Vermittler zu ihnen gesandt wurden, Merk, Laharpe und Schnell, daß sie mit der Landschaft gegen die Stadt Partei machten. Diese feindselige Stimmung führte wieder einen blutigen Exceß herbei. Die Stadt=Baseler waren zornig, daß ihnen so wenig Landgemeinden treu blieben, da sie bei der Trennung darauf gerechnet hatten, es würden viele Dörfer bei ihnen bleiben. „So wollte man es nicht gehen lassen, sondern sann auf Rache. Man stellte zuerst überall verstärkte Landjägerposten auf, welche die Getrennten neckten, die Verdächtigen aufhielten und zurückwiesen. Die so schwer Beleidigten konnten sich keine andere als Selbsthülfe verschaffen. Also wurden die Landjäger vertrieben. Dieß wurde nun von Basel aus als schreckliches Attentat den Schweizerkantonen verkündet. Nun entstand das Gerücht von Bewaffnung der treuen Gemeinden durch die Stadtregierung. Die Landschaft wurde aufmerksam. Sie erinnerte sich an den nächtlichen Ueberfall vom 21 August vorigen Jahrs, der den bekannten Mordnächten der Schweizergeschichte zur Seite steht. Vom 4 auf den 5 April

Nachts kam ein fünfspänniger Wagen als Kaufmannsgut
nach Aesch. Dieser Wagen schien den getrennten Bewoh=
nern von Aesch verdächtig. Sie stellten eine Untersuchung
an, und fanden 250 Flinten, einige Fäßchen Pulver, Blei
und 18,000 Patronen, die nach der Stadt=Baseler Gemeinde
Reigoldswyl bestimmt waren, wo bereits der Statthalter=
verweser Laroche nebst einigen Getreuen aus der Stadt mit
guten Worten und Versprechungen die Leute gegen die Ge=
trennten erhitzt hatte. Dieser nächtliche Versuch eines plötz=
lichen Ueberfalls mußte auch die Landgemeinden aufregen.
Reigoldswyl liegt im westlichen Theile des Kantons, im öst=
lichen liegt Gelterkinden. Da die erste Sendung nach Rei=
goldswyl mißglückt war, wollte man offener nach Gelterkin=
den Truppen und Waffen senden. Man suchte bei den eid=
genössischen Repräsentanten, welche im Kanton Basel waren,
um Ruhe und Ordnung zu handhaben, Erlaubniß nach. Diese
schlugen sie ab und legten Verwahrung ein. Nach den Aeu=
ßerungen der beiden Bürgermeister hätte man glauben sollen,
die Baseler werden diese Verwahrung berücksichtigen. Aber
dieß geschah keineswegs. Ueber großherzoglich badischen und
eidgenössisch aargauischen Boden schickte die Stadt Basel, mit
Verletzung der Neutralität, 160 Mann Garnisonstruppen
nach Gelterkinden. Die Baseler behaupten mit Unrecht, sie
seyen unbewaffnet durchgezogen. Sie führten Waffen und
Munition auf Wagen mit, und konnten sich somit jeden Au=
genblick bewaffnen. Es war in der Nacht vom 5ten auf den
6ten, also nur 24 Stunden später als die Sendung nach
Reigoldswyl. Deutet dieß nicht auf einen gleichzeitigen An=
griff von zwei Seiten? Und läßt sich eine solche Bewaffnung
bei Anwesenheit eidgenössischer Truppen rechtfertigen? Die

Stadttruppen kamen endlich nach Gelterkinden, aber schon
beim Eintritte in den Kanton Basel wurden sie von Land=
leuten beunruhigt, ein Officier durch den Arm geschossen,
mehrere verwundet und gefangen genommen. Die Sturm=
glocken ertönten; man sammelte sich gegen die verhaßten
„Todtenköpfler.‟ Die Verwaltungscommission der Landschaft
vermochte bei dem besten Willen den Landsturm nicht zurück=
zuhalten; die 300 Mann eidgenössischer Truppen waren auch
zu schwach dazu, und hatten vom Vororte den Befehl, sich
nicht zu sehr zu exponiren, sondern sich an einen Nachbar=
kanton, der zum eidgenössischen Aufsehen aufgefordert war,
anzulehnen. Am Abend des 6ten rückte der Landsturm,
gegen 1000 Mann stark, heran. Das Gefecht begann. Die
Garnisonstruppen, auf dem Kirchhofe aufgestellt, waren durch
ihre Stellung im Vortheile. Die Nacht brach ein. Ein Fa=
brikgebäude, die Mühle und einige andere Häuser gingen in
Flammen auf. In der Nacht noch kam die Nachricht von
der übeln Lage der Garnisonstruppen nach Basel. Alles
kochte Rache; die Trommel wirbelte; man wollte ausziehen
und das rebellische Liestal verbrennen. Aber der Ausfalls=
lustigen waren zur Ehre der Stadt nicht mehr so viele, und
der Landsturm schwärmte auch vor der Stadt unter Blaarers
Anführung, um einen allfälligen Ausfall zurückzuschlagen.
Somit begnügte man sich, einige Bomben nach Binningen
zu schicken, um zu einem Thore hinaus, zum andern hinein
zu marschiren. Am 7ten Morgens versuchten die eidgenös=
sischen Repräsentanten einen Waffenstillstand zu vermitteln.
Die Garnisonstruppen waren bereit abzuziehen; das Land=
volk, im Gefühle der Ueberlegenheit des Sieges, forderte
ihre Entwaffnung. Die Garnisonstruppen erschracken und

begaben sich auf die Flucht. So endete die so übel angelegte als ausgeführte Expedition der Stadt Basel nach dem Dorfe Gelterkinden am 7 April des Jahres 1832."

Am 4 Mai nahm die Landschaft Basel ihre neue Verfassung an, und am 9ten wurde eine außerordentliche Tagsatzung abermals eröffnet. Vorher ging eine Anrede des Präsidenten, in welcher er im Wesentlichen sagte: „er habe bei der letzten außerordentlichen Tagsatzung gebeten, nicht auseinander zu gehen, bis die Angelegenheiten des Kantons Basel geordnet seyen. Allein seine Stimme sey fruchtlos verhallt. Die Boten der Kantone seyen unverrichteter Sache, und zwar — er verhehle es nicht — zum Aerger der ganzen Nation, auseinander gegangen. Bürgerkrieg flamme auf, und den Bundestruppen sey der Eintritt in eine Bundesstadt versagt." Am 11 Mai wurden die Gesandtschaften aufgefordert, ihre Justructionen in Beziehung auf die Angelegenheiten des Kantons Basel im Allgemeinen zu eröffnen. „Es ergab sich, daß die Zahl der Garantisten auf fünf heruntergeschmolzen war, nämlich Uri, Schwyz, Unterwalden, Wallis und das Fürstenthum Neuenburg. Wenn die Macht dieser fünf kleinen Kantone ihrem Ingrimme gleich käme, die Stadt Basel hätte längst triumphirt, und die Landschaft wäre unterdrückt. Für Trennung sprachen sich aus: Zürich, Bern, Glarus, Freiburg, Schaffhausen, Appenzell, St. Gallen, Aargau, Thurgau, Waadt, Genf und Luzern. Solothurn würde eine Trennung nur zugeben, wenn zum voraus mittelst Beschluß der Tagsatzung festgesetzt würde, daß im Falle die Wiedervereinigung nicht auf dem Wege der Vermittlung erzielt werden könne, dieselbe durch einen Spruch der Tagsatzung erfolgen müsse. Graubündten war noch ohne

Inſtruction, Teſſin und Zug abweſend. Für Trennung alſo
ſpricht ſich die Mehrheit aus, und die Stände, welche dafür
ſtimmen, werden ſich über die abweichenden Anſichten hinſicht=
lich der Art und Weiſe der Trennung wohl vereinigen."

Am 12ten wurde beſchloſſen: 1) die dermalen abgelöſ=
ten Gemeinden des Kantons Baſel werden für einſtweilen
und bis auf weitere Verfügung unter eidgenöſſiſchen Schuß
und Oberverwaltung geſtellt. 2) Die dortigen Behörden und
Beamten ſind der Eidgenoſſenſchaft für Handhabung der Ruhe
und Ordnung verantwortlich. 3) Die Tagſaßung verordnet
unbedingte Handhabung des Landfriedens im ganzen
Kanton Baſel, und wird die dazu erforderlichen Mittel be=
ſchließen. 4) Die Tagſaßung ordnet eine allgemeine Ver=
mittlung der ſtreitenden Theile. — Zum Oberverwalter wurde
Schultheiß Tſcharner von Bern gewählt, gegen den die
Radicalen eine wüthende Oppoſition erhoben, weil er als
ein Freund des Alten und der Ariſtokratie galt. Die Ver=
mittlungscommiſſion, die in Zofingen niedergeſeßt werden
ſollte, kam gar nicht zu Stande, weil die Stadt Baſel ſie
mit Verachtung von der Hand wies. Auch Baſel=Landſchaft
troßte und behielt gegen den Tagſaßungsbeſchluß die gefan=
genen Städter zurück, weil die Tagſaßung in ihrer Mitte
keinem Geſandten aus Lieſtal Plaß geben wollte.

Am 2 Junius wurde die Tagſaßung, in dieſem Jahre
ſchon zum drittenmal, und dießmal ordentlicherweiſe, eröff=
net. Baſel ließ man einſtweilen auf ſich beruhen, aber ein
noch weit wichtigerer Gegenſtand nahm die ganze Aufmerk=
ſamkeit der Geſandten in Anſpruch, nämlich die von vielen
Seiten her verlangte Bundesreviſion.

Die politiſchen Vereine waren äußerſt thätig, und con=

centrirten jetzt alle ihre Maschinen gegen die Bundesverfaſ=
ſung. Ihre Motive waren dabei: 1) das patriotiſche Ehr=
gefühl, die Beſorgniß vor ausländiſchen Interventionen oder
wenigſtens Inſluenzen, die der Schweiz ſo lange gefährlich
werden konnten, als die einzelnen Kantone kein engeres und
kräftigeres Band umſchloß, und 2) der Wunſch, auch die ari=
ſtokratiſche Oppoſition im Innern im Schooß einer Central=
regierung und durch die großen Mittel derſelben zu erdrücken;
was bei der bisherigen Föderation, in der jedes Glied des
eidgenöſſiſchen Körpers (wie Baſel) ungeſtraft der Geſammt=
heit trotzte, rein unmöglich war. Ueberhaupt aber iſt es eine
alte Erfahrung, die ſich von der Zeit der griechiſchen Repu=
bliken bis auf die der ſüdamericaniſchen immer bewährt hat,
daß die zwei Syſteme des Föderalismus und des Centralis=
mus in einer beſtändigen Oſcillation begriffen ſind; daß da,
wo eine ſtarke Hand (wie die Bolivars) die heterogenen Pro=
vinzen eng verbunden hat, dieſelben ſich zu löſen, daß aber
umgekehrt da, wo ſie aufs äußerſte aufgelockert ſind, ſie ſich
gegen äußere und innere Feinde wieder feſt zu vereinigen
ſtreben. Die radicalen Schweizer ſtrebten daher nach einem
republicaniſchen Centralismus aus dem nämlichen Grunde,
aus welchem gleichzeitig die deutſchen Fürſten ſich zu einem
engern monarchiſchen Centralismus bei Gelegenheit der be=
rühmten Bundesbeſchlüſſe vom 28 Jun. vereinten.

Der Langenthaler Verein von 1830 bildete den Urſtamm
aller nachfolgenden radicalen Vereine in der Schweiz. Er
nahm den Namen des ſchweizeriſchen Schutzvereins
an und bildete untergeordnete Kantonalvereine. Der von
Zürich conſtituirte ſich am 26 Februar in Baſſersdorf.
Seine Statuten lauten: a) Aufnahmsbedingniſſe für die

Zukunft sind: die Eigenschaft als Mitglied eines Bezirks-
oder Zunft-Vereins; das angetretene zwanzigste Jahr,
und die Leistung eines jährlichen Beitrags von 1 Fr. (Ueber
die Verwendung der eingegangenen Gelder verfügt das Comité, unter seiner Verantwortlichkeit gegen den engern Kantonalverein.) b) Der Kantonalverein betrachtet sich als Glied
des schweizerischen Schutzvereins, und schließt sich in
dieser Beziehung an die Langenthaler Statuten an.
c) Requisite zur Aufnahme sind ferner: Einsicht, Tadellosig-
keit und entschiedene Liebe zur Volksfreiheit. d) Der engere
Kantonalverein wählt aus seiner Mitte ein Comité von sieben Personen zur Leitung der laufenden Geschäfte und Vollziehung der Beschlüsse des engern und weitern Kantonal-
vereins. Dieses Comité wird sich sofort mit dem geschäfts-
leitenden schweizerischen Comité in Luzern in
Verbindung setzen u. s. w. e) Der Zweck des Kantonal-
vereins wird derselbe seyn, wie der des schweizerischen Schutzvereins, nämlich alle volksthümlichen Verfassungen in ihrem
Bestande zu schirmen; wo solche erst in ihrem Entstehen
sind, zu ihrem Gelingen möglichst beizutragen; die Entstehung jeder aristokratischen Gewalt zu hindern;
gesetzliche Freiheit aufrecht zu erhalten, und eine zeitgemäße
Bundesverfassung nach freien Grundsätzen vorzubereiten. f) Jenen Zweck wird er genau bei uns durchzuführen suchen und in dieser Beziehung sich durch den ganzen
Kanton verzweigen, Bezirks- und Zunft-Vereine zu bilden
suchen. g) Ausnahmsweise ist der engere Kantonalverein
oder das Comité in dringenden Fällen ermächtigt, schnelle
Anordnungen zu treffen, und durch die Bezirks- und Zunft-
Vereine vollziehen zu lassen.

Welche Macht diefer Verein durch feine Popularität be=
faß, zeigte fich bald. Am 8 März erhob fich im großen Rathe
von Zürich Widerfpruch gegen die übermächtigen Clubs, und
die gemäßigte Partei verfuchte ein Verbot gegen fie durchzu=
fetzen. Aber der große Rath entfchied fich bei der Abftimmung
für die Clubs, und die Minorität, die Refte der alten herr=
fchenden Stadtpartei, gaben ihre Entlaffung ein, die beiden
Bürgermeifter Wyß und Muralt, die Räthe Rahn,
Spöndli, Efcher, Meier=Ulrich, Hirzel=Efcher
und Hottinger. Eine Folge davon war, daß die radicale
Partei noch weiter ging, und unter Anderm am 10 April
das alte berühmte Züricher Chorherrenftift mit feinen
Sinecuren aufhob.

Diejenigen Kantone, in denen die radicale Partei ent=
fchieden das Uebergewicht hatte, verbanden fich einftweilen
unter einander zu Schutz und Trutz. Man weiß nicht, ob
fie dazu durch die Gerüchte von einer ähnlichen, obwohl
heimlichen, Verbindung zwifchen Stadt=Bafel und den Ur=
kantonen, fo wie mit der geftürzten Berner Ariftofratie ver=
anlaßt wurden, oder ob diefes ariftofratifche Bündniß erft
eine Folge jenes demokratifchen war. Am 17 März fchloffen
fieben Kantone, Luzern, Zürich, Bern, Solothurn, St.
Gallen, Aargau und Thurgau folgendes Concordat:
Art. 1. Indem die vorgenannten, dem gegenwärtigen Con=
cordate beitretenden Stände ihre auf dem Grundfatze der
Volksfouverainetät beruhenden, in das eidgenöffifche Archiv
niedergelegten Verfaffungen gegenfeitig gewährleiften, ver=
heißen fie hiedurch fowohl die dem Volke jedes Kantons nach
feiner Verfaffung zuftehenden Rechte und Freiheiten, als die
verfaffungsgemäß aufgeftellten Behörden jedes Kantons und

ihre verfaſſungsmäßigen Befugniſſe aufrecht zu erhalten.
Sie gewährleiſten ſich ferner, daß Aenderungen dieſer Ver=
faſſungen einzig in der durch jede Verfaſſung ſelbſt feſtgeſetz=
ten Weiſe vorgenommen werden können. Art. 2. Wenn
in einem der beitretenden Kantone wegen Verfaſſungsver=
letzung Zerwürfniſſe entſtehen, welche die allgemeine Ruhe
deſſelben gefährden, ſo üben nach fruchtlos verſuchter Ver=
mittlung die übrigen im Concordate begriffenen Kantone
insgeſammt das Schiedsrichteramt aus. Die Schiedsrichter
haben ſtreng nach dem Sinne der beſtehenden Verfaſſung zu
urtheilen, und können in derſelben keinerlei Veränderungen
vornehmen. Art. 3. Zur Bildung des Schiedsgerichts ſen=
det jeder der beitretenden Stände (mit Ausſchluß des ſelbſt
betheiligten Kantons) einen von ſeiner oberſten Kantons=
behörde gewählten Schiedsrichter. Dieſe Schiedsrichter ſind
an keine Inſtruction gebunden. Art. 4. Der betheiligte
Stand iſt pflichtig, ſich dem Spruche zu unterziehen, den
die concordirenden Stände nöthigenfalls vollſtrecken. Art. 5.
Durch die verheißene Garantie anerkennen die beitretenden
Stände ihr Recht und ihre Pflicht, einander Schutz und
Schirm zu leiſten, und, unter Anzeige an den Vorort, ein=
ander ſelbſt mit bewaffneter Macht einzeln oder in
Gemeinſchaft zu Hülfe zu ziehen, um Ruhe, Ordnung und
Verfaſſung, wo dieſe gefährdet ſeyn ſollten, aufrecht zu er=
halten. Art. 6. Gegenwärtiges Concordat wird mit aus=
drücklichem Vorbehalte aller aus dem beſtehenden Bundes=
vertrage hervorgehenden Rechte und Pflichten der beitreten=
den Kantone ſowohl gegen geſammte Eidgenoſſenſchaft, als
gegen die einzelnen übrigen Stände abgeſchloſſen. Sobald
der Bundesvertrag der Eidgenoſſen revidirt und

in demſelben die angemeſſenen Beſtimmungen über Umfang und Wirkung der Garantie der Verfaſſungen aufgenommen ſeyn werden, tritt dieſes Concordat als erloſchen außer Kraft und Wirkſamkeit. Luzern, den 17 März 1832." Unterzeichnet von den Geſandtſchaften der ſieben obengenannten Kantone.

Sie führten für den Abſchluß dieſes Concordats folgende Gründe an: „Das Concordat ſey eine politiſche Nothwendigkeit; außerordentliche Zeitumſtände erfordern auch außerordentliche Maßregeln. Der Bundesvertrag genüge dem Bedürfniſſe der Gegenwart nicht, er ſey zum Theil factiſch ſchon aufgelöſt. Das Volk der neu conſtituirten Kantone ſehne ſich nach einem kräftigern Verbande; dieſer Stimmung müſſen die Regierungen Meiſter zu bleiben ſuchen. Durch das Concordat erlange man wenigſtens für die nächſte Zeit die beabſichtigte Beruhigung, und gewinne die erforderliche Muße zur Bearbeitung eines neuen Bundesvertrags, welcher, bei der gegenwärtigen Abneigung mehrerer Stände, einzig durch ſolche ſeparate Verbindungen zu Stande kommen könne.‟

Auf der andern Seite betrachtete man dieſes Concordat als verfaſſungswidrig und unheilvoll, weil es nun auch die anders geſinnten Kantone zu einem Gegenbunde veranlaßte.

Wirklich traten bereits am 2 Mai Schwyz, Uri und Unterwalden in Altdorf zu einer Conferenz zuſammen. Dagegen war am 23 Mai zu Richterſchweil eine Verſammlung der verſchiedenen Kantonalvereine unter dem Vorſitze von den Bürgermeiſtern Hirzel und Heß, Eduard Sulzer und Ulrich von Zürich, Kaſimir Pfyffer und Troxler von Luzern, Tanner und Zſchokke von Aarau, Vornhauſer aus dem Thurgau.

Schon im April ging von diesem Schutzverein ein neuer Bundesverfassungsentwurf aus, dessen Zweck die größere Centralisirung war, daher vor allen Dingen darin bestimmt war, daß die Tagsatzungsgesandten nicht mehr von den Instructionen ihrer besondern Regierungen abhängen sollten, und daß kein Kanton für sich Bündnisse schließen dürfe. Die Grundsätze dieses Entwurfs wurden allgemein verbreitet, in Adressen an die Regierungen gebracht, durch Volksversammlungen unterstützt, und gingen so zum Theil in die Instructionen der Tagsatzungsgesandten über. Die Radicalsten meinten sogar, die Tagsatzung sey incompetent, nur das Volk selbst könne sich eine neue Bundesverfassung geben, und namentlich der berühmte Philosoph Trorler drang auf die Wahl eines allgemeinen schweizerischen Verfassungsrathes, von dem die neue Constitution der Eidgenossenschaft ausgehen sollte. Diese Ansicht drang aber nicht durch, und alle Blicke wandten sich nach der Tagsatzung.

Der Züricher Kantonalverein richtete eine Adresse an die Tagsatzung, worin es hieß: „Das fremde Gesetz, das unter dem Namen von Kantonalverfassungen durch auswärtige Gewalt den einzelnen Völkerschaften der Schweiz aufgedrungen wurde, ist überall vor der freien Bewegung der Geister gefallen; überall haben volksthümliche, auf den Grundsatz der Rechtsgültigkeit erbaute Verfassungen sich gebildet, aber noch fehlt uns ein umfassender Nationalverband, und ohne ihn ist unser Volk gelähmt in sich selbst, und in der Reihe der Nationen eine Null. Es war eine schöne und große Zeit, wo das Schweizervolk eine solche Nationalexistenz feierte; eine Zeit, wo die Fürsten Europa's mit Ehrfurcht auf die Alpen blickten, ein Volk, dessen Erinnerungen noch jetzt den Eidgenoſſen wie den Fremdling mit Liebe und Bewunderung erfüllt. Aber mit dem Augenblick, wo die alte eidgenöſſiſche Freiheit, auf Rechtsgleichheit gegründet, unterging, und die Städte ihre Factionen, ihre drückende Herrſchaft erhoben, löſ'ten die Glieder ſich ab vom Ganzen und erſtrebten in verblendender Eigenſucht ihre kleinlichen Zwecke und ihr abgeſondertes Wohl. Jahrhunderte lang ſchlich unſere Geſchichte in dem Geleiſe der Unmacht dahin — ein Geſpenſt der frühern Jahrhunderte der Thaten. Und als, am Ende des letzten Säculums, die Hochgewitter der Völkerwelt ausbrachen, da war kein Schirm und kein Hort — es war kein vereinter Nationalwille, kein ſchweizeriſcher Bund, kein ſchweizeriſches Vaterland da. Zwecklos verhauchten die edelſten Opfer ihr Leben in die Wüſte der Zeiten; zwecklos ſtarben unſere Tapfern an den Stiegen der Throne; zwecklos gingen die Helden am Rothenthurm, an der Schindellegi und in den Ruinen von Unterwalden ins Grab, und zwecklos ſanken unſere Söhne in den Eisfeldern Rußlands und in den gräuelhaften Kämpfen Spaniens. Mehr als Einmal nahte unſerm Volke die Vernichtungsſtunde; zwiſchen Abgründen wand ſich der ſchwache Faden ſeines Lebens hin, und faſt nur durch ein Wunder ſchien der ewige Schluß der Vorſehung das Daſeyn des Schweizervolkes erhalten zu wollen, weil das Daſeyn dieſes Volkes ein Denkmal heldenmüthiger, gegen alle Waffen irdiſcher Gewalt ſiegreicher Behauptung der höchſten Wahrheiten der Menſchheit iſt."

Am 2 Julius eröffnete Eduard Pfyffer die ordentliche Tagſatzung in Luzern mit folgender Rede, worin er die Anſicht der gemäßigten Majorität ausſprach: „Nicht

von einer unbedingten Einheit kann und wird ja
die Rede seyn. Diese verträgt sich weder mit unsern Ver=
hältnissen, noch mit unsern Gewohnheiten, noch selbst mit
den Wünschen der weitaus größern Mehrheit unserer Na=
tion. Die Souveränetät der einzelnen Kantone
muß jederzeit das vorherrschende Princip bleiben.
Nur eine engere Verbindung aller Kräfte zur Vertheidi=
gung unserer Freiheit und unseres Vaterlandes, eine leich=
tere, weniger gelähmte Bewegung der Bundesbehörden in=
ner den Schranken des ihnen angewiesenen Wirkungskrei=
ses, die Wegräumung einer Nationalität im Wege lie=
gender Hindernisse, sind einzig das, was bei einer dis=
fallsigen Verbesserung angestrebt werden soll. Ungestört
muß jedem Kanton überlassen bleiben, auch künftig
seinen Haushalt zu ordnen, und nach eigener Ueberzeu=
gung einzurichten. Das Hirtenvolk in den Bergkanto=
nen mag fernerhin Befreiung von allen Abgaben höher ach=
ten, als das gänzliche Entbehren anderswo geschätzter, ge=
meinnütziger Einrichtungen, während der Schweizer an der
Limmat und der Aar keine Anstrengung scheut, um auf
der Stufe der Civilisation nicht hinter andern uns umge=
benden Völkern zurückzubleiben. Die Urner und Unterwald=
ner mögen fernerhin sich glücklich fühlen, bei althergebrach=
ten, einfachen Formen und Gesetzen, Europa ein originel=
les Bild einer aus den patriarchalischen Zeiten der Ver=
gangenheit herrührenden Gesetzgebung darbietend, während
der tiefsinnige Genfer und der aufgeklärte Waadtländer
durch eine ausgebildete Gesetzgebung und durch Erörterung
der subtilsten legislativen Fragen die Aufmerksamkeit der
vorzüglichsten europäischen Publicisten auf sich ziehen. Wir

können ungeachtet aller dieser Abweichungen in den innern
Einrichtungen der einzelnen Theile, ungeachtet aller dieser
Eigenthümlichkeiten, ein Volk seyn, wenn nur in Hinsicht
der höhern Interessen ein strafferes Band uns insgesammt
umschlingt."

Diese Rede entsprach nicht ganz den Erwartungen des
zahlreich in diesen Tagen zu Luzern zu einem bis zum 7
Julius die ganze Woche hindurch dauernden Fest versammelten
Volks. Gleichwohl mußte die Tagsatzung sich dem so laut
ausgesprochenen Volkswunsche fügen und die Revisionsfrage
vornehmen. Allein die Gemäßigten sorgten dafür, daß die
Entscheidung vertagt wurde.

Am 17 Julius wurde eine Tagsatzungs-Commission
zur Abfassung eines neuen Bundesverfassungs-Ent-
wurfs niedersetzt. Sie bestand aus den Herren: 1) von Luzern:
Eduard Pfyffer; 2) von Zürich: Hirzel; 3) von Bern: von
Tavel; 4) von Uri: Zgraggen; 5) von Glarus: Heer; 6) von
Zug: Sidler; 7) von Freiburg; Schaller; 8) von Solothurn:
Munzinger; 9) von St. Gallen: Baumgartner; 10) von
Graubündten: v. Planta; 11) von Schaffhausen: v. Meyen-
burg; 12) von Aargau: Dr. Tanner; 13) von Genf: Prof.
Rossi; 14) von Neuenburg: v. Chambrier, und 15) von Waadt:
Prof. Monard. — Uri, Unterwalden, Tessin, Wallis, Glarus
und Appenzell-Inner-Rhoden, waren die einzigen, die nicht
in die Revision eintreten wollten; Zug und Neuenburg woll-
ten nur ad referendum eintreten. Die Abgeordneten von
Schwyz fehlten. An den Commissionswahlen nahmen keinen Antheil: Uri und Unterwalden (die sich überhaupt verwahrten gegen jede Revision) ferner Tessin, Appenzell und
Glarus. Alle Tagsatzungsgesandten begaben sich am 12 Au-

guſt von Luzern nach dem benachbarten Grütli, um hier bei einem frohen Feſte den alten Schwur der Eidgenoſſen zu erneuern. Die Urner, Schwyzer, Unterwaldner aber waren mit dieſem Feſte, das vorzüglich im Sinne der radicalen oder Unitariſten-Partei gefeiert wurde, wenig zufrieden, und hielten ſich ferne. Daher ſprach Sidler von Zug: „O möch=ten die Urkantone, die uns einſt die Freiheit geſtiftet, erken=nen, daß ſie in unſern Tagen ohne die Mitwirkung ihrer Miteidgenoſſen nichts vermögen, und daß ihr Heil und ihre Rettung nur in engerer Verbrüderung ſteht mit den Eid=genoſſen."

Bald darauf wurde eine große ariſtokratiſche Ver=ſchwörung zu Bern entdeckt. Die demokratiſche Regie=rung wurde noch vor dem Ausbruche davon unterrichtet und ſetzte am 29 Auguſt Belohnungen für die Entdeckung aller Mit=verſchworenen aus. Man erfuhr ſodann: „Die jungen Brauſe=köpfe unter den Patriciern beſorgten Anwerbungen auf dem Lande. In der Stadt wurden Waffenſammlungen gemacht. Im Hotel von Erlach wurde in der Nacht vom 31 Aug. bis 1 Septbr. ein Quantum von 36,000 Patronen entdeckt, und dieſe Entdeckung an dieſem Orte iſt um ſo bedeutender, als derſelbe der Verſammlungsort aller Patricier ſeit langem war, und die Mitwiſſenſchaft am ganzen Complotte auch ſelbſt der ehemaligen erſten Staatsmänner nun kaum mehr bezweifelt werden darf. Das Patriciat hat ſich eine Grube gegraben, aus welcher es ſelbſt von den Karliſten ſchwerlich mehr wird errettet werden können. Allgemein wird ver=breitet, dieſe franzöſiſche Ultrapartei habe bei allem thätig mitgeholfen, und man nennt beſonders einen ehemaligen Geſandtſchaftsſecretär als das Haupt der Umtriebe. Zu=

gleich vernahm man, der Sitz der Verschwörung sey in der Umgegend von Thun, wohin vor kurzem ein bedeutendes Quantum Pulver, angeblich zum Steinsprengen, versandt worden sey. Zwei Bürger von Thun, Advocat Hürner und Engemann, seyen in der Nacht vom 29 auf den 30 verhaftet, und in Kutschen nach Bern gebracht worden. Einige junge Patricier, Hauptmann von Lentulus, Major Fischer von Eichberg und Hr. v. Werdt von Loffen, hätten sich entfernt; nach Eichberg, dem Landsitze Fischers, in der Richtung von Thun, sey eine Compagnie Scharfschützen mit 2 Kanonen gesandt worden. Am 31. dauerten die Verhaftungen fort. Unter den dadurch Betroffenen nennt man nun auch einen gewesenen Officier in französischen Diensten, Wyttenbach, und Wyß, Zollverwalter zu Gümminen. Auch in Spiez und Frutigen sollen Verhaftungen statt gefunden, und der Chevalier d'Horrer den Befehl erhalten haben, binnen 14 Tagen die Stadt Bern zu verlassen. Der Regierungsstatthalter von Bern ist unausgesetzt mit Verhören beschäftigt. — Die Verschwörung wurde dadurch entdeckt, daß ehemalige Soldaten von französischem und niederländischem Dienste mit dem Handgelde prahlten und zechten, womit sie für die Verschwörung waren gewonnen worden."

Das ganze alte Patriciat scheint mehr oder weniger dabei compromittirt gewesen zu seyn, denn seine aus der Staatsregierung gedrängten, aber in der Stadtbehörde noch vorherrschenden Häupter fanden für nöthig, folgenden die ganze Contrerevolution vortrefflich charakterisirenden Brief an die Regierung zu schreiben: „Hochgeehrter Herr Regierungsstatthalter! Die unterzeichneten Mitglieder der Special-Commission das Stadtraths von Bern fühlen sich bewogen,

in

in Bezug auf die bei der gestern Abends stattgehabten Un=
tersuchung des Stadtraths = Hauses gefundene Munition
Wohldenselben die nachstehende Erklärung einzureichen. Nach=
dem der Tit. Regierungsrath die Aufhebung des Bürger=
corps und die Rückforderung der Waffen von den Mitglie=
dern desselben definitiv beschlossen hatte, hielt es die Com=
mission den Umständen durchaus angemessen, die Errichtung
eines neuen Bürgercorps einzuleiten, indem in so bewegten
Zeiten, wie die gegenwärtigen sind, es für Jedermann be=
ruhigend seyn müsse, wenn eine angemessene Anzahl redlicher
Einwohner gehörig organisirt und bewaffnet seyn würde,
um im Nothfalle Ordnung zu handhaben, und Person und
Eigenthum zu schützen: Deßwegen wurde beschlossen, eine
Anzahl Gewehre und die erforderliche Munition anzukaufen,
und nachdem es geschehen, unter Anzeige der Sache an die
betreffenden Regierungsbehörden, zur Organisation der Bür=
gerwache zu schreiten. Die Munition wurde sofort ange=
kauft; der Ankauf der Gewehre hingegen verzögerte sich, bis
das neue Gesetz gegen den Hochverrath erschien, und nun
wurde die Herbeischaffung von Waffen gänzlich unterlassen.
Die Unterzeichneten betheuern bei ihrem Ehrenworte die
reine Wahrheit der obigen Erklärung, und ebenso bezeugen
sie daher auch, daß die ganze Angelegenheit mit den Ereig=
nissen der letzten Tage auch nicht in dem entferntesten Zu=
sammenhange steht. Mit schuldiger Hochachtung verharren.
Bern den 1 Septbr. 1832. (Sig.) Fischer der ehemalige
Schultheiß. Jenner, Alt = Säckelmeister. König, Spitalver=
walter. Hahn, gew. Oberstlieut. C. L. Tscharner. B. v. Dies=
bach, Alt = Rathsherr. Doctor Lutz.“ — Diese sieben Herren
wurden sogleich verhaftet. Die eigentlichen militärischen Chefs

der Verschwörung und insbesondere der Major Fischer, ein ausgezeichneter Schützenoffizier, der feurigste unter den Patriciern, ferner die Herrn v. Lentulus und v. Werdt; entkamen. Dagegen verhaftete man jetzt auch die ältern Patricier Altsäckelmeister v. Muralt, Oberst v. Erlach und Herrn v. Büren. Man schrieb: „Viele Namen sind übrigens durch diese ganze Geschichte compromittirt worden, und wenn man nicht noch ganze Classen von Personen, wie z. B. das Patriciat und die Berner Bürger, so wie auch einen Theil des diplomatischen Corps, dem fortdauernden Mißtrauen und der Verleumdung preisgeben will, so ist die Bekanntmachung aller und jeder Indicien und Depositionen nach geschlossener Untersuchung unentbehrlich, indem auf solche Weise allein auch die leisesten Zweifel schwinden, und zugleich dem Publicum die nothwendige Garantie gegeben wird, daß auch nicht von Seite der Behörden die Wahrheit zu verschleiern versucht worden sey, denn sonst könnte gerade im letztern Falle die Regierung eben so viel und noch mehr an dem wohlverdienten Zutrauen verlieren, welches ihr die große Mehrheit aller Bürger zugewandt hatte. Auch die Regierung des benachbarten Neuenburg ist höchlich dabei interessirt, indem jene Munition aus ihren Pulvermühlen abgeliefert wurde, und der fortdauernde Aufenthalt gewisser Personen in jenem Kantone leicht ein falsches Licht auf die Gesinnungen der Nachbarn werfen könnte.“

Die Untersuchung wurde sehr geheim geführt. Man erfuhr nichts Näheres. Die Herren von Erlach und Büren wurden schon früher, die Herren Diesbach, Jenner, König, Hahn, Lutz am 8 Decbr. wieder frei.

Diese Verschwörung goß Oel in das Feuer der Volks-

verfammlungen. Am 2 September führte Trorler den Vor=
fitz in einer Verſammlung der Ausſchüſſe, welche die politi=
ſchen Kantonalvereine nach Baden im Aargau geſchickt hatten.
Hier wurde eine Proteſtation beſchloſſen, worin erklärt
wurde, daß nicht die Tagſatzung, ſondern nur ein vom Volke
ſelbſt unmittelbar gewählter Verfaſſungsrath das Recht habe,
die Bundesverfaſſung zu ändern. Die Unitarier waren aufs
höchſte erbittert, weil ſie wohl wußten, daß in der Tagſa=
tzung die gemäßigte Partei vorherrſche, welche nie=
mals eine im Sinne des Centralismus redigirte Bun=
desverfaſſung zu Stande bringen, ſondern nur temporiſiren
würde. Bei der Mittagstafel zerſchlug Profeſſor Aebi von
Luzern eine Zuckerpyramide, an der die 22 Wappen der Kan=
tone angebracht waren. „So, rief er, möge das elende Mach=
werk, die Bundesverfaſſung von 1814, zerſtört werden!‟

Sey es aus Beſorgniß wegen der Berner Verſchwörung,
bei der militäriſche Werbungen vorgekommen waren; ſey es,
um die Radicalen ſelbſt durch das Waffengeraſſel der Gemä=
ßigten zu ſchrecken, genug, am 10 September verfügte die
Tagſatzung eine Reviſion und Mobilmachung der eidgenöſſi=
ſchen Contingente, eine Maßregel, die im Ausland unnö=
thigen Verdacht erregte. Sie ging ganz ruhig vorüber.

Am 2 October fand abermals eine große Verſammlung
der Schutzvereins = Ausſchüſſe im Bade Schinznach ſtatt.
Dießmal präſidirte ſtatt Trorler Herr Kaſimir Pfyffer, und
Trorlers Idee eines Verfaſſungsrathes wurde aufs neue
ſiegreich bekämpft. Man beſchloß, der Tagſatzung nicht zu
trotzen, ſondern ihren Bundesverfaſſungsentwurf abzuwar=
ten. Die Unitarier, unzufrieden über dieſe Mäßigung, rich=
teten ſofort ihre Aufmerkſamkeit auf die Schützengeſell=

ſchaft, die ſie gern als ein Heer im Heere, oder als eine radi=
cal bewaffnete Macht in ihrem Sinne conſtituirt hätten. Am 14
October verſammelten ſich die Schützen in Knutwyl, und es
ward beſchloſſen: „1) Der einzige Zweck der Organiſation der
Scharfſchützen iſt, ſich jedem fremden Einfalle entge=
genzuſetzen, in einem Augenblicke, da die Tagſatzung noch
nicht Zeit gehabt hätte, das Heer zu verſammeln. 2) Die
innere Politik ſoll dieſer Organiſation völlig fremd bleiben.
3) In die Organiſation des eidgenöſſiſchen Heeres, der beiden
Contingente ſowohl als der Landwehr, ſoll nicht eingegriffen
werden. 4) Der Dienſt dieſer Freiſchaaren hört auf, ſobald
eidgenöſſiſche Truppen anlangen, doch können ſie unter dem
Kommando des Oberbefehlshabers der Armee ihren Dienſt
fortſetzen, wenn ſie hiefür in Anſpruch genommen werden.
5) Der Entwurf wird der Tagſatzung oder dem Vororte zur
Genehmigung vorgelegt. Die Schützen vertheilten ſich in
fünf Diviſionen: 1) Graubündten, St. Gallen, Appenzell,
2) Thurgau, Schaffhauſen, Zürich, Aargau; 3) Baſel, So=
lothurn, Neuenburg; 4) Waadt, Freiburg, Wallis; Genf;
5) Teſſin; 6) die innern Kantone. Jede Diviſion zerfällt
in Kreiſe: Jeder Kreis liefert drei Scharfſchützencompagnien
zu 100 Mann, die ſich in 10 Sectionen zu 10 Mann theilen.
Jede Section wählt ihren Chef, zehn Chefs wählen einen
Hauptmann, die Hauptleute einen Kreishauptmann; dieſe
einen Diviſionschef, und dieſe endlich den Oberanführer, der
eidgenöſſiſcher Oberſt ſeyn muß. Das Ganze ſteht unter der
Leitung eines Central=Comité's, welches drei Verwaltungen
bildet: 1) für die Finanzen, 2) für Lebensmittel und Mu=
nition, 3) für die Beaufſichtigung der Gränzen. Jeder
Schütze muß mit einer Büchſe mit Bajonnet verſehen ſeyn,

und Lebensmittel für vier Tage mit sich führen. Das Er=
scheinen eines Feindes auf schweizerischem Gebiete wäre das
Zeichen zum Aufbruche."

Die Tagsatzung, die erst am 9 October auseinander ging,
beschäftigte sich ferner mit Basel. Da die Trennung zwi=
schen Stadt und Land bereits erfolgt und beiden Theilen
recht war, so hielt es die Tagsatzung für das rathsamste, sie
zu sanctioniren. Nachdem dieß vorläufig am 14 Junius ge=
schehen, und die nähern Bestimmungen einer Commission
überwiesen worden, wurde deren Bericht am 14 September
zum Beschlusse erhoben. Uri, Schwyz, Unterwalden,
Wallis und Neufchatel protestirten. Bei den De=
batten hatte früher schon Professor Rossi von Genf geäußert:
„Bedenken wir die Schwierigkeiten aller Ausscheidungen zwi=
schen zwei erbitterten Theilen. Ablösungen von Provinzen
in großen Staaten sind möglich, weil man da im Großen
schneidet; und doch haben wir Beispiele, daß Ausscheidungen
und Liquidationen von solchen Trennungen Jahre lang dauer=
ten. Und wir sollen nun in einem ohnehin kleinen Ländchen
eine solche Ausscheidung treffen, zwischen zwei Theilen, die
sich um Schillinge streiten werden? Und dann die Macht
der Tagsatzung, die in der Sache handeln soll! — Wie wich=
tig ist Basel als Gränzkanton! Welche Gefahr läuft die
Eidgenossenschaft, wenn ein Stand, der seine Bundespflich=
ten bis dahin rühmlich erfüllt hat, in zwei Hälften ge=
theilt wird, deren eine vielleicht bald außer Stande seyn
wird, den ökonomischen Forderungen des Bundes Genüge
zu leisten! In der Tagsatzung erhalten wir noch zwei halbe
Stimmen, deren eine so oft Nein sagen wird, als die an=

bere Ja ſagt; und damit wollen wir in die Tagſatzung
mehr Kraft, mehr Uebereinſtimmung bringen?"

Die Proteſtation der Urkantone enthielt Beleidigungen,
indem ſie die Tagſatzung einer offenbaren Rechtsverletzung
gegen Baſel und einer eidgenöſſiſchen Verfaſſungsverletzung
beſchuldigte. Die Geſandten der zum Concordate vereinigten
Kantone vertheidigten dagegen den Tagſatzungsbeſchluß in
einer ſtaatsrechtlichen Erörterung, worin wiederum bittere
Aeußerungen gegen die Urkantone fielen.

Der Tagſatzungsbeſchluß befahl zugleich allen noch unent=
ſchiedenen Gemeinden Baſels, ſich jetzt definitiv zu erklären,
ob ſie zur Stadt oder Landſchaft gehören wollten. Von zwölf
Gemeinden entſchieden ſich acht für die Landſchaft. Da nun
die Stadt ſich in ihren Hoffnungen auch dießmal wieder ge=
täuſcht und faſt alle Gemeinden zur Regierung in Lieſtal
halten ſah, ſo bereute ſie ihren voreiligen Trennungsbeſchluß
vom 22 Februar, hob denſelben am 20 October auf, beſchloß
eine kräftige Abwehr der Landſchaft von den noch unter ihrer
Verwaltung ſtehenden Gemeinden und eine nähere Ver=
bindung mit den proteſtirenden Ständen, indem
ſie ſelbſt gegen den Tagſatzungsbeſchluß wiederholt feierlich
proteſtirte. Am 14 November traten die ſechs proteſtirenden
Kantone Baſel, Uri, Schwyz, Unterwalden, Wal=
lis und Neufchatel zu Sarnen öffentlich in ein Bünd=
niß zuſammen, welches ſie dem Concordat der andern Par=
tei entgegenſtellten.

Am 22 November ſollte eine neue Volksverſammlung
zu Uſter bei Zürich ſtatt finden. In der Nacht benützte der
Pöbel dieſe Gelegenheit, die Maſchinen einer Baumwoll=

ſpinnerei in Brand zu ſtecken, worüber alle Parteien gleich
entrüſtet waren.

Die von der Tagſatzung niedergeſetzte Commiſſion hatte
indeß raſtlos gearbeitet, und war mit ihrem neuen Ver=
faſſungs=Entwurf am 15 December fertig. Er bildete,
wie zu erwarten war, ein Juſtemilieu zwiſchen der alten
beſtehenden Bundesverfaſſung und dem Entwurfe, der von dem
Schutzvereine ausgegangen war. „Das Recht des Krieges
und Friedens, der Eingehung von Bündniſſen und Staats=
verträgen mit dem Auslande, worunter auch Zoll= und Han=
delsverträge begriffen ſind, ſteht dem Bunde ausſchließlich
zu. Anderweitige Verträge mit dem Auslande ſind den
Kantonen geſtattet; ſie dürfen aber nichts den Rechten des
Bundes oder einzelner Kantone Widerſprechendes enthalten,
und ſind zu dieſem Ende, vor erfolgter Ratification, der
Bundesbehörde vorzulegen. Oberſte Bundesbehörde iſt die
Tagſatzung, beſtehend aus zwei Abgeordneten jedes Kantons,
präſidirt durch den Landammann der Schweiz. Die Kantone
haben gleiches Stimmrecht. Die Tagſatzung verſammelt
ſich ordentlicherweiſe jährlich am erſten Montage im Heu=
monate, außerordentlich auf den Ruf des Bundesrathes,
oder auf Begehren von fünf Kantonen. Kein Kanton darf
ſich der Theilnahme an einer Tagſatzung entziehen. Die
Verhandlungen ſind öffentlich. — Die Berathungsgegen=
ſtände der Tagſatzung zerfallen hinſichtlich der Art, ſie zu
behandeln, in drei Abtheilungen. In die erſte Abtheilung
gehören: Bündniſſe und Verträge über politiſche Gegenſtände
mit dem Auslande; Kriegserklärungen und Friedensſchlüſſe;
Anerkennung auswärtiger Staaten und Regierungen, be=

waffnete Dazwischenkunft in einem Kantone ohne deſſen Be=
gehren; Schlußnahmen über die Competenz der Tagſatzung,
wo dieſe in Zweifel gezogen wird, und Erläuterung der
Bundes=Urkunde; Reviſion der Mannſchafts= und Geld=
Contingente, Reviſion des Bundesvertrags. In die zweite
Abtheilung fallen: alle übrigen Verträge mit dem Auslande;
die Gewährleiſtung der Kantonsverfaſſungen; die zur Aus=
führung der Bundes=Urkunde erforderlichen Bundesgeſetze;
die Errichtung und Aufhebung bleibender Beamtungen des
Bundes im Innern und diplomatiſcher Agentſchaften im
Auslande; der Nachlaß von Interventionskoſten. Alle übri=
gen Geſchäfte bilden die dritte Abtheilung. — Ueber die
Gegenſtände der erſten Abtheilung ſind die Kantone ver=
pflichtet, ihren Abgeordneten beſtimmte Inſtructio=
nen oder Vollmachten zu ertheilen. Für jeden Kanton
rathſchlagt und ſtimmt nur Ein Abgeordneter. Die halben
Stimmen eines getheilten Kantons werden nur gezählt,
wenn ſie übereinſtimmen. Zwölf Stimmen bilden die ver=
pflichtende Mehrheit. Kommt eine ſolche wegen Abweſenheit
oder Unterlaſſung der Stimmgebung u. ſ. f. nicht zu Stande,
wohl aber eine abſolute Mehrheit unter den Stimmenden,
ſo wird der dießfällige Beſchluß gleich einem Gegenſtande
der zweiten Abtheilung, der Sanction der Kantone unter=
worfen. An der Berathung und Abſtimmung über die Ge=
genſtände der zweiten Abtheilung nehmen ſämmtliche Ab=
geordnete nach eigener Ueberzeugung Theil. Die Mehrheit
der Stimmenden entſcheidet. Der Beſchluß unterliegt aber
der Sanction der Kantone, und tritt erſt durch die Geneh=
migung von zwölf Kantonen in Kraft. Die Kantone haben
binnen ſechs Monaten die einfache Annahme oder Verwer=

fung auszusprechen. In dringenden Fällen darf die Tag=
fatzung den Termin abkürzen. Die Kantone, welche nicht
innerhalb der festgesetzten Frist die Verwerfung aussprechen,
zählen zu den annehmenden. Die Gegenstände der dritten
Abtheilung berathen und entscheiden sämmtliche Abgeordnete
nach eigener Ueberzeugung. Die Mehrheit der Stimmenden
entscheidet vollgültig. Die Abgeordneten leisten einen Eid
auf treue Handhabung der Bundes=Urkunde. Ihren Canto=
nen sind sie einzig für Befolgung der Instructionen verant=
wortlich." Diese künstliche Verfügung widersprach am mei=
sten den Absichten und dem Verfassungsentwurfe der Unita=
rier. Der Tagsatzung untergeordnet wurde ein Bundes=
rath von fünf Mitgliedern, als vollziehende Behörde, und
ein Bundesgericht von acht Richtern. Das war der
bloße Entwurf der Commission, der künftig erst von der
Tagsatzung berathen werden sollte.

Noch bleibt uns aus diesem Jahre Weniges über die
Vorkommnisse in einigen einzelnen Kantonen zu berichten
übrig.

In Schwyz dauerte die Spannung zwischen den alten
oder innern und neuen oder äußern Gemeinden fort. Beide
hielten abgesonderte Landsgemeinden. Anfangs hatte Alt=
schwyz die äußern Bezirke unbillig gereizt, jetzt wollten wie=
der diese nicht nachgeben. Obgleich Altschwyz sich am 12
Januar zu Unterhandlungen bereit erklärt hatte, beschlossen
doch die äußern Bezirke in einer großen Volksversammlung
zu Kloster Einsiedlen, sich von Altschwyz zu trennen, wie die
Landschaft von der Stadt Basel, am 15 April, und schon
am 6 Mai hatten sie eine neue Verfassung fertig. Die

Tagsatzung erkannte sie jedoch noch nicht an, sondern suchte, obwohl vergeblich, fortwährend zu vermitteln.

In Neufchatel blieb die Reaction in vollem Gange. Am 3 Januar wurden Bourquin, Cugnier, zwei Renards, Mouron und Vorteur, und am 18 noch sechs weitere in contumaciam zum Tode verurtheilt. Auch war stark davon die Rede, das preußische Fürstenthum Neufchatel ganz von der Schweiz zu trennen. Die Schweizer Patrioten waren sehr dafür. Ein Blatt, der Eidgenosse, äußerte sich: „Ein recht kluger Gedanke scheint sich der Neuenburger zu bemächtigen, nämlich sich von der Schweiz loszutrennen. Wenn sie doch nur je eher je lieber diesen Vorsatz ins Werk setzen. Neuenburg war immer eine schlimme Zugabe für die Schweiz. In wahren Freistaaten darf niemand eine Würde oder ein Amt von einer auswärtigen Macht annehmen, wofern er nicht sein Bürgerrecht aufgeben will, und hier soll ein ganzes einem fremden Monarchen angehöriges Fürstenthum Mitglied der schweizerischen Eidgenossenschaft seyn. Gesetzt, der deutsche Bund, dessen Mitglied auch der König von Preußen ist, und der schweizerische Bund geriethen in einen Krieg, welches zwar keine Wahrscheinlichkeit hat, aber doch eine Möglichkeit wäre, für wen sollte das kleine Neuenburg sich erklären: für seinen allergnädigsten König und Herrn, oder für seine lieben Eidgenossen? Es war der Veitritt des Fürstenthums Neuenburg eine bloße Lockspeise, wodurch man sich von Seite der Monarchen einen immerwährenden Zugang zu den schweizerischen Staatsgeheimnissen sichern wollte, und beinebens suchte man durch die Verbindung dieses so heterogenen Bestandtheils mit der Schweiz das ohnehin sehr lose

Band noch etwas lofer zu machen. Für den geringen Gewinn,
den das kleine Neuenburg den Eidgenoffen an materieller
Stärke gewährt, verlieren fie, wegen der Verſchiedenartigkeit
der Regierungsformen und der Intereffen diefes Ländchens
deſto mehr an moraliſcher Stärke." Die herrſchende Partei
in Neufchatel ſelbſt äußerte unverhohlen ihren Wunſch, aus
der Eidgenoffenſchaft zu treten, und prunkte mit dem außerordentlichen Ehrenzeichen, welches der König von Preußen
unterm 18 Januar 1832 den Vertheidigern der Stabilität in
Neufchatel decretirt hatte. Allein der Vorort Luzern legte
eine Verwahrung gegen jeden Trennungsverſuch ein, und
auch die Tagſatzung ſprach ſich im Anfang des April keineswegs für die Trennung, ſondern nur für eine Reviſion und
Richtigſtellung der Verhältniſſe zwiſchen Neufchatel und der
Eidgenoffenſchaft aus. Die trennungsluſtigen Neufchateller
wandten ſich an den König von Preußen, um durch ihn die
Trennung durchzuſetzen; allein auch er lehnte eine ſo auffallende Maßregel ab.

Im Kanton Freiburg empörte ſich am 26 März die
Gemeinde Dombidier, indem ſie einen ihr obliegenden Stra-
ßenbau nicht übernehmen wollte. Die Sache hatte weiter
keine Folgen.

Der Kanton Appenzell Außer-Rhoden gab den übrigen kleinen Kantonen ein gutes Beiſpiel, indem er am 8
Mai die freie Niederlaffung jedes Eidgenoffen in ſeinem Gebiet geſtattete. Bisher galt in den kleinen Kantonen überall
das ſtrengſte Ausſchließungsſyſtem.

In Schaffhauſen erhob ſich am 26 Julius ein unbe-
deutender Tumult von Schiffern, die auf die neue Dampf-

schifffahrt auf dem Bodensee eifersüchtig waren und das
Dampfschiff Helvetia insultirten.

Zu Genf ereignete sich im Anfang des August der sonderbare Fall, daß sich das Gras auf dem Kirchhofe von selbst entzündete und die Gräber brannten. Man mußte das um sich greifende Feuer mit Sprißen löschen.

Ein Genfer Blatt schilderte die Parteien in der Schweiz am Schluße des Jahres also: „Die Parteien haben sich jeßt gegenseitig bestimmt ausgeschieden. Die radicale Partei hat sich getrennt von der liberalen. Das unterscheidende Merkmal der erstern ist ihr Begehren eines eidgenössischen Verfassungsrathes, auch nachdem die Tagsatzung die Bundesrevision beschlossen. Diese Partei hat überall den Kürzern gezogen. Die Staatsmänner haben sich von ihr abgewandt, die Maße des Volkes ist ihnen gefolgt. So beschränkt sich diese Partei der äußersten Bewegung auf eine geringe Zahl. Erblickt sie auch fähige Köpfe in ihren Reihen, so spielt sie doch nicht den Meister im Lande. Die liberale Partei ist die in der Schweiz herrschende. Sie will Verbesserung der Bundeseinrichtungen, aber nur durch die Tagsatzung. Dieß ihr unterscheidendes Merkmal. Ihr gehört die große Mehrheit des Volkes in den neu constituirten Kantonen an; eben so in den Kantonen, die, ohne eine Revolution bestanden zu haben, dem Systeme des Fortschreitens und einer geregelten Freiheit huldigen. — Die Partei des Widerstandes theilt sich gleichfalls in zwei Schattirungen. Die Einen wollen überall nichts Neues; alles Neue ist eben darum, weil es neu ist, in ihren Augen gefährlich und verwerflich. Sie wollen gegen den Strom schwimmen. Diese kann nur die Zeit heilen. Die Andern leisten Widerstand, weil ihnen derselbe durch die Zeitumstände geboten scheint. Sie begreifen die Forderungen der Zeit. Aber der revolutionäre Geist hat sie erschreckt, die gemachten Erfahrungen haben sie entmuthigt und mit Mißtrauen erfüllt.“

XI.
Deutschland.

1.
Der deutsche Bund.

Die beiden deutschen Großmächte, Oesterreich und Preußen,
waren bei allen diplomatischen Verhandlungen in Betreff
der ägyptischen, griechischen, polnischen, belgischen, spanischen
und portugiesischen Frage thätig, und secundirten dabei der
russischen Politik gegenüber der englisch-französischen, indem
sie die Interessen dergestalt den Principien unterordneten,
daß selbst die natürliche Rivalität zwischen Rußland und
Oesterreich in Bezug auf den Orient dem engen politischen
Bündnisse der nordischen Mächte für das Princip des Absolutismus keinen Eintrag that. Außer diesem gemeinschaftlichen diplomatischen Wirkungskreise beschäftigte sich Oesterreich insbesondere noch, wie wir gesehen haben, mit Italien,
und Preußen mit Neuschatel.

Der deutsche Bund, als solcher, hatte sich seit der Juliusrevolution fast ganz passiv verhalten, und sogar die vom
Volke erzwungene Absetzung des Herzogs Karl von Braun-

schweig sanctionirt. Erst im Spätherbste 1831, unmittelbar
nach dem Falle Warschau's, begann er strenge Maßre=
geln gegen die deutsche Opposition, und dehnte
dieselben im Jahre 1832 noch weiter aus. Sodann unter=
handelte er in Betreff Luxemburgs, um dessen Besitz
Holland und Belgien fortwährend stritten, ohne daß es zu
einer Entscheidung gekommen wäre, wie in der Geschichte
der Niederlande schon erzählt ist.

Deutschland, seit der Reformation stets dem Impulse
von außen folgend, und durch seine innere Zerrissenheit aller
Kraft und Idee entbehrend, auf das Ausland einzuwirken,
führte im siebzehnten Jahrhunderte den Despotismus Lud=
wigs XIV an fast allen seinen Höfen ein, folgte dann im
achtzehnten eben so der philosophischen und physiokratischen
Richtung Frankreichs, ließ sich zu Anfang des neunzehnten
Jahrhunderts von demselben Frankreich die kriegerische Furie
einjagen und das übertriebene Militärsystem aufbürden,
folgte dann seit 1813 zur Abwechselung dem russischen An=
stoß, und verhielt sich noch 1830 so zu Frankreich, daß es
unmöglich von dessen Juliusrevolution unberührt bleiben
konnte.

Die deutsche Opposition, die sich in Folge der
Juliusrevolution bildete, war jedoch keineswegs Ausfluß
einer französischen Propaganda. Dann hätte der Aufschwung
des englischen Volkes, durch welches Wellington gestürzt
wurde, auch der Propaganda zugeschrieben werden müssen.
Auch hatte die deutsche Opposition durchaus den revolutio=
nären und kriegerischen Charakter nicht, wie die gleichzeitig
entstandenen Oppositionen in Belgien, Polen, Italien, Spa=
nien, sondern mehr den friedlichen, gesetzlichen, reformatori=

schen Charakter der englischen Opposition. Zweierlei revo=
lutionäre Erscheinungen bot sie allerdings dar: die Pöbel=
aufläufe in Sachsen, den Schloßbrand in Braunschweig,
die Zerstörung der Mauthen in Hessen und einige ähnliche,
verhältnißmäßig kleine und durchaus vereinzelte Ercesse einer=
seits, und die Studentenverschwörungen, Hambacher=
reden und einige Umwälzungsschriften, andererseits; allein
diese Vorkommnisse, die hier als Verbrechen, dort als Narr=
heit erschienen, waren natürliche und nothwendige Folgen
der deutschen Zustände. Die Pöbelaufläufe erklären sich hin=
länglich aus dem Benehmen eines Herzogs Karl, einer Grä=
fin Reichenbach ꝛc., und aus der Volksdemoralisirung, die
durch das Mauthsystem herbeigeführt worden war. Die
Schwindeleien der Studenten aber und der Gemüthspoliti=
ker sind Nachwehen der im Jahre 1813 sanctionirten patrio=
tischen Schwärmerei, und daß einige dieser Exaltirten sich
nach ihrer Verbannung aus Deutschland an die französischen
Propagandisten und an andere Schwärmer für allgemeines
Völkerglück angeschlossen haben, ist bekannt. Alle diese ver=
einzelten Erscheinungen haben indeß auf die Masse der deut=
schen Nation selbst in den constitutionellen Ländern keinen
Eindruck gemacht. In der Masse und ihren Repräsentanten,
in den Volkskammern, regte sich der Geist der Opposition
nur in den Schranken des Gesetzes, und legte nur Bitten
und Wünsche zu den Füßen der kleinen deutschen Throne
nieder. Wurden hin und wieder einige heftige Reden
gewechselt, so blieb es doch dabei, und die Kammern nahmen
fast durchgängig ihre Anträge, wenn sie nicht gleich Eingang
fanden, zurück, oder begnügten sich, sie mit einer Protesta=
tion fallen zu lassen. Keine deutsche Kammer hat irgend
etwas

etwas Entscheidendes durchgesetzt, und das Volk blieb ganz ruhig.

Nachdem der deutsche Bund nach dem Falle von Warschau zuerst im October 1831 die Adressen, die von deutschen Bürgern unmittelbar an ihn gerichtet wurden, und im November das in Straßburg erscheinende zügellose Blatt „das constitutionelle Deutschland" verboten hatte, fuhr er im Jahre 1832 fort die ultraliberalen Blätter, eines nach dem andern, zu verbieten. Dieß Loos traf am 2 März die berüchtigt gewordene „Tribune," die von Dr. Wirth redigirt wurde, und in glänzender Sprache, mit bisher unerhörter Kühnheit, neben allgemeiner Freiheit vorzüglich die Einheit Deutschlands (gegen das französische Interesse) verfocht; ferner den „Westboten," ebenfalls in Rheinbayern von Dr. Siebenpfeiffer, eben so kühn, aber mehr in französischem Geiste redigirt, und die „Zeitschwingen."

Die Exaltirten in Rheinbayern stifteten nun einen Verein für Preßfreiheit, unter Vorsitz der Herren Schüler, Savoie und Geib, und da gerade der Jahrestag der bayerischen Verfassung in diese Periode fiel, so gab dieß Veranlassung zu dem bekannten Feste der Exaltirten auf dem Schlosse Hambach. Die wilden Reden, die man dort hielt, und die, wie das ganze Fest selbst, von der bayer. Regierung nicht verhindert oder gestört wurden, hatten zwar einen andern Zweck, aber doch keine andern Folgen, als die bald darauf publicirten, obwohl schon früher gefaßten Bundesbeschlüsse zu motiviren.

Oeffentliches Protokoll der 22sten Sitzung der deutschen Bundesversammlung. Geschehen

Frankfurt, den 28 Junius 1832. Maßregeln zur Aufrecht=
haltung der gesetzlichen Ordnung und Ruhe im deutschen
Bunde. Präsidium: Zeitumstände und Verhältnisse,
welche zum Theil, außer der Einwirkung der deutschen Re=
gierungen lagen, haben dermalen einen Zustand der Dinge
in Deutschland herbeigeführt, welcher die Aufmerksamkeit
Sr. Majestät des Kaisers um so lebhafter in Anspruch neh=
men mußte, je wohlwollender und aufrichtiger die Theil=
nahme ist, mit welcher das Schicksal sämmtlicher im Bunde
vereinten Staaten zu umfassen, Se. Majestät sich zur theuer=
sten Aufgabe machen. So lange sich die Stimmung der
Gemüther auf jene aus der Natur der Dinge hervorgehende
Aufregung beschränkte, welche große und unerwartete Ereig=
nisse in den Nachbarstaaten stets zur unmittelbaren Folge
haben, glaubten Se. Majestät Sich mit Vertrauen der Hoff=
nung hingeben zu können, daß der krankhafte Zustand der
öffentlichen Meinung dem Einflusse weichen werde, welchen
die Erfahrungen der Zeit und das Uebergewicht der ruhigen
und wohlgesinnten Mehrheit auf eine Nation auszuüben
berufen waren, welche durch edlen Charakter und tiefen
Sinn, wie durch Achtung für gesetzliche Ordnung und An=
hänglichkeit an ihre Fürsten in den entscheidendsten Momen=
ten der vollen Bewunderung Europa's würdig geblieben ist.
Als sich aber in mehreren Gegenden Deutschlands die Gäh=
rung bis zu einem Grade steigerte, welcher nicht bloß die
innere Ruhe und Sicherheit der einzelnen Staaten, sondern
die Existenz des ganzen Bundes bedrohte, mußten bei der
unvermeidlichen permanenten Berührung der deutschen Staa=
ten unter einander, bei der über ganz Deutschland ergossenen
Fluth revolutionärer Zeit= und sonstiger Schriften, bei dem,

selbst in den ständischen Kammern laut gewordenen Miß=
brauche der Rede, bei der täglichen Bearbeitung einer enge
geschlossenen, heute am hellen Lichte ungescheut wirkenden
Propaganda, und bei den täglichen Beweisen fruchtlosen Ein=
wirkens einzelner Regierungen, Se. kaiserl. Majestät bald
zu der betrübenden Ueberzeugung gelangen, daß die Revolu=
tion in Deutschland mit starken Schritten ihrer Reife ent=
gegen gehe, und daß es nur noch der fernern Duldung des
Uebels von Seiten des Bundes bedürfe, um sie zum thät=
lichen Ausbruche zu bringen. Sobald dieser Stand der
Dinge Sr. Majestät klar vor Augen lag, schwankten Aller=
höchstdieselben auch keinen Augenblick über das, was die
durch die Bundesacte sanctionirte Stellung des Kaiserhofes
im deutschen Bunde demselben als dringende Pflicht darstellte.
Der Kaiser wandte Sich vor allem vertrauensvoll an Se. Ma=
jestät den König von Preußen, um zuerst mit diesem erhabe=
nen Bundesgenossen und erleuchteten Freunde den Zustand
Deutschlands in Erwägung zu ziehen, und sodann im Ver=
eine mit Sr. königl. Majestät und mit den übrigen deutschen
Regierungen die Mittel gründlich zu berathen, deren An=
wendung die Ereignisse der Zeit gebieterisch erheischen. In
Folge dieser vorhergegangenen, vom Geiste der Erhaltung
des gesetzlich und völkerrechtlich Bestehenden und vom pflicht=
mäßigen Gefühle der Fürsorge für das Wohl der Ihnen an=
vertrauten Völkerschaften geleiteten, wechselseitigen freimü=
thigen Rücksprache sämmtlicher Bundesglieder finden sich
die Gesandten von

Oesterreich und Preußen zu folgender Eröffnung
an die Bundesversammlung beauftragt: Se. Majestät der

Kaiser von Oesterreich und Se. Majestät der König von
Preußen haben Ihre Verpflichtung erkannt, von den Gefah=
ren, mit welchen die innere Ruhe Deutschlands bedroht ist,
Sich ein treues Bild zu entwerfen, und Sich die Frage zu
stellen, welches die Aufgabe und der Beruf des deutschen
Bundesvereins und seiner Mitglieder sey, damit den beste=
henden Uebeln abgeholfen und die gesetzliche Ordnung und
Ruhe in Deutschland gesichert werden könne. Beide Höfe
sind hierbei zu der vollen Ueberzeugung gelangt, daß die Be=
kämpfung jenes nur allzu notorischen Uebels, und die davon
abhängige Herstellung der Ruhe in Deutschland, nur durch
feste und kräftige Anwendung der Mittel, welche
die Verfassung des deutschen Bundes dafür ge=
währt, von den deutschen Fürsten zu bewirken sey. Der
deutsche Bund ist zur Erhaltung der innern und äußern Sicher=
heit Deutschlands gegründet worden. Hat derselbe den einen
seiner Zwecke — Erhaltung der innern Sicherheit — nach
der bisherigen Erfahrung so weit verfehlt, daß die vorwal=
tende Aufregung der Gemüther und der krankhafte Zustand
der öffentlichen Meinung eine so drohende Gestalt, wie die
Gegenwart sich zeigt, anzunehmen vermochten, so können die
Mängel und Unvollkommenheiten, denen solches zuzuschreiben
ist, entweder in der Gesetzgebung des Bundes, oder in deren
Anwendung und Ausführung gesucht werden. Bis zur Ab=
fassung der Wiener Schlußacte fehlte es allerdings dem Bunde
an denjenigen organischen Gesetzen, wie sie eine bestimmte
und klare Entwickelung seiner politischen Wirksamkeit be=
durfte. Durch die Wiener Schlußacte wurde jedoch diese
Lücke so weit ausgefüllt, als die Natur des Bundes es gestat=
tete, sollte diese selbst nicht in ihrem innersten Wesen verän=

dert werden. Namentlich enthält sie für die Erhaltung der innern Sicherheit der deutschen Staaten Verabreduugen, die, soweit es auf Grundsätze ankommt, auch für das Bedürfniß der jetzigen Zeit noch als angemessen und ausreichend ange= sehen werden müssen. Während die Schlußacte des Jahres 1820 einerseits die Ausführung des 13 Art. der Bundesacte, nach einer angemessenen und beruhigenden Auslegung sichert, und durch Zulassung von Beschwerden über verweigerte Rechtshülfe (Art. 29) dem Mißbrauche der Gewalt der Re= gierungen nach Möglichkeit vorbeugt, tritt sie auf der andern Seite allen demokratischen Anmaßungen gegen diese Gewalt entschieden entgegen, indem sie bestimmt (Art. 57), daß die gesammte Staatsgewalt in dem Oberhaupte des Staates ver= einigt bleiben, und der Souverän durch eine landständische Verfassung nur in der Ausübung bestimmter Rechte an die Mitwirkung der Stände gebunden werden könne; indem sie ferner (Art. 26) dem Bunde die Pflicht auferlegt, wo in einem Bundesstaate durch Widersetzlichkeit der Unterthanen gegen die Obrigkeit die innere Ruhe unmittelbar gefährdet, eine Verbreitung aufrührerischer Bewegungen zu fürchten, oder ein wirklicher Aufruhr zum Ausbruche gekommen ist, die schleunigste Hülfe zur Wiederherstellung der Ordnung zu veranlassen, und sogar zu diesem Zwecke, nach Lage der Um= stände, einen unaufgerufenen Beistand des Bundes vor= schreibt. Dafür, daß dieser Beistand des Bundes schnell ge= leistet werde, ist endlich durch den, bei Gelegenheit der im Jahre 1830 in mehreren deutschen Staaten statt gehabten Unruhen, von der Bundesversammlung in ihrer 34sten Si= tzung vom 21 October 1830 gefaßten Beschluß gesorgt wor= den, indem darnach, bei dringender Gefahr, auf bloße Requi=

sition der einen Bundesregierung an die andere, ohne vorgängige Anzeige, Berathung und Beschlußnahme bei der
Bundesversammlung, die militärische Hülfsleistung gewährt
werden soll. Hiernach ist das zur Erhaltung der innern Sicherheit Deutschlands gestiftete Föderativband der deutschen
Staaten, den Grundgesetzen des Bundes nach, enger
und fester, als es vielleicht in irgend einem Staatenbunde
noch existirt hat. Diese Thatsache macht auch bei dem jetzt
einbrechenden Verderben, sofern demselben mit Erfolg gesteuert werden soll, jede Verabredung neuer Grundsätze
oder neuer bundesgesetzlicher Bestimmungen eben so wenig
nöthig, als von einer Veränderung der Grundverfassung des
Bundes und seiner Gesetzgebung die Rede seyn kann. Es
liegt daher keineswegs an einem Mangel oder einer Unvoll-
kommenheit der vorhandenen Bundesgesetzgebung, wenn in
Deutschland, nach den bedauernswerthen Erfahrungen der
neuern Zeit, hier die rohe Gewalt aufgeregter Volkshaufen,
dort eine in das verfassungsmäßige Gewand ständischer Opposition gekleidete Anmaßung des demokratischen Geistes, im Bunde mit einer zügellosen Presse — beides
Symptome der zu bekämpfenden Grundübel — die Macht
der Regierungen theils zu schwächen sucht, theils aber wirklich schon geschwächt und ihnen Zugeständnisse von Rechten
abgenöthigt hat, oder noch abzutrotzen droht, deren sie sich,
ohne Gefahr für die Erhaltung öffentlicher Ordnung und
eines gesicherten gesetzlichen Zustandes, im wohlverstandenen
Interesse ihrer Unterthanen, nicht entäußern können.

So viel nun insbesondere I. die Stellung der ständischen Kammern betrifft, so sind beide Höfe der An-

ſicht, daß, wie zweckmäßig und heilſam ſich auch eine ange=
meſſene Wirkſamkeit der Landſtände in den deutſchen Bundes=
ſtaaten darſtellt, doch die Richtung des Geiſtes, welche man
in neueſter Zeit dem Inſtitute der Landſtände zu geben ver=
ſucht habe, unverkennbar eine höchſt bedauerliche Erſcheinung
ſey. Dieſelbe hat ſich auf eine zweifache Weiſe zu erkennen
gegeben, je nachdem dabei das Verhältniß ihren Für=
ſten gegenüber, und das Verhältniß dem Bunde
und der Bundesverſammlung gegenüber, in Betrach=
tung kam. A. Ihren Fürſten gegenüber wurden
a) neue, mit dem monarchiſchen Principe und mit der Er=
haltung der öffentlichen Ordnung unvereinbare Zugeſtändniſſe
in Anſpruch genommen, und wohl auch b) für den Fall,
wenn dieſe Zugeſtändniſſe nicht erfolgen, die Verwerfung der
Budgets in Ausſicht geſtellt. B. Dem Bunde und der
Bundesverſammlung gegenüber aber zeigte ſich nicht
allein a) eine Neigung, ſich über die Bundesgeſetzgebung
hinwegzuſetzen, ſondern es ſind ſogar b) in den ſtändiſchen
Verſammlungen offene Angriffe auf den Bund und die Bun=
desverſammlung laut geworden. Die Bundesgeſetzgebung
bietet den deutſchen Regierungen, zur Beſeitigung ähnlicher
Erſcheinungen, die erforderlichen Mittel. ad A, a. Braucht
wohl kaum daran erinnert zu werden, daß den deutſchen Für=
ſten, in Beziehung auf Geſetzgebung, nach allen deutſchen
Verfaſſungen die Initiative zuſteht, — daß daher von den
Ständen neue Geſetze nicht anders als in Form von Peti=
tionen in Antrag gebracht werden können, wobei es den
Fürſten unbenommen bleibt, frei zu prüfen, ob ſie es ihrem
Intereſſe und dem innig damit verbundenen Intereſſe des
Landes, ſo wie ihren Verpflichtungen gegen den Bund für

gemäß halten, die Petition zu gewähren, im entgegengesetz=
ten Falle aber dieselbe zu verwerfen. Ein vollgültiger Grund
zur Verwerfung einer von den Ständen angebrachten Peti=
tion würde darin liegen, wenn der Fürst das darin begehrte
Zugeständniß in Folge jener Prüfung dem Grundsatze des
Art. 57 der Wiener Schlußacte zuwiderlaufend fände. —
Je bestimmter dessen Worte dahin lauten, daß die gesammte
Staatsgewalt in dem Oberhaupte des Staates vereinigt blei=
ben muß, und daß der Souverän durch eine landständische
Verfassung nur in der Ausübung bestimmter Rechte an
die Mitwirkung der Stände gebunden werden kann; um so
gewisser ist ein deutscher Bundessouverän zur Verwerfung
einer hiemit in Widerspruch stehenden ständischen Petition
nicht nur berechtigt, sondern im Gesammtinteresse des Bun=
des auch verpflichtet. ad A, b. Von der Benutzung
dieses Rechtes und der Erfüllung der zugleich damit verbun=
denen Pflicht, wird kein deutscher Fürst, bei dem Bewußtseyn
seiner Würde und seines hohen Berufes, durch eine Drohung
mit der Verweigerung des Budgets sich zurückhalten lassen,
da der Satz: „daß dem Souverän durch die Landstände die
„zur Führung einer zweckmäßig geordneten Regierung erfor=
„derlichen Mittel nie verweigert werden dürfen,“ in dem
Sinne der oben angeführten Bestimmung des Art. 57 der
Schlußacte, so wie in der hieraus hervorgehenden Folgerung,
welche der Art. 58 der Schlußacte ausspricht, liegt. Sollten
demnach ständische Versammlungen ihre Stellung so weit ver=
kennen, daß sie an die Bewilligung der zur Führung einer
wohlgeordneten Regierung erforderlichen Steuern, auf eine
directe oder indirecte Weise, die Durchsetzung anderweiter
Wünsche und Anträge anknüpfen wollten, so würden Fälle

dieser Art zu denjenigen zu zählen seyn, auf welche die Ar=
tikel 25 und 26 der Wiener Schlußacte in Anwendung ge=
bracht werden müßten. ad B, a. Belangend das Verhältniß
der innern Gesetzgebung eines Landes zu der Bundesgesetz=
gebung, so können die auf den bereits bestehenden Beschlüs=
sen des Bundes beruhenden Ansichten beider Höfe hierüber
in folgende Sätze zusammengefaßt werden: 1) Die innere
Gesetzgebung der deutschen Bundesstaaten darf weder dem
Zwecke des Bundes, wie solcher in der Bundesacte, Art. 2,
und in der Wiener Schlußacte, Art. 1, ausgesprochen ist,
noch den zur Erreichung desselben verabredeten organischen
Einrichtungen (Art. 13 der Wiener Schlußacte, Nro. 2), noch
auch den zur Entwicklung und Ausbildung der Bundesacte
im Geiste der letztern bereits gefaßten oder noch zu fassenden
Beschlüsse (Art. 4 der Wiener Schlußacte) irgend einen Ein=
trag thun. 2) Eben so wenig darf sie der Erfüllung sonstiger
bundesverfassungsmäßiger Verbindlichkeiten gegen den Bund,
namentlich der dahin gehörigen Leistung von Geldbeiträgen,
hinderlich werden (Art. 52 und 58 der Wiener Schlußacte).
3) Nicht den bei der innern Gesetzgebung eines Landes con=
currirenden Behörden, namentlich nicht den ständischen Ver=
sammlungen, gebührt es, über den Sinn der Bundesacte, so
wie der darin enthaltenen Bestimmungen, wenn Zweifel dar=
über obwalten, eine Auslegung zu geben. Hiezu berechtigt
und berufen ist allein der deutsche Bund selbst, welcher dieses
Recht durch sein Organ, die Bundesversammlung, ausübt
(Art. 17 der Wiener Schlußacte). 4) Damit diese Gerecht=
same des Bundes, wie solche in dem Vorstehenden unter 1,
2 und 3 aufgeführt sind, gegen die Eingriffe der ständischen
Kammern, nicht allein von den eigenen Regierungen dersel=

ben, sondern auch direct von Seite des Bundes, gehörig ge=
wahrt und geschützt werden mögen, wäre von der Bundes=
versammlung eigens für diesen Zweck eine Commission nieder=
zusetzen, welche sich vereinigt und in Thätigkeit tritt, so oft
in einem Bundesstaate eine Versammlung der Stände statt
findet, um den Verhandlungen der letztern aus obengedachtem
Gesichtspunkte eine fortgesetzte Aufmerksamkeit zu widmen,
und wo sie einen Versuch zur Ueberschreitung der Bundes=
gesetzgebung wahrnimmt, der Bundesversammlung davon,
zur weitern, der Lage der Umstände und der Stellung des
Bundes angemessenen Veranlassung Anzeige zu machen. Die
ad B, b erwähnten Angriffe auf den Bund und die Bundes=
versammlung werden nicht wieder vorkommen, wenn die
deutschen Staaten, wie sie es ihrem Bundesverhältnisse schul=
dig sind, sich gegen einander anheischig machen, solche nicht
zu dulden, und zur Steuerung derselben, jeder nach Maßgabe
seiner innern Landesverfassung, die angemessenen Anordnun=
gen zu erlassen, wobei die Analogie von der Behandlung ähn=
licher Ausfälle gegen den Landesherrn selbst, oder die lan=
desherrliche Regierung, und im Ganzen ähnlicher Verunglim=
pfungen des einen oder des andern, zu Grunde gelegt wer=
den können. Eine Verpflichtung hiezu folgt zum Theil schon
daraus, daß, nach Art. 59 der Wiener Schlußacte, da, wo
Oeffentlichkeit der landständischen Verhandlungen durch die
Verfassung gestattet ist, die Gränzen der freien Aeußerung
weder bei den Verhandlungen selbst, noch bei deren Bekannt=
machung durch den Druck, auf eine die Ruhe des einzelnen
Bundesstaats oder des gesammten Deutschlands gefährdende
Weise überschritten, und dafür durch die Geschäftsordnung
gesorgt werden soll. — Auch in Hinsicht solcher Angriffe auf

den Bund könnte die nach **B, 4** in Vorschlag gebrachte Com=
miſſion mit einer Controle beauftragt werden. Dieſe Vor=
ſchläge, in Verbindung mit dem Anſpruche auf gewiſſenhafte,
einſichtsvolle und kräftige Erfüllung der Verpflichtungen ge=
gen den Bund, bilden die Grundlage der Anſichten, welche
die Höfe von Oeſterreich und Preußen zur Bekämpfung der
obenbezeichneten bedenklichen Erſcheinungen in den ſtändiſchen
Kammern ihren Mitverbündeten an das Herz legen.

Die Geſandten von Oeſterreich und Preußen ſind ſonach
beauftragt, darauf anzutragen, daß nachſtehende ſechs Artikel
in einen förmlichen Bundesbeſchluß verwandelt werden:
(Folgen dann die ſechs Artikel, wie ſie unten bei der Be=
ſchlußfaſſung wieder aufgeführt ſind). II. In Beziehung
auf die beiſpielloſen Mißbräuche der periodiſch poli=
tiſchen Preſſe hat die Bundesverſammlung — von der
Verpflichtung durchdrungen, für die Erhaltung der innern
Ruhe, Sicherheit und Würde des Bundes alle in der Bun=
desverfaſſung liegenden Mittel und Kräfte aufzubieten —
ſämmtliche Regierungen bereits mit Beſchluß vom 10 Mai
d. J. (§. 134) auf die Gefahren aufmerkſam gemacht, welche
der Geſammtheit drohen, wenn den Bundesbeſchlüſſen in
Preßangelegenheiten nicht der genaueſte Vollzug von Seite
der Regierungen zu Theil wird; es hat dieſelbe ferner un=
term 26 April d. J. (§. 118) eine Commiſſion aus ihrer
Mitte gewählt, welche ſich mit der im Art. 18 der Bundes=
acte wegen gleichförmiger Verfügungen hinſichtlich der Preſſe
enthaltenen Verabredung unverzüglich zu beſchäftigen haben
wird, und es iſt von dem thätigen und einſichtsvollen Eifer
dieſer Commiſſion zu erwarten, daß dieſelbe die ihr über=

tragene Aufgabe auf eine Art löſen werde, welche — ohne
die Thätigkeit nützlicher und achtungswerther Schriftſteller
zu hemmen, oder den natürlichen Fortſchritten des menſch=
lichen Geiſtes Feſſeln anzulegen — die wilden Ausſchweiſun=
gen einer alle Begriffe verwirrenden, nur auf Erſchütterung
und Umwälzung des Beſtehenden gerichteten, und das Höchſte
wie das Heiligſte läſternden Preßfrechheit in die gehörigen
Schranken zu weiſen geeignet iſt. Daß bis zu dem Zeit=
punkte, in welchem ſich die Regierungen durch einen bundes=
verfaſſungsmäßigen Beſchluß hierüber geeiniget haben wer=
den, das proviſoriſche Geſetz vom 20 September 1819 für
den geſammten Bund verbindlich ſey, und daß ſonach deſſen
Beſtimmungen im Intereſſe der öffentlichen Ruhe und im
Sinne der wechſelſeitig übernommenen Verpflichtung von
allen Regierungen vom Bunde gewiſſenhaft zu handhaben
ſeyen, iſt eine Ueberzeugung, welche die Höfe von Oeſterreich
und Preußen nicht nur wiederholt auszuſprechen ſich veran=
laßt finden müſſen, ſondern es werden ſich dieſelben auch
verpflichtet halten, ſo weit es in ihren Kräften ſteht, ge=
meinſchaftlich mit ihren Bundesgenoſſen, auf deren überein=
ſtimmende Geſinnung ſie eben ſo viel Werth legen, als ſie
zuverſichtlich dieſelbe vorausſetzen, dahin einzuwirken, daß
dieſem Geſetze allenthalben und ohne irgend eine Ausnahme
Befolgung zu Theil werde. Iſt nun hiernach die Bundes=
verſammlung in den Stand geſetzt, die Gerechtſame des
Bundes gegen die Eingriffe der ſtändiſchen Kammern und
gegen den Mißbrauch der Preſſe zu handhaben; übt ſie dieſe
Handhabung, wie es ſich gebührt, und werden die Beſchlüſſe
mit Ernſt und Nachdruck vollzogen; gelingt es endlich den
vereinten Bemühungen der Fürſten, bei der Bundesverſamm=

lung gemeinnützige, ganz Deutschland interessirende Anord=
nungen, so weit sie sich dafür eignen, mit Erfolg in Bera=
thung zu ziehen, wozu die Höfe von Oesterreich und Preußen
insbesondere durch ihre Gesandtschaften am Bundestage
wirken zu wollen sich feierlichst verpflichten: so darf man
sich der Erwartung hingeben, daß die in das allgemeine Wohl
thätig eingreifende Wirksamkeit des Bundes und dessen Au=
torität erkannt und geachtet werden, und daß die öffentliche
Meinung aus ihrer jetzigen Befangenheit in sophistischen
Irrlehren zu einem für Wahrheit, Recht und Ordnung em=
pfänglichen Sinne wieder zurückkehren werde. Sollte aber
diese Erwartung nicht in Erfüllung gehen; sollte die innere
Ruhe und Ordnung in Deutschland fortan gefährdet erschei=
nen, und die Autorität der zum Schutze dieser höchsten Gü=
ter gefaßten bundesverfassungsmäßigen Beschlüsse verkannt
werden: so sind Ihre Majestäten der Kaiser von Oesterreich
und der König von Preußen — im Gefühle der von eigener
Erhaltung unzertrennlichen Sorge für das Schicksal der im
Bunde vereinten Staaten, in gerechter Würdigung der Ge=
fahr, das ganze gesellschaftliche System von Europa durch
gesetzlose Willkür zertrümmert zu sehen, und in getreuer
Erfüllung der ihnen obliegenden Verpflichtung gegen den
Bund und gegen dessen einzelne Glieder — fest entschlossen,
zur Aufrechthaltung und Durchführung der Bundesverfas=
sung, ihrer wichtigen Zwecke und der darauf gegründeten
oder noch zu gründenden Beschlüsse der Bundesversammlung,
endlich zur Zurückweisung der Angriffe gegen den Bund und
dessen Glieder, von welcher Seite sie auch kommen mögen,
auf jedesmaliges Anrufen der Gesammtheit oder eines Bun=
desgliedes, von allen ihnen zu Gebote stehenden Mitteln

Gebrauch zu machen, damit den Beschlüssen des Bundes
diejenige pünktliche und genaue Befolgung gesichert sey,
welche allein für die Ruhe des gemeinsamen Vaterlandes
Bürgschaft zu bieten vermag. — Von dieser Bestrebung ge=
leitet, haben beide Höfe zugleich diejenigen militärischen
Maßregeln bereits getroffen, und an ihre beiderseitigen Ge=
sandten am Bundestage diejenigen ausgedehnten Vollmach=
ten ertheilt, welche dazu geeignet sind, dem Bundestage zu
verbürgen, daß auf die erste Aufforderung desselben die mi=
litärische Hülfe zur Aufrechthaltung seines Ansehens und
zur Durchführung seiner Beschlüsse mit möglichster Beschleu=
nigung zur Stelle geschafft werde. Indem die Höfe von
Oesterreich und Preußen diese ihren Bundespflichten ent=
sprechende Erklärung geben, halten sich dieselben überzeugt
von der gleichmäßigen Bereitwilligkeit aller ihrer Mitver=
bündeten, im erforderlichen Falle in derselben föderativen
Weise wirksam zu seyn.

Bayern. Se. Maj. der König von Bayern finden bei
den gegenwärtigen Zeitverhältnissen der so sehr überhand
genommenen Aufregung, und den Gefahren, welche bei den
weitverzweigten gemeinsamen Bemühungen der Feinde der
gesetzlichen Ordnung unverkennbar sind, ein kräftiges und
vertrauungsvolles Zusammenwirken der Bundesglieder, in
Folge der bereits bestehenden und in der Bundes = und
Schluß=Acte enthaltenen Bestimmungen, vollkommen ange=
messen. Allerhöchstdieselben treten daher den von dem kai=
serlich österreichischen und dem königlich preußischen Hofe zu
diesem Zwecke in Antrag gebrachten sechs Propositionen, je=
doch in der Art bei, daß die nach dem Art. IV zu errichtende

Bundestagscommiſſion vor der Hand auf ſechs Jahre ernannt
werde, und man nach Verlauf dieſer Zeit die Fortdauer dieſer Commiſſion weiterer Vereinigung vorbehalte. Der Geſandte iſt zugleich angewieſen, in Anſehung der Faſſung des
Art. IV zu bemerken, daß man bayeriſcherſeits anſtatt der
Stelle: „um in den einzelnen Bundesſtaaten die Handhabung,
der zwiſchen den Regierungen und ihren Ständen beſtehenden verfaſſungsmäßigen Verhältniſſe zu erleichtern;‟ vorziehen würde, zu ſetzen: „um den Regierungen die Handhabung
ihrer verfaſſungsmäßigen Rechte zu erleichtern,‟ da man
ſich überzeugt hält, daß dieſes die eigentliche Abſicht jener
Stelle ſey, die keine Einmiſchung der Bundestagscommiſſion in die inneren Regierungsangelegenheiten veranlaſſen
dürfe.

Königreich Sachſen. Die königl. ſächſiſche Regierung, die in dem verehrten Bundespräſidialvortrage ausge-
ſprochenen, ächt föderativen Abſichten anerkennend, nimmt
um ſo weniger Anſtand, den auf Sicherſtellung des Bundes
und Erhaltung ſeiner Würde gerichteten ſechs Propoſitionen
beizutreten, als dieſelben in den beſtehenden Bundesgeſetzen
und, ſo viel die IVte Propoſition insbeſondere anlangt, in
der Geſchäftsordnung der Bundesverſammlung völlig gegründet ſind, und als dadurch die verfaſſungsmäßigen Rechte
der Stände, und namentlich die den dieſſeitigen nach §. 97
der ſächſiſchen Verfaſſung zuſtehende Befugniß, hinſichtlich
des Ermeſſens, der Bewilligung und Aufbringung der zur
innern Regierung für erforderlich zu achtenden Mittel nicht
beſchränkt, auch die Erſchöpfung aller verfaſſungsmäßigen
Einigungsmittel dabei überall vorausgeſetzt wird. Der Ge-

fandte findet sich demnach ermächtigt, jene Zustimmung von Seite seiner höchsten Regierung hiemit zu erklären.

Hannover. Se. Maj. der König von Großbritannien und Hannover erblicken in den so eben vernommenen Anträgen des k. k. östreichischen Präsidial= und des königl. preußischen Hofes einen erneuten, den höchsten Dank verdienenden Beweis der Sorgfalt, womit Allerhöchstdieselben unausgesetzt darauf bedacht sind, die für die Aufrechthaltung der innern Ruhe und Sicherheit Deutschlands in den jetzigen Zeiten zu ergreifenden Maßregeln zu sichern, und haben daher die Gesandtschaft beauftragt, jenen Anträgen, zumal sie lediglich auf der bestehenden Bundesverfassung beruhen, der durch dieselbe beabsichtigte Zweck aber dazu geeignet ist, eine der dringendsten Anforderungen der Zeitverhältnisse an die deutschen Regierungen zu erledigen, unbedingt beizutreten, und solche aus allen Kräften zu unterstützen.

Würtemberg. Die königl. Gesandtschaft ist ermächtigt, den von dem k. k. österreichischen und königl. preußischen Hofe in Antrag gebrachten sechs Artikeln mit der Bemerkung zu Artikel III beizutreten, daß zwar nach der würtembergischen Verfassung, in Ansehung der Wahl der Mittel zur Erfüllung bundesverfassungsmäßiger Verbindlichkeiten, eine Mitwirkung der Stände eintrete, hiedurch aber die Erfüllung selbst nicht gehindert werde.

Baden. Die Gesandtschaft ist angewiesen, den Anträgen des k. k. österreichischen und königl. preußischen Hofes beizutreten.

Kur=

Kurheſſen. Der Geſandte iſt beauftragt worden, die Zuſtimmung ſeines höchſten Hofes zu den eben verleſenen ſechs Artikeln, jedoch mit dem Wunſche zu erklären, daß in dem dispoſitiven Theile des Artikels IV, zu Beſeitigung jedes möglichen Zweifels über den eigentlichen Sinn deſſelben, und zwar in der Stelle: „der Bundesverſammlung davon Anzeige zu thun," ſtatt des Wortes „davon" möge geſagt werden: „in allen in dieſem Artikel erwähnten Fällen."

Großherzogthum Heſſen. Die großherzogl. Geſandtſchaft iſt ermächtigt, die Zuſtimmung zu den ſechs An= trägen der Allerhöchſten Höfe von Oeſterreich und Preußen, unter dankbarer Anerkennung der dadurch von neuem be= währten Aufmerkſamkeit auf die wichtigſten Intereſſen des deutſchen Bundes, zu erklären.

Dänemark wegen Holſtein und Lauenburg. Se. Maj. der König, von der Ueberzeugung durchdrungen, daß dem gegenwärtig in mehreren deutſchen Bundesſtaaten herr= ſchenden revolutionären Treiben durch unverweilte Entwick= lung, durch ſachgemäße und thatſächliche Anwendung der Competenz des Bundes ein Ziel zu ſetzen ſey, erkennen mit größter Befriedigung in den Anträgen Sr. Maj. des Kai= ſers von Oeſterreich und Sr. Maj. des Königs von Preußen eine Auffaſſung dieſer Aufgabe, welche deren Weisheit ent= ſpricht, durch die Verfaſſung des deutſchen Bundes gerecht= fertigt wird, und die Sicherſtellung ſeiner Zwecke verbürgt. Erhaltung der landſtändiſchen Wirkſamkeit innerhalb der durch die Grundgeſetze des Bundes vorgezeichneten Gränzen, und Verhinderung des Mißbrauchs der Preſſe durch eine gemeinſame Geſetzgebung, ſind die Mittel, welche zum Schutze und zur Förderung der allgemeinen Wohlfahrt mit unverrückter Conſequenz anzuwenden ſind. Alsdann wird das Beſtehende vor jenen vermeſſenen Angriffen bewahrt ſeyn, welche in ihrer Richtung gegen die monarchiſche Ordnung die durch tiefere beſonnene Erkenntniß gegründeten, durch Geſchichte und Erfahrung bewährten Inſtitutionen zu zerſtören, und nicht weniger den Grundcharakter des deutſchen Volks, als den des deutſchen Bundes umzuwandeln drohen. Nur gänzliche Verkennung beider kann zu dem Wahne führen, daß, unter Auflöſung der Bande, welche Fürſten und Volker im Verhältniſſe der Autorität und der Liebe, wie der Ehrfurcht und des Gehorſams vereinigen, aus neuen Verfaſſungsformen, welche die Wirkſamkeit der großen religiöſen und moraliſchen Triebfedern erſetzen ſollen, ein neues Glück für Deutſchland hervorgehen könne. Aber Throne, auf Gerechtigkeit und Wohlwollen geſtützt, ſind unerſchütterlich. In dieſem Glauben haben Se. Majeſtät es mit dem lebhafteſten Danke erkannt, daß ihre beiden hohen Bundesgenoſſen es zur Aufgabe des Bundes machen, auch dieſes Wohlwollen den deutſchen Völkern durch gemeinnützige Anordnungen, wie ſie wahres Bedürfniß der Zeit und der deutſche Staatenverein ſie als wünſchenswerth oder erforderlich darſtellen, zu bethätigen. Unter den vorſtehenden Geſichtspunkten eigner Se. Maj. der König ſich nicht weniger die Begründung aller vorgelegten Anträge an, als Sie dieſen ſelbſt ihre vollkommene Zuſtimmung ertheilen.

Niederlande wegen des Großherzogthums Luxemburg. Da dem Könige-Großherzog nichts ſo ſehr an

Herzen liegt, als seinerseits zur Aufrechthaltung der geſetz=
lichen Ordnung und Ruhe im Bunde die Hände zu bieten,
ſo nehmen Se. Majeſtät keinen Anſtand, zu den von Oeſter=
reich und Preußen, in preiswürdiger Fürſorge für das wahre
Heil der Geſammtheit, in Antrag geſtellten Beſchlüſſen andurch
Ihre vollkommene Zuſtimmung zu erklären. Se. Majeſtät
erwarten, daß dieſe Beſchlüſſe im Intereſſe des Bundes und
der einzelnen Bundesſtaaten in jedem vorkommenden Falle
zur Ausführung gebracht werden. Allerhöchſtdieſelben thei=
len die Anſicht, daß das ſtete Fortſchreiten und Ueberhand=
nehmen des demokratiſchen Schwindels, welcher jede geſetz=
liche Autorität der Regierungen nach und nach über den
Haufen wirft, nicht in irgend einer Mangelhaftigkeit oder
Unvollſtändigkeit der Bundesgeſetze liege, daß es vielmehr
nur von dem ernſten und übereinſtimmenden Willen der
Bundesfürſten abhänge, mit Hülfe der ihnen durch die Bun=
desacte dargebotenen geſetzlichen Mittel, das geſellſchaftliche
Gebäude vor der ihm täglich drohender werdenden Gefahr
eines gänzlichen Umſturzes zu bewahren. Se. Maj. der Kö=
nig=Großherzog ſind feſt entſchloſſen, zu Erreichung des gro=
ßen Zweckes, welchen die beiden erſten Bundesmächte ſich
vorgeſetzt, nach Kräften mitzuwirken, gleichwie Allerhöchſt=
dieſelben ſich fortdauernd der Hoffnung überlaſſen, daß von
Seite ſämmtlicher Bundesglieder die zur Aufrechthaltung der
Allerhöchſtihnen, als Großherzog von Luxemburg, zuſtehenden
Rechte geeigneten Verfügungen annoch werden getroffen, und
dabei die in dem Artikel 26 und anderen der Schlußacte von
15 Mai 1820 enthaltenen Stipulationen nicht werden aus
den Augen verloren werden.

Großherzoglich und herzoglich sächsische Häu=
ser. Der Gesandte hat die von ihm vertretene Gesammt=
stimme mit dankbarer Anerkennung der sich auch bei dieser
Gelegenheit bethätigenden Fürsorge der allerhöchsten Regie=
rungen von Oesterreich und Preußen für das Beste des Bun=
des, durchgängig beitretend auszusprechen.

Braunschweig und Nassau stimmt den österreichi=
schen und preußischen Anträgen bei, und erkennt darin die
Beweise ihrer Fürsorge für die Erhaltung der Ruhe und
Sicherheit in Deutschland dankbar an.

Mecklenburg=Schwerin und Mecklenburg=Stre=
litz. Ihre königl. Hoheiten die Großherzoge von Mecklen=
burg sind lebhaft überzeugt, daß der gegenwärtige Zustand
der öffentlichen Meinung in Deutschland und die unverkenn=
bare revolutionäre Richtung in mehreren Bundesstaaten ge=
meinsame Maßregeln erheischen, damit weiteren Folgen mit
vereinter Kraft begegnet werde; Ihre königl. Hoheiten er=
kennen daher dankbar die Vorsorge der allerhöchsten Höfe von
Oesterreich und Preußen, und ertheilen den so eben vernom=
menen, mit den Bundesgesetzen übereinstimmenden Vorschlä=
gen ihre unbedingte Zustimmung.

Oldenburg, Anhalt und Schwarzburg. Des
Gesandten höchste Committenten, mit den Grundsätzen voll=
kommen einverstanden, welche in der eben vernommenen Er=
klärung der Höfe von Oesterreich und Preußen ausgesprochen
sind, treten, unter dankbarer Anerkennung der dem deutschen
Bunde bethätigten Fürsorge, den sechs Anträgen um so mehr
bei, als sie selbst stets von der Ueberzeugung erfüllt waren,
daß ein consequentes, am Geiste der Bundesverfassung hal=

tendes Benehmen die erste Bedingung des Bestandes eines Bundesvereins seyn müsse.

Hohenzollern, Liechtenstein, Reuß, Schaumburg=Lippe, Lippe und Waldeck. Der Gesandte ist angewiesen, den Präsidialanträgen Namens Ihrer Majestäten des Kaisers von Oesterreich und des Königs von Preußen beizustimmen, und den Dank Ihrer Durchlauchten, welche die sechszehnte Curie bilden, für diese Fürsorge zur Wiederherstellung der Ruhe und Ordnung auszudrücken.

Die freien Städte. Der Gesandte ist angewiesen, den so eben vernommenen Anträgen, als in der bestehenden Bundesgesetzgebung begründet und durch die neuesten Zeitereignisse hervorgerufen, in dankbarster Anerkennung der dargelegten heilsamen Fürsorge, wie in vollkommenster Würdigung desjenigen beizutreten, was in dem einleitenden Vortrage über die Wirksamkeit des deutschen Bundes und seines Organs, namentlich auch für gemeinnützige, das Gesammtwohl Deutschlands fördernde Anordnungen sich bemerkt findet.

Präsidium. Nachdem die gemeinschaftlichen Anträge von Oesterreich und Preußen die Zustimmung sämmtllcher im Bunde vereinten Regierungen erhalten haben, hat die k. k. Präsidialgesandtschaft in Beziehung auf den von Bayern ausgesprochenen Wunsch zu erklären, daß der k. k. Hof den Antrag: „die nach dem Art. IV zu errichtende Bundestagscommission vor der Hand auf sechs Jahre zu ernennen und nach Verlauf dieser Zeit die Fordauer der Commission weiterer Vereinigung vorzubehalten," sich nicht nur mit Bereitwilligkeit eigen mache, sondern auch die übrigen Regierungen

Hiemit einlade, dieser königl. bayerischen Proposition ihre
Zustimmung ertheilen zu wollen.

Sämmtliche übrige Gesandtschaften schlossen
sich dem Antrage des Präsidialhofes an.

In Betreff der übrigen von Bayern und Kurhessen vor-
getragenen Wünsche wegen einiger Redactionsveränderungen
glaubt die Versammlung es bei der von Oesterreich und
Preußen vorgeschlagenen Fassung belassen zu müssen.

Hierauf wurde einhellig beschlossen: Unter dankbarer Anerkennung der von Ihren Majestäten dem Kaiser
von Oesterreich und dem König von Preußen wiederholt bewährten Fürsorge für das gemeinsame Beste des deutschen
Vaterlandes, vereinigen sich sammtliche Bundesregierungen
zu folgenden Bestimmungen: Art. I. „Da nach dem Art.
57 der Wiener Schlußacte die gesammte Staatsgewalt in
dem Oberhaupte des Staats vereinigt bleiben muß, und der
Souverain durch eine landständische Verfassung nur in der
Ausübung bestimmter Rechte an die Mitwirkung der
Stände gebunden werden kann, so ist auch ein deutscher Souverain, als Mitglied des Bundes, zur Verwerfung einer hiemit in Widerspruch stehenden Petition der Stände nicht nur
berechtigt, sondern die Verpflichtung zu dieser Verwerfung geht aus dem Zwecke des Bundes hervor.“ Art. II.
„Da gleichfalls nach dem Geiste des eben angeführten Art.
57 der Schlußacte und der hieraus hervorgehenden Folgerung,
welche der Art. 58 ausspricht, keinem deutschen Souverain
durch die Landstände die zur Führung einer den Bundespflichten und der Landesverfassung entsprechenden Regierung erforderlichen Mittel verweigert werden dürfen, so werden Fälle,

in welchen ſtändiſche Verſammlungen die Bewilligung der
zur Führung der Regierung erforderlichen Steuern auf eine
mittelbare oder unmittelbare Weiſe durch die Durchſetzung
anderweitiger Wünſche und Anträge bedingen wollten, unter
diejenigen Fälle zu zählen ſeyn, auf welche die Art. 25 und
26 der Schlußacte in Anwendung gebracht werden müßten:
(Art. 25. Die Aufrechthaltung der innern Ruhe und Ordnung in den Bundesſtaaten ſteht den Regierungen allein zu.
Als Ausnahme kann jedoch, in Rückſicht auf die innere Sicherheit des geſammten Bundes, und in Folge der Verpflichtung
der Bundesglieder zu gegenſeitiger Hülfsleiſtung, die Mitwirkung der Geſammtheit zur Erhaltung oder Wiederherſtellung der Ruhe, im Falle einer Widerſetzlichkeit der Unterthanen gegen die Regierung, eines offenen Aufruhrs oder
gefährlicher Bewegungen in mehreren Bundesſtaaten, ſtattfinden. Art. 26. Wenn in einem Bundesſtaate durch Widerſetzlichkeit der Unterthanen gegen die Obrigkeit die innere
Ruhe unmittelbar gefährdet, und eine Verbreitung aufrüh-
reriſcher Bewegungen zu fürchten, oder ein wirklicher Aufruhr zum Ausbruche gekommen iſt, und die Regierung ſelbſt
nach Erſchöpfung der verfaſſungsmäßigen und geſetzlichen
Mittel, den Beiſtand des Bundes anruft, ſo liegt der Bundesverſammlung ob, die ſchleunigſte Hülfe zur Wiederherſtellung der Ordnung zu veranlaſſen. Sollte in letztgedachtem
Falle die Regierung notoriſch außer Stand ſeyn, den Aufruhr durch eigene Kräfte zu unterdrücken, zugleich aber durch
die Umſtände gehindert werden, die Hülfe des Bundes zu
begehren, ſo iſt die Bundesverſammlung nichts deſto weniger
verpflichtet, auch unaufgerufen zur Wiederherſtellung der Ordnung und Sicherheit einzuſchreiten. In jedem Falle aber

dürfen die verfügten Maßregeln, von keiner längern Dauer seyn, als die Regierung, welcher die bundesmäßige Hülfe geleistet wird, es nothwendig erachtet,) Art. III. Die innere Gesetzgebung der deutschen Bundesstaaten darf weder dem Zwecke des Bundes, wie solcher in dem Art. 2 der Bundesacte und in dem Art. 1 der Schlußacte ausgesprochen ist, irgend einen Eintrag thun, noch darf dieselbe der Erfüllung sonstiger bundesverfassungsmäßiger Verbindlichkeiten gegen den Bund, und namentlich der dahin gehörigen Leistung von Geldbeiträgen, hinderlich seyn. Art. IV. Um die Würde und Gerechtsame des Bundes und der den Bund repräsentirenden Versammlung gegen Eingriffe aller Art sicher zu stellen, zugleich aber in den einzelnen Bundesstaaten die Handhabung der zwischen den Regierungen und ihren Ständen bestehenden verfassungsmäßigen Verhältnisse zu erleichtern, soll am Bundestage eine mit diesem Geschäfte besonders beauftragte Commission, vor der Hand auf sechs Jahre, ernannt werden, deren Bestimmung seyn wird, insbesondere auch von den ständischen Verhandlungen in den deutschen Bundesstaaten fortdauernd Kenntniß zu nehmen, die mit den Verpflichtungen gegen den Bund oder mit dem durch die Bundesverträge garantirten Regierungsrechte in Widerspruch stehenden Anträge und Beschlüsse zum Gegenstande ihrer Aufmerksamkeit zu machen, und der Bundesversammlung davon Anzeige zu thun, welche demnächst, wenn sie die Sache zu weitern Erörterungen geeignet findet, solche mit den dabei betheiligten Regierungen zu veranlassen hat. Nach Verlauf von sechs Jahren wird die Fortdauer der Commission weiterer Vereinigung vorbehalten. Art. V. Da nach Artikel 59 der Wiener Schlußacte, da, wo Oeffentlichkeit der

landſtändiſchen Verhandlungen durch die Verfaſſung geſtattet
iſt, die Gränzen der freien Aeußerung, weder bei den Ver=
handlungen ſelbſt, noch bei deren Bekanntmachung durch den
Druck, auf eine die Ruhe des einzelnen Bundesſtaates oder
des geſammten Deutſchlands gefährdende Weiſe überſchritten
werden darf, und dafür durch die Geſchäftsordnung geſorgt
werden ſoll; ſo machen auch ſämmtliche Bundesregierungen,
wie ſie es ihren Bundesverhältniſſen ſchuldig ſind, ſich gegen
einander anheiſchig, zu Verhütung von Angriffen auf den
Bund in den ſtändiſchen Verſammlungen und zur Steuerung
derſelben, jede nach Maßgabe ihrer innern Landesverfaſſung,
die angemeſſenen Anordnungen zu erlaſſen und zu handhaben.
Art. VI. Da die Bundesverſammlung ſchon nach dem Ar=
tikel 17 der Schlußacte berufen iſt, zur Aufrechthaltung des
wahren Sinnes der Bundesacte und der darin enthaltenen
Beſtimmungen, wenn über deren Auslegung Zweifel ent=
ſtehen ſollte, dem Bundeszwecke gemäß zu erklären, ſo ver=
ſteht es ſich von ſelbſt, daß zu einer Auslegung der Bundes=
und Schluß=Acte mit rechtlicher Wirkung auch nur allein
und ausſchließend der deutſche Bund berechtigt iſt, welcher
dieſes Recht durch ſein verfaſſungsmäßiges Organ, die Bun=
desverſammlung, ausübt. In Beziehung auf den Miß=
brauch der periodiſchen Preſſe ſieht die Bundesver=
ſammlung dem Vortrage ihrer in der 11ten dießjährigen
Sizung gewählten Commiſſion wegen Einführung gleichför=
miger Verfügungen hinſichtlich der Preſſe entgegen, um hier=
auf einen endlichen Beſchluß faſſen zu können, und ſie er=
wartet mit Vertrauen von dem Eifer der Commiſſion, daß
ſie die ihr übertragene Aufgabe in dem Sinne obiger Pro=
poſition baldigſt löſen werde. — Münch=Bellinghauſen.

—Nagler. — Lerchenfeld. — Manteuffel. — Stra=
lenheim. — Trott. — Blittersdorff. — Rieß. —
Gruben. — Pechlin. — Grünne. — Beuſt. — Mar=
ſchall. — Schack. — Both. — Leonhardi. — Cur=
tius.

Dann folgte noch der Beſchluß der Bundesver=
ſammlung vom 5 Julius: „In Erwägung der gegenwär=
tigen Zeitverhältniſſe und für die Dauer derſelben beſchließt
die Bundesverſammlung, in Gemäßheit der ihr obliegenden
Verpflichtung, die gemeinſamen Maßregeln zur Aufrechthal=
tung der öffentlichen Ruhe und geſetzlichen Ordnung zu be=
rathen, nach vorgenommenem Gutachten einer aus ihrer
Mitte gewählten Commiſſion, wie folgt: 1) Keine in einem
nicht zum deutſchen Bunde gehörigen Staate in deutſcher
Sprache im Druck erſcheinende Zeit= oder nicht über zwanzig
Bogen betragende ſonſtige Druck=Schrift politiſchen Inhalts
darf in einem Bundesſtaate, ohne vorgängige Genehmigung
der Regierung deſſelben, zugelaſſen und ausgegeben werden;
gegen die Uebertreter dieſes Verbots iſt eben ſo wie gegen
die Verbreiter verbotener Druckſchriften zu verfahren. 2)
Alle Vereine, welche politiſche Zwecke haben, oder unter
anderm Namen zu politiſchen Zwecken benutzt werden, ſind in
ſämmtlichen Bundesſtaaten zu verbieten, und iſt gegen de=
ren Urheber und die Theilnehmer an denſelben mit angemeſ=
ſener Strafe vorzuſchreiten. 5) Außerordentliche Volksver=
ſammlungen und Volksfeſte, nämlich ſolche, welche
bisher hinſichtlich der Zeit und des Ortes weder üblich noch
geſtattet waren, dürfen, unter welchem Namen und zu wel=
chem Zwecke es auch immer ſey, in keinem Bundesſtaate,
ohne vorausgegangene Genehmigung der competenten Behörde,

ſtattfinden. Diejenigen, welche zu ſolchen Verſammlungen
oder Feſten durch Verabredungen oder Ausſchreiben Anlaß
geben, ſind einer angemeſſenen Strafe unterworfen. Auch
bei erlaubten Volksverſammlungen und Volksfeſten iſt es
nicht zu dulden, daß öffentliche Reden politiſchen Inhalts
gehalten werden; diejenigen, welche ſich dieß zu Schulden
kommen laſſen, ſind nachdrücklich zu beſtrafen; und wer ir=
gend eine Volksverſammlung dazu mißbraucht, Adreſſen oder
Beſchlüſſe in Vorſchlag zu bringen, und durch Unterſchrift
oder mündliche Beiſtimmung genehmigen zu laſſen, iſt mit
geſchärfter Ahndung zu belegen. 4) Das öffentliche Tragen
von Abzeichen in Bändern, Kokarden oder dergleichen, ſey
es von In= oder Ausländern, in andern Farben als jenen
des Landes, dem der, welcher ſolche trägt, als Unterthan an=
gehört, — das nicht autoriſirte Aufſtecken von Fahnen und
Flaggen, das Errichten von Freiheitsbäumen und
dergleichen Aufruhrszeichen — iſt unnachſichtlich zu beſtra=
fen. 5) Der am 20 September 1819 gefaßte, gemäß weite=
ren Beſchluſſes vom 12 Auguſt 1824 fortbeſtehende proviſo=
riſche Beſchluß über die in Anſehung der Univerſitäten
zu ergreifenden Maßregeln wird ſowohl im Allgemeinen,
als insbeſondere, hinſichtlich der in den §§. 2 und 3 deſſelben
enthaltenen Beſtimmungen, in den geeigneten Fällen, in ſo
weit es noch nicht geſchehen, unfehlbar zur Anwendung ge=
bracht werden. (§. 2. Die Bundesregierungen verpflichten
ſich gegen einander, Univerſitäts= und andere öffentliche Leh=
rer, die durch erweisliche Abweichung von ihrer Pflicht oder
Ueberſchreitung der Gränzen ihres Berufes, durch Mißbrauch
ihres rechtmäßigen Einfluſſes auf die Gemüther der Jugend,
durch Verbreitung verderblicher, der öffentlichen Ordnung

und Ruhe feindseliger, oder die Grundlagen der bestehenden
Staatseinrichtungen untergrabender Lehren, ihre Unfähigkeit
zu Verwaltung des ihnen anvertrauten wichtigen Amtes un=
verkennbar an den Tag gelegt haben, von den Universitäten
und sonstigen Lehranstalten zu entfernen, ohne daß ihnen
hiebei, so lange der gegenwärtige Beschluß in Wirksamkeit
bleibt, und bis über diesen Punkt definitive Anordnungen
ausgesprochen seyn werden, irgend ein Hinderniß im Wege
stehen könne. Jedoch soll eine Maßregel dieser Art nie an=
ders, als auf den vollständig motivirten Antrag des der Uni=
versität vorgesetzten Regierungsbevollmächtigten, oder von
demselben vorher eingeforderten Bericht beschlossen werden.
Ein auf solche Weise ausgeschlossener Lehrer darf in keinem
andern Bundesstaate bei irgend einem öffentlichen Lehr=
institute wieder angestellt werden. §. 3. Die seit langer
Zeit bestehenden Gesetze gegen geheime oder nicht autorisirte
Verbindungen auf den Universitäten sollen in ihrer ganzen
Kraft und Strenge aufrecht erhalten, und insbesondere auf
den seit einigen Jahren gestifteten, unter dem Namen der
allgemeinen Burschenschaft bekannten Verein um so
bestimmter ausgedehnt werden, als diesem Verein die schlech=
terdings unzulässige Voraussetzung einer fortdauernden Ge=
meinschaft und Correspondenz zwischen den verschiedenen
Universitäten zum Grunde liegt. Den Regierungsbevoll=
mächtigten soll in Ansehung dieses Punktes eine vorzügliche
Wachsamkeit zur Pflicht gemacht werden. Die Regierungen
vereinigen sich darüber, daß Individuen, die nach Bekannt=
machung des gegenwärtigen Beschlusses erweislich in gehei=
men oder nicht autorisirten Verbindungen geblieben, oder in
solche getreten sind, bei keinem öffentlichen Amte zugelassen

werden.) 6) Die Bundesregierungen werden fortwahrend die genaueſte polizeiliche Wachſamkeit auf alle Einheimiſchen, welche durch öffentliche Reden, Schriften oder Handlungen ihre Theilnahme an aufwieglerischen Plauen kund, oder zu deßfallſigem Verdacht gegründeten Anlaß gegeben haben, eintreten laſſen; ſie werden ſich wechſelſeitig mit Notizen über alle Entdeckungen ſtaatsgefährlicher, geheimer Verbindungen und der darin verflochtenen Individuen, auch in Verfolg deßfallſiger Spuren, jederzeit auf das ſchleunigſte und bereitwilligſte unterſtützen. 7) Auf Fremde, welche ſich wegen politiſcher Vergehen oder Verbrechen in einen der Bundesſtaaten begeben haben, ſodann auf Einheimiſche und Fremde, die aus Orten oder Gegenden kommen, wo ſich Verbindungen zum Umſturz des Bundes oder der deutſchen Regierungen gebildet haben, und der Theilnahme daran verdächtig ſind, iſt beſondere Aufmerkſamkeit zu wenden; zu dieſem Ende ſind überall in den Bundeslanden die beſtehenden Paßvorſchriften auf das genaueſte zu beobachten und nöthigenfalls zu ſchärfen. Auch werden die ſämmtlichen Bundesregierungen dafür ſorgen, daß verdächtigen ausländiſchen Ankömmlingen, welche ſich über den Zweck ihres Aufenthalts im Lande nicht befriedigend ausweiſen können, derſelbe nicht geſtattet werde. 8) Die Bundesregierungen machen ſich verbindlich, diejenigen, welche in einem Bundesſtaate politiſche Vergehen oder Verbrechen begangen, und ſich, um der Strafe zu entgehen, in andere Bundeslande geflüchtet haben, auf erfolgende Requiſition, inſofern es nicht eigene Unterthanen ſind, ohne Anſtand auszuliefern. 9) Die Bundesregierungen ſichern ſich gegenſeitig auf Verlangen die prompteſte militäriſche Aſſiſtenz zu, und indem ſie anerkennen, daß die Zeit=

verhältnisse gegenwärtig nicht minder dringend, als im October 1830, außerordentliche Vorkehrungen wegen Verwendung der militärischen Kräfte des Bundes erfordern, werden sie sich die Vollziehungen des Beschlusses vom 21 October 1830 — betreffend Maßregeln zur Herstellung und Erhaltung der Ruhe in Deutschland — auch unter den jetzigen Umständen, und so lange, als die Erhaltung der Ruhe in Deutschland es wünschenswerth macht, ernstlich angelegen seyn lassen. 10) Sämmtliche Bundes = Regierungen verpflichten sich, unverweilt diejenigen Verfügungen, welche sie zur Vollziehung vorbemerkter Maßregeln nach Maßgabe des in den verschiedenen Bundesstaaten sich ergebenden Erfordernisses getroffen haben, der Bundes=Versammlung anzuzeigen."

Diesen Beschlüssen folgte am 19 Julius noch das Verbot zweier Zeitschriften, die sich am kühnsten gegen sie auszusprechen anfingen, nämlich des von Rotteck und Welcker in Freiburg redigirten Freisinnigen und des Wächters am Rhein, wozu am 16 August auch noch das Verbot von Rottecks politischen Annalen kam. Ein Correspondent der Allg. Zeitung hat am Ende des Julius die Wirkungen, welche die Bundesbeschlüsse in Deutschland hervorriefen, übersichtlich geschildert: „Als die Beschlüsse erschienen, waren nur zwei deutsche Stände = Versammlungen beisammen: die kurhessische und die hannoversche; letztere noch in Tractaten mit der Staatsregierung über das Staatsgrundgesetz; erstere eines freisinnigen Grundgesetzes sich erfreuend, aber dieses noch mit mancher Lücke für künftigen Ausbau. Im Großherzogthume Hessen der Zusammentritt der Landstände in diesem Jahre noch bevorstehend, aber die vorher nothwendige Integral=Erneuerung der Mitglieder der zweiten Kam-

mer noch nicht begonnen. In Nassau unter bedenkli=
chen Zeichen der letzte Landtag beschlossen und ein folgender
erst im Frühjahr 1833 zu erwarten, in Baden ebenfalls erst
im Frühjahr 1833, nach erfolgter Partial=Erneuerung der
zweiten Kammer, Zusammentritt der Stände. In Würtem=
berg die Integral=Erneuerung der zweiten Kammer durch
vollendete Wahlen bereits erfolgt, aber der Zusammentritt
erst im Januar 1833 zu gewarten. In Bayern ebenfalls
erst in einem Jahre wieder, ohne die vorgängige Integral=
oder Partial=Erneuerung der zweiten Kammer, Zusammen=
tritt der Stände. In Braunschweig noch zu keinem definiti=
tiven Schlusse gekommene Verhandlungen über das neue
Staatsgrundgesetz. So die Lage der constitutionellen Staa=
ten Deutschlands, in ihrem allgemeinsten Grundrisse. Nach
Art. 33. Absatz 3. der kurhessischen Verfassungs=Urkunde
ist es überhaupt den einzelnen Unterthanen, so wie ganzen
Gemeinden und Körperschaften, freigelassen, ihre Wünsche
und Bitten nach gesetzlichem Wege zu berathen und vorzu=
bringen. Demgemäß sehen wir nun auch, bald in Mar=
burg, Kassel, Fulda und Hanau, nach Anleitung dieser Ver=
fassungsbestimmung, verfahren. Wohl die erste Adresse
entwarfen die Bürger Marburgs am 16. Julius. Sie ging
längst an die kurhessische Ständeversammlung, mit vielen
Unterschriften versehen, ab. Die Adresse bat die Stände
„sich kräftig und mit Nachdruck wegen Rücknahme des
Beitritts Kurhessens zu den Bundesbeschlüssen zu verwen=
den.“ In Kassel selbst war eine Volksversammlung auf
den 25 Julius angesagt. Man wirkte, daß sie nicht zu Stande
käme, und als es doch geschah, erfolgte vom Bürgermeister
Schomburg das Versprechen, daß die Angelegenheit auch

ohne solche Berathung, ganz der öffentlichen Meinung ge=
mäß, in der Ständeversammlung vorkommen, und entschie=
den werden würde. Durch die indeß erfolgte Auflösung der
Stände=Versammlung war allerdings die Erfüllung dieser
Zusage unmöglich. In Hanau kam eine „offene Erklärung
kurhessischer Staatsbürger" zu Stande, und am 21 Julius
d. J. erfolgte, nachdem sie mit vielen Unterschriften verse=
hen war, ihre Eingabe an die Stände=Versammlung. In
Hunderten von lithographirten Exemplaren ist sie in Kurhes=
sen verbreitet. Unter Anderm wird darin auf die in der
Bundesacte den deutschen Völkern gegebenen Verheißungen
gewiesen. Art. 13. gibt hier Veranlassung zu sagen, daß
Kurhessen seine Verfassung „nach fünfjährigem Ausharren
in einem sehr zweifelhaften Zustande nur den im Jahre 1830
eingetretenen Zeitverhältnissen" verdanke. Art. 16. wegen
bürgerlicher Verbesserung der Bekenner des Mosaischen
Glaubens in Deutschland. Art. 18. b., wegen Abfassung
gleichförmiger Verfügungen über die Preßfreiheit und die
Sicherstellung der Schriftsteller und Verleger gegen den
Nachdruck. Art. 19. wegen Berathung über Handel und
Verkehr zwischen den verschiedenen deutschen Bundesstaaten,
findet seine Anführung in einer zwar scharfen, doch gehalte=
nen Sprache. Uebrigens wird Ruhe und Vertrauen auf die
Landstände, die unsere Rechte den Staatsregierungen gegen=
über zu wahren berufen sind, Besonnenheit, aber auch der
Entschluß, auf der Bahn der constitutionellen Freiheit fort=
zuschreiten, ans Herz gelegt. Die „offene Erklärung" ent=
hält sieben eng geschriebene Folioseiten. Ungefähr von glei=
chem Umfang ist ein Document, das die Ueberschrift trägt:
„Protestation der unterzeichneten Staatsbürger des Groß=
herzog=

herzogthums Heſſen; die unterm 28 Jun. 1852 gefaßten
Beſchlüſſe der hohen deutſchen Bundesverſammlung betref=
fend." In Darmſtadt wird der ausdrückliche Zutritt zu die=
ſer Proteſtation die von Gießen ausging, erfolgen. — In
Würtemberg kam eine Rechtsverwahrung in Form einer
unterthänigſten Eingabe an den König zu Stande. Insbe=
beſondere in Stuttgart brachten die Mitglieder des daſi=
gen Bürgerausſchuſſes am 16 Julius d. J. eine Schrift an den
dortigen Stadtrath. Aehnliches, und ein Beitritt des Stadt=
raths erfolgte in Ulm. — Eine Proteſtation der Stadt Frei=
burg im Breisgau (ſollte vielleicht richtiger heißen: Vieler
Bürger der Stadt Freiburg) im gleichen Betreffe, iſt vom
20 Julius 1832. Sie iſt gerichtet an Se. königl. Hoheit den
Großherzog von Baden. Nach Erörterungen und eingeleg=
ter „feierlichſter Proteſtation" findet dann die Erklärung
ihre Stelle: „Daß wir von Ew. königl. Hoheit Gerechtigkeit
und des Himmels Gnade die Wiederherſtellung unſerer Rechte
mit Zuverſicht erwarten, und daß wir die feſteſte Entſchloſſen=
heit haben, auf allen Wegen und mit allen Mitteln, welche
Geſetz und Recht erlauben, und mit gleichviel Beharrlichkeit
als Muth das drohende Unheil von uns abzuwenden, und
Verfaſſung, Thron und Vaterland gegen jede äußere Ein=
ſprache und jeden Angriff zu vertheidigen." Ob und
was in Sachſen, Braunſchweig und weiterhin geſchah, iſt
bis jetzt nicht bis zu uns gedrungen. In Frankreich,
in England wird man Mühe haben, das Leben zu begrei=
fen, das ſtill und unbemerkt in den vielen Gliedern des
großen Körpers fortwirkt, ohne ſeine Kraft in irgend einem
äußern Mittelpunkte zu concentriren. In drei Tagen
konnte in Paris eine neue Ordnung der Dinge zu Stande

kommen; wäre die Bewegung aber in diesen 3 Tagen un=
terdrückt worden, so wäre auch nicht zu berechnen gewesen,
wie lange die Unterdrückung gedauert hätte, so wie dort nie
zu berechnen war, welche längere oder kürzere Umgarnung
des Landes die Gewalten der Hauptstadt herbeiführen wür=
den, die dort in raschem Wechsel aus dem dunklen Schooße
der fortgährenden Elemente sich erhoben. Man vernichte
in Paris zehn liberale Journale, und man vernichtet mit
ihnen die geistigen Gipfelpunkte von neun Zehntheilen von
Frankreich. Anders ist es in Deutschland. Fast bewegungs=
los werden hier die Decrete hingenommen, denen in Frank=
reich sich ein schäumender Wall von Journalopposition ent=
gegengethürmt hätte, ja lautlos gehen die Blätter unter,
die — wie die Tribune, der Freisinnige — eine Zeit
lang die lauteste Stimme geführt hatten. Aber was sind
diese zwei Tagsblätter, ja was sind alle deutschen Journale
gegenüber dem weiten geistigen Leben Deutschlands, mit sei=
nen hohen Gipfeln und seinen tiefen Wurzeln!"

In der That schienen die Bundesbeschlüsse anfangs
nur darum mit so übertriebenen Besorgnissen aufgenommen
worden zu seyn, um nachher auf eine fast unbegreifliche
Art so gut als vergessen zu werden. Sie wurden in allen
Bundesstaaten proclamirt, und in verschiedenen Deputirten=
kammern wurden nachträglich noch Protestationsversuche ge=
macht, aber in einer Art, daß man deutlich sah, das Inter=
esse dafür sey schon verschwunden.

Den auswärtigen Cabinetten waren die Bundesbeschlüsse
früher bekannt, als dem deutschen Volke selbst; dagegen erreg=
ten sie großes Aufsehen in den Kammern und Journalen von
Frankreich und England. Da aber Deutschland selbst ganz in

alltäglichem Gleise blieb, so mußten auch die französischen und englischen Wortmacher bald wieder verstummen. Ludwig Philipp hatte sich mit allen Maßregeln des Bundes gegen die deutsche Opposition einverstanden erklärt; schadenfroh schwatzten dieß Berliner Correspondenten aus, und der Moniteur versuchte es vergeblich zu läugnen. Andere Blätter des französischen Ministeriums sprachen dagegen offen: Sollen wir Franzosen etwa jene Deutschthümler unterstützen, die, wenn ihre Ideen jemals realisirt würden, Deutschland zu einem einigen, großen, uns weit überlegenen Reiche machen und dann statt uns für unsere Hülfe von heute zu danken, uns für unsere Unbill von gestern und ehegestern und von Jahrhunderten her mit unerbittlicher Rache heimsuchen würden! Es ist merkwürdig, daß während man diesseits des Rheins immer das Schreckbild der französischen Propaganda aufstellt, jenseits des Rheins an eine deutsche Propaganda geglaubt wird. Einige wenige Schwärmer waren schon in Stande, dem großen Napoleon diese Furcht einzujagen, und doch war es eigentlich erst seine Furcht, was dem Tugendbund eine so große Bedeutung gab. Und jetzt reichten wieder wenige antifranzösische Worte, die Dr. Wirth in Hambach sprach, dazu hin, dem französischen Ministerium ein Medusenhaupt vorzuhalten. Zwar schrieben die französischen Oppositionsjournale, es sey nicht so schlimm, die phlegmatischen Deutschen würden in vielen Jahrhunderten nicht einig werden, sie seyen jetzt heterogener unter sich als je, und es sey weit eher möglich, eine neue Art von rheinischer Conföderation unter dem Protectorat des französischen Bürgerkönigs bei ihnen einzuführen, als die Träume der Deutschthümler vom Reich

zu verwirklichen; aber das Ministerium äußerte unverhohlen
seine Furcht, und sagte im Journal des Debats: „Nicht
an uns ist es, mit unserem Blute den Preis der deutschen
Freiheit zu bezahlen. Es war ja 1813 stark genug, das
Joch Frankreichs abzuwerfen, und sich seine Freiheit gegen
uns zu erobern. Es gehörte doch gar zu viele Einfalt von
Seite Frankreichs dazu, wenn es sein Blut für die deutsche
Demagogie vergießen wollte, während noch kürzlich beim
Hambacher Feste diese deutsche Demagogie gegen die Franzosen den Haß von 1813 wieder aufschürte und Elsaß und
Lothringen zurückverlangte, Deutschland mag also thun, was
ihm gutdünkt." Indessen wollte das Journal des Debats
doch nicht, daß die Unabhängigkeit der kleineren Staaten
und die Constitutionen derselben durch die deutsche Demagogie
compromittirt werden und für sie, statt ihrer, unschuldig leiden sollten; ja es sprach sich naiver als je über die alte und
immer neue Politik Frankreichs gegen Deutschland aus. Es
unterschied: 1) es billige die gegen die Demagogen ergriffenen Maßregeln; 2) es mißbillige die Beeinträchtigung der
Ständeversammlungen, werde deßhalb aber keinen Streit
anfangen, sondern überlasse es den deutschen Regierungen,
„mit ihren Unterthanen zu machen, was sie wollen;" 3) es
werde aber nicht dulden, daß die kleinen Staaten ihre
Souveränetät verlieren; ob diese Staaten despotisch oder
freisinnig regiert würden, das sey ihm zuletzt einerlei, aber
getrennt müßten sie bleiben, das sey Frankreichs unabän-
derliche Politik: „Aendert der deutsche Bund bloß seine
innere Politik, so hat sich Europa nicht darum zu bekümmern; wenn aber unter dem Vorwande polizeilicher Maßregeln Fürsten ihre Unabhängigkeit verlören, und Staaten

von der Charte verschwänden, so hätte Europa das Recht, darnach zu fragen. Und wenn in dieser Hinsicht England, als Unterzeichner der Frankfurter Acte, eine größere Verpflichtung hat als wir, so sind auf der einen Seite wir, durch unsere Nachbarschaft, mehr dabei interessirt. Wie also muß Frankreich die Bundesbeschlüsse betrachten? wie namentlich die Beweggründe derselben, und wie die Vollziehungsmittel? Die Beweggründe sind die Unruhen, die in einigen Theilen Deutschlands statt fanden, die Volksversammlungen, das Hambacher Fest, dieser verworrene Ausbruch aller vagen Ideen der deutschen Demagogie. Die Ordnung war gestört; die deutschen Souveräne vereinigten sich, um die Mittel ihrer Wiederherstellung zu berathen. Bis hieher ist nichts, was nicht ganz natürlich, nichts, was nicht allen unabhängigen Staaten erlaubt wäre. — Wir stimmen daher den Beweggründen der Bundesbeschlüsse völlig bei. Ist dieß aber auch rücksichtlich der Ausführungsmittel der Fall? Welcher Art sind diese Mittel? Die Beaufsichtigung der Ständeversammlungen, die Suspension der Preßfreiheit, die Aufhebung des Rechts, die Subsidien zu votiren, denn es ist verboten, sie zu verweigern. Wir glauben, daß diese Ausführungsmittel das Ziel überschreiten, das der Bund sich vorgesetzt hatte; wir glauben, daß wenn man die Ständeversammlungen für die Excesse der Volksversammlungen straft, man Eines mit dem Andern vermengt, auf eine Art, die weder gerecht, noch politisch ist. Was werden wir nun gegen die Proclamirung solcher Principien thun? Wir werden thun, was Europa that, als wir die Charte von 1830 promulgirten. Europa sah uns eine freisinnige Charte machen, ohne sich deßhalb für verpflichtet zu

halten, mit uns Krieg zu beginnen; wir sehen Deutschland
eine unfreisinnige Charte machen, ohne deßhalb Krieg mit
ihm anzufangen. Keine Kreuzzüge! Aber wie werden diese
zwei unvereinbaren Principien neben einander leben? Wie
zu aller Zeit die unvereinbaren Principien, der Muhame=
danismus und das Christenthum, der Protestantismus und
der Katholizismus neben einander lebten — da sie es nicht
anders machen konnten, duldeten sie einander... Die innern
Aenderungen der Staaten gehen uns nichts an; was wir
aber hindern müssen, sind die äußern Aenderungen, die Ge=
bietszerstückelungen. Wir brauchen das Deutschland des
Wiener Vertrags, in 38 Staaten getrennt, in einen Bund
vereinigt, aber unabhängig. Die Unabhängigkeit der kleinen
Fürsten, dieß ist die Grundlage unserer Politik in Deutsch=
land. Macht mit euren Unterthanen, was euch gefällt;
das ist ein Streit, der bloß euch angeht; aber vor allem
brauchen wir ein Bayern, ein Würtemberg, ein Hessen ꝛc."

Unter dem, was die Oppositionsjournale sagten, war
nur ein Ausspruch des Temps merkwürdig. Er meinte,
Frankreich solle ja nicht gegen die Bundesbeschlüsse prote=
stiren, denn diese seyen höchst erwünscht für Frankreich, sie
würden die Kluft zwischen der liberalen und servilen Partei
in diesem Lande erweitern, die erstere als die unterdrückte
den Franzosen geneigter machen, und dadurch dem Franzosen=
haß und der Deutschthümlichkeit entgegenwirken. „Gewiß,
das Protokoll des Bundes ist ein Glück für Deutschland und
für Frankreich; es zerstreut die Nationalvorurtheile und
bestärkt die Sympathien. Fortan trennt uns nicht Sprache,
nicht Fluß, nicht Gebirg mehr; vielleicht sind noch trübe
Tage zu bestehen, aber die Zukunft gehört uns."

In England bemerkte der Courier: „Es ist auffallend zu sehen, wie Wilhelm IV. in England seinem Volke Freiheit gibt, und ein hohes Beispiel von Liberalität und Duldung aufstellt, während die Minister desselben Souverains in Hannover in seinem Namen den Versuch machen, den freien Gedanken=Ausdruck zu verhindern... Darin liegt eine Anomalie, die wir nicht verstehen." Am 25 Julius fand in der Londoner Kron = und Ankertaverne die Versammlung statt, die, wie der Anschlag besagte, zusammenberufen war, „um den Unwillen auszudrücken über die neuerlichen Eingriffe des Frankfurter Bundestages in die alten Freiheiten der deutschen Staaten." Die Versammlung war, wie der Globe sich ausdrückt, rather thinly but respectably besucht. Der bekannte Dichter, Thomas Campbell führte dabei den Vorsitz. Er eröffnete die Debatten mit einer Rede zum Lobe des „gebildeten, redlichen, friedlichen und fleißigen deutschen Volkes, dem man die Erfindung der Presse verdanke, deren freien Gebrauch man ihm jetzt rauben wolle." Dulde England die Ausführung auch dieser Plane der Großmächte, so wie es die Vernichtung Polens geduldet habe, so werde es einst in Sack und Asche über sich selbst und über Europa's Schicksal zu trauern haben."

Am 2 August schlug Bulwer, der bekannte Romandichter, im Unterhause eine Adresse an den König vor, er möge geruhen seinen Einfluß auf den deutschen Bund auszuüben, im Gegensatz gegen die Bahn, welche der Bund gegen die Freiheiten und die Unabhängigkeit des deutschen Volkes eingeschlagen habe. Lord Palmerston erklärte es inzwischen für indiscret, dem König von England vorzuwerfen, was der König von Hannover thue, rechtfertigte die Beschlüsse

durch den revolutionären Geist, das Hambacherfest rc. und
ließ einfließen, daß man durch diese Beschlüsse zugleich dem
Ehrgeiz Frankreichs eine Schranke setze. Damit wurde die
Sache beseitigt.

Am 6 September gebot der deutsche Bund, daß jeder
Bundesstaat die Rechte der Schriftsteller und Verleger der
übrigen Bundesstaaten, wie die der eigenen respectiren solle.
Damit wurde jedoch dem Nachdruck nicht gesteuert, da in
Würtemberg, wo am meisten nachgedruckt wird, die einhei=
mischen Verleger gegen Raub nicht' besser als die fremden
geschützt sind.

Am 18 September wurde durch Bundesbeschluß noch ferner
die deutsche allg. Zeitung in Stuttgart und der in
Hildburghausen erscheinende Volksfreund unterdrückt.

Am 6 December wurde beschlossen, eine Bundesarmee,
jedoch nur aus Preußen bestehend, am rechten Maas=
ufer aufzustellen, um die Operationen der Franzosen gegen
Antwerpen zu beobachten, und jede Verletzung der denselben
vorausgegangenen Stipulationen zu verhindern. So weit
die Thätigkeit der Bundesversammlung.

Man bemerkte in diesem Jahre eine ausnehmend starke Aus=
wanderung aus den constitutionellen deutschen
Staaten nach Nordamerica. Man schrieb aus Bremen:
„Unsere Stadt wimmelt von Auswanderern. Es sind größten=
theils wackere Leute, welche mit den Trümmern ihres Vermö=
gens hier in Bremen mit Jauchzen, singend und musicirend, die
Schiffe besteigen, um sich in einem fremden Welttheile nie=
derzulassen, dessen Bewohner sie nicht kennen, dessen Sprache
sie nicht reden. Das Herz des Patrioten blutet bei dem

Gedanken, daß es dahin gekommen ist, daß nicht Vagabunden und Abenteurer, sondern brave, fleißige Leute, wovon viele noch sehr wohlhabend, fast alle aber nicht unbemittelt sind, sich gezwungen sehen, den deutschen Herd, so viele liebgewordene Gewohnheiten, Freunde und Verwandte zu fliehen... Das Betragen dieser Leute ist während ihres hiesigen Aufenthalts sehr musterhaft; man hört von keinen Excessen und Unordnungen; viele hiesige, besonders Schiffsrheder, verdienen bedeutend durch diese Auswanderungen."

Die Speyrer Zeitung schrieb im Herbste, daß innerhalb 9 Monaten nur aus den beiden hessischen Provinzen Starkenburg und Oberhessen 4500 Personen nach America ausgewandert seyen. „Nehmen wir für Rheinhessen ein gleiches Verhältniß an, so steigt jene Anzahl auf ungefähr 6000, was fast ein Procent der Gesammtbevölkerung ausmacht. Rechnen wir dazu die Auswanderungen aus Rheinbayern, welche im jetzigen Augenblicke schon gegen 8000 betragen mögen, und sich bis zum kommenden Frühjahre wohl verdoppeln dürften; — ferner die Auswanderungen aus dem Nassauischen, wahrscheinlich nicht weniger als 3500 bis 4000, endlich die Auswanderungen aus Baden, Würtemberg u. s. w., so läßt sich annehmen, daß der Südwesten von Deutschland mindestens 30,000 seiner Bewohner durch Auswanderung bereits verloren hat, und bis künftiges Frühjahr leicht noch 20,000, wo nicht mehr, verlieren dürfte, indem die Auswanderungslust nunmehr in Gegenden und Gemeinden gedrungen ist, die bisher noch von keinem ihrer Bewohner in dieser Art verlassen worden waren."

Von der noch immer laborirenden Rheinschifffahrtscommission erfuhr man, daß die deutschen und der fran-

zöſiſche Commiſſär eine Verwahrung gegen Holland
eingelegt hätten. „Die unerſchwerte Fortdauer einer bisher
ſchon zwiſchen Nachbarvölkern beſtandenen Schifffahrtsver=
bindung liegt zu ſehr in dem Grundſatze des Pariſer Friedens
von 1814 und der Wiener Congreßacte — namentlich in
den Beſtimmungen, welche den Rhein und die Schelde ꝛc.
betreffen, und ſie iſt theils zur Unterhaltung des unmittel=
baren gegenſeitigen Verkehrs, theils zur Vermittlung der
europäiſchen Handelsbeziehungen zu unentbehrlich, als daß
die Rheinuferſtaaten jemals dem Gedanken einer auch nur
partiellen Verſagung oder Schmälerung Raum geben könnten.
Die Unterzeichneten erſuchen ſchließlich den Hrn. Bevollmäch=
tigten der Niederlande, gegenwärtige ihre verwahrende Er=
klärung zu der Kenntniß ſeiner allerhöchſten Regierung mit
eheſtem bringen zu wollen.“ Bei dieſer unmächtigen Pro=
teſtation blieb es. Selbſt Preußen erklärte nur: „Der Zeit=
punkt, wo die von Holland zugeſicherte endliche Befriedigung
der erhobenen Beſchwerden erfolgen kann, ſcheint ſehr nahe
zu ſeyn.“ Nach zwanzig Jahren Unterhandlungen iſt der Rhein
noch immer nicht frei, und das kleine Holland, erſt durch
deutſche Waffen von Napoleon befreit und zu einem König=
reich umgeſchaffen, darf ungeſtraft ganz Deutſchland trotzen.

Am 28 Julius wurde durch die Bemühungen des Frei=
herrn von Cotta der erſte Verſuch, mit einem Dampfſchiff
auf dem Oberrhein von Straßburg bis Baſel zu fahren,
glücklich ausgeführt.

Am 9 Auguſt gab Hannover und am 25 October auch
Preußen am Bundestage eine ausführliche Erklärung zu
Gunſten des freien innern Verkehrs in Deutſch=
land ab, doch blieb es Preußen vorbehalten, denſelben nur

theilweiſe durch Separatverträge mit ſeinen ſüdweſtlichen
Nachbarſtaaten zu realiſiren, ohne daß der deutſche Bund als
ſolcher Geſammtmaßregeln dafür ergriffen hätte.

2.

Oeſterreich.

Die Chronik Oeſterreichs vom Jahre 1832 iſt kurz. Im
Frühjahre herrſchte der Typhus in Galizien. Am 7 Mai traten JJ. Majeſtäten eine Rundreiſe an; Sie begaben ſich nach
Trieſt, kamen zu Iſola mit der Frau Herzogin Marie Louiſe
von Parma zuſammen, am 31 Mai, und kehrten, nachdem
Sie überall mit lautem Jubel empfangen worden waren, in
die Reſidenz zurück. Am 9 Junius ſtarb der berühmte Hofrath v. Genz, die linke Hand des Fürſten v. Metternich,
früher Proteſtant und Preuße, nachher Proſelyt und ſeit 1802
wegen ſeiner vielſeitigen Kenntniſſe und geiſtvollen Feder in
der k. k. Staatskanzlei für die wichtigſten Staatsacten gebraucht. Seine Stelle erhielt im Herbſt der als Redacteur
der im abſolutiſtiſchen Sinne geſchriebenen Berliner politiſchen Wochenſchrift bekannte Profeſſor der Rechtswiſſenſchaft
in Berlin, Jarke, der als Preuße und Proteſtant ganz auf
dieſelbe Weiſe wie früher Genz Proſelyt geworden war und
nun ſein Nachfolger im Amt wurde. Am 9 Auguſt wurde
ein Mordverſuch auf den jüngern König von Ungarn gemacht. Der öſterreich. Beobachter ſchrieb: „Heute
Morgens, nach Anhörung der heiligen Meſſe, machte der
König in Begleitung ſeines Dienſtkämmerers, Feldmarſchall-
Lieutenants, Grafen v. Salis, ſeinen gewöhnlichen Spazier-

gang. In der Bergstraße, ungefähr hundert Schritte von
dem letzten Hause, in der Richtung nach dem St. Helenen=
thale, feuerte ein pensionirter Hauptmann, Namens Franz
Raindl, ein Terzerol auf den König ab. Die Kugel traf
denselben auf dem linken Schulterblatte, erstarb aber
glücklicher Weise in dem Futter des Ueberrocks, und ver=
ursachte daher nur eine sehr leichte Prellung. In demselben
Augenblicke sprangen 3 in der Nähe befindliche Männer
eiligst herbei, um sich des Mörders zu bemächtigen, welcher,
nachdem er das abgefeuerte Terzerol weggeworfen hatte, sich
mit einem zweiten Terzerol in den Mund schoß, wo die
Kugel im Gaumen stecken blieb, und dann auf den ihm zu=
nächst Stehenden von den obgedachten drei Männern ein 3tes
Terzerol anlegte, welches jedoch versagte, worauf der ruchlose
Thäter ergriffen und auf das Rathhaus geführt wurde. Die
Wunde, die sich der Mörder beigebracht, ist nicht lebensge=
fährlich; die 3 Gewehre scheinen glücklicher Weise eine sehr
schlechte Ladung gehabt zu haben. Der König, unerschrocken,
verfügte sich sogleich zu Fuß nach der Stadt, unmittelbar
zu Sr. Maj. dem Kaiser, um Allerhöchstdieselben durch seine
persönliche Erscheinung über den erschütternden Vorfall voll=
kommen zu beruhigen. Der Thäter, ein durch unordentliche
Lebensweise in seinen Vermögensumständen zerrütteter Mensch,
hatte sich vor nicht langer Zeit mit einem Bittgesuche um
Verabreichung von 900 fl. Conv. M. an Se. Maj. den jün=
gern König von Ungarn gewendet, und von Höchstdemselben
ein Gnadengeschenk von 100 fl. Conv. M. erhalten. Bis
zum gräßlichsten Verbrechen gesteigerter Ingrimm über die
Verweigerung der vollen von ihm verlangten Summe hat
ihn, seinen eigenen Geständnissen zufolge, zu dieser Unthat

verleitet." Die Helfer wurden reichlich belohnt, der Mörder
selbst, rücksichtlich seiner Seelenzerrüttung, nur zu 20jähri=
gem Kerker auf Munkatsch verurtheilt. — Am 18 September
versammelten sich für dieß Jahr die deutschen Naturforscher
in Wien und wurden von Seite der Regierung mit Zeichen
der Huld überhäuft. — Am Schluße des Jahres fiel der jün=
gere König von Ungarn in eine schwere Krankheit, von der
er sich jedoch wieder erholte. Am 5 Oct. wurde die große Straße
über den Willebit in Dalmatien feierlich eröffnet.

Am 20 December wurde der ungarische Reichstag
vom Kaiser persönlich eröffnet: „Wir kommen in Euere
Mitte, um das Versprechen, das Wir Euch in Betreff des,
sobald als thunlich, zur Verhandlung der Regnicolar Depu=
tations=Operate zu haltenden Reichstages gegeben haben,
zu erfüllen. Schwierig sind die Geschäfte, zu deren Ver=
handlung Wir Euch dießmal berufen haben; sie übertreffen
weit alle die Gegenstände, worüber während der vierzig=
jährigen Dauer Unserer Regierung auf Reichstagen zu
berathen war, sowohl an Umfang als an Gewicht, für die
Befestigung des Glückes der Gegenwart und der Zukunft.
Indem Ihr an dieses, in der That große Werk schreitet,
werdet ihr den ehrwürdigen, durch Jahrhunderte geheilig=
ten Sagungen Eurer Vorfahren getreu, um dem Reize zu
Neuerungen, der durch falsche Vorstellungen von dem
Glücke der Völker auf Abwege führt, zu entgehen, der
durch Erfahrung zum richtigen Ziele geleiteten Weisheit,
der Geistesstärke, der Standhaftigkeit und Umsicht bedürfen."
— Die königlichen Propositionen betrafen 1) die Verhältnisse
der Grundherren zu ihren Unterthanen, 2) die Beschleuni=
gung der Rechtspflege, 3) die bessere Vertheilung der

Staatslaſten, und einige Gegenſtände von minderer Be=
deutung.

Am 22 Julius ſtarb, allgemein betrauert, der Sohn
Napoleons bei ſeinem kaiſerlichen Großvater in Schönbrunn.
Franzöſiſche Blätter äußerten ſich darüber: „Mit einer über=
raſchenden Schönheit und den edelſten Geiſtesanlagen ausgeſtat=
tet, erweckte der junge Prinz ebenſo ſehr durch ſich ſelbſt, als durch
ſein großes Mißgeſchick Theilnahme. Von Natur aus zu Schwer=
muth und träumeriſchem Tiefſinn geneigt, liebte er leiden=
ſchaftlich die abſtracten Wiſſenſchaften und vorzüglich die
muſikaliſchen Compoſitionen, in deren ſchwierigſte Berech=
nungen und Geheimniſſe er eingeweiht war. Im Umgang
zurückhaltend, ſprach er nur wenig, und ſein Geiſt gab ſich
nur durch einzelne Gedankenblitze kund. So wuchs er auf,
in Ergebung ſich fügend, in das unwiderrufliche Geſetz des
Schickſals. Da ſchlug der Donnerſtreich des Julius durch
die Welt, und zerriß die Binde vor ſeinen Augen, während
er eine altersmorſche Legitimität zertrümmerte, die ihre
ſchwache Hand der Rieſenkraft der Nation entgegenſtemmen
wollte. Nun folgte der langen Anſpannung und Nieder=
geſchlagenheit eine heftige Aufwallung, der junge Herzog
erinnerte ſich, daß auch er als Erbe des franzöſiſchen Thro=
nes ausgerufen worden, kurz er hoffte, daß für ihn der lang
erſehnte Augenblick gekommen ſey, dieſes kalte und zwecklofe
Leben aufzugeben, und ein heißes und ſtetes Fieber der Ein=
bildungskraft ging dem Fieber voran, das ihn jetzt aufzehrte.
So urtheilten die Pariſer. Ein Artikel von der Donau in
Nro. 90 der Allg. Zeitung von 1834 widerlegt das frivole
Gerücht von der Natur ſeiner Krankheit (vergl. den erſten
Theil dieſes Jahrgangs S. 96), und ſagt: „Wer die Sit=

tenſtrenge des öſterreichiſchen Hofes, das Beiſpiel, welches der Herzog vor Augen hatte, die Umgebung, die ihn bewachte, führte und unterrichtete, bedenkt — wer überdieß aus dem, was bereits über ihn bekannt gemacht worden iſt, auf den Charakter dieſes Jünglings ſchließt, die unabläſſige Beſchäf= tigung ſeines Gemüthes und Geiſtes, ſeinen tiefen und me= lancholiſchen Ernſt, überhaupt die ſeines Schickſals würdige Haltung, die er ſtets beobachtete, in Erwähnung zieht, der wird begreifen und fühlen, wie wenig dieſe Angabe mit der Wahrheit ſich verträgt.“

3.

P r e u ß e n.

Ohne die geringſte Veränderung im Syſteme trat zu Anfang des Jahres 1832 ein Miniſterwechſel in Preußen ein. Am 9 Februar wurde das Juſtizminiſterium unter die Herren v. Kampz und Mühler getheilt; und am 12 Mai über= nahm Herr Ancillon das Departement der auswärtigen Angelegenheiten, an der Stelle des wegen Krankheit zurück= tretenden allgemein geſchätzten Grafen Bernſtorff. Herr An= cillon, bekannt durch philoſophiſche Schriften, hatte noch un= längſt ein Werk „zur Vermittlung der Extreme“ geſchrieben. Man zweifelte nicht, daß er den beliebten preußiſchen Wahl= ſpruch „Beſonnenheit und Mäßigung“ zu dem ſeinigen ge= macht habe.

Am 25 Februar machte der Finanzminiſter Maaßen den Haupt-Finanzetat für 1832 bekannt, im Betrage von 51,287,000 Rthlr. Bei dieſer Gelegenheit äußerte man einige unmaßgebliche Bedenklichkeiten: „Einmal findet man es höchst auffallend, daß die Summe, welche unter dem Na= men Kronfideicommiß die Civilliste unseres Königs bildet, nicht namhaft gemacht ist, indem die Einkünfte von den Staatsdomänen folgendermaßen bezeichnet sind: „4,280,000 Thaler, nach Abzug der für die Kronfideicommiß bestimmten Summe," ohne daß jedoch diese selbst angegeben wäre. Fer= ner finden sich „1,921,000 Thaler für die durch den Reichs= Deputationsschluß vom Jahre 1803 ausgesetzten Pensionen der Mitglieder aufgehobener geistlicher Corporatiouen" ange= setzt. Diese Summe aber ist, seit der ganzen Zeit, daß unser Budget bekannt gemacht wird, immer dieselbe geblieben, ob= wohl natürlich durch den Tod eine große Anzahl dieser Pen= sionen weggefallen seyn muß. Der dadurch entstehende Ueber= schuß wird zwar zum Theil zum Besten der Schul= und Unter= richtsanstalten verwendet, auch erhält jede königl. Regierung im Lande jährlich 1000 Thlr. zur Verfügung, um örtliche Verbesserungen, Versuche zum Besten der Wissenschaft ꝛc. an= zustellen; indessen fehlt doch die genaue Rechenschaft über jene Ueberschüsse im Budget selbst. Die Einnahmen der Ein= und Ausgangssteuern ꝛc. sind mit 20 Mill. Thalern angegeben. Vergeblich aber sucht man nach einem Nachweise über die Kosten der Steuer=Erhebung, wodurch allein ein ge= gründetes Urtheil über die Zweckmäßigkeit unseres Steuer= wesens möglich wird. Der Finanzminister Maaßen soll geäußert haben, daß wenn die durch Cholera, Cordons ꝛc. verursachten Ausgaben nicht gewesen wären, er einen Ueber= schuß von 4—5 Millionen gehabt haben würde; damit ist jedoch nicht gesagt, daß diese Ausgaben nicht mehr betragen hatten. Die durch die Cabinetsordre vom 11 Februar 1832

(f.

(f. Staatszeitung vom 5 März) anbefohlene Erhöhung der Beamtencautionen wird von vielen als eine verdeckte Anleihe betrachtet, die dem Staate 5 — 6 Millionen zur Verfügung stellen und wodurch die bei offenen Anleihen nöthige Zuziehung der Landstände umgangen wird. Bekanntlich müssen alle Mitglieder der Staatsschulden-Verwaltungscommiſſion einen Eid ablegen, daß ſie nicht heimlich neue Staatsschuldscheine creiren wollen."

Am 30 Julius ſchrieb die Seehandlungs-Societät eine Anleihe von 12 Mill. Thalern aus. Darüber äußerte eine Correſpondenz der Allg. Zeitung: „Die preußiſche Finanz-Administration befindet ſich allerdings in der ganz eigenen Lage, daß ſie bei dem glänzendſten Zuſtande des Staatscredits ſich doch das Hülfsmittel einer neuen Anleihe, wozu die andern großen Staaten des Continents in den politiſchen Verwirrungen der neueſten Zeit ihre Zuflucht nehmen, verſagen muß, ſo lange nicht die Geſetzgebung eine Frage gelöſ't hat, die das eben erwähnte Edict unmittelbar an das Schuldenweſen des Staats hat knüpfen wollen. Der Art. II. dieſes Edictes lautet: „Wir erklären dieſen Staatsſchulden-Etat auf immer für geſchloſſen. Ueber die darin angegebene Summe hinaus darf kein Staatsſchuldſchein oder irgend ein anderes Staatsſchulden-Document ausgeſtellt werden. Sollte der Staat künftighin zu ſeiner Erhaltung oder zur Förderung des allgemeinen Beſten in die Nothwendigkeit kommen, zur Aufnahme eines neuen Darlehens zu ſchreiten, ſo kann ſolches nur mit Zuziehung und unter Mitgarantie der künftigen reichsſtändiſchen Verſammlung geſchehen." Im Art. X. heißt es in Bezug auf die durch daſſelbe Edict conſtituirte Hauptverwaltung der Staatsſchulden: „Dieſe Behörde iſt

uns und der Gesammtheit der Staatsgläubiger dafür ver=
antwortlich, daß nach Art. II. weder ein Staatsschuldschein
mehr, noch andere Staatsschulden=Documente irgend einer
Art ausgestellt werden, als der von Uns vollzogene Etat
besagt." Den Sinn und den Geist dieser gesetzlichen Be=
stimmungen aber sprechen die Worte der Einleitung: „Wir
hoffen dadurch (daß der gesammte Schuldenzustand des Staats
zur öffentlichen Kenntniß gebracht wird), und durch die von
Uns beabsichtigte Unterordnung dieser Angelegenheit unter
die Reichsstände das Vertrauen zum Staat und zu seiner
Verwaltung zu befestigen," einfach und bedeutungsvoll aus.
Wenn sich nun in Beziehung auf das vorliegende Anlehen
der Seehandlungs=Societät die Meinung verbreitet hat, daß
dasselbe zur Deckung eines durch die außerordentlichen Aus=
gaben des Staates entstehenden Deficits bestimmt sey, so
durfte freilich behauptet werden, daß hiedurch die angeführ=
ten Bestimmungen des Edictes vom 17 Januar 1820 illu=
sorisch gemacht würden. Die Seehandlung=Societät ist ihrer
unter demselben Datum erneuerten Grundverfassung gemäß
das „Geld= und Handlungsinstitut des Staats;" die von
ihr ausgestellten Schuldodocumente verpflichten den Staat
nicht minder als seine eigenen, und so bliebe zwar der den
Mitgliedern der Hauptverwaltung nach Art. X. jenes Edicts
auferlegte Eid unverletzt, seine Bedeutung aber und seine
umfassendere Anordnung des Art. II. wären aufgeopfert."

Ueber die Provinzial=Landtage des Jahres 1832
äußerte ein Correspondent der Allg. Zeitung: „Auf mehrern
derselben hatte man Anträge auf Oeffentlichkeit der ständi=
schen Verhandlungen gemacht, und auf einigen war die Mehr=

heit der Stimmen diesem Wunsche beigetreten. Auf andern
Provincial=Landtagen sind dagegen Stimmen laut geworden,
die Regierung um Aufhebung und Zurücknahme des ganzen
Provincial=Ständewesens zu bitten, weil daraus nur neue
Kosten für das Land und unangenehme Collisionen mit den
Staatsbehörden entständen. Die Regierung aber geht ihren
Weg mit Festigkeit fort, und hat beiderlei Bittschriften als
ungeeignet abgelehnt.“ Diese Nachricht bestätigte sich durch
folgende aus einzelnen Landtagsabschieden besonders hervor=
gehobene Artikel. So hieß es in dem Abschiede für die
Provincial=Landstände der Provinz Preußen: Art. 12. Dem
Antrage des Landtags, daß einer dem Raume angemessenen
Anzahl von Zuhörern der Zutritt zu den Landtagsver=
sammlungen gestattet werden möge, können Wir nicht Statt
geben, da eine solche Einrichtung auch unter den in Vorschlag
gebrachten Beschränkungen für die Institution der Provincial=
stände nach ihrer gesetzlichen Verfassung nicht geeignet ist. —
Art. 22. Da fast sämmtliche Theile der Provinz Preußen seit
einer langen Reihe von Jahren ununterbrochen zu Unserer
Monarchie gehört haben, und in dieser Zeit die Bekannt=
machung der Gesetze und Verordnungen in deutscher Sprache
immer für zureichend erkannt worden ist, so können Wir Uns
nicht bewogen finden, gegenwärtig noch, nachdem durch jene
Verbindung selbst und durch den verbesserten Schulunterricht
die Kenntniß der deutschen Sprache sich immer mehr verbrei=
tet und ausgebildet hat, eine besondere Publication in lit=
thauischer oder polnischer Sprache anzuordnen. Es wird viel=
mehr genügen, wenn in denjenigen Orten, in welchen die
eine oder die andere dieser Sprachen noch gesprochen wird,
und eine vollständige Kenntniß der deutschen Sprache nicht

allgemein verbreitet ist, die Gemeinobrigkeiten bei der Be=
kanntmachung der Gesetze den Inhalt derselben, mündlich in
die Sprache des Orts übertragen. Hiezu sollen dieselben noch
besonders angewiesen werden. Bei allen denjenigen Einwoh=
nern, welche sich durch eigenes Lesen mit den Gesetzen be=
kannt machen, ist eine bessere Schulbildung, mit dieser aber
eine hinreichende Kenntniß der deutschen Sprache voraus=
zusetzen, daher auch für sie der Abdruck einer Uebersetzung
nicht erforderlich. — Art. 28. Das Gesuch Unserer getreuen
Stände um Erleichterung des Handels mit dem zu Lande
eingehenden und zur Wiederausfuhr bestimmten Getreide
hat aus überwiegenden Gründen nicht berücksichtigt werden
können. Unser Finanzminister ist aber bevollmächtigt, für
den Fall des an einzelnen Orten eintretenden Bedürfnisses
ausnahmsweise erleichternde Bestimmungen eintreten zu las=
sen. — Art. 57. Auf den Antrag Unserer getreuen Stände,
den Unterricht in der polnischen Sprache auf den Gym=
nasien zu Coniß und Thorn in den Lehrplan aufzunehmen,
finden Wir keine Veranlassung, von der bisherigen Ein=
richtung abzugehen. — Von den Ständen der Provinz West=
phalen erfuhr man ferner: „Die Stände hielten sich ver=
pflichtet, Sr. Maj. dem Könige allerunterthänigst vorzu=
stellen, daß das Institut der Provincialstände, den regsten
Bestrebungen der Mitglieder ungeachtet, nicht den Grad der
Theilnahme habe erlangen können, der für eine solche An=
stalt dringend nöthig ist, vielmehr die Meinung, daß dieses
Institut sich bisher der wünschenswerthen Erfolge nicht zu
erfreuen gehabt, fast allgemein verbreitet sey. Sie glaubten
einen wesentlichen Grund dieser irrigen Meinung in der
strengsten Abgeschlossenheit der ständischen Verhandlungen

zu finden, und trugen daher bei des Königs Majestät darauf
an: „daß Allerhöchstdieselben geruhen möchten, aus der stän=
dischen Versammlung eine Deputation hervorgehen zu las=
sen, welche während der Dauer des Landtags den wesent=
lichen Inhalt der ständischen Verhandlungen klar darstelle,
und zur Belehrung des Publicums zum Drucke befördern
ließe." Die Antwort lautete inzwischen dahin, daß es beim
Alten bleiben solle.

Erst bei diesen neuen Anlässen wurde es unter der
Hand bekannt, daß schon im Jahre 1831 die westphälischen
Stände an den damaligen Landtagsmarschall, den verewigten
Freiherrn von Stein, Folgendes geschrieben hatten: „Ew.
Excellenz haben sich im Verlaufe der Verhandlungen des
gegenwärtigen Provincial=Landtags überzeugt, daß bei wei=
tem die Mehrzahl der Mitglieder desselben den Wunsch hegte,
es möge Se. Majestät unserm allergnädigsten Könige ge=
fallen, die durch das Gesetz vom 22 Mai 1815 verheißene
reichsständische Verfassung ins Leben treten zu lassen. Die
Allgemeinheit dieses Wunsches ging wohl aus der Ueber=
zeugung hervor, daß nach einer auf den drei Landtagen ge=
machten Erfahrung das Institut der Provincial=Landstände
allein nicht geeignet sey, dem Bedürfnisse zu genügen,
und alle die Zwecke zu erreichen, die Se. Majestät bei dem
Erlasse des Gesetzes vom 22 Mai 1815 ins Auge gefaßt
hatte. Es ist in der That nicht zu verkennen, daß eine
Einrichtung, die jedes Gesetz, welches eine Veränderung in
den Personen= und Sachrechten bewirkt — also fast jedes
Gesetz — von den consecutiven Berathungen acht verschiede=
ner Provincial=Landtage abhängig macht, nicht leicht den drin=

genden Anforderungen der Zeit genügen kann, die eine feste,
consequente und durchgreifende Anordnung der Rechtsver=
hältniffe und der Verwaltung unerläßlich fordert. Nicht
weniger wird es tief und schmerzlich empfunden, daß das In=
ftitut der Provincialftände, der Beftrebungen der Mitglieder
ungeachtet, feither nicht den Grad des Zutrauens und der
Theilnahme hat erlangen können, welcher für eine folche An=
ftalt dringend nöthig, welcher für diefelbe dem belebenden
Athemzuge vergleichbar ift. Ohne Zweifel liegt diefe entmu=
thigende Erscheinung in der anscheinenden Unbedeutenheit
der feither erlangten Erfolge sowohl, als in der ftrengen Ab=
geschloffenheit der Verhandlungen, deren Ergebniffe gewöhn=
lich nur spät erft, oder in entftellter, lügenhafter Sage zur
Kunde gelangen.“

In Uebereinftimmung damit erließen die Wähler der
Stadt Münfter ein öffentliches Schreiben an ihren Ab=
geordneten Hüffer, am 22 November 1832, worin fie fagten:
„„Die Unterzeichneten erfuchen Sie, als Stellvertreter der
Stadt Münfter, diefe Angelegenheit (die Einführung von
Reichsftänden) zur Sprache und eine Adreffe an des Königs
Majeftät in Antrag zu bringen, in welcher Stände ihren
innigften Dank für die erhabenen vorgedachten königlichen
Versprechungen, ihre Zuverficht, daß durch deren gänzliche
Erfüllung das Wohl des Staates gefördert, das Band der
Unterthanentreue noch fefter geschlungen werde, endlich ihren
Wunfch, daß Se. Majeftät geruhen mögen, die verheißene
Repräfentativ=Verfaffung bald möglichft ins Leben treten zu
laffen, ausfprechen und an den Stufen des Thrones ehr=
furchtsvollft niederlegen.“

FREIHERR VON STEIN.

Im Laufe des Jahres wurden die Felsen des Binger Lochs gesprengt, und dadurch die Schifffahrt auf dem Rheine wesentlich erleichtert. Am 1 Nov. schaffte der menschenfreundliche König durch Cabinetsordre die gräßliche Lattenstrafe ab, die zur Schande der gepriesenen Humanität des neunzehnten Jahrhunderts als eine der grausamsten Torturen bis dahin beim preußischen Militär noch üblich gewesen war. Ueber das Aeußere des Militärs bemerkte ein Zeitungsartikel: „Mehrere Aenderungen in den Uniformen sind dieser Tage (im März) befohlen worden. Officiere und Armeebeamte verlieren die breiten rothen Streifen an den Beinkleidern, und behalten nur einen rothen Saum, wie das bei der russischen Armee der Fall ist. Seit 15 Jahren ist alles, was in der russischen Tracht eingeführt wurde, bei uns nachgeahmt worden; keiner unserer Prinzen hat jemals eine Reise nach Petersburg gemacht, ohne eine solche Verbesserung mitzubringen, die oft mit großen Kosten im Verhältniß zu dem Gehalte der Officiere verbunden war."

Strenger als je zuvor wurde in diesem Jahre die Preßfreiheit in Preußen eingeschränkt und die Censur verschärft. Der badische Freisinnige wurde hier schon früher, als durch den Bundesbeschluß, verboten, ja die Weltgeschichte Rottecks durfte nicht nur nicht verkauft, sondern nicht einmal angezeigt werden. Im Sommer wurden alle rheinpreußischen Buchhandlungen unter polizeiliche Aufsicht gestellt, um das Eindringen rheinbayerischer Flugschriften zu verhüten. Professor Welcker in Bonn, Bruder des badischen Deputirten, wurde wegen einer kleinen Schrift suspendirt, und veranlaßte das Verbot, daß kein Volkslehrer zugleich Heraus-

geber einer politischen Zeitschrift seyn dürfe. Auch der be=
kannte Geschichtschreiber, Prof. Friedrich von Raumer in
Berlin, machte von sich reden, indem er aus dem Ober=Cen=
surcollegium austrat. Die Einen sagten, es geschehe, weil
die Censur ihm einige freisinnige Stellen gestrichen habe.
Andere aber erklärten, es seyen im Gegentheil Stellen gewe=
sen, in denen sich eine solche Schmeichelei gegen Se. Maj. den
König ausgesprochen habe, daß deren Aufnahme in einen Ka=
lender nicht beliebt worden sey. Noch Andere meinten, es
sey beides richtig. Im November wurden einige j u n g e
Leute in K ö l n v e r h a f t e t. Man fand bei ihnen Cor=
respondenzen, welche sie als Theilnehmer an den Schwärme=
reien der Hambacher Partei compromittirten und machte
großes Aufsehn davon, nicht als ob die Sache im geringsten
wichtig gewesen wäre, sondern um ein Beispiel zu statuiren,
und die vorwitzige Jugend zu warnen.

Am Schlusse des Jahres rückte eine preußische Armee an
die belgische Gränze, um die Schritte der Franzosen, die da=
mals Antwerpen belagerten, zu bewachen, und darauf zu
sehen, daß dieselben nicht weiter gingen, als die Stipulatio=
nen gestatteten.

4.

Bayern.

Am 2 Januar 1832 wurde das Ministerium verän=
dert. Sämmtliche Minister, mit Ausnahme des Fürsten
von Wrede und des Kriegsministers von Weinrich, wurden
entlassen, und das Portefeuille des Aeußern dem Freiherrn
von Giese, des Innern dem Fürsten von Oettingen=Waller=
stein, der Justiz dem Freiherrn von Zu=Rhein übertragen,
an dessen Stelle es später Freiherr von Schrenk erhielt, so
wie das der Finanzen Hr. von Mieg.

Mit dem beginnenden Frühjahre zog die Aufregung
in Rheinbayern aller Augen auf sich. Die Nähe Frank=
reichs, das feurigere Blut der Pfälzer, die Erinnerung der
alten französischen Zeit, die aus derselben noch geretteten
freisinnigen Institute (öffentliche Rechtspflege), der Contrast
mit Altbayern, der auch hier vorwaltende Groll wegen der
Handelssperre und endlich die bis dahin unerhörte Kühnheit,
mit welcher Dr. Wirth in der Tribune und Dr. Sieben=
pfeiffer im Westboten die Gemüther im Sinne des ent=
schiedensten Liberalismus aufregten, hatten eine Gährung
hervorgebracht, die durch das Verbot jener Zeitschriften von
Seite des Bundes (2 März) nicht gedämpft wurde. Schü=
ler, Savoie und Geib stellten sich an die Spitze eines
Vereines für Preßfreiheit, der freiwillige Beiträge
einsammelte, und trotz des Verbots erschienen die Tribune
und der Westbote noch, indem die Redacteurs weder Verbot
noch Censur, als verfassungswidrig, anerkannten. Sieben=
pfeiffer drohte „mit tausend Armen," die ihm zu Gebote
stünden. Inzwischen wurden sowohl ihm als dem Dr. Wirth

die Preſſen verſiegelt, und der letztere zu Homburg trotz eines
kleinen Auflaufs verhaftet, am 8 März. Auch Fain, ſein
Mitredacteur, wurde verhaftet, bald aber in ſeine Heimath
Braunſchweig entlaſſen. Wirth blieb ebenfalls nicht lange in
Haft, ſondern wurde am 15 April vom Bezirksgerichte in Zwei-
brücken freigeſprochen und im Triumphe nach Hauſe geführt.

Die Würzburger Zeitung wollte wiſſen, das Appellationsgericht des Iſarkreiſes habe dagegen proteſtirt, daß in den
Reſcripten der Regierung der Preßverein „verbrecheriſch“ genannt worden ſey, da es einer bloß adminiſtrativen Behörde
verfaſſungsmäßig nicht zuſtehe, eine Handlung als verbrecheriſch zu bezeichnen, welches lediglich Sache der richterlichen
Behörde ſey. Dieſer viel Aufſehen erregende Artikel der
Würzburger Zeitung wurde aber bald darauf von der Bayeri-
ſchen Staatszeitung widerlegt, mit den Worten: „daß alle
an die Staatsregierung gelangten Erklärungen von Juſtiz-
ſtellen ſich in einem den Behauptungen der Würzburger Zeitung durchaus entgegengeſetzten Sinne ausſprächen.“ Ueberhaupt war es dem Zeitungsleſer damals und iſt es dem Geſchicht-
ſchreiber noch jetzt ſchwer, ſich aus dem Gewirre der Anſchuldigun-
gen und Widerlegungen herauszufinden, die in den zahlloſen
deutſchen Zeitungsartikeln ſich ſo bunt durch einander drängten.

Am 4 April reiſ'te der König wieder nach Italien, wie
er des Sommers pflegte, kam aber ſchon am 18 Junius zurück.
Der neue Miniſter, Fürſt von Wallerſtein, erließ in Bezug
auf die häufigen Klagen über Spionerie und geheime Polizei
unterm 20 April ein öffentliches Schreiben des Inhalts:
„Die Verwaltung Bayerns wird nie eine geheime Denun-
ciantenpolizei einführen, oder das Inſtitut der polizeilichen
Inquiſition in unſerm ſchönen Vaterlande dulden. Aber

Aufgabe des Ministeriums und der Behörden ist es, alle Um=
triebe, welche die öffentliche Ordnung zu gefährden drohen,
scharf zu beobachten, und jedem entdeckt werdenden Versuche
der Art mit offener und loyaler Einschreitung und mit voller
Strenge des Gesetzes entgegen zu treten u. s. w."

Die bevorstehende Feier des bayerischen Verfassungsfestes
führte zu der Idee eines allgemeinen deutschen Volksfestes
auf dem Schlosse Hambach, unfern von Neustadt an
der Hardt in Rheinbayern, am 27 Mai. Man machte dazu
große Anstalten. Wirth erließ einen „Aufruf an alle Volks=
freunde in Deutschland," und im Lande selbst war schon
vorher solcher Jubel, daß man am 15 Mai in Annweiler
einen Freiheitsbaum pflanzte. Die bayerische Regierung
verbot anfangs das Fest, aber unter Formen, gegen
welche der Stadtrath von Neustadt protestiren zu können
glaubte; die Regierung nahm später ihr Verbot zurück,
ja am 19 Mai gestattete sie auch allen Fremden freien Zu=
tritt, womit sie bis dahin noch zurückgehalten hatte. Ge=
wissen Zeitungsartikeln von Mannheim und Frankfurt zu=
folge, schien man von gewissen Seiten zu erwarten, was
wirklich eintraf, daß nämlich die Enthusiasten der Sache,
gegen die sie kämpften, einen Nutzen bringen würden, indem
sie die Sache, für die sie kämpften, compromittirten.

Dieses Fest ist in verschiedenen gleichzeitigen Zei=
tungsberichten, aus denen wir die Hauptsache entlehnen,
also beschrieben worden: „Schon acht Tage vor der Feier
wallfahrtete die ganze Umgegend nach dem Schlosse, wo,
neben dem unbeschreiblich schönen Ausblicke in die herrlichen

Gauen des Rheins, auch in nächster Nähe die freundlichsten
Bilder sich boten. Da sah man bunte Frauengruppen Kränze
windend, unter dem fröhlichen Lärm der Arbeiter aller
Classen, die mit der Errichtung von Tribunen, Estraden,
Terrassen, Zelten, ambulanten Wirthshäusern, so wie mit
der Räumung der Ruine von Schutt und Urbau beschäftigt
waren. Herren, Damen; Arbeiter, alle trugen Cocarden
von Schwarz, Roth, Gold. — Der Zug auf das Schloß ging
in folgender Ordnung: An der Spitze marschirte die Horn=
und Trompetermusik des bürgerlichen Schützencorps; hierauf
folgten in Reihen von je 6 Mann die 32 Festordner in
schwarzer Kleidung mit den schwarz=roth=goldnen Festbinden
über die Schulter, hierauf die Abgeordneten der Straßburger
Nationalgarde mit ihrem Capitän in der Mitte; hierauf
eine Abtheilung polnischer Officiere, und hinter diesen —
als die erste Fahne im Zuge — das Banner Polens
von weiß und rothem Atlas, den weißen Adler im rothen
Felde, von dem Neustädter Jungfrauenverein gefertigt, wel=
cher diesem selbst paarweise in weißer Festkleidung unmittel=
bar folgte. Hierauf eine Abtheilung des Schützencorps;
dann der Landrath des bayerischen Rheinkreises; sowie meh=
rere seiner bekanntesten Männer, wie Wirth, Siebenpfeiffer,
der Abgeordnete von St. Wendel ꝛc., in ihrer Mitte ein
schwarz=roth=goldnes Banner, nach diesem folgend die baye=
rische blau und weiße Fahne, an der Spitze mit schwarz=roth=
goldnen Bändern umwunden. Hierauf folgte ein zweiter
Musikchor von jungen gleichgekleideten Männern (Hand=
werkern) aus Frankenthal, und eine zweite Abtheilung des
bürgerlichen Schützencorps, hinter welcher der von den Frank=
furter Patrioten dem Redacteur der deutschen Tribune;

Wirth, zum Geschenk gebrachte Ehrensäbel — ein Schwert
mit silbernem Griffe und Stange, das Wehrgehänge von
rothem Sammet mit weißer Einfassung — von einem in
altdeutschem Costume gekleideten Manne getragen wurde.
Hierauf folgten, abwechselnd mit noch einigen Abtheilungen
des Bürgermilitärs, der Reihe nach, die verschiedenen Zünfte
mit Musik und Fahnen, die verschiedenen Abtheilungen der
zum Theil schon genannten Städte und Ortschaften: von
Mainz, Worms, Speier zc., ebenfalls mit ihren Fähnlein;
sämmtliche Studirende mit einer großen schwarz- und rothen
Fahne, in deren Mitte ein goldnes Kreuz, an ihrer Spitze
und mit ihnen untermengt der Rest der zum Feste gekom=
menen polnischen Officiere. Ganz besonders zeichnete sich
der Zug der sehr zahlreich anwesenden Weingärtner aus,
durch die demselben vorangetragene schwarze Fahne mit der
Inschrift: „Der Weinbauer Trauer," auf welche später eine
grüne folgte mit der goldnen Inschrift: „Der 27 Mai der
Weinbauer Hoffnung." — In der Ausdehnung einer hal=
ben Stunde Wegs ging der Zug, an welchen sich, vom Land=
volke insbesondere, immer neue Massen anschlossen, unter
Musik und Gesang ruhig und geordnet. — Der Landrath des
Kreises befand sich mit in dem Zuge, in dessen buntem Wogen
französische und polnische Officiere, Studenten aus allen Ländern
deutscher Zunge, zum Theil in altdeutschem Costume, dann Hun=
derte von Männern, die in engerm oder weiterm Kreise einen
Namen haben, oder sich einen machen möchten, erschienen.
Ob Börne, Schüler, Savoye, Geib zc. sich sehr freuten,
einen Harro=Harring, Große, Siebenpfeiffer, Cornelius, als
im Geiste der Freiheit und Gleichheit Ebenbürtige, neben sich
zu sehen, mag dahin gestellt bleiben. Sehnsüchtig hatte

man Rottecks geharrt; aber der für ihn bestimmte Ehren=
becher blieb unberührt; er erschien nicht. Einige sagten,
„weil er mit Siebenpfeiffer zerfallen, der in seiner wahn=
witzigen Eitelkeit die „Freisinnigen" mit Koth beworfen
hatte, von ihnen aber mit Recht als eine Art Verrückter
bezeichnet wurde." Musikchöre waren reichlich im Zuge ver=
theilt, und vereint mit ihnen erschollen die Lieder, eigen=
thümlich vertheilt nach Städten und Gemeinden; zu den
deutschen Klängen gesellte sich das „Allons enfans de la
patrie" der herbeigekommenen französischen Gränznachbarn.
Die erste Fahne von ungeheurer Größe (auf der einen Seite
war: „Deutschlands Einheit," auf der andern: „Freiheit
und Gleichheit" zu lesen) wurde auf der höchsten Spitze,
unter fortwährendem Donner des Geschützes aufgepflanzt.
Kaum war dieß geschehen, stürzte von der einen Frontmauer
der Ruine ein Theil zusammen; durch das Schießen und
die Unvorsichtigkeit eines sich auf die äußerste Spitze stellen=
den jungen Menschen hatten sich nämlich einige Quader=
steine gelöst, die, ihr Opfer mit sich führend, gegen einige
dichte Volksmassen sich wälzten, so daß es hieß, außer meh=
rern schrecklich Verwundeten, seyen zwei Personen todt vom
Platze getragen worden. — Man steigt in einer Spirallinie
den mit Wald bewachsenen Theil des Berges hinan, und
gelangt so durch drei ehemalige Burggräben, die jetzt bloß
noch eben so viele Terrassen bilden, zu dem innersten, ein
Quadrat von hohen Mauern bildenden Theil des Schlosses,
an welchem sich der Ueberrest eines diese noch überragenden
kolossalen runden Thurms befindet. Auf diesem wurde das
schwarz=roth=goldne Banner aufgepflanzt. Fast in gerader Linie
von jenem Thurme abwärts, auf der jenes Quadrat umgebenden

erſten Terraſſe und gegenüber von der hier errichteten, ſchön be=
kränzten Tribune, wurde auf einem zweiten Thurmüberreſte das,
polniſche Banner unter fortwährenden Böllerſalven und dem
Jubelrufe der Menge aufgeſteckt. Langſam hatte ſich indeſ=
ſen der Zug auf dem ſchon eine geraume Strecke unterhalb
des erſten Burggemäuers durch aufgeſchlagene Marktbuden
aller Art ſehr beengten Zugange durch den mit einem Triumph=
bogen gezierten Burgeingang, und durch die erſte und zweite
Terraſſe aufwärts bewegt, als plötzlich eine Störung eintrat.
Dadurch, daß nämlich zu der ſchon vorher auf dieſem Punkte
angehäuften ſchauluſtigen Menſchenmenge nun auch noch die
Tauſende vom Zuge ſelbſt ſich in den innerſten Burgraum
hineindrängten, entſtand hier ein ſolcher Mangel an Platz,
daß einige ſelbſt auf die äußerſten Spitzen einer alten hohen
Mauer zu ſtehen kamen, wodurch der äußerſte der Steine,
locker gemacht, herabfiel, und zwei Landleüte ſtark beſchädigte.
Dadurch entſtand einiger Schrecken, und ein ängſtliches Hin=
und Herdrängen unter den in der Nähe jenes unglücklichen
Ereigniſſes befindlichen Maſſen, noch mehr aber dadurch,
daß ſich ſchnell das Gerücht verbreitete, der Berg ſey unter=
minirt. Dieſer Schrecken verlor ſich jedoch alsbald wieder,
als gerade in dieſem Momente die ihrem bereits in der
gefährlichen Nähe aufgepflanzten Banner folgenden Studi=
renden mit dem Rufe: „dem Banner nach!“ unter Geſang
die letzte Anhöhe heraufdrängten, und ſich um daſſelbe gerade
da mit feſter Haltung aufſtellten. — Die übrigen Fahnen
und Fähnlein wurden je nach der Lagerung der einzelnen
Abtheilungen, denen ſie angehörten, an verſchiedenen Punk=
ten der Burg aufgeſteckt. Einen ganz eigenthümlichen, ſchau=
rigen, faſt geiſterhaften Eindruck machte unter dieſen das

Flattern der großen schwarzen Fahne der Weingärtner, unter
der sonst so bunt aussehenden Volksmenge, die zum minde=
sten 25,000 Köpfe betragen haben mochte. Nachdem diese
sich gelagert hatte, und durch Trompetensignal das Zeichen
zur Stille gegeben war, bestieg zuerst Med. Dr. Hepp aus
Neustadt die Tribune und begrüßte das versammelte Volk
im Namen der 32 Festordner."

Nach ihm sprach Siebenpfeiffer. Es war anfangs
meine Absicht, seine Rede, die heftigste, welche gehalten
wurde, in diese geschichtliche Darstellung aufzunehmen, um
dadurch der Anforderung der historischen Treue und Vollstän=
digkeit, welche wenigstens die Nachwelt an Zeitgenossen zu
machen berechtigt ist, ein Genüge zu leisten. Indessen gehört
zu Darstellungen solcher Art nicht nur ein unbefangener Ge=
schichtschreiber, sondern auch ein unbefangenes Publicum,
und da ich ein solches in der leidenschaftlichen Aufregung der
Gegenwart noch nicht durchgängig zu finden hoffen darf, so
werden Billigdenkende mich in diesem Falle wohl der Bericht=
erstattung entbinden. Ueberhaupt richte ich bei dieser pas=
senden Gelegenheit an diejenigen meiner Leser, welche dieses
Taschenbuch vielleicht in späten Jahren einmal in die Hand
nehmen, die Bitte, den Grundsatz nicht zu verkennen, nach
welchem ein Theil der Geschichte zwar immer nur von Zeit=
genossen, ein anderer dagegen immer nur von der Nachwelt
geschrieben werden kann. Aufreizende und beleidigende Re=
den fallen der Geschichtschreibung erst dann anheim, wenn
sie nicht mehr aufreizen, nicht mehr beleidigen, wenn sie
verjährt sind.

Die Allgemeine Zeitung gab in ihrer 158sten Nummer
inen gemäßigten Auszug aus Siebenpfeiffers Rede, der
auch

Dr. SIEBENPFEIFFER.

auch hier genügen mag. Er entwarf ein Panorama der
Gegend: „Worms. Noch steht die Kirche dort, wo Luther
gepredigt, aber noch steht der römische Despot mit deutschen
Fürsten in Vertrag und Bund, und noch ist kein politischer
Luther aufgestanden, der das Scepter zerbreche der absoluten
Könige, der die Völker erlöse von der Schmach der politi=
schen Knechtschaft. Dort Karlsruhe! Was kannst du wei=
ter von der volkreichen glänzenden Stadt rühmen, die sich
glücklich schätzt, der Schemel üppiger Höflinge zu seyn und
von den Brocken ihrer Tafeln sich zu nähren! Dort das
reinliche Mannheim, welches, zwischen Hof= und Bürger=
thum schwebend, des Lebens Ziel und Preis in der Oper zu
finden scheint. Heidelberg, ein altehrwürdiger Musensitz,
aber manche der Fackelträger stellen das Licht unter den
Scheffel, und mehr als den Musen opfert man dem Mammon
und der Eitelkeit, die sich in Orden bläht und Hoftiteln. —
Darmstadt, nur auf ein Preßgesetzlein für eine Spanne
Landes bedacht, das neben der Censur und unterm Schwerte
des Bundestages kränkle. — Frankfurt, rührig mit Fäs=
sern und Ballen und Geldsäcken, Frankfurt, wo jeder Pflaster=
stein für eine geschichtliche Erinnerung Deutschlands zeugt —
Frankfurt ist, o daß ich alles mit Einem Worte sage — der
Sitz des Bundestags.“

In Siebenpfeiffer und Wirth trat der Unterschied des
deutschen Radicalismus klar hervor. Siebenpfeiffer legte den
Accent auf die Freiheit, Wirth auf die Deutschheit. Wirths
Gemüth scheint beim bloßen Gedanken an die liberale Vor=
mundschaft Frankreichs empört worden zu seyn, und die An=
wesenheit der Franzosen und Deutschfranzosen aus Straß=
burg, wenn sie auch nicht indiscret gewesen seyn sollten,

mochte ihn zu einer Aeußerung des deutschen Nationalstolzes
entflammen, wie sie damals wohl von keiner Seite erwartet
wurde. Er rief bei einem Feste, das seinen Ursprung nur
von der Pariser Juliusrevolution zu datiren und von fran=
zösischem Wind angeweht schien, die Erinnerungen von 1813
herauf, und warnte vor der falschen Franzosen= Freundschaft,
und gedachte der alten nur zu oft gemachten Erfahrung, daß
Frankreich in seiner räuberischen Politik gegen Deutschland
sich stets getreu, jede Art von Freiheit, wie zur Zeit der Re=
formation die religiöse, so jetzt die politische, nur zum Vor=
wand nehme, um die gutmüthigen Deutschen zu berücken, zu
berauben, zu entnationalisiren. Da diese Rede Wirths den
beleidigenden und aufreizenden Ton der Siebenpfeiferschen
Rede nicht theilt; da sie, wie wenig praktische Wichtigkeit
auch alle diese Hambacher Reden haben mögen, doch als ein
interessantes und eigenthümliches Sympton in der Krise un=
sers Vaterlandes hervortritt, und da eine Warnung vor den
französischen Uebergriffen gerade im Munde eines deutschen Ra=
dicalen von 1830 die Vermuthung eines unbestochenen Urtheils
und einer unmittelbaren Wahrheit für sich hat, daher sie auch von
der exaltirten Partei stark mißbilligt wurde — so glaube ich, die
Geschichtschreibung darf sie nicht fallen lassen, und nehme keinen
Anstand, die Hauptsache davon mitzutheilen.

„Nach Siebenpfeiffer trat Wirth auf, und ein tausendstim=
miges Lebehoch begrüßte bei entblößten Häuptern den Redner,
sobald man seiner nur ansichtig geworden war. Er sprach in glän=
zender Rede über die Vortrefflichkeit Deutschlands, womit die
gute Mutter Natur sowohl den Boden als den Charakter der Na=
tion begabt hat; von der politischen Bedeutung Deutschlands, so=
wohl seiner geographischen Lage, als seinen intellectuellen, morali=

fchen und phyfifchen Hülfsquellen nach; dann fprach er aber
in fchärfer Rede über die Urfachen, warum diefes deut=
fche Volk, von der Natur beftimmt, das erfte un=
ter allen zu feyn, diefes nicht fey, und entwickelte
die Gründe; zum Theil aus der Gefchichte der neueften Zeit
hergeleitet; warum auch die übrigen Völker Europa's das
noch nicht find, was fie feyn follten und feyn könnten, bloß
deßwegen, weil es das deutfche Volk noch nicht ift, und wie
diefes vielmehr zur Niederdrückung der Freiheit und Nationa=
lität bei jenen immer gebraucht werde. Wie diefem Uebel=
ftande in Zukunft begegnet werden müffe durch Einigung
aller deutfchen Volkskräfte auf Ein Ziel, darüber
fprach Wirth ferner in fehr kühner Rede mit dem raufchend=
ften Beifalle; ebenfo wie diefe Wiedergeburt Deutfchlands nur
aus ihm felbft kommen müffe. Wie wenig hiebei auf Frank=
reichs Beihülfe als Nachbarftaat zu rechnen und zu hoffen
fey, diefes fuchte er ungefähr in folgenden Worten zu beweifen:
„Von Frankreich haben wir in dem Kämpfe um unfer Vater=
land wenig oder keine Hülfe zu erwarten. Denn, daß wir
um den Preis einer neuen Entehrung, nämlich der Abtretung
des linken Rheinufers an Frankreich, felbft die Freiheit nicht
erkaufen wollen, daß vielmehr bei jedem Verfuche Frankreichs,
nur einen Schollen deutfchen Bodens zu erobern, auf der
Stelle alle Oppofition im Innern fchweigen und ganz Deutfch=
land gegen Frankreich fich erheben müßte und werde, daß die
Befreiung unferes Vaterlandes vielmehr umgekehrt die Wie=
dervereinigung von Elfaß und Lothringen mit Deutfchland
wahrfcheinlicher Weife zur Folge haben werde, über alles dieß
kann unter Deutfchen nur Eine Stimme herrfchen. Hoffe
man daher nichts von einer Unterftützung Frankreichs. Fürchte

man solche vielmehr, wenn sie eine Maßregel des Gouvernements werden sollte. Denn in diesem Falle hat eine Bewegung Frankreichs zu Gunsten der deutschen Patrioten einen
Krieg gegen Oesterreich und Preußen zur Folge, in welchem
die kleinen deutschen Mächte augenblicklich auf die Seite
Frankreichs treten würden, wenn das günstige Kriegsglück
gegründete Hoffnung zur Eroberung darbietet. Bayern, das
in einem solchen Falle auf die andern kleinen Fürsten einen
großen Einfluß erlangt, verwünscht seine Besitzung am Rheine,
und trachtet sehnsuchtsvoll nach Wiedererlangung von Salz-
burg, Tyrol und dem Innviertel. Sachsen ist über die
Grausamkeit, mit der man das Land zerrissen und verkauft
hat, immer noch erbittert, und wird jede Gelegenheit seiner
Wiedervereinigung mit Eifer ergreifen. Sobald daher in
einem Kriege gegen Oesterreich und Preußen für Frankreich
nur irgend eine Wahrscheinlichkeit des Sieges vorhanden ist,
treten Bayern, Sachsen, Würtemberg, Baden u. s. w. der
Vergrößerungssucht wegen auf die Seite Frankreichs, und es
wiederholt sich die alte Geschichte des Rheinbundes. Dann
ist aber nicht bloß Deutschland unglücklicher als je, sondern
auch das große Werk der europäischen Reorganisation auf
lange Zeit wieder hinausgeschoben. Aus allen diesen Gründen dürfen denn die deutschen Patrioten auf die Hülfe Frankreichs nicht allein keine Hoffnung setzen, sondern sie müssen
auch die Plane Frankreichs aufmerksam beobachten, vor allem
aber in ihr politisches Glaubensbekenntniß den Satz aufnehmen: „Selbst die Freiheit darf auf Kosten der Integrität unseres Gebietes nicht erkauft werden; der Kampf um
unser Vaterland und unsere Freiheit muß ohne fremde Einmischung durch unsere eigene Kraft von innen heraus ge-

führt werden, und die Patrioten müſſen in dem Augenblicke,
wo fremde Einmiſchung ſtatt findet, die Oppoſition gegen die
innern Verräther ſuspendiren und das Geſammtvolk gegen
den äußern Feind zu den Waffen rufen." Dieſe Aeußerung
wurde von den anweſenden Franzoſen ſehr übel aufgenom=
men. Eine andere galt dem Preßvereine, von dem Wirth
nichts erwartete. Er äußerte ſich über dieſe Richtung, welche
die deutſche Oppoſition genommen hatte, folgendermaßen:
„Wie der Verein inzwiſchen ſich geſtaltet hat, kann er den
großen Zweck der Wiedergeburt des Vaterlandes nicht mehr
erreichen, weil die Mitglieder deſſelben, und namentlich die
Vorſteher, den Zweck einer klar erkannten, bis in die Details
genau beſtimmten und conſequent zu verfolgenden Reform
Deutſchlands entſchieden abläugnen und dem Vereine dafür
den vagen und unbeſtimmten Zweck unterſchieben, für die
freieſte Entwicklung patriotiſcher Gedanken über die Mittel
zur Förderung des Wohls der deutſchen Völker, die Unter=
ſtützung der ganzen Nation in Anſpruch zu nehmen. Der
Verein kann in einer ſolchen Weiſe zwar auch nützlich ſeyn,
allein den Zweck der deutſchen Reform vermag er nie zu
erreichen. Die Sehnſucht nach einem beſſern politiſchen Zu=
ſtande iſt nämlich bei uns faſt überall laut geworden. Allein
gerade über die Hauptſache, d. h. worin das Beſſere beſtehe,
darüber iſt noch niemand einig, nicht einmal die Häupter
der Oppoſition. So lange ein ſolcher Zuſtand beſteht, iſt
die Oppoſition ſelbſt planlos, und muß nothwendig zur Ver=
wirrung Anlaß geben. Aus dieſen Gründen ſind alle gegen=
wärtigen Beſtrebungen und Aufopferungen der Oppoſition
wirkungslos."

Nachdem Wirth ſeine Rede unter anhaltendem Beifall=

rufen geendet hatte, wurde ihm feierlichst der Ehrensäbel
überreicht, und später zog er damit, wie im Triumphzuge, unter, Escorte der Nationalgarde, und mit klingendem Spiele
durch die in und um die Burg her versammelten Volksmassen. Nach ihm betrat Stromeier, der Redacteur des
Wächters am Rhein, die Bühne, und sprach ebenfalls in gleicher Bedeutung über die Nothwendigkeit der Einigung der
deutschen Volksstämme. Kaum hatte als Nachfolger von diesem ein Festordner den Abgeordneten von St. Wendel, Wal-
lauer, angekündigt, als sogleich, wie bei Wirth, ein tausend-
stimmiges Lebehoch durch die Lüfte scholl. Er sprach hierauf
über den gegenwärtigen Zustand Deutschlands in sehr depri-
mirenden, über dessen Zukunft aber in sehr kühnen und starken
Worten. Hierauf folgte das Mittagsmahl, während zugleich
ein Platzregen einfiel. Die bis jetzt durch rühmliche Sorgfalt
der Festordner musterhafte Ordnung wurde dadurch unterbrochen, da das Mittagessen für 1800 Theilnehmer, die dazu
Karten genommen hatten, im Freien zugerichtet war und
unter Regenströmen eingenommen wurde. Nach Tische klärte
sich der Himmel auf, und ein schöner Nachmittag lockte viele
Fremde, die der Regen vertrieben hatte, wieder auf den Berg.
Unsere Berichterstatter gingen nach Landau, und erfuhren dort
von in der Nacht Ankommenden noch, daß den Nachmittag über
Reden, Gesang und Musik gewechselt haben, und daß unter
den Rednern des Nachmittags Cornelius (der frühere Redacteur des in Straßburg erschienenen „Deutschland") und Wie-
demann gewesen seyen. — Ein anderer Bericht erzählt die
Begebenheiten des Nachmittags ausführlicher: „Es sprachen
drei Polen, ein Stabsofficier Grzymala, Zatwarnizki und
Oranski; ferner die Herren Barth aus Zweibrücken, Stroh-

meyer aus Heidelberg (Redacteur des Wächters vom Rhein),
Brückemann (im Namen der deutschen Jugend sprechend), Pistor
und Pfarrer Hochdörfer. Der Redacteur des Hochwächters, Loh=
bauer, brachte einen herzlichen Gruß aus Würtemberg mit und
sprach sich mit kurzen Worten über die gegenwärtigen Verhält=
nisse seines Landes aus. Sodann sprachen die Herren Dr.
Große und Cornelius (aus Preußen), dessen stundenlange
Rede durchaus aus dem Stegreif vorgetragen war. Als er
geendet hatte, trug das Volk ihn auf den Händen herum,
und weiße Tücher wehten ihm." Auch noch andere Redner
ließen sich hier und dort hören, die einen mäßiger, die andern
heftiger; an revolutionären Liedern, Toasten und Pereats
fehlte es nicht, und daß sie arg gewesen seyn müssen, ist nicht
zu zweifeln, da die Zeugen nicht alles davon wiedererzählen
wollten.

Die namhaftesten Anhänger der gemäßigten und gesetz=
lichen Opposition, welche dem Feste anwohnten, der badische
Deputirte von Itzstein, selbst die Gründer des Preßvereins,
Savoie, Schüler und Geib, verhielten sich still und hielten
keine Reden. Auch Börne, der berühmte Humorist, der zu=
gegen war, folgte diesem Beispiel. Von mehreren Fremden,
die sich zur Erlustigung eingefunden hatten, erfuhr man,
daß sie, von den gefährlichen Reden geschreckt, eilends davon
gefahren seyen, um sich nicht zu compromittiren. Mit Recht
sagt ein Bericht, daß das Zudrängen und die wilden Phrasen
eines Große, eines Cornelius, und mancher ähnlicher Men=
schen, dem Fest einen Stempel aufgedrückt hätten, der die
Gemäßigten zurückgesetzt, beleidigt und entfernt hätte.
Große soll sogar einen „Aufruf zu den Waffen" haben drucken
und vertheilen lassen.

Uebrigens wurde die Ruhe während des Festes durchaus nicht gestört, Abends überließ man sich der Tanzlust und brachte Herrn Börne ein Ständchen. Ein Comité -berathschlagte, ob nicht irgend ein politischer Act, wenn auch nur eine Adresse oder dergleichen, von Hambach ausgehen solle, aber man beschloß, ruhig nach Hause zurückzukehren.

Dieß war, nach den Berichten der Augenzeugen, das berühmte Hambacher Fest.

An demselben Tage wurde das bayerische Verfassungsfest auch in Gaibach bei Würzburg gefeiert. „Nach der Einleitungsrede des Herrn Quante sprach der vormalige Landtagsabgeordnete v. Hornthal, dann Hofrath Behr, welcher darauf hindeutete, daß bei den täglich fühlbarer werdenden Mängeln der bayerischen Verfassung eine im Wege des Vertrags zwischen Fürst und Volk, nach dem Beispiele anderer deutschen Staaten, zu wünschen wäre. Nachher sprach auch der Abgeordnete Ziegler, und schließlich ein, längere Zeit in Würzburg anwesender Engländer Boeddos, mit einigen kräftigen Zügen nach seiner gewohnten Originalität." Nach Tische sprach Hofrath Behr noch einmal in sehr ausführlicher Rede, die im Publicum zwar nicht näher bekannt, wegen welcher er aber später in Untersuchung gezogen wurde.

Am 21 Mai war auch ein kleiner Tumult in Nürnberg vorgefallen. Ein liberaler Journalist aus Belgien, Dr. Coremans, bekam Streit mit dem Kupferstecher Fleischmann, und dem Letztern wurde eine Katzenmusik gebracht, wobei ein Mensch durch eine Schildwache getödtet, zwei andere verwundet wurden. Coremans kam in Verhaft und wurde später über die Gränze gewiesen.

In Rheinbayern spürte man noch eine Zeit lang die Nachwirkungen des Hambacher Festes. Am 28 Mai gab es Händel zwischen dem Pöbel und den Soldaten in Zweibrü= cken; am 30sten tumultuirten die Bürger in Dürkheim in einer bloß städtischen Angelegenheit, wurde zu Franken= thal vom Pöbel der Versuch gemacht, ein Magazin zu er= brechen, in Grünstadt ein Freiheitsbaum gepflanzt, deßgleichen zu Oppersheim. Auch zu Worms tumultuirten die Nahrungslosen. In Kaiserslautern trieb am 1 Ju= nius der Buchdrucker Kohlhepp die Gendarmen aus seinem Hause.

Die bayerische Regierung ergriff nun augenblicklich strenge Maaßregeln. Am 2 Junius gab sie durch ein Edict ihre große Unzufriedenheit mit dem Hambacher Fest zu erkennen, und ließ gegen die Haupttheilnehmmer Unter= suchungen einleiten. Viele flohen nach Frankreich. Auch von Wirth wurde dieß behauptet, er schrieb aber sogleich in die Speyerer Zeitung: „Herr Redacteur! Sie haben durch Ihr Blatt die Nachricht verbreitet, daß ich nach Frankreich entflohen sey, um einer neuen Verhaftung zu entgehen. Da ich es für sehr unwürdig halte, wenn ein Oppositionsmitglied nicht den Muth hat, seine Handlung vor jedem Richter zu verantworten, so ersuche ich Sie, jene Nachricht zu wider= rufen. Um dem Publicum die Ueberzeugung zu geben, daß jenes Gerücht völlig grundlos war, wollen Sie gefälligst noch bemerken, daß ich über einen gegen mich ergangenen neuen Verhaftbefehl, der am 12 d. M. in Homburg vollzogen wer= den sollte, gestern Nachricht erhalten habe, und heute deßhalb nach Zweibrücken abgereist bin, um jenen Befehl vollstrecken zu lassen. Neustadt an der Haardt, am 14 Junius 1832.

Wirth." Und so that er auch. Siebenpfeiffer ließ sich eben=
falls am 18 Junius verhaften. Unter den Geflüchteten wur=
den vorzüglich Schüler und Savoie bemerkt.

Unterm 22 Junius wurde der Feldmarschall Fürst Wrede
„als außerordentlicher Hofcommissär" mit unum=
schränkter Vollmacht und angemessener Militärmacht (von
mehreren Regimentern begleitet) nach Speyer geschickt. Eine
sehr strenge Vorschrift für die Beamten des Rheinkreises vom
28 Junius gebot denselben, die Ruhe von Grund aus herzu=
stellen, die Polizeigewalt mit größter Energie zu handhaben,
und im erforderlichen Falle die Militärmacht anzurufen. Zu=
gleich wurde dem Landrathe wegen seiner bisherigen Schwäche
und Hinneigung zu den Liberalen, so wie mehreren Depu=
tirten des Rheinkreises, das Mißfallen der Regierung zu
erkennen gegeben. — Das Volk war anfangs über diese
Maßregeln erbittert, und die Väter drohten ihren unter
den bayerischen Regimentern dienenden Söhnen, sie zu ver=
stoßen, wenn sie sich gegen das Volk brauchen ließen. Allein
Wrede zog ganz ruhig über den Rhein, betheuerte seine
treue Anhänglichkeit an die Verfassung, nahm mit seinen
Soldaten eine ganz unbefangene Haltung, verfolgte nur Ein=
zelne, schonte die Massen, und konnte demnach am 31 Jul.
wieder nach München zurückreisen, ohne daß ein Tropfen
Bluts geflossen oder nur ein Exceß vorgefallen wäre.

Erst am 14 August entspann sich in dem Dorfe Irheim
ein Streit zwischen der Jugend dieses Dorfes, die einen
Kirchweihbaum mit einer verdächtigen Inschrift aufrichtete,
und den zufällig anwesenden bayerischen Chevaurlegers, welche
diese Inschrift abrissen. Die Bauernburschen leisteten Wider=

ſtand, die Reiter zogen blank, und ſo wurden von beiden
Seiten 20 Mann verwundet, ohne daß die Sache weitere
Folgen gehabt hätte. — Eine Proteſtation der Rheinbayern
gegen die Bundesbeſchlüſſe wurde mit Beſchlag belegt. Die
Ruhe des Kreiſes blieb hinfort ungeſtört.

Die Aufregung Rheinbayerns hatte ſich auch einem Theile
von Franken mitgetheilt, und beſonders in Würzburg gab
es eine ſtarke liberale Partei. Hier war Hofrath Behr
Bürgermeiſter, berühmt als früherer Abgeordneter, derſelbe,
der zu Gaibach eine Rede gehalten; hier war Seuffert, als
Abgeordneter der Univerſität berühmt. Von hier aus wurde
eine ſtarke Proteſtation gegen die Bundesbeſchlüſſe an
den König geſandt, der darauf antwortete: „Se. Majeſtät
ſind dieſen Beſchlüſſen beigetreten, weil dieſelben der beſchwor=
nen Verfaſſung nicht zuwiderlaufen, und würden, verhielte
ſich dieſes anders, Ihrem Eide getreu, die Zuſtimmung ver=
weigert haben.“ Unmittbar darauf begann aber die Reac=
tion und die Beſtrafung Würzburgs für ſeinen unzeitigen
Liberalismus. Drei daſelbſt beſtehende patriotiſche Geſell=
ſchaften wurden am 28 Auguſt aufgelöſt, und das Appella=
tionsgericht von Würzburg nach Aſchaffenburg verlegt. Da
offenbarte ſich die ächte Geſinnung der Bürgerſchaft, die ſich
bisher durch die Liberalen hatte einſchüchtern laſſen. Die
Stadt ſollte das Appellationsgericht, mithin einen Theil ih=
rer Nahrung und ihres Einkommens verlieren. Nun wim=
melte es auf Einmal von Verfechtern des Thrones, während
dieſelben alle geſchwiegen hatten, als zu Gaibach ſo gefähr=
liche Reden gefallen waren. Unter der Leitung des Appel=
lationsraths Kiliani trugen die Gemeindebevollmächtigten

auf die Abſetzung des Bürgermeiſters Behr an, als des
Mannes, welcher der Regierung am mißfälligſten ſey, und
in einer Ergebenheitsadreſſe ſagten 1302 Würzburger
Bürger: „Wir werden, ſo wie wir es bereits bisher thaten, auch ferner alles, was in unſern Kräften ſteht, anwenden, daß auch alle Verſuche nur zur geringſten Gefährdung
der öffentlichen Ruhe und Ordnung künftig abgewendet, und
daß die Urheber aller ſolcher Verſuche, welche ſchon vorgefallen ſind, zur Unterſuchung und gerechten Beſtrafung werden gezogen werden. Wir getröſten uns aber auch, und bitten Ew. königl. Majeſtät allerunterthänigſt, unſerer Stadt
nicht die Verbrechen Einiger, welche im Verhältniſſe zur Ge-
ſammtzahl der Bürgerſchaft nur Wenige zu nennen ſind,
von welchen zudem Einige ſogar nicht zur Bürgerſchaft gehören, Andere ſogar Ausländer ſind, nicht entgelten, vielmehr gegen dieſe die ganze Strenge der Geſetze in Anwendung bringen zu laſſen, und nur ferner auch unſere Stadt
der allerhöchſten Gnade nicht unwürdig zu halten.‟ Behr
wurde abgeſetzt, Seuffert aber und die Profeſſoren Schönlein,
Textor, Hoffmann, Hörgenröther und mehrere andere Perſonen von Würzburg verſetzt.

Im September begannen die politiſchen Proceſſe
gegen die Journaliſten und Buchdrucker, in Folge deren
Mehrere in den Kerker wanderten. Dieſes Loos traf zuerſt
im September zu Augsburg den Dr. Kurz, Redacteur des
Blatts „die Zeit‟, und den Hrn. Oeſterreicher, Redacteur
des Augsburger Tagblatts. Der Letztere entfloh zuvor aus
der Frohnfeſte. Auf gleiche Weiſe wurden verurtheilt Dr.
Schulz, der Mediciner Thöniſſen, Thein, der Redac-

teur des Volksblatts in Würzburg, und fünf Buchdrucker=
gehülfen. Im folgenden Jahre vermehrten sich diese Ver=
urtheilungen.

Im November legte Prof. Oken, der berühmte Natur=
forscher, dessen unsterbliches Verdienst um die Wissenschaft
undankbare Zeitgenossen fand, seine Professur nieder, weil er
sich nicht nach Erlangen versetzen lassen wollte.

Aus Nürnberg gelangte eine Bittschrift der Pro=
testanten an den Thron: „Wir gestehen, daß wir vor=
mals von dem Wunsche beseelt wurden, die dem königl.
Oberconsistorium zugesicherte Selbstständigkeit möchte nicht
durch dessen Unterordnung unter das Staatsministerium des
Innern beschränkt seyn, nicht ahnend, daß wir bald uns ge=
nöthigt sehen würden, selbst um den Schutz der Staatsgewalt
gegen jene oberste geistliche Behörde zu bitten, von welcher
wir die zweckmäßigste Anordnung der Angelegenheiten unse=
rer Kirche erwartet hatten. Leider aber wurden unsere Hoff=
nungen nicht erfüllt. Drei Gegenstände sind es vorzüglich,
welche wir für beschwerend anerkennen müssen: das ungeeig=
nete Benehmen bei den frühern Verhandlungen über die
Bildung der Presbyterien, die Unterlassung der Zuziehung einer
genügenden Anzahl weltlicher Mitglieder zu den allgemeinen
Synoden, und die unverkennbare Vergünstigung des immer
weiter um sich greifenden sogenannten Mysticismus.‟ Diese
Klagen wurden aber durch eine Adresse einer Anzahl anderer
Protestanten, die in entgegengesetztem Sinne abgefaßt und
ihre vollkommenste Zufriedenheit und Ergebenheit bezeugte,
neutralisirt.

Am Ende des Jahres unterbrach diese traurigen Hän=
del ein glückliches Ereigniß, denn am 5 October wurde
der jüngere Sohn des königlichen Hauses, Otto, zum Kö=
nig von Griechenland proclamirt, und am 14 October,
bis zu welchem Tage man auch das gewöhnliche große Octo=
berfest verschoben hatte, traf die griechische Deputation in
München ein, um dem neuen Könige die Huldigung von
Hellas zu Füßen zu legen. Davon ist schon oben, bei der
Erzählung der griechischen Angelegenheiten, die Rede gewesen.
Die Freude wurde dadurch nicht gestört, daß die am 9 Oct.
ausgeschriebene Werbung von Truppen für den grie=
chischen Dienst Hindernisse im Schooße des bayerischen
Militärs fand. Am 24 October ließ der König deßfalls be=
kannt machen: „Wir haben mißfällig wahrgenommen, daß
Militärindividuen, welche sich in Folge der ergangenen Auf=
forderung zum Uebertritt in das zu werbende Truppencorps
für das Königreich Griechenland melden, von Seite einiger
vorgesetzten Militärbehörden Hindernisse entgegengestellt, und
die Realisirung ihres Vorhabens erschwert, überhaupt aber
statt die Werbung, wie es in Unserer Absicht liegt, auf jede
mit den Staatsgesetzen vereinbarliche Weise zu fördern, der=
selben in Wort und That entgegengewirkt werde. Da es
zur Ehrensache der bayerischen Nation geworden ist, die Be=
dingungen des Staatsvertrags vom 7 Mai d. J. ihrem gan=
zen Umfange nach zu erfüllen, so ist es Unser ernster Wille,
daß diesen der Sache schädlichen Einwirkungen mit Nachdruck
begegnet, und der Werbung des zur Befestigung des griechischen
Thrones zu bildenden Truppencorps, mit Beachtung der zur
Richtschnur gegebenen Bestimmungen, jeder Vorschub geleistet
werde." Da inzwischen die Werbung nicht schnell genug reüssirte,

befahl der König, daß einstweilen eine Brigade bayerischer Truppen den jungen König nach Griechenland begleiten und so lange bei ihm bleiben solle, bis die geworbenen Truppen sie würden ersetzen können. Diese Brigade ging nach Triest ab, um sich daselbst einzuschiffen. König Otto selbst verließ München am 6 December. Die Münchener politische Zeitung berichtete: „So wahr und lebendig in ganz Bayern die Freude sich aussprach, einen Sprößling aus dem Hause Wittelsbach, den zweitgebornen Sohn unseres erhabenen Königs, auf Griechenlands Thron erhoben zu sehen, so tief und ungeheuchelt war der, gewiß von allen Bayern aufrichtig getheilte Schmerz aller Einwohner der Hauptstadt, als König Otto, seiner ruhmvollen Bestimmung folgend, heute Vormittags um 11. Uhr in Begleitung JJ. MM. des Königs und der Königin, so wie Sr. königl. Hoh. des Kronprinzen, seine Reise nach Griechenland antrat. Sowohl die Höfe der Residenz, als die Straßen der Hauptstadt, durch welche der Reisezug kam, wimmelten von zahllosen Menschen, die noch einmal das theure Antlitz des allgemein geliebten Königssohns zu sehen verlangten. Da war kein Auge, das nicht in Thränen schwamm, kein Herz, das nicht, von der innigsten Wehmuth ergriffen, die heißesten Segenswünsche dem Scheidenden, der nach allen Seiten die rührendsten Abschiedsblicke vertheilte, zum herzlichen Geleite gab. Griechenland übernimmt ein kostbares Kleinod aus Bayern, es erhält an König Otto einen Souverain, der mit der seltensten Reinheit und Güte des Herzens, trotz seiner Jugend, alle Anlagen und Eigenschaften des Geistes und Charakters verbindet, die erforderlich sind, um einen Herrscher zum wahren Beglücker seines Volkes zu machen. Nur die feste Zuversicht, daß de

Himmel unfere Wünfche und Gebete erhören, und das grie=
chifche Volk dem von der Vorfehung gefchenkten Monarchen
mit derfelben Liebe und Treue anhängen werde, als es ihn
mit heißer Sehnfucht erwartet, vermag unfere Trauer um
ihn zu mildern."

Unterm 9 Dec. fchloffen beide Könige, Vater und Sohn, ein
Schutz= und Trutz=Bündniß zwifchen Bayern und
Griechenland. Der erfte Artifel fetzte eine ewige Freundfchaft
feft, der zweite eine wechfelfeitige Vertheidigung gegen jeden
Feind des einen oder andern, der dritte erflärte, daß diefes
Bündniß „nicht auf Eroberung, noch auf Erweiterung beider=
feitiger Reiche und Gebiete, fondern lediglich auf Erhaltung
und Sicherung" gerichtet fey. Der fechste garantirt dem
König von Griechenland ein bayerifches Hülfscorps von
3500 Mann auf drei Jahre, und zwar einftweilen, bis
griechifcherfeits vergütet werden fann, auf bayerifche
Staatskosten. Ein Artifel in der Hanauer Zeitung
wollte fchüchtern bezweifeln, ob bayerifche Truppen auf
Staatskosten außer Landes gefchickt werden könnten ohne Zu=
ftimmung der Stände, aber die Münchener politifche Zei=
tung bewies, „daß in Bayern, deffen Verfaffung eine vom
Monarchen gegebene (octroyirte) fey, der Grundfatz gelten
müffe, daß alle Befugniffe, welche nach dem allgemeinen
Staats= und Völkerrechte in der Staatsgewalt enthalten
find, durchaus und unbefchränkt dem Monarchen zuftehen,
in fo weit er fich in der Ausübung derfelben durch die von
ihm gegebenen, in der Verfaffungsurkunde feftgefetzten Be=
ftimmungen nicht felbft befchränkt, oder an die Mitwirkung
der Stände gebunden hat; diefen Letztern (den Ständen)
dagegen nur die Rechte und Befugniffe zukommen, welche ih=
nen

nen iu eben dieſer Verfaſſungsurkunde ausdrücklich einge=
räumt und zugeſtanden ſind. Schon daß die Verf. Urk. durch=
aus keine Beſtimmung enthält, welche die Ausübung der
äußern Staatshoheitsrechte an die Mitwirkung oder
Zuſtimmung der Ständeverſammlung bindet, würde alſo im
vorliegenden Falle vollkommen genügen, um die Verfaſſungs=
mäßigkeit der Ausübung dieſer Rechte durch Se. Maj. den
König ohne Beirath oder Zuſtimmung der Stände außer al=
len Zweifel zu ſtellen.‟

5.
Würtemberg.

Die Nichteinberufung der Kammern unterhielt die ſchon
durch die Zeitumſtände bedingte Spannung. In der langen
Zwiſchenzeit bis zum Zuſammentritte der Stände wurden
dem Hochwächter, einem localen Volksblatt, aus allen
Theilen des Landes über alle Deſiderien deſſelben Artikel
zugeſandt, wodurch die innern Angelegenheiten ſo lebhaft zur
Sprache kamen, als wären ſie von den Kammern verhandelt
worden. Auch bildeten ſich Vereine zur Berathung land=
ſtändiſcher Angelegenheiten und zur Belehrung der am Schluſſe
des vorigen Jahres gewählten Abgeordneten. Dieſe Vereine
wurden am 21 Februar verboten, der Hochwächter aber blieb
trotz ſtrenger Cenſur in Thätigkeit. Aus der Stadt Heil=
bronn und aus Weinsberg gingen im März Adreſſen ein,
die um baldige Einberufung der Stände baten. Die letzten
Kammern von 1830 hatten nämlich ein weiteres Jahr über
die verfaſſungsmäßige Periode hinaus die Steuern bewilligt;

daß sie das Recht dazu gehabt, wurde ihnen von der Oppo=
sition des Landes bestritten; der Fehler lag schon in einer
frühern Versäumniß, wodurch die Periode der Steuerbewil=
ligung einer frühern Kammer in die Periode der Wirksamkeit
einer spätern Kammer übergegriffen hatte; die Regierung
machte aber jetzt um so lieber von der Verzögerung Gebrauch,
als ihr daran lag, die durch die Juliusrevolution veranlaßte
Aufregung sich je mehr und mehr erst beruhigen zu lassen,
bevor durch Eroffnung der Kammern die Opposition zur
Sprache kommen könnte. Inzwischen wurde nun doch außer=
halb des Ständesaals discutirt, was sonst in demselben ge=
schehen wäre.

Am 5 April wurde der Minister des Innern, v. Kapff,
entlassen, und an seine Stelle der bisherige Präsident der
zweiten Kammer, Dr. v. Weishaar, gewählt, ein Mann
von Geist und Kraft, der in den Jahren 1815 und 1819 Chef
der constitutionellen Opposition gewesen, seitdem aber auf die
ministerielle Seite übergetreten war, und die Kammer durch
seinen Einfluß beherrscht und nach sich gezogen hatte. Man
schrieb ihm die entschiedenste illiberale Tendenz zu. Auch
erklärte derselbe, daß die Regierung jede fernere Adresse, die
um Einberufung der Stände bäte, unberücksichtigt lassen
würde, am 16 April.

Einige Tage später, am 30 April, versammelten sich 46
der neugewählten Deputirten in dem Bade Boll unter dem
Hohenstaufen und erließen von hier aus eine öffentliche Er=
klärung an das Volk: „Je weniger die, denen das Volk
seine Hoffnungen anvertraut, schon jetzt in der Eigenschaft
als Einberufene befähigt sind, seinem Rechte Kraft zu geben,
um so mehr glauben wir, die Unterzeichneten, verpflichtet

zu seyn, in unserer Eigenschaft als Gewählte dem Lande ge=
genüber wenigstens den Trost und die Versicherung auszu=
sprechen, daß wir seine Wünsche kennen, daß wir sie theilen,
daß wir von der Heiligkeit unserer Sendung durchdrungen
sind, so wie von dem Gefühle unserer Verantwortlichkeit ge=
gen König und Vaterland, und daß wir daher bei dem le=
bendigen Ausdrucke der öffentlichen Meinung keineswegs
gleichgültig sind. Nein! Wir haben in den wohlbegründe=
ten Wünschen des Volks unsere eigene Ueberzeugung erkannt.
Das verfassungsmäßige öffentliche Leben ist gelähmt; die
Presse liegt in Fesseln; die Vereine zur Besprechung land=
ständischer Angelegenheiten und zur Darlegung der Wünsche
des Volks an die Abgeordneten sind ohne gesetzliche Begrün=
dung verboten. Wir beklagen, daß öffentlich im voraus
erklärt wurde, die Bitten des Volks um Einberufung der
Stände würden unberücksichtigt bleiben. Wir beklagen dieß
um so mehr, als die ausdrückliche Erklärung des Ministerial=
Rescripts vom 16 d. M., daß eine fernere Eingabe in dieser
Richtung, wenn eine solche erfolgen sollte, keine Beachtung
zu erwarten habe, uns selbst abhalten mußte, in einer ehr=
furchtsvollen Adresse uns deßhalb an die Regierung zu
wenden."

In Folge des Hambacher Festes wurden auch in Wür=
temberg, am 12 Junius, alle öffentlichen Versammlungen
verboten, obgleich noch keine stattgefunden hatte (außer der
bloß auf Deputirte beschränkten Versammlung in Boll) und
es überhaupt im Lande ganz ruhig war. Gegen die verfas=
sungsmäßige Befugniß der Regierung zu einem solchen Ver=
bot protestirten sogleich 57 Rechtsanwälte mit ihrer Unter=
schrift.

Dann wurden die Bundesbeſchlüſſe publicirt, gegen welche ſogleich aus vielen Theilen des Landes, und nicht bloß von der bisherigen Oppoſition, ſondern auch von den ſonſt ſehr loyalen Stadträthen von Stuttgart, Ulm ꝛc. Proteſtationen eingelegt wurden. Der Bürgermeiſter von Stuttgart, **Dr.** Feuerlein, zugleich einer der entſchiedenſten Miniſteriellen in der Kammer, ſagte in einer offenen Bürgerverſammlung: „Kaum hätte der Gedanke einer Gefahr für die Verfaſſung ſich entzündet, ſo war alle Parteiung im Volke verſchwunden, nur Eine Stimme ward gehört: Erhaltung der Verfaſſung! Und wo und wie wurde dieſe Erhaltung geſucht? Nicht etwa in ungeſetzlichen Formen und Bewegungen, oder gar in Drohungen; Würtembergs Magiſtrate, die geſetzlichen Organe wurden aufgerufen, der Staatsregierung die Bekümmerniſſe des Volks mitzutheilen.“

Der König war gerade in Livorno im Bade, und die Miniſter, beſtimmt durch die allgemeine Aufregung und durch die proteſtirenden Adreſſen, gaben eine vorläufige Erklärung von ſich: „daß in keiner Beziehung ein Grund vorliege, irgend eine mit der Verfaſſung nicht im Einklange ſtehende Anwendung jener Bundesbeſchlüſſe zu beſorgen,“ am 28 Julius. Dieſe Erklärung wurde von Sr. Majeſtät ſelbſt unterm 3 Auguſt aus Livorno genehmigt und beſtätigt.

Als daher eine feierliche Proceſſion ſich mit einer von mehr als tauſend Bürgern unterzeichneten Proteſtation gegen die Bundesbeſchlüſſe nach dem geheimen Rath begeben wollte, wurde dieſelbe abgewieſen, da die Regierung ſchon die zur vollkommenen Berühigung des Volks nöthige Erläuterung gegeben habe. Einer Tübinger Adreſſe wurde wegen ihrer Form beſonderes Mißfallen bezeugt. Der ſtändiſche Ausſchuß, fand die Bundesbeschlüsse, in vollkommenem Einklange mit der würtembergischen Verfassung, nur der Abgeordnete Hufnagel protestirte dagegen.

Am 10 August wurde der Minister Weißhaar aus unbekannten Ursachen wieder entlassen, und an seine Stelle trat ein noch junger, höchst talentvoller Beamter, der Oberregierungsrath v. Schlayer, der sich als Mitglied der vorigen Kammer auch durch parlamentarische Beredsamkeit ausgezeichnet hatte.

Der Redacteur des Hochwächters, Lohbauer, der mit in Hambach gewesen war, und gegen den mehrere Preßprocesse anhängig waren, machte sich im Herbste flüchtig; sein Blatt wurde jedoch, unter unzählbaren Kämpfen mit der Censur, fortgesetzt, während die ebenfalls in Stuttgart erscheinende, doch nicht bloß localen Interessen gewidmete Stuttgarter allgemeine Zeitung (redigirt von Dr. Mebold) durch den Bundestag verboten wurde. Auch wurde im October Hr. Seybold, der bekannte geistreiche Schriftsteller und Gründer der ehemals berühmten Neckarzeitung, wegen seiner jüngst erschienenen „Erinnerungen eines Süddeutschen aus Paris" verhaftet.

6.

B a d e n.

Mit dem Jahresschlusse hatte der berühmte badische Landtag von 1831 geendet. Alles war noch voller Jubel über die Resultate desselben, unter denen die Preßfreiheit;

von beiden Kammern votirt und von der Regierung geneh=
migt, die erste Stelle einnahm. Am 1 März sollte sie de=
finitiv ins Leben treten, und man bereitete für diesen Tag
Feste vor. Wirklich erschien dieser Tag, und zugleich eine,
von den berühmten Deputirten Rotteck, Welcker, Duttlinger ꝛc.
redigirte neue Zeitung, der Freisinnige, welche von der
neuen Preßfreiheit sogleich Gebrauch zu machen gedachte.
Aber an demselben Tage erschien auch von Seite der Regie=
rung ein Erlaß (vom 29 Februar), worin dieselbe erklärte,
daß zwar die badische Preßfreiheit bestehen solle,
neben derselben aber auch jedes gegen die Preß=
freiheit gerichtete Bundesgesetz. Dieser Erlaß lau=
tete wörtlich: „Da bei dem Vollzuge des Preßgesetzes vom
28 Dec. 1831 und den §§. 14 und 43 Zweifel entstehen könn=
ten, ob der Beschlagnahme der gegen den deutschen Bund,
oder gegen deutsche Bundesstaaten gerichteten sträflichen
Schriften jedesmal eine von dem Bunde oder Bundesstaate
erhobene Beschwerde vorausgehen müsse, so wird darüber
folgende Erläuterung gegeben: „Das provisorische Bundes=
gesetz über die Presse vom 20 Sept. 1819 bleibt, als beson=
deres Gesetz, neben dem badischen Preßgesetze, noch in voller
Wirksamkeit. Da nun im §. 4 jenes Bundesgesetzes die
großherzogliche Regierung für sämmtliche Druckschriften, in
so fern dadurch die Würde oder Sicherheit anderer Bundes=
staaten verletzt, die Verfassung oder Verwaltung derselben
angegriffen wird, nicht nur dem unmittelbar Beleidigten,
sondern auch der Gesammtheit verantwortlich erklärt wird,
so folgt hieraus unmittelbar, daß die Regierung im öffent=
lichen Interesse des Großherzogthums solchen Angriffen vor=
beugen muß. In solchen Fällen kann zwar die Beschwerde=

führung auswärtiger Bundesstaaten oder des Bundes die
Veranlassung zu Verfolgung der geschehenen Angriffe seyn,
sie ist aber nicht die ausschließliche Bedingung. Es ist dem=
nach der §. 54, Nr. 2 des Preßgesetzes in der Art zu voll=
ziehen, daß die Polizeistellen, bei welchen nach §. 1 und 9
der Vollzugsverordnung die Genehmhaltung nachzusuchen ist,
und die Hinterlegung geschehen muß, ihre Aufmerksamkeit
darauf zu richten haben, ob diese Schriften sträfliche Angriffe
gegen den deutschen Bund oder Bundesstaaten enthalten, in
welchem Falle die Schrift, im öffentlichen Interesse, und von
Amts wegen mit Beschlag zu belegen ist.“

Die Karlsruher Zeitung commentirte diesen Erlaß:
„Das Großherzogthum als deutscher Bundesstaat ist an die
Bundesgesetze gebunden, welche im Wege der Verfassung des
deutschen Bundes zu Stande gekommen sind. Es besteht
also eine Bundesgesetzgebung neben der Gesetzgebung des
Landes. Dieses ist zwar eine Anomalie, sie ist aber allen
Föderationen gemein, und trifft den Bund der Schweizer
und der nordamericanischen Freistaaten, wie den deutschen
Bund. Sie ist außerdem in den §§. 2 und 13 der badischen
Verfassung sanctionirt. Jedes neue Landesgesetz ist daher
so zu verstehen, daß es mit den Bundesgesetzen, welche be=
stehen und einseitig nicht aufgehoben werden können, zusam=
men bestehe, — mit andern Worten, das Bundesgesetz bildet
so lange die Ausnahme von dem Landesgesetze, bis es selbst
auf dem bundesverfassungsmäßigen Wege zu bestehen aufhört.“

Später erfuhr man, daß dieser Erlaß die Folge einer
österreichischen Note gewesen sey. Baden habe das Preßgesetz
ganz zurücknehmen sollen, aber dieß eben so wenig gewollt,
als ganz bei dem Preßgesetz beharren, es habe daher einen

Mittelweg eingeschlagen, in der Art, wie ihn der Erlaß bezeichnet. Da aber das Nebeneinanderbestehen des badischen Preßgesetzes und der gegen die Presse gerichteten Bundesgesetze eine staatsrechtliche Illusion war, so mußte sich Baden bald entschließen, eines von beiden zu wählen. Man erfuhr im Mai, Oesterreich habe eine neue Note eingesandt mit der Drohung, seine Garantie der jungen großherzoglichen Dynastie zurückzuziehen, falls das Preßgesetz nicht zurückgezogen würde. Am 1 April feierten dagegen die badischen Preßfreunde zu Weinheim ein patriotisches Fest. Am 9 April hob das Hofgericht die Beschlagnahme einer Nummer des Freisinnigen kraft des neuen Preßgesetzes auf. Am 9 Mai überreichten die Bürger von Pforzheim dem Großherzog Leopold eine Adresse, worin sie ihn um Standhaftigkeit in der Sache der von außen gefährdeten badischen Presse baten. Auch Mannheim, Bretten ꝛc. sandten solche Adressen ein. Am 15 Mai hielt der Deputirte v. Jtzstein bei einer festlichen Versammlung zu Mannheim eine Rede, worin er unter Anderm sagte: „Es gibt in Deutschland kein freieres, kein glücklicheres Land als Baden! Aber dieser schöne Zustand soll gestört werden, und man will uns, wie umlaufende Gerüchte sagen, das Recht der freien Presse wieder nehmen! Was wir nicht auf dem Wege der Gewalt und der Unordnung, sondern auf jenem des Gesetzes errungen haben, was Regierung und Stände, was Baden als selbstständiger souverainer Staat im Geiste der Verfassung zur innern Wohlfahrt nöthig fand, das soll wieder aufhören! Nimmermehr kann dieß mit Recht und in dem wahren Geiste des Bundes gefordert werden. Geschehen wäre es dann um die Selbstständigkeit, um die Ehre und Würde des Staats; geschehen um unsere Verfassung und um das Recht der Gesetzgebung! Sie wären nur eine Seifenblase; und unser Regent ein blo= ßer Oberbeamter, abhängig von den Beschlüssen der Bundes= tagsgesandten."

Die Regierung kam durch die auswärtigen Noten und inländischen Adressen in Verlegenheit, und verbot die Adressen, ohne dem Preßgesetz noch bis jetzt zu nahe treten zu wollen. Das Edict vom 19 Mai lautet: „Wir kennen Unsere Rechte und Pflichten, werden die erstern mit Kraft erhalten, die letztern mit Treue erfüllen, wie es die Ehre und die Interessen des Landes fordern; Wir bedürfen aber hiezu so wenig einer Aufforderung, als Wir irgend eine Ver= anlassung haben, die Staatsbürger des Großherzogthums zum Festhalten an ihren beschwornen Unterthanenpflichten zu erinnern, dagegen finden Wir Uns bewogen, dieselben alles Ernstes abzumahnen, Versammlungen zu Berathung allge= meiner Landesangelegenheiten anzuregen, oder daran Theil zu nehmen, oder durch Sammlung von Unterschriften dazu mitzuwirken; Unsern Behörden befehlen Wir, dieses vor= kommendenfalls ausdrücklich zu untersagen, und in jedem gesetzlichen Wege dagegen einzuschreiten."

Zugleich gab der geh. Staatsrath v. Winter der Mann= heimer Deputation, welche die Adresse von dort überbracht hatte, folgende mündliche Antwort: „daß Se. königl. Ho= heit die Treue und Ergebenheit der Bewohner Mannheims stets erkannt habe und auch jetzt nicht mißkenne, daß er je= doch aus höhern politischen Rücksichten derartige Adressen nicht annehmen könne, und um so weniger jetzt hiezu ver= anlaßt werde, als die Gefahr für unser Preßgesetz keineswegs so drohend sey, als man es uns glauben machen möchte;

obgleich die Tendenz, welche die Ausübung unserer Preßfrei=
heit angenommen, durchaus nicht den Erwartungen entsprä=
che, welche die Regierung hievon gehabt habe, er ersuche uns
daher im Namen Sr. königl. Hoheit, unsere HH. Commit=
tenten hierüber zu beruhigen." Wirklich gereichte es zur
Beruhigung Vieler, daß am 29 Mai der greise und wegen
seines Freisinns allgemein geschätzte Herr v. Reizenstein
Ministerpräsident wurde.

Allein die Vorfälle in Hambach, welche die Verhaf=
tung des Studenten Brüggemann in Heidelberg, und
des Redacteurs des Wächters am Rhein, Strohmeyer,
in Mannheim zur Folge hatten, veranlaßten die bekannten
Bundesbeschlüsse, und nun zweifelte niemand mehr, daß,
aller Tröstungen ungeachtet, das badische Preßgesetz werde
annullirt werden. Die Badenser benahmen sich vorsichtig.
Trotz der benachbarten Aufregung und des Beispiels von
Hambach beobachteten sie auf dem großen Volksfest zu Ba=
denweiler am 13 Junius möglichst viel Mäßigung und
steckten auch die deutsche Fahne nur unter der badischen
auf. Rotteck sagte bei diesem Anlaß: „Ich bin für Deutsch=
lands Einheit; ich wünsche sie, in so fern sie in äußern
Dingen die deutsche Nation als Achtung gebietende Macht
auftreten läßt, welche das Ausland von Beleidigung unserer
Nationalrechte abschrecke; und in so fern sie in einheimi=
schen Dingen der deutschen Nation diejenigen Vortheile
des bürgerlichen Verbandes, welche nach Maaß der Ausdeh=
nung immer fruchtbringender werden, im vollsten Maaße, d. h.
nach der vollen Ausdehnung der deutschen Erde, sichere, als: die
Freiheit des Verkehrs und Handels, der Niederlassung und zu=
mal auch des freien Wortes in allen Ländern der deutschen

Zunge, d. h. der freien deutſchen Preſſe. — Aber ich will
keine Einheit, welche uns in Gefahr ſetze, nach außen
etwa in einen Kriegszug gegen die uns natürlich Verbün=
deten, überhaupt unſern theuerſten Intereſſen und innigſten
Gefühlen entgegen, geſchleppt zu werden, oder welche in ein=
heimiſchen Dingen, in Sachen der Geſetzgebung und Ver=
waltung uns Bewohner des lichten Rheinlandes nöthige,
mit dem Maaße der Freiheit und Vernunftmäßigkeit uns
zu begnügen, welches etwa für Böhmen oder Pommern tau=
gen, oder von den Machthabern alldort für hinreichend er=
kannt werden mag. Ich will auch keine Einheit unter der
Form einer allgemeinen deutſchen Republik, weil der Weg,
zu einer ſolchen zu gelangen, ſchauerlich, und der Erfolg
oder die Frucht der Erreichung höchſt ungewiſſer Eigenſchaft
erſcheint... Ich will alſo keine in äußern Formen ſcharf
ausgeprägte Einheit Deutſchlands — ein Staatenbund iſt,
laut dem Zeugniſſe der Geſchichte, zur Bewahrung der Frei=
heit geeigneter, als die ungetheilte Maſſe eines großen
Reichs — ſondern nur eine innere, aber lebenswarme Ein=
heit oder Vereinigung der Völker Deutſchlands. Ich ver=
ſtehe darunter eine innige, lebenskräftige Theilnahme aller
deutſchen Bruderſtämme an den Schickſalen und zumal an
den Verfaſſungsangelegenheiten jedes einzelnen, ein allge=
meines Mitempfinden des Guten und Böſen, welches irgend
einem deutſchen Bürger oder Stamme widerfährt, eine Ge=
meinſchaft der Erſtrebung und Abwehr auf jedem geſetzlichen
Wege, Gemeinſchaft der Liebe und des Vertrauens für die
Freigeſinnten überall auf deutſcher Erde, einen gemeinſchaft=
lichen Haß, eine gemeinſchaftliche Entrüſtung gegen jede
Rechtsverletzung und jeden Verletzer in irgend einem deut=

schen Lande. Mit dieser Einheit ist gar wohl verträglich,
ja zur Begründung derselben trefflich wirksam, die Selbst=
ständigkeit der einzelnen, zumal der constitutionellen deut=
schen Staaten." Duttlinger setzte hinzu: „Den bluti=
gen Weg der Revolutionen verabscheuend, ist es der fried=
liche Weg gesetzlicher Reform, auf welchem wir, auf welchem
mit uns alle unsere Mitbürger die Verbesserung unseres
bürgerlichen und politischen Zustandes suchen und erwarten,
auf dem Wege, welchen die gesetzgebenden Gewalten des
Großherzogthums im denkwürdigen Jahre 1831 eingeschlagen
haben, auf der Bahn der Entwicklung unserer Verfassung,
und der verfassungsmäßigen Rechte und Freiheiten."

Diese Mäßigung sollte darthun, daß man in Baden die
Preßfreiheit nicht mißbrauchen, daß man dieser Concession,
wenn der Bund sie gelten lassen wolle, nicht unwerth seyn
wolle; aber diesen Selbsttäuschungen machte das Edict vom
30 Julius, durch welches das Preßgesetz zurückgenom=
men wurde, ein frühzeitiges Ende. Es lautet: „Nachdem
mittelst eines von der Bundesversammlung am 5 d. M.
gefaßten Beschlusses Unsere sämmtlichen Bundesgenossen ein=
müthig erklärt haben, daß das von Uns unter dem 28 Dec.
v. J. erlassene Preßgesetz mit der dermaligen Bundesgesetz=
gebung über die Presse unvereinbar sey, und daher nicht
bestehen dürfe; nachdem auch die einzelnen Bestimmungen
des Preßgesetzes, welche als Anlaß zu dieser Erklärung be=
trachtet werden müssen, in einem frühern Bundescommis=
sionsberichte verzeichnet sind, dessen Inhalt sich die Bundes=
versammlung durch ihren Beschluß zu eigen gemacht; in
Erwägung, daß die Bundesversammlung berufen ist, den
Sinn der Bundesgesetze, wenn darüber Zweifel erhoben

werden, behufs ihrer gleichförmigen Anwendung zu bestim=
men, auch daß vermöge §. 17 der Verfaſſungsurkunde die
Preßfreiheit nach den Beſtimmungen der Bundesverſamm=
lung gehandhabt werden ſoll; ſehen Wir Uns veranlaßt,
das Preßgeſetz vom 28 Dec. v. J., in ſo weit der vorgedachte
Commiſſionsbericht ſolches als der Preßgeſetzgebung des Bun=
des widerſprechend bezeichnet, für unwirkſam zu erklären.″
Der Freiſinnige war ſchon vorher durch einen Bundes=
beſchluß (19 Julius) verboten worden.

Daß die Stimmung, obwohl unbedeutend, aufgeregt
war, beweiſt ein kleiner Studententumult in Freiburg, am
29 Auguſt, der die Befreiung eines Verhafteten zum Zweck
hatte. Die Regierung nahm hievon Anlaß, der Univerſität
Freiburg, aus deren Schooß die freiſinnigſten Deputirten
hervorgegangen waren, ihre Ungnade fühlen zu laſſen, und
den Oppoſitionsgeiſt daſelbſt durch einige Verfügungen zu
dämpfen. Am 6 Sept. wurde die Univerſität geſchloſ=
ſen, und angekündigt, daß ſie nicht eher wieder eröffnet
werden ſollte, bis eine ob= und ſubjective Reorgani=
ſation derſelben vorgenommen ſeyn würde. Die objective
erfolgte ſchon am 27 September. „Das Weſentliche davon
beſteht darin, daß der akademiſche Senat, der früher eine
republicaniſche Verfaſſung hatte, indem er aus allen ordent=
lichen Profeſſoren beſtand, nun eine mehr ariſtokratiſche
Form erhalten hat, und nur aus dem Prorector, Exprorector
und vier andern Mitgliedern zuſammengeſetzt iſt. Ferner
wurde dem Univerſitätsamtmann, welcher bei wichtigern
Straffällen dem darüber aburtheilenden Senate Vortrag er=
ſtattete, zugleich für ſolche Fälle ein zählendes Votum er=
theilt.″ Die ſubjective Reorganiſation erfolgte erſt am

1 November. Die Profeſſoren v. Rotteck und Welcker
wurden nämlich penſionirt. Ein Studentenauflauf in
Heidelberg am 1 Dec. war von nicht politiſcher Natur.

Zum Schluſſe noch ein hiſtoriſches Curioſum. Das ba-
diſche Volksblatt erzählt von einer kleinen politiſchen Secte,
die in neueſter Zeit bis auf 1200 Köpfe angewachſen ſey.
Dieſelbe findet ſich im Hauenſteiniſchen (an dem ſüdlichen
Abhange des Schwarzwaldes gegen den Rhein — die Schweiz —
hin, ehemals vorderöſterreichiſch). Es ſind die ſogenannten
Salpeterer, welche ſich zuſammenhalten, die Huldigung
verweigern, keine Recruten ſtellen und keine Steuern bezahlen, als auf Zwangsmaßregeln. In einer officiellen Eingabe vom 50 Dec. v. J. erklärten die Häupter der beſagten
Secte (die Anführung iſt wörtlich, und bloß die Orthogra-
phie zum beſſern Verſtändniſſe mehr berückſichtigt): „Wir
bleiben bei landesfürſtlichen Geſetzen und Rechten, wie uns
der Prinz Ferdinand an den Großherzog von Baden übergeben hat. Wir rechten nicht mit ihm (dem Oberamt), ſondern wir bleiben bei unſerm Erbherzog Prinz Ferdinand
vom Hauſe Oeſterreich. Wir widerſprechen allem landſtändiſchen und wahlmänniſchen Gehorſam, bis es von der öſter-
reichiſch-kaiſerlichen, kriegsminiſteriſchen Commiſſion unterſucht iſt. Wenn ſie uns nicht behandeln, nach oben angeführten landesfürſtlichen Geſetzen, ſo verlangen wir einen
Appellirzinsſchein nach unſerem öſterreichiſchen Landesherrn."
Und am 21 Sept. gaben die Vertreter der Salpeterer bei
Amt zu Protokoll: „Sie ſchicken ihre Kinder nicht mehr
in die Schule, bis die Sache von einer k. k. öſterreichiſchen
Kriegscommiſſion unterſucht ſey."

7.

Hannover.

Nachdem die Regierung das versprochene **neue Staats-grundgesetz** entworfen hatte, legte sie dasselbe einer neu-gewählten Ständeversammlung vor, die am 30 Mai eröff-net wurde. Eine vom 11 Mai aus Windsor datirte De-claration des Königs charakterisirte den Geist dieses Ver-fassungsentwurfs. „Zum eigenen Besten Unserer Untertha-nen sind Wir fest entschlossen, nicht zu gestatten, daß Unser Thron mit solchen Staatseinrichtungen umgeben werde, welche nur in Freistaaten passen und mit einer monarchischen Verfassung unvereinbar sind." In der zweiten Kammer sagte der Abg. Dr. Lünzel darüber: „Die Regierungs-elemente seyen durch die Art der Entstehung des Entwurfs mit der gehörigen Kraft versehen, vielleicht in zu hohem Maaße. Durch das Zweikammersystem und durch die Auf-rechthaltung der Provinziallandschaften sey zu viel aristokra-tisches Element in dem Entwurfe. Die Regierungsgewalt sey namentlich hinsichtlich des Steuerbewilligungsrechts ver-mehrt. Wenn auch auf die fast starre Unbeweglichkeit des Domanialvermögens ein besonderes Absehen gerichtet sey, so genüge es doch noch nicht, und es müsse noch mehr nachge-geben werden, damit nichts Schädliches sanctionirt werde. Die Bestimmungen über das Verhältniß des deutschen Bun-des genügen ihm nicht; es sey bedenklich, den Bund über das Innere des Landes unbedingt herrschen zu lassen.' Doch dieß war nur der Entwurf, und es hing noch von den Ständen ab, denselben zu modificiren.

Bevor man zur Berathung über ihn schritt, erklärte

die zweite Kammer am 7 Junius die Oeffentlichkeit ihrer
Sitzungen, und beschäftigte sich auch mit dem Schicksale der
politischen Gefangenen, bei deren Untersuchung und Behand=
lung im Gefängnisse die gesetzloseste Willkür und grausamste
Plackerei vorwalten sollte. Namentlich hatte der Dr. Kö=
nig von Osterode in einer Bittschrift an den Vicekönig ge=
klagt, daß er wegen einer einfachen Libellsache über ein Jahr
ohne Entscheidung in härtester Gefangenschaft schmachte.
„Ich wage es, Ew. königl. Hoheit ganz unterthänigst zu
bitten und anzuflehen, mir nach den Gesetzen des Landes
und unserm deutschen, uns heiligen, von unsern Vorfahren
vererbten Rechte Gerechtigkeit vor einem mir gesetzlich zu=
stehenden Richter aufs schleunigste widerfahren zu lassen.
Wir haben einen vielgeliebten König, den schönsten Diamant
trägt er in seinem Herzen. Er heißt Gerechtigkeit.“
Dieses von dem Verhafteten an des Vicekönigs königl. Ho=
heit gerichtete Gesuch hatte indessen keine andere Folge, als
daß dem Untersuchungsrichter durch den geheimen Cabinets=
rath Falke in Auftrag des Herzogs aufgegeben wurde, dem
Dr. König zu eröffnen, wie Se. königl. Hoheit ihn wegen
seiner excessiven Schreibart in seiner an ihn gerichteten Pe=
tition keiner Antwort würdigten. Statt den Grund der
Beschwerden des Unglücklichen untersuchen zu lassen, haben
die Räthe des Vicekönigs diesen veranlaßt, den um seinen
Schutz Flehenden nur noch tiefer herabzudrücken.“

Der Advocat des Dr. König, Gans, berichtete in der
Hannoverschen Zeitung: „Für die selbst von dem Arzt noth=
wendig gefundene Bewegung in freier Luft ist für die acht
Gefangenen im Staatsgefängnisse des Zuchthauses sehr
schlecht gesorgt, und erst heute (14 März) habe ich von ei=
nem

nem derselben, einem jungen, starken, aber durch die dreizehn=
monatliche Haft in seiner Gesundheit zerrütteten Mann, die
bittere, von dem Richter nicht widersprochene Klage verneh=
men müssen, daß er seit 14 Tagen nicht aus seinem Gefäng=
nisse gekommen sey, und man ihm seit dieser Zeit nur Ein=
mal an einem kalten nebeligen Abend einen halbstündigen
Spaziergang auf dem Hofe freigestellt habe, den er natür=
lich abgelehnt, um seine Gesundheit nicht noch mehr zu ge=
fährden. Schreibmaterialien sind den Gefangenen nicht er=
laubt, es sey denn zu bestimmten Zwecken.- Seit einiger
Zeit sind diese Maßregeln geschärft, und sogar die nach dem
Hofe hinausgehenden Fenster, mit Ausnahme eines obern
Flügels, vernagelt, obgleich unmittelbar unter den Fenstern
drei Militärposten sich befinden, so daß den Gefangenen
nicht einmal die Erleichterung mehr wird, am offenen, wohl=
vergitterten Fenster zu stehen. Man soll Ursache zum Ver=
dacht gegen einen oder den andern der Gefangenen haben,
Communication nach außen gepflogen zu haben. Als Dis=
ciplinarstrafen sind zum Theil dreiwöchige Gefängnißstrafen
gegen sie verhängt worden, die ersten und letzten acht Tage
bei Wasser und Brod, und die übrige Zeit bei gemeiner
Gefangenenkost, in einem Gefängnisse, in welchem am Tage
nicht Licht genug war, um lesen zu können, ohne Bett und
sonstige Bequemlichkeit.‟

Eine in der Kammer vorgebrachte Petition klagte über
das „brutale Betragen der Inquirenten‟, über „die un=
menschliche Brutalität‟, womit man sie hätte zwingen wol=
len, Dinge anzugeben, die ihre Mitschuldigen betreffen; über
„die tyrannische Commission‟ und die „entsetzlichen Excesse
der Regierung und der committirten Richter.‟ Der Advo=

cat Meyersberg griff den Inquirenten, Amtsassessor Wyne=
ken, persönlich wegen seines Betragens gegen ihn an." Der
Advocat Gans wurde suspendirt und an der Vertheidigung
gehindert. Daher sagte der Bürgermeister von Bodungen
in der Kammer: „Im ganzen Lande erschallt nur Eine
Stimme über die unglücklichen Staatsgefangenen. Nicht
Einer unter dieser hochverehrten Versammlung wird, so hoffe
ich zu Gott! ungerührt geblieben seyn bei den Schilderun=
gen der Leiden und Drangsale, welche die Unglücklichen bis=
her haben erdulden müssen, bei den geistig und körperlich
gegen sie angewandten Torturen. Sie gränzen an das Un=
denkbare und Unglaubliche; sie lassen uns auf Augenblicke
wähnen, daß die sonst gerühmte Humanität aus unsern
Gerichten verschwunden sey, daß wir in fremden Zonen leb=
ten, daß von Lissaboner Justiz die Rede sey. Selbst das
heilige Recht der Vertheidigung wird unterdrückt, der ge=
ehrte Vertheidiger verfolgt."

Bald darauf wurden die Berathungen über das Staats=
grundgesetz wieder durch das große Aufsehen unterbrochen,
das die Bundesbeschlüsse erregten. Am 14 Julius machte
Dr. Christiani in der zweiten Kammer den Antrag: „daß
Stände beschließen mögen, gegen den Bundestagsbeschluß
vom 28 Junius d. J., insofern derselbe die Verfassung des
Landes, die Rechte des Königs, der Stände und des Volks
verletzende Bestimmungen enthält, sofort auf das feierlichste,
kräftigste und entschiedenste zu protestiren, ingleichen Se.
Majestät den König um Allerhöchstihre Vertretung für die
Rechte Ihres Stammlandes und Ihres getreuen Volkes, so
wie für die Landesverfassung und für jene dem entsprechende
Protestation beim Bundestage alleruntertänigst zu ersuchen."

Die Kammer unterstützte diesen Antrag; als aber die Re=
gierung sogleich in einem Rescript die Kammer bat, dis=
cret zu seyn, so begnügte man sich einstweilen, eine Commis=
sion aus beiden Kammern niederzusetzen, um zu untersuchen,
was zu thun sey. Diese Commission berichtete, sie sey von
dem Gedanken eines gegen jene Bundesbeschlüsse einzulegen=
den Protestes bald zurückgekommen, und wolle sich auf eine
solche Deutung derselben beschränken, wodurch die ständi=
schen Rechte aufrecht erhalten würden." Zugleich erklärte die
erste Kammer, sie werde bei dieser Deutung verharren und
sich in keine Modification dieses Commissionsberichts weiter
einlassen, falls die zweite Kammer ihn abändern wolle. Da=
bei blieb sie auch, als die zweite Kammer statt jener Deu=
tung eine Rechtsverwahrung wollte, und weil beide Kammern
nicht übereinkamen, unterblieb das Ganze. Bei diesen Be=
rathungen äußerten sich die meisten Deputirten über die
deutschen Verhältnisse im Allgemeinen, oft in starker Sprache.
Schon früher hatte Dr. Lüntzel gesagt: „Nach der Be=
freiung Deutschlands hätten alle Völker auf die für sie ge=
gebenen Hoffnungen geblickt. Aber die Völker seyen getäuscht.
Weder Congresse noch Bundestage hätten die erwarteten
Ideale geliefert. Zurückgeworfen in die Feudalherrschaft, die
der große Eroberer gelöst hatte, sey es unmöglich gewesen,
Zufriedenheit in einem Lande zu erlangen, welches von jeher
seinen Fürsten treu angehängt habe. Der gesellige Zustand
habe sie verschlimmert. Zwanzig Jahre des Harrens wären
verstrichen; die heiligsten Versicherungen seyen unerfüllt ge=
blieben; da habe sich Mißtrauen in der Männerbrust einge=
funden. Die Gründe des Mißvergnügens hätten nicht in
den Völkern, sondern darin gelegen, daß nichts aufkommen

konnte, was die Völker befriedigen mußte." Am merkwür=
digsten aber war die Rede des Dr. Lang: „Er wolle nicht
weiter untersuchen, ob die Beschlüsse des Bundestags die
Verfassungen verletzen. Diese Frage sey zwar allerdings we=
sentlich und durch Andere bereits gründlich erörtert; jedoch
nicht allein wesentlich, denn die Stimmung, welche die Be=
schlüsse erregt haben, liege weniger in einer eingebildeten
oder wirklichen Verletzung der Verfassungen, als vielmehr
in den Verhältnissen unserer Zeit, in dem Geiste des Stre=
bens nach einer Aenderung, auf deffen Unterdrückung jene
Beschlüsse berechnet zu seyn scheinen. Die Ideen, welche das
Bestehende belebt haben, seyen in ganz Deutschland, ja in
Europa allmählich wankend geworden, und die Völker hätten
es erkannt, daß eine Aenderung der Grundlagen des gesell=
schaftlichen Zustandes nothwendig sey. Daher durchdringe
die Völker ein Geist der Unruhe, der, aus einem Nichtzusam=
mentreffen des Wirklichen mit dem erkannten Beffern entste=
hend, im Grunde der Ausdruck höherer Sittlichkeit sey, wäh=
rend auf der andern Seite diese Unruhe selbst, also ein
Symptom, für das Uebel genommen werde, und alle An=
strengungen auf Unterdrückung dieses Symptoms gerichtet
seyen. In Staaten, in welchen man gewohnt sey, alles nach
äußern Formen zu regeln und anzuschauen, gebe man sich
leicht einem solchen Irrglauben hin, der auch besonders dann
natürlich sey, wenn das Streben der Zeit in einer Art und
Weise sich ausspreche, die dessen reine Bedeutung verdunkle;
wenn Handlungen der Unsitte die ganze Grundlage ihres
Strebens als ein unsittliches Element verdächtigen, wie dieß
mehr als Einmal der Fall gewesen. Eben so natürlich er=
scheine aber auch den Völkern, wo sie reiner Motive sich be=

wußt seyen, der Kampf der Regierungen gegen das Streben
zum Beſſern als der Geiſt der Finſterniß, wenn auch der
Kampf durch die reinſten Abſichten geleitet werde. Dieſe Ge=
genſätze haben, wie er glaube, die Beſchlüſſe hervorgerufen.
Noch vor einigen Jahren, als jener Geiſt der Unruhe und
des Strebens zum Beſſern durch geringere Merkmale ſich
kund gegeben, haben die Regierungen ſich darauf beſchränken
können, den Kampf gegeu Einzelne zu richten. Nachdem
aber die Nothwendigkeit einer Aenderung zum Volksglauben
geworden, da habe der Kampf gegen die Völker und ge=
gen die Ständeverſammlungen gerichtet oder aufgegeben wer=
den müſſen; man habe das Symptom nur als ſolches be=
trachten, dem Geiſt aber ſein volles Recht widerfahren laſſen,
und ihm ſich hingeben müſſen, oder fortfahren, das Streben
nach Aenderung für ein unſittliches Element zu erklären,
und daſſelbe mit aller Kraft zu bekämpfen. Aus dieſem Ge=
ſichtspunkte ſehe er die Bundesbeſchlüſſe an. Wäre, ſelbſt
mit Verletzung der Verfaſſungen, eine größere Einigung im
Intereſſe des deutſchen Volkes beſchloſſen worden, ſo würde
dieſe Maßregel mit allgemeinem Jubel aufgenommen wor=
den ſeyn, während jetzt das Gegentheil eintrete, nicht weil
man eine Form verletzt habe, ſondern weil man auf eine etwas
grelle Weiſe das Streben nach einer Aenderung als etwas
Verwerfliches bezeichnet habe, weil man, neben der gerechten
Verdammung einzelner Symptome, auf ungerechte Weiſe zu=
gleich die Sache, die Völker, ja das Nothwendige und Unver=
meidliche verdammt habe.“

Einen guten Eindruck macht die Erklärung der Regie=
rung, daß ſie ſich beim Bundestage für die Erfüllung des
19ten Artikels der Bundesacte (Handelsfreiheit betreffend)

verwendet habe, und diese Erklärung wurde gerade während der Berathung über die Bundesbeschlüsse gemacht, um die Gemüther zu versöhnen.

Da inzwischen die erste Kammer, wie in dieser, so in jeder der zweiten Kammer am Herzen liegenden Frage der letztern widersprach und die Regierung mit Kraft eine Gränze festhielt, über welche hinaus sie keine Concession machen wollte, so begannen die Anfangs frischen Verhandlungen der zweiten Kammer zu ermatten, und das Publicum hatte vielleicht schon von Anfang an zu wenig von deren Leistungen erwartet. Der schwäbische Mercur schrieb aus Göttingen: „Die Hoffnungen sind sehr herabgestimmt. Die Indolenz ist so groß, daß die Abgeordneten in Hannover eben nicht durch Bittschriften behelligt werden. Auch mangelt es an Volks= blättern, woran freilich auch die Censur Schuld trägt, da jede freie Aeußerung dadurch verhindert wird. Selbst hier in Göttingen würde ein solches Unternehmen große Hinder= nisse finden, indem die Professoren bei der Censur von großer Aengstlichkeit sind, und keiner es mit den Ministern in Han= nover verderben, oder sich auch nur deren Mißfallen zuziehen mag.“

Das Ministerium benützte diese politische Erschlaffung. Geh. Rath Rose schlug plötzlich vor, den §. des Entwurfs: „daß ohne Genehmigung der Stände keine Steuer ausge= schrieben werden dürfe, und daß dieses Ausschreiben jährlich wiederholt werden müsse,“ wieder wegzulassen. Hierin fand er aber um so mehr Widerstand, als man dieses Zurück= ziehen für eine Folge der Bundesbeschlüsse, also für eine fremde Einwirkung auf die innern Angelegenheiten erklärte. Dagegen gaben die Stände aus eigener Bewegung in den

meiſten Punkten nach, und ließen ſich auch noch eine Be-
ſchränkung des Steuerbewilligungsrechts gefallen, daher Prof.
Saalfeld ſagte: „Nunmehr ſeyen die Bundesbeſchlüſſe
nicht mehr zu fürchten." Am 18 October wurde die erſte,
am 27ſten die zweite Kammer mit den Berathungen über
das Staatsgrundgeſetz fertig, aber beide widerſprachen ſich
in ihren Modificationen des Regierungsentwurfs und konnten auch nach zwanzig Conferenzen noch nicht einig werden.
Die erſte Kammer und die Ritterſchaft ſagten zwar immer,
daß ſie zu jedem Opfer bereit ſeyen, wollten aber nicht das
geringſte bringen. Die Ritterſchaft ſchrieb an den König
ausdrücklich: „So bereit und willig nun auch die geſammte
Ritterſchaft iſt und jederzeit geweſen iſt, dem allgemeinen
Beſten Opfer zu bringen, ſo hat ſie doch von jeher das unbedingte Vertrauen zu Ew. königl. Majeſtät Gerechtigkeit
gehegt und hegt ſolches noch ungeändert, daß Allerhöchſtdieſelben keine Opfer ſanctioniren werden, durch welche die conſtitutionelle Exiſtenz und die Rechte der Ritterſchaft würden
vernichtet werden. Vertrauensvoll überlaſſen wir uns der
Hoffnung, daß Ew. königl. Majeſtät den Anträgen aller-
gnädigſt Gehör zu verleihen geruhen werden, die Fortdauer
der Exiſtenz der Ritterſchaft zu ſichern und unter Anderm
namentlich die ſie bedrohenden Nachtheile der Ablöſung der
gutsherrlichen Gefälle und Zehnten, ohne der Ausführung
dieſer Maßregel an ſich Hinderniſſe in den Weg legen zu
wollen, möglichſt abzuwenden."

Die Oppoſition in der zweiten Kammer gerieth über
dieſen Gang der Dinge etwas in Hitze, und dieß hatte die
Folge, daß die Regierung drohte. Folgende charakteriſtiſche
Scene fiel vor. Der Geh. Cabinetsrath Roſe: „Es könne

wohl die Frage zur Entscheidung kommen, ob der König mehr gélte oder die Stände; ob das der rechte Weg sey? Auch er fürchte sich nicht vor den Folgen eines Kampfes, wenn ein solcher, wie er nicht wünsche noch hoffe, herbei= geführt werden sollte; beginne er aber dennoch, so werde es sich zeigen, was des Königs Wort vermöge." — Dr. Chri= stiani: „Er finde die Drohungen des geehrten Herrn sehr unpassend und gänzlich zwecklos. (Mehrere Stimmen: Mit Drohungen wird man nichts erreichen! Andere: Gar nichts! Gar nichts! Im Gegentheil!) Die Krone habe ihre Rechte, wie die Stände die ihrigen: in diesen Schranken habe man sich gegenseitig zu halten, die Bewilligung der Ausgabe sey aber ein ständisches Recht, welches man im vollsten Umfange auszuüben sich von keiner Gewalt der Welt nehmen lassen werde."

So endete das Jahr, noch ohne definitive Erledigung der Verfassungsfrage.

Sonst fiel in Hannover nichts Denkwürdiges vor, au= ßer die Verhaftung des Hrn. von Tur und die Beschlag= nahme seiner Papiere, auf russische Requisition. Er war Canzleidirector des polnischen Reichstags gewesen, und man vermuthete die Acten dieses Reichstags bei ihm zu finden, soll aber wirklich nichts Wichtiges mehr vorgefun= den haben.

8.

Braunschweig.

Der abgesetzte Herzog Karl hielt sich zu Nizza auf, wo er sich in die Arme der französischen Karlisten geworfen hatte. Es hieß, er habe nicht nur mit der Frau Herzogin von Berry beständig correspondirt, sondern sey auch heimlich mit ihr zusammengekommen. Im Julius kam der Herzog nach Paris, und man hörte ganz neue seltsame Dinge von ihm. Man sagte, er habe nach der Verkündigung der Bundesbeschlüsse in Deutschland eine allgemeine Gährung erwartet, und diese zur Wiedereroberung seines Herzogthums benutzen wollen; er habe sich daher mit der französischen revolutionären Propaganda eingelassen. Man sah ihn mit Mauguin, und die Contracte, die er mit mehreren Lieferanten wegen Ankauf von Waffen, mit dem General Ramorino wegen Anführung der zu werbenden Truppen, abgeschlossen haben sollte, wurden öffentlich in den französischen Blättern abgedruckt. Er ließ durch seinen Vertrauten, den sogenannten Baron Anblau, alles läugnen, da man ihm aber die Documente vorhielt, so gab er selbst zu, daß er wenigstens ein Project der Wiedereroberung Braunschweigs gehegt, es aber wieder aufgegeben habe. Ein anderer seiner Agenten, dem er sein Vertrauen geschenkt, sollte ihn, wie es hieß, betrogen haben, und er mußte mit demselben einen scandalösen Proceß vor den französischen Gerichten führen. Endlich befahl ihm die Regierung, Frankreich zu verlassen. Er protestirte in einem Schreiben vom 12 September, worin folgende merkwürdige Aeußerungen vorkommen: „Ich sammle weder Leute noch Waffen. In der

That war ein Kauf in Bezug auf einige Gegenstände der
Militärequipirung von einer Person in meinem Dienste
erfolgt, aber ein Kauf, der völlig sich auf Privatabsichten be=
zog, und worüber Sie sich durchaus nicht beschweren können,
da er nicht einmal Vollziehung erhalten wird. — Und diesen
Entwurf könnten Sie für Ihr Vaterland so beunruhigend
finden! Ich will es Ihnen gar nicht verbergen; ich hege
vielleicht in der That solche Absichten für die Zukunft; für
den Augenblick beschäftige ich mich nicht damit, und für Sie
ist nur das zu wissen wichtig, was ich für den Augenblick
thue. Wer könnte übrigens daraus Besorgnisse schöpfen?
Frankreich? Gewiß nicht. Bei diesen vorgeblichen Ent=
würfen könnten nur der Bundestag in Frankfurt, und die
zwei oder drei großen Mächte, die über denselben verfügen,
interessirt seyn. Ich beeile mich daher anzuerkennen, daß
Sie Macht haben, deren Vertheidigung zu übernehmen, und
füge hinzu, wie man gewiß recht gern sehen wird, daß sich
das französische Cabinet so angelegentlich für Mächte ver=
wendet, die Europa ihre Absichten durch ganz neuerliche
Entscheidungen enthüllt haben. Ich glaubte zu wissen, daß
das französische Ministerium mehrere Tage nach Erlassung
der berühmten Bundesbeschlüsse einige Gegenvorstellungen
gemacht habe, und man schien selbst zu fürchten, dieser,
wiewohl etwas verspätete Schritt möchte die Harmonie der
Cabinette stören. Die besorgten Gemüther, mein Herr, wer=
den sich wieder beruhigen. Die in Betreff meiner ange=
nommene Maßregel beweis't, daß, trotz der streitigen An=
sichten, die nur scheinbar sind, Frankreich aufs eifrigste den
deutschen Mächten alle Personen zum Opfer bringt, welche
diese auf ihren Inder gesetzt haben. Lassen wir, mein Herr,

alle falschen Vorwände bei Seite; der Haß der Aristokratie
und der heiligen Allianz verfolgt mich bis nach Frankreich;
Sie wissen, daß wenn ich meinem Lande eine Constitution
geben würde, dieß etwas ganz Anderes seyn dürfte, als das,
was ihm jetzt aufgedrungen wird." Hieraus geht deutlich
hervor, daß der Herzog der liberalen Partei in Frankreich sich
bedienen wollte, und in ihrem Sinne sagte er in demselben,
an den Minister des Innern, Montalivet, gerichteten Briefe der
Regierung wenig schmeichelhafte Dinge. Die Folge davon war,
daß man ihn am 17 September in Paris ergriff, mit Gewalt
in einen Wagen sperrte, und nicht eher wieder losließ, als
auf schweizerischem Gebiet in der waadtländischen Stadt Orbe.

Im Frühjahre hatte sich zu Gunsten des Herzogs Karl
in Braunschweig selbst eine heimliche Verschwörung angesponnen.
Die Hauptagentin derselben war eine Gräfin Wrisberg.
Auch hier trug man liberale Farben zur Schau. Man wollte
den Bauern große Freiheiten gewähren und sich des Pöbels
gegen die Bürger bedienen. Bei einem Feste, wo alle Offi=
ciere mit dem Herzog Wilhelm in einem Garten speisten,
sollte der Aufruhr losbrechen, in dessen Plan sogar die Er=
mordung des (kinderlosen) Herzogs Wilhelm gelegen haben
soll. Durch einen zufällig in Dresden auf der Post liegen
gebliebenen Brief des Herzogs Karl, den die Behörde öffnete,
kam man hinter die Sache und vereitelte sie kurz vor der
Ausführung. Die Gräfin wurde den 25 April verhaftet,
entsprang aus dem 15 Fuß hohen Fenster, wurde jedoch bald
wieder in einer Mühle ergriffen. Mit ihr wurde ein Herr
von Kalm verhaftet, und bald traf dasselbe Loos den Oberst=
lieutenant Henniges, den Justizrath Fricke, Steuerrath
Böhlken, Buchhändler Meyer und viele andere Personen bei=

derlei Geschlechts. Es hieß, die Gräfin sey in ein finsteres
Loch gesperrt und mit schweren Ketten belegt worden.

Die innern Reformangelegenheiten nahmen einen sehr
schleichenden Gang. Man klagte, daß der neue längstver=
sprochene Verfassungs = Entwurf immer noch nicht zu
Stande kommen wollte. Endlich wurde derselbe den am
26 August wieder eröffneten Ständen vorgelegt, und von
denselben auch angenommen, am 12 October; allein obgleich
er die alte einseitige aristokratische Vertretung der Geist=
lichkeit, Ritterschaft und Städte abschaffte und eine allgemeine
Volksvertretung an deren Stelle setzte, so ließ doch diese
noch manches zu wünschen übrig. Man hatte sogar
die Oeffentlichkeit ausgeschlossen, und so geschah es, daß
das Volk auch für die ständischen Verhandlungen, die ins=
geheim vor sich gingen, kein Interesse bezeugte, sondern sich
mißtrauisch oder gleichgültig dabei verhielt.

9.

Hessen = Cassel.

Hier waren noch alle Gemüther durch die Mordnacht
vom 7 December 1831 aufgeregt, und noch mehr durch die
Lauigkeit, mit welcher die Untersuchung und Bestrafung die=
ses militärischen Frevels betrieben wurde. Zu Anfang des
Jahres vernahm man, der Kurprinz habe allen Civilstaats=
dienern das Tragen der Schnurrbärte verboten, und vergeb=
lich protestirte Professor Jordan in der Kammer mit der
Bemerkung, daß selbst der türkische Sultan nicht über den
Bart seiner Unterthanen gebieten dürfe, 5 Januar.

Am 5 Januar fand ein neuer **Volkstumult** zu **Hanau** statt. Bei Nacht wurde das Zollhaus daselbst gestürmt. In der folgenden Nacht geschah gleiche Gewaltthat an der Mainkur, der Zollstädte gegen Frankfurt. Doch wurden nur fünf Soldaten verwundet und nur Ein Bauer erschossen — alles Folgen der fortbestehenden Handelssperre, die dadurch noch verschlimmert wurde, daß man die **hessischen** Zölle auf den **preußischen** Fuß erhöhte.

Am 23 Januar führte die Kammer bittere Beschwerde darüber, daß der Polizeidirektor **Giesler** plötzlich wieder in Cassel erschien und in sein Amt wieder eingesetzt wurde. Man hatte ihm allein die blutigen Gräuel des 7 December Schuld gegeben, und ihn deßhalb abgesetzt. Die Stände verlangten dringende Aufklärung und Bestrafung; aber die Regierung weigerte sich, ihnen Aufschluß zu geben, da der Untersuchung nicht vorgegriffen werden dürfe. Nun geschah aber nicht nur nicht das Mindeste zur Bestrafung der wahren Urheber, sondern auch Giesler selbst kehrte auf seinen Posten zurück.

Am 9 Februar wurde Hanau aufs neue auch durch einen **Soldatentumult** beunruhigt. Die Soldaten des 3ten Infanterieregiments weigerten sich, den neuen Fahneneid zu leisten, wenn man ihnen nicht die Einhaltung ihrer Dienstzeit garantirte. Auch hierin sollten bisher große Mißbräuche geherrscht haben. Die Allg. Zeitung schrieb aus Cassel: „Mit Sehnsucht hatten schon lange die Soldaten der kurhessischen Armee dem Zeitpunkte entgegengesehen, wo ihnen die in der Verfassungsurkunde verheißene Wohlthat, die Beschränkung ihrer Dienstzeit auf **fünf** Jahre, zu Theil werden solle: denn eine beträchtliche Anzahl unserer Solda-

ten hatte eine Reihe von Dienstjahren weit über diese ver=
faſſungsmäßig beſtimmte Periode von einem Quinquennium
aufzuweiſen, und konnte den öfter mehrfach und wiederholt
begehrten Abſchied nicht erlangen. Es hing alles von der
Willkür der Chefs und in letzter Inſtanz von dem Kur=
fürſten ab, ob die Verabſchiedung zugeſtanden wurde oder
nicht, und ſelbſt die Regimentscommandeure vermochten in
vorkommenden beſonders berückſichtungswerthen Fällen häufig
nicht durchzuſetzen, daß der Abſchied einzelnen Soldaten er=
theilt wurde, für welche ſie aus Gründen der Billigkeit, zu=
mal wenn beſondere häusliche Verhältniſſe der betreffenden
Individuen in Betracht kamen, auf denſelben angetragen.
Vorzüglich ſchwer hielt es den Soldaten von dem Corps der
kurfürſtlichen Garde los zu kommen, mochten ſie auch noch
ſo lange Dienſtjahre zählen. Denn wenn ein Soldat von
den Garderegimentern um den Abſchied einkam und ſein
Geſuch ſelbſt von ſeinem Regimentschef unterſtützt wurde,
mußte das aus dem Corps zu entlaſſende Individuum ge=
wöhnlich dem Kurfürſten vorgeſtellt werden, wo denn der
zufällige Umſtand, daß der Soldat durch ſchönen Wuchs
und äußere Haltung ſich auszeichnete, hinreichte, für den
Kurfürſten ein Motiv abzugeben, das Geſuch abzuſchlagen.
Es war gewiſſermaßen eine Art Leibeigenſchaft, worin die=
jenigen gehalten wurden, die einmal dem Soldatenſtande
angehörten, und welche um ſo härter und unbilliger erſchien,
da ſie ausſchließend die Bewohner des platten Landes
drückte, indem die Bürger in den vornehmſten Städten
und Alle, welche zu den privilegirten Claſſen gezählt wur=
den, von aller Militärverpflichtung ausgenommen waren.
Aber ein ganzes Jahr war nun verfloſſen, ſeitdem die neue

Verfaſſung promulgirt war, und noch immer war es in dieſer Hinſicht beim Alten geblieben." Daraus erklärt ſich der Soldatenaufruhr in Hanau, der übrigens bald durch das Einſchreiten der muntern Bürgergarde und durch die Ankunft des Kurprinzen von Kaſſel ſelbſt beſchwichtigt wurde.

Mitten unter dieſen Unruhen wurden am 16 Januar die heſſiſchen Zölle proviſoriſch auf den preußiſchen Fuß geſetzt. Kurheſſen verließ den mitteldeutſchen Zoll=verein, in dem es bisher geweſen war, und trat, trotz der Proteſtationen ſeiner alten Verbündeten, in den größern mit Bayern, Würtemberg und Darmſtadt geſchloſſenen preu=ßiſchen Zollverein. Damit war vorzüglich Hanau unzu=frieden, weil die erhöhten preußiſchen Zölle die Abſperrung von dem benachbarten Frankfurt noch fühlbarer machten. Inzwiſchen gab die Kammer am 20 März ihre Zuſtimmung zu dem neuen Vertrage.

Dagegen wollten ſich die Stände nicht dazu verſtehen, dem Kurprinzen auf des Landes Koſten einen prachtvollen Palaſt, die ſogenannte Kattenburg zu bauen. Der Ab=geordnete Pfeiffer meinte, der gegenwärtige Augenblick ſey nicht geeignet, an einen ſolchen Prachtbau zu denken, und der Abgeordnete Eckhart erinnerte daran, daß weit größere Län=der von weit kleinern Paläſten aus regiert würden. — Ein Antrag des Abgeordneten Jordan, den Ständen die Bundestagsprotokolle mitzutheilen, blieb natürlich unbeach=tet; und am 17 April fiel auch deſſen Antrag auf Oeffent=lichkeit der Verhandlungen über Preßvergehen, und ſomit die Hauptſache des ganzen Preßgeſetzes durch. Welche Stimmung damals in Caſſel herrſchte, mag daraus erhellen, daß der Redacteur des „Verfaſſungsfreundes" Feld=

mann von einer Abordnung des Offiziercorps auf seiner
Stube persönlich bedroht wurde, falls er sich beigehen lassen
würde, noch ferner Artikel über das hessische Militair auf=
zunehmen. Mit denselben Officieren feierte die Bürger=
garde von Cassel in den ersten Tagen des Frühlings ein
Versöhnungsfest, und bald darauf schickten dieselben Bürger
eine Deputation auf die Wilhelmshöhe, die um Aenderung
des retardirenden Ministeriums bitten sollte, aber ungehört
fortgeschickt wurde. Die Retardationen bezogen sich haupt=
sächlich auf das längst beschlossene, aber immer noch nicht
promulgirte Bürgergardengesetz und auf das Preßgesetz,
auf dessen Promulgation indeß die Opposition keinen großen
Werth mehr legte, da es so unfrei sich gestaltet hatte. Jor=
dan hatte erklärt, er gebe keinen Kreuzer mehr dafür. Der
noch junge neue Justizminister Hassenpflug war der min=
dest populäre der Minister, aber der einflußreichste.

Am 31 Mai fand eine große Volksversammlung zu
Bergen statt, um sich über die Mittel zu berathen, wie die
von der Kammer schon so lange votirten, aber von der Re=
gierung nicht promulgirten Gesetze endlich ins Leben zu rufen
seyen. Ein ähnliches Volksfest am 22 Junius im Wilhelms=
bad hatte mehr eine allgemein deutsche Tendenz, wie das
Hambacher Fest, verregnete aber. Am 12 Junius verbrann=
ten die Studenten in Marburg die letzte Schrift des Pro=
fessors Vollgraff daselbst, „Täuschungen des Repräsentativ=
systems,“ auf offenem Markte.

Das Bürgergardengesetz wurde endlich am 25 Junius
publicirt, da demselben aber bald strenge Verbote der politi=
schen Versammlungen folgten, so gab dieß zu neuen Recla=
mationen in der Kammer Anlaß. Dazu kam die Bekannt=
machung

DR. JORDAN.

machung der Bundesbeschlüsse vom 28 Junius. Jordan
äußerte sich in der Kammer: „Nach der Besiegung Napoleons
sey der Bundestag zusammengetreten, die Bundesacte habe
den Deutschen in Art. 18 und 19 theure Rechte versprochen:
Preßfreiheit und Handelsfreiheit. Seit 1816 sitze nun der
Bundestag in Frankfurt a. M., wo aber sey die Preßfreiheit,
wo sey etwas geschehen, für allgemeine Interessen Deutschlands? 1819 seyen die Bestrebungen der Völker durch die
Karlsbader Beschlüsse niedergehalten worden. Die deutschen
Fürsten hätten sich auch damals bedankt... Das deutsche
Volk sey aber kein meuterisches; mit Treue und Liebe hingen die deutschen Völker an ihren Fürsten, das beurkundeten
sie zu jeder Zeit und besiegelten es mit ihrem Blute; in
keiner Noth sey der Aufruf der Regierungen ungehört geblieben.... In den Bundesbeschlüssen von 1819 war ausdrücklich bestimmt, daß vor Ablauf von fünf Jahren Deutschland
ein definitives Preßgesetz haben solle. Statt des definitiven
Preßgesetzes habe man die definitiven Beschlüsse von 1824
und 1828; die Völker hätten die Hände zu ihren Regierungen
emporgehoben, sie seyen zurückgewiesen worden; jetzt drohe
man allenthalben, wo Wünsche der Völker an die Regierungen laut werden wollen, mit Waffengewalt, während man die
vorgebrachten Wünsche und Beschwerden unberücksichtigt gelassen.... Sicher aber könne kein deutscher Fürst je die Absicht
haben, die billigen Wünsche des Volkes durch die Drohung nie-
derzudrücken, daß sofort fremde Truppen, d. h. andere deutsch-
sche Truppen, einrücken würden.... Seit 1816 hätten die
Völker geharrt; nun solle es ihnen verargt werden, wenn
sie ihre Wünsche laut werden ließen.‟ Unzufriedenheit erregte auch das Militärbudget, das den Betrag von

700,000 Rthlr. überstieg, und für das kleine Land in hohem
Grade übertrieben schien; aber das Ministerium zog sich hin=
ter die Bundesbeschlüsse zurück und bestritt der Kammer das
Recht der Verweigerung.

Um die Discussionen über die Bundesbeschlüsse zu ver=
hindern, wurde die Kammer plötzlich am 26 Julius aufge=
löf't. Vergebens verlangte Jordan, daß man ihr wenig=
stens doch so Zeit lassen solle, den parmanenten Ausschuß zu
instruiren. Das Wort wurde ihm abgeschnitten. Inzwi=
schen war die erste Handlung des Ausschusses eine Ver=
wahrung gegen die Verordnungen, durch welche die Bun=
desbeschlüsse in Kurhessen promulgirt worden waren. Er
sagte: „Fern wird von ihnen der Gedanke bleiben müssen,
als wolle sich mittelst jener Beschlüsse eine größere Unbe=
schränktheit in Ausübung der Regierungsgewalt, selbst auf
Kosten äußerer Unabhängigkeit, geltend machen, oder als
habe die zum Bewußtseyn gelangte Kraft und Ehre der
Staatsbürger eine entmuthigende Demüthigung erfahren
sollen. Aber befremden kann es nicht, wenn die plötzliche
Suspension verfassungsmäßiger Befugnisse an der politi=
schen Bedeutung eines zwischen dem Regenten und dem
Volke feierlich abgeschlossenen Grundvertrags, an der morali=
schen Kraft und Bedeutung des Eides irre machte, wenn in
manchem Gemüthe, zugleich die Ehre wie die Freiheiten des
Landes gekränkt haltend, das Vertrauen zu wanken begann,
dessen keine Regierung zur Beförderung und Erreichung der
Staatszwecke entbehren kann.“ Auch eine Protestation hessi=
scher Bürger mit 1680 Unterschriften wurde unmittelbar
nach Frankfurt geschickt.

Die Wahlen zu dem künftigen Landtag fielen wieder liberal aus; Jordan aber resignirte auf die Ehre, ferner dabei zu erscheinen.

Die Censur wurde mit solcher Consequenz in Kurhessen gehandhabt, daß man alles, was über diesen Staat gesagt wurde, nur in auswärtigen Blättern lesen konnte.

Am Schlusse des Jahres kam der Gieslersche Proceß noch einmal zur Sprache. Polizeidirector Giesler wurde wegen seiner Nachlässigkeit in der Mordnacht vom 7 December 1831 in erster Instanz zum Verlust seines Amts verurtheilt. Er appellirte, und der Kurprinz verlieh ihm gerade zu dieser Zeit den hessischen Löwenorden. Im Spätherbst wurde er in zweiter Instanz, welche das erste Urtheil bestätigte, zugleich zum Verluste dieses neuen Ordens verurtheilt, aber er appellirte wieder und blieb im Dienst. — Ein anderer Proceß betraf die Abscheulichkeiten, die beim Fest der Fahnenweihe der Bürgergarden im vorigen Jahre vorgefallen waren. Es waren daselbst Shawls zerschnitten und Kleider mit Vitriolöl begossen worden. „Die Frau eines Unterofficiers bei den Gardes du Corps ist überwiesen, und zum Geständniß gebracht worden, aber, obgleich sie behauptet, Geld dafür bekommen zu haben, hat sie sich doch hartnäckig geweigert, die Person namhaft zu machen, von der sie das Geld empfangen. Sie ist von dem hiesigen Obergerichte zu zehnmonatlicher Zuchthausstrafe verurtheilt worden. Ein Maurer, der in dem Hause eines hiesigen, sehr patriotisch gesinnten Bürgers Feuer anzulegen versucht hatte, hat die Gräfin Reichenbach als diejenige Person angegeben, die ihm in Philippsruhe eine Summe Geldes geschenkt; aber es läßt sich nicht beweisen, daß die Geberin dieses Geschenkes etwas Sträfliches dabei bezweckte." —

10.

Heſſen = Darmſtadt.

Im Januar veranlaßte der ungeheure Jubel, mit wel=
chem die durchreiſenden Polen in der Univerſitätsſtadt
Gießen aufgenommen wurden, einige polizeiliche Unter=
ſuchungen. — Der bekannte Abgeordnete E. E. Hoffmann
gerieth in Streit mit der Tribune, wie in Baden v. Rotteck
mit dem Weſtboten. Dieſe kurze Fehde in den Journalen
bezeichnet die Stellung der Parteien. Den radicalen Re=
dacteuren der genannten Blätter, Wirth und Siebenpfeiffer,
waren Rotteck und E. E. Hoffmann viel zu gemäßigt, viel
zu vertrauensvoll und von einer ihnen verhaßten politiſchen
Elaſticität, und die letztern warfen jenen wieder ihre zügel=
loſe Umwälzungswuth vor, und daß ſie durch ihre Tollheit,
eine unmögliche Revolution herbeiführen zu wollen, die
möglichen geſetzlichen und friedlichen Reformen verhinderten.
Jene meinten dagegen wieder, was denn am Ende mit dem
landſtändiſchen Gerede gewonnen ſey, aus dem doch nie
eine wahre Reform hervorginge, und ſie machten die gut=
geſinnten Männer, die ſich ſo lange in den Kammern Mühe
gegeben, einige Verbeſſerungen durchzuführen, noch obendrein
lächerlich. — In Mainz entſtand eine Reibung zwiſchen den
liberalen Bürgern und dem preußiſchen Theile der Beſatzung;
man vermied ſich wechſelſeitig; doch kam es am 27 Mai zu
einem kleinen Auflaufe, da ein Menſch mit einer dreifarbi=

gen (deutſchen) Cocarde verhaftet wurde. — Die Vereine
und Verſammlungen wurden verboten, und eine alte Ver=
ordnung von 1819 aufgefriſcht, wornach die Lehrer und
Geiſtlichen für die politiſchen Anſichten ihrer Schüler verant=
wortlich gemacht wurden.

Gleichwohl wählte das Volk faſt durchgängig ſehr libe=
rale Deputirte in die Kammer, welche der Großherzog
am 6 December eröffnete. Schon in der Antwortsadreſſe
ließen ſie eine Proteſtation gegen die Bundesbe=
ſchlüſſe einfließen, worüber ihnen der Großherzog ſein
Mißfallen bezeigte, indem er hinzufügte: „er kenne keine
das heſſiſche Staatsrecht bedrohenden Bekanntmachungen;“
als ſolche hatte nämlich die zweite Kammer jene Beſchlüſſe
bezeichnet. Unmittelbar darauf trug Jauch auf Preßfreiheit
und E. E. Hoffmann auf eine beſondere Proteſtation gegen
die Bundesbeſchlüſſe an. Ein zweite Motion zu demſelben
Zwecke machten Heß, Langen, Hallwachs, Ebert, Dieffenbach,
Rauſch, v. Gagern (der Sohn des berühmten Erminiſters
und Schriftſtellers), Brunk und v. Buſek, worin ſie ſagen:
„Die Beſchlüſſe der hohen deutſchen Bundesverſammlung
vom 28 Junius d. J. ſind durch das Regierungsblatt zur
Nachachtung bekannt gemacht worden; obwohl nicht in der=
jenigen Form, durch welche allein, nach Vorſchrift unſerer
Verfaſſungsurkunde, Bundesbeſchlüſſe in dem Großherzog=
thume verbindende Kraft erhalten können. Sie haben in
unſerm beſondern Vaterlande, ſowie in allen andern conſti=
tutionellen Staaten Deutſchlands tiefe Bekümmerniß erzeugt.
Dieſer Eindruck hat ſich, ungeachtet des auf der Preſſe laſten=
den Druckes, ſo unzweifelhaft und ſo allgemein ausgeſpro=

chen, daß nach unſerer Ueberzeugung die verehrte Stände=
verſammlung des Großherzogthums irgend bedeutende Acte
ihrer verfaſſungsmäßigen Wirkſamkeit unmöglich ausüben
kann, ohne vorher über das Verhältniß ſich auszuſprechen,
welches die erwähnten Bundesbeſchlüſſe herbeigeführt haben.
Die Souveränetät des Großherzogthums und unſeres Für=
ſten, ſowie auf der andern Seite die nach der Verfaſſungs=
urkunde den Ständen unabhängig von jeder äußern Ein=
wirkung zuſtehenden Rechte, bilden die Grundlage unſeres
Staatsrechts. Zwar ſteht zugleich das Großherzogthum,
als Beſtandtheil des deutſchen Bundes, in völkerrechtlichem
Verhältniſſe, zu den andern Staaten Deutſchlands; allein
die grundgeſetzlichen Beſtimmungen des Bundes erklären,
daß der hohen deutſchen Bundesverſammlung — mit Aus=
nahme beſonderer beſtimmter Fälle, welche hier nicht eintre=
ten — keine Einwirkung auf die innern Angelegenheiten
der einzelnen deutſchen Staaten zuſteht. Die erwähnten
Bundestagsbeſchlüſſe erſcheinen uns daher als nicht inner=
halb der Schranken derjenigen Competenz erlaſſen, welche
der hohen deutſchen Bundesverſammlung vorgezeichnet iſt.
Außerdem erlauben ſie nach ihrem wörtlichen Sinne eine
Anwendung, welche ſowohl die Rechte des ſouveränen Für=
ſten, als auch die verfaſſungsmäßigen Gerechtſamen aller
Staatsangehörigen, und namentlich der Stände des Groß=
herzogthums in ihren weſentlichſten Beſtandtheilen, ins=
beſondere auch in denjenigen, durch welche eine Verminde=
rung der Abgaben herbeizuführen möglich iſt, gefährdet, und
ſie in jedem Augenblicke beeinträchtigen, verändern, ſelbſt
aufheben kann. Solche Beſorgniß iſt um ſo größer, als die
erwähnten Beſchlüſſe das Recht authentiſcher Auslegung der

Bundesacte und der Wiener Schlußacte allein und ausschließlich der hohen Bundesversammlung beilegen. Darum
der Antrag: Es möge die verehrte Kammer diese Verhältnisse reiflich prüfen, und wenn sie dergestalt, wie wir angedeutet haben, befunden würden, so möge zur Aufrechthaltung
sowohl der Staatsgewalt unseres Fürsten als auch der verfassungsmäßigen Rechte des hessischen Volkes, gegen diese
Bundesbeschlüsse eine förmliche und unbedingte Rechtsverwahrung ausgesprochen werden; und hiermit möge die be-
stimmteste Erklärung verbunden werden, daß die Stände des
Großherzogthums die verfassungsmäßigen Rechte ohne alle
Rücksicht auf die erwähnten Beschlüsse ausüben und festhalten werden."

11.

Nassau.

Schon im vorigen Jahre hatten sich die Stände dieses
Herzogthums standhaft dagegen erklärt, daß aller Staats-
bedarf durch Steuern bestritten werde, während der ungeheure Ertrag der Domainen (berühmte Weinberge und
das allgemein verbreitete Selterser Wasser) allein in die
Privatcasse des Herzogs fließe. Der Herzog gab nicht nach;
die Deputirten verweigerten die Steuern; der Herzog vermehrte die sogenannte Herrenbank oder erste Kammer, und
vernichtete durch deren, von ihm abhängige Stimmen den
Beschluß der zweiten Kammer. So standen die Sachen zu
Anfang des Jahres 1832.

Am 7 Januar erklärte die zweite Kammer, daß sie mit
der verfassungswidrig über die gehörige Zahl vermehrten
ersten Kammer nicht communiciren wolle. Darauf wurde
sie am 19 Januar entlassen. — In der Zwischenzeit bis zu
ihrem Wiederzusammentritte wurden mehrere der Freisinnig=
keit verdächtige, von der Regierung abhängige Personen
quiescirt, die Theilnehmer an Festlichkeiten, die man den
Deputirten veranstaltete, z. B. zu Limburg, mit 10 Rthlrn.
und 14tägigem Gefängnisse bestraft; und am 9 Februar ein
allgemein geachteter und reicher Bürger Wiesbadens, Haß=
loch, tumultuarisch entfernt, was einen kleinen Auflauf
veranlaßte. Um der Bevölkerung dafür eine kleine War=
nung zu geben, machte die Mainzer Garnison am 18 Februar
einen militärischen Spaziergang durch das Nassauische.
Am 10 März, da das Land neue Deputirte wählen sollte,
erschien ein drohendes Edict, welches jedoch nicht verhinderte,
daß nicht überall liberale Candidaten gewählt worden wären,
5 ausgenommen. Am 3 April wurden dem Herzog durch den
russischen Gesandten am Bundestage die Insignien eines rus=
sischen Ordens feierlich überreicht.

Am 30 März traten die Stände abermals zusammen.
Der Herzog sagte: „Der Pflicht der Gerechtigkeit gegen meine
Unterthanen will ich vor allem und auf das vollständigste Ge=
nüge leisten. Kein Opfer wird mir jemals zu schwer seyn,
welches sie von mir fordert. Wenn aber der Beweis geführt
ist, daß die Domänencasse ihre Verpflichtung zu Landeslasten
vollkommen erfüllt habe, dann wird von weitern unbegründe=
ten Ansprüchen abgestanden werden. Nach den Hausgesetzen
sind der Besitz der Domänen und des Regierungsrechts von
einander unzertrennlich. Durch mein Haus sind die Domä=

nen mit dem Lande verbunden. Zu keiner Zeit in einem, andern, als dem Besitze meiner Vorfahren, ist ihre rechtliche Natur durch die Verfassung unverändert geblieben. Durch das Recht der Erbfolge in meiner Hand vereinigt, sind sie mir anvertraut als ein heiliges Pfand der unabhängigen und würdigen Stellung der Regenten dieses Landes. Die Pflicht gegen mein Haus und mein Land erfordert, daß ich sie unangetastet erhalte. Daß mein Entschluß hierin unerschütterlich ist, davon habe ich in dem vorigen Jahre den Beweis geliefert. Meinen Dienern, die ihrer Pflicht eingedenk sind; wird die strengste Controle erwünscht seyn. Aber muthen Sie ihnen nichts zu, was mit ihrer ersten Pflicht, der des Gehorsams gegen den Regenten, in Widerspruch gerathen könnte. Eine Verantwortlichkeit im Sinne der neuern Theorien, welche die Wirksamkeit des Regenten von dem Willen seiner Diener abhängig macht, kennt unsere Verfassung nicht." — Die Herrenbank stimmte ein: „Eigenthum und wohlerworbene Rechte dulden keine Verletzung. Das bleibt ein festes Grundgesetz, überall in Erz gegraben, wo Staatsverfassungen sind und jemals waren. Der Besitz der Domänen des herzoglichen Hauses wird durch Herkommen, Hausgesetze, Erbfolge und Verfassung begründet. Unbezweifelt sind sie ein heiliges Pfand der unabhängigen und würdigen Stellung der Regenten. Die vollständige Erhaltung alles dessen, was darunter begriffen, gehört allerdings zu den Pflichten Ew. herzogl. Durchlaucht. Sie liegt zugleich in dem Interesse des ganzen Landes. Abgaben sind ein nothwendiges Bedürfniß der Staaten. Ihre Verwilligung bleibt der Stände Vorrecht. Deren gänzliche Verweigerung würde der Stillstand der öffentlichen Verwaltung werden. Solche Stockung in allen Trieb-

rädern kann keine Verfaſſung dulden. Des Staatsdieners
erſte Pflicht iſt Treue und Gehorſam gegen ſeinen Fürſten.—
Eine Verantwortlichkeit, durch welche die Wirkſamkeit des
Regenten gehemmt werden könnte, iſt unſerer Verfaſſung
fremd."

Die Antwortsadreſſe der zweiten Kammer ſprach tiefen
Schmerz, aber auch Widerſtand aus. Man vernahm, der
Herzog werde ſie nicht annehmen. So unterblieb auch die
Ueberreichung, und am 18 April gab die Mehrheit von 15
Deputirten folgende Erklärung: „Die unterzeichneten Deputirten hofften, daß nach den Anträgen der frühern Kammer
die der Ausübung ihrer landſtändiſchen Rechte entgegen-
ſtehenden Hinderniſſe beſeitigt ſeyen. In dieſer Erwartung
ſahen ſie ſich getäuſcht; ſie fanden eine erſte Kammer ſich gegenüber, nicht gegründet in dem Verfaſſungsgeſetze vom (3)
4 Nov. 1815. Es war dieſelbe erſte Kammer, neu gebildet
im October v. J., einzig zu dem Zwecke, um die Wirkſamkeit
der Deputirten zu lähmen, und in dieſen zugleich die Geſammtheit unſerer Mitbürger gerade in der wichtigſten, durch
die Verfaſſung ihnen verliehenen Befugniß, dem Steuer-
bewilligungsrechte, nicht ſowohl zu beeinträchtigen, als vielmehr deſſelben für immer zu verluſtigen. Eine Lage der
Dinge, bei welcher die Verfaſſung auf dem Spiele ſtand,
konnte von den Deputirten des Landes nicht unbeachtet bleiben. Die Pflicht gebot, diejenigen Mittel zu ergreifen, welche die geeignetſten ſchienen, dem Lande die ihm in der Verfaſſung verliehenen Befugniſſe aufrecht zu erhalten. In Folge
deſſen lehnten ſie ſeitdem eine Wirkſamkeit in der Verbindung
mit einer Kammer ab, welche die Verfaſſung nicht kennt.
Sie wollten dieſen Gegenſtand in einer öffentlichen Sitzung

in der Art zur Sprache bringen, wie ihnen dieses in der schon
14 Jahre zur Uebung gebrachten und landesherrlich beſtätig-
ten, auch noch nicht aufgehobenen Geſchäftsordnung bisher geſtattet war, um durch einen zu erſtattenden um-
fänglichen Commiſſionsbericht die Sache gründlich erwägen
und zu einer reif erwogenen Beſchlußnahme vorbereiten zu
können. Allein die Regierung verweigert uns dieſe öffentliche Sitzung; ſie will, daß dieſer ſo höchſt wichtige, gewiß
nicht geheime Gegenſtand in einer geheimen Sitzung verhandelt werde, und beraubt damit die Betheiligten der frei-
müthigen und öffentlichen Vertheidigung ihres Verhaltens
auf dem Landtage nicht nur, ſie gibt dadurch unwiderſprech-
lich zu erkennen, keine der erſten und allgemeinen Beſchwerden des Landes heilen und namentlich nicht die erſte Kammer in den frühern verfaſſungsmäßigen Stand zurückführen
zu wollen. — In dieſer wahrhaft peinlichen und traurigen
Lage, welche ihre Thätigkeit für jetzt unmöglich macht, wird
denſelben die Erklärung zur heiligen Pflicht, daß ſie die
Uebung ihrer ſtändiſchen Gerechtſame ſo lange ſuspendiren
müſſen, bis ſie ſolches mit ihren eidlich übernommenen
Pflichten zu vereinigen im Stande ſeyn werden. — Dieſem
müſſen ſie die weitere Verwahrung beifügen, daß ſie keinen
Act der verfaſſungswidrig zuſammengeſetzten erſten Kammer
anerkennen dürfen und werden. Wiesbaden am 18 April
1832. Folgen die Unterſchriften der Deputirten: Kindlinger. Allendorfer. J. G. Herber. Fr. v. Eck. Weiler.
G. Hoffmann. F. Lang. F. Eberhard. Jakob Bertram.
J. Fr. Ruß. Eberhard. Joseph Adamy. Dietz. Fink.
May.“ — Man weiß, daß nach dem Patente über die land-
ſtändiſche Verfaſſung des Herzogthums Naſſau vom 2 Sept.

1814 die Verſammlung der Landesdeputirten aus 22 Mit=
gliedern beſteht. Hiervon unterſchrieben 15. Nicht hinzu,
traten und blieben in Wiesbaden zurück: 1) die Deputirten
der evangeliſch=proteſtantiſchen und katholiſchen Geiſtlichkeit,
ſo wie die Vorſteher höherer Lehranſtalten: Biſchof Müller
von Wiesbaden, Biſchof Brand von Limburg, Kirchenrath
Ammann von Weilburg, Oberſchulrath Friedemann von
Weilburg. 2) Von den Grundeigenthümern: Geometer
Baldus von Bellingen, Schott von Kronberg. Der 22ſte:
Trombetta, war auf Verlangen entlaſſen geweſen, und noch
nicht durch neue Wahl wieder erſetzt. Sein politiſches Glau=
bensbekenntniß hätte ihn jedenfalls den 15 zugeſellt.“ Die
fünfzehn Proteſtirenden reiſ'ten ſofort in ihre Heimath.
Aber nicht nur die Herrenbank, ſondern auch die zurückge=
bliebenen fünf Miniſteriellen in der zweiten Kammer ließen
ſich dadurch nicht ſtören. Dieſe fünf Herren, Müller,
Brand, Ammann, Friedemann und Schott, im
Einverſtändniß mit der Regierung, erklärten ſich für die
rechtmäßige Kammer, ſchloſſen die Abweſenden, nachdem ſie
ſie vergeblich zum Wiedereintritt aufgefordert hatten, förm=
lich aus, decretirten neue Wahlen, warteten aber die Neu=
gewählten nicht ab, ſondern hielten regelmäßige Sitzungen,
wie bei einem ordentlichen Landtage, beriethen die der Kam=
mer vorliegenden Gegenſtände, und votirten zuletzt auch die
Steuern, und zwar mit einer Mehrbewilligung von 80,000 Rthl.
An demſelben Tage wurden aber zu Wiesbaden dem Landes=
biſchof Müller die Fenſter eingeworfen, und Schott war durch
einen Auflauf bedroht, indeß blieben die Steuern bewilligt,
und eine ſchwache Proteſtation der Stadt Hadamar abge=
rechnet, wurde das Votum der Fünf zwar nicht allge=

mein anerkannt, aber doch befolgt, d. h. die Steuern wur=
den bezahlt.

Dieser merkwürdige Landtag wurde am 12 Mai geschlos=
sen. Am 22sten erklärten die fünfzehn Protestirenden aber=
mals: „Treu der Verfassung würden sie sich zu Mitschuldi=
gen an der Verletzung derselben gemacht haben, hätten sie,
was bei Fortsetzung ihrer Thätigkeit in keiner Weise zu
vermeiden war, in Verbindung mit einer Ständeabtheilung
gehandelt, die ihrer innersten Ueberzeugung nach verfassungs=
widrig vermehrt und zusammengesetzt ist. — Anstatt, wenn
die Regierung auch auf die Ansicht und Gewissensbeengung
der Deputirten, welche doch mehr als zwei Drittheile der
Versammlung ausmachten, nicht eingehen wollte, von ihrem
verfassungsmäßigen Rechte der Auflösung des Landtages und
abermaligen Appellation an das Volk Gebrauch zu machen,
hat sie gegen Observanz, Gesetz und Vernunft sich erlaubt,
mit fünf Deputirten die Aufgaben des Landtages fortzu=
setzen; mit fünf Deputirten, unter welchen nur ein Vertre=
ter der Landeigenthümer, und gar kein Repräsentant der
Gewerbebesitzer ist, nachdem die Herren Landtagscommissa=
rien doch selbst kurz vorher den Lauf einer öffentlichen Si=
tzung bloß um deßwillen unterbrochen hatten, weil sich kein
Vertreter des geistlichen und Lehrstandes in derselben befand.
So wenig zu diesem auffallenden Schritte ein gesetzlicher
Grund vorlag, so verstößt doch derjenige noch gröber gegen
jedes Rechtsgefühl und gegen den gesunden Menschenverstand,
wenn man durch vier Vertreter von Corporationen, die
in der Wesenheit doch nichts als Diener in dem Sinne
sind, wie sie uns die dießjährige höchste Eröffnungsrede be=

zeichnet hat, und einen Landeigenthümer — sechszehn abwe=
sende Glieder troß ihres eingelegten feierlichen Widerspru=
ches vertreten und lediglich durch diese die wichtigen Auf=
gaben des Landtages erledigen lassen will. Für den vorlie=
genden Fall schreibt die Geschäftsordnung, welche nach §. 5
der Verfassung in der ersten Sißung der Stände entworfen,
und von Sr. Durchlaucht genehmigt worden ist, im §. 6
ausdrücklich vor: „daß zu jeder gültigen Verhandlung, zu
jeder gültigen Beschlußnahme die Anwesenheit von vierzehn
Mitgliedern erforderlich sey." Diese Geschäftsordnung be=
steht in allen ihren Vorschriften noch in voller Kraft, weil
noch keine andere an ihre Stelle getreten und es aller Logik
zuwider ist, sie um deßwillen nicht für verbindlich zu halten,
weil noch eine veränderte, unter Vorbehalt höchster Geneh=
migung vorgelegt werden sollte. Troß allem diesem hat die
Regierung nicht nur zugelassen, sondern selbst veranlaßt,
daß jene fünf Deputirten, von welchen vier als solche noch
nicht von der Kammer legal anerkannt sind, und einer der=
selben zuerst in der dritten Sißung vereidet wurde, nachdem
er doch schon in den zwei ersten Sißungen als rechtsgültig
functionirend angenommen wurde — landständische Ver=
handlungen vorgenommen haben. — Hätten nicht endlich,
wäre es anders, so gut wie fünf, auch drei, zwei, am Ende
gar nur Einer die Kammer der Landesdeputirten vorstellen
können? Solchem nach müssen sie feierlich gegen alle Ver=
handlungen der fünf Deputirten um so mehr im Angesichte
Gottes und des Volkes protestiren, als diese durch ihr bis=
heriges widergeseßliches Benehmen das Volksvertrauen ganz
verwirkt haben. Sie müssen jede künftige Steuerforderung
so lange als widergeseßlich erklären, bis sie durch eine auf

die gefetzliche Zahl zurückgeführte erfte, und durch eine voll=
ftändig verfammelte zweite Kammer nach vorgängiger ge=
nauer Prüfung des Bedürfniffes verfaffungsmäßig verwil=
ligt feyn wird." Außer den obengenannten 15 unterzeich=
nete jetzt auch der 16te, Baldus. Diefe Erklärung hatte
jedoch keine weiteren Folgen, als daß die fämmtlichen 16 De=
putirten von der Regierung in Anklageftand verfetzt wurden.
Diefe Anklage blieb jedoch ohne Refultat. Nur Kindlinger
und Hoffmann kamen, weil fie die Steuern nicht zahlen
wollten, auf acht Tage in Haft, und der vormalige Präfi=
dent der zweiten Kammer, der greife Herber, wurde we=
gen eines Zeitungsartikels zu dreijähriger Feftungsftrafe
verurtheilt, und wirklich trotz feines hohen Alters und einer
Cautionsanerbietung auf die Fefte Marxburg abgeführt.

Aus Anlaß des Hambacher Feftes wurde ein kleines Nach=
bild deffelben auf dem Niederwald gefeiert. Ein verabfchie=
deter Lieutenant, der dafelbft die deutfche Fahne aufpflanzte,
wurde verhaftet und bei hellem Tage mit gebundenen Hän=
den in Wiesbaden eingebracht.

***

12.
S a ch f e n.

Hier war alles wieder ziemlich ftill. Eine Correfpon=
denz der Allg. Zeitung äußerte fich im Mai: „An neuen
Verordnungen leidet unfere Staatsverwaltung fortdauernd
keinen Mangel. Das 14te und 15te Stück der Gefetzes=
fammlung enthalten allein wieder fünf neue Verordnungen,

von denen zwei bloß unser zweites Königreich, die königl.
sächsische Oberlausitz betreffen. Ich möchte wohl wissen, wie
dem Lordmayor von London zu Muth seyn muß, der o h n e
Hülfe von sechs Ministerien einer Volksmasse vorsteht, die,
wenn's hoch kommt, nur 140,000 Köpfe weniger zählt, als
die beiden vereinigten Königreiche S a ch s e n und O b e r l a u=
s i tz zusammen genommen. Mit unsern Ersparnissen will's
immer noch nicht recht fort; unser Militäretat erfordert bei
12,000 Mann Bundescontingent fast 200,000 Thaler mehr
als der würtembergische bei 13,900 Mann. Unsere Haus=
und Hofhaltung nimmt noch immer ziemlich den neunten
Theil der gesammten Staatseinnahme in Anspruch, und das
wird niemand Wunder nehmen, der das Heer von Hof= und
Reisemarschällen, Oberküchenmeistern, Oberschenken, Ceremo=
nienmeistern, Kammerjunkern und Kammerherren, Oberst=
hofmeistern und Obersthofmeisterinnen, Oberjägermeistern,
Oberstallmeistern, Kammerleuten, Beichtvätern, Leib= und
Hofärzten 2c. kennt, die alle unentbehrlich und zum Theil sehr
begehrlich sind. — Unser Wahlgesetz erfährt wegen seines Sta=
bilitätsprincips gar mannichfache Anfechtung. — Die neue
Ministerial=Bureaukratie, wie wohlthätig sie auch im Gan=
zen seyn mag, findet namentlich unter den ihres Einflusses
verlustigen Staatsdienern des alten Regime's grimmige Tad=
ler, und die frömmelnden Anhänger der alten E i n s i e d e l e i
sehnen sich nach den Fleischtöpfen Aegyptens, nach jener gold=
nen Zeit zurück, wo die ersten Landesstellen ein erbliches Be=
sitzthum weniger bevorzugter Familien waren. Unsere Staats=
zeitung thut leider gar wenig zur Verbreitung lichtvoller
Ansichten über Verfassungsangelegenheiten." Man tadelte
die Strenge der Censur, die mehrere Zeitschriften nach Alten=
burg

burg auszuwandern nöthigte. — Ein Handelstractat mit
Merico war der sächsischen Industrie sehr günstig. — Am 22
August kam es in Chemnitz zu einem Tumulte zwischen den
Zunftfreunden und Zunftgegnern. Auch in Sachsen wurden,
wie überall, Vereine und Versammlungen verboten, der Preß=
verein im Voigtlande aufgelös't. Gegen die Bundesbeschlüsse
protestirten zwei reiche Edelleute, Graf von Hohen=
thal und Herr von Watzdorf in einer Eingabe vom 22
August.

13.
Weimar.

Man war hier sehr ängstlich, die Censur streng. Die
Bundesbeschlüsse veranlaßten den ständischen Vertreter der
Universität Jena, Prof. Luden, sich von der parlamentarischen
Arena zurückzuziehen. Eine Anzahl Studenten verbrannte
am 13 Julius die Zeitungen, in welchen die Bundesbeschlüsse
publicirt waren, auf dem Markte von Jena. Der Stadtrath
von Weimar forderte den Landtagsvorstand zu einer Protesta=
tion gegen die gedachten Beschlüsse auf. — Am 18 November
kam der Landtag selbst zusammen, und empfing die Ermah=
nung, keinen Einflüsterungen von außen Gehör zu geben.
Gleichwohl wurde der Antrag auf Oeffentlichkeit der Sitzun=
gen gestellt, und auch trotz heftiger Gegenkämpfe, besonders
von Seite des Adels, mit nur 18 Stimmen gegen 11 durch=
gesetzt, wobei es freilich erst der Regierung anheimgestellt
blieb, ob sie ihre Zustimmung geben wolle.

14.

Altenburg.

Die wohlwollende Regierung gestattete dem kleinen Völk=
chen, Verfassung, Landstände und eine verhältnißmäßig sehr
freie Presse, daher viele sächsische Pressen nach Altenburg
wanderten. Eine Correspondenz der Allg. Zeitung sagte sehr
gut: „Der Tauftag unserer neugebornen Prinzessin und un=
serer wiedergebornen Ständeversammlung fielen beide auf
das Pfingstfest. Uebrigens war es unverkennbar, daß die
Erscheinung des greisen Herzogs, von einem blühenden
Kranze naher und ferner geliebter Kinder und Enkelkinder
umrankt, denen die regierende Königin von Bayern mit
ihren Kindern sich liebend angereiht hatte, wohlthuender
auf das Publicum wirkte, als jener ganze prächtige Conduct
befiederter Damen, die unwillkürlich an Le Vaillants Be=
schreibung des innern Afrika erinnerten, wie denn auch die
Anwesenheit der Deputirten des Bauernstandes in ihrer
nationellen Tracht mit Pluderhosen und langen Röcken, mit
dem schlichtgekämmten Haare, und den klugen offenen Ge=
sichtern, mir des alten Montecuculi Wort an die protestan=
tische Geistlichkeit Hessens ins Gedächtniß rief: „Ich auch
nit alles glaub, aber doch nit protestir!" — Sie werden's
übrigens auch nicht nöthig haben, das Protestiren nämlich;
denn sowohl die von dem Minister v. Braun, als die von
dem zum Landschaftsdirector gewählten sächsischen Staats=
minister v. Lindenau gehaltenen Reden, ingleichen die lan=
desherrlichen Propositionen, athmeten jenen Geist der
Wahrheit, Biederkeit und entschlossenen Vorwärtsstrebens,
dem man es wohl ansieht, daß es jenen hochgestellten Män=

nern Ernst ist, nicht diejenigen, welche bezahlt seyn
wollen, sondern diejenigen, welche bezahlen müssen,
zufrieden zu stellen." — Die kleine altenburgische Kammer
selbst erklärte ihre Sitzungen für öffentlich, sprach für Preß=
freiheit, und war so liberal wie die Regierung. Ein Depu=
tirter meinte, man solle es denn doch nicht so streng mit den
Hambachern und mit den Protestationen nehmen; wenn es
auch einige Schwindelköpfe gebe, so sey das ja lange nicht
das ganze deutsche Volk, und besonders bei ihnen in Alten=
burg sey gar keine Gefahr.

15.
Meiningen.

Hier war die Regierung höchst volksthümlich, aber das
Volk selbst war es wenigstens nicht in seinen Wahlen gewe=
sen, denn es trat der sonderbare Fall ein, daß die erröthenden
Regierungscommissarien sehr oft den Deputirten in ihrem un=
geschickten Liberalismus nachhelfen mußten. Ein Correspon=
dent im Freisinnigen sagte: „Vieles, was in den meisten
andern constitutionellen Staaten den Regierungen im heißen
harten Kampfe von den Deputirten erst mühsam abgerungen
werden muß, reicht ihnen hier ein edler Fürst aus freieigenem
Willen wohlmeinend entgegen. Gesetzesvorschläge für Oef=
fentlichkeit der ständischen Verhandlungen, für Aufhebung
der Monopole, Verbesserung der Justizpflege, Vereinfachung
der Verwaltung, sind bisher weniger von den Ständen zu
veranlassen, als anzunehmen gewesen. Um so beflagenswer=

ther aber iſt die Unbeholfenheit, welche unſere Ständever=
ſammlung charakteriſirt." Die Vereinigung der alten und
neuen Landesſchulden war eine für das Ländchen ſehr heil=
ſame Maßregel.

16.
Oldenburg.

Am 5 October 1830 hatte der Großherzog ſehr freund=
lich zu ſeinen Unterthanen von Erleichterungen geſprochen;
am 8 Auguſt 1831 hatte er erklärt, er beſchäftige ſich mit
einem Verfaſſungsentwurfe; da aber das Erwartete ſich
immerfort verzögerte, wagten eine große Anzahl Bürger von
Eutin und Grundbeſitzer der Aemter eine unterthänigſte Bitte
um Beſchleunigung, worauf ihnen unterm 9 December 1831
der Beſcheid wurde, „daß weitere ähnliche Eingaben ohne
Reſolution gelaſſen werden würden." — Seitdem erfuhr
man nichts wieder, als daß am 5 December 1832 eine Menge
Landvolk in Eutin eindrang, um einige daſelbſt inhaftirte
Malcontente mit Gewalt zu befreien. Es gelang ihnen nicht,
ein Bauer wurde getödtet, acht andere verwundet.

17.
Die übrigen kleinen Bundesſtaaten.

Auch in Mecklenburg gründete man einen Preßverein,
wogegen am 14 December ein Verbot erlaſſen wurde,

Der Fürst von Schwarzburg = Sondershausen ertheilte am 14 April auf die Bitten um Verfaſſung eine abſchlägige Antwort.

Der Fürſt von Reuß=Greiz gab endlich die Lotterie auf, durch welche ſeine Bauern bisher zu Grunde gerichtet worden waren.

In der freien Stadt Bremen erhob ſich unter dem Vorſitze des Aldermann Volte der Bürgerconvent gegen die 500jährige ſtädtiſche Verfaſſung, die bisher manchem ariſtokra= tiſch=oligarchiſchen Mißbrauche Vorſchub geleiſtet hatte, am 17 Februar. Volte wurde wegen ſeiner kühnen Reden zur Verantwortung gezogen, gleichwohl mußte eine Deputation die Verfaſſung revidiren.

Der Senat der freien Stadt Frankfurt kam in ziem= liches Gedränge zwiſchen den Bundestag und den Frankfurter Liberalen. An der Spitze der letztern ſtand Dr. Rein= ganum, der einen Preßverein gründete. Man hatte hier die Polen triumphirend empfangen, man hatte von hier aus dem Dr. Wirth in Hambach einen Ehrenſäbel überreicht. Die Landangehörigen verlangten gleiche Rechte mit den Be= wohnern der Stadt. Die Bürgergarde tumultuirte gegen ihren Oberadjutanten, der des Ariſtokratismus oder der Spio= nage verdächtig war. Das Volk zog im Herbſt öfters, wenn die Bürgergarde heimkehrte, vor den Bundespalaſt mit pa= triotiſchen Geſängen und Geſchrei. Das hatte denn Recla= mationen zur Folge, die den Senat je mehr und mehr zur Strenge aufforderten. Am 25 October wurde ein politiſcher Schriftſteller, Freveiſen, verhaftet. Der berühmte humori-

ſtiſche Dichter Börne verlor die Penſion, die er von der Stadt
Frankfurt genoß, weil er der Aufforderung, dahin zurückzu=
kehren, wobei man ihn vielleicht ſeiner Pariſer Briefe wegen
einem politiſchen Proceſſe unterworfen hätte, keine Folge
leiſtete.

XII.

America.

Man machte die Bemerkung, daß im J. 1832 an der Spitze einer jeden der 11 americanischen Republiken ein General stünde: in den Vereinigten Staaten General Jackson, in Merico General Bustamente, in Guatimala General Morazan, in Neugranada General Obando, in Venezuela General Paez, in Aequator General Flores, in Peru General Gamarra, in Chili General Prieto, in Bolivia General Santa=Cruz, in Buenos=Ayres General Rosas, in Hayti General Boyer.

Hieraus ist indeß nur für das spanische America ein Schluß zu ziehen. Dort waren es allerdings Militärchefs, welche die Herrschaft gewaltsam an sich gerissen hatten, sie gewaltsam behaupteten und sie einander auf Kosten der bürgerlichen Ruhe und aller Friedensinteressen zu entreißen suchten. Dieß waren natürliche Nachwehen der großen Umwälzung, durch welche das spanische America seine Unabhängigkeit erlangte, und vielleicht noch mehr die Folge der durch die frühere spanische Despotie künstlich genährten Barbarei und Unwissenheit im Volke. — In den Vereinigten Staaten, so wie in der Negerrepublik Haiti herrschte tiefer Frieden.

1.

Die Vereinigten Staaten von Nordamerica.

Die alte Tariffrage und die neue Präsidenten=
wahl regten die Parteien gewaltig auf. Die Südprovin=
zen, bei denen noch das Sklavensystem eingeführt ist, waren
gegen den Tarif, schlossen sich daher an Clay, den Kentuckier,
des Präsidenten Jackson Rival, an, und wurden um so wü=
thender, als sie in der Minorität blieben.

Zu welchen Excessen diese Parteiwuth selbst im Schooße
des Congresses führte, ersehen wir aus folgenden Nachrichten.
Der American meldete: „Herr Stanberry, Mitglied der Re=
präsentantenkammer für den Staat Ohio, ist von Herrn Hou=
ston, ehemaligem Gouverneur von Tennessee, auf das gröb=
lichste angegriffen worden. Einige Bemerkungen des Herrn
Stanberry in der Kammer dienten ihm zum Vorwande dieser
Gewaltthätigkeit. Der letztere muß in Folge dieses brutalen
Ueberfalls das Bett hüten, und hat am folgenden Tage die
Kammer davon benachrichtigt, welche zunächst noch in dersel=
ben Sitzung auf den Antrag des Hrn. Vance den Präsidenten
mit einer Majorität von 145 gegen 25 Stimmen ermäch=
tigte, einen Verhaftsbefehl gegen Samuel Houston zu erlas=
sen. Hr. Stanberry erhielt zuerst einen Schlag mit einem
Stock, und griff darauf nach einem Pistol. Als sein Feind
dieß bemerkte, versetzte er ihm einen so heftigen Streich auf
den Arm, daß dieser einen Bruch erlitt. Mehrere dabei an=
wesende Congreßmitglieder blieben unthätige Zuschauer dieser
Beschimpfung.“

Ferner berichteten New=Yorker Blätter: „In der Sitzung
des Repräsentantenhauses vom 14 Mai wurde gegen Mittag

der General Houston (der vor einiger Zeit ein Attentat gegen den Abgeordneten Hrn. Stanberry verübt hatte) vor die Barre des Hauses geführt, um wegen einer Verletzung des Reglements, in Folge eines am 11ten von der Versammlung gefällten Urtheils, von Seite des Sprechers einen Verweis zu empfangen. Alle Galerien waren mit Zuschauern, besonders vielen Damen, angefüllt. Der Gouverneur Houston erschien in Begleitung eines Huissiers, und hatte eine Protestation gegen die Entscheidung des Hauses in der Hand. Der Sprecher ertheilte ihm nun den Verweis, aber auf eine so höfliche Weise und in so schonend gewählten Ausdrücken, daß wir uns nicht erinnern, jemals etwas Gemesseneres aus dem Munde des Hrn. Stevenson gehört zu haben. Nachdem diese Sache abgemacht war, wurde dem Gouverneur Houston erlaubt, sich zu entfernen. Kaum aber war dieses geschehen, so überreichte Hr. Cooc eine Klage gegen einen Doctor Davis, der in einem an ihn gerichteten Schreiben seiner Würde als Repräsentant der Nation zu nahe getreten war. Sogleich entspann sich eine äußerst heftige und persönliche Debatte über diesen Gegenstand. Hr. Arnold aus Tennessee und Hr. Burgeß machten sich vor allen andern durch ihre brutalen Ausfälle bemerklich. Hr. Burgeß drohte jedem, der sich nicht dem Willen und Ausspruche des Congresses bequemen würde, mit dem Pranger. Hr. Arnold ging noch weiter; er bezeichnete den Major Heard, mit dem er einige Händel gehabt hatte, als einen Menschen, „der jedes Verbrechens fähig sey,‟ und fügte hinzu, daß er seinerseits auf alles gefaßt wäre. Als diese stürmische Sitzung aufgehoben war, und die Mitglieder von der Treppe des Hauses herabstiegen, begegnete der von Hrn. Arnold persönlich angegriffene Major Heard dem Erstern

und stürzte auf ihn los. Hr. Arnold deckte sich durch eine
geschickte Wendung des Arms; aber der Major zog eine Pi=
stole aus der Tasche, und feuerte auf seinen Gegner. Die
Kugel pfiff über die Häupter der Umstehenden hin, so daß
sich ein allgemeiner Schrecken ihrer bemächtigte, und sie in
Verwirrung von den Kämpfenden zurückwichen; die Furcht=
samsten ergriffen die Flucht, aber Einige traten wieder näher,
mischten sich in die Sache, und nahmen theils für den Einen,
theils für den Andern Partei. Es entstand ein allgemeiner
Lärm, so daß man kaum etwas verstehen konnte. Einige
riefen: „Ums Himmels willen, tödten Sie Hrn. Arnold
nicht!‟ Andere dagegen: „Schonen Sie doch Hrn. Heard!‟
Dort riefen Mehrere: „Vertagen wir uns! wir befinden uns
schon zu lange in Washington!‟ Unterdessen hatte Hr. Ar=
nold dem Major das Pistol aus der Hand gewunden, und
einen langen Stockdegen gegen ihn gezogen. Hr. Heard
stürzte zu Boden, und wälzte sich auf den Stufen der Treppe
in seinem Blute; der Sieger aber entfernte sich mit ge=
schwungener Waffe, begleitet von einem lärmenden Haufen
seiner Collegen, und ließ den armen Verwundeten hülflos
liegen, dieser raffte sich jedoch bald auf, und suchte einen
Brunnen zu erreichen, wo er sich seine Wunden auswusch.‟

In einer andern Sitzung am 20 Junius wurde von der
Galerie herab ein Hufeisen unter die Repräsentanten ge=
worfen, das aber zum Glück niemand beschädigte. Diesel=
ben Blätter urtheilen über die Tariffrage: „Da der Nor=
den und Süden der Union vermöge der Beschaffenheit ihrer
Erzeugnisse und ihres Gewerbfleißes ganz entgegengesetzte
Interessen haben, so kann man sich nicht verhehlen, daß es
sehr schwierig seyn wird, zu einer Lösung zu gelangen, die

so widersprechende Bedürfnisse zu befriedigen vermag. Die höchste Weisheit muß jetzt die Handlungen des Congresses leiten, denn es fragt sich nicht mehr, ob dieser oder jener Staat ein wenig mehr oder minder durch das neue Gesetz begünstigt werden soll, denn es ist jetzt die Frage, ob eine gewaltsame Trennung und alle Leiden eines Bürgerkrieges die wachsende Wohlfahrt dieses Landes vernichten sollen. Man kann sich denken, wie besorgt alle Einsichtsvollen seyn müssen, die jetzt an den Patriotismus ihrer Mitbürger appelliren, wenn sie die energischen Erklärungen der südlichen Staaten lesen." — Um einen Begriff von der Stimmung zu geben, welche in den südlichen Staaten herrscht, werden dann einige Toasts angeführt, welche bei einem dem Gouverneur von Süd-Carolina gegebenen Feste ausgebracht und mit dem größten Enthusiasmus aufgenommen wurden. „Wir sind betrogen, unterdrückt und beschimpft worden; wir haben Klagen und Beschwerden an unsere Unterdrücker gerichtet, und sie von allem benachrichtigt; aber anstatt unsere Bürde zu erleichtern, haben sie uns mit noch stärkern Fesseln belastet. Jetzt frommt es nicht mehr, zu beschließen; es muß gehandelt werden." So lautet einer der Toasts; ein anderer: „Lieber Annullirung (Auflösung der Union), als den Tarif (auf die Einfuhr); lieber Trennung als Unterwerfung." Ein dritter brachte „die tapfere und aufgeklärte Miliz von Süd-Carolina" aus, „sie kennt ihre Rechte; und die Officiere derselben werden sie aufs Schlachtfeld führen, wenn die Interessen des Staats es erheischen;" eine Dame: „Die Baumwollballen des Südens, die schon in zwei Kriegen als tüchtige Waffe gedient, und womit in einem dritten der Versuch gemacht werden könnte" u. s. w.

Die nahe bevorstehende gänzliche Tilgung der Staats=
schulden machte eine Herabsetzung des Tarifs, und
also eine Nachgiebigkeit gegen die südlichen Staaten mög=
lich. Dagegen protestirten nun aber die östlichen und
nördlichen Provinzen. „In New=York und den östli=
chen Staaten werden zahlreiche Versammlungen gehalten,
um gegen den von dem Schatzamte dem Congresse vorgeleg=
ten Plan zur Herabsetzung des Tarifs zu protestiren. Auch
in Pennsylvanien finden dergleichen Vereine statt. An einer
zu Philadelphia am 26 Junius in diesem Sinne gehaltenen
Versammlung sollen nahe an 10,000 Personen Theil ge=
nommen haben. Joseph Hemphill präsidirte, und es wur=
den Resolutionen angenommen, wodurch aufs heftigste gegen
das Project des Schatzsecretärs protestirt wird, weil dasselbe
ein tödtlicher Schlag für den Wohlstand der Nation sey.

Die neue Tarifbill wurde von der Majorität ziem=
lich amendirt, dann aber von beiden Kammern und vom
Präsidenten angenommen, zu Anfang Julius. Die Süd=
provinzen waren damit keineswegs zufrieden. Einige ihrer
Repräsentanten verfaßten sogleich eine Adresse an das
Volk von Süd=Carolina, worin sie ihre Protesta=
tion aussprachen: „Welchen Hoffnungen man sich auch beim
Beginne der Session hingegeben haben mag, daß von Seite
der Majorität ein wiederkehrendes Gefühl von Gerechtigkeit
die schwere Last der Unterdrückung, unter der ihr so lange
gelitten, und worüber ihr euch mit so vielem Rechte be=
schwert habt, entfernen oder wesentlich mildern würde, so
sind die Unterzeichneten jetzt trotz ihres Widerstrebens ge=
nöthigt zu erklären, daß diese schmeichelnden, allzu lang ver=
schobenen Hoffnungen ganz und für immer verschwunden

sind." Dann folgt eine sehr interessante Geschichte des
Tarifs: „Im Jahre 1816 beim Schlusse des Krieges, wel=
cher die inländischen Manufacturen auf eine unnatürliche
Weise aufmunterte, wirkte alles, die liebende Gesinnung, die
Dankbarkeit und der Patriotismus des Congresses zusam=
men, bei der Reducirung und Einrichtung der Einnahms=
zölle des Krieges, wie sie für den Friedensstand seyn sollten,
das Manufactur=Interesse, welches edelmüthig die Regierung
unterstützt hatte, während andere Interessen sie verließen,
vor der Erschütterung eines plötzlichen Uebergangs durch eine
allmähliche Reduction zu schützen. Demgemäß wurden die
Baumwollen= und Wollenwaaren mit einem Zolle von 25
Procent ad valorem belegt, mit der Bestimmung, daß kein
Baumwollenfabricant geringer als 25 Cents (ungefähr 50
Kreuzer) angeschlagen werden solle, da dieß der Preis der
damals gewöhnlich eingeführten groben Baumwollenwaaren
war; der Zoll auf geschmiedetes Stabeisen wurde auf 45
Cents der Centner festgesetzt, was gleichfalls nicht über 25
Procent des damaligen Werthes jenes Artikels betrug, und
der Zoll auf alle verarbeiteten Eisenwaaren wurde auf 25 Proc.
ad valorem festgesetzt. Man kann in der That im Allgemei=
nen behaupten, daß im Durchschnitt die Zölle auf diejenigen
Artikel, die man dadurch schützen wollte, nach dem Tarife
von 1816 nicht mehr als 25 Procent ad valorem betrugen,
im Vergleiche mit dem damaligen Preise derjenigen Artikel,
welche das Minimum des Zolls bezahlten; zu gleicher Zeit
betrugen die bloßen Einkommenszölle auf Wein, Kaffee, Thee
im Durchschnitte wenigstens 50 Procent. Der Grundsatz
wurde also hier entschieden angenommen, daß die unbeschützten
Artikel die passendern Gegenstände zur Taxation wären, und

höhere Zölle bezahlen sollten, als die beschützten, aus dem einleuchtenden Grunde, daß der Schutz, den man durch die Zölle auf diese letztern Artikel einer Classe americanischer Producenten gewährte, der andern Classe nothwendig eine entsprechende Last auflegte. Aber selbst diese Zollsätze auf Baumwollen= und Wollenwaaren waren nach der ausdrück= lichen Bestimmung der Acte selbst, wodurch sie auferlegt wur= den, temporär, da sie nach drei Jahren von 25 auf 20 Procent ad valorem reducirt werden sollten. Weit entfernt also, daß diese Zölle bloß zum Schutze so gestellt worden wären, wären sie vielmehr niedriger als die andern, die bloß ein Einkom= men zum Zwecke hatten, und sie enthielten so wenig ein stillschweigendes Versprechen, daß man sie ohne Rücksicht auf die Geldbedürfnisse der Regierung beibehalten und ausdeh= nen werde, daß die Acte von 1816 vielmehr die ausdrück= liche Erklärung enthält, selbst die für den Augenblick be= zweckte Steigerung des Einkommens, solle keine Veranlas= sung seyn, die Zölle über 20 Procent länger als drei Jahre bestehen zu lassen. Statt indessen die Bestimmungen der Acte von 1816 zu halten, stürzte das Manufactur=Interesse sie zuerst um, indem es den Widerruf der Clausel veranlaßte, wonach die drei Zölle in drei Jahren ad valorem auf Baum= wollen= und Wollenwaaren von 25 auf 20 Procent reducirt werden sollten. Mit diesem ihnen so edelmüthig gewährten Schutze noch nicht zufrieden, fuhren die Manufacturisten fort, um eine stärkere Vermehrung der Zölle zu lärmen, bis es ihnen im Jahre 1824 gelang, sie von 25 auf 33⅓ Pro= cent von Wollenwaaren, und auf 90 Cents vom Centner Eisen zu erhöhen, während von Baumwollenwaaren der Zoll von 25 auf 50 Cents per Elle erhöht wurde, was im Durch=

schnitte eine Erhöhung von 10 bis 15 Procent ad valorem
ist. Auch bei den meisten andern Manufacturartikeln wur=
den die Zölle beträchtlich vermehrt. Der Tarif von 1824
ging durch, unter fast einstimmiger Opposition aller Reprä=
sentanten der südlichen Staaten, und nichts konnte damals
das Volk im Süden zur Annahme bewegen, als die feier=
liche Versicherung des Hauptvertheidigers des Tarifs, daß
man nie einen Schutz für die Manufactur=Interessen verlan=
gen werde. Dieß Versprechen ward mit klaren Worten im
Congresse während der Discussion gemacht, aber bald vergeſ=
sen oder nicht beachtet; denn im Jahre 1826 wurden er=
neuerte Anstrengungen gemacht, die schützenden Zölle, nament=
lich Wolle und Wollenwaaren, abermals zu erhöhen, Anstren=
gungen, die mit Beharrlichkeit bis 1828 fortgesetzt wurden,
wo sie mit vollständigem Erfolge gekrönt wurden, durch ein
Gesetz, das man auf eine sehr angemessene Weise die „Bill
der Abscheulichkeiten" (bill of abominations) nannte. Diese
Acte erhöhte die Zölle auf Wollenwaaren im Durchschnitte
um mehr als 20 Procente, und auch die andern schützenden
Zölle bedeutend, obgleich nicht so stark."

Die Protestation wird dann weiter motivirt: „Im Jahre
1826 hatten wir eine ungeheure öffentliche Schuld abzutra=
gen, und für ein jährliches Einkommen von 24 Millionen zu
sorgen. Wenn daher im Jahre 1816 die schützenden Zölle im
Ganzen nicht mehr als 25 Procente betrugen, als es nöthig
war, für ein Einkommen von 24 Millionen zu sorgen, so
folgt nach den Grundsätzen der Acte von 1816, auch ohne die
damals beabsichtigten Reductionen in Anschlag zu bringen,
ganz klar, daß die schützenden Zölle jetzt auf 12 ½ Pro=
cente vermindert seyn sollten, da man nur noch für ein jähr=

liches Einkommen von 12 Millionen zu sorgen hat. Wie
sind aber die Bestimmungen der kürzlich durchgegangenen
Acte? Die Lasten der schützenden Zölle wurden entschieden
vermehrt, wenn man die Baarzahlung und die verminderte
Dauer des Credits in Anschlag bringt, und sie stehen jetzt
im Durchschnitte höher als 50 Procente, während die Zölle
auf unbeschützte Artikel, welche nach allen Grundsätzen der
Billigkeit und Gerechtigkeit den hauptsächlichsten Antheil an
den Lasten tragen sollten, mit wenigen unbeträchtlichen Ausnahmen völlig abgeschafft sind. Auf die Manufacturwaaren,
welche als Tauschartikel gegen die Stapelproducte der südlichen Staaten angenommen werden, beträgt die Erhöhung
der Taxenlast über das, was sie im Jahre 1828 war, mehr
als eine Million Dollars, während die Reduction oder die
Abschaffung der Zölle auf diejenigen Artikel, welche als Aus-
tausch gegen die Producte der Tarifstaaten in diese eingeführt und hauptsächlich in diesen Staaten consumirt werden,
ungefähr 4 Millionen Dollars betragen. Während demnach
die Taxen der Gesammtheit um 4 Millionen durch diese Bill
vermindert werden, werden die positiven Lasten der südlichen
Staaten gar nicht verringert und ihre relativen bedeutend
vermehrt. Die Erleichterung, welche die südlichen Staaten
als Consumenten durch die Reduction und Abschaffung der
Zölle auf die Austauschmittel des Nordens erhalten, wird
höchstens den vermehrten Lasten gleichkommen, welche
auf die Austauschmittel des Südens gelegt wurden. Auf
der andern Seite wirken diese vermehrten Lasten, die
auf die Austauschmittel des Südens gelegt wurden, als
Prämien für die manufacturirenden Staaten zum Betrage
von mehr als einer Million Dollars, und die Reduction
und

und die Abschaffung der Zölle, die auf ihren Austausch- und Consumtions-Gegenständen lagen, wirken als eine Erleichterung für sie von wenigstens drei Millionen mehr. Es geht aus allem diesem hervor, daß die manufacturirenden Staaten durch die Bestimmung des neuen Tarifs zum Belaufe von vier Millionen Dollars jährlich erleichtert werden, während die ungleichen und unterdrückenden Lasten der Pflanzerstaaten nicht nur unvermindert, sondern durch die wachsende Ungleichheit sehr erschwert sind. Schließlich sagen die Unterzeichner der Adresse: „Sie nehmen sich nicht heraus, das geeignete Mittel vorzuschlagen; nachdem sie aber ihre feierliche und wohlerwogene Ueberzeugung ausgedrückt haben, daß das System der schützenden Zölle jetzt als die bestimmte Politik des Landes betrachtet werden müsse, da alle Hoffnung auf Erleichterung durch den Congreß unwiderruflich dahin ist, so überlassen sie es der souverainen Macht im Staate, zu bestimmen, ob die Rechte und Freiheiten, die ihr von euern ausgezeichneten Voreltern empfangen habt, gutwillig ohne Kampf hingeopfert werden. — Folgen die Unterschriften: R. V. Hayne. S. D. Müller. G. Mc. Duffie. W. R. Davis. J. M. Felder. J. K. Griffin. W. T. Nickolls. R. W. Barnwell. Washington, den 15 Jul. 1832.‟

Die bevorstehende Präsidentenwahl steigerte noch die Erbitterung. General Jackson war der Candidat der nordöstlichen Majorität, Clay derjenige der südlichen Minorität. Man bemerkte, daß Adams, der auch in der Tariffrage vermittelt hatte, sich zwischen beiden Platz zu machen trachte, was ihm aber bei der Schroffheit der Parteien nicht gelang.

Die Minorität hoffte die Gemäßigten schrecken zu kön-

nen, wenn fie das Aeußerſte thäte. Daher erklärten Süd=
carolina und Georgien eigenn;ächtig den neuen Tarif für
nichtig. Am 26 November trat der Congreß von Süd=
carolina zuſammen, und der Gouverneur Hamilton be=
trieb ſchon daſelbſt die Aushebung von 12,000 Mann. Da=
gegen wollte der am 29 November verſammelte Congreß von
Georgien von ſo gewaltſamen Maßregeln nichts wiſſen,
ſondern zeigte ſich zu neuen Unterhandlungen bereit und er=
klärte ausdrücklich: „daß er die Lehre von der Trennung und
Losreißung von der Union verabſcheue, und die unkluge und
revolutionäre Maßregel Südcarolina's beklage.“

General Jackſon erließ am 10 Decbr. eine energiſche
Proclamation gegen die Nullificirer von Südcaro=
lina, worin er zwar ſeine Neigung durchblicken ließ, die Zölle
herabzuſetzen und ihren Wünſchen wenigſtens allmählich zu
entſprechen, ſie aber bedeutete, daß er jede Empörung und
Verletzung der Geſetze aufs ſtrengſte ahnden werde. „Die
Lehre, daß ein einzelner Staat ein Veto gegen die Geſetze
der Union ausüben könne, trägt den Beweis unpraktiſcher
Abgeſchmacktheit in ſich, ſie iſt unverträglich mit der Exiſtenz
der Union, ihr widerſpricht der Buchſtabe wie der Geiſt der
Conſtitution, und ſie zerſtört den großen Zweck, um deſſen
willen die Unionsregierung gegründet wurde. Man betrachte
die Folgen, und man wird bald erkennen, daß die jetzige
Kriſis mit jedem Tage wiederkehren könnte, wenn ein Geſetz
der Vereinigten Staaten irgend einem einzelnen Staate miß=
fiele, und daß wir dann bald aufhören würden, eine Nation
zu ſeyn ꝛc.“ Der ganze Ton des Präſidenten war mäßig,
väterlich, begütigend.

Am 17 December wurde dieſe Proclamation im Hauſe

der Repräsentanten von Südcarolina vorgelesen. „Das Haus
hörte sie mit entschiedenen Zeichen des Unwillens an. Bei
der Stelle, wo der Präsident das Volk von Südcarolina
„seine Kinder" nennt, und „wie ein Vater" zu dem Staate
spricht, brach ein allgemeines Gelächter aus. Mehrere Redner traten gegen die in der Proclamation ausgesprochenen
Grundsätze auf. Ein Hr. Smith erklärte, die Proclamation
athme die schlimmsten Grundsätze von Concentration der Gewalt, und namentlich spreche sie die tyrannische Lehre aus,
daß kein Staat das Recht habe, sich einseitig von der Union
zu trennen. Leute aller Parteien müßten solche Lehren verwerfen; er fordere daher das Haus zur Abstimmung über
nachstehende Resolution auf: „Da der Präsident der Vereinigten Staaten eine Proclamation erlassen hat, worin er das
Benehmen dieses Staates verwirft, die Bürger auffordert,
ihrem ersten Eide der Treue (primary allegiance) zu entsagen, und mit militärischem Zwange droht, den die Constitution nicht gestattet und der mit der Existenz eines freien
Staates unverträglich ist, so soll Se. Exc. der Gouverneur
aufgefordert werden, eine Proclamation zu erlassen, das gute
Volk dieses Staats gegen die Versuche des Präsidenten der
Vereinigten Staaten, es von seiner geschwornen Treue abwendig zu machen, zu warnen, dasselbe zu ermahnen, seine
eitlen Drohungen nicht zu achten, und die Würde und Freiheit des Staats gegen die willkürlichen von dem Präsidenten
vorgeschlagenen Maßregeln zu schützen und zu vertheidigen."
Bei der Abstimmung zeigten sich 90 Stimmen für, 24 gegen die Resolution. — Inzwischen war die Unionspartei
auch nicht müßig. Sie erließ eine feierliche Protestation gegen den Beschluß des Convents von Südcarolina, weil dieser

nur beauftragt gewesen sey, friedliche und constitutionelle
Mittel gegen das Uebel der Schutzzölle vorzuschlagen, dagegen
aber die Unionsconstitution verletzt und die Rechte der Bürger mit Füßen getreten habe, indem man ihnen das Recht
der Appellation an die Gesetze und Gerichte der Vereinigten
Staaten entziehe. Sie protestirte gegen jeden Versuch, Truppen auszuheben, und dadurch friedliche Bürger dem Unglück
und der Strafe des Verraths auszusetzen. Die Protestation
ist von einem Präsidenten, Hrn. Thomas Taylor, vier Vicepräsidenten, zwei Secretären und 177 Mitgliedern der Unions-
convention unterzeichnet. — Es wurden ferner die HH.
Calhoun, Hamilton und einige andere Häupter der Nullifi-
cirungspartei in mehreren Districten im Bilde verbrannt,
ein Beweis der dort gegen sie gehegten Gesinnungen, die bei
weitem noch nicht die größte Höhe erreicht zu haben schienen.
Am 20 Dec. erließ der Gouverneur von Südcarolina die von
ihm verlangte Gegenproclamation; sie ist in sehr heftigen
Ausdrücken abgefaßt, und vindicirt, was eigentlich der Haupt-
punkt des Streits geworden ist, dem Staate das Recht, sich
nach Belieben von der Union loszusagen und als unabhängige Macht zu handeln."

Auch der Staat Virginien erklärte, obgleich er das
zu rasche Verfahren Südcarolina's nicht billige, so müsse
doch jedem einzelnen Staate das Recht zustehen, sich von dem
Bunde loszusagen, wann er wolle. Große Volksversammlungen zu New-York und zu Kentucki sprachen dagegen
heftig gegen den Geist der Empörung im Süden und erklärten sich zu Anwendung der Gewalt bereit. Die Regierung
war gegenüber dem einzelnen Südcarolina, dem die übrigen
südlichen Staaten nicht beistanden, stark genug, um ganz

ruhig und mäßig zu bleiben, und die schwache Opposition ihrer Unmacht zu überlassen.

Die Erneuerung des Freibriefs der Bank der Vereinigten Staaten zu Philadelphia nahm ebenfalls die Aufmerksamkeit der nordamericanischen Staatsmänner in Anspruch. Der Freibrief sollte in 3½ Jahren ablaufen, Viele wünschten schon jetzt seine Erneuerung, beide Kammern beschlossen sie, der Präsident aber verweigerte seine Zustimmung, weil er überhaupt gegen das Monopol der Bank war, und weil die Sache noch nicht drängte.

Eine tragische Episode bildet der Verzweiflungskampf der Indianer um den Boden ihrer Väter am östlichen Ufer des Mississippi. Zu Anfang des Sommers kehrten die Sack= und Fuchs=Indianer, unter Anführung des berühmten Black Hawk, oder des sogenannten schwarzen Falken, über den Fluß zurück, nachdem sie sich schon durch die Weißen hatten überreden lassen, ihre Wohnungen vom östlichen auf das westliche Ufer zu verlegen. Beim ersten Anfalle sollen die Americaner eine Niederlage erlitten und 150 Mann verloren haben. Der schwarze Falke verschanzte sich auf einer Insel des Missouri. Seine Wilden zeigten große Tapferkeit, und einen Edelmuth, der ihre Dränger beschämte, denn sie behandelten einige gefangene Frauenzimmer sehr gütig und entließen sie. General Atkinson rückte mit 4000 Mann gegen sie aus, und da sie nur 1200 Mann stark waren, zogen sie sich in Sümpfe und Wälder zurück. Da sie aber überall verfolgt und von der Uebermacht gedrängt wurden, entschlossen sie sich endlich, über den Mississippi zurückzugehen. Bei der Ueberfahrt aber wurden sie von den Weißen überfallen und ihrer 300 im Wasser erschossen, da zufällig ein Dampfboot hinzukam und mit Kanonen unter die Kähne der Wilden feuerte. Dennoch entkam der schwarze Falke mit dem Rest seiner Leute; nun aber fielen die treu= losen Sioux=Indianer, unterstützt von den Menominiehs und Winnebaghos, schon längst von den Weißen entsittlicht und servil gemacht, über ihre heldenmüthigen Brüder her, erschlugen den größten Theil der vom Kampfe Matten, nah= men die übrigen gefangen, und lieferten sie, vor allen aber den schwarzen Falken selbst, an die Weißen aus.

Um die Negersklaven vor der liberalen Ansteckung zu wahren, schlossen die Staaten Virginien und Maryland alle freien Farbigen unwiderruflich von ihrem Gebiete aus, und der erstere Staat setzte für 1832 eine Summe von 35,000, für das folgende Jahr von 90,000 Dollars aus, um die Auswanderung der freien Farbigen zu beschleunigen.

Ueber die energischen Maßregeln, durch welche die Ver= einigten Staaten kleine ihrem Handel zugefügte Beleidigun= gen rächten, äußerte sich das New=Yorker Handelsjournal „Unsere Regierung schlägt sehr kurze Wege in ihren Maß= regeln ein: Wenn ein Gouverneur der Falklandsinseln drei oder vier unserer Robbenfänger in Beschlag nimmt, geht ein Kriegsschiff ab, und bemächtigt sich seiner, oder wenn er ge= rade nicht da ist, begnügt es sich damit, die angesehensten Männer der Colonie hinwegzuführen, und die zur Verthei= digung dieser letztern bestimmten Geschütze zu vernageln. Wenn die Quallah=Battuaner an der Küste von Sumatra ein mit Pfeffer befrachtetes americanisches Boot plündern und die Mannschaft umbringen, geht ein Kriegsschiff ab und brennt ihre Stadt nieder, nimmt ihre Forts und tödtet ein= hundert und fünfzig von ihren Einwohnern. Wenn ein

mericanisches Regierungsschiff gegen einen unserer Kauffah=
rer den Piraten spielt, geht ein Kriegsschiff ab und nimmt
das genannte Regierungsschiff weg, legt die Mannschaft des=
selben in Ketten, und sendet sie als eine gesetzmäßige Prise
nach den Vereinigten Staaten. Dabei stehen wir mit Buenos=
Ayres, Quallah=Battu und Mexico, so weit wir mit ihnen
zu thun haben, auf vollkommen freundschaftlichem Fuße, und
es ist keineswegs gemeint, daß diese Demonstrationen von
unserer Seite das Gegentheil andeuten."

Im Jahre 1852 wanderte die Cholera aus Europa
nach Nordamerica, und richtete zunächst in den größern Kü=
stenstädten, namentlich in New=York und Philadelphia, im
Laufe des Sommers ihre gewöhnlichen Verheerungen an.

Die Botschaft des Präsidenten vom 4 Dec. ent=
hielt nach herkömmlicher Weise eine Uebersicht aller Verhältnisse
der Vereinigten Staaten, und sie fiel sehr vortheilhaft aus.
„Am 1 Jan. 1833 wird die ganze Schuld der Vereinigten
Staaten, fundirte und unfundirte, nur ungefähr 7 Millio=
nen betragen, wovon 2,227,263 Dollars erst am 1 Jan. 1834
und 4,735,296 erst am 2 Jan. 1835 rückkaufbar sind. Die
Commissäre des Tilgungsfonds sind indessen ermächtigt, die
Schuld um den Marktpreis einzukaufen, und da die Mittel
des Schatzes groß sind, so ist zu hoffen, daß das Ganze wäh=
rend des Jahres 1833 getilgt werden wird. Ich kann dem
Congreß und meinen Mitbürgern nicht herzlich genug Glück
wünschen bei der Annäherung dieses denkwürdigen, glücklichen
Ereignisses, der Tilgung der öffentlichen Schuld dieser gro=
ßen und freien Nation." Zugleich kündigte er für die Folge
solche Maßregeln an, durch welche die Nullificirer einiger=
maßen beruhigt werden sollten: „Wenn, wie man glaubt,

es bei näherer Untersuchung sich findet, daß der Schutz, den die Gesetzgebung irgend einem Particularinteresse angedeihen läßt, größer ist, als zu diesen Zwecken unabweislich erfordert wird, so empfahl ich, daß er allmählich vermindert werde, und daß, so weit es sich mit diesen Zwecken verträgt, das ganze Zollsystem auf die Bedürfnisse des Staatseinkommens zurückgebracht wird, sobald als eine billige Rücksicht auf die Redlichkeit der Regierung und die Erhaltung des großen auf inländische Industrie verwandten Capitals es gestattet."

2.
Das englische America. Neger-Unruhen.

In Canada wüthete die Cholera. Sonst war dort alles ruhig und die Bevölkerung in erstaunlichem Zunehmen. Canada-Blätter enthalten folgende Angaben über die außerordentliche Vermehrung der Bevölkerung des brittischen Nordamerica's. Im Jahre 1784 zählte Unter-Canada 65,538 Einwohner; Neu-Schottland 32,000; Neu-Braunschweig und Neu-Fundland 12,000; Ober-Canada war fast ganz unbewohnt. Im Ganzen betrug also die Bevölkerung damals ungefähr 110,000 Seelen. Gegenwärtig zählt man in Ober-Canada 200,000, in Unter-Canada 544,000, in Neu-Braunschweig 80,000, in Neu-Schottland 130,000, in Cap Breton, Neu-Fundland und Prinz-Edwards-Insel 100,000; im Ganzen 1,054,000. In 46 Jahren fand also eine fast zehnfache Vermehrung statt; d. h. alle 14 Jahre eine Verdoppelung. Freilich liegt der Grund größtentheils in der Einwanderung, namentlich von Irland aus. In den Vereinigten Staaten

nahm man bis jetzt nur alle 24 Jahre eine Verdoppeluug der
Bevölkeruug an.

Auf den Antillen herrschte große Unruhe. Der Ne=
geraufstand auf Jamaica, deſſen wir schon im vorigen
Jahrgang gedacht, war noch nicht zu Ende. Erst am 2 Ja=
nuar 1852 schlug der englische Capitän Smith die Neger
aufs Haupt, und es gelang allmählich, ſie wenigſtens einſt=
weilen zur Ruhe zu bringen. Nordamericanische Blätter
schrieben: „Die Zahl der zerſtörten Plantagen wird darin
auf ungefähr 150 angegeben. Der Aufſtand war weit bedeu=
tender, als man nach den erſten Nachrichten hätte schließen
sollen. Das Martialgeseß ward noch auf längere 30 Tage
proclamirt. Der spanische Gouverneur auf der Oſtküſte von
Cuba bot für den Nothfall Hülfe an. Nur die augenblicklich
ergriffenen energischen Maßregeln konnten die Kraft des
Aufſtandes brechen; ob aber die Rebellen, welche in die Wäl=
der flohen, wo ſie mit Munition und Lebensmitteln versehen
zu seyn schienen, zu ihrer Pflicht zurückkehren werden oder
nicht, kann nur die Zeit lehren. Eine große Anzahl Neger
ward im Kampfe getödtet, andere ergriffen und auf der Stelle
erschoſſen, noch andere erhielten 100 bis 500 Hiebe. Man
schlägt die Zahl der getödteten Neger auf 2000 an, 500 un=
gefähr ſind in die Berge entflohen, und zu einer Zeit ſollen
50,000 Neger unter den Waffen geſtanden seyn."

Auch auf der Insel Trinidad und auf Dominica
gab es Negeraufſtände, und in allen übrigen Inseln war
große Gährung. Der englische Courier schrieb im März:
„Wir können die große Besorgniß nicht verbergen, daß eine
unglückliche Kriſis in unſern weſtindischen Colonien täglich
wahrscheinlicher wird. Die schreckliche Insurrection in Ja=

maica; der aufgeregte Zustand der Neger auf einigen der an=
dern Inseln; die traurige Noth; die bevorstehende Verar=
mung der Pflanzer im Allgemeinen, und der Ton, welchen
die Agenten und Repräsentanten der Colonisten, hier und
auswärts, in der letzten Zeit anstimmen zu dürfen glaubten,
haben endlich, wie es scheint, die Aufmerksamkeit fast jedes
Besonnenen auf die drohende Lage dieses großen National=
interesse's gelenkt. Das erste Merkmal beginnender Revolu=
tion — Mißtrauen in die Dauer der gesellschaftlichen Ord=
nung — ist schon allgemein in Westindien fühlbar. Der
Werth des Eigenthums ist in den letzten anderthalb Jahren
an einigen Plätzen um 55 Procent gesunken, und daß dieß
bloß der Besorgniß wegen dessen Unsicherheit zuzuschreiben
ist, beweis't der Umstand, daß der Marktpreis der Stapel=
producte jenes Eigenthums derselbe blieb, ja sogar stieg.
Der Mutterstaat ging von peremtorischen Lectionen zu der
Drohung wirklichen Zwangs über; die Colonien machten
hartnäckige Remonstrationen und weisen jetzt auf Widerstand;
kurz, man kann es sich nicht länger verbergen, daß die Bande,
welche einst die atlantischen Colonien an England knüpften,
vollends ganz zu zerreißen drohen."

3.
H a y t i.

Die Negerrepublik genoß tiefen Frieden. Das Wich=
tigste, was 1832 dort geschah oder nicht geschah, faßte die
Hamburger Börsenhalle in Folgendem zusammen: „Die Un=
terhandlung über einen Handelstractat zwischen den Vereinig=

ten Staaten und Hayti hat sich dadurch zerschlagen, daß letz=
teres den berühmten nordamericanischen Grundsatz der Reci=
procität in dem wesentlichsten Stücke auf eine für die Regie=
rung der Union zu harte Probe stellte. Es verlangte die
ufhebung aller beschränkenden Gesetze der südlichen Unions=
staaten für die Farbigen; Gesetze, welche die Zulassung der
haytischen Flagge in ihren Gewässern, und irgend eines Schif=
fes, das Farbige unter seiner Besatzung hat, verbieten. Da
der Congreß zu Washington nicht die Macht hat, einhei=
mische Gesetze der einzelnen Staaten abzustellen, so hatten
mit jener Forderung, die doch wohl für Hayti unerläßlich
scheinen muß, die Unterhandlungen ein Ende. — Die gesetz=
gebenden Kammern wurden vom Präsidenten in Portauprince
am 10 April eröffnet; seine Rede ist aber nicht bekannt ge=
macht. Er soll sich in Betreff Frankreichs sehr vorsichtig
ausgesprochen und beklagt haben, daß die Angelegenheiten
Hayti's mit dieser Macht noch nicht zur Ausgleichung ge=
kommen sind."

4.
B r a s i l i e n.

Aus diesem Lande vernahm man die widersprechendsten
Nachrichten, weil der Parteigeist alle Dinge übertrieb. Er=
folglose Complotte und unbedeutende Emeuten wurden als
gefährliche Empörungen geschildert. Die Wahrheit ist, daß
die Ruhe nicht ernstlich gestört wurde, und daß sich die, nach
Don Pedro's Entfernung im Namen seines jungen Sohnes,
des Kaisers Don Pedro II, niedergesetzte Regentschaft

am Staatsruder erhielt. Hiezu trug hauptsächlich die große
Energie des Justizministers Padre Feijo bei, so wie die
Thätigkeit der Nationalgarden und die Eintracht der
Kammern.

Die unruhige Partei bestand aus den alten Anhängern
Don Pedro's, die ihren Einfluß und alle Vortheile desselben
verloren hatten, besonders abgedankten Höflingen, Officieren
und Soldaten. Man betrachtete als ihre Chefs in der Haupt=
stadt die Familie Andrada, alte Günstlinge des Erkaisers,
aus der auch der Gouverneur des minderjährigen Kaisers
gewählt war, und in den Provinzen den Obersten Pinto
Madeira, der in Ceara offenen Aufruhr erregte.

Folgender Correspondenzartikel der Allg. Zeitung schil=
dert die Art, wie Feijo in der Hauptstadt die Ordnung er=
hielt: „Obgleich man dasselbe nicht von ganz Brasilien sagen
kann, so scheint sich doch der Status quo in Rio zu befesti=
gen; die Regentschaft vermehrt mit jedem Tage ihr Ansehen;
die südlichen Provinzen schließen sich kräftiger und sichtbarer
an sie an; hiezu tragen die kleinen Siege, die der eiserne
Justizminister Padre Feijo über die Opposition erficht, nicht
wenig bei; durch die National= und Municipalgarden sind
sie ihm leichte Spiele; denn bis jetzt, wenigstens seit Auflö=
sung des bestehenden Militärs, hat sich die Opposition bloß
durch kleine, unbedeutende Ruegas (Aufstände) geäußert, die
auch ohne Säbel und Bajonnette, durch bloße Dazwischenkunft
des Juizes de Paz, hätten abgemacht werden können; Feijo
aber weiß seinen Nutzen aus jedem Unwetterchen zu ziehen,
schafft solches in ein Gewitter um, und läßt jedesmal Ca=
vallerie und Infanterie ausrücken, die denn durch alle Ecken
und Enden, Straße auf, Straße ab, sprengen und rennen;

so wird dem Bürger bange, er muthmaßt auf Leben und Tod, oder ist doch wenigstens zur Ueberzeugung berechtigt, daß etwas Wahres, Furchtbares dahinter stecke, und sein Vertrauen zu Feijo steigt im Maßstabe des Volksgetümmels. Die Opposition, überzeugt, daß beim jetzigen Stande der Dinge Aufruhr unmöglich oder unzeitig sey, beschränkte sich darauf, schreiend aufzutreten, und hierin ließ sie sich weder durch Cavallerie noch Infanterie stören; die eraltirten Blätter wurden zügellos, griffen in jedes Verhältniß ein, um ihre Gegner zu verwunden; Feijo, die Regentschaft, als erste Zielscheibe, wurden ohne alle Rücksicht und Barmherzigkeit zerrissen; mehrmals wurden die Redactoren der Nova Luz, Matraca des Farroupilhas (Sturmglocke der Canaille) vor Gericht geladen, wurden indessen freigesprochen, weil die Opposition im Geschwornengerichte überwog; diesem Unfuge, der ihnen tiefere Wunden als die Rusgas zu schlagen drohte, ein Ziel zu setzen, beschlossen Feijo und Consorten eine neue Geschwornenwahl durchzusetzen; 40 Wähler protestirten gegen seine fulminirenden Portaria (so pflegt man hier seine Decrete zu nennen), und erklärten sie als constitutionswidrig; nichts desto weniger setzte sie die Regierung durch, und um sie desto besser zu bemänteln, sprengte man unter dem Volke die Nachricht einer Rusga aus, die den 12 Februar ausbrechen sollte. An diesem Sonntage nämlich war Generalrevue der National= und Municipalgarden angesagt worden, um ihnen Fahnen und Chefs zu geben; die Gerüchte sagten, die brasilische (Oppositions=) Partei würde an diesem Tage die Gelegenheit benützen, wo ihre Gegner sämmtlich auf einem Haufen sich vereinigen würden, um über sie herzufallen, sie zu ermorden und dann die Föderation zu proclamiren. Der

12te erſchien; 5000 Mann mit ſcharfgeladenen Gewehren und
400 Reiter fanden ſich auf dem Campo da Honra (ſo nennt
man den Campo St. Anna ſeit dem 7 April 1831) ein, und
blickten ſich erwartungsvoll nach allen Straßen um, ob es
den Rusguentos gefällig ſey; — doch keine Seele kam, die
Ordnung und Ruhe der hohen Feſtlichkeit zu ſtören. Nun
ward die Rusga auf den 15ten angeſetzt, Tag der neuen Ge=
ſchwornenwahl; das Bataillon der Soldados da patria (wel=
ches aus lauter Officieren beſteht, aus reformirten, aus in=
activen, und ſolchen, deren Corps eingegangen ſind) durch=
wachte die ganze Nacht; am Morgen beſetzten die Garden alle
Plätze in der Nähe des Wahlgebäudes; die Wahl begann un=
ter außerordentlichem Zuſtrömen des Volks; es ward geſpro=
chen, geſchrien, getobt, gewählt und proteſtirt, aber kein
Rusguento erſchien, der die Regierung am Siege verhin=
derte; durchaus günſtig für ſie fiel die neue Wahl aus.″

Die Unzufriedenen nahmen nun ihre Zuflucht zu einem
Club. „Als Pedro ſtürzte, vereinten ſich die heftigſten
Oppoſitioniſten, und inſtallirten die Sociedade Federal. Die=
ſer Name ſtimmte mit der frühern Loſung der Oppoſition
unter Don Pedro überein, und machte ſie ſchnell anwachſen;
da ſie indeſſen als Organ der peremtoriſchen Regença bald
mit dieſer ihr früheres Glaubensbekenntniß abſchwor, und
vielmehr antiföderal ward, ſo blieb ihr von der alten Oppo=
ſition bloß der Name. Die Sociedade Federal arbeitete, wie
ſchon geſagt, zu Gunſten der Regierung; begleitete und un=
terſtützte ſelbige in allen ihren Schritten, und nach und nach
ſonderten ſich deßhalb Mitglieder, die wirklich und nicht zum
Schein Föderaliſten ſeyn wollten.″ Am 2 März inſtallirte
ſich eine zweite politiſche Geſellſchaft unter dem Titel: Socie-

dade conservadora da constituiçao jurada, e do Impera-
dor. Ihre Mitglieder sind alle Anhänger Don Pedro's, dessen frühere Partitisten, und die Absolutisten überhaupt; fast
sämmtliche Nationalgardisten, und das unzufriedene Bataillon der Officiere (Soldados da patria, die sich am schlimmsten in ihren Rechnungen am 7 April 1851 betrogen) schrieben sich auf ihre Listen ein, oder halten es mit ihr."

Aus dem Schooße dieses Clubs gingen noch mehrere
Versuche zu Emeuten hervor, die aber alle in der Geburt
erstickt wurden. Nachdem der erste am 5 März mißlungen
war, erfolgte ein zweiter am 17 April, worüber Feijo also
berichtet: „Die Partei der Restauration versammelte sich
am Morgen des 17ten in der Quinta von Boa Vista. Die
Hauptmacht derselben bestand aus Dienern Sr. kaiserl. Majestät, einigen Nationalgarden aus dem Districte Eugenho
Vilho, zwei kleinen Kanonen, welche sich in der Quinta befanden, und einigen fremden und brasilischen Officieren, die
so jedes Gefühl für Ehre verläugneten, daß sie sich den Befehlen des so nichtswürdigen Abenteurers, der sich Baron
v. Bülow nennt, unterwarfen. Sie begaben sich nach dem
Platz in der Neustadt, von wo sie sich aber beim Anblicke unserer gegen sie vordringenden Streitkräfte zurückzogen. Die
Nationalgarde, welche stets zur Vertheidigung des Landes
bereit, und unfähig ist, irgend etwas Unwürdiges zu bege-
hen, unterstützt von dem Bataillon der Municipalgarde,
welche den guten Geist, der ihr inwohnt, niemals verläug-
net, schlugen sie nach einem Widerstande von einigen Minuten völlig in die Flucht. Mehrere wurden getödtet oder gefangen genommen, und die Uebrigen flüchteten sich in die
Wälder und in die benachbarten Quinta's."

Dieſer Aufſtand hing mit einem andern in Pernam=
buco zuſammen, wo am gleichen Tage die Reſtaurations=
partei ſich erhob, aber von den Farbigen und Negern beſiegt
wurde. Die Neger pflegten gern jede Emeute zu benutzen,
um zu plündern und ihrer Rachluſt gegen die Weißen Luft
zu machen. Von ähnlichen Erceſſen in Pernambuco hörte
man noch öfter im Verlaufe des Jahres.

Am 11 Mai ſchrieb der Erkaiſer Don Pedro ſeinem
Sohn einen Brief, worin er Folgendes ſagte: „Ich wünſche,
daß dich dieſes Schreiben geſund und in deinen Studien
fortgeſchritten finden möge; ja, mein geliebter Sohn, es iſt
für dich höchſt nothwendig, um das Glück Braſiliens, deines
wirklichen und meines Adoptiv=Vaterlandes, zu machen, daß
du dich durch Kenntniſſe und Sitten würdig machſt, über die
Nation zu herrſchen, denn, geliebter Sohn, die Zeit iſt vor=
über, wo man die Fürſten ehrte, weil ſie Fürſten ſind.“

Gleichwohl wurde der junge Kaiſer durch die An=
dradas mißleitet. Feijo erſtattete der am 1 Junius
eröffneten Kammer einen Bericht über den Zuſtand des Lan=
des, worin er die Unruhen und ihre Urheber alſo bezeichnete:
„Para, Maragnan, Ceara, Pernambuco, Bahia, Eſpirito=
Santo, Cujaba und Gepas ſind die Provinzen, in denen der
revolutionäre Geiſt die größte Ausdehnung erhalten hat.
Aufſtände, welche durch unruhige und ehrgeizige Gemüther
hervorgerufen und durch Militärs unterſtützt wurden, die
ſich von dem Wege der Pflicht und der Ehre entfernten,
bildeten im Allgemeinen die Gattung der Aufregung, welche
jene Provinzen bewegt haben. Alle ſind in dieſem Augen=
blicke einer anſcheinenden Ruhe wiedergegeben, und ſelbſt
Ceara muß zu dieſer Stunde von den Grauſamkeiten Pinto

Ma=

Madeira's befreit seyn, da man nach den neuesten Nachrich=
ten wußte, daß die Einwohner der Provinz ihm den kräftig=
sten Widerstand leisteten, und daß die angränzenden Provin=
zen sich rüsteten, ihre Anstrengungen zu unterstützen. Die
andern Provinzen haben mehr oder minder die Rückwirkung
jenes Schwindelgeistes empfunden; aber in ihren Hauptstäd=
ten ist die Ruhe nicht gestört, ihre Felder sind nicht beun=
ruhigt worden. Die Hauptstadt des Reiches hat seit April
v. J. beständig in Besorgnissen geschwebt. Am 3 v. M.
hat die erste Partei, in dem Föderativclub erzeugt, den
Feldzug eröffnet, aber ihre Hoffnungen wurden getäuscht,
ihre Berechnungen erwiesen sich falsch, und diese Hand voll
Aufrührer, welche die Kühnheit gehabt hatte, gegen die ganze
Hauptstadt aufzutreten, empfing den Lohn ihrer Verwegen=
heit. Am 17 d. M. trat die Restaurationspartei, von dem
unverschämten Caramuru angekündigt, und in der heimlichen
Versammlung der Conservativgesellschaft vorbereitet, mit nicht
weniger Verwegenheit auf. Der Erfolg war derselbe. Es
ist schmerzlich, aber nothwendig, zu erklären, daß Boa=Vista
das Hauptquartier der Verschwörer ward, daß von dort her=
aus zwei Kanonen kamen, deren Ueberlieferung man einige
Tage zuvor der Regierung unter verschiedenen Vorwänden
verweigert hatte; daß die Diener des Palastes den Kern
der Zusammenrottung bildeten, und daß die Anführer dersel=
ben mit denjenigen Personen, welche im Palaste befeh=
len, in beständiger Berührung standen. Meine Herren,
diese unbestreitbaren Thatsachen müssen Sie von der Größe
der Gefahr überzeugen, welche die Person und die Interessen
des jungen Monarchen unter der Aufsicht des Mannes lau=
fen, dem Sie ihn anvertraut haben. Wenn er nicht selbst im

Einverständnisse gewesen ist, so ist er so ungeschickt, daß er das nicht gewußt hat, was die ganze Stadt seit langer Zeit sah, und wenn er es wußte, so hat er nichts gethan, um einer Gefahr vorzubeugen, die auf nichts Geringeres als auf die Entthronung seines Pflegbefohlenen hinauslief. Jene Parteien existiren noch, sind sehr zahlreich und hören nicht auf, neue Verschwörungen anzuzetteln, welche alle bezwecken aus Brasilien einen Körper ohne Haupt und ohne Nationalrepräsentation zu machen."

Als daher am 10 Julius von der Kammer die Frage berathen wurde, ob Don Jose d'Andrada Gouverneur des jungen Kaisers bleiben dürfe oder nicht, wurde diese Frage mit 45 gegen 31 Stimmen verneint. Die Aufregung bei dieser Gelegenheit war so groß, daß ein Deputirter von der Galerie herab mit einer Kupfermünze geworfen wurde. Inzwischen unterhandelte man, und es blieb beim Alten.

Die Kammer zog den traurigen Zustand des Landes in Erwägung, doch war sie nicht im Stande, schnelle Abhülfe zu gewähren. Feijo bezeichnete einen besonders wichtigen Punkt: „Die Verwaltung der Civiljustiz ist im höchsten Grade mangelhaft, ein einziger Schrei ertönt in dieser Hinsicht von allen Theilen des Reiches; Magistratspersonen, die fast alle unwissend, schwach und nachlässig sind, geben den Processen eine ewige Dauer; und ein Gerichtsverfahren, welches in der Absicht instituirt ist, nichts unbeachtet zu lassen, verwickelt die einfachste Sache in die Netze der Schikane. Das Eigenthum der Bürger hängt von der Laune des Richters ab; und wenn die Leidenschaften der Kläger dem gesunden Verstande Gehör schenken

wollten, so würden sie ihr angebliches Recht lieber aufge=
ben, als dasselbe um den Preis so vieler, fast immer un=
nützer Opfer zu erkaufen suchen. — Wenn die Generalver=
sammlung nicht den Advocaten, angeblich so unentbehrlich,
ihr Ohr verschließt; wenn sie nicht mit Verachtung die Re=
clamationen einer Classe verwirft, die hartnäckig auf dem
Beibehalten ganz überflüssiger Formen besteht, so wird Bra=
silien noch lange unter einem und vielleicht dem schlimm=
sten aller seiner Uebel seufzen. Die Waisen und die Ar=
men, für deren Schicksal das Gesetz, welches ihnen beson=
dere Magistratspersonen gegeben hat, Sorge tragen wollte,
befinden sich überall im Elende; auf der einen Seite ist das
Streitige immer mit dem Administrativen vermischt, und
von der andern sind jene Unglücklichen dadurch, daß die
Sachen in der Regel ungeschickten oder nachlässigen Rich=
tern übergeben werden, jeder Art von Garantie beraubt.
Ebenso, und vielleicht schlimmer noch, geht es den unglück=
lichen Afrikanern, die als Contrebande nach unsern Häfen
gebracht werden; ohne Freunde und ohne Verwandte, die
sich ihrer annehmen, sind sie zu ewiger Sklaverei verur=
theilt; man weiß sogar nicht, in wessen Hände sie fallen,
und es gibt kein Mittel, diesem Uebel abzuhelfen. Der
schändliche und entehrende Sklavenhandel dauert überall
fort; die energischen Maßregeln sind bis jetzt ohne Wir=
kung geblieben. Wenn die Behörden selbst ein Inter=
esse am Verbrechen haben, dann ist es unvermeidlich.
Inzwischen hat die Regierung jetzt ein Reglement zur
Ausführung des Gesetzes vom 7 November 1831 erlassen;
vielleicht erlangt sie dadurch das Gute, was das Gesetz im Auge
hatte. — Die Verwaltung der Kriminaljustiz ist abscheulich.

Unter tausend Thatsachen, die ich anführen könnte, wird es
genügen, Sie daran zu erinnern, daß die ganze Hauptstadt
Zeuge der traurigen Ereignisse des 14 Julius und 7 October
gewesen ist, und daß dennoch der größte Theil der Verbre=
cher nicht vor Gericht gezogen, und die Angeklagten fast
sämmtlich freigesprochen worden sind. Schon wagt es nie=
mand mehr, gegen Angeschuldigte Zeugniß abzulegen, denn
man compromittirt sich ohne Hoffnung, daß die Gerechtigkeit
jemals ihren Lauf habe." — Von besonderer Wichtigkeit
scheint aber, was er in Bezug auf die Nothwendigkeit einer
Sequestration und Reform der Kirche sagte: „Führen Sie
die Religion auf ihren ersten Stand zurück; warten Sie es
nicht ab, daß die Kirche selbst eine so nothwendige Reform
bewirke; die Mehrheit der Prälaten und der andern Geist=
lichen haben die Pflichten ihres Standes gänzlich vergessen;
sich mit einigen äußern Handlungen begnügend, denken sie
nur daran, die Vortheile ihrer Stellung zu genießen, ohne
sich um den ungeheuren Schaden zu bekümmern, den sie der
Religion zufügen; und das Volk zieht in der That keinen
Vortheil von den bedeutenden Summen, welche man von
ihm für die Aufrechthaltung des Cultus fordert. — Ohne
daß die Versammlung in das geistliche Gebiet eingreift, ohne
daß sie den kirchlichen Behörden Grund zu Klagen gibt, kann
sie, indem sie von dem Rechte, das niemand ihr bestreitet,
Gebrauch macht, um Disciplinargesetze zuzulassen, die mit
den Gesetzen, Sitten und Gebräuchen des brasilischen Volkes
im Einklange sind, jene unumgänglich nothwendige Reform be=
ginnen und vollenden: denn es ist nicht anzunehmen, daß
die Geistlichkeit Brasiliens, die Reinheit der Absichten der
Repräsentanten der Nation und die Rechtmäßigkeit ihrer

Berathungen kennend, die Reihen der Störer der öffentli=
chen Ordnung vermehren, und das beklagenswerthe Beispiel
der Fanatiker und Abergläubischen nachahmen könnte, welche
im Namen der Religion, die das Verbrechen verabscheut, die
Erde mit Grausamkeiten und Elend überschwemmen." Die
Kammer beschäftigte sich nun wirklich mit einem neuen Ci=
vilcoder und mit einer verbesserten Organisation der so
wichtigen Nationalgarde, von der alle Ruhe des Landes ab=
hing. Durch eine allgemeine Amnestie, von der nur der
noch immer ungehorsame Pinto Madeira ausgeschlossen
war, suchte man zwar den Frieden zu befestigen. Auch
neigte sich Brasilien gegen das Ende des Jahres immer
mehr zur Ruhe, wie der oben erwähnte Correspondent un=
term 2 Januar 1835 aus Rio de Janeiro meldete: „Don
Pedro I., als er Brasilien verließ, oder verrieth, wie man
es nehmen will, hatte seine mächtige Partei in der gefähr=
lichsten Lage gelassen; der Drang der Umstände, die Noth,
Leben und Gut zu retten, gebaren einen unnatürlichen Stand
der Dinge. Feinde schlossen sich an einander, und Verbün=
dete trennten sich — daher allmählich die Geburt der Par=
teien der Caramuro's, Rusguento's und Moderados. Feijo's
Maßregeln trennten diese unnatürlichen Verbindungen, und
nun kam alles, wie es kommen mußte, das heißt, die bloß
persönlichen Anhänger der vorigen Regierung haben aufge=
hört Anhänger der jetzigen zu seyn, dagegen sind die Freunde
der Ordnung unter der vorigen Regierung eins mit der ge=
genwärtigen; und dieß macht ihre Hauptstärke aus. Die
Unzufriedenen, der Pöbel, und diejenigen Deputirten, die
ihrer Natur nach einmal für allemal nicht für die bestehende
Regierung seyn können, die vielmehr ihren Ruhm bloß in

der heftigsten und ungerechtesten Opposition suchen, endlich diejenigen Deputirten, wie die Andradas, deren Sucht nach Einfluß und Antheil an der Regierung tödtlich verwundet darnieder liegt, sind die Antagonisten der Regentschaft. Indessen ist die Periode der Leidenschaften verflossen, und hoffentlich werden die Franças, Monteçuma, Rebouças, Martim Francisco ihren schädlichen Einfluß nicht lange mehr äußern können, denn die neuen Wahlen sind nahe. Der Geist, der sie beseelen wird, läßt sich aus der Wahl Feijo's zu Senados für die Provinz Rio-Janeiro erkennen. Er erhielt beinahe 400 Stimmen, während Martim Francisco, troz aller Cabalen und Intriguen, bloß 82 erhielt. Hiebei ist zu bemerken, daß Feijo's Widersacher bloß in dieser Provinz existiren, und die Andradas hier ihre meisten Anhänger zählen. Das jetzige Ministerium ist im Grunde dasselbe, wie das Feijo'sche. Der damalige Kriegsminister Manoel da Fonseca Lima, Bruder des Regenten, tauschte mit dem damaligen Governador das Armas, dem General Antero, die Stellen; an Pino Coutinhos Statt trat der provisorische Regent Vergueiro auf; an Vasconcellos Stelle sein Busenfreund Aranjo Vianna, ein allgemein geachteter Mann; der Marineminister Torres ist es wieder; der Justizminister Carneiro Leao handelt ganz im Sinne Feijo's, und der der auswärtigen Angelegenheiten eben so. Die Ruhe, die ununterbrochene Ordnung beweisen hinlänglich, daß die Nation für sie ist."

5.

Die spanischen Freistaaten.

Nachdem Frankreich nach der Juliusrevolution die Unab=
hängigkeit der spanischen Freistaaten in America anerkannt
hatte, sandte es im Jahre 1832 die Kriegsbrigg Nisus nach
Südamerica, um die Gesandten der verschiedenen Republiken
von dort nach Frankreich zu bringen.

Beinahe in allen spanischen Freistaaten dauerte der
Kampf der Parteien fort. Nachdem die altspanische Par=
tei gänzlich vernichtet oder wenigstens bis zur Unmacht
geschwächt und gezwungen worden war, eine republicanische
Maske anzunehmen, entstand ein noch viel gehässigerer Kampf
unter den Republicanern selbst. Ueberall standen sich Uni=
tarier und Föderalisten entgegen. Die erstern wollten Ein=
heit der verschiedenen Provinzen, eine kraftvolle Regierung,
Civilisation, etwas europäisch Nobles, etwas Aristokrati=
sches, daher sich an diese Partei auch die altspanische an=
schloß. Die andern verlangten Selbstständigkeit der einzel=
nen, selbst kleinern Provinzen, die nur locker durch Föderation
verbunden seyn sollten. Außerdem wollten sie von dem euro=
päischen vornehmen Wesen und selbst von der Cultur nicht
viel wissen. Rohe Pflanzer und Hirten, von aller Civilisa=
tion entfernt, oder farbige Menschen, welche die weißen und
ihre Superiorität haßten, bildeten diese Partei. Indem
aber beide sich bekämpften, wurden sie auch beide Werkzeuge
in der Hand ehrgeiziger Generale, die sich zu kleinen Tyran=
nen aufschwangen, und beinahe jede Provinz hatte einen
Pisistratus. Diese Generale folgten einer sehr verschiedenen
Politik, je nachdem sie durch die unglücklichen Beispiele ihrer

Vorgänger belehrt worden waren. Iturbide in Mexico hatte sich zum Kaiser gemacht, wurde jedoch gestürzt. Bolivar in Columbia verfolgte denselben Plan mit größerer Vorsicht, starb aber, ohne ihn erreicht zu haben. Viele andere begnügten sich damit, nur in einer kleinen Provinz sich zu Oberherren aufzuwerfen, aber ihre Grausamkeit und Habsucht stürzte sie in der Regel ins Verderben. Da sahen Einige, welche klüger oder von Natur edler waren, endlich ein, was schon in der Bibel steht: „daß nur die Friedfertigen das Erdreich behalten werden." Daher ging zuerst Santa Cruz in Bolivia mit dem Beispiele einer weisen Friedensregierung voran. Diesem Beispiele folgte Paez in Venezuela, der die mit Soldaten usurpirte Herrschaft nur durch eine den Bürgern schmeichelnde Regierung zu behaupten hoffte; und dieselbe Friedenspolitik befolgte auch der nach Neu=Granada zurückgekehrte General Santander, von dem man übrigens schon vor seiner Verbannung ein so redliches Benehmen erwartet hatte, und der gerade deßhalb von dem eifersüchtigen Bolivar entfernt worden war.

Hiermit scheint der Kreislauf der südamericanischen Revolutionen sich gegen sein Ende zu neigen, und das Friedensinteresse einmal wieder über den wilden Fehdegeist Herr werden zu wollen.

a.

Mexico.

Im Jahre 1831 war die Partei der demokratischen Föderalisten (Yorkinos) unter Guerrero von der Partei der aristokratischen Centralisten (Escosesos) unter Bustamente besiegt worden. Die letzte Partei herrschte in Mexico und versprach, weil sie die Ueberreste der altspanischen Partei und die meiste europäische Bildung in sich vereinigte, ein aufgeklärtes und friedliches Regierungssystem, aber sie bot den ehrgeizigen Generalen einen willkommenen Vorwand zur Empörung, indem man sie beschuldigte, die altspanische Tyrannei fortzusetzen, und durch ihren Centralismus die Freiheit der einzelnen Provinzen zu gefährden. Der Verlauf der Geschichte zeigt, daß es nur Vorwände waren, und daß es den empörten Chefs nur um sich selbst, um eine oligarchische Militärgewalt und die daraus fließenden Vortheile zu thun war. Ein Schreiben aus Mexico in der preußischen Staatszeitung äußerte: „In der gegenwärtigen Revolution sieht man die ganze Masse der bessern, ackerbau= und gewerbtreibenden Bevölkerung, so wie die Gutsbesitzer, Capitalisten und Kaufleute als ruhige Zuschauer, als wenn dieser verderbliche Krieg, worin die Regierung für ihre (der Bevölkerung) heiligsten Rechte und Interessen kämpft, in einem fremden Lande geführt würde. — Bei dieser Gleichgültigkeit des Volkes in allen öffentlichen Angelegenheiten des Landes bleibt die Regierung von aller moralischen Kraft entblößt, und kann daher unter Umständen, wie die gegenwärtigen, den ungleichen Kampf mit dem revolutionären — dem ein=

zigen thätigen Theile der Nation — nicht bestehen. Und
dieß ist seither das Schicksal aller Regierungen der südamericanischen Länder gewesen, nachdem dieselben, nach der Emancipation von Spanien, sich selbst überlassen blieben, und obgleich begünstigt durch ihre äußern und innern Verhältnisse,
scheint es, als ob ihre Verfassungen das Hinderniß zu ihrer
Entwicklung und die Ursache einer neuen Barbarei bei gänz-
licher Auflösung aller gesellschaftlichen Bande wären. — Auch
das gesegnete Merico schwebt in Gesahr, das Opfer seiner
so vielfach beneideten Verfassung zu werden, wenn es der Regierung nicht gelingt, durch die Waffen die schon so weit ge-
diehene Anarchie zu unterdrücken und die Unruhestifter erem-
plarisch zu bestrafen; jeder gütliche Vergleich mit denselben
ist nur ein augenblickliches Palliativmittel wodurch gleich wieder der Grund zu einer künftigen Revolution gelegt wird;
denn erstens gesteht die Regierung dadurch einigermaßen ihre
Unmacht ein und sanctionirt gleichsam die wiederholten Attentate der Revolutionsstifter, welche, anstatt ihre verdiente
Strafe zu erhalten, gewöhnlich bei dergleichen gütlichen Vergleichen, die von den Parteihäuptern erhaltenen Aemter und
Würden garantirt erhalten, und mit den damit verbundenen
Besoldungen dem Staate zur Last fallen, sie mögen später
wirklich im Dienste bleiben oder nicht. — Auf diese Weise
sind die Regierungen genöthigt eine Unzahl von Beamten zu
unterhalten, welche kein Amt bekleiden, und weit entfernt,
dem Vaterlande nützliche Dienste geleistet zu haben, sich oft
der größten Verbrechen schuldig machten. — Ganz besonders
ist dieses Uebel bei unserm Militärstande so eingerissen, und
die Zahl der in Sold stehenden Officiere hat sich so sehr vermehrt, daß die Unterhaltung des stehenden Heeres, wovon bei

den größten Anstrengungen der Regierung keine 10,000 Mann
mobil gemacht werden konnten, in den letzten Jahren an 11
Millionen Piaster kostete. Die Demoralisation ist besonders
bei diesem Theile der Bevölkerung vorherrschend, und ist die
gewöhnliche Veranlassung aller politischen Convulsionen. In
diesem Augenblicke befinden sich hier in Mexico 30 Generale,
welche alle in Sold, von denen aber nur wenige im Dienste
stehen."

Am 2 Januar 1832 erließen die unter General Santanna in Veracruz vereinigten Officiere eine feierliche
Protestation gegen die Regierung. Diese schickte sogleich
den General Calderon mit einer kleinen Armee gegen
Veracruz, und Santanna wurde wirklich am 3 März bei Toloma geschlagen, worauf Calderon, obwohl vergeblich,
Veracruz belagerte. Er zog sich bald zurück, und Facio,
der Kriegsminister, führte erst wieder frische Truppen herbei.
Ein anderer General der Regierung, Teran, belagerte zu
gleicher Zeit Tampico, wo sich die Truppen ebenfalls zu
Gunsten Santanna's empört hatten. Teran wurde aber von
seinen eigenen Truppen verlassen und tödtete sich selbst, am
12 Julius. „Kaum war sein Tod bekannt — erzählt ein
Schreiben in der Hamburger Börsenhalle — so erklärten
die Staaten Zacatecas und Xalisco sich gegen die Regierung, indem sie die Wiedereinsetzung des vertriebenen Pedraza als Präsidenten forderten. Die Staaten Guanaruato
und San Luis Potosi scheinen zu schwanken, haben sich aber
bis jetzt nicht erklärt. Da Santanna in seiner Conferenz
mit den Regierungs-Commissarien die Absetzung des Vicepräsidenten Bustamente und die Zurückberufung des Pedraza zur Bedingung sine qua non machte, so zerschlug

sich die Verhandlung, und die Feindseligkeiten begannen aufs neue. Santanna nahm Besitz von Puente Nacional und marschirte dann mit 19,000 Mann nach Orizava. Der Kriegsminister Facio blieb mit 2000 Mann in Xalapa, sandte aber den General Merino mit 1100 Mann nach St. Andres, um die Straße von Orizava zu bewachen. Unglücklicherweise haben die freien Indianerstämme, die Appaches und Yaquis, an der nördlichen Küste, sich die jetzigen Unruhen zu Nutzen gemacht, um die Staaten Chihuahua und Sinaloa mit Raub und Mord anzufallen, wodurch sich der Befehlshaber der Truppen daselbst bewogen gefunden hat, sich sogleich für Santanna zu erklären, um wenigstens einer Meuterei unter seinen eigenen Truppen vorzubeugen. Uebrigens lauten die Nachrichten von Guayuras, Alamos, Pitio und Rosario höchst besorglich, wegen der Verheerungen, die von den Indianern geschehen. Santanna's Sache hob sich vorzüglich durch die Bewegung des Generals Montezuma. Dieser, der in der Nähe von San Luis de Potosi, der Hauptstadt des Staats gleiches Namens, im Innern des Landes stand, hatte sich der Stadt bemächtigt, nach einem Gefechte mit den Regierungstruppen, worin er völlig Sieger blieb. Der erste und zweite Befehlshaber der Regierungstruppen wurden verwundet und gefangen, der Letztere heißt Otero und ist derselbe, der das Todesurtheil Guerrero's unterzeichnete. Montezuma marschirte sodann gegen Mexico mit 5 bis 6000 Mann, zu denen der mächtige Staat Zacatecas 2000 geliefert hatte. Obrist Santos, der mit 2500 Mann fünf Meilen von der Hauptstadt stand, hatte sich für Santanna erklärt und sich unter seine Befehle gestellt. Der Vicepräsident Bustamente refignirt, und Murguir, Gouverneur des Staats Merico, als interimiſtiſchen Präſidenten aufgeſtellt. Man ſagte, der Vicepräſident wolle ſich ſelbſt an die Spitze der Truppen in der Hauptſtadt ſtellen, und gegen San Luis de Potoſi mar=ſchiren; dieß ſchien aber ſehr unwahrſcheinlich. Campeche, Zacatecas, Xalisco, Durango und Sonora hatten ſich durch ihre geſetzgebenden Verſammlungen gegen die Regierung erklärt, und man erwartete, daß mehrere mit nächſtem zu=ſammentretende Legislaturen ihrem Beiſpiele folgen wür=den. Zwei Commiſſarien, Zereceres, ehemaliges Mitglied des mexicaniſchen Congreſſes, und Obriſt Soto, waren mit Depeſchen für Pedraza nach Philadelphia abgereiſt, und man glaubte, daß Letzterer den dringenden Bitten ſeiner Freunde nachgeben, und ſich wieder an die Spitze ſeines Landes ſtellen würde.‟

So berichteten New=Yorker Blätter. Wirklich ſtellte ſich Buſtamente an die Spitze der Truppen in Merico, führte ſie gegen Montezuma, und brachte denſelben am 18 September bei San Miguel Dolores eine Nie=derlage bei, worauf er San Luis de Potoſi wieder einnahm. Am 1 October dagegen ſiegte Santanna über Facio bei Puebla und rückte ſogleich gegen Merico vor. Am 17 Oc=tober erſchien er vor der Hauptſtadt.

Mittlerweile hatte General Bravo im Süden beiden Parteien eine Diverſion gemacht, ſey es aus eigenem Ehr=geiz, ſey es aus Patriotismus. Er ſchloß nämlich am 11 September mit dem Oberſten Alvarez, Commandanten von Acapulco, eine Convention, die zum Zweck hatte, den Sü=den in Ruhe zu halten, und den Streit zwiſchen Buſtamente und Santanna nicht auf denſelben einwirken zu laſſen.

Da nun in Mexico noch der alte Commandant Quin=
tana und Facio stark genug waren, sich gegen Santanna zu
vertheidigen und der siegreiche Bustamente zum Entsatz
herbeikam, so hielt sich Santanna unter diesen Umständen
für zu schwach, den Sieg seiner Sache zu erzwingen. Der
englische Courier berichtete: „Nach mehreren fehlgeschlagenen
Versuchen zur Besitznahme forderte Santanna am 1 Novem=
ber die Stadt auf, sich zu ergeben, und ließ ihr nur 24 Stun=
den Bedenkzeit. Die Aufforderung ward aber abgeschlagen;
kein Aufstand brach zu seinen Gunsten aus, General Bravo
hatte im Süden alle seine Verbündeten überwältigt; so hob
er endlich am 6 die Belagerung auf, und schlug den Weg
ein, auf welchem Bustamente zurückkehrte, um die Haupt=
stadt zu befreien, nachdem er Montezuma völlig geschlagen,
und San Luis Potosi eingenommen hatte. Am 8 machte
General Quintana, der Commandant von Mexico, einen
Ausfall mit 1000 Mann, kehrte aber um, als er fand, daß
Santanna abermals gegen die Stadt anrückte. Am 12 er=
reichte Bustamente mit seiner ungefähr 3000 Mann starken Ab=
theilung Casas Blancas. Santanna, statt ihn anzugreifen, ließ
den Weg nach Mexico offen und ließ die Vereinigung Bustamen=
te's mit 2500 Mann unter Quintana's Befehlen zu. Santanna
nahm bei Zumpango Stellung. Bustamente belagerte diese, und
stellte am 29, da die schwere Artillerie von Mexico angelangt war,
seine Batterien auf. In diesem Augenblicke durchschnitt Sant=
anna den großen Damm, der die Seen von Mexico und
Zumpango zurückhält, und überschwemmte das Land, auf
dem die Batterien standen. Santanna erwartete einen Con=
voi mit Geld und Vorräthen von Puebla, und schickte den
General Anaya mit 1000 Pferden ab, die Escorte zu ver=

stärken. Bustamente hingegen sandte 200, Quintana 500 Pferde ab, um den Convoi zu überfallen. Sie trafen ihn bei der Hazienda S. Lorenzo, tödteten 300 Mann von der Escorte, und machten viele Gefangene; der Convoi aber kehrte nach Puebla zurück. Santanna, dem es nun an Zufuhr fehlte, zog sich gleichfalls in der Nacht vom 3 Dec. auf Puebla zurück. Am 4 verfolgte ihn Bustamente, kam ihm durch Flankenmärsche zuvor, drang in die Vorstädte von Puebla ein, und nahm mehrere befestigte Posten mit Sturm. Die Besatzung von Puebla bestand meist aus Bürgergarden, da aber der bereits angelangte General Pedraza den Oberbefehl übernahm, fochten sie mit verzweifelter Tapferkeit, und vertheidigten jedes Haus, welche sämmtlich von Stein sind. Am 6 wandte Bustamente seine Waffen gegen Santanna, der Mexico nicht hatte erreichen können, deßhalb auf dem Wege von Mexico her Posto gefaßt, und Bustamente zwischen seine Truppen und die Besatzung von Puebla unter Pedraza gebracht hatte. Das Gefecht dauerte sieben Stunden, aber ohne Entscheidung. Santanna verlor viele Leute. Das Bataillon von Tuspan, eines der beiden die zu Veracruz zuerst gegen die Regierung rebellirten, verlor 547 Mann, nur 4 entkamen. Bustamente's Verlust betrug 100 Todte und 102 Verwundete. Am 7 stellte sich General Quintana mit seiner Division von 2500 Mann, welche Santanna auf der großen Straße gefolgt war, hinter ihm auf, während 1000 Mann Regierungstruppen von Xalapa her Puebla bedrohten; so waren fünf Corps unter einander gemischt: 1) General Quintana, 2) Santanna, 3) Bustamente, 4) Pedraza in Puebla, und 5) das Corps, welches von Xalapa her Bustamente zu Hülfe kam. Am 8 gab endlich Bustamente

den erneuerten Vorstellungen General Pedraza's Gehör, und
diese Generale nebst Santanna kamen zusammen. Keine
Uebereinkunft kam indeß zu Stande, der Angriff auf Puebla
begann an demselben Tage von Neuem, und dauerte bis zum
11, indem die Bürgergarde Haus für Haus vertheidigte.
Am 11 traten die drei Generale abermals zusammen: ein
Waffenstillstand ward abgeschlossen, um einen Vertrag in
Ausführung zu bringen, wovon Nachstehendes die Haupt=
punkte sind: 1) Bestätigung aller Wahlen, legislativen Ac=
te u. s. w. vom 1 Sept. 1828 an, wo Santanna gegen
Guerrero die Waffen ergriff. 2 und 3) Jeder Staat soll nach
den constitutionellen Formen zu neuen Wahlen von den Re=
präsentanten sowohl des einzelnen Staates, als für den all=
gemeinen Congreß schreiten. 4) Ein neuer Staatencongreß
muß am 15 Februar 1833 zusammentreten, und vor dem
1 März müssen Senatoren, Präsident und Vicepräsidenten
gewählt seyn. 5) Am 25 März muß der Generalcongreß
zu Mexico versammelt, und am 26 die Stimmlisten zur Prä=
sidenten = und Vicepräsidentenwahl untersucht werden. Vor
dem 30 muß das Resultat dieser Untersuchung bekannt ge=
macht, und der Präsident und Vicepräsident proclamirt
werden. 6) Alle Truppen mit dem commandirenden Gene=
ral und allen Officieren müssen die Hauptstädte sämmtlicher
Staaten 8 Tage vor dem Beginne der Wahlen verlassen.
7) Das Martialgesetz hat ein Ende. 8) General Pedraza
ist bis zum 1 April 1833 als Präsident der Republik aner=
kannt. 9) Wenn der Congreß versammelt ist, soll ein Gesetz
zu einer allgemeinen und vollständigen Amnestie aller seit
dem 22 September 1818 begangenen Handlungen vorgeschla=
gen werden. Die Generale Pedraza und Santanna verpfän=
den

den ihrerſeits ihre Ehre für die Beobachtung dieſes Friedens=
vertrags."

Bald darauf hieß es in demſelben Blatt: „Die Kam=
mern, hartnäckig bis ans Ende, und die Intereſſen des
Landes ihren Partei = Intereſſen aufopfernd, haben die fried=
liche Uebereinkunft zwiſchen Pedraza, Santanna und Buſta=
mente verworfen, obgleich die Truppen des Letztern ohne
Geld, ohne Lebensmittel und alles Nothwendigen erman=
gelnd, nicht länger fechten wollten. Die Convention be=
ſtimmt, wann und wie die nächſten Wahlen des Präſiden=
ten, Vicepräſidenten und des Generalcongreſſes ſtatt finden
ſollen; auch ward eine vollſtändige Erneuerung aller Staa=
tenlegislaturen verabredet. Nach der Conſtitution ſollte im
Januar 1833 eine neue Deputirtenkammer zuſammentreten;
der Senat ſollte indeß nur zur Hälfte erneuert werden. Die
Wahlen für die erſten Magiſtratsſtellen und den Congreß
hätten der Conſtitution zufolge ſchon im September ſtatt
finden ſollen. Hierauf gründeten die Kammern ihre Wei=
gerung und ihre Proteſtation, ohne zu bedenken, daß die
Majorität der Staaten, weil ſie für Pedraza ſich erklärte,
keine Wahlen vornahm, und ſie jetzt vornehmen muß, und
daß ſeit 1828 die Conſtitution ſo gewaltſam verletzt wurde,
daß man zu außerordentlichen Maßregeln ſchreiten mußte,
um Mittel zur Abhülfe zu finden, welche dieſe Conſtitution
ſelbſt niemals dargeboten hätte. Einige der Hauptverletzun=
gen ſind: die im Jahre 1828 erfolgte Vertreibung des Prä=
ſidenten Pedraza unter Zuſtimmung der Kammer, die Ver=
treibung Guerrero's durch Buſtamente im Jahre 1829 in
Folge des Planes von Xalapa, und ſeine abſcheuliche Verur=
theilung zum Tode im Jahre 1830, was alles mit Zuſtim=

mung der Kammern geschah. Jetzt kann diese Protestation
nichts helfen; ich fürchte aber, sie wird die Veranlassung oder
mindestens der gesetzliche Vorwand zu künftigen Revolutio=
nen seyn. Trotz der Protestation blieben die Armeen bei
ihrer friedlichen Uebereinkunft, nach Merico zu marschiren
und dasselbe zu besetzen, sobald die Sitzungen des außeror=
dentlichen Congresses zu Ende seyn würden. Dieß ist jetzt
der Fall. Pedraza sollte am 28 den Eid als Präsident lei=
sten, und die Truppen sind seit zwei Tagen auf dem Marsche.
Die Hauptzüge der Convention sind, wie ich sie Ihnen neu=
lich meldete. Das Föderalsystem soll unangetastet bleiben;
auf die Ereignisse seit 1828 kommt man nicht zurück, und
ihre Legalität wird nicht bestritten. Pedraza ist bis zum
1 April 1853 als Präsident anerkannt. Alle Staaten sollen
neue Abgeordnete zum Congresse senden, und am 25 März
sollen die Abstimmungen der Staaten für die Stellen des
Präsidenten und Vicepräsidenten eröffnet und bekannt ge=
macht werden. Alle Beamten und Officiere sollen ihre Stel=
len behalten, außer wenn sie dieser Pacification nicht bei=
treten. Wir hätten nie erwarten können, daß der Friede auf
solche billige, vernünftige und gemäßigte Bedingungen wie=
derhergestellt würde; nur der heftigste Parteigeist konnte sich
ihnen widersetzen. Um die hoffnungslose Lage der Regierung
zu vermehren, ist die Nachricht angelangt, daß sich San
Luis dem General Montezuma ergeben hat, und alles dieß,
namentlich aber die Furcht ihre Stellen zu verlieren, hat am
27 alle Civil= und Militärbehörden vermocht, sich für Pe=
draza zu erklären. General Herrera wurde an die Spitze der
Truppen hier gestellt, Obrist Lennes zum Stadtcommandan=
ten ernannt, alle Buceaur geschlossen, der Vicepräsident ad

interim, Musquiz, verließ seine Wohnung im Palaste, und
seit dieser Zeit ist alles verändert, und obgleich wir jetzt eigent=
lich keine Regierung haben, so ging doch alles so ruhig und
ordentlich zu, daß wir erst am Abend bestimmte Nachricht von
diesem „Pronunciamento" erhielten. Man trifft jetzt Vor=
bereitungen, um Pedraza und die vereinte Armee zu em=
pfangen, die wahrscheinlich am 2 Januar eintreffen werden.
Pedraza, früher den spanischen Interessen mehr geneigt, hat
seit seinen letzten Besuchen in Europa und Nordamerica seine
Ansicht sehr geändert, und ist sehr günstig für die Fremden
gesinnt. Von ihm und Männern wie Zavala ist eine bes=
sere Behandlung zu erwarten, als wir von der letzten Re=
gierung erfuhren. Obgleich wir indeß Ursache haben mit
der Veränderung zufrieden zu seyn, so sehen wir doch mit
Bedauern, daß dieß Land eine völlige Beute militärischer
Factionen ist, und noch lange Zeit bleiben muß."

b.
Guatimala.

Am 27 April regulirte dieser Freistaat Mittelamerica's
seine Handelsverhältnisse mit Frankreich.

Die Regierung hatte die Oberhand, und ihre Gegner
waren so geschwächt, daß sie Hülfe in Altspanien suchten.
Im Junius schickten sie eine Gesandtschaft nach der Havan=
nah und begehrten Geld und Truppen, um Guatimala wie=
der dem Könige von Spanien zu unterwerfen; allein der
Gouverneur von Cuba, Ricafort, fand nicht für gut, sich mit
ihr einzulassen, da noch die verunglückte Expedition gegen
Mexico im Jahre 1829 in zu frischem Andenken war. Da

die Insurgenten von Guatimala dennoch in dem Fort von
Omoa, das sie noch im Besitze hatten, die spanische Fahne
aufpflanzten, so erregte dieß den Unwillen der ganzen Bevölkerung, und beschleunigte ihren Fall. Der Präsident der
Republik, Morazan, eroberte am 12 Sept. Omoa.

c.
Columbia.

Auch hier dauerte der Bürgerkrieg und die Herrschaft
militärischer Usurpatoren fort. Wir sahen, wie sich nach dem
Tode des großen Bolivar die Republik Columbia in drei unabhängige Staaten, Neu = Granada mit der Hauptstadt
Bogota, Venezuela mit der Hauptstadt Caracas, Aequator
mit der Hauptstadt Quito trennte. Das Beispiel Bolivars
hatte bewiesen, daß es nicht möglich sey, ein so ausgedehntes
Küstenland, bei dünner Bevölkerung und verschiedenartigen
Interessen, in Einheit zu erhalten. Man hoffte, die Trennung der einzelnen Provinzen werde den Frieden befestigen.

„Die in Bogota herrschende Centralregierung hatte bereits die Unabhängigkeit Venezuela's und auch die des aus
den drei Departements Aequator, Azuai und Guayaquil bestehenden neuen südlichen Staats anerkannt. Die Gazeta
vom 18 März enthält ein sehr wichtiges Decret. Die vollziehende Gewalt von Neu=Granada wird dadurch bevollmächtigt, mit den Regierungen von Venezuela und Aequator über
die Bildung eines Convents aus Abgeordneten der Freistaaten Rücksprache zu nehmen, damit man die Grundlage eines
neuen Bundes berathen und annehmen könne. Dieser Bundesvertrag soll auf folgende Bestimmungen gegründet seyn:

Die drei Staaten bilden einen politischen Körper, um mit
Spanien zu unterhandeln oder einen Vergleich abzuschließen.
Die Nationalschuld wird nach den angemessensten Verhält=
nissen gewissenhaft unter die drei Staaten vertheilt, zur Prü=
fung und Ausgleichung dieses wichtigen Punktes wird eine
besondere Commission ernannt. In streitigen Fällen darf
keiner der Staaten zu den Waffen greifen, oder sich einen
Act der Feindseligkeit gegen einen der beiden andern erlau=
ben, sondern die Entscheidung wird einem gemeinschaftlichen
Schiedsrichter übertragen. Keiner der drei Staaten darf
mit einer auswärtigen Macht hinsichtlich Uebertragung, Ab=
tretung oder Verkaufs von einem Theile seines Gebiets einen
Vertrag abschließen, ohne die andern beiden Staaten dar=
über zu Rathe zu ziehen. Die drei Staaten von Columbien
sollen bei allen wichtigen Vorfallenheiten gemeinschaftliche
Sache machen, um ihre Unabhängigkeit und ihr Gebiet zu
vertheidigen, oder den Eingriffen und Beschimpfungen einer
andern Macht Widerstand zu leisten. Keiner der Staaten
darf fremde Waaren und Lebensmittel, die in seinen Häfen
anlangen, um in einen der beiden andern Staaten verführt
zu werden, mit irgend einem Einfuhrzolle belegen. Der
Sklavenhandel ist von Seite der drei Staaten für immer ab=
geschafft. Eine republicanische Repräsentativ = und Wahl=
regierung wird in jedem der drei Staaten eingesetzt und für
immer beibehalten, als das sicherste Unterpfand für ihre ge=
meinsame Wohlfahrt und für die Dauer ihrer gegenseitigen
Eintracht. In keinem Falle darf eine Centralregierung ein=
geführt werden, aber die drei Staaten können über die Or=
ganisation eines Bundessystems sich verständigen, und den
Plan dazu durch einen Convent von nach Verhältniß ihrer

Bevölkerung gewählten Abgeordneten zur Annahme sich vor=
legen lassen."

In derselben friedlichen Gesinnung wählte der Congreß
von Neu = Granada den früher verbannten General San=
tander zum Präsidenten, am 9 März. Derselbe hatte schon
Frankreich, wohin er geflüchtet war, verlassen und war nach
Nordamerica gegangen, von wo er am 16 Julius unter
großem Jubel des Volkes zu Santa Martha landete. Am
4 October kam er nach Bogota, wo er am 7ten die Regierung
übernahm, und sein Friedenssystem in folgender Proclamation
ankündigte: „Ich werde euch regieren, wie ich selbst regiert
zu seyn wünsche: den Gesetzen gemäß. Ich trete die Präsi=
dentschaft an, ohne Haß, Bitterkeit oder Durst nach Rache
mitzubringen. Die Gesetze werden eine Wahrheit seyn. Ich
werde die Rechte der Minorität achten, ohne ihr deßhalb zu
erlauben, über die Majorität zu triumphiren. Die Behörden
werden niemals unbestraft ihre Befugnisse überschreiten. Der
wahre Patriotismus wird nicht verachtet werden. Jedermann
wird frei denken und seine Gedanken frei aussprechen können.
Alles wird durch den Willen der Majorität und zum Besten
des Volkes geschehen. Ich werde unserm politischen Coder
den Ruhm opfern, der nur eine Belohnung für den Despo=
tismus ist. Unter dem in Neu=Granada eingeführten gesetz=
lichen Systeme besteht unser Ruhm in der blinden Unterwer=
fung unter das Gesetz, als der einzigen Sache, die uns Ruhe,
Freiheit, Ueberfluß, Ehre und Glück geben kann. — Ich ver=
hehle mir keineswegs die Schwierigkeiten, mit denen ich zu
kämpfen haben werde. Sechs Jahre eines brudermörderischen
Krieges haben dem Staate ungeheure Rückstände auferlegt.
Das Verschwinden der letzten Regierung hat eine Menge Hoff=

nungen betrogen, die Errichtung der jeßigen hat neue erwa=
chen laſſen; alle dieſe verwickelten Intereſſen müſſen noth=
wendig die erſten Schritte der conſtitutionellen Regierungen
erſchweren. Ich habe fortwährend die Leiden des Volkes vor
Augen, und ich fühle die ganze Wichtigkeit der mir anver=
trauten Aufgabe, den Frieden, die gute Ordnung und den
Wohlſtand Neu=Granada's unter der Herrſchaft der Conſtitu=
tion wieder herzuſtellen. Einwohner von Granada! Ich
ſchließe, indem ich euch alle auffordere, was auch eure Mei=
nungen in den Tagen der bürgerlichen Zwietracht geweſen
ſeyn mögen, euern Haß und eure Rache auf dem Altare des
Vaterlandes zu opfern.‟

In Venezuela regierte General Paez als Präſident
mit gleicher Mäßigung. Die Times ſchrieben: „Er hat Ta=
lent und Tact gezeigt, die ihm kein Menſch zugetraut hätte.
Sparſamkeit wurde in allen Zweigen der Verwaltung einge=
führt, und was vorher nie verſucht worden, eine Ueberſicht
der Einnahmen und Ausgaben regelmäßig dem Publicum vor=
gelegt. Der Zoll auf die Ausfuhr von Mauleſeln, welche ein
Decret Bolivars auf den ungeheuern Betrag von 55 Dollars
feſtgeſeßt hatte, wurde auf 16 vermindert, und ſoll, wie ich
höre, auf 8 herabgeſeßt werden. Vieh, welches nach demſel=
ben Decrete 14 Dollars das Stück bezahlte, zahlt nur noch 1
und wird auf 2 herabgeſeßt werden. Kaffee und Baumwolle
ſind für frei erklärt, und die Zölle auf die Ausfuhr ſind gleich=
falls bedeutend ermäßigt. Der Congreß iſt, alles erwogen, gut
zuſammengeſeßt. Das Mißvergnügen über die Verminde=
rung der Beſoldungen und Penſionen nimmt allmählich ab,
und die Ruhe herrſcht jeßt überall.‟ Schon am 28 April
erlaubte Venezuela allen altſpaniſchen Schiffen den Zutritt.

Dagegen herrschten in dem neuen Staate Eguador Unruhen. Hier befehligte der ehrgeizige General Flores, der Ansprüche auf Popayan machte, während diese Provinz zu Neu=Granada gehörte. Am 11 August überfiel Flores die Stadt Tablon; seine Fortschritte wurden jedoch durch den von Bogota aus gegen ihn geschickten Obando gehemmt. Dann hörte man, die Truppen in Quito hätten sich empört und seyen nach der reichen Stadt Guayaquil gezogen, dieselbe zu plündern.

d.

P e r u.

Aus dieser Republik erfuhr man sehr wenig. Durch einen Tractat mit Bolivia stand sie seit 1831 mit diesem Nachbarstaate in freundlichem Verkehr; dagegen sollte sie sich 1832 mit Flores, dem Usurpator von Eguador, gegen Bogota verbündet haben, und der Capitän Rosel, der deßhalb sich em= pörte, soll erschossen worden seyn. Man erwartete eine Re= gierungsveränderung und die Erhebung Riva=Aqueros zum Präsidenten.

e.

B o l i v i a.

Man hörte nur Gutes vom General Santa=Cruz, der diesen Staat regierte, und seinen Wohlstand und Handel auf jede Art zu fördern suchte. Ein Deutscher, Namens Braun, aus Cassel, war Chef der Cavallerie von Bolivia.

f.

Chili.

Auch dieſe Republik genoß Frieden, ſollte ſich aber, wie die americaniſchen Blätter meldeten, ganz in der Gewalt der Geiſtlichkeit befinden. Man machte hier eine glückliche und folgenreiche Endeckung. Der Araucano, das Journal der Regierung, berichtete, daß am 22 Mai neue, ungemein ausgedehnte und reiche Silberminen aufgefunden worden ſeyen. „Die Mine liegt ſüdlich von Topiapo und dehnt ſich mehr als fünfzehn Leguas in der Länge und zehn in der Breite aus; ſie berührt folgende Orte: Chanarcilla, Ritacas, Pan de Azerear, Pagonales und Mole. Zufall ließ einen Holzhauer dieſe Entdeckung machen, der ſein Glück einem gewiſſen Godoi und Don Miguel Gallo mittheilte; allein ſie konnten es nicht lange geheim halten, und man kam ihnen bald auf die Spur. Vier Tage darnach waren ſchon ſechzehn Adern entdeckt, am achten Tage vierzig, und noch ſpäter fünfzig — die vielen kleinern Adern, die man in dem Augenblicke gar nicht beachtete, ungerechnet. Eine Erzſtufe, die von einem Engländer für 200 Piaſter gekauft wurde, war, wie ſich nachher auswies, 1000 werth. Außer der erſtaunlichen Menge, in der das Erz ſich vorfindet, iſt es auch von der vorzüglichſten Qualität. Der Intendant hat dem Miniſter des Innern Proben von drei verſchiedenen Adern überſchickt, die alles, was hier geſagt wurde, beſtätigen. Und als wäre eine ſo wichtige Entdeckung nicht hinreichend, dieſe Gebirgsgegend berühmt zu machen, wurde auch in dem benachbarten Kanton Jancos ein reiches Goldlager aufgefunden, und dieſe bisher unbewohnten Bergwildniſſe ſind gegenwärtig wie durch einen Zauber von mehr als 3000 Menschen bevölkert." Auch verbreitete sich das merkwürdige Gerücht, die Juwelen des großen Sonnentempels, welche die alten Einwohner bei der Einwanderung der Spanier vergraben hätten, seyen bei Serro do Posco entdeckt worden, und ihr Werth sey auf 180 Mill. Dollars berechnet.

g.
Buenos = Ayres.

Die Allg. Zeitung schrieb im August: „Buenos=Ayres und die übrigen Provinzen vom La=Plata befinden sich in der traurigsten Lage. Quiroga, den die einheimischen Parteiblätter aufs höchste lobpreisen — das zu Buenos=Ayres erscheinende Journal El=Lucero nannte ihn wirklich Dios de la Patria — ist, nach seinen Handlungen zu schließen, nichts als der grausamste Tyrann. Zum Belege möge folgender Vorgang dienen: Ein Gutsbesitzer in Tucuman, Don Manuel Rivero, sollte, weil er ein Anhänger des Unidas oder der Partei des ehemaligen Präsidenten Rivadavia war, todtgeschossen werden. Sein Sohn, ein edler Jüngling von 17 Jahren, begab sich zum General Quiroga und verlangte an der Stelle des Vaters mit dem Tode zu büßen. „Du bist, sagte ihm dieser, deines Lebens überdrüssig." „Ich will, antwortete der junge Rivero, für das Wohl meiner Familie, Vater, Mutter und sechs Geschwister, mit dem größten Vergnügen sterben." „Nun wohl, erwiderte der Tyrann, ich will dir einen Vorschlag machen: ich lasse dir die Ohren abschneiden; legst du in deinen Mienen auch nur den mindesten Ausdruck des Schmerzes zu Tage, so lasse ich dich todt schießen; bist du aber standhaft, so schenke ich dir das Leben."

Der Jüngling ging auf den Vorschlag ein, und ein Henkers=
knecht schnitt mit größter Kaltblütigkeit- und überdieß mit=
telst eines stumpfen Messers, ganz langsam die Ohren ab,
ohne daß das Schlachtopfer auch nur eine Miene verzog.
Quiroga, von diesem Muthe betroffen, sagte zu ihm: „Du
bist ein gefährlicher Mensch, und der Vater, der einen sol=
chen Sohn erzeugte, muß es noch mehr seyn." Hierauf ließ
er auch diesen vorführen, und beide erschießen. — Ein zu
Buenos=Ayres allgemein geachteter Deutscher, der Baron
Fürrner, ward von ebendemselben meuchlings überfallen und
niedergeschossen. Um den Vollstreckern der grausamen Be=
fehle eben dieses Wütherichs zu entrinnen, sind über 8000
in den Provinzen Tucuman, Salta, Cordova ꝛc. ansässige
Familien ausgewandert, um sich in Potosi, Cochabamba und
Chiquisaga (Republik Bolivia) niederzulassen, wo sie Lände=
reien, Vieh und vorläufige Subsistenzmittel erhalten haben."

Sodann erfuhr man von Feindseligkeiten, die sich zwi=
schen Buenos=Ayres und Nordamerica wegen der Falk=
landsinseln erhoben hatten, auf deren Besitz auch die
Engländer speculirten, wegen ihrer günstigen Lage für die
Robbenschläger.

h.

Montevideo.

Hier fand eine neue Revolution statt. Der englische
Globe schrieb: „Sie müssen wissen, daß schon vor der Unab=
hängigkeit der Banda Oriental zwei starke politische Par=
teien existirten, an deren Spitze Ribeira und Lavalleja stan=
den. Die erstere hatte mehr Einfluß auf das Landvolk, die

letztere auf die Städte. Die Leichtigkeit, mit der man Monte=
video die Lebensmittel abschneiden könnte, schien hinläng=
lich gegen eine Bewegung in der Stadt zu sichern, und dieß
war auch bis auf die letzte Zeit der Fall, aber der Gouver=
neur erließ ein Gesetz gegen die Intrusos (Landleute, die
herrenlose Güter sich aneignen), schwächte dadurch seine Par=
tei sehr, und dieß veranlaßte die Stadtpartei ihr Glück zu
versuchen."

Der Courier berichtete über die Revolution: „Der Prä=
sident der Republik, Don Fructuoso Ribeira, befand sich am
29 Junius in seinem Hauptquartiere zu Durazzo, als seine
Escorte angegriffen und entwaffnet wurde, er selbst entkam
mit Noth, nachdem man auf ihn gefeuert hatte. Das Ge=
rücht ging, er sey gegen die brasilische Gränze entflohen.
Am 3 Julius stellte sich Obrist Eugenio Gurzon an die
Spitze eines Bataillons Infanterie, eine Anzahl Einwohner
stieß zu ihm, und eine Erklärung wurde erlassen gegen den
Präsidenten, welchen man beschuldigte, das Land in Gefahr
des Bürgerkriegs gebracht zu haben. Durch eine Proclamation
wurde General D. J. Antonio Lavalleja zum Oberbefehlshaber
der Armee ernannt, bis die Repräsentanten es anders be=
stimmen würden. Diese Anstellung ward indeß bestätigt
durch den gesetzgebenden Körper, der den Befehlshabern
der Truppen, welche die Waffen ergriffen hatten, die
Bewahrung des öffentlichen Friedens anvertraute. Allein
am 9 August fand eine Contrerevolution in Montevideo
statt, indem die schwarzen Truppen sich zu Gunsten
Ribeira's erklärten. Anfangs war die Unruhe in der Stadt
so groß, daß der Polizeirichter die englischen und americani=
schen Consuln auffordern wollte, Beistand durch die Kriegs=

schiffe zu leisten, um die Stadt gegen Plünderung zu schützen.
Ein englisches und ein americanisches Schiff setzten wirklich
jedes 50 Mann ans Land, und besetzten das Zollhaus ꝛc., bald
war aber die Ruhe hergestellt, da die Mehrzahl sich für Ri=
beira erklärte. Leider kann ich nicht glauben, daß der Kampf
schon zu Ende ist, obgleich der Verlust der Stadt für Laval=
leja es wahrscheinlich macht, daß er am Ende unterliegt. Zu
Ribeira sind die Generale Lavalle, Olivaria und die andern
unitarischen Officiere gestoßen, welche im October 1829 nach
der Banda Oriental auswanderten."

ſchiffe zu leiſten, um die Stɑt gegen Plün
Ein engliſches und ein amécaniſches Sɩ
jedes 50 Mann ans Land, uɩ beſetzten dɑ
war aber die Ruhe hergeſtɛt, da die Mɩ
beira erklärte. Leɩder kann ɦ nicht glau
ſchon zu Ende iſt, obgleich ɮ Verluſt beɩ
leɩa es wahrſcheinlich macht,ʅaß er am Eɩ
Ribeira ſind die Generale Lɩalle, Olivar
unitariſchen Officiere geſtoßɛ, welche im
der Banda Oriental auswarɛrten.“

XIII.

Asien, Afrika und Australien.

———

1.

Ostindien.

Der Freibrief der englisch=ostindischen Compagnie, der im Jahre 1814 wieder auf zwanzig Jahre verlängert wurde, erlöscht mit dem Jahre 1834, und wenn er nicht erneuert wird, so wird dadurch der Handel mit Indien und China, dessen Monopol sie gleichfalls hat, freigegeben werden. Das Unterhaus, das in dieser wichtigen Frage zu entscheiden berufen ist, ließ, wie fast immer in ähnlichen Fällen zu geschehen pflegt, um sich eine klare Einsicht in die Sache zu verschaffen, eine Untersuchung über die Lage der Handels= und Territorial=Verhältnisse der Compagnie anstellen, so wie die Vortheile und Nachtheile der Handelsfreiheit und des Monopols einer genauen Prüfung unterwerfen. Der Erfolg dieser Untersuchung sprach sehr zu Gunsten der Angelegenheiten der Compagnie, und wie nun auch die Entscheidung des Parlaments in Betreff der Handelsfreiheit ausfallen möge, die Compagnie wird in dieser Beziehung stets nur wenig verlie=

ren, da sie bei ihren großen Mitteln und Erfahrungen in
dem ostindischen Verkehre jede Concurrenz aushalten kann
und überdieß auch noch die Verwaltung der Territorialange=
legenheiten in Indien behält, so daß sie immerhin noch die
reichste und mächtigste Association bleiben wird, von der die
Weltgeschichte zu erzählen weiß.

Die Leitung und Geschäftsführung der Compagnie be=
sorgt ein Comité, „der ehrenwerthe Rath der Directoren der
ostindischen Compagnie" genannt, der aus vierundzwanzig
Mitgliedern besteht, unter welche die verschiedenen Zweige
einer so verwickelten Verwaltung, wie sie ein großes Reich
nothwendig macht, vertheilt sind. Die Beschlüsse, die von
diesem Directorenrath gefaßt und durch die Beamten der
Compagnie nach Indien befördert werden, müssen zuvor bei
dem Controlebureau der ostindischen Angelegenheiten zur Vor=
lage gebracht werden. Der Sitz dieses Rathes ist zu London,
wo sich die Gebäude, Magazine und Schiffe der Compagnie
befinden, so wie überhaupt alles, was zur Leitung und
Centralverwaltung ihres Handels und ihrer Territorialange=
legenheiten gehört. Die Actionäre werden bei gewissen Um=
ständen zusammenberufen, um zu berathen, wobei dann die
Stimmen nach der Zahl der mehr oder minder großen Actien,
die ein Jeder besitzt, gezählt werden.

Die Besitzungen der Compagnie, die von Agenten ver=
waltet werden, die ihre Befehle von dem Rathe der Direc=
toren erhalten und diesem Rechenschaft ablegen müssen, sind
in drei Präsidentschaften getheilt: die von Bengalen, deren
Sitz zu Calcutta ist, die von Madras und die von Bombay.
Die oberste Verwaltungsbehörde der Präsidentschaft von Ben=
galen besteht aus einem Generalgouverneur und einem Rathe

von drei Perſonen; die von Madras aus einem Gouverneur und zwei Räthen; die von Bombay aus einem Gouverneur, einem erſten Rath, der den Titel Commandant en Chef führt, und zwei andern Räthen. Unter dieſen Behörden ſtehen alle Beamten, die eine ſo ausgebreitete und vielverzweigte Geſchäftsführung, wie die der oſtindiſchen Compagnie, nothwendig macht. Die Zahl aller im Dienſte der Compagnie angeſtellten Perſonen belief ſich im Jahre 1829 auf 177,505, ſowohl Europäer als Landeseingeborne, und ihre Beſoldung koſtete mehr als 3,440,000 Pf. St. Die Beamten der Compagnie ſind ſehr gut bezahlt.

Der Generalgouverneur erhält eine Beſoldung von . . . . 24,418 Pf. St.

Der Gouverneur von Madras . . . 16,400 — —

Der Gouverneur von Bombay . . . 14,350 — —

Jeder von den Räthen der Präſidentſchaft Bengalen . . . . 9,767 — —

Jeder von den Räthen der Präſidentſchaft Madras . . . . 6,860 — —

Der Commandant en Chef von Bombay 8,380 — —

Jeder von den zwei andern Räthen . 6,360 — —

Der Biſchof von Bengalen . . . 5,100 — —

Der Reſident zu Dehli . . . . . 7,400 — —

Der Reſident von Luknau . . . 8,000 — —

Der Oberrichter von Bengalen . . . 7,800 — —

Zwei Richter von Bengalen . . . 5,840 — —

Der Generaladvocat . . . . . 3,600 — —

Der Oberrichter von Madras . . . 6,000 — —

Nicht minder hohe Beſoldungen haben auch die untergeordneten Stellen: ſo bezieht der Wundarzt des Generalgou=

gouverneurs 1,440 Pf. St., andere Chirurgen 400 Pf., ein
Dolmetscher des Persischen in Madras 1,200 Pf., ein Ueber=
setzer der indischen Volkssprache 3,548 Pf., der Münzwardein
zu Bombay 1,200 Pf. u. s. w.

Um so große Ausgaben zu bestreiten, hat die Compagnie
die Einkünfte von ihren Territorialbesitzungen und den Er=
trag ihres Handels. Die Einkünfte für das Jahr 1829/30
beliefen sich:

Für Bengalen auf:

13,825,280 Pf. St. Brutto=Ertrag und 4,379,480 reiner Ertrag.

- Für Madras auf:

5,415,560 Pf. St. — — — 161,180 — —

Für Bombay auf:

2,421,440 Pf. St. — — Deficit.

21,662,280 Pf. St. 4,540,960

Diese Einkünfte bilden sich aus dem Ertrage des Münz=
rechtes, den Postgefällen, Stempelgebühren, Gerichtsporteln,
Geldstrafen, Erlaubnißertheilungen zum Verkaufe geistiger
Getränke, Douanen, Territorialbezügen, Salz= und Opium=
Monopol, Subsidiengeldern der verschiedenen indischen Staa=
ten und aus den Handelsertägnissen. Letztere gestalten sich
aus den Einfuhren in Indien, welche die Compagnie auf
eigene Rechnung macht; aus den Frachtgeldern für die Han=
delswaaren, die sie auf ihren Schiffen für Privatkaufleute
besorgt; aus den Bezügen für die an Schiffsrheder ertheilte
Erlaubniß, eigene Schiffe nach Indien zu senden, und aus
den Verkäufen der Waaren, die sie aus China und Indien
ausführt. Die Hauptausfuhr aus Indien besteht in geläu=
tertem oder ungeläutertem Borar, Kampher, Cassia lignea,
Zimmetrinde, Gewürznelken, Kaffee, Wolle und Baumwolle,

Kalikots und Musselinen, Nankins, Elephantenzähnen, Kopal=
gummi, arabischem Gumme, Gummilack u. f. w., Indigo,
Muskatblüthe, Muskatnüffen, Pfeffer, Bibergeil, Rhabarber,
Reis, Safflor, Sago, Salpeter, Rohseide und verarbeitete
Seide, Rohzucker, Schildkrötenschalen, Thee und vielen an=
dern Specereiwaaren. Von diesen Artikeln wurden im Jahre
1829 ausgeführt: 118,000 Pf. Zimmetrinde; 41,000 Pf. Ge=
würznelken, 153,000 Pf. Kaffee, 605,000 Pf. Wolle und
Baumwolle, 111,000 Pf. gefärbte Wolle, 94,000 Pf. Gummi=
lack, 10,000 Pf. Muskatnüffe, 80,000 Pf. Pfeffer, 105,000 Pf.
Reis, 240,000 Pf. Rohseide, 188,000 Pf. verarbeitete Seide,
273,000 Pf. Rohzucker, 3,855,000 Pf. Thee. Ueber den Kaufs=
und Verkaufspreis dieser Waaren wollen wir uns hier nicht
in eine umständliche Ausführung einlaffen, und nur bemer=
ken, daß der im Jahre 1829 von der Compagnie verkaufte
Thee geringster Sorte Bohe zu 1 Schilling 6 P., und bester
Sorte, sogenanntes Kanonenpulver, zu 6 Sch. 6 P. verkauft
wurde. Der Durschnittspreis der Mittelsorten war unge=
fähr 2 Schilling.

Es ist weiter oben erwähnt worden, daß die reinen Ein=
künfte der drei Präsidentschaften sich auf 4,540,960 Pf. St.
beliefen; wobei aber ein Deficit für Bombay und die Aus=
gaben der Compagnie für St. Helena nicht in Anschlag ge=
bracht wurden, die zusammen sich auf 1,392,509 Pf. beliefen,
und, von dem obigen Reinertrag abgezogen, noch ein reines
Einkommen von 3,148,451 Pf. St. geben. Hievon abgerech=
net 2,007,693 Pf. St. für Intereffen der Schuld, bleiben
noch 1,140,758 Pf. St. reiner Ertrag. Da das Capital der
Compagnie 5,000,000 Pf. St. beträgt, so belaufen sich die
Intereffen, zu 8 Procent gerechnet, auf 480,000 Pf. St.;

welche Summe die den Eigenthümern der fünf Millionen Pf. St. zuständige Rente bildet, und nach Verhältniß der Actienzahl vertheilt werden muß. Da jede Actie 100 Pf. St. beträgt, so muß die Gesellschaft aus 50,000 Actien bestehen, und wenn man 480,000 Pf. St. von 1,140,758 Pf. St. reinem Ertrag abzieht, so bleiben der Casse der Compagnie noch 660,758 Pf. St.

Die Actien gehören einer großen Anzahl Theilnehmer, von denen jeder, welcher zehn Actien besitzt, in den allgemeinen Versammlungen der Compagnie Stimmrecht hat; wer dreißig Actien besitzt, hat doppelte Stimme; wer sechzig besitzt, stimmt für drei, und der Inhaber von hundert Actien für vier. Im Jahre 1800 hatten 2163 Personen Stimmrecht in den allgemeinen Versammlungen, die Zahl der Actien belief sich auf 2832, und die 669 Stimmen mehr als die stimmhabenden Actionäre gehörten denen, die dreißig bis sechzig oder hundert Actien und darüber besaßen. Die 660,758 Pf. St., die im Jahre 1830, nach Ausbezahlung der Dividende an alle Actionäre, in der Casse der Compagnie blieben, bilden einen Fonds, der ihnen gehört, und über den in den Generalversammlungen verfügt wird, indem man ihn entweder unter die Actionäre verhältnißmäßig vertheilt, oder damit nützliche Ausgaben bestreitet, indem man ihn z. B. zur Tilgung der Schuld, Erbauung neuer Schiffe und Befestigungen verwendet oder in Staatspapieren angelegt u. s. w.

Im Spätjahr wurde aus London geschrieben: „Dieses Jahr haben die Siamesen mit einer großen Armee einen Einfall in Patani, dem nördlichsten malayischen Staate auf der Ostküste von Malacca, gemacht, den Hafen von Patani mit 70 Kriegsschiffen belagert, die Stadt im Mai erobert,

und grausam gegen die Einwohner gewüthet. Der nächst=
liegende Staat ist der von Calantan, er wird von vier Brü=
dern regiert, welche von den Siamesen beschuldigt wurden,
den Bewohnern von Patani Hülfe geleistet zu haben, und
sich daher eines siamesischen Einfalls gewärtigen. Sie haben
den Siamesen 40,000 Dollars und 40 Pfund Goldstaub an=
geboten, um den Frieden zu erkaufen; aber diese verlangten
unbedingte Unterwerfung. Ihr Plan ist sichtbar, sich der
ganzen Halbinsel zu bemächtigen, und diese Ueberzeugung
zwingt die Engländer, Maßregeln gegen sie zu nehmen. Denn
wenn Siam die Staaten von Calantan, Tringanu und Pa=
hang in Besitz nähme, so würde es den sehr beträchtlichen
Handel der Engländer mit der Halbinsel völlig zerstören,
indem die Willkür und Habsucht dieser Regierung noch durch
eine besondere Eifersucht gegen England unterstützt wird,
daher sie allen Verkehr mit den Engländern so sehr als mög=
lich hindert. Die drei bedrohten malayischen Staaten Calan=
tan, Tringanu und Pahang haben sich an die Regierung von
Malacca gewendet, und englischen Schutz verlangt, und da
die Siamesen sich in ihrem letzten Vertrage mit der ostin=
dischen Compagnie anheischig gemacht haben, den Handel der
Engländer mit diesen Staaten nicht zu stören, und da über=
dieß der von den Engländern abhängige Sultan von Dschohor
die Suprematie über diese Staaten anspricht, so fehlt es nicht
an Vorwänden, so wie es nicht an dem Willen fehlt, die
ganze Halbinsel bis zum 12ten Grade N. B. unter englische
Oberherrschaft zu nehmen.“

Das Morning=Chronicle gedachte auch einer Verschwö=
rung: „Bei der ostindischen Compagnie sind Depeschen ein=
gegangen, welche einen tiefen Eindruck machten. Zu Barrack=

pore hat man eine Verschwörung entdeckt, welche die Ver=
tilgung zweier Regimenter zum Zwecke hatte. In einem aus
Eingebornen bestehenden Artillerieregimente war der Plan
entstanden, und die Anzahl der Verschwornen belief sich auf
400. Die beiden Regimenter, welche angefallen werden soll=
ten, waren europäische Regimenter, gegen welche man einen
großen Haß entzündet hatte. Die Verschwörung ward nur
einen Tag vor der Ausführung entdeckt. Die Rädelsführer
wurden ergriffen, zwölf schuldig befunden, und nach der in
Indien gewöhnlichen Strafe vor die Kanonen gestellt und
niedergeschossen. Man hat von jeher, und wie es scheint
nicht ohne Grund, Einwürfe gegen die Bildung von Artille=
rie=Regimentern aus Eingebornen erhoben, da diese leicht die
in ihre Hand gelegten Mittel mißbrauchen können."

Als ein lebendiger Beweis der fortschreitenden Civilisa=
tion Indiens erschien der Brahmine Ram Mohun Roy,
der Verfasser ausgezeichneter Schriften, in London, wohin
er gereis't war, um das europäische Wesen an der Quelle ken=
nen zu lernen.

Ueber das Verhältniß der Engländer zu dem mächtigen
Beherrscher von Lahore, Ranschet Sing (Runjet Sing)
ist schon im vorigen Jahrgang dieses Taschenbuchs gesprochen.
Nachdem dieser Herrscher sich auf Kosten des gesunkenen
Afghanenreiches vergrößert, hielt es der englische Gouverneur
von Indien, Lord Bentink, für gerathen, eine feierliche
Zusammenkunft mit ihm zu halten, sich ihm zu befreunden
und dadurch den russischen und chinesischen Einfluß am Hofe
zu Lahore zu paralysiren. Auch in diesem Jahre begab sich
wieder Capitän Wade im Auftrag der Regierung an diesen
Hof. „Ranschet Sing ist der Sohn Maha=Sings, aus dem

Stamme Sabad. Der Löwe (Sing) von Lahur ist von mitt=
lerer Größe, weder zu klein noch zu groß, und hat durch die
Blattern ein Auge verloren. Sein Bart fällt lang und dicht
auf die Brust herab; allein er läßt nicht auch die Nägel wach=
sen, was nach den Religionsvorschriften der Seikhs eine
schwere Sünde ist. Seine Kleidung ist weiß und besteht aus
einem und demselben Stoffe; seinen Turban trägt er etwas
schief auf der Stirne und tiefer auf die linke Seite herab=
gedrückt, wo ihm das Auge fehlt, das hiedurch etwas verdeckt
wird. Man sagt, er sey sehr gütiger Gemüthsart und von
großer Gerechtigkeitsliebe. Früher hatte er die Gewohnheit,
verkleidet das Land zu durchstreichen, um die Gesinnung des
Volkes gegen die Regierung kennen zu lernen, wobei er die
Leute über das Verfahren der Behörden, die Steuereinneh=
mer und um ihre Meinung über den Fürsten zu befragen
pflegte. Wenn er Klagen oder Beschuldigungen gegen sich
selbst vernahm, so forschte er dem Grunde der Beschwerde
nach, hörte sie mit aller Ruhe an, und entschied dann, am
gelegenen Orte angelangt, darüber unparteiisch und oft zu
großer Zufriedenheit seiner Unterthanen. Ranschet Sing ist
gegenwärtig der einzige von allen eingebornen Fürsten Hin=
dustans, den man wirklich unabhängig nennen kann. Er ist
mit einem sehr unternehmenden Geiste begabt, durch den es
ihm nicht nur gelang, sich zum Souverain seiner Nation
aufzuschwingen, denn die Seikhs waren früher in verschiedene
kleine, von einander unabhängige Staaten getheilt, sondern
auch die benachbarten Mohammedaner mit Erfolg zu bekrie=
gen. Maha Sing legte den Grundstein zur künftigen Größe
seines Sohnes. Er erweiterte sein Gebiet durch glückliche
Eingriffe in die umliegenden Staaten und endigte mit der

Beſitznahme von Lahur, bei dem Tode Khan Bahadurs, des Nababs dieſes Landes. Bald darauf ſtarb er und hin= terließ ſeine Gebietserwerbungen Ranſchet Sing, der durch eine Miſchung von Muth und Klugheit den ſogenannten Bund der Seikhs völlig vernichtrte und bedeutende Erobe= rungen machte. Anfangs wurde ſein Siegeslauf eine Zeit lang durch die Furcht vor einem Angriffe Sehman Schahs, des Königs von Kabul, aufgehalten, der den Entwurf hegte, ſeine Staaten nach dieſer Seite des Indus hin auszudehnen; allein Ranſchet Sing faßte bald neuen Muth, als er ſah, daß der König von Kabul ſeinen Plan nicht verfolgte; er maß ſich mit deſſen Truppen und ſchlug ſie. Gegenwärtig erſtreckt ſich ſein Reich von Tatra im Süden bis nach Tübet im Norden, und von Kabul im Weſten bis ein wenig über die Ufer des Sedledſch im Oſten hinaus, was ein ungeheures Gebiet bildet.″

Nach neuern Nachrichten hat Ranſchet Sing 1832 die ſchönſte Tänzerin Indiens, Gulbahar, geheirathet, und die Hochzeit mit unerhörter Pracht gefeiert. Auch wurde in franzöſiſchen Blättern gemeldet, daß Capitän Allard, ehe= maliger Adjutant des Marſchalls Brune, jetzt Obergeneral der Armee des Ranſchet Sing ſey.

Ueber die Vorſichtsmaßregeln der Engländer gegen die wachſende Macht dieſes Fürſten erfuhr man ferner: „Poli= tiſche Umſtände haben ſeit einigen Jahren die engliſche Re= gierung in Indien vermocht, das Thal des Indus und ſeiner Hülfsſtröme genauer unterſuchen zu laſſen. Das Delta des Indus und ein Theil ſeines ſüdlichen Thales iſt im Beſitze von drei indiſchen Fürſten, den Amirs von Sind; ſie ſind Brüder und regieren gemeinſchaftlich; ſie ſind durch Sümpfe

und die Abwesenheit mächtiger Nachbarn geschützt, aber seit=
dem die Herrschaft von Runjet Sing, dem Maharaja von La=
hore, sich am Indus hin ausgedehnt hat, und seine Politik
sichtbar mehr und mehr dahin ging, sich das ganze Flußgebiet
des Stromes anzueignen, so haben die Engländer für nöthig
gefunden, den Amirs ihre Beschützung anzubieten, und im
Nothfalle aufzuzwingen. Man hat ihnen gedroht, sie Runjet
Sing zu überlassen, und da sie wohl fühlten, daß sie ihm
nicht widerstehen konnten, so ließen sie sich die Gesandten und
einen Allianztractat gefallen, dessen Hauptbedingung in der
den Engländern zu eröffnenden Schifffahrt des Indus lag.
Dafür sollten sie 70,000 Pf. St. Subsidien erhalten. Man
baut in Bombay eiserne Dampfschiffe, um den Indus damit
zu befahren, und den Handel mit Kabul, Lahore und Kasch=
mir zu betreiben. Hierauf schickten die Engländer eine an=
dere Gesandtschaft nach Lahore, um mit Runjet Singh einen
ähnlichen Vertrag zu schließen, der aber bis jetzt noch nicht
zu Stande gekommen ist. Eine dritte Expedition sollte den
Lauf, die Fahrbarkeit und die militärische und Handels=Wich=
tigkeit des Indus, des Sedledsch und anderer seiner Hülfs=
ströme untersuchen; sie besteht aus Lieutenant Burnes und
dem durch seine Reisen im Himalaya bekannten Dr. Gerard.
Sie wurden von Runjet Sing mit Pracht empfangen und
mit großen Festlichkeiten entlassen, um von Lahore nach Pe=
schawer und Kabul zu reisen. Bis jetzt sind ihre Untersuchun=
gen sehr glücklich gewesen; sie haben am Ausflusse des Indus
und an der nördlichsten Gränze seines schiffbaren Laufes in
der Nähe von Peschawer große Steinkohlenlager gefunden,
aus denen die Dampfboote versehen werden können. Burnes
vergleicht die Wassermasse des Indus und des Ganges auf

folgende Art: In Tatta, der Hauptstadt von Sind, das 100 englische Meilen vom Ausflusse des Indus liegt, fand er diesen viermal wasserreicher, als der Ganges bei einer gleichen Entfernung vom Meere ist. Die Expedition erreichte Peschawer gegen Ende Aprils und wurde vom Sultan Mu=hamed Khan mit aller möglichen Auszeichnung empfangen. Die Reisenden waren erstaunt über die Größe der Flöße, welche sie auf dem Indus fanden, und die Wälder, welche das Schiffsbauholz zu der Flotte von Nearch geliefert hatten, liefern noch Tannen und Cedern von ungewöhnlicher Größe, und werden künftig für die Werfte von Bombay benutzt werden, in der fast alle Schiffe, welche das indische Meer befahren, gebaut werden."

Der englische Capitán Chesney schlug einen neuen nähern Weg nach Indien vor, indem er den Nil durch den See Mengaleh mit dem rothen Meere verbinden wollte.

2.
P e r s i e n.

Der jüngste Reisende in diesem Lande, der Missionär Wolff, berichtet: „Es ist merkwürdig, daß nicht allein in Khorasan, sondern auch in Turkestan und selbst in Kabul das Gerücht im Umlauf ist, der persische Prinz Abbas Mirza habe eine russische Prinzessin geheirathet und die griechische Religion angenommen; 50,000 Russen würden über Khiwa nach Khorasan vordringen und Abbas Mirza in der Erobe=rung von Khorasan unterstützen. So viel ist richtig, daß Rußland Feth Ali Schah 5000 Mann angeboten hat, um

Khorasan zu erobern und den plündernden Streifzügen der
Turkomanen ein Ende zu machen; und ich hoffe den Beweis
liefern zu können, daß Rußland in kurzer Zeit sich Khiwa's
bemächtigt haben wird, und zwar unter dem Vorwande, der
König von Khiwa habe 8000 ruſſiſche Unterthanen als Skla=
ven in seinem Lande, während ich aus zuverläſſiger Quelle
weiß, daß sich zu Khiwa nur 200 ruſſiſche Sklaven und 60
ruſſiſche Ueberläufer, zu Bokhara 30 ruſſiſche Sklaven, zu
Sarahks zwei und zu Maur gar keiner befindet. Die Ruſ=
ſen im Dienſte des Khans von Khorasan ſind lauter Ueber=
läufer, und sind als Topschis (Artilleriſten) angestellt."

Das Ausland meldete ferner im Mai 1833: „Die zu=
letzt eingetroffenen Nachrichten aus Persien melden, daß der
längst besprochene Feldzug des Prinzen Abbas Mirza nach
Khorasan endlich unternommen worden ist. Diese Provinz
hat nämlich seit geraumer Zeit die Oberherrlichkeit des Schah
kaum noch dem Namen nach anerkannt, und es war der
Zweck der Expedition des Prinzen, sie wieder zu unterwer=
fen. Seinen ersten Angriff richtete er gegen Reza Khuli
Khan, einen mächtigen und widerspänstigen Vasallen, der
sich mit 2000 Mann Infanterie und 400 Reitern in der
wohlbewaffneten Stadt Emirabad eingeſchloſſen hatte. Ob=
gleich man erwartete, daß die Belagerung sich sehr in die
Länge ziehen würde, da der Ort mit sehr starken Befesti=
gungen umgeben worden war, und das königliche Heer nur
5000 Mann zählte, so wurde er doch nach einer Einschlie=
ßung von 17 Tagen am 18 Julius v. J. mit Sturm ge=
nommen. Der Eindruck, den diese Waffenthat in ganz Kho=
rasan und Persien hervorbrachte, war für Abbas Mirza sehr
günstig, und man glaubt, daß ihm die Thronfolge weniger

ſtreitig gemacht werden dürfte, als man bisher erwartete. Der Prinz iſt nun zur Belagerung von Kuchan, einer andern Feſtung, die noch den königlichen Waffen trotzt, aufgebrochen."

Ueber das originelle Unternehmen eines polniſchen Flüchtlings, Rußland von Perſien aus anzugreifen, ſagt der Miſſionär Wolff: „Der Graf Barowski, der ſich für einen Polen von Geburt ausgibt, kam vor einigen Jahren nach Indien, wo er verſchiedene Unternehmungen begann, im weſtlichen Mahrattenlande, in der Nähe von Punah, eine Pflanzung anlegte, dieſe aber ſchon nach einigen Wochen wieder aufgab, und nach Arabien ging. Von dort begab er ſich nach Maskate und Buſcheir, und kam endlich nach Tauris, wo es ihm gelang, den perſiſchen Hof zu bereden, zu Gunſten ſeiner Landsleute an der georgiſchen Gränze eine Diverſion zu machen; allein dieß ſchlug gänzlich fehl, wie ſich wohl vorausſehen ließ. Gegenwärtig befehligt Barowski ein perſiſches Regiment, mit dem er nach Meſched marſchirt iſt, wo er den Miſſionär Wolff aus der Gefangenſchaft der Turkomanen loskaufte."

3.
C h i n a.

Das himmliſche Reich wurde mit einer Revolution heimgeſucht. Das Chinese Repertory berichtet darüber: „Die Empörung, die ſich längs der Gränzen der Provinzen Kwan-tung, Kwan-ſi und Hunan erſtreckt und in dem himmliſchen Reiche ſo viel Schrecken und Unruhe hervorgebracht

hat, brach am 5 Februar 1832 aus. Die Hauptrolle in die=
ser Insurrection spielen die Yaou=jins, eine Völkerschaft aus
Lin=Schan, das an der nordwestlichen Gränze von Kwan=
tung liegt. Dieser barbarische Volksstamm soll, wie die chi=
nesischen Geschichtschreiber berichten, von einem gewissen Pi=
van=ku abstammen, von dessen Herkunft, so wie von der Zeit,
wo er lebte, nichts weiter bekannt ist. Die Yaou=jins sind
sehr wilder und kriegerischer Natur, halten aber sehr streng
ihr gegebenes Wort. Die jungen Leute beiderlei Geschlechts
üben sich gern im Gesang, und wählen bei ihren Heirathen
vorzugsweise jene Personen, deren Gesang ihnen am meisten
gefällt. Sie leben sehr mäßig, ertragen leicht Hunger, Durst
und Mühseligkeiten, und beweisen im Kampf einen uner=
schütterlichen Muth. Ihre Waffen bestehen in einem langen
Schwerte, das um die linke Seite gegürtet wird, einem Bo=
gen, den sie um die rechte Schulter tragen, und einer Lanze
in der rechten Hand. Mit der größten Leichtigkeit klettern
sie die schroffsten Anhöhen auf und ab. Wenn sie mit dem
Bogen schießen, halten sie das Schwert zwischen den Zähnen,
und wenn es zum Handgemenge kommt, werfen sie Bogen
und Lanze weg, und leisten mit dem Schwerte eine verzwei=
felte Gegenwehr. Sobald ihre Kinder laufen können, bren=
nen sie ihnen die Fußsohlen mit einem glühenden Eisen, um
sie gegen Dorn und Gestein unempfindlich zu machen. Den
Namen Yaou=jins, der wilde Thiere bedeutet, erhielten sie von
ihrer rauhen Lebensart. Die Chinesen schreiben dem goldenen
Drachen, Zauberkräfte zu, und er, wie die übrigen Häuptlinge,
sollen durch Magie Menschen in Thiere verwandeln können.
Anfangs erlitten die Rebellen einige Niederlagen und zogen sich
ins Gebirge zurück; kehrten aber bald darauf mit verstärk=

ter Macht zurück, und haben seitdem den Truppen des himmlischen Reiches schon einige empfindliche Schläge beige=bracht. So soll den neuesten Nachrichten aus China zufolge eine Abtheilung chinesischer Truppen mit acht Kanonen von den Yaou=jins in einen Hinterhalt gelockt, und ihr Anfüh=rer sammt zwanzig Officieren im Kampfe gefallen und die übrigen gefangen worden seyn. Auch in An=nam brachen Aufstände aus, in denen die Truppen der chinesischen Re=gierung den Kürzern zogen."

Das Ausland berichtete noch weiter: „Die in dem chinesischen Gränzgebirge Lien=tscheu ausgebrochene Empö=rung scheint bedeutender werden zu wollen, als man Anfangs glaubte. Der König, der aus den dortigen Hochlanden herab=stieg, um die Fahne der Empörung gegen das himmlische Reich aufzupflanzen, heißt, nach den neuesten über Indien in England eingetroffenen Berichten, Li=Timing, und hat den Namen Kin=Lung (der goldene Drache) angenommen Seine Befehle werden nicht vom 12ten Jahre Tau=kwangs, wie die Herrscherperiode des gegenwärtigen Kaisers von China heißt, erlassen, sondern sind mit den ersten Jahren seiner eigenen Regierung unterzeichnet. Auf seinen Panieren führt er eine Inschrift, die seine Unternehmung als eine von der göttlichen Vorsehung anbefohlene erklärt. Die Worte heißen:
„Tung tien tsching ming
Kin Lung yuen nin." D. h.
Des Himmels Befehl erhielt
Der goldene Drache. Im ersten Jahr."
Es wurden Truppen von Kwangsi, Hunan und Canton ge=gen ihn ausgesendet. Der Statthalter von Hunan soll in

einem Treffen gegen die Rebellen von einem vergifteten Pfeile getödtet worden seyn; so viel ist wenigstens gewiß, daß der goldene Drache die Stadt Kiang=heva in dieser Provinz ein= nahm, und daß die kaiserlichen Truppen in mehreren kleinern Gefechten den Kürzern zogen. Anfangs glaubte man, die Bergbewohner seyen bloß, wie früher, von Hungersnoth zu diesen Einfällen in das kaiserliche Gebiet veranlaßt worden; es scheint aber jetzt, daß es ein schon längst unter ihnen und allen Bewohnern der Gränzhochlande von China verabredeter Plan ist; denn sie benützten, wie man jetzt erfährt, die außer= ordentliche Wohlfeilheit des Salzes in den letztverflossenen Jahren, um große Vorräthe davon anzulegen, während sie früher durch diesen Artikel von den benachbarten chinesischen Provinzen abhängig waren. Die Truppen Li=Timings sollen sehr gut bewaffnet, tapfer und kriegerisch seyn. Die Chine= sen sind voll abergläubischer Furcht vor diesen Feinden, und die abgeschmacktesten Mährchen werden über sie in Umlauf gesetzt und geglaubt. So behaupten Einige, die Rebellen seyen mit dem Teufel im Bunde; Andere, sie könnten sich unsichtbar machen, und aus einem Tigerfelle, das sie in Stücke geschnitten, so viele lebendige große Tiger hervor= zaubern, als sie Stücke gemacht u. s. w." Es hieß, die Rebellen behandelten das gemeine Volk sehr mild, und seyen nur gegen die Mandarinen und Soldaten schonungslos. Da= gegen wurden alle Rebellen, die in die Hände der Kaiser= lichen fielen, ohne Gnade sammt ihren Familien hingerichtet.

Der Gouverneur von Canton, Li, der bekannte Eng= länderfeind, wurde, weil er den Aufstand nicht hatte unter= drücken können, abgesetzt, in Ketten nach Peking geschleppt, aber schon unterwegs strangulirt.

Auch auf der Insel Formosa brach ein Aufstand aus.
Das Ausland meldete davon: „Derselbe brach in der Nähe
von Tschang=fu=hihn, ungefähr 40 Li von Tai=van=fu, der
Hauptstadt der Insel, aus, und 26 Mandarinen nebst unge=
fähr 2000 Mann Truppen wurden getödtet. Unter den ge=
tödteten Officieren befanden sich — (nun folgen 4 Zeilen
lang chinesische Titel, die wir unsern Lesern erlassen). Die
Einwohner des westlichen Theiles der Insel sind theils Ein=
geborne, Tschintschiu's, theils Leute aus Canton, und der
Streit begann wegen fünf Pikuls Yamswurzeln, welche von
einigen Tschintschiu=Vagabunden und einigen Cantonern
weggenommen wurden. Diese wandten sich sogleich an die
Vorsteher des Dorfes, wo die Räuber lebten, und erhielten
Abhülfe. In der Meinung aber, die Wiederkehr ähnlicher
Vorfälle zu verhindern, wandten sie sich an den Tschang=
hwahin, der sogleich fünf Familienhäupter zu sich berief und
von jedem die Bezahlung von 2000 Dollars verlangte, was
sie verweigerten, indem die Sache bereits beigelegt sey. Da=
von wollte er nichts hören, und behielt sie im Gefängnisse,
bis das Geld bezahlt sey. Als sie sieben oder acht Tage im
Gefängnisse gewesen waren, und er sie so unnachgiebig wie
Anfangs fand, brachte er eine stärkere Beschuldigung gegen
sie vor, und verlangte von ihnen, sie sollten einen Räuber
herbeischaffen, der vor einiger Zeit sich aus dem Staube ge=
macht hatte, und nicht mehr aufzufinden gewesen war. Die
Gefangenen, über diese unerwartete Forderung erbittert,
sandten insgeheim Botschaft nach ihrem Dorfe, und boten
Jedem, der den Tschang=hwahin tödten würde, eine Beloh=
nung von 1000 Dollars an. Die Dorfbewohner fanden den
Vorschlag annehmbar, griffen am hellen Tage das Haus des

Officiers an, und tödteten ihn mit allen seinen Begleitern. Als der Tai=wan=fu dieß hörte, kam er persönlich mit 500 Soldaten herbei, ward aber gleichfalls angegriffen, getödtet und seine ganze Truppenmacht vernichtet. Mehrere andere Schaaren erfuhren ein gleiches Schicksal. Nach den letzten Nachrichten war die Hauptstadt der Insel mit 50,000 zu dem Ende gemietheten Leuten besetzt, aber das Landvolk rückte 50,000 Mann stark unter den ehemaligen fünf Gefangenen dagegen an. Zu Amoy wurden 5000 Mann Truppen nach der Insel eingeschifft."

Da der Frühling dieses Jahrs in China kalt war, er= laubte sich ein Juischa (Gesetzeswächter) dem Kaiser vorzu= stellen, daß dieß wahrscheinlich eine Folge der übertriebenen Grausamkeit sey, mit welcher man die Ketzer in Peking ge= martert habe. Der Beherrscher des himmlischen Reiches geruhte hierauf Folgendes zu erwiedern: „Die gedachte Vor= stellung ist — völliger Unsinn. Tiefer Schnee im Frühjahr ist ein Zeichen künftiger reicher Ernte. Nur Schuldige sind gemar= tert worden, nicht Unschuldige. Einer wird gemartert und hundert Andere dadurch vorsichtiger gemacht. Wie kann der Einsender sagen, daß ganze Familien unschuldig gelitten ha= ben? Hieraus kann man nur ersehen, daß er von Staats= geschäften nichts versteht. Zum Schlusse können Wir nicht umhin, Unserm Volke bekannt zu machen, daß Wir auch fer= nerhin das Schlechte bestrafen und ausrotten werden rc."

Ueber die Versuche der Engländer, den Handel mit China herzustellen, und auf andern Punkten, als Canton, anzuknü= pfen, enthielten die Nachrichten aus China vom Jahre 1832 Folgendes: „Einige Schiffe waren von Seite der Engländer abgefertigt worden, um zu untersuchen, ob sich wohl trotz des

des kaiferlichen Verbots ein gewinnreicher Handel mit den oſtwärts gelegenen chineſiſchen Häfen anknüpfen laſſe. Es fand ſich, daß die Chineſen im Ganzen ſehr geneigt ſind, ein freundſchaftliches Einverſtändniß zu unterhalten, um Handel zu treiben; die Localmandarinen waren meiſtens den Bemü= hungen der Fremden nicht entgegen, obwohl ſie mehr ihren Rang zu behaupten, als einen augenblicklichen Gewinn zu machen bemüht ſind; die Regierung aber iſt allen ſolchen Ver= ſuchen entſchieden feindlich. Zugleich fand man aber, daß keines der in den Häfen befindlichen chineſiſchen Geſchwader im Stande ſeyn würde, einem wohlbewaffneten Handelsſchiffe zu widerſtehen. Allenthalben beſtand große Eiferſucht über das Privilegium Cantons, welches dieſem Hafen in der That das Monopol des ganzen Handels des Reiches mit Fremden zuwendet. Dieſe Nachrichten ſind bei der nahen Eröffnung des Chinahandels ſehr wichtig."

4.

Java.

Briefe aus Batavia meldeten, daß am 12 Mai daſelbſt ein Aufſtand ausgebrochen war. „Ungefähr 600 chineſiſche Ar= beiter, welche bei dem Bau eines Regierungsgebäudes in der Nähe von Batavia beſchäftigt waren, rotteten ſich zuſammen, und befreiten gegen 600 eingeborne Sträflinge aus dem Ge= fängniſſe, die ſich ihnen anſchloſſen. Dieſer Haufe von 1200 Mann beging alle denkbaren Ausſchweifungen. Ihre erſte Handlung war die Aufknüpfung aller Chineſen, die nicht auf ihrer Seite waren, alle Gebäude, bei deren Bau ſie angeſtellt

waren, wurden in Asche gelegt, und die Bewohner entkamen
nur mit Mühe ihrer Wuth. In ein Fort eingeschlossen,
wehrten sie sich mit dem Muthe der Verzweiflung. Zuletzt
wurden sie aus ihrer Stellung verdrängt; aber sie nahmen
ihre Zuflucht zu den Sümpfen, aus denen man sie schwerlich
heraustreiben wird. Später hieß es, eine Abtheilung Hol=
länder sey von ihnen geschlagen worden.

5.

Neu=Holland.

Das Ausland meldete: „Die wilden Stämme von Van=
diemensland haben sich endlich den englischen Behörden erge=
ben, nachdem ein unmenschlicher Versuch, sie gänzlich auszu=
rotten, glücklicher Weise fehlgeschlagen war. Ein Herr Ro=
binson hat durch versöhnliche Maßregeln die Stämme der
Austernbay und des Big River, die blutgierigsten der ganzen
Insel, zur Uebergabe bewogen. Am 7 Januar hielt Herr
Robinson seinen triumphirenden Einzug in Hobarttown mit
seiner schwarzen Schaar. Sie wanderten ganz gemächlich ein=
her, gefolgt von einer großen Meute Hunde, und wurden von
den Einwohnern mit der lebhaftesten Neugierde und Vergnü=
gen empfangen. Bald nach ihrer Ankunft gingen sie ins
Regierungsgebäude und wurden bei dem Gouverneur einge=
führt, wo eine interessante Unterredung statt fand. Sie soll=
ten demnächst mit einem großen Schiffe nach der großen Insel
gebracht werden. Die Weiber waren fürchterlich ausgeschmückt
mit menschlichen Gebeinen, die in vielen phantastischen For=
men, selbst um die Kinnlade und den Oberkopf, um sie her

hingen. Einige davon waren Ueberreſte von Feinden, auch
Weißen, die ſie getödtet hatten, die meiſten aber Andenken
der Liebe an Ehegatten und Kinder, die ſie verloren hatten.
Sie übergaben Herrn Robinſon ſechs Gewehre, die ſie ermor=
deten Weißen abgenommen oder aus den Hütten geſtohlen
hatten. Drei davon waren geladen, und die Mündungen
ſorgfältig mit Stücken Leinwand verſtopft. Das Innere
ihrer mit Rinde bedeckten Hütten, von denen Herr Robinſon
mehrere beſuchte, war auf eine ſinnreiche Art mit rohen Zeich=
nungen von Känguruhs, Schnabelthieren ꝛc. verziert. Die
Entfernung dieſer Schwarzen wird für ſie ſelbſt und die Co=
lonie von weſentlichem Vortheile ſeyn. Die großen Weide=
ſtrecken, die wegen ihrer mörderiſchen Angriffe auf die Hir=
ten ſo lange verlaſſen waren, werden jetzt benutzt werden kön=
nen, und den Schafheerden ſehr zu gut kommen, die bisher
auf eine ſehr unzureichende Weide getrieben werden mußten,
was die Heerden herunterbrachte, und den Preis des Fleiſches
erhöhte.‟

6.

Neu=Seeland.

Die franzöſiſche Kriegscorvette Le Favorit (ſchreibt die
Allg. Zeitung im November 1832) legte bei ihrer Weltum=
ſeglung im letzten Jahre auf Neu=Seeland an, um ſich aus=
zubeſſern; ſie landete einige Kanonen, und errichtete eine Art
von Baſtion, um die ausgeſchifften Werkzeuge und die Arbei=
ten gegen einen etwanigen Angriff der Eingebornen zu ſchü=
tzen, was um ſo nöthiger war, da dieſe eine große Menge

americanischer und anderer Schiffe überfallen und verbrannt
haben. Das englische Gouvernement in Neu-Südwallis, das
längst nach dem Besitze von Neu-Seeland lüstern war, benützte
diesen Umstand, um die beiden Inseln zu besetzen. — Die
englischen Missionäre, welche auf ihnen etablirt sind, haben
dabei ihrer Nation wesentliche Dienste geleistet, und dreizehn
der neuseeländischen Häuptlinge bewogen, einen Brief an
den König von England zu schreiben, um ihm ihre Besorgniß
einer französischen Occupation auszudrücken, und ihn zu bitten, ihr Freund und Vormund zu seyn, um sie der Gefahr
einer fremden Eroberung zu entziehen. Die Gelegenheit war
zu gut, um nicht benützt zu werden, und obgleich das französische Schiff nach einigen Wochen seine Mannschaft und Geräthschaften wieder einschiffte, wie es auch nie im Plane der
französischen Regierung gelegen war, sich der Inseln zu bemächtigen, so haben die Engländer doch Truppen gelandet,
und die Oberherrschaft der Insel angenommen. Es ist eine
der vortheilhaftesten Erwerbungen, welche England seit langer Zeit gemacht hat. Der Flachs und das Bauholz, welches
die Inseln hervorbringen, sind als die besten in der Welt für
den Schiffbau anerkannt, und die Lage der Insel macht sie
nothwendig zum Mittelpunkte des Wallfischfanges in der
Südsee, der täglich eine größere Wichtigkeit gewinnt. Die
Einwohner bilden vortreffliche Matrosen, und der geringe
Sold, den sie verlangen, so wie die Wohlfeilheit der Lebensmittel auf den Inseln, muß die Concurrenz im Wallfischfange
andern Nationen unmöglich machen.

7.

Insel Bourbon.

Ueber die Sklavenverschwörung auf dieser Insel theilen Nachrichten vom 30 Mai 1832 Folgendes mit: „Der Rädelsführer der Verschwörung war ein Sklave, Namens Louis, der von seinem Herrn keineswegs hart behandelt oder als Sklave betrachtet wurde, vielmehr hatte er sogar die Erlaubniß, für sich selbst zu arbeiten. Der Plan war sehr gut angelegt, wurde aber von zwei Verschwornen, die es bedauerten, daß alle Weißen niedergemetzelt werden sollten, am Tage vor der Ausführung den Behörden verrathen. Anfangs war man übereingekommen, am Charfreitage über die Weißen herzufallen; allein sonderbar genug war Louis ein so guter Katholike, daß er sich ein Gewissen daraus machte, an einem so heiligen Tage Menschenblut vergießen zu lassen. Es sollten alle weißen Männer, wie alle Negerinnen ermordet, und nur die weißen Frauen und Mädchen verschont werden. Die Malgaschen und Kaffern wollte man zu Sklaven machen. Sechs und funfzig der Rädelsführer wurden verhaftet und hingerichtet."

8.

Afrika.

Auf den Inseln des grünen Vorgebirgs hatte es drei Jahre lang nicht geregnet, daher im Jahre 1832 daselbst 30 bis 40,000 Menschen Hungers starben und viele Einwohner auswanderten.

Im August 1832 überfiel der Negerkönig von Barra die englischen Niederlassungen am Gambia, wurde jedoch zurückgetrieben.

Das Ausland schrieb: „Nach den neuesten Nachrichten aus Madagaskar hat die Königin große Neigung gezeigt, alle Verbindungen mit den Europäern abzubrechen, und man glaubte, sie werde den Hornviehhandel zwischen ihren Unterthanen und der Insel Mauritius verbieten, was jedoch für letztere mit keinem großen Nachtheile verbunden wäre, da zwischen ihr und den Ansiedlern von Neu-Südwallis ein Handelsverkehr mit Lebensmitteln eröffnet worden ist. Der Unwille, den die Königin auf die Europäer geworfen hat, soll seinen Grund in der Stockung des Sklavenhandels haben, wodurch die Beherrscherin von Madagaskar eine bedeutende Schmälerung ihrer Einkünfte erlitten hat; sie hatte früher nichts dagegen, wenn man einen Ochsen und einen Menschen paarweise mit einander verkaufte. Die Schwierigkeit, Sklaven an Mann zu bringen, wurde in der letztern Zeit so groß, daß die Sklavenschiffe zu Mozambik die Sklaven Stück für Stück zu einem Dollar ausboten, und doch keinen Käufer fanden. Zu Mozambik selbst hatten sich die Portugiesen in Pedristen und Miguelisten getheilt, und standen im Begriffe handgemein zu werden. Die Miguelisten waren im Besitze des Forts, die Pedristen aber ihnen an Zahl weit überlegen."

Aus Abyssinien meldete das Ausland, daß der König dieses Landes alles Ansehen verloren habe, und ein Galloneger, Marea, der vornehmste Statthalter desselben, in seinem Namen alle Gewalt an sich gerissen und die übrigen Gouverneure der Provinzen zu unterdrücken suche. Der Schweizer Gobat, von der Londoner Missionsgesellschaft, war Zeuge ihres Kampfs.

Kleine Chronik.

Naturerscheinungen.

Die Cholera sprang in diesem Jahre von England einer=
seits nach Frankreich herüber, wo sie besonders unter der
Volksmenge von Paris große Verheerungen anrichtete, und
von wo sie am 18 Junius auch nach Brüssel kam, ohne sich
jedoch nach Süden zu verbreiten; andrerseits wanderte die
Cholera von London nach Dublin, arbeitete unter der är=
mern irischen Bevölkerung grimmiger, als unter den rein=
lichern und besser genährten Engländern, und sprang dann
nach America über, wo sie theils in den englischen Colonien,
theils in den Vereinigten Staaten (zu Philadelphia am 6
Mai) ihre Opfer suchte, ohne auch hier den Norden zu ver=
lassen. Der Süden schien, vor der Hand wenigstens, außer
ihrem Wege zu liegen.

Am 2 Junius beobachtete Massotti in Buenos=Ayres
den Enke'schen Kometen. Am 19 Julius entdeckte Gom=
bart in Marseille und am 29sten Harding in Göttingen
einen kleinen Kometen am Kopfe der Schlange. Am
22 October beobachtete man zu Mannheim zum ersten Male
den periodischen Biela'schen Kometen.

Die neu entstandene Insel Ferdinandea bei Sicilien verschwand wieder, desto mehr aber wurde das Festland von Italien mit Erdbeben und vulcanischen Eruptionen heimgesucht. Am 13 Januar wurde Foligno bei Rom durch ein furchtbares Erdbeben zerstört; vom 11 bis 13 Februar erfolgten Erdstöße zu Verona, Modena, Parma, Reggio, Mailand. Am 8 März wurde ganz Calabrien erschüttert, überall Gebäude zerstört und über 200 Menschen verschüttet; am heftigsten wüthete das Erdbeben zu Catanzaro. Den folgenden Tag, 9 März, war die Erde nicht weniger bei Smyrna erschüttert. Ein vereinzelter Erdstoß erfolgte am 1 October in Kärnthen. Der Vesuv und Aetna waren das ganze Jahr hindurch in ungewöhnlicher Thätigkeit. Schon im vorigen Jahre hatte der Vesuv Lava ausgeworfen, am meisten zu Weihnachten. Im März 1832 hatte er einen neuen kleinen Krater gebildet, und wieder einen neuen im Julius. „Seit den letzten Tagen des Julius, schreibt ein Correspondent der Allg. Zeitung, hat der Vesuv seine Thätigkeit mit einer außerordentliche Heftigkeit wieder begonnen, und zwar dergestalt, daß wenn man das fortwährende Ausstoßen vulcanischer Stoffe zu einer beträchtlichen Höhe, die bedeutenden Lavaströme, die zugleich auf zwei entgegengesetzten Seiten des Kegels herabfließen, so wie die großen Erschütterungen und donnerähnlichen Detonationen neben einander stellt, dieser noch immer fortdauernde Ausbruch als der größte erscheint, der in mehrern Jahren statt gefunden. Ich glaube daher, Ihnen dasjenige mittheilen zu müssen, was man in hiesigen Blättern darüber lies't: „In der Nacht vom 23 Julius bildete sich ein kleiner Krater im Innern des alten, und gerade auf dem,

der im letzten März entstanden war. Es erfolgte darauf
ein Auswurf vulcanischer flüssiger Materien, die, in die
Höhe geworfen, aber wieder in denselben Krater zurückfielen.
Bis zum 29 Julius hörte der Berg nicht auf, Flammen zu
speien und Steine auszuwerfen, und von Zeit zu Zeit erfolgten Erschütterungen. Am Abende dieses Tages wurde
der Ausbruch heftiger, die ausgeworfenen Steine erreichten
die Höhe von ½ Miglio (?) (beinahe 3000 Fuß) und fielen
wie Hagel auf die ganze Oberfläche des Kraters nieder.
Die Ausbrüche waren nur von einem Intervalle von drei
Minuten unterbrochen, und man horte die Detonationen in
der ganzen Nachbarschaft." (Ich selbst hörte sie in Pompeji,
wo ich mich gerade befand, sehr stark.) „In fünf Tagen
füllte sich der Krater auf 250 Fuß hoch an. An diesem
Abende kamen 15 verschiedene Laven, aber von geringer Bedeutung, im Innern des Kraters zum Ausflusse. Zwei nahmen die Richtung nach Torre del Greco, in dem Bette alter
Laven fließend; andere verloren sich schlängelnd auf dem Abhange des Kegels, und noch andere überschritten kaum den
Saum desselben in der Richtung von Bosco tre case." In
einer spätern Nachricht, die bis zum 4 August reicht, heißt
es: „Eine neue Lava floß seit dem 30sten v. M. aus dem
Krater nach Bosco tre case zu, auf der schon erloschenen,
welche vor acht Monaten dieselbe Richtung genommen hatte.
Sie rückte nur langsam vor, und nach allem Anscheine schien
sie an dem Orte, Fosso de fichi genannt, stille stehen zu wollen. Eine andere Lava quoll aus dem alten Krater am 31
v. M., und nahm die Richtung auf die Eremitage del Salvatore zu. Auch sie floß sehr langsam und kam nicht über
die Hälfte des Kegels. In dem Innern des alten Kraters

bemerkt man jetzt viele Spalten von 50 bis 40 Fuß Breite.
Auch haben sich dort drei Teiche — wenn man so sagen kann —
von Lava gebildet, jeder ungefähr 150 Fuß im Umfange. Die
Explosionen und das donnerähnliche Krachen fahren, wie in
den vergangenen Tagen, fort." — So weit jene Nachrichten,
die, wie es heißt, von dem bekannten Führer Salvatore her=
rühren, welcher verbunden ist, in solchen Fällen alles Merk=
würdige, was er — der mehr auf dem Vesuv als unten lebt —
dort oben vorgehen sieht, hieher zu berichten. — Endlich er=
schien vorgestern, am 8ten d. Abends, ein gewaltiger Lava=
strom auf dieser Seite, vom Krater aus nach der Eremitage
zu, und auf derselben Stelle fließend, die auch die Lava vom
verflossenen Januar eingenommen hatte. Als er sichtbar
wurde, füllte dieser Strom schon die ganze Höhe des Kegels
von oben bis ganz unten an, und schien bis zu dem Piano
delle Ginestre gekommen zu seyn. Gestern Abend war er noch
eben so stark. Dabei ist auch seine Breite weit bedeutender,
als aller der vorhergegangenen." — Nach den letzten Nach=
richten vom 16 August waren am 9ten noch verschiedene neue
Laven aus dem Krater gekommen, und da diese die Wege,
auf denen man gewöhnlich hinaufstieg, bedeckten, so mußte
man einen neuen bahnen. Das Donnern und die Erschüt=
terungen dauerten fort, zwei dieser letztern am 10ten Mor=
gens waren von der größten Heftigkeit, und gleich darauf
stieg eine dritte Säule von Flammen und Steinen aus dem
Krater. Die andern Laven waren nicht weiter gedrungen, sie
fingen vielmehr an zu erlöschen. Seit gestern und vorgestern
ist, wie schon gemeldet, alles vorbei, und man sieht nicht nur
kein Feuer, sondern selbst keinen Rauch mehr."

Nicht minder thätig war der Aetna. „In der Nacht
vom 31 October brach der Vulcan in der offenen Region, bei
der Manca del Sorbo, in einigen kleinen Bächen von Lava
hervor; erlosch aber dort nach drei Tagen wieder, weil in der
Nacht vom 3 November in eben der Richtung ein viel fürch=
terlicherer Lavastrom gegen Westen zu, fast am Ende jener
Region, in dem Thale Bocche del fuoco genannt, zum Vor=
schein kam. Man sah 15 Oeffnungen längs einer fürchter=
lichen Spalte, wovon die drei untersten nahe bei einander
sich in eben so viele Krater eines Vulcans verwandelten, die
unter dem stärksten Krachen anfingen, feurige Materien aus=
zuwerfen. Säulen des dicksten Rauches und glühende Schla=
cken von 60 Palmen (gegen 50 P. F.) Durchmesser erhoben
sich in die Luft, die letztern zu einer Höhe, die man auf 200
Palmen (über 160 F.) schätzte. Der Strom, in seinem Laufe
durch den Monte Gitta gehemmt, theilte sich in zwei Arme,
wovon der südliche in einer Breite von mehr als 200 Canne
(an 1300 F.) nach Monte Lepre zufloß, und sich hierauf um
den südlichen Saum des Monte Cassano herumbiegend, in
der Linie von Dagala Chiusa gerade gegen Bronte zu wandte.
Aber auch dieser verlosch nach sechs Tagen. Der andere Arm
aber schnell nach Norden fortschreitend, und sich dann gegen
Nordwest und West krümmend, trat in den südlichen Theil des
Bosco di Maletto ein, und warf sich am 12ten in die Wein=
berge von Bronte in der Gegend della Musa. Diese ist gegen
Mittag von dem Rande der Lava von 1651 begränzt, welche
von dieser Seite die Gebäude von Bronte schützt, und ein
sehr breites Becken darbietet, in welchem der Ausbruch meh=
rere Tage lang hätte fließen können. Wäre das Thal della
Musa nun auch endlich angefüllt worden, so hätte der natür=

liche Abhang des Bodens den Feuerstrom in das Thal della
Barriera geleitet, und so wäre die besagte Stadt gerettet ge=
wesen; aber die Thätigkeit des Vulcans in der Nacht vom 15
November hat die Besorgnisse erneuert. Die große Thätig=
keit des Vulcans in der Nacht vom 14ten vermehrte sehr die
Trostlosigkeit der Bevölkerung von Bronte, weil der Lava=
strom, der sich der Gegend del Brugnolo genähert hatte, von
der oben angegebenen Richtung abzuweichen schien; am fol=
genden Tage aber fing die Lava an gegen La Zueca hin sich
zu lenken, nachdem sie alle Weingärten der Gegend, la Musa
genannt, zerstört hatte; woselbst auch ein großer Schnee=
behälter bei dem Andringen des vulcanischen Stroms mit
einem fürchterlichen Krachen losbrach, so daß man die Mün=
dung eines neuen, unversehens geöffneten Kraters zu sehen
glaubte. Diesen Tag und den ganzen folgenden 15 Novem=
ber über breitete sich die Lava zur rechten Hand gegen die
Ebene des Palo zu aus, verfolgte aber dessen ungeachtet den
Weg nach dem Thale della Barriera. Die Breite ist dieselbe
geblieben, und man kann sie auf eine Miglie schätzen. Der
Ausbruch ließ bald an Heftigkeit nach, und am 22 November
waren alle Besorgnisse verschwunden. Doch kaum war der
Ausbruch erloschen, als am 24 November ein schreckliches
Erdbeben den Flecken Nicolosi heimsuchte."

Auffallend war es, daß eben zur Zeit dieses Ausbruches
des Aetna zugleich in andern Gegenden, in der Nacht vom
12 auf den 13 November, leuchtende Meteore gesehen wur=
den. Bei Genf bemerkte man raketenartige Feuerstreifen
und Strahlenbüschel am Himmel, bei Grenoble eine Menge
Sternschnuppen, bei Brüssel eine Menge kleiner Feuerkugeln,

bei Portsmouth viele fliegende Sterne, und so dasselbe an zahllosen Orten der Schweiz, Frankreichs und Englands.

Ueber einen seltsamen Schnee berichtet die nordische Biene aus Moskau: „Im März d. J. wurde in einer Ent=fernung von 100 Wersten von hier, bei Wolokolamsk, das Feld an dem Dorfe Kursanowa beinahe zwei Zoll hoch, und in einem Umkreise von 80 bis 100 Quadratfaden mit einer Substanz bedeckt, die in Gestalt des Schnee's, aber, in gelb=licher Farbe aus der Luft fiel. Diese Substanz bestand beim ersten Anblick aus Flocken, die sich fast wie Baumwolle an=fühlten, lös'te sich aber, nachdem man sie einige Zeit in einem Glase aufbewahrt hatte, vielleicht durch die Vermischung mit den Wassertheilen des Schnees, mit denen zugleich man sie gesammelt hatte, in eine Art von Harz auf, welches die Farbe des Bernsteins, die Dehnbarkeit des Gummi elasti=cum und einen Geruch von gesottenem Oel und Wachs hatte. In ihrem primitiven Zustand entzündete sich jene Masse bei Annäherung des Feuers und gab eine Flamme gleich bren=nendem Branntweingeist, in ihrer harzigen Form aber be=gann sie in der Nähe des Feuers zu kochen."

Dasselbe Blatt beschrieb auch eine kolossale Lawine, die im Kaukasus gefallen war. „In der Nacht vom 12 auf den 13 (25) August riß sich von dem Verge Kasbek, zwischen der Poststation Darial und dem kißschinischen Orte Swelety, an dem Wege, der aus Grusien über den Kaukasus führt, mit furchtbarem Krachen eine riesenhafte Schnee = und Eis=lawine los. Sie stürzte sich mit ihrer ganzen Schwere auf die Felsenkette am rechten Ufer des Terek, riß mächtige Fels=stücke und ganze Stücke des Erdreichs mit sich fort, und be=grub sie unter sich. Dieser Einsturz maß 40 Saschenen

(280 Fuß) perpendiculäre Höhe und 2 Werste in der Länge, erfüllte die ganze Breite des Thals, hemmte einige Stunden lang den Lauf des Terek, und schnitt die Verbindung zwischen Rußland und Grusien völlig ab."

Zu Genf gerieth im August das auf den Gräbern eines Kirchhofs wachsende Gras von selbst in Brand.

Reisen.

Seit 1830 reis'ten die Franzosen Stammaty, Collier, Mi=chaut, Ponjoulat in Kleinasien. Die Herren Taylor, Bo=water und Aspinal wurden 1831 am Euphrat von herum=streifenden Arabern ermordet. Im arabischen Golf entdeckte ein ostindisches Schiff im Februar 1832 eine neu entstan=dene vulcanische Insel.

Wolff, der deutsche Judenbekehrer, wanderte nach Per=sien, Khorasan, Afghanistan, und kam 1832 glücklich im Ge=biete Runjet Sings an, um von da nach Tübet und China zu pilgern. Ihm entgegen reis'te der Engländer Burnes, der mit dem berühmten Gerard durch Afghanistan gereis't war, und von da glücklich nach Persien kam.

Zu Bombay starb am 7 December 1832 der erst 32jährige, so hoffnungsvolle Franzose Jaquemont, nachdem er das indische Himalajagebirge schon durchreis't hatte. Glück=licher war Lamarre=Piccot nicht lange vorher mit vielen indi=schen Alterthümern nach Frankreich zurückgekehrt. Pember=ton bereiste das Königreich Ava. Im Dienste des Runjet
Sings

Sings entdeckte Ventura bei Manikilia griechische Alterthü=
mer. Der berühmte Ungar Soma de Körös, der seit 13
Jahren in Tübet gelebt hatte, ohne den Ursprung der Ma=
gyaren, weßhalb er gereist war, auffinden zu können, kehrte
mit vielen tübetanischen und Sanscritbüchern nach Calcutta
zurück, 1832. Die Engländer veranstalteten eine genauere
Untersuchung des Indusgebiets, durch die schon ge=
nannten Gerard und Burnes, welcher letztere den Weg nach
Persien einschlug.

Aus China kehrten drei Reisende zurück, Prof. Neu=
mann, der eine große Menge chinesische Bücher mitbrachte,
Domeur de Rienzi von Bordeaur, der zwölf Jahre lang ge=
reist war, und der blinde Reisende James Holmann. Im
Jahre 1832 wurde Lindsay von Seite der ostindischen Com=
pagnie an die Ostküsten von China geschickt, um an andern
Punkten der Küste Handelsverbindungen zu suchen, da der
Gouverneur von Canton mit den Engländern in den bekann=
ten Streit gerathen war.

Am 1 Julius 1832 kam in dem berühmten russischen
Hafenorte Petropawlowsk in Kamitschatka eine Karawane
aus Taschkent und der Kirgisensteppe an, die sehr unbekannte
Landstriche zum ersten Male durchmessen hatte.

Auch Afrika wurde von Reisenden heimgesucht. Herr
v. Prokesch aus Wien unternahm und beschrieb eine sehr
interessante Reise nach Aegypten. Herr Rüppell aus Frank=
furt a. M. reiste zum zweiten Male nach Nubien und Kor=
dofan; ebendahin die Engländer Welford und Woodhall, welch
letzterer daselbst starb. Capitän Belcher, ein Gefährte des
berühmten Weltumseglers Beechey, untersuchte die Westküsten
Africa's, und der Missionär Rolland drang im Jahre 1831

tief ins Land der Kaffern ein. Bei weitem das größte Verdienst aber erwarb sich Lander, der berühmte Bediente Clap-
perton's, der nach dem Tode seines Herrn glücklich aus dem
Innern Afrika's zurückgekehrt, aber zum zweiten Male hinein-
gedrungen war, und der das Glück hatte, am 18 Junius 1831
den wahren Lauf des Niger (Quorra) zu entdecken. Er
ist nicht nur glücklich nach England heimgekehrt und hat seine
höchst interessante Reise in den Druck gegeben, sondern er ist
auch schon wieder zum dritten Male mit einer neuen Expedition nach Afrika abgegangen.

Seit drei Jahren war der englische Capitän Roß, der
nach dem Beispiele Parry's eine Nordpolexpedition und zwar
auf eigene Kosten unternommen hatte, vermißt worden. Sein
Bruder veranstaltete eine neue Expedition unter Capitän
Black, der ihn aufsuchen sollte. Inzwischen langte die
Nachricht von seiner glücklichen Rettung aus dem Eise des
Nordpols in England bald darauf an, nachdem Black abgesegelt war. Lieutenant Garden, ein Gefährte Parry's,
untersuchte die Küsten von Neu-Braunschweig. — Der durch
seine brasilischen Reisen berühmte Prinz von Neu-
Wied unternahm 1832 eine neue Reise nach Nordamerica.
In Mexico reif'te der treffliche deutsche Maler Rugendas,
und ein anderer Deutscher, Namens Waldeck, untersuchte
im Auftrage der mexicanischen Regierung die Alterthümer
dieses Landes. Sein Brief über die interessanten Tempel-
ruinen von Palenque wurde in Europa bekannt. Audubon
sammelte Vögel in Florida. Der Geologe Boussignault be-
reif'te die Anden, Herr Hillhouse das englische Guiana.
Dr. Pöppig von Leipzig, der seit vielen Jahren in Südamerica und besonders in dem am wenigsten bekannten Ge-

biet des Amazonenstroms verweilt hatte, kehrte 1832 zurück; eben so der Franzose Gay, der seit 1828 Chili bereis't. Parhappe war von Buenos-Ayres aus nach Patagonien gereis't, welches Land auch Capitän King von der See aus untersuchte. Vom größten Interesse für die gelehrte Welt aber war die Nachricht, daß der berühmte Reisegefährte des Herrn A. von Humboldt, Bonpland, endlich aus der Gefangenschaft in Paraguai erlös't und in Buenos-Ayres angelangt sey, von wo er unterm 7 Mai 1832 dem Herrn von Humboldt den ersten Brief schrieb und zugleich meldete, daß er sich im Interesse der Naturwissenschaften noch einige Zeit dort aufhalten wolle.

In Neu-Holland wurde von Capitän Stuart ein großer Fluß und im Süden von Henderson ein alter indischer Tempel entdeckt.

In den Jahren 1830—32 machte der Franzose Laplace eine bereits von ihm beschriebene glückliche Reise um die Welt. Dagegen erfuhr man, daß die nordamericanische Expedition nach der Südsee unter Capitän Reynoldt gescheitert sey.

Merkwürdig ist die Entdeckung mehrerer neuer Inseln und eines Festlandes am Südpol. Zwei englische Wallfischfänger, dem Herrn Enderbys gehörig, die Brigg Tula unter Capitän Biscoe und der Kutter Lively fanden ein großes Land im Süden. „Man hält dafür, daß das entdeckte Land einen Theil von einem ungeheuren Continente bildet, der sich vom 47° 30' östlicher bis 69° 29' westlicher Länge erstreckt, oder von der Länge von Madagaskar um die ganze Südsee und den südlichen stillen Ocean bis zur Länge des Caps Horn. Capitän Biscoe entdeckte das Land am 28

Februar 1831, und blieb den folgenden Monat in der Nähe desselben, wo er deutlich die schwarzen Bergspitzen über den Schnee hinausragend erblickte. Wetter und Eis hinderten ihn jedoch, sich mehr als auf dreißig Seemeilen zu nähern. Sturmvögel waren die einzigen Vögel, die ihm zu Gesicht kamen; von Fischen zeigte sich gar keine Spur. Der Capitän legte seiner Entdeckung den Namen Enderby's-Land bei, und bestimmte seine Länge 47° 30'. und 66° 30' östlicher Breite. Man sah das Land auf dreihundert englische Meilen ungefähr sich hin erstrecken. Der Gebirgszug schien eine ostnordöstliche Richtung zu nehmen. Der bedenkliche Gesundheitszustand seiner Schiffsmannschaft nöthigte Capitän Biscoe, unter wärmere Breiten zurückzukehren, und er überwinterte auf Vandiemens-Land, wo der Kutter wieder zu ihm stieß, der durch das stürmische Wetter unter hoher südlicher Breite von ihm getrennt worden war. Im October 1831 begab sich die Tula nach Neu-Seeland. Zu Anfang Februars 1832 gerieth sie auf bedenkliche Weise in die Nähe eines ungeheuren Eisberges, als derselbe plötzlich unter furchtbarem Getöse in Stücke zerfiel. Am 15ten desselben Monats erblickte man südöstlich unter 69° 29' Länge und 67° 15' westlicher Breite Land. Es ergab sich, daß es eine Insel in der Nähe des großen Festlandes war, das später den Namen südlicher Continent erhalten dürfte. Auf dieser Insel erblickte man ungefähr vier Meilen vom Ufer einen hohen Pik und mehrere kleinere; eine Drittheil der höchsten von ihnen war mit dünnen Schneelagern bedeckt, und zwei Drittheile völlig mit Schnee und Eis. Die Gestalt dieser Piks war ganz eigenthümlich, und zwar kegelförmig, aber mit einer breiten Basis. Capitän Biscoe nannte der Königin von England zu Ehren das Eiland: Adelaideninsel. Südwärts davon wurden tief im Binnenlande, ungefähr neunzig Meilen weit einwärts, Berge gesehen. Am 21 Februar 1832 landete Capitän Biscoe in einer geräumigen Bucht des Continents, und nahm von ihm im Namen Wilhelms IV Besitz. Das Land bot einen Anblick der traurigsten Veröbung dar; nirgends war eine Spur von vegetabilischem oder animalischem Leben zu erblicken. Künftig wird dieser Theil des Continents, wenn er sich als solcher erweis't, den Namen „Grahams-Land" führen."

Der Capitän eines Wallfischfängers, Herr Harwood, stieß, als er von Tapan aus südwärts gegen Neu-Holland steuerte, unter 5° 45′ nördlicher Breite und 152° 35′ östlicher Länge (nach dem Meridian von Greenwich, also etwa 172° östl. Länge von Ferro) auf eine Inselgruppe, die noch nicht auf den Karten vorgezeichnet ist. Die Mannschaft des Schiffes landete, und wurde von den Eingebornen freundlich behandelt. Die Inseln sind sehr dicht bevölkert, und haben Ueberfluß an Kokospalmen und Früchten jeder Art, namentlich solche, wie sie für Schiffe nöthig sind, die von Tapan mit dem Scharbock kommen.

Im Mai 1832 schrieb man aus Lima: „Das nordamericanische Schiff der Comboy, von Woahoo, von einer der Sandwich-Inseln kommend, legte sich am 29 vor. Monats auf der Rhede vor Anker. Der Capitän, Herr Harding T. Merril, erzählt, daß er auf der Ueberfahrt drei Inseln entdeckt habe, deren Lage folgende ist: 15° 50′ südlicher Breite und 141° westlicher Länge des Greenwicher Meridians. Zwei dieser Inseln sind bewohnt; die Eingebornen haben den Wuchs und das haselnußfarbige Gesicht der Bewohner der Sandwich-Inseln, aber ihr Charakter scheint nicht so sanft."

Endlich entdeckte auch ein Schiff der russisch-americanischen Compagnie, unter Capitän Chrontschenko, eine Insel unter 7° 9′ 56″ nördlicher Breite und 177° 0′ 15″ östlicher Länge.

Nekrolog
des Jahrs 1832.

———

Gestorben.

Januar.

10 Pechier, Chemiker in Genf.

18 Graf von der Golz, vormaliger preußischer Minister.

19 Salmon, vormaliger spanischer Minister.

Februar.

9 Wiederhold, Justizminister in Caffel.

— v. Haugwitz, der bekannte vormalige Preußische Mi=
    nister.

? Champollion der Jüngere, französischer Gelehrter.

? Crabbe, Nestor der englischen Dichter.

März.

10 Clementi, berühmter Componist, in England.

22 Der große Dichter Goethe in Weimar.

— Oberst Wieland in Basel.

28 Geh. Rath Schlotheim, Mineralog in Gotha.

— Bendavid, Philosoph in Berlin.

April.

7 Prof. Schütz in Halle, Mitstifter der Allgemeinen Lit.
    Zeitung.

9 Fürst Camillo Borghese in Florenz.

14 Der große Naturforscher Cuvier in Paris.

15 Zelter, Director der Singakademie in Berlin.

16 Der große Minister Perier in Paris, an der Cholera.

20 Bischof Sailer in Regensburg.

22 Karoline, Gemahlin des Mitregenten Prinzen Friedrich von Sachsen.

27 Varnbühler, würtembergischer Finanzminister.

50 Der berühmte englische Historiker Makintosh.

Junius.

1 Der berühmte französische General und Deputirte Lamarque, an der Cholera.

5 Graf Woronzow, vormals russischer Gesandter in London.

6 Der berühmte Jeremias Bentham, zu Westminster, 85 Jahre alt.

— Ludwig Robert, Dichter in Baden.

9 Der berühmte k. k. Hofrath v. Gentz in Wien.

24 Zimmermann, Hofprediger und Kirchenzeitungsschreiber in Darmstadt.

? Ballesteros, spanischer General, in Paris.

? v. Pirch, bekannt durch seine Reisen in Serbien, zu Breslau.

Julius.

19 Weber, Humorist, zu Kupferzell.

August.

17 General Dumesnil, zu Vincennes, an der Cholera.

? Clarke, der berühmte englische Reisende, an der Cholera.

September.

2 Baron Zach, Astronom in Paris, an der Cholera.

9 Klein, Componist in Berlin.

21 Der berühmte Dichter Walter Scott.

27 Prof. Krause, Philosoph in München._

? Der berühmte Erminister Chaptal.

October.

31 Der Dichter Julius von Voß in Berlin.

November.

5 Der Mathematiker Thibaut in Göttingen.

12 Oriani, Astronom in Mailand.

13 Der berühmte Nationalökonom Say in Paris.

14 Rask, berühmter Sprachforscher in Kopenhagen.

15 Der berühmte englische Admiral Lord Ermouth.

— Schmidt-Phiseldek, Conferenzrath in Kopenhagen.

December.

7 Der Jaquemont auf der Reise in Bombay.

13 Prof. Beck in Leipzig.

27 Der hochbejahrte Kunsthistoriker Füßli in Zürich.

29 Der berühmte Freiherr v. Cotta in Stuttgart.

30 Der Schauspieler Devrient in Berlin.

? Karl von Lameth, das berühmte Mitglied der con=
stituirenden Versammlung.

? Herzog von Dalberg, vormals französischer Senator.

Chronologische Tabelle
über

alle wichtigen Begebenheiten des Jahrs 1832.

Januar.

2 Ministerwechsel in Bayern.

— Protestation der Officiere zu Veracruz gegen die mericanische Regierung.

— Cop. Smith besiegt die Neger auf Jamaica.

3 Bourquin und die Insurgenten von Neufchatel in contumaciam zum Tode verurtheilt.

4 Antwort der Londoner Conferenz auf das holländische Ultimatum.

— Streit über das Wort „Unterthan" in der französischen Kammer.

5 Tumult zu Hanau gegen die Einführung des preußischen Zollfußes.

7 Die Londoner Conferenz bestätigt den Grafen Augustin Capodistrias als Präsidenten von Griechenland.

— Protestation der 2ten Kammer in Nassau gegen die verfassungswidrige Zusammensetzung der ersten.

8 Auflauf in Chambery gegen den jesuitischen Missionär Guyot.

12 Feſtſetzung der franzöſiſchen Civilliſte auf 12 Mill.
Fr. ſtatt der geforderten 15.

— Ertheilung von Ehrenmedaillen an die ruſſiſchen Trup=
pen wegen des polniſchen Kriegs und der Erſtürmung
Warſchau's.

13 Heftiges Erdbeben zu Foligno.

— Die Polen vom Corps Gielguds und Chlapowski's keh=
ren nach Polen zurück.

— Ukas in Betreff der ruſſiſchen Adelswahlen.

14 Päpſtliches Manifeſt wegen militäriſcher Beſetzung der
unzufriedenen Provinzen.

18 Der Congreß von Megara decretirt die Abſetzung des
Grafen Aug. Capodiſtrias.

— Die Neufchateller Royaliſten erhalten Ehrenzeichen.

19 Ausmarſch der päpſtlichen Truppen unter Cardinal Al=
bani.

20 Niederlage der italieniſchen Inſurgenten zu Baſtia und
Ceſena.

21 Grauſames Wüthen der päpſtlichen Truppen zu Forli.

27 Verzweiflungskampf der Polen zu Fiſchau.

28 Einzug der Oeſterreicher und der päpſtlichen
Truppen in Bologna.

29 Reformer=Verſammlung zu Mancheſter.

30 Neues holländiſches Ultimatum.

31 Don Pedro reiſ't zu ſeiner Flotte nach Belle Isle ab.

— Graf Orloff verläßt Petersburg in einer wichtigen diplo=
matiſchen Sendung.

Februar.

2 Don Pedro's Kriegsmanifeſt.

5 Ausbruch der großen chinesischen Revolution unter Li=Timing.

7 Unfug der päpstlichen Truppen in Ravenna.

9 Heftige Angriffe der Tories auf den Grafen Grey, weil er Don Pedro's Expedition zuläßt.

— Kleiner Soldatentumult in Hanau.

12 Die Cholera in London.

17 Der Bürgerconvent in Bremen verlangt eine Verfassungsreform.

18 Militärischer Spaziergang der Mainzer Besatzung im Nassauischen.

19 Russischer Befehl, die Wegführung der polnischen Kinder betreffend.

20 Päpstliches Revolutionstribunal in Bologna.

21 Verbot der Vereine in Würtemberg.

22 Graf Orloff kommt im Haag an.

— Basel erklärt die Trennung von Stadt und Land.

33 Die Franzosen in Ancona.

25 Preußen publicirt seinen Hauptfinanzetat.

26 Das neue polnische Statut.

— Versammlung zu Wassersdorf, Stiftung der schweizerischen Schutzvereins.

27 Aufbruch der Russen gegen Kasi Mullah in Daghestan.

29 Baden erklärt, daß sein Preßgesetz neben den die Presse beschränkenden Bundesgesetzen bestehen solle.

März.

1 Das badische Preßgesetz tritt in Kraft.

2 Die Zeitschriften: Die Tribune, der Westbote

und die Zeitschwingen werden durch Bundes=
beschluß unterdrückt.

3 Don Pedro kommt nach Terceira.

— Mißlungene pedristische Emeute in Rio de Janeiro.

— Santanna erleidet bei Toloma eine kleine Niederlage.

7 Dankadresse der Polen an die Deutschen aus
Besançon.

8 Heftiges Erdbeben in Calabrien.

— Beschluß des Parlaments in Betreff des irrischen Zehnten.

— Wirths Verhaftung in Rheinbayern.

— Austritt der alten Räthe von Zürich.

9 Ibrahim stürmt Acre vergeblich.

— General Santander wird abwesend zum Präsiden=
ten von Neu=Granada ernannt.

11 Emeute zu Grenoble.

— Verstärkung der französischen Truppen in Ancona.

13 Aufstand in Bologna gegen die päpstlichen Truppen.

15 Edict des Herzogs von Modena, durch das Erdbeben
veranlaßt.

16) ie Oesterreicher rücken gegen Ancona=vor.

— Die polnischen Flüchtlinge in Preußen werden unter
preußische Militärdisciplin gestellt.

17 Concordat der 7 Kantone Luzern, Zürich, Bern,
Solothurn, St. Gallen, Aargau und Thurgau.

18 Neue Verbindung der alten columbischen Staaten Neu=
Granada, Eguador und Venezuela.

21 Große Procession der Londoner Union.

22 Das Unterhaus nimmt die Reformbill an.

23 Audienz des französischen Gesandten, Grafen Mornay
beim Kaiser von Marokko.

27 Die Cholera in Paris.

— Graf Orloff in London.

28 Die Franzosen erobern Bona.

April.

1 Fest der Freunde der badischen Preßfreiheit zu Weinheim.

3 Der Herzog von Nassau empfängt russische Ordens-Insignien.

— Weishaar wird Minister in Würtemberg.

4 Der König von Bayern reist nach Italien.

7 Ausfall der Franzosen aus Algier.

— Mißlungener Angriff der Stadt-Baseler auf Gelter-kinden.

8 Ibrahim schlägt den Osman, Pascha von Tripoli, bei Alexandrette.

9 Die französische Kammer beschließt, daß die Regierung mit den fremden (polnischen) Flüchtlingen nach Willkür verfahren könne.

9 Cubières in Ancona erklärt sich im Namen Frankreichs gegen die italienischen Insur-genten.

— Das badische Hofgericht hebt vermöge des neuen Preß-gesetzes die Beschlagnahme des „Freisinnigen" auf.

10 Aufhebung des alten Chorherrenstifts in Zürich.

13 Koletti zieht an der Spitze der griechischen Oppo-sition in Nauplia ein. Aug. Capodistrias dankt ab.

14 Protestation des polnischen Nationalcomité's in Paris gegen das polnische Statut.

— Der Papst nimmt 3000 Schweizer in Sold.

15 Volksversammlung zu Einsiedeln. Neu = Schwyz trennt
sich von Alt = Schwyz.

— Wirth von den Assisen freigesprochen.

16 Convention zwischen dem Papst und Frankreich in
Betreff der Besetzung von Ancona.

— Thorn, belgischer Gouverneur von Luxemburg, wird
von den Holländern entführt.

— In Würtemberg werden die Abressen um Einberufung
der Stände verboten.

17 Die kurhessischen Stände wollen nur eine sehr einge=
schränkte Preßfreiheit.

— Mißlungene pedristische Emeuten in Rio und Pernam=
buco.

18 Oesterreich und Preußen ratificiren die 24 Ar=
tikel der belgisch = holländischen Pacification.

— Die Mehrheit der Nassauischen Deputirten sistirt
ihre Thätigkeit.

20 Erklärung der bayerischen Regierung, daß in Bayern
keine geheime Polizei bestehe.

— Niederlage der bosnischen Insurgenten bei Novi=
hagor.

21 Auflösung der französischen Kammer. Flucht
der Deputirten vor der Cholera.

22 Ukas, die notabeln Bürger in Rußland betreffend.

24 Expedition der Herzogin von Berry und des
Marschall Bourmont von Livorno aus.

25 Verhaftung der Gräfin Wrisberg in Braunschweig.

27 Montalivet ersetzt den kranken Minister Perier.

28 Paez eröffnet den spanischen Schiffen den Handel mit
Venezuela.

30 Mißlungene karlistische Emeute und Landung der Herzogin von Berry zu Marseille.

— Versammlung würtembergischer Deputirten zu Boll.

M a i

1 Einberufung der erfahrenen Männer aus Schleswig und Holstein.

— Aufhebung der Universität Wilna.

2 Einzug der päpstlichen Carabiniers in Ancona.

3 Das Schiff Carlo Alberto, das die Herzogin von Berry nach Frankreich gebracht, wird genommen.

— Heftiger Angriff der Araber auf Bona.

— Der Pole Tur wird in Hannover auf russische Requisition verhaftet.

4 Rußland ratificirt die 24 Artikel.

— Basel-Landschaft constituirt sich.

5 Der Sultan thut Mehemed Ali, Pascha von Aegypten, in den Bann.

6 Die Cholera in Philadelphia.

7 Grey bleibt im Oberhause in der Minorität.

— Große Volksversammlung zu Birmingham.

— Convention Englands, Frankreichs und Rußlands mit Bayern, die Thronbesteigung König Otto's I. von Griechenland betreffend.

8 Grey gibt seine Entlassung ein. Große Gährung im englischen Volke.

9 Drohende Volksversammlung in Birmingham.

10 Adresse des Unterhauses für Grey.

— Adresse der Pforzheimer für Aufrechthaltung der badischen Preßfreiheit.

10 Fünf naſſauiſche Deputirte votiren das Budget.

12 Der König und die Königin von England werden vom
Londoner Pöbel ausgepfiffen.

— König Leopold proteſtirt gegen die nur bedin=
gungsweiſe erfolgte Ratification der 24 Artikel.

12 Ancillon wird Miniſter der auswärtigen Angelegen=
heiten in Preußen.

— Die Tagſatzung ſanctionirt die Theilung des Kan=
tons Baſel.

— Aufſtand der Chineſen in Batavia.

13 Audienz der polniſchen Deputation in Petersburg.

— Ukas, die Uniformen des ruſſiſchen Adels betreffend.

— Adreſſe der Mannheimer.

14 Wellington ſucht ſich durch Anerbieten einer Reform
vergeblich ins Miniſterium zu drängen.

— Scandal zwiſchen Heard und Arnold im Congreß
der Vereinigten Staaten.

15 Wellington wird vom Londoner Pöbel inſultirt.

16 Perier ſtirbt an der Cholera.

18 Grey bleibt im Miniſterium, das engliſche Volk
beruhigt ſich.

— Pozzo di Borgo reiſ't nach Petersburg.

19 Die Adreſſen um Aufrechthaltung der Preßfreiheit wer=
den in Baden verboten.

21 Kleine Emeute in Nürnberg.

22 Compte rendu der franzöſiſchen Oppoſition.

— Proteſtation von 15 naſſauiſchen Deputirten gegen die
Bewilligung des Budgets mit 5 Stimmen.

— Entdeckung großer Silberminen in Chili.

23 Mord des Gonfaloniere Conti Volſari in Ancona.

23 Kleines Gefecht vor Algier.

27 Großes Volksfest zu Hambach.

— Ibrahim erobert Acre.

28 Aufruhr in Bagdad.

— Kleiner Tumult in Zweibrücken.

— Kasi Mullah entkommt den Verfolgungen der Russen.

29 Bittschrift der Polen an das Unterhaus.

— Niederlage der bosnischen Insurgenten bei Sarajewo.

— Reizenstein wird erster Minister in Baden.

— Kleine Gefechte in der Vendée zu Gunsten der Herzogin von Berry.

30 Kleine Tumulte in Rheinbayern.

— Eröffnung der Kammern in Hannover.

31 Verhaftung der Karlistenhäupter in Paris.

— Hollands neue Einwendungen gegen die Pacification.

— Volksversammlung zu Bergen in Kurhessen.

Junius.

1 Lamarque's Tod.

— Eröffnung der brasilischen Kammern.

2 Erklärung der bayerischen Regierung gegen die Ausschweifungen beim Hambacher Fest.

— Neuer Angriff der Araber auf Bona.

3 Die Vendée in Belagerungszustand erklärt.

— Procession in Ancona.

4 Das Oberhaus nimmt die Reformbill an.

5 Lamarque's Begräbniß, große republicanische Emeute.

6 Niederlage der Republicaner. Paris in Belagerungszustand erklärt.

7 Der König von England bestätigt die Reformbill.

— Die hannöversche Kammer erklärt die Oeffentlichkeit ihrer Sitzungen.

10 Bologna's Protestation gegen das Verfahren des Card.
   Albani.

11 Erklärung der Londoner Conferenz, Holland und Belgien müssen ihr gegenseitiges Gebiet räumen.

12 Die Studenten in Würzburg verbrennen eine Schrift
   des Prof. Vollgraff.

13 Volksfest in Badenweiler.

14 Eine englische Flotte vor Tripoli.

15 Ibrahim zieht in Damascus ein.

— Protestation einer Anzahl von franzöf. Deputirten gegen den Belagerungszustand von Paris.

16 Kriegsgericht in Paris. Verhaftung der HH. v. Chateaubriand, Fitz-James, Hyde de Neuville.

18 Die Cholera in Brüssel.

— Wellington, am Jahrstage seines Sieges bei Waterloo,
   vom Londoner Pöbel mit Koth geworfen.

— Rückkehr des Königs von Bayern aus Italien.

— Wirth stellt sich freiwillig zur Haft.

19 Steinwurf auf den König von England.

21 Bulle des Papstes gegen die ital. Rebellen.

22 Feldmarschall Wrede wird mit Truppen nach Rheinbayern geschickt.

— Volksversammlung zu Wilhelmsbad in Kurhessen.

23 Bürgergardegesetz in Kurhessen.

25 Die irische Reformbill geht durch.

— Don Pedro segelt von Terceira ab.

26 Der Pascha von Trapezunt besiegt die Gebirgsvölker von
  Surmene.

27 Grey bringt einen neuen Vertrag, das russische An=
  lehen betreffend, vor das Parlament.

28 Die berühmten deutschen Bundesbeschlüsse.

29 Revolution zu Montevideo. Präsident Ribeira entsetzt.

- 30 Hollands abermaliges Ultimatum.

Julius.

 2 Eröffnung der Tagsatzung und großes Volksfest zu Luzern.

— Adresse des Oberhauses an den König, die traurige Lage
  Irlands betreffend.

 3 Grey tadelt die heftigen Reden gegen Rußland im Par=
  lament.

 5 Nachträglicher deutscher Bundesbeschluß, das Ver=
  bot aller polit. Vereine, Volksversammlun=
  gen 2c. betreffend.

 7 Großer Sieg Ibrahims bei Homs über Hussein
  Pascha.

 8 Don Pedro's Landung in Oporto.

— Große Volksversammlung der Irländer zu Balphale.

10 Die Londoner Conferenz besteht gegen Holland auf
  ihrer Erklärung vom 11 Junius.

— Die brasilische Kammer erklärt sich gegen Jose d'An=
  drada, den Gouverneur des jungen Kaisers.

12 Belgien bringt auf Beschleunigung der Pacification mit
  Holland.

— Der mericanische General Teran ermordet sich selbst,
  da seine Truppen zu Santanna übergehen.

13 Protestation von Südcarolina gegen die Beibehaltung des hohen Tarifs.

— Studenten in Jena verbrennen die Bundesbeschlüsse.

14 Motion Christiani's gegen die Bundesbeschlüsse, in der hannöverschen Kammer.

15 Holland erklärt dem Handelsstande, die Feindseligkeiten
würden wieder beginnen.

16 Santander landet in Santa Martha.

— Protestirende Adresse von Stuttgart und Marburg gegen die Bundesbeschlüsse.

17 Die schottische Reformbill sanctionirt.

— Die Tagsatzung setzt eine Commission nieder für Bundesrevision.

18 Der persische Prinz Abbas Mirza erobert Emirabad
in Khorasan.

19 Der Bundestag verbietet den „Freisinnigen" und „Wächter am Rhein."

20 Adresse der Stadt Freiburg im Breisgau gegen die
Bundesbeschlüsse.

21 Gränzvertrag zwischen Griechenland und der
Pforte.

— Der Kaiser von Rußland fährt dem Lord Durham entgegen.

22 Tod des Herzogs von Reichstadt.

23 Heftiger Ausbruch des Vesuv.

— Gefecht bei Vallonga unfern Oporto.

24 Neuer Beschluß des Parlaments in Betreff des irischen
Zehnten.

25 Versammlung in der Kron- und Anker-Taverne zu Lon-

von, um den Unwillen über die deutschen Bundesbeschlüsse auszudrücken.

26 **Bulwers Motion gegen die deutschen Bundesbeschlüsse im englischen Parlament.**

— Auflösung der Stände in Kurhessen.

27 Eröffnung des griechischen Nationalcongresses in Nauplia.

28 Juliusfest in Paris. **Ertheilung von Ehrenkreuzen an die Polizei.**

— **Erklärung der würtembergischen Minister,**
die Verfassung solle durch die Anwendung der Bundesbeschlüsse nicht verletzt werden.

— Fahrt des ersten Dampfschiffs auf dem Oberrhein von
Straßburg bis Basel.

29 Hussein Pascha's letzte Niederlage bei Bylan.

30 Zurücknahme des badischen Preßgesetzes.

— Anleihe der preuß. Seehandlungssocietät von 12 Mill.
Thalern.

31 Wrede's Rückkehr aus Rheinbayern.

— **Aufhebung vieler Klöster in Polen.**

August.

1 Einzug des päpstlichen Delegaten Graffelini in Ancona.

3 Der König von Würtemberg bestätigt die Erklärung seiner Minister vom 28 Julius.

— Zurückweisung aller Polen aus Sachsen.

7 Gefecht vor Oporto.

— **Motion des Oberst Evans zu Gunsten der Polen,**
im englischen Parlament.

— Seymour, engl. Botschafter in Rom, beschwert sich, daß

die englische Vermittlung in Italien nicht angenommen worden sey.

8 Anerkennung Otto's I durch den Congreß zu Nauplia.

9 König Leopolds Hochzeit zu Compiègne.

— Mordversuch auf den jüngern König von Ungarn.

— Hannover erklärt sich am Bundestage für Handelsfreiheit.

— Contrerevolution in Montevideo. Ribeira wieder eingesetzt.

10 Kleines Zusammentreffen der Pedristischen Flotte unter Sartorius mit der Miguelistischen.

— Entlassung des Ministers Weishaar in Würtemberg.

11 Flores, Präsident von Eguador, überfällt die Stadt Tablon in Neugranada.

14 Tumult zu Irheim in Rheinbayern.

16 Der Bundestag verbietet Rotteck's politische Annalen.

22 Graf Hohenthal und Hr. v. Watzdorf in Sachsen protestiren gegen die Bundesbeschlüsse.

— Kleiner Tumult zu Chemnitz.

24 Emeute zu Montpellier.

25 Der Papst bezeugt dem französ. Gesandten St. Aulaire öffentlich sein gutes Einverständniß mit Frankreich.

— Kolossale Schneelawine im Kaukasus.

27 Proceß der St. Simonisten in Paris.

28 Reaction in Würzburg.

29 Entdeckung der aristokratischen Verschwörung in Bern.

29 Kleiner Tumult in Freiburg im Breisgau.

30 Don Miguel setzt die Jesuiten wieder in den Besitz aller ihrer Güter ein.

September.

2 Troxler an der Spitze des schweizerischen Schutzvereins protestirt gegen die Commission der Tagsatzung und verlangt einen neugewählten Verfassungsrath.

4 Abreise der Bourbons aus England nach Oesterreich.

6 Neuer Versuch Englands, Holland zu versöhnen.

— Schluß der Universität Freiburg.

— Verordnung des deutschen Bundes gegen den Nachdruck.

8 Don Pedro wird von den Miguelisten in Oporto eng eingeschlossen.

— Die Einwohner Warschau's werden gezwungen, am Jahresfest der Eroberung zu illuminiren.

11 Die Belgier lassen Tornaco's Bande frei.

12 Starkes Schreiben des Erherzogs Karl von Braunschweig an das französische Ministerium.

— Morazan, Präsident von Guatemala, vertreibt die spanische Partei aus Omoa.

14 Die Tagsatzung beschließt definitiv die Trennung von Stadt und Landschaft Basel, wobei nur fünf Kantone protestiren.

17 Verhaftung der Herzogs Karl von Braunschweig und Deportirung desselben nach der Schweiz.

18 Der Bundestag verbietet die „Deutsche allgemeine Zeitung" und den „Volksfreund."

18 Buſtamente ſiegt über Montezuma bei San Miguel Dolores.

— Verſammlung der Naturforſcher in Wien.

19 Flehende Adreſſe der Podolier.

20 Holland lehnt lakoniſch jede Vermittlung ab.

21 Karl X landet in Hamburg.

23 600 Polen werden aus Frankreich nach Algier eingeſchifft.

26 Eröffnung des Goethacanals in Schweden.

27 Objectiv-Reorganiſation der Univerſität Freiburg.

29 Heftiger Angriff des Migueliſtiſchen Generals Tereira auf Oporto.

October.

1 Krankheit des Königs von Spanien. Gemäßigtes Miniſterium.

— Santanna ſchlägt Facio bei Puebla.

— Die Londoner Conferenz erklärt Holland ihre Mißbilligung.

2 Ausfall der Franzoſen aus Algier.

5 Otto I zum König von Griechenland proclamirt und Einſetzung einer Regentſchaft während ſeiner Minderjährigkeit.

6 Königin Chriſtine wird Regentin von Spanien während der Krankheit ihres Gemahls.

— Karl X in Berlin, die Herzogin von Angoulême in Wien.

7 Wiederherſtellung der Univerſitäten in Spanien.

— Santander übernimmt die Regierung in Neugranada.

9 Werbung eines griechiſchen Corps in Bayern.

11 Soult und Thiers treten an die Spitze des franzöſiſchen Miniſteriums.

29 Vereinigung der englisch=französischen Flotte gegen Holland.

30 Kasi=Mullahs Fall. Einzug der Russen in Gimri.

31 Ukas, wodurch der polnische Adel gesichtet wird.

November.

1 Ibrahim in Koniah.

— Subjectiv=Reorganisation der Universität Freiburg. Ent= lassung Rottecks und Welckers.

— Die Lattenstrafe in Preußen abgeschafft.

2 Holland erklärt zum letztenmal, daß es nicht nachgebe.

6 Die holländische Küste wird in Blokadestand erklärt.

— Gefangennehmung der Herzogin von Berry in Nantes.

— Entdeckung einer Carlistenverschwörung in Spa= nien.

8 Der Großwessier Redschid Pascha bricht von Scutari auf.

9 Holland versucht angeblich, England vom franzö= sischen Bündnisse abzuziehen.

10 Gefecht bei Oran.

12 Umtriebe der Tories zu Gunsten Hollands.

13 Heftiger Ausbruch des Aetna und gleichzeitige Me= teore im westlichen Europa.

14 Die Herzogin von Berry in Blaye.

— Stiftung des Sarner Bundes.

— Kühner Ausfall Schwallbachs aus Oporto.

15 Drohendes Decret der Königin Christine gegen die Car= listen.

16 Holland erklärt, wegen der Blokade keine Repress
   salien brauchen zu wollen.

17 Die Franzosen unter Gerard in Brüssel.

19 Eröffnung der französischen Kammern. Schuß
   auf den König.

— England ermäßigt die holländische Blokade.

— Die Miguelisten vor Oporto schießen auf ein englisches
   Schiff.

20 Opposition der russischen Partei in Griechenland, Ge-
   genregierung zu Astros.

21 Verlobung des Königs von Neapel mit der Prinzessin
   Christine von Sardinien zu Genua.

22 Die Franzosen vor Antwerpen.

— Adresse der Stadt Münster an ihren Abgeordneten Hüffer.

23 Holland bietet den Landsturm auf.

25 Die H.H. Thorn und Pescatore werden gegen einander ausgewechselt.

26 Der Congreß von Südcarolina droht in der Tariffrage mit den Waffen.

29 Erklärung des Congresses von Georgien gegen den von
   Südcarolina.

December.

3 Auflösung des Parlaments. Einberufung des ersten reformirten Parlaments von England.

4 Bustamente nimmt Puebla ein.

5 Angriff des Landvolks auf Eutin.

6 Bundesbeschluß, wonach eine preußische Armee an
  die Maas rückt.

— Abschied Otto's I aus München.

Gedruckt: Augsburg, in der Buchdruckerei der
J. G. Cotta'schen Buchhandlung.

Lightning Source UK Ltd.
Milton Keynes UK
UKHW020415090119

334943UK00009B/1352/P